STANDARD⁺

2026 최신개정판

유리 청소년상담사

3급 필기 통합 이론서 + 100% 무료강의

필수 5과목 + 선택 2과목 | 저자직강 100% 무료강의 | 10년간 가장 자주 출제된 이론 선별

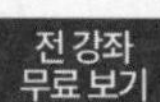

전 강좌 무료 보기

저자 Q&A 커뮤니티

직업상점

머리글
PREFACE

우리는 어른이 되어서도 상황에 대한 판단이 흐려질 때가
있고, 때로는 잘못된 선택을 하기도 합니다.
어른이 되었다고 해서 언제나 정확한 판단과 올바른 선택
만을 할 수 있는 것은 아닙니다.

그렇다면 자라나는 소녀, 소년들은 어떨까요.
어른인 우리보다 상황을 판단하고 선택하는 일이 훨씬 더
어렵고 힘들 수밖에 없습니다.

『*It takes a village to raise a child.*』
- 한 아이를 키우려면 온 마을이 필요하다.

아이들이 행복하게 자라기 위해서는 그 아이의 가정 하나
만이 아니라, 마을 전체의 노력이 필요합니다.

『"소년은 결코 혼자 자라지 않습니다."』
『"집에서 상처를 받으면 아이들은 자신을 학대해요. 평소
라면 하지 않았을 범죄를 저지르거나,
나쁜 친구들과 어울리는 식으로요. 본인들도 알아요. 그러
면 안 된다는 거.
알면서도 하는 거죠. 나의 학대가, 이 고통이, 가정에도 상
처가 되길 바라면서."』
- 드라마 소년심판(2022) -

『"*It's not your fault*"』
- 영화 Good Will Hunting (1998) -

타고난 자아실현의 씨앗을 품고 있지만,
아직 꽃을 피우기 전, 덜 영글은 마음으로 세상을 견뎌내는
청소년이 많습니다.

우리가 좋은 청소년 상담사가 되어 그 작은 씨앗이 아름다
운 꽃을 피울 수 있도록 도와줄 수 있다면,
그것만으로도 우리는 우리의 소명의식을 다 할 수 있겠죠.

살면서 한 번쯤은 이런 생각을 해본 적이 있을지도 모릅니다.
'나의 변호인이 있었으면 좋겠다.'

내 편이 되어 줄 변호인이 법률을 많이 알고 있다면, 왠지
든든해집니다.
세상의 모든 법률로 나를 지켜줄 수 있을 것 같거든요.

거꾸로 우리가 실의에 빠진 청소년의 심리변호인이 된다면
어떨까요.
우리가 아는 것이 많을수록, 그 청소년을 도울 수 있는 묘
안이 더 많아질 것입니다.

이런 마음으로 청소년 상담사에게 필요한 지식들을 공부
한다면,
배우고 익히는 길이 그리 멀고 험하지는 않을 것입니다.

미래에 꽃을 피울 우리의 작은 씨앗들을 위해,
그리고 그들을 돕게 될 우리의 지성을 위해
청소년 상담사 3급 교재를 이렇게 구성하였습니다.

첫째, 출제된 기출 횟수 순으로 목차와 내용을 구성하였습
니다.
둘째, 최근 10년 동안의 기출분석을 통해 중요하게 나누어
지는 이론들을 선별했습니다.
셋째, 기출에서 자주 출제되는 오답까지 함께 분석하고 수
정하였습니다.

마지막으로 공부는 재밌게 해야 기억에 오래 남습니다.
실제적이면서도 흥미로운 예시로 강의하겠습니다.

저자 정유리

목차
CONTENTS

01

PART

발달심리학

CHAPTER

01 발달심리

1 발달

- 발달은 생명의 시작에서 죽음에 이르기까지의 전 생애 동안 이루어지는 모든 변화의 양상과 과정이다.
- 발달적 변화의 과정에는 신체, 운동기능, 사고, 언어, 성격, 사회성 등이 포함된다.
- 유전과 환경의 상호작용을 통해 발달한다.
- 발달은 역사적 · 사회적 환경 · 문화적 맥락과 서로 영향을 주고받는다.
- 발달은 이전 경험의 누적에 따른 산물이다.
- 발달은 성숙과 학습의 영향을 포함한다. 학습은 직접 또는 간접 경험의 산물로서 훈련이나 연습에 기인한다.
- 삶의 중요한 사건이나 경험이 발달상의 큰 변화를 가져올 수 있다.
- 인간 발달의 모든 단계에 긍정적 변화와 부정적 변화가 모두 존재한다.
- 발달에는 개인차가 존재한다.
- 발달은 분화와 통합의 과정을 거친다.
- 발달심리학은 다학문적이다. 발달의 각 영역(생물학, 인류학, 심리학, 사회학)은 서로 영향을 주고받는다.
- 전통적인 관점에서 발달의 지향점은 성숙이며, 노화의 지향점은 죽음이라고 가정하였으나, 전생애 발달 관점에 따르면 모든 연령에서의 발달은 성장과 감소를 동시에 포함하는 개념이다.
- 발달은 일정한 방향으로 진행된다.
- 뇌, 신경가소성은 뇌가 경험에 따라 구조와 기능을 변화시킬 수 있는 능력으로, 초기 발달단계에 해당하는 영유아기부터 아동청소년기에 특히 발달한다. 인간의 가소성은 전생애를 통해 발달한다.
  - ✓ 가소성(plasticity): 경험에 반응하여 변화하는 능력을 의미한다.
- 규준적(normative) 발달이란 전형적이고 평균적인 발달을 말한다.
- 발달에는 결정적 시기가 있다. 동물행동학적 이론은 발달에서 결정적 시기라는 개념을 주장한다.
  - ✓ 결정적 시기(Critical Period): 특정한 발달 과제가 반드시 이루어져야 하는 시기로 그 시기가 지나면 획득할 수 없다는 발달의 비가역적 성질에 의한 시기적인 제한성이 존재하는 특정기간을 말한다.

- 연속성과 불연속성의 쟁점은 양적·질적 변화의 문제와 관련된다.

연속성 이론	불연속성 이론
• 행동주의자들은 기계론적 관점과 양적 변화로 규정하며 연속적으로 발달 • 급격한 변화 없이 점진적으로 완만하게 성장 • 발달은 연속적인 과정이다.	• 프로이트, 피아제, 콜버그, 에릭슨 등 질적 측면 강조하며 순차적인 변화를 통해 불연속적으로 발달 • 계단식 변화를 통해 단계별 특성을 가지는 성장 • 발달은 불연속적인 과정이다.

• 안정성과 불안정성의 쟁점은 집단 내 개인의 상대적 위치 변동과 관련된다.

안정성	불안정성
연령 증가에 따라 개인의 상대적 위치 비슷하게 유지	연령 증가에 따라 개인의 상대적 위치 변화

• 머리에서 발 방향으로 진행된다.

• 초기경험을 강조하는 학자에 비해 후기경험(성인기, 직업경험 등)을 강조하는 학자들은 발달의 변화가능성을 더 크게 평가한다. 즉 개인의 경험이 개인의 행동과 사고방식을 지속적으로 변화시킬 수 있음을 강조한다.

• 전생애 발달적 조망에서 발달에 미치는 영향요인에서 코로나 팬데믹은 규범적 역사 관련 요인이다.

  ✓ 규범적 의미: 개인에 따라 혹은 문화에 따라 매우 유사하다는 뜻을 지닌다.

  ✓ 비규범적 요인: 각 개인의 독특한 경험으로 심각한 질병, 사고, 실직, 이직이나 직업전환 혹은 우연한 만남 등 개인이 미리 계획하거나 예측하지 못한 사건들을 의미한다. 비규범적 요인들에 의해 개인차는 점점 더 커지고 개인들 간의 다양성은 점점 더 확대된다.

• 발테스 등(Baltes 등, 1998)은 전생애 동안의 발달이 개인의 생물학적 요인과 환경적 요인의 상호작용을 바탕으로 규범적인 연령관련 요인과 규범적인 역사 관련 요인 및 비규범적 요인들의 영향을 받는다고 제안하였다. 이 세 가지 요인들은 전생애 동안 개인의 발달에 영향을 주고 그 영향은 축적되며 개인의 삶이 어떻게 변화하는지를 결정한다.

- 성숙은 훈련이나 연습에서 기인하는 발달적 변화를 의미한다.(×)
- 성숙은 주로 학습과 환경의 영향을 받는다.(×)
  √ 성숙: 환경이나 경험, 훈련에 관계없이 유전 요인에 의한 신체 및 심리의 변화를 의미한다.
- 발달 순서는 개인마다 제각기 다르다. → 발달에는 순서가 있으며 발달의 속도에는 개인차가 있다.
- 전생애발달 관점에서 발달의 지향점은 성숙이며, 노화의 지향점은 죽음이다. → 전통적 관점의 설명이다.
- 생물학적, 인지적, 도덕적, 사회적 발달과정은 상호 독립적이며 서로 배타적이다. → 다학문적, 간학문적이며 서로 관련이 있다.
- 상황에 따른 일시적인 변화도 발달에 속한다. → 상황에 따른 일시적인 변화는 발달에 포함하지 않는다.
- 발달의 가소성(plasticity)은 청소년기까지만 나타난다. → 인간의 가소성은 전 생애를 통해 발달한다.
- 기능 및 구조가 쇠퇴하는 부정적 변화는 발달에 포함되지 않는다. → 부정적 변화도 발달에 포함한다.
- 인간발달의 특성을 설명하는데 '결정기(critical period)'가 '민감기(sensitive period)'보다 설득력이 더 크다.(×)
  √ 결정적 시기: 새끼 거위가 태어나서 처음 본 사람을 엄마 거위 대신 따라다니는 것처럼 13~16시간의 애착 결정 시기가 있는데 민감기는 결정적 시기처럼 엄격한 경계선은 없이 '생리적으로 발달에 가장 유리한 시기'로 폭넓게 정의하고 있다. 즉 이후 보완해 나갈 수도 있다.
- 40대 직업전환은 규범적 연령관련 요인이다. → 40대 직업전환은 각 개인의 독특한 경험으로 미리 계획하거나 예측하지 못한 비규범적인 사건들을 의미한다.
- 사춘기는 규범적 역사 관련 요인이다. → 규범적 연령관련 요인이다.
- 청소년기 부모의 실직은 규범적 연령관련 요인이다. → 비규범적 요인으로 각 개인의 독특한 경험으로 심각한 질병, 사고, 실직, 이직이나 직업전환 혹은 우연한 만남 등 개인이 미리 계획하거나 예측하지 못한 사건들을 의미한다. 비규범적 요인들에 의해 개인차는 점점 더 커지고 개인들 간의 다양성은 점점 더 확대된다.
- 출생동시집단 효과는 비규범적 요인이다. → 규범적 역사 관련 요인이다.

02 발달연구방법

1 시간 차원의 연구방법

1 횡단 연구

- 만 5세, 7세, 9세 아동 각각 100명을 표집하고 이들을 대상으로 실험을 실시한 연구를 예로 들 수 있다.
- 서로 다른 연령집단을 동시에 표집하여 연령별 차이를 살펴볼 수 있다.
- 연구 결과는 연령집단 간 차이를 기술한다.
- 동시대 집단효과(cohort effect)가 나타날 수 있다. 동시대 출생 집단효과(cohort effect)는 연령 자체보다는 사회 역사적 요인에 의해 발생한다.
  - ✓ 코호트 효과: 특정 기간 동안 특정 질환의 발병이나 사망률의 증가 또는 감소가 인정되는 현상을 말한다. 특정 경험을 공유해 연대를 느끼는 구성원들의 집단·집체를 말한다.
- 피험자 손실의 문제가 거의 없다.
- 최신 검사 도구를 활용할 수 있다.

1 횡단 연구 단점

- 발달적 변화과정을 정확하게 보여주지 못한다.
- 출생동시집단(cohort)효과를 통제할 수 없다.
- 연령 변화와 출생동시집단(cohort) 효과의 구분이 어렵다.
- 어떤 특성의 안정성에 대한 정보를 얻기 힘들다.

2 종단 연구

- 동일한 개인 또는 집단을 시간의 차이를 두고 추적 조사함으로써 여러번 측정하여 연령에 따른 발달의 추이를 규명한다.
- 인과관계를 규명하는 주제의 연구에 용이하다.
- 동시대집단(Cohort) 효과의 영향을 받지 않는다.
- 각 개인의 연령에 따른 발달적 변화를 알 수 있으며, 초기의 특징 및 경험이 후기의 결과와 어떤 관련성이 있는지 알 수 있다.

1 종단 연구 단점

- 연구 기간이 길고 피험자를 추적해야 하는 어려움이 있다.
- 반복된 검사의 결과로 연습효과가 나타날 수 있다. 연습효과 등이 연구결과를 왜곡할 수 있다.
- 반복 측정에 따른 오염이 발생할 수 있다.
- 피험자의 탈락 현상이 있다.
- 중도 탈락이 많아 표집의 특성을 상실할 위험이 있다. 얻은 자료를 일반화하는 데 한계가 있다.
- 횡단 연구보다 시간과 비용이 많이 든다.
- 연구 도중 사용하던 도구를 변경하면 검사결과를 비교할 수 없다.
- 한 개의 동시대 출생 집단만을 대상으로 하기 때문에 결과를 다른 동시대 출생집단에 대해 일반화하기 어렵다.

3 계열 연구

- 계열적 설계에서는 여러 연령집단을 표집하여 일정한 기간 동안 반복 관찰한다.
- 계열법은 횡단적 접근법과 종단적 접근법을 절충 · 보완한 연구 설계이다.
- 계열법(sequential method)은 연령, 출생동시집단, 측정시기의 효과를 분리할 수 있다.

2 자료의 성격에 따른 연구방법

1 양적 연구

- 질문지연구, 실험연구, 통계자료 분석 등이 해당된다.
- 현상의 속성을 계량적, 통계적으로 밝혀낸다.
- 연역법에 기초하며 연구결과의 일반화가 용이하다.
- 객관성과 보편성을 강조한다.

2 질적 연구

- 근거이론연구, 사례연구, 담화분석, 행동연구가 해당된다.
- 인간 경험의 심미적 차원을 해석한다.
- 외부감사자에 의해 연구의 정밀성을 검토한다.
- 연구자들은 자신의 해석을 뒷받침하기 위해 삼각측정기법을 사용한다.
- 연구자의 개인적인 준거틀을 사용하여 비교적 주관적인 연구를 수행한다.
- 관찰자의 해석으로부터 독립된 객관적인 관찰은 존재하지 않는다고 주장한다.

3 자료수집방법

1 관찰법

- 인간의 행동을 관찰하고 기록하는 연구방법이다.
- 관찰자의 선택적 관찰이 문제가 된다.
- 시간과 비용이 많이 소요된다.

2 자연관찰법

- 어떠한 개입없이 일상적인 환경에서 참여자의 행동을 기록한다.
- 자연관찰은 실험실관찰보다 가외변인의 통제가 어렵다.

3 사례연구법

- 소수를 대상으로 관찰이나 면접을 통해 자료를 수집한다.
- 소수의 피험자를 깊이 연구함으로써 개인의 복잡한 내적 현상을 기술한다.
- 현상을 연구하는 질적 · 경험적 탐구방법이다.
- 독특한 현상에 대해 자세히 기술한다.

4 질문지법

- 설문지를 이용하여 많은 피험자를 한꺼번에 연구할 수 있다.
- 시간과 비용이 절약되며, 조사자의 편견이 배제될 수 있다.

5 면접법

- 면접법에서 면접자의 특성은 자료수집 과정에 영향을 미친다.
- 구조화된 면접은 모든 대상자에게 동일한 질문을 동일한 순서대로 물어본다.
- 비구조화 면접은 정해진 질문 없이 전문 면접관에 의해 비체계적으로 이루어진다.

6 상관연구법

- 연구자가 각 변인에 대해 조작을 가하지 않고 있는 그대로 측정하거나 관찰하여 자료를 얻는다. 예를 들어 공격성 영상 시청 시간과 공격성 점수를 측정하는 것이다. 상관연구에서는 둘 이상의 변수 간 관계를 상관계수로 표현한다.
- 두 개의 변인 사이에 관계성을 보는 것이며, 상관관계로 인과관계를 결정할 수 없다.

> 🔗 '아동의 학교 성적이 높을수록 자신감이 높다'는 연구 결과에 관한 올바른 해석은 학교 성적과 자신감은 정적 관련성이 있다.

7 실험연구법

- 두 변인(독립변인과 종속변인) 간에 인과관계가 있는지를 검증하는 연구 방법이다.
- 독립변인을 체계적으로 조작하여 이 변인의 수준에 따라 결과가 달라지는지 알아보기 위해 종속변인을 측정한다.
- 실험연구에서는 독립변수와 종속변수 간의 인과관계를 파악한다.
- 실험설계에서 통제집단은 실험처치를 받지 않는다.

8 정신생리학적 방법

- 심장박동률, 호르몬, MRI, EEG, 뇌파 검사 등을 통해서 정보를 수집한다.
- 개인의 정보를 가장 정확하게 수집할 수 있는 방법이다.

9 비교문화연구 방법

- 에믹(Emic)접근법은 한 문화권의 사람들에게만 중요한 의미를 갖는 행동을 묘사하는 것으로 특정 문화에 국한된 것이다.
- 에틱(Etic)접근법은 다른 문화권에도 일반화할 수 있는 행동을 묘사하는 것으로 범문화적이다.

03 | 피아제(J. Piaget)의 인지발달단계

1 기본개념

1 도식(schema)

인지구조의 기본단위로서 사람이 환경에 적응하기 위한 사고나 행동의 기본 틀이다.

2 동화(assimilation)

아동이 이전에 갖고 있던 도식에 근거하여 새로운 경험을 해석하는 과정을 동화라고 한다. 새로운 지식, 경험, 개념을 기존의 도식들에 맞춰 받아들이는 인지 과정이다.

3 조절(accommodation)

새로운 경험을 수용하고 설명하기 위해 기존의 도식을 수정하는 것이다. 새로운 대상을 기존 도식에 동화하는 데 적합하지 않은 경우 새로운 정보나 경험에 맞추어 자신의 인지구조를 수정하는 것으로, 새로운 상황을 해결하기 위해 이미 갖고 있는 도식들을 변화시키고 새로 형성하는 것이다.

> 🔗 지영이는 검은색 털이 있는 동물을 강아지라고 알고 있었다. 친구의 강아지가 하얀색 털이 있는 것을 보고, 모든 강아지의 털이 검은색은 아니라는 것을 이해하게 되었다.

4 평형(equilibrium)

동화와 조절의 결과로 인지적 균형을 유지하려는 과정이다.

5 조직화(organization)

습득한 것을 인지 구조 속에서 체계화하는 것을 말하며 상이한 도식들을 서로 결합하고 확장해 나가는 것이다.

- 인지발달 단계의 순서는 불변한다.
- 감각운동기(0-2세), 전조작기(2-7세), 구체적 조작기(7-11세), 형식적 조작기(11세 이후) 4단계로 구분되어 있다.

1   감각운동기

- 6단계로 나뉘어져 있다.

1 반사운동단계(출생-1개월)(신생아 부분 반사운동 참고)

2 1차 순환반응기(1-4개월)

- 목적 없는 단순한 행동을 반복한다.
- 대상영속성 개념이 없어서 눈앞에서 물체가 사라지면 존재를 잊어버린다.

  ✓ 대상영속성: 물체가 시야에서 사라져도 그것이 사라지지 않고 계속 존재한다는 것을 아는 것을 의미한다. 만 8개월 영아는 양육자가 눈에 보이지 않으면 심한 불안을 보이며 양육자를 찾는다.

3 2차 순환반응단계(4-8개월)

- 영아는 우연히 수행한 어떤 행동이 흥미 있는 결과를 초래할 경우, 다시 그 결과를 유발하기 위해 그 행동을 반복한다.
- 손과 눈의 협응(눈·손 협응)이 발달하여 물체를 조작한다.
- 자신의 행동과 외부 세계의 결과 사이의 관계를 이해하기 시작하며, 활동 결과에 대해 흥미를 느낀다.
- 물체가 부분적으로 가려졌을 때, 여전히 그 물체가 존재한다는 것을 이해하고 찾아낼 수 있다.

> 🔗 까꿍놀이와 같은 사회적 놀이는 사회적 발달에 중요하다. 두 사람 간의 정서적 교류를 촉진한다. 생후 4-6개월에 시작된다. 주고받기의 기본을 배우게 된다.

- 대상영속성의 발달로 인해 6~8개월쯤에 낯가림이 나타난다.

4 2차 순환반응의 협응단계(8-12개월)

> 🔗 나무토막을 갖고 놀던 11개월 된 영아가 나무토막이 싫증나서 그것을 옆으로 밀어 놓고 다른 장난감이 쌓인 곳으로 기어간다. 목표를 성취하기 위해서 일련의 행동을 통해 이전보다 적극적으로 주변을 탐색한다.

- 행동의 결과를 예상하는 능력이 생기며(인과개념), 목적을 달성하기 위해 목표지향적 행동을 한다. 목표 달성을 위해 2가지 행동을 협응한다.
- 대상영속성의 개념이 더욱 발달하여 물건이 보이지 않아도 숨겨진 장소를 기억하고 찾기 시작한다.
- AB오류(B가 아니라 A라고 생각하는 오류)의 한계가 나타난다. 예를 들어 영아가 보고 있을 때 인형을 이불 밑에 바로 숨기면 이불 밑에서 찾아낼 수 있다. 하지만 이 인형을 이불 밑에 숨기는 과정을 여러번 반복 후 인형을 이불 밑이 아니라 베개 밑에 숨기게 되면 영아는 아직 그 인형을 이불 밑에서 찾으려고 한다.

> 🔗 생후 10개월 된 영아가 할 수 있는 행동의 예시로 영아가 보고있는 물건을 가리개로 가리면, 가리개를 치우고 물건을 잡는다. 물건을 A에서 찾은 후에는 물건이 B에 숨겨지는 것을 보아도 A에서 계속 찾는다.

> 🔗 혜수가 곰인형을 잡으려고 손을 뻗자 엄마가 손으로 인형을 가렸다. 혜수는 인형 앞을 가로막은 엄마손을 치우고 인형을 잡았다.

5 3차 순환반응단계(12-18개월)

- 실험적 사고가 발달하여 사물을 다루며 원인과 결과의 관계를 실험하고 새로운 행동을 시도한다.
- 목적 지향적인 행동으로 새로운 경험을 추구하며 시행착오적 탐색과 시도를 한다.

6 정신적 결합단계(정신적 표상단계, 심적 표상단계)(18-24개월)

- 사물을 정신적으로 표상(이미지로 기억하거나 상상)할 수 있는 능력이 발달한다.
- 지연모방의 발달로 이전에 본 행동을 나중에 재현할 수 있다.
- 대상영속성이 완전하게 발달한다. (부모가 사라졌다가 돌아온다는 것을 이해한다.)
- 자신과 타인이 분리된 존재임을 지각하며 독립성을 인식한다.

🔍 **틀린 문장**

피아제(J. Piaget)의 인지발달 이론은 인지발달의 연속성(continuity)을 강조한다. → 피아제는 불연속성을 주장한다.

1 상징적 사고

- 유아가 실제 물건이나 상황을 직접 보지 않아도 이를 머리속에 떠올리고(표상, 심상이미지), 상징(언어, 그림, 행동)을 통해 표현할 수 있는 사고능력이다. 예를 들어 막대기를 칼로 상상해 놀이를 한다.

2 자기중심성(Egocentrism)

> - 다른 사람의 관점을 고려하지 못한다.
> - 엄마의 생일선물로 자신이 좋아하는 인형을 고른다.
> - 4세 혜원이는 엄마의 생일을 맞아 자신이 아끼고 좋아하는 캐릭터 인형을 선물하였다.
> - 숨바꼭질 놀이를 할 때, 자신이 술래를 못 보면 술래도 자신을 볼 수 없다고 생각한다.

- 사고가 아직 논리적이지 못하고 자아중심적이다. 사물이나 사건을 자신과 관련지어 해석한다.
- 타인의 관점을 이해하지 못하고 자신이 보는대로 세상을 해석한다. 예를 들어 자신의 시야가 가려지면 상대방도 자신을 못 본다고 생각한다.

3 직관적사고

- 논리적 이유보다는 눈에 보이는 정보에 의존한다.

4 물활론적 사고

- 무생물(사물)에 생명과 감정이 있다고 생각한다. 예를 들어 "인형이 아야해"라고 한다.

5 보존 개념 부족

- 물체의 형체가 변해도 양이 동일하다는 것을 이해하지 못한다.

6 비가역적 사고

- 한 방향으로만 생각하는 비가역성이 나타난다. 즉 사건의 과정을 역으로 생각하지 못한다.
    - ✓ 가역성(reversibility): 물질이 어떤 상태로 변하였다가 다시 원래의 상태로 되돌아갈 수 있는 성질을 말한다.
    - ✓ 비가역성: 변화를 일으킨 물질이 본디의 상태로 돌아오지 아니하는 성질을 말한다.

7 중심화 경향

- 한 부분만 집중한 채 다른 부분을 무시하는 집중성이 발달한다. 한 가지 상황의 특정 측면에만 집중하고 다른 요소는 간과한다. 예를 들어 두 개의 다른 크기의 컵에 담긴 물을 보고 물의 높이만을 기준으로 높은 컵이 더 많은 물을 담고 있다고 판단한다. 물의 양을 결정하는 너비와 높이 모두를 고려하지 못한다.

8 마술적 사고

- 자신의 생각이나 말로 사건이 일어난다고 믿는다. 자신의 감정이나 행동이 세상의 사건에 영향을 준다고 착각한다. 이러한 사고는 현실적인 논리보다는 상상력에 기반하며, 아이가 세상에 대해 이해하려고 시도하는 자연스러운 과정이다. 예를 들어 "내가 화를 내서 비가 온거야!"라고 한다.

9 전환적 추론

- 서로 관련없는 두 사건을 인과관계로 생각하는 것이다. 예를 들어 아이가 낮잠을 자야만 저녁이라고 생각한다. 낮잠을 자지 않은 날은 아직 저녁이 안 왔다고 생각한다.

> 🔗 아동 A는 자신이 낮잠을 자지 않았기 때문에 아직 오후가 아니라고 생각한다.

10 전인과성 사고

- 논리적으로 원인과 결과를 연결 짓지 못하는 사고가 나타난다.
- 심상이미지와 언어능력이 발달한다.
- 정신적 표상으로 사물을 머리속에 그려보는 능력이 향상되며, 언어 사용 능력이 발달한다.

3 　구체적조작기(Concrete Operational Stage, 7~11세)

1 이론적·논리적 사고 시작

- 원인과 결과의 논리적 관계를 이해하며 인과적 개념을 획득한다.
- 문제해결 과정에서 직관보다는 논리적 조작이나 규칙을 적용한다.
- 가역적인 사고가 가능하다.

2 보존개념(Conservation) 획득

- 물질의 양, 수, 길이, 면적 등이 외형이 변해도 보존된다는 것을 이해한다.
- 모든 영역에서 동시에 보존개념을 나타내지 않는데 과제의 형태에 따라 조작의 획득시기가 달라지는 현상인 수평적 격차(horizontal decalage)를 보인다.

3 다중 유목화와 분류화(Classification) 가능

- 사물을 공통의 속성에 따라 분류할 수 있다. 상위유목과 하위유목 간의 관계를 이해한다.

4 서열화(Seriation) 가능

- 키, 무게 등의 속성에 따라 항목을 순서대로 배열할 수 있다. 두 가지 이상의 속성에 따라 대상을 비교해서 순서대로 배열이 가능하다.

5 탈중심화(decentration) 경향

- 자기 중심적 사고에서 탈피한다.
- 타인의 입장, 감정, 인지 등을 추론하고 이해한다.
- 자기중심적 사고에서 벗어나 다른 관점을 고려할 수 있다.
- 자신의 조망과 타인의 조망을 구분할 수 있다.(셀만의 타인조망수용 단계 참고)

4 형식적조작기(Formal Operational Stage, 11세 이상)

- 조작적 사고가 가능하다.
  - ✓ 조작적 사고: 조작은 과거의 경험을 바탕으로 실제 상황이 아니더라도 결과를 예측하고 상상하는 능력을 말한다.
- 구체적 사실이 없어도 가설 · 연역적 추론 능력이 발달한다.
- 추상적이고 가설적인 사고가 발달한다.
- 체계적인 사고 능력, 문제해결능력이 발달한다.
- 사회적 규범과 가치관을 이해한다.
- 예술작품에 내재한 상징의 의미를 이해한다.
- 이상주의적 사고와 미래 가능성에 관한 사고가 가능해진다.

🔍 틀린 문장

- 형식적 사고가 구체적 사고로 전환된다. → 구체적 사고가 형식적 사고로 전환된다.
- 청소년은 주로 구체적 경험에 근거해 사고한다. → 청소년은 주로 형식적 사고를 한다. 7-11세 시기인 아동기에 구체적 조작기에 근거해 사고한다.

04 | 비고츠키(L. Vygotsky)의 인지발달이론

1 기본개념

1 근접발달영역(ZPD:Zone of Proximal Development)

- 혼자서 성취하기는 어렵지만 유능한 타인의 도움으로 성취 가능한 것의 범위이다.
- 아동이 스스로 해결할 수 있는 과제와 성인의 도움을 받아 해결할 수 있는 과제 사이의 영역이다. 이는 잠재적으로 아동이 도달할 수 있는 발달 수준을 나타낸다.

2 발판화(scaffolding)

- 더 능력 있는 또래나 교사가 학습 지원을 위해 제공하는 임시적인 도움을 말한다.
- 초기에는 지원을 많이 해주다가 독립적으로 아동이 과제를 해결할 수 있게 되면 점차 지원을 줄여간다.

> 🔗 진수가 선물로 받은 퍼즐을 잘 맞추지 못하고 있자, 옆에 있던 아빠가 "모퉁이부터 맞추어보면 좋지 않을까?" 라고 말하면서 모서리에 해당하는 조각 하나를 진수 앞에 두었다. 그러자 진수는 점차 모서리 조각을 스스로 찾아서 퍼즐을 맞출 수 있게 되었다.

3 상호작용과 사회문화 경험

- 지식은 사회적 상호작용(유도된 참여, 유도된 학습)을 통해 내면화 된다.
- 인지발달에 미치는 사회문화적 영향을 강조한다.
- 인지발달 단계의 순서는 사회문화적 경험에 따라 달라진다.

4 사적 언어(내적 언어)

- 아동의 혼잣말은 문제해결능력을 조절하는 인지적 자기 안내 체계이다.

5 언어와 사고

- 언어는 인지발달에 중요한 역할을 한다.

- 유아는 혼잣말(private speech,사적언어)을 통해 자신의 사고를 정리하고 촉진한다.

- 유아는 적절히 어려운 과제를 수행할 때 혼잣말을 많이 사용한다.

- 유아는 외적 언어에서 내적 언어로 전환하는 과정에서 혼잣말을 사용한다.

🔍 **틀린 문장**

인지발달을 촉진하는 방법에는 발판화(scaffolding)와 수평적 격차가 있다. → 수평적 격차는 피아제 주장이다.

05 애착이론

- 할로우(H. Harlow)는 애착 형성에 신체접촉이 중요하다고 주장한다.
- 볼비(J. Bowlby)는 애착형성을 본능적 반응의 결과로 설명한다.
- 볼비(1969)는 애착의 발달단계를 전 애착단계 → 애착형성단계 → 애착단계 → 상호관계의 형성단계로 구분했다.
- 에인스워스(M. Ainsworth,1978)는 '낯선상황 실험'을 고안하여 애착에 관한 연구를 하였다.
- 애착은 영아와 주양육자 간에 형성되는 친밀한 정서적 유대감이다.
- 애착의 대상이 어머니에 국한된 것은 아니다. 영아는 어머니 외에 다른 대상에게도 동시에 애착을 형성할 수 있다.
- 영아의 신호에 대한 양육자의 민감성과 반응성은 애착 형성에 중요하다.
- 애착을 형성하기 위해서는 대상영속성이 획득되어야 한다.
- 분리불안은 영아가 애착 대상에게서 떨어질 때 나타나는 불안반응이다.
- 낯가림과 분리불안을 통해 영아가 주양육자와 애착을 형성했음을 알 수 있다.
- 내적작동모델(internal working model)은 아동의 대인관계에 대한 지표 역할을 한다.
- 주양육자가 아동의 기질을 고려하여 적절하게 양육한다면 아동의 까다로운 기질이 반드시 불안정 애착으로 이어지는 것은 아니다.
- 에인스워스(M. Ainsworth)는 애착형성을 4가지로 분류하였다.

1 안정 애착

- 안정애착 아동은 사회적 기술이 우수한 편이다.
- 안정애착은 아동의 사회정서발달에 긍정적인 영향을 준다.

> 🔗 낯선 상황 실험에서 어머니를 안전기지로 삼아 환경을 탐색하며, 주위의 환경을 탐색하기 위해서 어머니로부터 쉽게 분리된다. 어머니가 실험실 밖으로 나가면 울기도 하지만 대안적인 위안을 찾고, 어머니가 돌아오면 영아는 울음을 멈추고 어머니를 반기며 적극적으로 접촉하고 쉽게 편안해한다.

- 안정애착을 보이는 영아의 양육자는 자녀의 신호와 욕구에 민감하고 일관되게 반응하는 특성을 보인다.

- 주양육자의 비일관적 양육행동은 불안정애착을 야기할 수 있다.
- 회피애착과 저항애착은 모두 불안정한 애착이다.

1 　(불안정)회피애착

- 유아는 낯선상황에서도 어머니를 찾는 행동을 보이지 않으며, 어머니가 돌아와도 다가가려고 하지 않는다.
- 어머니와의 이별에 무관심할 뿐만 아니라 어머니가 돌아와도 품속에 안기기를 회피하는 아이의 경우다.
- 어머니에게 신뢰를 가지고 있지 않으며, 어머니를 낯선사람과 유사하게 생각한다.

1 회피애착 엄마의 특징

- 어떤 엄마들은 자신의 아기를 거부하고 완고하고 자기중심적인 태도를 갖고 있거나 아기에게 끊임없이 간섭하고 과도한 자극을 주며 통제할 수 없을 정도의 자극을 퍼붓는 어머니들이다.
- 회피애착 아동은 주양육자와 분리될 때 저항이 거의 없다.

2 　(불안정)저항애착(양가애착)

> 🔗 "부모님을 생각하면 아직도 화가 난다. 나를 따듯하게 돌봐주지 않으셔서 나는 아직도 사랑에 목이 마르다. 다른 사람이 나를 진정으로 사랑해주지 않는 것 같다. 나는 이것 때문에 걱정이 되고 스트레스를 받는다. 나는 상대방에게 가까이 가려 하지만 이러한 나의 행동은 상대방을 달아나고 싶게 만들기도 한다."

- 저항애착아는 주양육자에게 양가적 태도를 보인다.

1 저항애착(양가애착) 엄마들의 특징

- 양육태도가 비일관적이다. 자녀의 요구를 무시하다가 기분이 좋을 때만 들어주는 식으로 반응한다.

3 　(불안정)혼란애착

- 엄마와 재회 시 어찌할 줄 몰라 당황하는 반응을 보인다.
- 재결합 상황에서 나타나는 유아의 접근회피(멍한태도) 반응은 심리적 갈등을 반영한다.
- 엄마에게 접근해야 할지 혹은 안전을 위해 엄마를 피해야 할지 갈등상태에 놓여서 몸이 얼어붙는다.

1   혼란 애착 엄마들의 특징

- 심한 우울증에 걸린 엄마들이다.
- 아기를 원치 않았던 경우의 엄마들이다.
- 아기를 무시하거나 신체적으로 학대한 엄마들이다.

🔍 틀린 문장

- 회피애착아는 주양육자에 대한 분리불안이 높다. → 회피애착은 부모의 정서지지 없이 지내는 것을 학습한다.
- 볼비(J. Bowlby)는 낯선 상황 실험을 고안해 애착을 측정하였다. → 에인스워스
- 할로우(H. Harlow)는 새끼조류의 행동을 연구해 각인 개념을 제시하였다. → 로렌츠
- 할로우(H. Harlow)는 영아가 수유욕구를 충족시켜주는 사람과 애착을 형성한다고 보았다. → 수유보다 접촉 위안이 중요함
- 회피 애착 유형의 영아는 부모를 갈망하면서 동시에 거부하는 양면성을 보인다. → 저항애착
- 할로우(H. Harlow)는 원숭이 연구를 통해 수유가 애착형성과정에서 중요함을 밝혔다. → 헝겊어미 접촉 위안 중요
- 비사회적 애착 단계의 아동은 일차 애착 대상뿐만 아니라 다른 사람과도 애착을 형성한다. → 애착 형성 전
- 불안정-회피애착 아동은 주양육자에게 과도한 집착을 보인다. → 불안정-저항애착(양가애착)

📝 쉐퍼와 에멀슨(Schaffer & Emerson)의 애착발달 단계

- 비사회적 → 비변별적 → 특정인 → 다인수 애착의 순서로 나타난다.
- 특정인 애착 단계에서 영아는 낯선 사람을 두려워하고 경계한다.
- 비사회적 단계는 출생 후 대략 6주까지이다.
- 다인수 애착 단계에서 영아는 주양육자 외의 다른 사람과도 애착을 형성한다.

시기		특성
출생 - 6주	비사회적 단계	• 아기는 사람이나 물체 등에 특별한 반응이 없다. • 출생 직후에는 미소 짓기를 통해 전적인 호의적 반응을 나타내지만 생후 4-5주 무렵부터는 사회적 영향력을 발휘하는 미소를 짓기 시작한다.
6주 - 6, 7개월	비변별적 애착단계	• 사람들과 자주 미소짓고 사람과 사회적 자극을 좋아한다. • 사람과 떨어지는 것을 싫어하고, 혼자 남겨두거나 바닥에 내려놓는 것을 싫어한다.
7 - 9개월	특정인 애착단계	• 자극과 음성을 구별하여 애착 발달한다. • 아기는 특정한 사람이나 낯선 사람을 두려워하고 경계한다. • 주양육자와 떨어졌을 때 저항·불안 증세를 보이며 낯가림이 시작된다.
9개월 이후	다인수 애착단계	• 생후18개월 정도가 되면 주된 양육자가 아닌 타인에게도 애착을 보이기 시작한다. • 주 양육자 외에 다른 사람, 즉 아버지, 형제자매, 할아버지, 할머니 등에게도 애착을 형성한다.

🔍 틀린 문장

비변별적 애착 단계에서 영아는 격리에 대한 저항을 나타내지 않는다. → 사람과 떨어지는 것을 싫어하고 혼자 남겨두는 것을 싫어한다.

06 태내발달

1 태내발달

- 태내기는 난자와 정자가 수정된 순간부터 출생까지의 기간을 말한다.
- 태내발달은 배종기(=배포기,발아기,접합기), 배아기, 태아기로 나뉜다.

1 배종기(발아기)(germinal Period)

- 수정에서부터 수정란이 자궁벽에 착상하기까지 약2주간의 기간이다.
- 수정란의 세포분열은 수정 직후 배포기에 시작된다.

2 배아기(embryonic period)

- 임신 2주부터 8주까지의 기간에 해당한다.
- 심장이 형성되어 뛰기 시작하며 생식기가 형성된다.
- 수정란은 외배엽, 중배엽, 내배엽으로 분화된다.
- 외배엽은 머리카락, 피부 표피, 신경계를 형성한다.
- 중배엽은 근육, 골격, 순환계가 된다.
- 내배엽은 소화계와 폐를 형성한다.
- 태반, 탯줄, 양막, 양수가 발달한다.
- 기형발생물질에 의한 중추신경계 손상에 가장 민감한 시기이다.
- 기형발생 물질에 의한 구조적 기형이 발생할 가능성이 가장 큰 태내 발달단계이다.
- 기형발생물질과 같은 신체발달에 유해한 영향을 미치는 시기는 신체기관에 따라 다르다.
- 기형발생물질에 노출된 물질의 양에 따라 효과가 다르다.
- 기형발생물질로 인한 이상증상이 출생 초기에는 효과가 나타나지 않다가 수년 후에 나타날 수 있다.

3 태아기(fetal period)

- 임신 2개월(8주)부터 출생까지의 시기이다.
- 임신 28주경이 되면 태아는 자궁 밖에서 생존 가능하다.
- 태아기 동안 실제로 필요한 뉴런보다 훨씬 더 많은 뉴런이 생성된다.
- 중추신경계가 빠르게 발달하는 시기이다.
- 임신 3개월에는 팔, 다리, 손, 발의 형태가 나타난다.
- 임신중기인 4 ~ 6개월에는 손가락, 발가락, 피부, 지문, 머리털이 형성된다.
- 산모가 태동을 느낄 수 있다.
- 임신 후기에 지방층의 발달로 태아의 체중이 급격히 증가한다.
- 임신 초기인 1~3개월에 약물을 남용하는 경우 태아에게 큰 영향을 미친다.
- 알코올 중독을 가진 산모의 태아는 출생 후 정신지체, 과잉행동 등의 문제를 보일 수 있다. 산모의 과도한 음주는 태아 알코올 증후군을 유발할 수 있다.
- 산모의 흡연은 저체중아 출산 가능성을 높인다.
- 라누고(lanugo)는 태아의 신체를 덮고 있는 가는 털을 말한다.

07 신생아(생후 1개월 이내)

1 신생아 반사행동

- 반사행동은 선천적이고 자동적인 반응이다.
- 원시반사 행동을 보인다.
  ✓ 원시반사 : 중추신경의 본능적 반사작용으로 종류에는 모로반사, 근원반사, 바빈스키 반사, 잡기반사 등이 있다.
- 잡기반사(파악반사)는 손바닥에 어떤 물건을 쥐어주면 꼭 쥐는 반응을 보인다.
- 모로반사는 큰 소리가 나거나 머리의 위치가 변하면 등을 구부리고 팔다리를 앞으로 뻗는 반사행동이다.
- 근원반사는 영아의 입 주위나 뺨 등을 손가락 끝으로 가볍게 찌르면 어머니의 젖을 빨 때처럼 입을 움직이는 반응이다.
- 바빈스키 반사는 신생아의 발바닥을 간지럽히면 발가락을 벌렸다가 오므리는 반사 행동이다.
- 걷기(보행)반사는 발을 바닥에 닿게 하면 걷는 것처럼 두발을 번갈아 떼어놓는 반응이다.
- 펜싱반사는 머리를 한쪽으로 돌리면 머리를 돌린 쪽의 팔은 펴고, 반대 방향은 구부러져 마치 펜싱자세를 취하게 된다.

2 생후 1개월 이내의 신생아 발달 특성

- 끈적거리고 냄새가 없는 태변(태아의 첫 번째 배설물)을 본다.
- 시신경과 망막이 완전히 성숙하지는 않다.
- 색상을 구분하지 못하고 흑백으로 본다.
- 시각이 잘 발달되지 않아 가시거리가 짧다.
- 후각이 발달되어 있다.
- 엄마와 다른 여성의 젖 냄새를 구분한다.
- 쓴맛, 단맛, 신맛을 구별한다.
- 단순한 소리의 크기와 음조를 구분한다.
- 사람의 목소리와 같은 복잡한 소리를 선호한다.
- 감각 중 시각은 비교적 덜 발달된 상태에서 태어난다.
- 시각은 감각 중 가장 늦게 발달하며 신생아의 가시거리는 약 20~30cm 정도이다.
- 신생아는 정지된 것보다 움직이는 물체를 더 선호한다.

- 판츠(Fantz)의 실험에서 신생아는 직선보다는 곡선을 선호하는 것으로 나타났다.

- 갑작스럽고 강렬한 소음에 모로반사(Moro reflex)를 보인다.

- 신생아는 머리 크기가 성인 머리의 약 25%이며 머리부터 발달한다.

3 신생아·영유아 검사

1 아프가(Apgar) 척도

- 신생아의 건강상태를 검사하기 위한 것으로, 출생 후 바로 실시한다.

- 검사내용은 심장박동률, 호흡, 근육 강도, 피부색, 반사민감성이다.

- 피부색(Appearance), 심박동 수(Pulse), 자극에 대한 반사(Grimace), 근긴장도(Activity), 호흡능력(Respiration)

- 신생아 생후1분, 5분후 총 2회 검사한다.

2 덴버(Denver) 발달선별검사

- 생후 1개월에서 6세까지 발달장애 조기 선별 검사이다.

3 베일리(Bayley) 영아발달검사

- 생후 1개월부터 42개월까지 현재 발달기능 측정하고 지적능력, 운동능력, 행동특성을 비교하여 발달지연에 대한 치료 계획을 위한 검사이다.

4 게젤(Gesell) 발달검사

- 발달검사 중 가장 오래된 검사로 적응, 운동, 언어 및 사회적 행동의 4가지 범주로 구성되었으며 +, - 로 채점한다.

4 카텔(Cattell) 영아척도

- 2 - 30개월 영유아 지능 측정 척도이다.

08 영아기(생후1개월 - 24개월 미만)

1 영아기 발달 특징

- 일생에서 신체적 성장이 가장 빠른 속도로 이루어지는 시기로서 제1성장급등기에 해당한다.

- 몸무게는 생후1년 이내에 2 ~ 3배 정도 증가하며, 남아가 여아보다 조금 더 나간다.

- 대체로 다리, 발을 능숙히 사용하기 전에 머리, 목의 통제가 가능하다.

- 습관화 절차로 영아기 학습능력을 관찰할 수 있다.

  ✓ 습관화 절차: 반복적으로 제시되는 자극에 주의를 덜 기울이고 반응이 감소하는 현상이다.

- 생후 3 ~ 6개월 된 영아는 뒤집기를 한다.

- 영유아 시기에 대근육과 소근육이 급격히 발달한다.

- 영아기 대근육 운동발달 순서의 예시로는 가슴을 든다 → 받쳐주면 앉는다 → 의자를 잡고 일어선다 → 계단을 오른다.

- 목적의식을 가지고 '만지고 싶은 물건에 도달하기'와 같은 목표가 운동기술의 발달에 영향을 미친다.

- 영아는 능동적으로 기존의 운동기술을 새롭고 복잡한 운동체계로 재조직한다.

- 운동발달의 역동적 체계이론에 의하면 운동기술은 분리된 능력들이 합쳐진 하나의 체계이다.

- 감각 중 시각이 가장 늦게 발달한다.

- 생후 3 ~ 4개월의 영아는 성인 수준으로 색깔을 구분할 수 있다.

- 볼 수 있는 거리도 늘어 멀리 있는 물건을 볼 수 있다.

- 대략 5개월이 지나면 눈으로 보는 것을 잡을 수 있는 협응기능이 발달하기 시작한다.

- 깊이 지각은 만 1세 이전에 발달한다. 예시로는 워크와 깁슨(Walk & Gibson)의 시각벼랑(Visual Cliff) 실험에서 6~7개월 된 영아는 깊이를 지각하는 것으로 나타났다.

- 만 3개월된 영아는 언어의 음소를 변별할 수 있다.

- 젖니(유치)는 생후 6 - 8개월에 나기 시작한다.

> 🔍 **틀린 문장**
> - 생후 1주된 신생아는 지연모방을 할 수 있다. → 생후 9개월경이면 지연모방이 가능하다.

09 유아기(생후1년-6세)

1 유아기 발달 특징

- 성안정성을 획득한다.
- 언어의 과잉일반화 현상이 나타난다.
- 근원(proximodistal) 발달 즉 몸통의 발달이 이루어진 후 팔다리 그리고 손발의 순서로 발달이 이루어지는 것과 같이 신체 중심에서 말단 방향으로 발달이 이루어진다.
- 두미(cephalocaudal) 발달 즉 머리頭 꼬리尾 머리에서 꼬리(발끝) 방향으로 신체 운동 발달이 이루어진다.
- 두미발달과 협응발달이 함께 이루어진다. 예시로는 뒤집기 → 머리들기 → 배밀이 → 네발기기 → 짚고 일어서기 → 걷기
- 유아기 소근육 운동이 발달한다.

> 🔗 물건을 손으로 잡는다 → 직선과 원을 따라 그린다 → 직선을 따라 가위질을 한다 → 신발끈을 혼자 묶는다 → 물건을 향해 팔을 휘두른다 → 손바닥으로 물체를 잡는다 → 엄지와 검지를 이용해 작은 물체를 잡는다

- 젖니(유치)가 위아래 각각 10개씩 총 20개가 난다.

CHAPTER 10 | 아동기(6세 - 11세)

1 아동기 발달 특징

- 아동기는 유아기보다 협응능력이 더 발달한다.
- 뇌의 성장급등에 따라 뇌의 무게도 급격히 증가한다. 뇌의 무게가 성인의 90 - 95%에 달한다.
- 젖니(유치)가 빠지기 시작한다.
- 심리적 특성으로 자신을 묘사한다.
- 아동전기는 심리적 특성을 구분한다.
- 내재적 감정이 외적 행동으로 그대로 표출된다고 생각한다.

CHAPTER 11 신체 운동 발달

1 청소년기 신체 발달

- 사춘기가 오는 시기는 청소년의 발달에 영향을 미친다.

- 청소년들의 신체발달에는 개인차가 있다.

- 개인의 발달 속도의 차이는 있지만 순서는 동일하다.

- 청소년의 성장급등은 남학생보다 여학생에게서 먼저 나타난다.

- 청소년의 성적 성숙은 그 시기에 있어서 개인차를 보인다.

- 요즘 청소년들이 과거 청소년들보다 성장이 더 빠르다.

- 남성호르몬(테스토스테론)과 여성호르몬(에스트로겐) 남녀 모두에게서 발견된다.

- 호르몬의 상대적 양의 차이에 따라 남성과 여성의 특징이 나타난다.

- 남자 청소년은 테스토스테론을 포함한 안드로겐이 신체부위의 성장을 촉진하고 남성 고유의 체격을 형성시킨다.

- 여자 청소년은 에스트로겐과 프로게스테론이 분비되어 자궁 발달 등 2차 성징이 발달한다.

- 뇌하수체는 내분비선을 통제하고 성장호르몬을 생산한다.

- 프리래디컬(free radicals)은 신체노화를 촉진한다.

- 마라스무스(marasmus)는 빈곤, 식량 부족 등으로 에너지 및 다량의 영양소가 부족해서 생기는 질병이다.

🔍 틀린 문장

- 운동기술의 빌딜은 유전이 전적으로 결성한나. → 게셀(Gesell)의 성숙이론에 의하면 타고난 유전적 요인에 의해 성장과 발달이 이루어진다. 발달속도의 개인차는 유전적 기제의 차이에서 비롯된다.
- 여자 청소년보다 남자 청소년에게 성장급등(growth spurt)이 더 일찍 일어난다. → 남자청소년 14세, 여자청소년 12세에 성장급등을 경험한다.
- 모든 여자 청소년들은 첫 생리를 하자마자 임신이 가능하다. → 모두X
- 청소년기에는 뇌의 발달이 두드러져 뇌의 무게가 크게 증가한다. → 2세 때 성인 무게의 75%, 5세 때 성인의 90%에 육박하게 성장한다. 즉 뇌 무게 증가는 유아동 시기에 크게 증가한다.
- 여학생의 사춘기 발달에 큰 영향을 미치는 호르몬은 테스토스테론이다. → 에스트로겐과 프로게스테론이다.

12 정서 발달

1 정서 발달

- 기쁨, 분노, 공포 등의 일차 정서는 영아기 초기에 나타난다.

- 1차 정서란 영아의 선천적 기본정서로서 기쁨, 분노, 공포, 혐오, 슬픔, 놀람 등이 포함된다.

- 자신을 인식하게 되면서 자의식적 정서가 나타난다.

- 출생 직후부터 2세 이전에 분화되어 월령의 증가에 따라 정서 표현 방식과 타인의 정서를 이해하고 자신의 정서를 규제할 수 있게 된다.

- 자아의 인식 이후에 이차 정서가 나타난다.

- 수치심과 죄책감은 2차 정서이다.

- 2차 정서는 생후 18개월 이후 관찰가능하다. 자기 인식과 자신의 행동을 평가하는 능력이 요구되는 정서이기 때문에 자기의식적 정서라고 표현되기도 한다. 얼굴 표정뿐만 아니라 독특한 신체의 동작이나 자세를 동반한다. 예를 들면 수줍음은 얼굴과 몸을 아래쪽 안쪽으로 향하게 숨으려는 자세와 같다. 이차정서에는 당황, 수치심, 죄책감, 질투, 자긍심 등이 있다.
  - ✓ 자기 인식: 아동의 코에 빨간 립스틱으로 점을 찍은 다음 거울 앞에 세워 두고, 아동이 이를 알아차리고 닦으려 하는지를 관찰한다. 이는 아동의 자기인식을 측정하기 위한 절차이고, 아동 대부분은 생후(18~24)개월경 성공적 수행을 보인다.

> 🔗 영아들의 코에 립스틱을 묻힌 후 거울에 비친 자기인식 실험(루이스와 브룩스-건의 빨간코 실험)
> 5~8개월은 거울을 보고 웃음
> 9~12개월은 거울 속의 상을 만지려고 손을 뻗음
> 15~17개월은 자기 코를 닦음(거울 속의 '나'라는 관념 획득)
> 18~24개월은 나와 남을 확실히 구별하는 자기인식(=자아인지)을 완전히 획득

- 공포는 위험에 대한 반응으로 나타난다.

- 공포의 대상이 증가하는데 1세가 지난 유아들에게 나타난다. 2세에는 청각적 두려움, 3세에는 시각적 공포 많이 느끼며 개랑 고양이도 무서워하고, 4세가 되면 이유 없이 많은 공포를 느끼고, 4 - 6세 사이에 공포를 많이 느끼고 악몽도 꾼다.

- 연령이 증가할수록 만족지연 능력이 증가한다.
  - ✓ 만족지연: 미래의 더 큰 가치를 위해 현재의 욕구나 만족을 참는 능력을 말한다.

- 영아는 불확실한 상황에서 사회적 참조를 통해 타인의 정서를 해석하는 정서발달을 한다.
  - ✓ 사회적 참조: 상황에 대한 타인의 해석을 이용하여 자신의 해석을 구성하는 과정을 뜻한다.

> 🔗 영아는 낯선 사람을 만났을 때 두려운지 아닌지 애매한 상황을 보다 정확하게 해석하기 위해 믿을만한 사람에게서 정서적 정보를 얻는다.

- 8 - 10개월경부터 타인의 정서 표현을 인식하고 파악하는 능력이 생기고, 낯설고 모호한 상황에서 어떻게 행동해야 할지 결정하기 위해 양육자를 주시하는 사회적 참조를 하기 시작한다. 24개월 즈음이 되면 낯선 사람의 행동까지 사회적 참조를 한다.
- 유아기에는 정서 표현 능력이 급속도로 증가하고 정서 표현 단어의 사용이 증가한다.
- 유아기에는 부정적 정서보다 긍정적 정서를 더 쉽게 이해한다.

2 아동기(6세 – 11세) 정서조절의 발달

- 유아(1세 - 6세)는 사람들이 진짜로 느끼는 정서와 그들이 표현하는 정서를 잘 구별하지 못한다.
- 일반적으로 아동의 정서조절은 외적 규제에서 내적 자기조절로 발달한다.
- 다양한 정서조절 전략을 융통성 있게 사용하는 능력이 증가한다.
- 행동조절 전략에서 인지조절 전략으로 변화한다.
- 부모에게 의지하기보다는 스스로 조절하는 능력이 증가한다.
- 경험하는 정서와 표현하는 정서를 구별하는 능력이 증가한다.
  - ✓ 정서 표출 규칙: 특정 사회나 문화에서 감정을 표현하는 방식과 규범으로 사회적으로 인정된 표출 규칙을 인식하게 되고 특정한 사회적 상황에서 어떤 정서를 표현하고 어떤 정서를 억제하는가에 대해 배우게 된다.

> 🔗 만 7세 수진이는 할머니에게 받은 선물이 속옷인 것을 발견하고 실망스러웠지만 자신의 마음을 억누르고 웃으며 할머니에게 "고맙습니다." 라고 말하였다.

> **📝 틀린믿음과제(거짓믿음과제)(false-belief task)**
>
> "○○이가 a바구니에 과자를 넣고 놀러 나갔어. ○○이가 없을 때 엄마가 와서 과자를 b바구니로 옮겨놓았어. ○○이가 집에 다시 돌아와 넣어두었던 과자를 먹고 싶었어. ○○이는 어떤 바구니에서 과자를 찾을까?"
>
> 이에 대한 대답을 보면 3세 아동과 4~5세 아동에게서 다른 결과를 나타낸다.
>
> 3세 아동의 경우 "b바구니요"하고 대답한다. 아동의 믿음은 현실을 표상하고 과자가 어디에 있는지 알고 있기 때문에 ○○이가 아이의 소망대로 실제 과자가 있는 곳을 찾을 것으로 생각한다. 즉 자신이 알고 있기 때문에 ○○이도 알고 있을 것이라고 믿는다. 4세 아동의 경우 "a바구니요"하고 대답한다.

2세	• 타인의 감정이 자신과 다르다는 것을 조망하기 시작한다
3세	• 타인이 현실의 사실이 아닌 믿음을 가질 수 있음을 이해하지 못한다. • 타인의 긍정 정서 이해는 성인 수준이지만 부정 정서 이해는 서툴다. 사람이 진짜 느끼는 정서와 표현하는 정서를 잘 구분하지 못한다.
4세	• 만4세 때 마음이론 발달의 중요한 분기점으로 틀린 믿음에 대한 이해가 가능하다.
5세	• 타인이 사실이 아닌 믿음을 가질 수 있음을 이해한다.

🔗 한울이는 친구 민수가 자신과 다른 생각을 가질 수 있고, 자신이 아는 것을 민수가 모를 수 있다는 사실을 이해한다.

- 거짓(틀린) 믿음 검사를 활용한다.
  - ✓ 거짓(틀린) 믿음: 주어진 상황에서 진실이 아닌 하나의 사건을 진실이라고 믿는 것으로 틀린 믿음을 이해한다는 것은 마음의 표상적 특징을 이해하여 마음이론을 이해한다는 것을 의미한다.

- 내적 욕구와 바람이 행동을 결정한다는 사실에 대한 이해는 2세 경에 발달한다.

- 형제가 있는 아동은 없는 아동보다 틀린믿음을 더 잘 이해한다. 왜냐면 형제자매끼리 속임수로 장난을 치거나 서로의 입장을 고려해야 하는 상호작용이 많기 때문이다.

- 부모와 대화가 풍부한 아동은 틀린믿음을 잘 이해한다.

- 언어 능력과 가상놀이는 마음이론의 발달에 영향을 준다.

- 타인의 욕망과 행위 사이의 연결을 이해할 수 있다.

- 마음이론의 발달에는 생물학적 요인이 작용한다.

- 자폐스펙트럼장애를 가진 아동의 사고특성을 보여준다.

- 생물학적 요인으로 인한 자폐스펙트럼 장애의 경우 타인에게 무관심하고 사회적 단서를 이해하는 데 제한이 있다.

4 공동주의(joint attention)

- 타인이 바라보는 곳과 동일한 방향으로 따라 보는 것이다.

- 생후 3개월 이전에는 나타나지 않는다.

- 공동주의 능력은 영유아기에 발달이 시작되며 가리키기, 눈맞춤, 주기, 응시하기 등이 포함된다.

- 상대방의 마음을 이해하는데 중요하다.

- 타인의 주의적 관계에 대해 이해할 수 있어야 한다.

- 사회적 상호작용에 관여할 수 있어야 한다.

- 의도적으로 자신의 주의를 조절할 수 있어야 한다.

- 공동주의를 더 많이 하는 아동이 언어발달이 더 빠르다.

- 자폐와 같은 장애는 타인과의 상호작용이 어려워 공동주의 능력이 결여되어 있다.

🔍 틀린 문장

- 일차 정서는 학습으로 인해 나타난다. → 1차 정서는 선천적이다.
- 연령이 증가함에 따라 정서 자극에 대한 반응 강도가 증가한다. → 영아기말이 되면 자신의 감정을 숨기는 것이 필요하다는 것을 알게 되어 사회적 참조를 하며 부정적 반응을 감소시키고 긍정적 정서반응을 증가시킨다.
- 틀린믿음에 대한 이해는 6세 경에 발달한다. → 틀린믿음에 대한 이해는 4-5세경 발달한다.

CHAPTER 13 | 언어 발달

1 영유아기 언어 발달 특징

- 0 - 3개월 영아는 욕구를 울음으로 표현한다.

- 울음 이외에 즐거운 소리(쿠잉)을 만들어내고 듣는다.

- 4 - 6개월 영아는 쿠잉에서 옹알이로 진행된다.

- 목울림, 옹알이, 울음 등은 전언어(prelinguistic) 단계에서 나타난다.

- 옹알이가 확장되어 대화처럼 이루어진다.

- 옹알이에 대한 부모의 강화는 영아의 모국어 습득을 촉진시킨다.

- 7 - 12개월 영아는 주로 접하는 성인의 억양을 통해 기분을 알아챈다.

- 수용언어는 표현언어보다 먼저 발달한다.

   ✓ 수용언어: 언어를 이해하는 능력이다.

   ✓ 표현언어: 자신의 생각과 감정을 단어와 문장으로 말하거나 표정이나 제스처로 표현하는 능력이다.

- 대부분의 영아는 어휘 이해 능력이 어휘 표현 능력보다 먼저 발달한다.

- 단어의 의미를 지나치게 제한적으로 사용한다. 예를 들어 "엄마", "물"

- 18개월부터 단어습득의 속도가 급격히 증가하는데 만 2세경에 250 - 300개의 단어를 이해할 수 있다.

- 2세(24 - 36개월)에 이어문 단계에서 전보식(telegraphic) 언어가 나타난다.

   ✓ 전보식 언어: 명사, 동사 위주로 구성된 문장, 조사와 접속사는 생략된 경우가 많다. 예를 들어 "아빠 공 던져", "동생 밥 먹어"

- 2세(24 - 36개월)에 단어의 의미를 과잉축소하거나 과잉확장하여 사용한다.

   ✓ 과잉확장: 단어가 가진 원래의 의미보다 확대해서 사용하는 현상으로 예시로는 움직이는 동물들을 모두 '멍멍이'라고 부른다, 아빠를 모든 남성에게 적용하여 부른다.

   ✓ 과잉축소: 단어가 가진 원래의 의미보다 좁은 의미로 축소해서 사용하는 현상으로 예시는 아기는 자신의 동생에게만 적용해서 부른다.

> 🔗 양육자가 고양이를 가리키며 "야옹이"라고 말했을 때, 영아는 자신이 본 고양이와 다르게 생긴 고양이는 "야옹이"라고 부르지 않는다.

- 유아는 문법적 형태소를 획득하면서 구사하는 말의 길이가 길어진다.

• 24 - 36개월 영아에게 과잉일반화 현상이 나타난다.

　✓ 과잉일반화: 자신이 배운 문법 규칙이나 단어의 의미를 다른 언어의 사용에 그대로 적용함으로써 나타나는 오류다. 예를 들어. '엄마가를 배운 후 인형이가', '안'을 배운 후 '안 먹었어. 안 예뻐. 안 맛있어. 안 걸었어'

　🔗 만 3세 아동이 주어 뒤에 조사 '가' 를 붙이는 규칙을 학습한 후, "곰가 꿈에서 나를 따라왔어요." 라고 말하였다. 이러한 현상을 과잉일반화라 하며 언어 발달이 단순히 모방과 강화에 의한 것이 아님을 제안하는 것이다.

• 유아는 문법규칙을 적용하는 과정에서 예외 상황에도 문법규칙을 과잉 적용한다.(go - goed - went)

• 사람들의 말이나 억양을 모방한다.

• 언어발달의 구성요소인 음운(철자발달), 형태소(의미를 가진 최소 단위), 의미, 구문이 발달된다.

• 구문론(문장의 구조와 구성)적 지식이 발달한다.

• 언어에는 문법이 있으며 의미 있는 절이나 문장을 구성하기 위하여 단어들을 결합하는 문법 규칙을 사용한다.

• 화용론적 지식이 발달한다.

　✓ 화용론적 지식: 사회적 맥락에서 듣는 이의 욕구에 맞게, 상황에 맞게 말을 사용하는 능력이다.

　🔗 6세 지민이가 3세 동생에게 새로운 게임을 설명할 때 동생 수준에 맞추어 말하다.
　의사소통을 효율적으로 하기 위해서 언어가 어떻게 사용되어야 하는지에 대한 규칙을 알아야 한다.

• 2세경부터 유아는 효율적인 의사소통을 위해 언어뿐만 아니라 상대방의 나이, 성, 사회적 지위 또는 상황 조건에 맞추어 자신의 언어 표현이 조정가능하다.

• 3 - 4세경의 아동은 대화 상대방과 공유하는 부분을 이해할 수 있고 간접적인 요청이 가능하다.

• 4 - 5세가 되면 간접적인 표현을 사용할 수 있고, 상대방의 관점이나 역할을 점점 더 이해할 수 있다.

• 5세 이후의 아동은 자신이 실제 의도했던 것과는 다소 다른 표현을 할 수도 있고 설명을 하거나 자신의 행동이나 말을 정당화하려는 의도를 표현하는 것이 가능하다.

- 스키너(B. Skinner)는 조작적 조건형성과정의 강화원리에 의해 언어발달이 이루어진다고 보았다.

- 반두라(A. Bandura)는 강화와 관찰을 통한 모방에 의해 언어가 발달한다고 보았다.

- 촘스키(N. Chomsky)는 선천적으로 언어습득장치LAD(Language Acquisition Device)를 지니고 태어난다고 가정한다.

  비록 문화적 환경이 다르더라도 다양한 문화권에 속한 아동들이 범하는 문법적 오류나 언어 발달 과정은 매우 유사하며 보편 문법(universal grammar)적 지식을 타고났다고 주장하였다.

  ✓ 보편 문법: 모든 언어의 요소나 특성이 되는 원리, 조건과 규칙의 시스템을 말한다.

- 브루너(J. Bruner)는 아동의 언어발달에 기여하는 부모 역할을 언어습득 지원체제(LASS: Language Acquisition Support System)라고 하였다. 즉 아동의 언어발달에 기여하는 것이 부모의 역할이라고 주장하였다.

- 르네버그, 레너버그(E. Lenneberg)는 언어발달 단계와 운동발달 단계가 거의 동시에 진행되며, 즉 언어획득의 선천성을 지니고 있다고 주장하였다. 인간이 언어를 습득하는 데는 특정 한 시기가 존재하며, 이 시기를 지나면 언어 습득이 어려워진다고 주장하였다. 레너버그가 말하는 결정적 시기는 사춘기 이선(약 12~13세까지)이다. 사춘기가 지나면 좌뇌(언어 담당)와 우뇌의 기능이 고정화(lateralization) 되면서 새로운 언어 습득이 어려워진다고 주장하였다. 사춘기 이전의 아동들은 2개 이상의 언어를 동시에 쉽게 획득할 수 있다고 하였다.

- 피아제(Piaget)는 생물학적 요인과 인지발달 요인 그리고 언어적 환경이 상호 작용하여 언어 발달에 영향을 준다고 주장하였다. 언어발달이란 사고발달에 뒤따라 이루어진다고 주장하며 아동이 진정한 의미로 언어를 사용할 수 있는 능력은 자기중심적인 사고에서 벗어나는 때가 되어서야 진정으로 사회화된 언어가 발달된다고 보았다.

- 비고츠키(Vygotsky)는 화용론적 관점으로 사회적 상호작용이 중요하다고 주장하며 성인과의 사회적 상호작용이 언어발달에 기여한다고 강조하였다.

- 모우러(Mowrer)는 스키너의 이론을 확대시켜 어린이가 내는 소리 자체가 2차 강화물(secondary reinforcers)이기 때문에 성인의 강화가 계속적으로 필요하지는 않다고 주장하였다.

14 청소년기 발달

1 청소년기 발달

- 급격한 신체 발달과 성적 성숙이 일어난다.

- 신체상(body image)은 자아존중감에 영향을 미친다.

- 조숙과 만숙은 성별에 따라 미치는 영향이 다르다.

  ✓ 조숙: 이를 조, 성숙 숙 즉 먼저 성장했다.

  ✓ 만숙: 늦을 만, 성숙 숙 즉 늦게 성장했다.

- 일찍 성숙하는 청소년이 있고 늦게 성숙하는 청소년도 있다.

- 조숙과 만숙은 여아보다 남아의 발달에 더 큰 영향을 준다.

- 나이보다 성숙한 남자 청소년은 적극적, 독립적 성향을 가지고 안정감과 자신감이 있으며, 자아존중감이 높다. 집단 내에서 인기가 있고, 동료들 사이에서 리더 역할을 하는 경우가 많다.

- 늦게 성숙하는 남자 청소년은 더 오랫동안 아동 취급을 받고 조숙한 남자 청소년에 비해 신체적인 열등감으로 인해 심리적으로 불안해하고 안정감이 부족하다. 학습에 대한 열의가 부족하고 주변의 관심을 끌려고 노력하지만 집단 속에서 인기가 없는 편이다.

- 조숙한 여자 청소년은 불안하고 우울한 성격과 낮은 자아존중감을 가지게 되는 경우가 많다. 또래친구와 잘 어울리지 못하고, 인기도 없는 편이다.

- 만숙한 여자 청소년의 경우 활발하고 자신감이 있으며 자기주장이 강한 성격을 지니는 경우가 많다. 친구들 사이에서 인기가 있어 집단 내에서 리더의 역할을 한다.

- 자신의 신체적 이미지에 대해 관심을 갖게 되면서 섭식장애를 보이기도 한다.

- 신장 증가, 성장불균형, 2차 성징이 나타나는데 개인차가 있다.

- 사춘기를 경험하며 2차 성징으로 남성 호르몬인 안드로겐과 여성 호르몬인 에스트로겐이 작용한다.

- 청소년의 성장급등은 11 - 13세 여자가 남자보다 키와 몸무게에서 우세하지만, 이후에는 남자가 여자보다 우세해진다.

15 성인기 발달

성인기는 청년기(19세 - 29세)와 성인중기(중년기, 35 - 65세)를 포함한다.

1 성인 중기의 발달 특징

- (에스트로겐 감소로 인한) 폐경으로 인해 골밀도 감소가 가속화된다.
- 현실에서의 실용적인 문제해결능력이 증가한다.
- 연령이 증가함에 따라 자극에 대한 반응속도가 느려진다.
- 청각 기능이 약화되고 저음보다 고음에 대한 감퇴가 먼저 발생한다.
- 신진대사 지하, 체중 증가, 시력 저하, 신체 기능 이상 후 회복 능력 감소한다.
- 나이가 들수록 남성과 여성 간 성역할 정체성의 차이는 감소하는 경향이 있다.
- 갱년기 현상이 나타나며 남성의 갱년기는 여성의 갱년기에 비해 늦게 시작되어 서서히 진행된다.
- 지혜는 연령이 증가할수록 발달하는 경향이 있다.

2 성인기 인지발달

1 아르린(P. Arlin)의 문제발견적 사고

- 성인기는 문제해결보다는 문제발견의 시기라고 간주한다.
- 피아제의 인지발달단계 중 4단계인 '형식적 조작기' 다음에 '문제발견의 단계'라는 5단계가 있다고 주장하며 창의적 사고, 확산적 사고, 새로운 문제해결 방법의 발견 등이 해당된다.

2 리겔(K. Riegel)과 바센체스(Basseches)의 변증법적 사고

- 리겔(K. Riegel)의 변증법적 사고에서는 모순과 한계를 인식하는 불평형 상태에서 인지발달이 이루어진다고 본다.
- 성숙한 사고가 특징이며 성숙한 사고는 어떤 사실이 진실일 수도 있고 아닐 수도 있음을 받아들이는 것이다.
- 철학에서 변증법이라는 용어를 빌려와 다섯번째 인지발달단계를 변증법적 사고의 단계라고 하였다.
- 변증법적 사고에는 모순과 한계를 인식하는 불평형 상태에서 인지발달이 이루어진다고 보았다.
- 바센체스 역시 성인기의 인지적 성장은 변증법적 사고라고 주장하였다.

3 라부비비에(G. Labouvie-Vief)의 실용적 사고

- 성인기에는 형식적 · 논리적 사고에서 실용적 사고로 전환된다고 보았다.
- 성인기에는 논리적 사고에 덜 의존하게 되고 현실적인 면을 더 많이 고려하게 된다고 하였다.
- 단순히 논리에 기반하거나 문제를 절대적으로 옳고 그른 답을 구하는 것이 아니라 상대적인 방식으로 해결된다는 것을 인식하는 사고방식인 후형식적 사고를 가진다고 주장했다.
- 성인은 여러 대안 중 하나를 선택함으로써 발생하는 제약에 대해 더 잘 알게 된다.
- 불완전함과 타협을 수용하는 사고방식을 습득한다고 주장했다.

4 페리(W. Perry)와 시노트(Sinnott)의 다원론적 사고

- 페리(W. Perry)는 이원적 사고에서 상대적 사고(다원론적 사고)로 옮겨간다고 본다.
- 시노트는 성인기에는 다차원의 세계와 복잡한 인간관계에 직면하면서 인지발달이 이루어진다고 보았다. 또한 지식이란 절대적이고 고정불변이 아니라 상대적이라고 주장했다.

5 샤이(K. Schaie)의 인지발달 5단계(혹은 7단계)

- 습득한 지식을 실생활에 적용하는 단계로 전환한다고 보고, 성인기의 지능의 양적 증가나 감소보다는 사고방식의 질적 변화를 강조했다.

1단계	아동/청소년	습득 단계	정보와 기술 그리고 지식 습득 단계
2단계	성인전기(30대초)	성취 단계	인생 목표를 이루기 위해 지적 능력을 현재의 실생활에 적용하며 직업, 가족을 이룸
3단계	중년기(30 - 40대초)	책임 단계	개인적 목표와 가족 및 사회적 책임을 통합해 일상문제해결
4단계	중년기(40대후)	실행 단계	적합한 기술을 발달시키고 실행
5단계	중년기 후반 초기 노년기	재조직 단계	은퇴 후 삶을 재조직하고 의미있는 일에 시석인 능력 씀
6단계	노년기	재통합 단계	자신의 목적에 초점을 맞추고 가장 의미있는 과업 선택 집중함
7단계	고령 노년기	유언 단계	삶의 마지막 재통합이 완성, 재산 처분, 장례와 유언 등 준비

4단계	획득(습득) - 성취 - 책임(실행) - 재통합
5단계	획득(습득) - 성취 - 실행 - 재통합
7단계	획득(습득) - 성취 - 실행 - 재조직 - 재통합 - 유언

6 크레이머(Kramer)의 후형식적 사고

- 성인기 사고의 특성을 후형식적·조작적 추론에서 찾았다.
- 후형식적 사고를 하는 사람들은 서로 모순되는 사고나 감정 또는 경험을 통합하는 능력이 있고, 지식에 대한
  상대주의적 태도를 취하며, 애증이라는 상반된 감정과 모순을 기본 양상으로 받아들인다.
  - ✓ 후형식적 사고: 상대적 사고, 변증법적 사고를 말한다. 후형식적 사고에서는 사물을 상대적으로 이해하며 상황에 따라 진리
    가 달라질 수 있다고 가정한다.

7 하잔(C. Hazan)과 쉐버(P. Shaver)

- 아동기 애착유형은 성인기 낭만적 사랑 관계에서도 나타난다.
- 볼비의 애착이론은 1980년대 말 하잔과 쉐버에 의해 성인 낭만적 관계로 확장되었다.
- 영아기의 애착의 형태는 상당히 지속적인 영향을 미쳐서 성인이 된 후의 사랑의 관계에까지 반복된다는 것이다.
- 성인의 애착형태에는 안정, 불안정-몰입, 거부-회피, 두려움-회피 등 네 가지가 있다.

8 레빙거(J. Loevinger)의 자아발달이론

- 자아발달 단계를 10단계로 구성했다.
- 각 발달 단계는 특정한 연령과 무관하며 동일한 연령이라도 자아의 발달단계는 다르다.
- 다음 단계로의 이동은 이전 단계의 발달을 완전히 성취 후 가능하다.
- 개인이 각 단계를 이동하는 속도나 도달하는 마지막 단계는 개인차가 존재한다.

9 레빈슨(D. Levinson)의 인생의 사계절(seasons of life) 이론

- 인생(생애)구조란 개인의 인생 기초가 되는 설계를 의미한다.
- 직업, 가족, 관계, 가치관 등 다양한 요소로 구성되며, 시간이 지남에 따라 변화하고 재구성된다.
- 인생주기는 기본적이고 보편적인 양상에 따라 진행되는 출생에서부터 죽음까지의 과정을 의미한다.
- 계절의 환절기처럼 주기마다 전환기가 있고 전환을 겪고나면 안정된 시기를 거친다고 보았다.
- 전환기 개인의 삶의 구조가 재평가되고 재구성되는 시기로, 불안정하고 혼란스러울 수 있다.
- 인생주기를 네 개의 계절(혹은 시대)로 구분한다.
- 성인 초기의 주요 과업은 꿈의 형성과 멘토 관계의 형성이다.
- 성인 초기에 개인이 자신의 미래의 꿈을 형성하는데 직업적 성공, 가족, 개인적 성취 등과 관련될 수 있으며,
  삶의 방향성을 결정짓는 중요한 요소이다.
- 인생(혹은 생애) 구조에는 직업, 가족, 결혼, 종교와 같은 요소들이 포함된다.
- 레빈슨은 인생주기 중 모두 5번에 걸친 전환기(과도기)를 제안한다.
  - ✓ 성인 전기 전환기(17 - 22세), 30세 전환기(28 - 33세), 성인 중기 전환기(40 - 45세), 50세 전환기(50 - 55세), 성인 후기 전
    환기(60 - 65세)

- 여성은 평균수명이 길기 때문에 성인후기의 후기를 경험한다고 하였고, 성역할 구분에 의해 남성보다 여성이 훨씬 더 어려운 삶을 산다고 주장하였다.

1 레빈슨(D. Levinson)의 인생의 사계절(seasons of life) 이론의 성인 발달 단계

- 레빈슨은 성인기의 발달을 크게 네 가지 주요 단계로 나누고, 각 단계마다 전환기와 안정기가 반복적으로 나타난다고 설명한다.

성인초기 (17~45세)	성인초기 전환기(17~22세)	청소년기에서 성인기로 전환하는 시기로, 개인은 자신의 꿈을 형성하고 독립적인 삶을 시작한다.
	성인초기안정기(22~28세)	새로운 삶의 구조를 형성하고, 직업과 관계에서 안정을 찾는다.
	30세 전환기(28~33세)	초기 성인기의 삶을 재평가하며, 꿈과 현실 간의 격차를 인식하고 삶의 구조를 조정한다.
	성인초기후반 안정기(33~40세)	조정된 삶의 구조를 유지하며, 직업과 가족에서 성취를 이루려고 노력한다.
중년기 (40~65세)	중년 전환기(40~45세)	중년기로 진입하며, 삶의 구조를 재평가하고 새로운 목표를 설정한다. 이 시기는 중년의 위기(midlife crisis)로도 불린다.
	중년기 안정기(45~50세)	새로운 삶의 구조를 형성하고, 중년기의 과제에 집중한다.
	50세 전환기(50~55세)	중년기의 삶을 재평가하며, 노년기를 준비한다.
	중년후반 안정기(55~65세)	조정된 삶의 구조를 유지하며, 은퇴와 노년기를 대비한다.
노년기 (65세 이상)	노년 전환기(60~65세)	노년기로 진입하며, 삶의 구조를 재평가하고 새로운 역할을 찾는다.
	노년기 안정기(65세 이상)	새로운 삶의 구조를 형성하고, 노년기의 과제에 집중한다.

10 베일런트의 적응이론

- 아동기의 발달결과가 성인기까지 지속되지는 않는다고 주장하였다.
- 성인 전기와 중기의 삶에서 나타나는 습관이 노년의 삶을 결정한다고 보았다. 즉, 성인 전기와 후기에서 중요한 요소는 대인관계이며, 중년기의 가장 큰 과업은 생의 의미유지라고 보았다.
- 베일런트는 첫째, 고난과 불행에 대응하는 성숙한 방어기제, 둘째, 교육, 셋째, 안정된 결혼생활, 넷째, 금연, 다섯째, 금주(혹은 적당한 음주), 여섯째, 규칙적인 운동, 일곱째, 알맞은 체중을 행복의 조건으로 제시했다.

11 **해비거스트(R. Havighurst)의 성인 발달 단계**

성인전기(18~35세)	배우자 선택, 가족 구성하기, 직업 가지기, 시민의 의무 완수, 취미 맞는 사회 집단 찾기
성인중기(35~60세)	자녀 양육, 여가 활용, 중년기의 생리적 변화를 인정하고 적응, 노년기의 부모에 대한 적응
성인후기(60세 이후)	체력 감소에 대처하기, 은퇴와 수입감소에 대처하기, 배우자의 죽음에 대처하기, 동년배 집단과 유대관계 확고히 하기

3 성인기 성격특성

1 위트본(S. Whitbourne)의 정체감 과정이론

- 가족 간의 친근감 형성이 성인초기 정체감 형성의 가장 중요한 요인으로 보았다.
- 성인들을 정체감 동화에 주로 의존하는 사람, 정체감 조절에 주로 의존하는 사람, 동화와 조절을 모두 활용하는 균형을 이룬 사람으로 구분한다.
- 정체감 동화과정에 의존하는 사람들은 자기에 대한 견해를 변화시키지 않기 위하여 변화를 거부하고 경험에 대한 지각을 왜곡하므로 젊은 세대는 물론 노인 세대의 특성도 이해하려고 하지 않는다.
- 정체감 조절과정에 의존하는 사람들은 사소한 사건이나 경험에 과도하게 반응하고 단지 하나의 상황으로부터 지나치게 광범위하거나 일반적인 결론을 도출한다.
- 동화와 조절을 모두 활용하는 균형 이룬 정체감의 사람들은 성인기 동안 불가피하게 일어나는 변화에 노력하며 보상하는 방법을 발견함으로써 변화가 일어날 때 상실에 적응하고 동화와 조절 간의 타협을 이루며 평형(equilibrium)을 유지한다.

2 하트필드(E. Hatfield)의 두가지 유형의 사랑

- 열정애(passionate love) : 상대방에게 몰두하고, 상대방을 이상화하며, 성적 매력을 느끼고, 생리적으로 흥분되며, 관계에 문제가 생기면 비참해하고, 사랑하는 것과 아울러 사랑받기를 원하는 특징. 갑자기 일어나며 시간이 지나면 식기마련이다.
- 동료애(companionate love) : 서로를 신뢰하고 서로에게 의지가 되어주며, 온정을 느낀다. 오래 지속된다.

4 성인기와 관련된 이론

1 코스타(Costa)와 맥크레(McCrae)의 성격 5요인 모델

- 신경증, 외향성, 개방성, 성실성, 우호성(순응성)의 5가지의 기본적인 성격 차원을 제시하며 5가지 성격차원 모두에서 상당한 정도의 안정성을 발견하였으며, 21세에서 30세 사이에 성격이 완전히 형성되는 것으로 결론지었다.
- 코스타(P. Costa)와 맥크래(R. McCrae)의 5요인 모델에 의하면 성격의 안정성은 아동기보다 성인기에 더 크다.
- 5요인 성격특성에 관한 코스타와 맥크레(Costa & McCrae)의 볼티모어 종단연구 결과에 의하면, 성격은 나이에 따라 변하기보다는 안정적이다.

2 에릭슨의 심리사회적 발달 단계

- 에릭슨은 30세에서 65세 사이에는 생산성을 획득하지 못하면 침체감을 경험한다고 주장하였다.

	에릭슨	에릭슨 덕목	프로이트	샤이	피아제	
유아기 (0-1세)	신뢰감 대 불신감	희망	구강기	습득	0-2세	감각운동기
초기아동기 (1-3세)	자율성 대 수치심	의지	항문기			
학령전기 (3-5세)	주도성 대 죄의식	목적성	남근기		2-7세	전조작기
학령기 (5-12세)	근면성 대 열등감	능력	잠복기		7-12세	구체적조작기
청소년기 (12-20세)	자아정체감 대 역할혼란	충실성	성기기		12세 이후	형식적조작기
성인기 (20-35세)	친밀감 대 고립감	사랑		성취		
중년기 (35-65세)	생산성 대 침체감	돌봄		(중년기)책임→실행		
				(중년기초기노년기)재조직		
노년기 (65세이후)	자아통합 대 절망감	지혜		재통합		
고령노년기				유언		

- 리겔(K. Riegel)은 형식적 사고에서 실용적 사고로 전환된다고 본다. → 라부비비에의 실용적 사고
- 샤이(K. Schaie)는 문제발견의 단계를 제5단계로 본다. → 아르린의 문제발견적 사고
- 아르린(P. Arlin)은 성인기부터 변증법적 사고를 한다고 본다. → 리겔과 바센체스의 변증법적 사고
- 라부비비에(G. Labouvie - Vief)는 인지발달 단계를 습득 · 성취 · 책임(실행) · 재통합으로 제시한다. → 샤이의 실생활 적용하는 4단계(혹은 5,7단계)
- 아르린(P. Arlin): 지식의 습득단계에서 실생활에 적용하는 단계로 전환하는 단계이다. → 샤이의 실생활
- 라부비비에(G. Labouvie - Vief): 성인기는 문제해결보다는 문제발견의 시기라고 간주한다. → 아르린의 문제발견 단계
- 페리(W. Perry): 문제해결과정에서 논리적 사고보다는 실용적 사고를 하게 된다. → 라부비비에의 실용적 사고
- 샤이(K. Schaie): 이원론적 사고에서 벗어나 다원론적인 상대적 사고를 하게 된다. → 페리와 시노트의 다원론적 사고
- 변증법적 사고는 현실적 문제해결 사고에서 가설 연역적 사고로 변화하는 것이다. → 청소년기 가설연역적 사고에서 성인기에 변증법적 사고로 전환된다. → 리겔과 바센체스의 변증법적 사고
- 하트필드의 사랑의 삼각형 이론에 의하면 사랑의 유형은 시간과 함께 변화한다. → 시간이 지나면서 식는 사랑은 열정애 유형의 사랑이다. 동료애 유형의 사랑은 오래 지속된다.
- 위트본에 의하면 성인의 정체감 변화에는 친구가 가장 큰 영향을 미친다. → 위트본은 가족 간의 친근감 형성이 성인초기 정체감 형성의 가장 중요한 요인으로 보았다.
- 레빈슨은 인생주기 중 모두 4번에 걸친 전환기를 설정한다. → 레빈슨은 인생주기 중 모두 5번에 걸친 전환기(과도기)를 제안한다.
- 꿈이나 도전과 같은 인생구조적 요인은 남녀 모두에게 동일하다. → 레빈슨은 모든 성인의 삶이 비슷한 것이라고 생각하지 않고 개인마다 인생구조가 다양할 수 있다고 하였다.
- 전환기에서는 개인의 요구와 사회적 요구를 조화시키며 인생구조를 형성한다. → 개인의 삶의 구조를 '개인이 자신의 삶을 조직화하고 경험하는 방식'으로 정의한다. 이 구조는 직업, 가족, 관계, 가치관 등 다양한 요소로 구성되며, 시간이 지남에 따라 변화하고 재구성된다.
- 레빈슨의 안정기는 삶을 침체시키거나 새롭게 만드는 시기이다. → 안정기는 전환기를 거친 후 새로운 삶의 구조가 안정화되고, 개인이 이를 유지하며 살아가는 시기이다.
- 레빙거는 연령이 같으면 자아발달단계도 같다고 가정한다. → 각 발달 단계는 특정한 연령과 무관하다. 동일한 연령의 성인이라도 자아의 발달단계는 다르다.

16 노년기 발달

1 노년기 인지 발달

- 비관련 정보들의 처리를 억제하는 데 어려움을 겪는다.
- 긍정적 정보에 더 많은 주의를 기울인다.
- 지적능력이 다양한 측면에서 감퇴한다.
- 단기기억이 장기기억보다 더욱 심하게 감퇴한다.
- 어휘력, 일반 상식 등 경험의 축적을 통해 습득된 능력은 유지된다.
- 연령의 변화에 따른 지능의 변화에는 속도요인이 작용한다.
- 유동성 지능은 점차 감소하고, 결정성 지능은 유지한다.
- 반응속도가 둔화되며 지능발달 감퇴가 일어나며 개인차를 보인다.

2 알츠하이머병

- 연령이 증가하면서 발병률이 증가한다.
- 유전 가능성이 있다.
- 초기에 가장 두드러진 증상은 기억력 장애이다.
- 대표적인 노인성 치매이다.
- 일화기억이 노화로 인해 가장 많이 쇠퇴하게 된다.
- 뉴런의 퇴화로 나타난다.
- 서서히 꾸준히 퇴화가 진행된다.

3 노년기와 관련된 사회학적 이론

1 발테스(P. Baltes)의 성공적 노화의 요인 = 보상을 수반한 선택적 최적화 이론

- 노인도 자신이 잘하거나 중요한 목표를 선택하여 집중하면 훌륭하게 성공적으로 늙어갈 수 있으며, 훈련을 통해 특별히 자기가 선택한 과제들을 최적화하고자 노력한다면 다른 부족한 부분을 최대한 보상할 수 있다고 주장한다.

- 노화로 인한 손실을 최소화하고 잠재능력을 최대화하는 과정이다.
- 선택(Selection)은 노인 개인별 요구, 동기, 흥미, 잠재능력 등을 고려하여 선택한 영역에 개인의 자원과 잠재능력을 집중하는 것이다.
- 최적화(Optimization)는 특정 영역에서 수행을 유지하기 위해 예전보다 연습에 더 많은 시간을 투자한다. 개인의 잠재능력을 활성화하고, 선택한 영역에서의 수행능력을 최대화시키기 위한 활동이다.
- 보상(Compensation)은 개인의 신체, 인지 기능이 상실되었을 때 이를 보상하기 위해 외부의 도움을 받는 활동이다. 보상의 방법으로는 타인의 도움 받기, 물리적 도구 사용, 새로운 기술 활용 등이 있다.

2 유리 이론(disengagement theory)

- 유리 이론은 나이가 들수록 사회적 참여가 감소하고 정서적으로 고립될 수 있음을 설명한다.
- 노인과 사회의 상호 철회 과정을 부정적으로 보지 않고 성공적 노화로 본다.
- 노인이 대체로 사회에 유익하지 않기 때문에, 사회는 노인을 사회로부터 분리시키고 개입을 허용하지 않으며, 나이가 들면서 스스로 사회로부터 멀어져 가기를 원하기 때문에 노인의 사회 유리는 사회와 노인 모두에 이롭다는 것이다. 노인이 사회로부터 완전히 유리되어 새로운 평형상태를 회복하면 노인과 사회의 거리는 멀어지고 상호 간에 만족스러운 관계에 놓인다. 이들은 이 이론이 개인마다 유리되는 시기와 스타일상에 약간의 차이는 있을지언정 모든 사회와 모든 문화에 보편적으로 적용된다고 보았다.
- 노인들은 스스로 사회적 활동량을 줄이고, 내면의 성찰에 주력하여 바쁘고 어려운 일상에서 벗어나 평온한 삶을 살아간다는 것이다. 하지만 어떤 경우에는 노년기에 자신의 노련한 경험과 전문성으로 더 나은 지위를 확보하기도 한다.
- 이 이론은 몇 가지 전제로 요약된다. 즉 첫째, 사회로부터의 유리는 점진적으로 진행되는 과정이다. 둘째, 이 과정은 필연적이다. 셋째, 유리 단계는 서로를 만족시키는 과정이다. 넷째, 이 현상은 모든 사회에서 발견되는 보편적인 현상이다.

3 활동 이론(activity theory)

- 근로자, 부모 등 개인의 역할이 삶에서 만족을 얻을 수 있는 주요 원천으로 본다.
- 적절한 노인의 사회활동 참여 정도와 생활만족도 사이에 긍정적인 상관관계가 있다고 보는 입장이다.
- 노인의 시기는 젊었을 때의 시기와 동일하게 경제적 · 사회적 활동에 참여하는 것이 바람직하다고 본다.
- 의도적인 활동과 인간관계를 지속하며 활동참여 정도가 높을수록 노인의 심리적 만족감과 생활 만족도가 높다.

4 사회정서적 선택 이론(socioemotional selectivity theory)

- 인간의 시간 인식이 그들의 사회적 상호작용, 목표 설정, 그리고 정서적 중요성에 어떻게 영향을 미치는지를 설명한다.

- 노년기 동안 축소된 대인관계 내에서 어떻게 사회심리적 욕구를 충족시킬 수 있는지 이론적 근거를 제시한 것이 사회정서적 선택이론이다. 접촉하는 사람의 수는 점차 줄어 거의 80대에는 가족과 오랜 친구를 포함한 소수의 사람만이 남게 되는데, 이런 소수의 사람들과의 정서적인 유대관계가 더 깊고 친밀해지면 그 안에서 더 큰 행복감을 경험한다는 것이다. 즉, 사회적 환경의 폭은 줄어들었지만 교류나 관계가 깊어지는 방식으로 상호작용한다는 것이다.

- 이 이론은 개인이 인식하는 남은 생애 시간의 길이가 목표의 선택과 우선 순위 결정에 중대한 영향을 미친다고 주장한다. 즉, 인생의 남은 시간이 많다고 인식할 때는 지식 확장, 새로운 관계 형성 같은 미래 지향적 목표를 추구하게 되며, 반대로 남은 시간이 적다고 느낄 때는 현재의 정서적 만족과 깊은 관계 유지에 더욱 집중하게 된다.

5 현대화 이론

- 노인의 기여도와 노인의 존재에 대해 가치를 인정하지 않는 사회의 변화를 설명하는 이론이다.

6 사회교환 이론

- 노인의 지위 하락은 노인이 제공할 수 있는 교환자원(지식, 기술, 생산성, 금전적 자원 등)의 질과 양의 약화 때문이다. 이로 인해 노인의 사회적 권력감소와 타인에 대한 의존성이 증가한다고 설명한다.

7 연령계층화 이론

- 연령에 따른 역할과 규범, 노화현상, 문화가 노화에 따른 반응에 미치는 영향 등을 반영한다.

8 환경적응 이론

- 환경이 노화현상에 영향을 미친다는 것으로 환경적 스트레스원은 공기오염, 화학물질, 심리적, 사회적, 사건 등 다양한 것이 포함한다.

9 하위문화이론

- 노인들은 그들의 공통된 특성과 사회, 문화적인 요인으로 인해 그들만의 집단을 형성하며, 이러한 집단 내부에서의 상호작용에 의해 노인 특유의 하위문화가 생성된다.

10 사회적 와해 이론

- 노인은 역할상실, 건강 약화 등으로 취약해지고 이로 인해 타인에게 의존하게 되며 사회의 부정적 낙인이 찍힌다. 기술과 지식의 쇠퇴로 무능한 자로 낙인 찍혀 사회적으로 일부 노인들에 대한 부정적인 인식이 전체 노인으로 확산되면서 그들의 사회적 활동은 위축되며, 와해상태에 이르게 된다.

11 역할이론

- 역할변화에 따른 개인의 적응을 강조한 이론이다.

12 지속성이론

- 자아상, 성격이나 생활습관 등을 거의 동일하게 유지하며 노년기에도 이전과 같은 방식으로 생활한다.

13 노년초월감 이론

- 인간의 노화는 인식이 물질세계에서 우주로 옮겨지면서 삶의 만족감이 증가하면 잠재력을 일으킨다고 한다.

4 노년기와 관련된 생물학적 이론

1 텔로미어 이론

- 인체의 생화학반응에 관여하는 짧은 DNA형태인 텔로미어라는 물질이 중요한 역할을 한다고 알려져있다. DNA 염기서열로 구성되어 있는 염색체의 끝 부분이 세포분열을 거듭할수록 점점 짧아지고, 세포는 더 이상 분열하지 못해서 노화를 일으킨다.

2 헤이플릭 제한 이론

- 세포의 분열 능력을 제한적으로 전제하고 노화는 세포분열이 한계치에 도달하면서 발생한다고 설명한다.

3 교차연결(결체조직) 이론

- 정상적으로는 분리되어 있어야 할 분자구조들이 화학반응에 의해 분자 사이에 강한 연결고리가 형성되어 노화가 진행된다는 이론이다.

4 마모이론

- 인체의 특정 부위를 과도하게 사용(예 스트레스)하여 닳게 되면 인체기능이 떨어진다.

5 손상이론

- 세포 손상의 누적이 세포의 기능장애에 결정요소로 작용하여 노화를 발전시킨다고 보는 이론이다.

6 유전자 이론

- 노년기가 되면 유기체 내에 이미 존재하고 있던 해로운 유전자가 활성화되기 시작하여 점차 유기체의 생존을 불가능하게 만든다고 본다.

7 유전변이이론

- 노화현상은 비정상적인 세포 돌연변이를 일으키는 세포에서 시작하여, 궁극적으로는 죽음을 초래한다는 것이다.

8 체세포 변이이론

- 세포가 방사선이나 화학물질에 노출되면 세포의 DNA가 변이 일으켜 염색체를 비정상화시킨다.

9 프로그램 이론

- 유기체는 수정되는 순간부터 이미 노화과정이 프로그램되어 있다고 한다. 유기체의 '생체시계' 개념을 제시한다. 생체시계에는 그 유기체가 생명을 유지하고 살아가는데 필요한 에너지, 엔트로피 및 기타 물질의 양이 수정 시부터 이미 프로그램되어 있어서 노화과정도 이미 프로그램되어 있다고 본다.

10 세포막 이론

- 세포막의 화학적 변화가 일어나고 이로 인해 화학물질, 열, 전기전도와 같은 기능 저하가 나타나고 독성물질인 지방갈색소가 뇌, 심장, 폐나 피부 조직 등에 쌓이게 된다고 설명한다.

11 신경 내분비이론

- 수정에서 사망에 이르는 노화과정을 신경호르몬의 신호가 조절하는 프로그램의 한 부분으로 설명한다. 신경원의 활동이 소실되거나 둔화되면 신경기능 및 내분비기능에 영향을 미쳐 노화현상이 나타난다는 견해다.

12 면역 이론

- 면역체계가 퇴화하면 면역계가 자신의 정상 세포를 이물질로 인식하여 공격하게 되어 항체세포의 감시기능이 손상을 입는 것을 노화로 본다.

5 노화와 관련된 심리학적 이론

1 에릭슨(E. Erikson)의 심리사회적 발달 단계

- 에릭슨은 8단계인 노년기에 발달되는 바람직한 미덕으로 지혜를 제안한다.

	에릭슨	에릭슨 덕목	프로이트	샤이	피아제	
유아기 (0-1세)	신뢰감 대 불신감	희망	구강기	습득	0-2세	감각운동기
초기아동기 (1-3세)	자율성 대 수치심	의지	항문기			
학령전기 (3-5세)	주도성 대 죄의식	목적성	남근기		2-7세	전조작기
학령기 (5-12세)	근면성 대 열등감	능력	잠복기		7-12세	구체적조작기
청소년기 (12-20세)	자아정체감 대 역할혼란	충실성	성기기		12세 이후	형식적조작기
성인기 (20-35세)	친밀감 대 고립감	사랑		성취		
중년기 (35-65세)	생산성 대 침체감	돌봄		(중년기)책임→실행		
				(중년기초기노년기)재조직		
노년기 (65세이후)	자아통합 대 절망감	지혜		재통합		
고령노년기				유언		

2 애칠리(R. C. Atchley)의 은퇴의 과정 7단계

- 은퇴 과정을 순서대로 준비 - 밀월 - 환멸 - 적응 - 안정 - 종결이라고 제안했다.

원격단계(Remote Phase)	은퇴준비를 거의 하지 않은, 구체적인 계획이나 생각이 없는 단계이다.
근접단계(Near Phase)	퇴직이 가까워지면서 재정계획, 구체적인 수입 등을 생각하는 단계이다.
밀월단계(Honeymoon Phase)	퇴직 직후 직장의 제약과 의무에서 벗어나 은퇴를 행복하게 생각하는 단계이다.
환멸단계(Disenchantment Phase)	은퇴계획이 현실적이지 못함을 깨닫는 단계이다.
적응단계(Reorientation Phase)	은퇴 후의 생활에 대해 보다 현실적인 대안을 생각하고 탐색·평가하는 단계이다.
안정단계(Stability Phase)	은퇴에 필요한 선택사항에 대해 기준과 수행방법을 결정하는 단계이다.
종결단계(Termination Phase)	자립할 수 있는 기능이 없게 되어 은퇴의 역할이 의존자의 역할로 대체되는 단계이다.

3 레빈슨(D. Levinson)의 인생의 사계절(seasons of life) 이론

- 레빈슨(D. Levinson)은 노년기를 '다리 위에서의 조망(one's view from the bridge)'이라 표현한다.
- 노년 전환기(60~65세) : 노년기로 진입하며, 삶의 구조를 재평가하고 새로운 역할을 찾는다.
- 노년기 안정기(65세 이상) : 새로운 삶의 구조를 형성하고, 노년기의 과제에 집중한다.
- 여성은 평균수명이 길기 때문에 성인후기의 후기를 경험한다고 하였고, 성역할 구분에 의해 남성보다 여성이 훨씬 더 어려운 삶을 산다고 주장하였다.

🔍 틀린 문장

- 조직화와 같은 기억 전략을 더 사용한다. → 노년기의 인지변화 중 가장 심각한 것이 기억력 감퇴이다.
- 정보처리 속도가 크게 증가한다. → 노년기의 정보처리는 생물학적인 감퇴의 영향을 받는다. 노년기에는 뇌의 뉴런이 소멸될 뿐만 아니라 뉴런들 간의 정보 교신 속도가 느려지기 때문에 행동적인 반응 시간과 정보처리의 속도가 감소한다.
- 결정지능의 감퇴가 유동지능보다 현저해진다. → 유동지능 감퇴가 결정지능보다 현저해진다.
- 노년기에 일화기억은 의미기억과 달리 연령에 따른 영향을 받지 않는다. → 일화기억이 상대적으로 더 영향받는다.
- 의미기억이 일화기억보다 더 많이 쇠퇴한다. → 일화기억이 의미기억보다 더 많이 쇠퇴한다.
  - √ 선언적 기억 = 명시적 기억 ∋ 의미기억, 일화기억
  - √ 의미기억: 일반적인 지식을 의미한다. 고양이를 예를 들자면 "야옹"소리를 내고 네발로 다니며 혼자 사는 것에 익숙하다라는 지식이다.
  - √ 일화기억: 삶에서 발생했던 경험과 특정사건에 대한 기억을 말한다. 고양이를 예를 들자면 내가 길고양이에게 참치캔을 줬는데 안 먹고 도망갔던 기억인데 삼색 고양이였나? 코리안 숏헤어였나? 거기가 선릉역이었나? 역삼역이었나? 하면서 기억이 쇠퇴할 수 있다.
- 정보의 조직화와 정교화 전략 사용이 증가한다. → 신경계의 노화로 인해 사용 가능한 주의 자원이 많지 않기 때문에 자원을 효율적으로 배분하는 통제 및 조정 능력 역시 감퇴한다.
- 뇌혈관의 폐쇄로 발병하는 치매이다. → 혈관성 치매는 뇌 혈관 질환으로 발생하는 치매이다. 뇌졸중, 뇌혈관 협착, 뇌혈관 폐쇄 등으로 인해 뇌 혈류가 부족해서 뇌세포가 손상되면서 발생한다.
- 경험에 대한 개방성이 증가한다. → ×

17 뇌와 신경계 발달

1 뇌 발달

- 뇌의 발달속도는 각 부위마다 다르다.
- 뇌 발달은 환경적 자극의 양과 종류에 영향을 받는다.
- 뉴런은 뇌와 신경계의 기본 단위로 태아의 신경관에서 만들어진다.
- 운동과 다양한 경험에 의해 전생애동안 새로운 뉴런이 생성될 수 있다.
- 변연계 중 편도체는 정서와 감정을 관장한다.
- 뇌의 브로카 영역과 베르니케 영역의 손상은 언어장애를 초래한다.
- 베르니케 영역은 언어 이해를 담당하고, 브로카 영역은 언어 산출(생성)을 담당한다.
- 뇌량은 두 반구의 정보 교환을 담당한다.
- 우반구는 신체의 왼쪽을 통제하고 직관과 감성적인 능력, 공간 지각력, 창의력을 관장한다.
- 좌반구는 신체의 오른쪽을 통제하고 언어, 수리, 이성과 논리, 상식과 관련된 기능을 관장한다.
- 뇌간의 기본적인 기능은 호흡, 심혈관 활동, 수면, 의식에 관계된다.
- 대뇌피질은 수의적인 신체움직임, 학습, 사고와 관련된 대뇌 바깥층을 말한다.
- 뇌량은 좌반구와 우반구를 이어주는 신경섬유 다발을 말한다.
- 투쟁ㆍ도피 반응은 교감신경계 활성화와 관계있다.

2 영아기 뇌와 신경계 발달

- 출생 전후에 가장 많은 뉴런을 가지고 있다.
- 영아기에는 수초화가 활발하게 이루어진다.
- 청소년기보다 영아기가 뇌의 성장 급등이 이루어진다.
- 영아는 성인보다 많은 수의 시냅스를 갖고 있다.
- 영아의 뇌는 성인의 뇌보다 가소성이 뛰어나다.
- 전두엽의 기초구조가 출생 후 급속히 발달한다.
- 대뇌 피질의 발달은 영아기 이후에도 진행된다.
- 고등수준 사고와 자기통제를 담당하는 전두엽 피질은 생후 1년경 가장 많이 발달한다.

- 출생 이후 전전두엽 피질의 활성화로 인지적 통제기능이 점차 향상된다.
- 시각경로 수초화는 출생 후 급격히 이루어지다가 생후 6개월 이내 완성되고, 청각 경로 수초화는 4 - 5세까지 계속된다.
- 시각피질의 시냅스 생성은 출생 후 1년까지 활발하게 진행된다.
- 시각피질 시냅스는 생후 4개월에 가장 많이 생성되다가 학령기 전까지 감소한다.
- 뇌 무게 급등 시기는 영아기(0 - 2세)이다.

3 청소년기 뇌와 신경계 발달

- 뇌량의 수초화가 완성된다.
- 전두엽 발달이 가장 활발한 시기이다.
- 전전두엽의 발달은 아직 미성숙하다.
- 청소년의 충동적 행동은 전전두엽과 변연계의 상호작용이 원활하지 않기 때문이다.
- 전전두엽 피질은 실행기능의 주요 영역으로 행동개시, 유지, 억제를 담당하고, 욕구를 지연하고 전략 수정을 담당한다.
- 내측 전전두엽 피질은 사회성 뇌를 담당하며 마음읽기와 타인의 관점을 담당한다.
- 청소년기 전전두엽피질의 미성숙으로 효과적인 정서통제는 이루어지기 어렵다.
- 청소년기 신경전달물질인 도파민이 활발하게 분비된다.
- 뇌신경의 수초화가 계속 진행되며, 그 진행속도는 뇌 영역마다 차이가 있다.
- 전두엽에서 사용되지 않는 시냅스가 계속해서 제거된다.
  √ 시냅스 가지치기 현상: 지나치게 많이 만들어진 시냅스에서 필요한만큼 뉴런과 시냅스만 남긴 후 불필요한 것은 버리는 과정이다. 뇌의 효율성을 높이는 것이다.
- 생애 초기에 시냅스 수가 기하급수적으로 증가하다가 청소년기가 되면 증가하던 시냅스 수가 감소하기 시작한다.
- 주의집중력 같은 수초화는 사춘기 이후까지 진행된다.
- 메타인지가 발달하면서 자신의 인지과정을 계획하고 조정할 수 있다.
- 고등수준 사고와 자기통제를 담당하는 전두엽 피질은 청소년 중반에서 후반에 접어들어야 밀도가 성숙해진다.
- 청소년기에는 전두엽의 발달이 아직 완성되지 않았기 때문에 의사결정이나 도덕적, 이성적 판단, 공감 및 타인의 관점 이해와 같은 기능이 고차원적이지 못하다.

4 성인기 뇌와 신경계 발달

- 대뇌 피질은 20대가 되어야 완성된다.

- 전전두엽의 발달은 25세 그 이후까지도 계속되지만 정서처리 영역에 해당하는 변연계의 일부인 편도핵은 전전두엽보다는 훨씬 일찍 성숙을 완료한다.
- 성인기 25세 전후에 전두엽이 완전히 발달하게 되며 대략 25세까지 뇌의 구조적 변화가 계속 일어난다.
- 해마의 신경세포는 40세 이후에는 10년 사이에 5%씩 줄어든다고 한다.
  ✓ 해마: 학습, 기억력을 담당하는 부위이다.

5 노년기 뇌와 신경계 발달

- 20세를 전후하여 정점에 도달했던 뇌의 무게는 노년기까지 약 10%가 감소한다.
- 뇌 무게의 감소는 주로 대뇌피질부 뇌세포의 손상 때문으로 알려져있다.
- 뇌세포의 손상은 대체로 세포 수가 줄어드는 것이 아니라 세포의 위축 때문에 나타난다.
- 시냅스 전달 기제의 둔화로 인해 뇌의 기능이 느려지며, 정보처리 속도도 떨어진다.
- 중추신경계 기능의 퇴화로 인지능력이 떨어진다.
- 부호화 및 인출에 어려움을 겪는다.

🔍 틀린 문장

- 베르니케 영역은 언어 산출을, 브로카 영역은 언어 이해를 담당한다. → 베르니케 영역은 언어 이해를 담당하고, 브로카 영역은 언어 산출을 담당한다.
- 뇌의 수초화(myelination)는 두 반구의 기능분화를 의미한다. → 뇌의 편재화는 두 반구의 기능분화를 의미한다.
- 우반구는 신체의 오른쪽을 통제하고 언어능력, 청각, 정서표현을 관장한다. → 우반구는 신체의 왼쪽을 통제하고 직관과 감성적인 능력, 공간 지각력, 창의력을 관장한다.
- 대뇌 피질의 발달은 아동기에 완성된다. → 대뇌 피질은 20대가 되어야 완성된다.
- 청소년기의 뇌는 가소성(plasticity)이 가장 우수하다. → 영아기의 뇌의 가소성이 가장 우수하다.
- 수초화(myelination)는 정보처리 속도를 향상시키기 위한 시냅스의 가지치기 현상이다. → 수초화는 신경세포를 말이집세포가 감싸주어 정보처리 속도가 향상되는 현상이고, 시냅스 가지치기는 필요없는 시냅스를 잘라내는 것이다.
  ✓ 시냅스 가지치기 현상: 지나치게 많이 만들어진 시냅스에서 필요한만큼 뉴런과 시냅스만 남긴 후 불필요한 것은 버리는 과정이다. 뇌의 효율성을 높이는 것이다.
- 시냅스의 수는 성인기에 가장 크게 증가한다. → 생애 초기에 시냅스 수가 기하급수적으로 증가하다가 청소년기가 되면 증가하던 시냅스 수가 감소하기 시작한다.
- 뉴런의 크기와 시냅스 생성은 외부 감각경험의 영향을 받지 않는다. → 운동과 다양한 경험에 의해 새로운 뉴런들이 생성될 수 있다.
- 청소년기는 두뇌 성장급등기이다. → 영아기가 두뇌 성장의 급등기이다.
- 두뇌 가소성은 좌뇌와 우뇌의 기능분화를 의미한다. → 뇌세포와 뇌 부위가 유동적으로 변하는 것을 뇌가소성이라고 한다.
- 전두엽의 발달은 영아기에 완성된다. → 대략 25세까지 전두엽 발달이 완성된다.
- 신경전달물질인 도파민의 분비가 급격히 감소한다. → 청소년기 신경전달물질인 도파민이 활발하게 분비된다.
- 뇌의 성장급등과 더불어 뇌의 무게도 급격히 증가한다. → 뇌 무게 급등 시기는 영아기(0-2세)이다.

18 염색체 이상

- 인간은 46개의 염색체를 가지고 있다.

- 생식세포는 22개의 상 염색체와 1개의 성 염색체를 갖고 있다.

- 23쌍의 염색체 중 22쌍은 상 염색체이고 23번째 쌍이 성 염색체(여성은 XX, 남성은 XY)이다.

1 성 염색체 이상 4가지

1 클라인펠터(Klinefelter syndrome) 증후군(XXY)(남아)

> 남성이 여분의 X염색체를 가진다.
> 고환이 미성숙하고, 유방이 돌출되는 등 여성의 2차 성징을 보인다.
> 남아가 X염색체를 하나 더 갖고 있어 남성적 특성이 약하고 가슴과 엉덩이가 발달하는 여성적인 2차 성징이 나타난다.
> 남아이지만 정자를 배출하지 못하여 생식능력을 갖고 있지 않다.

2 터너증후군(XO)(여아)

> 난소가 제 기능을 하지 못해 여성 호르몬이 부족하고, 외견상 여자지만 사춘기가 되어도 2차 성징이 나타나지 않는다. 여성
> 호르몬의 부족으로 2차 성징이 나타나지 않으며 생식능력이 없다.
> 공간지각 능력은 평균 이하인 경우가 많다.
> 연소자형 관절염과 작은 체격이 보편적인 특성이다.

3 XYY증후군(수퍼남성 증후군)(남아)

- 정상적인 남성보다 키가 크며, 테스토스테론 호르몬의 혈청 농도가 높다. 정자 수가 매우 적으나 대체로 수정 가능하다. 큰 치아를 갖고 있으며, 청소년기 동안 종종 심각한 여드름이 난다.

4 다중X증후군(XXX)(여아)

- 임신이 가능하며 정상적인 성염색체를 가진 아이를 출산할 수 있으며, 지능 특히 언어추리능력이 떨어진다.

5 X결함 증후군(남>여)

- 얼굴이 길고 당나귀 귀 모양의 신체적 특징을 보인다.

- X 염색체가 구부러져 있거나 너무 가늘어서 나타나는 이상 장애로 지적장애의 주요 원인이 되는 유전적 장애이다. 자폐증 장애 일으키는 유전성 질환이다. 특히 결함있는 유전자가 어머니로부터 자식에게 유전될 때 그렇다.

1 다운증후군

- 21번 염색체의 이상, 21번째 염색체가 세 개의 염색체로 구성되어 있다.

3 유전자 이상에 의한 질병

1 헌팅턴병

무도증, 보행 이상, 발음 장애, 음식물 삼키기 어렵다.

2 혈우병

혈액응고부족, 지혈 잘 안된다.

3 고셰병

골수에 축적되어 혈소판 감소한다.

4 페닐케토뉴리아

혈족 결혼에 많이 발생하며, 지능, 운동신경장애, 멜라닌 형성부족으로 피부 하얗고 체모 적갈색, 눈의 공막이 청색인 특징이다.

> 🔍 **틀린 문장**
>
> - 접합체의 발달은 감수분열을 통해 발생한다. → 접합체 발달은 체세포 분열(유사 분열)을 통해 발생한다.
> - 다운증후군은 성 염색체 장애이다. → 성 염색체 장애는 클라인펠터, 터너, 수퍼남성증후군(XYY증후군), 다중X증후군, X결함 증후군
> - 정상적인 인간 접합체는 48개의 염색체를 갖고 있다. → 46개(44개의 상염색체와 2개의 성염색체)
> - 클라인펠터(Klinefelter) 증후군은 여아에게 발생한다. → 클라인펠터 증후군은 남아에게 발생한다.

19 정신질환 진단 및 통계 편람(약칭 DSM-5)

1 신경발달장애

신경발달장애	지적장애 / 의사소통장애 / 자폐스펙트럼장애 / 주의력결핍 과잉행동장애 / 특정학습장애 / 운동장애 / 발달성 협응장애 / 틱장애 / 뚜렛장애 / 상동증적 운동장애

1 지적장애 진단기준

- 장애는 발달 시기 동안에 시작된다.
- 개념(읽기, 쓰기, 수학적 추론 등), 사회(사회적 판단력, 의사소통 기술 등), 실행(일상생활, 교통수단 이용하기, 돈관리 등) 영역에서 결함이 나타난다.
- 임상 평가와 표준화된 지능 검사로 확인된 지적 기능의 결함이 있다.
- 현재의 심각도를 명시한다.(경도(55 - 70), 중등도(40 - 55), 고도(25 40), 최고도(25 이하))

2 자폐스펙트럼장애 진단 기준

- 사회적 · 정서적 상호작용에서 결함을 보인다. 비언어적 의사소통에 결함을 보인다.
- 관계를 발전시키고 유지하고 이해하는데 있어서 결함을 보인다.
- 제한적이고 반복적인 행동 양식과 흥미, 활동을 보인다.
- 동일성을 고집하고 관심사가 제한되어 있으며 상동증적이거나 반복적인 행동이나 동작과 감각정보에 대한 과잉 또는 과소반응을 보인다.
- 이러한 증상이 반드시 초기 발달 시기부터 나타나야 한다.

1 자폐스펙트럼장애

- 마음이론을 발달시키지 못해 다른 사람의 관점을 잘 이해하지 못한다.
- 조기발견과 개입을 하게 되면 자폐스펙트럼장애가 지적장애로 이어지는 비율을 감소시킬 수 있다.
- 장애영재에 관한 설명으로 비동시성, 즉 우수한 언어능력과 지적능력을 갖고 있지만 사회성 발달은 매우 뒤처진 자폐스펙트럼 장애 청소년이 있다.

- 진단을 위한 증상 9개 중 6개 이상이 최소 6개월 동안 발달수준에 적합하지 않아야 한다.
- 증상이 사회적·학업적 또는 직업적 기능의 질을 방해하거나 감소시킨다는 명확한 증거가 있다.
- 진단의 지표가 되는 증상 9개 중 몇 개는 2개 이상의 환경(가정, 학교, 대인관계 등)에서 나타난다.
- 진단의 지표가 되는 증상 9개 중 몇 개는 12세 이전에 나타난다.
- 세부진단에는 부주의 우세형, 과잉행동-충동 우세형, 혼합형이 있다.

1 부주의 우세형

- 세부적인 면에 대해 면밀한 주의를 기울이지 못하거나 부주의한 실수를 저지른다.
- 과제나 놀이를 할 때 지속적으로 주의집중할 수 없다.
- 다른 사람이 직접 말을 할 때 듣지 않는 것으로 보인다.
- 지시를 끝까지 듣지 못하고 학업에 어려움을 보인다.
- 과업과 활동을 체계화하지 못한다.
- 지속적인 정신적 노력을 요구하는 과업(학업 또는 숙제 같은)에 참여하기를 피하고, 싫어하고, 저항한다.
- 과제나 활동에 필요한 물건을 자주 잃어버린다.
- 외부 자극에 의해 쉽게 산만해진다.
- 일상적인 활동을 잊어버린다.(심부름, 전화 회답하기, 약속지키기 등)

2 과잉행동-충동 우세형

- 손발을 만지작거리며 가만두지 못하거나 의자에 앉아서도 꿈틀거린다.
- 일정 시간 앉아 있어야 하는 교실이나 다른 상황에서 자리를 떠난다.
- 부적절할 정도로 지나치게 뛰어다니거나 기어오른다.
- 조용히 여가 활동에 참여하거나 놀지 못한다.
- '끊임없이 활동하거나' 마치 '브레이크 없는 자동차'처럼 행동한다.
- 지나치게 수다스럽게 말을 한다.
- 질문이 채 끝나기 전에 성급하게 대답한다.
- 차례를 기다리지 못한다.
- 다른 사람의 활동을 방해하고 침범한다.

> 🔗 과제나 활동에 필요한 물건을 자주 잃어버린다.
> 과제나 놀이를 할 때 지속적으로 주의 집중할 수 없다.
> 지시를 끝까지 듣지 못하고 학업에 어려움을 보인다.
> 손발을 만지작거리며 가만두지 못하거나 의자에 앉아서도 꿈틀거린다.

3 주의력결핍 및 과잉행동장애(ADHD)의 약물 치료

- ADHD를 치료할 때에는 중추신경계를 자극하는 약물을 사용, 인지행동치료 등을 한다.
- 주의 및 억제를 다루는 뇌 영역들 간의 정보를 전달하는 신경전달물질과 관련된 치료이다.
- 치료 약물은 기본적으로 중추신경계의 각성 수준을 높이는 작용을 한다.
- 투약의 효과는 아동에 따라 다르게 나타난다.
- 흔하게 나타나는 부작용은 식욕부진과 불면증이다.
- 심리 치료와 병행하는 것이 도움이 된다.
- 아동기에는 남아가 여아보다 주의력결핍 및 과잉행동장애(ADHD)의 유병률이 높다.

4 뚜렛장애(Tourette's) 진단기준

- 여러 가지 운동 틱과 한 가지 또는 그 이상의 음성 틱이 질병 경과 중 일부 기간 동안 나타난다.
- 2가지 틱(운동 틱과 음성 틱)이 반드시 동시에 나타날 필요는 없다.
- 틱 증상(눈 깜빡거리기, 어깨 들썩이기, 기침소리 내기 등)은 빈도에 있어서 악화와 완화를 반복하지만 처음 틱이 나타난 시점으로부터 1년 이상 지속된다.
- 물질의 생리적 효과나 다른 의학적 상태로 인한 것이 아니다.
- 18세 이전에 발병한다.

5 틱 장애(Tic)

- 뚜렛장애의 진단기준에 맞지 않아야 한다. 즉 운동 틱만 있거나 음성 틱만 있는 경우다.
- 틱 증상은 자주 악화와 완화를 반복한다.
- 틱 증상은 처음 증상이 시작된 시점부터 1년 이상 지속된다.
- 한 가지 또는 다수의 운동 틱 또는 음성 틱이 장애의 경과 중 일부 기간 동안 존재하지만, 운동 틱과 음성 틱이 모두 나타나지는 않는다.
- 18세 이전에 발병한다.

6 의사소통장애의 하위유형으로는 언어장애, 말소리장애, 아동기 발병 유창성장애(말더듬), 사회적 의사소통 장애가 있다.

7 특정학습장애는 정상적인 지능수준에도 불구하고 특정 학습 분야에서 학습부진이 현저하게 나타나는 경우이다. 학습하고 학업기술을 사용하는데 어려움을 해결하기 위한 중재를 제공받았음에도 불구하고 읽기, 쓰기언어, 수학 영역에서의 다음의 여러 가지 증상들 중 적어도 한가지 증상이 적어도 6개월 동안 지속적으로 나타난다.

8 운동장애에는 운동발달이 늦고 서투른 발달성 협응장애, 특정한 패턴의 행동을 목적없이 반복적으로 지속하는 상동증적 운동장애, 틱장애가 있다.

2 급식 및 섭식장애

1 신경성 식욕부진증(거식증)

- 체중 증가에 대한 극심한 두려움 때문에 음식섭취를 지나치게 제한하여 심각한 저체중 상태가 되는 경우를 말한다.
- 음식을 거부한다는 의미에서 '거식증'이라고 불린다.
- 체중 관리, 단식 및 과도한 운동으로 인해 병이 유발된 경우의 '제한형'과 지난 3개월 동안 폭식 또는 제거(구토, 하제, 관장제) 행동이 반복적으로 나타나는 '폭식/제거형'으로 구분하여 명시한다.

2 신경성 폭식증

- 단시간 내에 일반인들이 먹는 양보다 명백히 많은 양을 먹는 폭식행동과 그로 인한 체중증가를 막기 위한 보상행동 (설사제, 이뇨제, 관장약, 기타 약물의 남용, 금식, 스스로 유도한 구토, 과도한 운동)을 반복하는 경우를 말한다.
- 자신의 체중과 체형에 대하여 과도하게 집착하고, 우울증을 동반하는 경우가 많다.
- 성격적 문제, 대인관계의 어려움, 충동통제의 어려움, 약물남용의 문제를 수반하기도 한다.
- 폭식행동은 주로 밤에 혼자 있을 때, 우울하거나 스트레스를 받았을 때 자주 나타난다.
- 신경성 식욕부진증에서 발전하기도 한다.
- 경도, 중등도, 고도, 극심의 심각도를 명시해야 한다.

3 폭식장애

- 폭식행동을 반복하고 폭식으로 인한 심리적·신체적 고통을 경험하지만, 음식을 토하는 등의 보상행동은 하지 않은 경우이다.
- 폭식장애를 지닌 사람은 과체중이나 비만인 경우가 많다.
- 일정한 시간 동안(2시간 이내) 먹는 음식의 양이 다른 사람이 유사한 상황에서 먹는 양에 비해 현저하게 많다.
- 폭식행위 동안 먹는 것에 대한 조절 능력 상실감(예 먹는 것을 멈출 수 없으며, 먹는 양을 조절할 수 없다는 느낌)을 느낀다.

4 섭식장애

- 청소년기의 섭식장애는 남자보다 여자에게서 더 많이 발생한다.
- 청소년기 신경성 식욕부진증의 유병률은 남녀 성차가 뚜렷하게 나타난다.
- 청소년기의 신경성폭식증은 남학생보다 여학생에게서 더 흔히 나타난다.
- 폭식장애는 신경성 폭식증과 달리 부적절한 보상행동이 나타나지 않는다.
- 신경성 식욕부진증을 가진 사람은 흔히 문제에 대한 통찰이 없거나 문제를 부정한다.
- 신경계의 세로토닌 시스템을 항진시키는 항우울제를 이용한 약물 치료가 가장 많이 시행되며, 항우울제는
  폭식증의 증상을 경감시켜 준다.

5 되새김장애

- 음식물을 토해내거나 되씹는 행동을 1개월 이상 반복하는 장애이다. 핵심증상은 반복적인 음식 역류이며,
  되새김 장애를 지닌 사람들은 위장장애나 뚜렷한 구역질 반응 없이 부분적으로 소화된 음식을 쉽게 역류시킨다.

6 이식증

- 영양분이 없는 물질이나 먹지 못할 것(종이, 천, 흙, 머리카락 등)을 적어도 1개월 이상 지속적으로 먹는 경우를
  말한다. 가정의 경제적 빈곤, 부모의 무지와 무관심, 아동의 발달 지체 등과 관련된 경우가 많다. 흔히
  지적장애를 동반하며, 지적장애가 심할수록 증상의 빈도가 증가한다.

7 회피적·제한적 음식 섭취 장애

- 심각한 체중저하와 영양결핍이 나타나도록 음식 섭취에 관심이 없거나 회피하고, 먹더라도 매우 제한적으로만
  먹는 경우를 말한다. 어린아이에게 흔하며, 신경성 식욕부진증이나 신경성 폭식증처럼 마른체형에 대한 집착이
  보이지 않는다.

| 불안장애 | 분리불안장애 / 선택적 함구증 / 특정공포증 / 사회불안장애 / 공황장애 / 광장공포증 / 범불안장애 |

1 선택적 함구증 진단기준

- 언어 지식의 부족으로 말을 하지 않는 것이 아니다.
- 다른 곳에서는 말을 할 수 있음에도 말을 해야 하는 특정 사회적 상황(예 학교)에서 일관성 있게 말을 하지 않는다.
- 증상이 최소 1개월 이상 지속된다.

2 분리불안장애 진단기준

- 애착 대상과 분리되는 것에 대한 공포나 불안이 발달 수준에 비해 부적절하고 지나치며 다음 중 3가지 이상을 보인다.
- 공포, 불안, 회피 반응이 아동, 청소년은 4주 이상, 성인은 6개월 이상 지속된다.
- 유병률 1.5%, 아동청소년 지속되다가 성인이 되면 대체로 증상이 완화된다.

3 특정공포증 진단기준

- 특정대상, 상황에 대하여 극심한 공포나 불안이 유발된다.(예 비행기 타는 것, 높은 곳, 동물, 주사 맞기, 피를 보는 것 등)
- 공포나 불안이 특정 대상이나 상황의 실제적인 위험에 비해 극심하며 사회문화적으로 흔히 받아들여지는 것보다 심하다.
- 공포나 불안, 회피 반응이 대체로 6개월 이상 지속된다.
- 동물형(거미, 곤충, 개), 자연환경형(고소, 폭풍, 물), 혈액 · 주사 · 손상형(바늘, 침투적인 의료시술), 상황형(비행기, 엘리베이터, 폐쇄된 장소), 기타(질식, 구토를 유발하는 상황) 유형이 있다.
- 유병률 아동 약 5%, 13 - 17세 16%, 성인 3 ~ 5% 정도다.

4 사회불안장애 진단기준

- 대화를 하거나 낯선 사람을 만나는 것과 같이 타인에게서 관찰될 수 있는 하나 이상의 사회적 상황에 노출되는 것을 극심하게 두려워하거나 불안해한다.
- 수치스럽거나 당황한 것으로 보이거나 다른 사람을 거부 혹은 공격하는 것으로 보이는 등 다른 사람에게 부정적으로 평가되는 쪽으로 행동하거나 불안 증상을 보일까봐 두려워한다.
- 불안과 공포가 실제 상황 혹은 사회문화적 맥락에서 볼 때 실제 위험에 비해 비정상적으로 극심하다.
- 공포, 불안, 회피 반응이 대개 6개월 이상 지속된다.
- 유병률 약 7% 정도다.

5 공황장애 진단기준

- 예기치 못한 공황발작이 반복적으로 지속된다. 공황발작은 극심한 고통이 갑작스럽게 발생하여 몇 분 이내에 최고조에 이른다.
- 심계항진·가슴 두근거림·심박수 증가, 발한, 몸이 떨리거나 후들거림, 숨이 가쁘거나 답답한 느낌, 질식할 듯한 느낌, 흉통·가슴 불편감, 메스꺼움·복부 불편감, 현기증·불안정감·멍한 느낌 또는 쓰러질 것 같음, 오한 또는 화끈거리는 느낌, 감각 이상(감각이 둔해지고 따끔거리는 느낌), 비현실감(현실이 아닌 것 같은 느낌) 또는 이인증(내가 내가 아닌 것 같은 느낌), 스스로 통제할 수 없을 것 같은 두려움이나 미칠 것 같은 두려움, 죽을 것 같은 공포 적어도 1회 이상 발작 뒤에 1개월 이상 추가적인 공황발작이나 그 결과(심장발작, 미치는 것, 통제력 잃음)를 걱정하거나 공황발작을 회피하기 위해 익숙한 환경을 피해야 한다.
- 유병률 1.5 ~ 5%, 평균발병은 연령 20 ~ 24세다.
- 공황발작의 빈도와 심각도는 매우 다양하게 표현된다. 일주일에 1회씩 수개월간 나타나기도 하고, 매일 발작이 빈번하게 일어나다가 중간에 몇 주 혹은 몇 달씩 없어졌다가 다시 1개월에 2회 정도씩 나타나서 수년간 지속되기도 한다.
- 클락(Clark)은 공황장애가 신체감각을 위험한 것으로 잘못 해석하는 파국적 오해석에 의해 유발된다고 보았다.

6 광장공포증 진단기준

- 대중교통 수단, 열려있는 공간, 밀폐된 공간, 줄서거나 군중 속에 있는 것, 집 밖에 혼자 있는 상황에서 현저한 공포와 불안을 느낀다.
- 공포, 불안, 회피 반응이 대개 6개월 이상 지속된다.
- 유병률 1.7% 광장공포증의 발병에 선행하는 공황발작이나 공황장애는 50%로 보고된다.
- 공황발작을 포함하는 광장공포증의 평균 발병 연령은 17세이지만, 공황장애가 선행하지 않는 경우의 평균 발병 연령은 25 ~ 29세다.

7 범불안장애 진단기준

- 일상활동에서 과도하게 불안하거나 걱정을 하고 적어도 6개월 이상, 최소한 한 번에 며칠 이상 발생한다.
- 이런 걱정을 통제하는 것이 어렵다고 느낀다.
- 안절부절못하거나 가장자리에 선 느낌, 쉽게 피로해짐, 집중하기 힘들거나 머릿속이 하얗게 되는 느낌, 과민성, 근육의 긴장, 수면 장애 중 3가지 이상의 증상을 동반한다.
- 유병률 청소년 0.9%, 성인 2.9% 정도다.

파괴적 충동조절 및 품행장애	적대적 반항장애 / 간헐성 폭발장애 / 품행장애 / 병적방화 / 병적도벽

1 적대적 반항장애 진단기준

- 자주 버럭 화를 내고 자주 기분이 상하거나 쉽게 짜증을 내며 자주 화나고 원망한다.
- 자주 적극적으로 어른의 요구나 규칙을 무시하거나 거절하고 자주 권위적인 인물과 논쟁한다.
- 자주 자신의 실수나 잘못된 행동을 남의 탓으로 돌린다.
- 지난 6개월 동안 적어도 2번 이상 악의에 차 있거나 앙심을 품고 있다.
- 5세 이하 아동의 경우 최소 6개월 동안 거의 매일 이런 행동이 나타나고, 5세 이후에는 6개월 동안 일주일에 최소 1회 이상 상기 행동이 나타난다.
- 한 가지 상황에서만 나타나는 경우 경도, 2가지 상황에서 나타나는 경우 중등도, 3가지 이상의 상황에서 나타나는 경우에는 고도의 심각도를 명시한다.

2 품행장애 진단기준

- 재산파괴, 사기 또는 절도, 심각한 규칙 위반, 사람과 동물에 대한 공격성을 보인다.
- 아동기에 발병하는 품행장애의 문제는 일생을 통해 영향을 미칠 가능성이 높다.
- 지난 1년간 다음 진단 기준 15가지 중 3가지에 해당되며, 지난 6개월 동안 적어도 한 가지 이상이 기준에 해당된다.
- 다른 사람을 괴롭히고 위협하고 협박하며 몸싸움을 걸고 강제로 성행위를 시키기도 하며 신체적으로 손상을 일으키는 물건을 사용하여 사람과 동물에게 잔혹하게 대하는 사람과 동물에 대한 공격성을 보인다.
- 피해자와 대면한 상태에서 도둑질을 하거나 피해자와 마주치지 않은 상황에서 귀중품을 훔친다.
- 다른 사람들의 집, 건물, 차를 파괴하기도 한다.
- 어떤 물건이나 다른 사람의 호의를 얻기 위해, 또는 의무를 회피하기 위해 거짓말을 흔히 한다.
- 부모의 금지에도 불구하고 13세 이전에 자주 밤늦게까지 집에 들어오지 않거나 적어도 2번 이상 가출하거나 장기간 집에 돌아오지 않는 가출이 1회 이상을 하는 등 심각한 규칙 위반을 한다.
- 13세 이전에 무단결석을 자주한다.
- 아동기 발병형은 10세 이전에 품행장애 진단기준 가운데 적어도 한 가지 이상 발생하며 주로 남성에게 많고 타인에게 신체적 공격을 가하며, 친구관계에 문제가 있으며 초기 아동기에 적대적 반항장애를 가지고 있는 경우가 많을 뿐 아니라 흔히 사춘기 이전에 품행장애의 진단기준과 일치하는 증상을 보이게 된다. 청소년기 발병형보다 더 오래 지속되고, 반사회적 성격장애로 발전될 가능성이 더 높다.
- 청소년기 발병형은 10세 이전에는 품행장애의 진단기준을 충족시키지 않으며 아동기 발병형에 비해 공격행동이 적고 정상적인 친구관계를 맺는 경향이 있다.(다른 관계에서는 흔히 품행문제를 보이기도 함) 품행장애가 지속되는 경우가 적은 편이고 반사회적 성격장애로 발전되는 경우가 적다.

3 간헐성 폭발장애 진단기준

- 언어적 공격(분노발작, 신랄한 비난, 언어적 논쟁이나 싸움)과 신체적 공격(재산, 동물, 사람에 대한)이 3개월 동안 평균 일주일에 2번 정도 발생한다.
- 재산파괴, 동물이나 사람에 대한 상해를 입히는 신체 폭행이 12개월 동안 3회 보인다.
- 공격적인 행동 폭발이 미리 계획된 것이 아니며(예 충동적이거나 분노로 유발된 행동), 뚜렷한 목표(예 돈, 힘, 친밀감)를 얻기 위한 것이 아니며 대인관계 기능에 손상뿐만 아니라 경제적, 법적 문제에 연루된다.

4 병적방화 진단기준

- 불을 지르고 싶은 충동을 조절하지 못해 반복적으로 방화를 하는 경우를 말한다. 방화증을 지닌 사람들은 불을 지르기 전에 긴장이 되거나 흥분이 되며 불을 지르거나 또는 남이 불을 지르는 것을 볼 때 기쁨이나 만족감 또는 안도감을 느낀다.

5 병적도벽 진단기준

- 경제적 필요 때문에 훔치는 것이 아니라, 남의 물건을 훔치고 싶은 충동을 참지 못해 반복적으로 도둑질을 하는 경우를 말하며, '절도광'이라고도 한다. 이들은 '훔치는 물건'보다는 '훔치는 행위'가 중요하며, 그러한 행위를 하면서 느끼는 긴장감 · 만족감에 대한 유혹을 통제하지 못한다. 절도욕구에 대해서 불편해하고 발각되는 것에 대한 두려움을 지니지만, 절도행위 후의 만족감이 더 크기 때문에 절도행위를 반복한다.

5 우울장애 관련장애

1 주요우울장애 진단기준

- 하루 중 대부분 거의 매일 우울한 기분이 지속(아동, 청소년의 경우 과민한 기분으로 나타남), 대부분의 일상활동에 대한 흥미나 즐거움이 현저히 감소, 거의 매일 식욕의 감소나 증가가 나타나거나, 거의 매일 불면증이나 과다수면, 거의 매일 정신운동성 초조나 지체, 거의 매일 피로나 에너지 상실, 거의 매일 무가치감과 부적절하거나 지나친 죄책감, 거의 매일 사고력, 집중력의 감소 또는 우유부단함, 반복적으로 죽음에 대한 생각을 하거나 구체적인 계획없이 반복적인 자살사고 또는 자살 시도나 자살 수행에 대한 구체적인 계획을 생각하는 증상 중 5가지 이상이 거의 매일 적어도 2주 이상 지속된다.
- 우울증은 낮은 세로토닌 수준과 관련이 있다.
- 유병률은 7%, 18 ~ 29세 집단이 유병률 높다.
- 신체적 불편감을 호소하거나 과민함을 보이고 화를 내거나 분노를 터뜨리거나 타인을 비난하고 공격적으로 반응하는 경우에도 우울증상이 위장된 것일 수 있다.

2　**파괴적 기분조절부전장애 진단기준**

- 분노 발작이 언어(폭언), 행동(사람, 사물에 대한 물리적 공격성)으로 나타나며, 상황이나 촉발 자극에 비해 강도나 지속 시간이 매우 비정상적이다.
- 분노 발작이 보통 일주일에 3번 이상 발생하며 분노 발작이 발달 수준에 맞지 않는다.
- 거의 매일, 하루 중 대부분 화가 나 있으며 기분이 지속적으로 과민해보이는 모습을 부모나 교사, 또래집단이 객관적으로 관찰할 수 있다.
- 위의 증상이 12개월 이상 지속되며 증상이 없는 기간이 연속 3개월 이상 되지 않는다.
- 유병률 2 ~ 5% 파괴적 기분조절 부전장애는 간헐적 폭발장애와 증상이 비슷하기도 하지만 간헐적 폭발장애는 급성 증상 기간이 3개월 이내이고, 파괴적 기분조절 부전장애는 12개월 정도 지속된다.

> 🔗 분노발작이 평균적으로 일주일에 3회 이상 발생한다.
> 분노발작이 부모나 교사, 또래에 의해 자주 관찰된다.
> 거의 하루 중 대부분의 시간 동안 분노에 차 있다.

6　**외상 및 스트레스 관련 장애**

1　**탈억제성 사회적 유대감장애 진단기준**

- 진단 시점까지 장애가 12개월 이상 지속되었다.
- 심각한 사회적 방임이나 불충분한 양육을 경험했다.
- 아동의 연령은 최소 9개월 이상이다.
- 양육환경이 바뀌어도 증상이 잘 개선되지 않을 것이다.
- 낯선 성인에게 다가가고 소통할 때 조심성이 약화되어 있거나 없다.
- 낯선 성인을 따라가는데 있어 주저함이 없거나 적고 낯선 성인에게 과도하게 친근한 언어 또는 신체 행동을 보인다.
- 성인 보호자로부터 위로와 자극, 애정과 같은 기본적인 감정적 요구에 대한 지속적 결핍이 사회적 방임이나 박탈로 나타난다.
- (위탁 보육원과 같이) 주 보호자가 수시로 바뀌어 안정 애착을 형성할 기회가 제한되었다.
- 선택적인 애착을 형성할 기회를 심각하게 제한하는 독특한 환경에서 양육되었을 수 있다.(위탁 보육원과 같은 아동이 많고 보호자는 적은 보육원 같은 기관)

2 반응성 애착장애 진단기준

- 아동은 고통스러운 상황에서 위안을 구하지 않거나 최소한으로만 찾는다.
- 고통스러운 상황에서 아동은 위로하는 것에 대해 거의 반응하지 않거나 혹은 최소한으로 반응한다.
- 타인에 대해 최소한의 사회적, 정서적 반응을 하고 긍정적 정서가 제한됨을 보인다.
- 성인 보호자로부터 위로와 자극, 애정 등 기본적인 감정적 요구에 대한 지속적 결핍이 사회적 방임이나 박탈의 형태로 나타난다.
- (위탁 보육원과 같이) 주 보호자가 수시로 바뀌어 안정 애착을 형성할 기회가 제한되었다.
- 선택적인 애착을 형성할 기회를 심각하게 제한하는 독특한 환경(위탁 보육원과 같은 아동이 많고 보호자는 적은 보육원 같은 기관)에서 양육되었을 수 있다.
- 장애가 5세 이전에 시작되었고 진단기준이 자폐스펙트럼장애를 만족시키지 않는다.

7 배설장애

1 유뇨증 진단기준

- 이뇨제 등 약물에 의한 것은 포함하지 않는다.
- 침구나 옷에 반복적으로 소변을 보고 장애 행동이 주 2회 이상의 빈도로 적어도 3개월 동안 연속 일어난다. 최소 5세 이상이어야 진단이 가능하다.

2 유분증 진단기준

- 부적절한 장소에서 반복적으로 대변을 본다.
- 장애 행동이 매달 1회 이상 빈도로 적어도 3개월 동안 연속 일어난다.
- 발달연령이 최소 4세 이상이어야 진단이 가능하다.

1 조현병 진단기준

- 다음 증상 중 2가지(또는 그 이상)가 1개월 중 상당 기간 동안 존재해야 하며, 망상, 환각, 와해된 언어(예 빈번한 탈선 또는 지리멸렬한 언어) 중에 하나여야하고, 극도로 와해된 행동 또는 긴장성 행동, 음성 증상(예 감정 표현의 감소 혹은 무의욕증)이다.
- 청소년기에 발병하는 경우, 장애가 발병한 이후 상당 시간 동안 기대 수준의 대인관계, 학문적 기능을 성취하지 못한다.
- 장애의 지속적 징후가 최소 6개월 이상 계속된다.
- 조현병(schizophrenia)은 아동기보다 청소년기나 성인초기에 발병하는 경우가 더 많다.

9 신경인지장애

1 알츠하이머

- 알츠하이머병은 아세틸콜린의 부족과 관련이 있다.
- 알츠하이머병은 기억력 감퇴, 인지 기능 저하, 행동 변화를 특징으로 하는 진행성 신경 퇴행성 질환이다.
- 노년층 치매의 가장 흔한 원인이다.

2 파킨슨

- 파킨슨병에서는 매우 느리게 걷고 손을 떠는 증상이 나타난다.
- 파킨슨병은 신체 움직임 조절에 영향을 미치는 만성적이고 진행성인 운동 장애이다. 증상으로는 떨림, 뻣뻣함, 균형 감각 장애 등이 있다.

3 헌팅턴

- 헌팅턴병에서는 팔과 다리가 불수의적으로 춤추듯이 움직이는 증상이 나타난다.
- 헌팅턴병은 단백질의 돌연변이로 인해 불수의 운동(무도병)을 보이며, 기억력 감퇴, 성격 변화를 가져온다.

10 발달정신병리를 설명하는 이론적 모델과 주요 개념

1 사회인지 모델의 부적절한 정보처리

- 사회적 관계 속에서 정보처리를 잘못하여 왜곡되거나 결함적인 인지 구조와 처리과정에 병리의 원인이 있다고 본다.
- 모델링 이론에 근거하여, 대리적, 관찰적 경험, 부모·아동의 상호작용에서 원인을 찾는 모델이다.

2 사회학적 모델의 아노미 상태

- 사회적 혼란으로 인해 규범이 사라지고 가치관이 붕괴된 데에서 원인을 찾는 모델이다.

3 의학적 모델의 기질적 역기능

- 정신병리가 기질적 역기능에서 온다는 일반가설을 본질로 삼는 모델이다.

4 가족체계 모델의 경계의 붕괴

- 세대 간 그리고 세대 내 가족체계, 가족 내의 구조적이고 기능적인 요소들에서 원인을 찾는 모델이다.

5 행동주의 모델의 부적절한 학습

- 병리의 원인을 지나친, 부적절한 또는 비적응적인 강화와 학습경험에서 찾는 모델이다.

6 인지 취약성·스트레스 모델

- 특정 인지 취약성을 가진 개인이 스트레스 요인이나 불리한 생활 사건에 노출될 때 정신 장애가 발생할 가능성이 더 높다고 가정한다.

> 🔍 **틀린 문장**
>
> - 틱은 처음 틱이 나타난 시점으로부터 1년 미만으로 나타난다. → 1년 이상 지속된다.
> - 운동성 틱과 음성 틱이 동시에 나타나야만 진단된다. → 반드시 동시에 나타날 필요는 없다.
> - 학령전기의 주요 발현 양상은 부주의이지만, 초등학교 시기에는 과잉행동이 두드러진다. → X
> - 청소년기의 우울증은 남녀학생 중 누구에게 더 높게 나타난다. → 우울은 남성보다 여성에게 2배 정도 더 많이 관찰되며, 우울 증상의 발현은 여성은 섭식장애 등으로 내재화되고, 남성은 주로 파괴적 행동장애, 물질남용장애와 같은 외현화된 특성으로 나타나고 있다는 것이다.

20 | 콜버그(L. Kohlberg)의 도덕성 발달단계

> **📝 도덕적 갈등상황을 담고 있는 '하인츠 딜레마'**
>
> 암으로 죽어가고 있는 여성을 구할 수 있는 새로운 약을 최근에 어떤 약사가 개발하였다. 약사는 그 약을 만드는데 들었던 돈의 10배인 2,000달러를 약값으로 요구하였다. 여성의 남편인 하인츠는 약을 구입하기 위해 애써 돈을 구했지만, 1,000달러밖에 모으지 못해, 약사를 찾아가 1,000달러에 약을 팔든지 안 된다면 나중에 갚게 해달라고 사정을 했다. 그러나 약사는 자신이 애써 만든 약이므로 그럴 수 없다고 거절하였다. 절망한 하인츠는 아내를 구하려고 약국 문을 부수고 들어가 약을 훔쳤다. 하인츠는 그렇게 해야만 했는가? 왜 그런가? 아니면 왜 그러면 안 되는가?
>
> 도덕적 갈등상황을 담고 있는 하인츠 딜레마를 제시하고 이에 대한 다양한 반응에 포함된 도덕적 사고내용을 분석해 도덕적 발달수준을 제시하였다. 도덕적 발달수준은 도덕적 가치의 내면화 정도에 따라 3가지 수준인 전인습적 수준, 인습적 수준, 그리고 후인습적 수준으로 구분하고, 각 수준을 다시 두 가지 단계로 나누어 모두 6단계로 구분하였다.

1 콜버그의 하인츠(Heinz) 딜레마 도덕성 발달단계

- 도덕적 추론은 비연속적이다.

- 콜버그(L. Kohlberg)는 도덕적 갈등상황에 대한 판단에 기초하여 개인의 도덕발달 수준을 평가하였다.

- 순서는 ① 벌과 복종 지향 → ② 목적과 상호교환 지향 → ③ 착한 아이 지향 → ④ 법과 질서 지향 → ⑤ 사회적 계약 지향 → ⑥ 보편적 원리 지향

1 처벌-복종 지향

- 행동의 결과에 의하여 선과 악을 판단하고, 처벌이 두려워 규칙을 따르고 권위 있는 사람에게 순종한다.

- 처벌을 피하기 위해 명령이나 요구에 복종하는 단계이다.

- 처벌받지 않는다면 나쁜 것으로 생각하지 않는다. 그래서 들키지 않고 부정행위를 하는 것은 정당하다고 생각한다.

- 4 ~ 7세가 이에 속하며, 피아제의 타율적 도덕성단계에 해당한다.

> 🔗 "동생이랑 사이좋게 지내. 잘 놀아주지 않으면 혼내 줄 거야."라는 엄마의 이야기를 듣고 철수는 야단맞지 않으려고 친구와 놀러가고 싶은 것을 참고 동생과 놀았다.

2 목적과 상호교환 지향(=도구적 목표 지향 단계)

- 자신의 최고 이익에 따라 도덕적 판단을 한다.

- 상을 받거나 개인적인 욕구를 충족시키기 위해 규칙에 복종한다.

- 자신에게 이익이 되는 행위가 옳은 것이며, 호의를 똑같이 교환하는 것이 상대에게도 이익이 된다고 생각한다.

> 🔗 자신의 흥미와 욕구를 만족시키기 위해 규범을 준수한다.
> 훈이는 어머니가 약속한 선물 때문에 찻길에서 뛰어다니지 않는다.

3 착한 아이 지향(="착한 소년", "착한 소녀" 지향)

- 남들에게 칭찬을 받고 비난받지 않기 위해 법을 지킨다.
- 타인으로부터 애정과 신뢰를 얻고 '착한사람, 좋은사람'이라는 인정받기를 원한다.

4 법과 질서 지향

- 사회적 규범이나 법을 지키는 것을 전체적인 사회질서를 유지하기 위한 것이라고 생각한다.
- 법, 정의, 사회질서, 의무에 근거해 도덕적 판단을 내리게 된다.
- 법은 사회질서를 보호하기 위해 중요하기 때문에 반드시 지켜야하며, 법을 어긴다는 것은 어떤 이유에서든
  정당화될 수 없다.
  - ✓ 절도에 찬성하는 이유: 만일 약제사가 누군가를 죽게 내버려둔다면 잘못된 것이다. 그리고 자신의 아내를 구하는 것은 하인즈의 의무이다. 그러나 하인즈는 법을 어겨서는 안 된다. 그는 약제사에게 값을 치르고 훔친 것에 대한 벌을 받아야 한다.
  - ✓ 절도에 반대하는 이유: 하인즈가 아내를 구하려고 하는 것은 당연하다. 그러나 훔치는 것은 여전히 나쁜 것이다. 개인의 감정이나 특별한 상황에 상관없이 법을 따라야 한다.

5 사회적 계약 지향

- 사람들은 인간의 권리를 무시하는 법은 부당하다고 생각한다.
- 사회적 규범이나 법칙이 절대적이 아니라는 것을 알게 된다.
- 약을 훔치지 않아야 한다는 법률이 인간의 생명을 구하는 것보다 더 중요하다고 할 수 없다. 인간의 권리나
  존엄을 위협하는 법이라면 부당하기 때문에 수정되어야 한다.
- 법과 사회계약이 '최대 다수의 최대 행복'이라는 사회계약에 의해 의무를 규정하고 타인의 권리를 침해하지
  않으며, 공리주의를 증진하기 위한 행동을 하는 단계이다.
- 공리주의적이고 융통성 있는 법의 개념을 갖고 있어서 법의 타당성도 평가하지만 동시에 인간의 기본적 권리와
  가치가 법보다 더 중요한 가치라고 생각한다.
- 법은 고정불변의 것이 아니라 유연하고 융통성 있는 도구로 간주한다. 즉, 법이란 사람들의 요구를 충족시키지
  못할 경우 상호 합의와 민주적인 절차를 통해 변경할 수 있다고 생각한다.
- 규칙이 공정하지 않을 수 있고 공정하지 않은 규칙은 사회합의에 의해 변경될 때까지는 복종해야 한다.

6 **보편적 원리 지향**

- <u>스스로 규정한 도덕적 정의와 원칙을 지향한다.</u>
- 옳은 행위란 모든 사람에게 가치가 있는 <u>스스로 선택한 윤리적 양심의 원칙으로 정의</u>되는데, 이는 법이나 사회적 동의와는 상관이 없다.
- 모든 인간의 권리를 동등하게 생각하고 개인의 가치와 권리를 존중한다.

2 길리건(C. Gilligan)의 도덕성 발달단계

1 길리건의 도덕 발달 단계

- 여성은 남성과는 다른 도덕적 추론을 한다.
- 여성은 타인에 대한 돌봄과 배려를 도덕성 판단의 기준으로 적용한다.
- 남성은 정의, 공정성, 공평성을, 여성은 배려, 책임, 애착, 희생을 강조한다고 주장하였다.
- 여성은 남성보다 타인과의 관계를 고려, 타인의 요구에 민감하게 반응하는 경향이 있다고 주장했다.

수준1	자기이익 지향	• 여성이 자신의 이익과 생존에 자기중심적으로 몰두하는 단계이다 • 어떤 상황이나 사건이 자신의 욕구와 대치될 경우에만 도덕적 사고와 추론을 시작한다
수준2	타인에 대한 책임으로부터 선의 변별	• 청년기동안 도덕성의 사회적 조망이 발달한다 • 자신의 욕구를 억제하고 자기희생과 타인에 대한 배려가 존재한다 • 대인관계에 있어서 불평등한 남성에 대한 의존과 예속을 추론한다
수준3	자신과 타인의 역동	• 자신의 주장과 타인에 대한 책임을 조율한다 • 수동적인 존재가 아닌, 의사결정 과정에서 적극적으로 참여한다

2 콜버그 도덕성 이론에 대한 길리건의 비판

- 남성에 비해 여성의 도덕성 발달수준이 낮다는 기존 연구 결과는 남성중심적인 편파적 해석이다.
- 남아는 독립적이고, 성취지향적으로 사회화되므로, 도덕적 갈등상황에서는 다른 사람의 권리나 법과 사회적 관습을 중요시하게 된다. → 콜버그 단계 중 4단계에 해당한다.
- 여아는 양육적이고, 동정적이며, 다른 사람의 욕구에 대한 관심을 강조하는 사회화로 인해, 다른 사람과의 관계를 중시하는 도덕적 판단을 하게 된다. → 콜버그의 단계 중 3단계에 해당한다.
- 여성이 남성적인 정의추론에 입각한 콜버그 척도에 따라 평정될 때 낮은 평정을 받을 수밖에 없다. 따라서 여성의 도덕성은 부당하게 평정되고 있다.
- 남성만을 대상으로 진행되었고, 여성의 도덕성 발달이 전혀 고려되지 않았기 때문에 그의 연구를 남성과 여성 모두에게 일반화시키는 것은 잘못된 것이다.

3 피아제의 도덕성 발달 단계

1 제1단계: 전도덕성의 단계(Premoral Stage, 2 ~ 4세)

- 도덕적 인식이 전혀 없는 단계로 규칙이나 질서를 의식하지 않거나 그에 대한 관심이 없는 단계이다.
- 인지발달이 미성숙해서 규칙을 이해하지 못하며 도덕적 판단을 할 수 없다.

2 제2단계: 타율적 도덕성의 단계(Heteronomous Morality, 5 ~ 7세)

- 외적준거와 행위의 결과에 의해 판단하는 단계로 성인을 전지전능한 사람으로 여기므로 규칙에 일방적으로 복종하고 행위의 의도보다 결과를 중시하는 도덕적 절대주의(Moral Absolutism)이다.
- 인지발달단계에서 전조작기에 속하는 유아 단계로, 인지적 특징인 중심화된 사고의 특성이 작용해, 행동의 옳고 그름을 판단할 때 행동의 의도는 고려하지 못하고 행동으로 인한 결과만을 고려해 판단을 내린다.
- 도덕적 규칙은 변할 수 없고 절대적인 것으로 생각하며, 규칙을 위반하면 언제나 처벌을 받는다고 생각한다.
- 모든 도덕적 문제에는 옳거나 나쁜 것이 있으며, 규칙을 따르는 것이 항상 옳은 쪽이라고 믿는다.

3 제3단계: 자율적 도덕성의 단계(Autonomous Morality, 8세 이후)

- 규칙이란 절대적인 것이 아니라 바뀔 수 있는 임의의 것이다.
- 행위의 결과와 의도를 함께 고려하는 단계로 규칙은 상호합의에 의해 이루어진 것으로 변경이 가능하다고 인식하는 도덕적 상대주의(Moral Relativism)이다.
- 규칙이나 법은 사람이 만든 것으로 서로 간의 합의와 동의를 거쳐 변경될 수 있다고 생각하며, 필요에 따라서는 규칙을 위반할 수도 있다고 생각한다.
- 옳고 그름에 대한 절대적인 기준이 있다는 생각을 점차 버리게 되고 공평성에 기준한 정의의 개념을 발달시키게 되며, 규칙은 외적으로 부여된 것이 아니라 서로 간의 조건을 통해 새로 만들어낼 수 있다고 생각한다.
- 한 가지 이상의 측면에서 사고할 수 있기 때문에, 어떤 행위를 판단할 때 행위의 결과만이 아니라 의도와 동기도 고려해 판단하고, 규칙을 위반해도 항상 처벌받지 않는다는 것을 경험에 의해 깨닫게 된다.
- 구체적 조작기에 속하는 단계로 10세 이상 아동에 해당한다.

4   사회학습이론에서의 도덕 발달

- 반두라(A. Bandura)는 강화, 처벌, 모방 등으로 도덕적 행동의 학습을 설명한다.
- 어른을 모델로 하여 도덕적 행동을 보고 배우는 모델학습을 통해 도덕성을 획득한다.
- 도덕적으로 옳은 행동을 했을 때는 보상(강화), 부적절한 행동에 대해서는 처벌을 받음으로써 억압되는 강화의 원리가 작용한다.
- 타인이 강화 받는 것을 보고 배우는 대리강화도 도덕성의 학습이 된다.

5   정신분석이론의 도덕 발달

- 프로이드(S. Freud) 이론에서 동성부모와의 동일시, 죄책감, 초자아는 도덕성 발달과 관련되어 있다.
- 프로이트는 도덕성을 초자아의 발달과 밀접한 관련이 있는 것으로 보았다.
- 도덕성은 초자아를 형성하는 남근기에 부모와 동일시함으로써 발달한다. 즉 같은 성의 부모와 동일시하게 되면 부모의 도덕적 기준을 내면화한다고 보았다.

🔍 틀린 문장

- 도덕적 판단보다는 행동을 중요시한다. → 이상적인 도덕발달의 가치를 보여주기는 하지만 현실에서의 도덕성 발달을 반영하는지는 불분명하다.
- 도덕성의 사고구조보다는 내용을 더 중요시 한다. → 도덕적 규범에 대한 이해가 항상 도덕적인 행동으로 이어지는 것은 아니다.
- 도덕성 발달은 인지발달과 관련이 없다. → 콜버그는 도덕성이 1~6단계까지 순서적 계열성을 지니면서 발달해가지만 6단계까지 도달하는 사람은 소수에 불과하다고 하였다.
- 도덕성의 발달을 2수준 6단계로 제시한다. → 콜버그는 도덕성 발달을 3수준(전인습, 인습, 후인습) 6단계로 구분하였다.
- 프로이트(S. Freud)는 남근기에 이성 부모와의 동일시 과정을 통해서 발달하는 초자아를 강조하였다. → 동성 부모와의 동일시 과정을 통해서 발달하는 초자아를 강조하였다.
- 길리건(C. Gilligan)은 여성의 도덕성을 구성하는 핵심개념으로 정의(justice)를 주장한다. → 남성의 도덕성을 구성하는 핵심개념이 정의이다.
- 길리건(C. Gilligan)은 여성은 남성과 유사하게 도덕적 추론을 한다고 주장한다. → 여성은 남성과는 다른 도덕적 추론을 한다.
- 피아제(J. Piaget)에 따르면 인지적 추론수준과 도덕성 발달수준은 관계가 없다. → 도덕추리는 인지발달과 관계가 있다.
- 피아제(J. Piaget) 이론에서 타율적 도덕성 단계의 아동은 규칙이 상황에 따라 변경될 수 있다고 생각한다. → 자율적 도덕성 단계에서 규칙이 상황에 따라 변경될 수 있다고 생각한다.

마샤/마르샤(J.Marcia)의 자아정체감

1 마샤/마르샤(J.Marcia)의 자아정체감

- 청소년의 연령과 가족은 정체감 발달에 영향을 미친다.
- 부모의 양육행동은 자아정체감 형성에 영향을 미친다.
- 청소년기를 거쳐 성인기에 이르기까지 발달이 계속된다.
- 추상적 사고의 발달은 자아정체감 발달과 관련이 있다.
- 자아정체감을 위기(crisis)와 전념(commitment)에 따라 네 가지 지위로 구분하였다.
  - ✓ 위기(crisis): 정체감을 갖기 위해 탐색
  - ✓ 전념(commitment): 특정한 목표나 가치관, 신념을 고수하기 위해 무엇인가에 전념하고 있는가)

정체성 지위	위기(crisis)	전념(commitment = 참여)
혼미(diffusion)	X	X
유실(=폐쇄, foreclosure)	X	O
유예(moratorium)	O	X
성취(achievement)	O	O

1 정체감 성취(achievement)

- 자신이 앞으로 무엇을 할지를 고민을 해보고(위기), 스스로 의사결정을 하여 참여하고 있는 상태이다.

> A는 성악과 진학을 결정했다. 진로에 대해 고민이 많아 다양한 활동을 경험하던 중 합창단 활동에서 노래에 대한 희열을 느꼈고, 성악가의 꿈을 가지게 되었다. 저는 사람들에게 봉사하는 것을 좋아해서 장래희망이 사회복지사예요.

2 정체감 유예(moratorium)

- 정체성 성취와 정체성 유예는 심리적으로 건강한 지위이다.
- 청소년기의 정체감 유예(moratorium)는 적응적인 것이다.
- 정체감 위기의 상태에 있으면서 아직 의사결정을 못한 상태를 정체감 유예라 한다.
- 삶의 목표와 가치에 대해 의심을 품고, 대안을 탐색하나 여전히 불확실한 상태에 머물러 구체적인 자신의 역할과 과업에 몰두하지 못하는 상태를 뜻한다.
- 안정감이 없으나 정체감 형성을 위해 다양한 역할, 신념, 행동 등을 실험하고 있으나 의사결정을 못한 상태로서 시간이 지나면 정체감을 확립하게 되는 경우가 많다.

3 정체감 유실(foreclosure)

- 부모의 가치나 기대를 그대로 수용하여 선택하는 경우를 정체감 유실(foreclosure)이라 한다.
- 자아정체감 위기의 경험이 없다.
- 정체성의 탐색과정을 거치지 않았지만 전념, 관여, 수행을 하고 있는 상태를 말한다.
- 부모나 다른 이의 정체성을 자신의 것으로 생각하고 자신의 정체성을 확립할 수 있는 가능성을 상실한 상태이다.

> 🔗 B는 외식조리학과 진학을 결정했다. 요리를 좋아하는지는 잘 모르겠지만, 외식업계에 종사하는 부모님이 권유해서 고민 없이 선택했다.
> 아버지가 치과 의사이고, 부모님이 의사가 되는 게 좋겠다고 하셔서 장래희망은 의사예요.
> 부모님이 초등학교 교사가 되기를 권유하셔서, A는 자신의 적성이나 흥미 등을 깊이 고민하거나 탐색하지 않고 ○○교육대학교에 진학하기로 결심하고 학업에 열중하고 있다.
> 수연이는 대학교에서 경제학을 전공하고 있지만 변호사인 부모님의 뜻에 따라 아무런 고민 없이 변호사가 되기로 결정했다.

4 정체감 혼미(diffusion)

- 정체감 발달에서 가장 미숙한 수준의 지위이다.
- 방향성이 결여되어 있는 상태로서 다른 사람이 어떤 일을 하는지, 내가 어떤 일을 해야할지에 대한, 자신에 대한 탐구를 시작하지 않은 상태이다.

> 🔗 부모님은 유아교사가 되기를 원하시나 A는 아직 진로에 대해 고민해 본 적이 없다. 저는 잘하는 것도 없고, 하고 싶은 것도 없어요. 아직 장래에 대해 생각해보지 않았어요.

> 🔍 **틀린 문장**
> 마샤(J. Marcia)는 정체감 위기를 경험하지 않고, 직업선택에 대한 관심이 없는 지위를 정체감 유실(foreclosure)이라고 하였다. → 유실은 정체감 위기를 경험하지 않고도 직업을 선택한 경우를 말한다.

2 벰(S. Bem), 마틴(C. Martin)의 성 도식 이론

- 성역할이란 한 사회에서 남성 또는 여성에게 기대하는 생각과 행동을 말한다.
- 성역할 동일시란 자신의 성을 인식하고 같은 성을 가진 사람의 행동을 내면화하는 것을 말한다.
- 성역할 고정관념이란 특정 행동이나 특성이 남성 또는 여성의 것이라고 생각하는 것을 뜻한다.
- 성 유형화란 자신이 속한 사회문화에 적합한 성역할 행동을 하도록 기대받는 과정을 말한다.
- 심리적 양성성은 한 사람 내에 여성적 특성과 남성적 특성이 공존하는 것을 의미한다.
- 벰의 성 도식 이론은 성역할 개념의 습득과정을 설명하는 이론으로 사회학습이론과 인지발달이론을 결합한 것이다.

- 성도식이론은 성역할 개념의 습득과정을 설명하는 정보처리이론으로서, 성유형화가 아동의 인지발달 수준이나 사회문화적 요인의 영향을 받지만 동시에 성도식화 과정을 통해 형성된다고 한다.
- 도식에 맞게 외부의 정보를 취사선택하여 습득한다고 주장하며 성 역할 고정관념을 가진다고 하였다.
- 일단 성도식이 발달하면 아동은 자신의 성도식에 맞지 않는 새로운 정보를 왜곡하는 경향이 있다. 예를 들어, 여성은 의사가 될 수 없다고 믿는 아동이 여의사로부터 진찰을 받고 나서 자신을 진찰한 사람은 여의사가 아니고 간호사라고 기억하며, 여전히 여성은 의사가 될 수 없다고 생각하는 것이다.

> 여자 아이는 바느질이 "여자를 위한 것"이고 비행기 만들기는 "남자를 위한 것"이라고 배운다. 이후 여자 아이는 이러한 개념에 일관된 행동을 하기 위하여 이와 관련된 정보에 주의를 기울이고 기억하는 반면, 비행기 모델을 만드는 것과 관련된 정보는 무시할 것이다. 이러한 과정은 이후 여자 아이가 성 역할과 관련된 사회적 정보를 처리하는 각본이 된다.

- 학습된 성도식은 수정될 수 있다.
- 3 ~ 7세 취학전 유아기에는 남아의 성도식이 여아의 성도식보다 더 발달되어 있는 것으로 나타났다. 또한 유아는 연령이 높을수록 자신의 성별과 일치하는 놀이친구를 더 선호하는 것으로 나타났다.
- 5 ~ 9세 아동의 성역할 지식은 연령이 증가함에 따라 증가하고 성역할 태도에서의 융통성을 보인다.

3 콜버그의 성 역할 발달

- 성 정체성이란 자신의 성을 명확히 명명하는 것이다.
- 성 안정성이란 시간이 지나도 자신의 성별이 안정적이라는 것을 지각하는 것이다.
- 성 일관성이란 개인의 성은 옷, 머리가 변해도 변하지 않는 것을 아는 것이다.
- 성 역할 발달의 순서는 성정체성 → 성안정성 → 성일관성으로 발달한다.

성 정체성 발달	3세경	남자와 여자를 범주화하는 능력을 가진다.
성 안정성 발달	4세경	남아는 남자어른, 여아는 여자 어른이 된다는 인식을 가진다
성 항상성(일관성) 발달	6세경	성이란 놀이, 복장, 외모의 변화에도 불구하고 변하지 않는다는 인식을 가진다

> 성정체성: 나는 남자야.
> 성항상성: 머리 모양이 달라졌다고 해도 남자가 여자가 되지는 않아.
> 성안정성: 남자는 자라서 남자 어른이 되고, 여자는 자라서 여자 어른이 되는 거야.

🔍 틀린 문장

- 성역할 발달은 생물학적 성에 따라 모두 결정된다. → 제3의 성처럼 생물학적으로 결정되지만은 않는다.
- 생물학적 성을 결정하는 호르몬은 도파민이다. → 안드로겐, 에스트로겐이 있다.
- 성 일관성(gender consistency)은 어떤 행동이 여성과 남성에게 적합한 행동인가에 대한 신념을 의미한다. → 남자 아동이 여자 아동의 옷을 입거나 여자 아동이 남자 아동의 옷을 입어도 자신의 성별이 바뀌지 않는다는 것을 인식하는 단계이다.

22 브론펜브레너(U. Bronfenbrenner)의 생태학적 체계이론

- 인간발달을 사회문화적 맥락에서 이해한다.

1 미시체계(microsystem)

- 미시체계에서는 아동과 부모의 직접적 상호작용이 일어난다.
- 아동을 둘러싼 근접환경으로 아동과 직접 얼굴을 맞대고 상호작용을 하는 관계를 말한다.
- 아동의 가정, 친구, 보육기관, 학교, 놀이터, 친척집, 이웃이 포함되며, 집의 크기, 보육기관의 시설, 학교 운동장 등도 포함된다. 동시에 영향을 미치는 물리적 특성이나 사회경제적 수준, 교육수준, 신념 등이 아동에게 미치는 중요한 내용이 된다.

2 중간체계(mesosystem)

- 미시체계들이 겹쳐지면서 발생되는 환경을 말한다.
- 미시체계 간의 상호작용이다.
- 부모와 선생님의 관계, 형제관계, 또래들 관계 등 미시체계의 환경들끼리의 관계를 말한다.
  - ✓ 예 유아를 보육기관에 처음 보낼 때 유아의 특별한 습관이나 심리적 특성에 대해 교사와 미리 충분한 교류가 이루어지면 교사가 미리 대처할 수 있어 유아가 보육기관에서 적응하고 생활해나가는데 어려움이 줄어들 수 있다.
  - ✓ 예 아이의 습관은 가정에서뿐만 아니라 학교 교사와의 상호작용에서도 나타난다. 집에서 부모에게 깍듯이 인사하는 아이는 학교에 가서 교사에게도 깍듯이 인사한다.
    부모가 자녀의 학교 담임선생님을 전혀 모르는 것은 중간체계가 취약하다는 것을 의미한다.

3 외체계(exosystem)

- 외체계는 아동이 직접 경험하지는 않지만 발달에 영향을 미치는 맥락이다. 예를 들어 부모의 직장, 부모의 사회적 연결망, 부모의 직업, 부모의 친구, 부모의 일시적 부재 시 아이를 돌볼 수 있는 친척 또는 지역사회 기관의 활용 여부, 복지서비스, 정부기관, 교육제도, 대중매체 등이 속한다.
- 부모의 직장은 아동에 있어 외체계에 해당된다.
- 부모가 속해 있는 직장이 어떠한지에 따라 수입, 근무시간, 복지 등의 환경 영향이 아이에게 영향을 준다. 부모가 직장에서 스트레스를 많이 느끼면 자녀에게 정서적으로 편안하게 다가가기 힘들 수 있다.
  - ✓ 예 부모가 토요일에도 근무하는 직장에 다닐 경우, 아동은 학교에 가지 않기 때문에 혼자서 집에서 지내야 하므로 어려움이 야기될 수 있다.
  - ✓ 예 아버지가 직장에서 승진 했다거나 포상을 받는 것과 아버지가 직장에서 해고당하는 것과는 간접적으로 아이에게 다른 영향을 준다.

4 거시체계(macrosystem)

- 미시체계, 중간체계, 외체계를 포함하며, 아동이 속한 문화, 사상, 관습, 전통, 이념, 법률 등의 환경을 포함한다. 아동이 속해 있는 사회문화적 배경은 아동의 발달에 지속적인 영향을 미친다.
- 거시체계는 일반적으로 다른 체계보다 오랜 시간에 걸쳐 안정적이지만 때로는 급격한 사회적 변화에 따라 변화를 가져오기도 한다.

> 𝒫 • 특정한 맥락이 아니라 문화적 가치, 법, 관습, 자원들로 구성된다.
> • 한국에서 태어난 아이가 미국으로 이민을 가서 그 문화권의 영향을 받는다.

5 시간체계

- 시간체계는 사람과 환경의 일생 동안의 변화를 포함한다.
- 시간체계에는 개인이 겪는 생물학적, 인지적, 심리적 변화가 포함된다.
- 전생애 걸쳐 시간의 흐름에 따라 일어나는 환경적 사건 및 변화를 포함한다.
- 시간체계는 역동적이고 계속 변화하는 성질을 갖는데, 아동이 성장하면서 겪게 되는 외적인 사건이나 개인 내적인 사건이 해당된다.
  - ✓ 예 부모의 이혼은 아동의 삶에서 한 시점에서 일어나는 사건으로 시간이 지남에 따라 발달에 미치는 영향이 달라진다.

23 | 에릭슨(E. Erikson)의 심리사회적 발달이론

	에릭슨	에릭슨 덕목
유아기(0-1세)	신뢰감 대 불신감	희망
초기아동기(1-3세)	자율성 대 수치심	의지
학령전기(3-5세)	주도성 대 죄의식	목적성
학령기(5-12세)	근면성 대 열등감	능력
청소년기(12-20세)	자아정체감 대 역할혼란	충실성
성인기(20-35세)	친밀감 대 고립감	사랑
중년기(35-65세)	생산성 대 침체감	돌봄
노년기(65세이후)	자아통합 대 절망감	지혜

1 신뢰감 대 불신감

- 유아는 생존, 안전, 애정 주는 어머니에게 신뢰감이 형성되고 반대로 어머니의 행동이 거부적이고 무뚝뚝하고 일관성이 없으면 유아는 세상에 대해 불신감이 생긴다. 이 시기를 거치면서 희망을 획득한다.

2 자율성 대 수치심, 의심

- 배변훈련으로부터 자율성을 획득하고, 반대로 아이가 자신의 의지를 연습하도록 허용되지 않을 때, 아이는 다른 사람과의 관계에서 수치심을 느낀다. 이 시기를 거치면서 의지를 획득한다.

3 주도성 대 죄의식

- 새로운 활동을 하면서 주도성을 발달시키고, 반대로 아이를 처벌하게 된다면, 아이는 죄의식을 발달시킨다. 이 시기를 거치면서 목적성을 획득한다.

4 근면성 대 열등감

- 학교에서 주어진 일을 완성함으로써 칭찬을 받으면 근면성을 촉진하고 반대로 아이가 자신이 노력한 것에 대해 야단맞고, 거절당하면 자신을 부적절하게 생각하고 열등감을 발달시키게 된다. 이 시기를 거치면서 능력을 획득한다.

5 자아정체감 대 역할혼돈

• 자기에 대한 타인의 견해와 자신에 대한 견해를 통합하여 자아정체감을 형성하고 반대로 정체감을 성취하는 데 실패하고 정체감 위기를 경험한 사람은 역할 혼돈을 보인다. 이 시기를 거치면서 충실성(성실성)을 획득한다.

6 친밀감 대 고립감

• 개인은 우정과 성적인 결합으로 다른 사람들과 친밀한 관계를 형성하고 반대로 친밀감을 형성할 수 없는 사람은 고립의 상태에 빠진다. 이 시기를 거치면서 사랑을 획득한다.

7 생산성 대 침체감

• 인간은 자신이 속한 어떤 조직에서 생산적인 영향을 끼치고 이끌고자 하는 욕구를 발현하고 반대로 중년기에 생산적인 영향력이 나타나지 않으면 침체감에 빠지게 된다. 이 시기를 거치면서 돌봄을 획득한다.

8 자아통합 대 절망감

• 개인이 충족감과 만족감으로 자신의 삶을 되돌아보고 잘 적응해 왔다면 자아통합을 가게 되고 반대로 좌절감과 증오로 자신의 삶을 바라본다면 절망의 상태에 있게 된다. 이 시기를 거치면서 지혜를 획득한다.

	에릭슨	에릭슨 덕목	프로이트	샤이	피아제	
유아기 (0-1세)	신뢰감 대 불신감	희망	구강기	습득	0-2세	감각운동기
초기아동기 (1-3세)	자율성 대 수치심	의지	항문기			
학령전기 (3-5세)	주도성 대 죄의식	목적성	남근기		2-7세	전조작기
학령기 (5-12세)	근면성 대 열등감	능력	잠복기		7-12세	구체석소삭기
청소년기 (12-20세)	자아정체감 대 역할혼란	충실성	성기기		12세 이후	형식적조작기
성인기 (20-35세)	친밀감 대 고립감	사랑		성취		
중년기 (35-65세)	생산성 대 침체감	돌봄		(중년기)책임→실행		
				(중년기초기노년기)재조직		
노년기 (65세이후)	자아통합 대 절망감	지혜		재통합		
고령노년기				유언		

(1) 획득하는 에릭슨의 발달단계와 연결 짓는 문제 유형
- 친밀성 대 고립감 - 타인을 이해하고 사랑의 관계를 형성한다.
- 주도성 대 죄책감 - 새로운 것을 시도하고 목표를 설정하며 그에 따라 활동한다.
- 정체감 대 정체감 혼란 - '나는 누구이며 미래의 나는 어떻게 볼 것인가?'에 대해 고민한다.
- 생산성 대 침체감 - 다음 세대에게 기술을 전수하고 지역사회에 도움이 되는 일을 한다.

(2) 발달 순서대로 나열하는 문제 유형
- 자율성 대 수치심 - 근면성 대 열등감 - 정체성 대 역할 혼란

(3) 에릭슨과 프로이트의 발달단계를 순서대로 나열하는 문제 유형
- 주도성 대 죄책감 → (프로이트(S. Freud)의 발달 단계:리비도가 몸 전체에 잠복된다. 사회적, 도덕적 가치를 습득한다.)
  → 정체감 형성 대 역할 혼란

(4) 에릭슨과 샤이의 발달단계를 연결하는 문제 유형

에릭슨(E. Erikson) 이론의 발달 과업	샤이(K. Schaie) 이론의 발달 단계
생산성 획득	책임 단계

24 프로이트(S. Freud)의 정신분석

- 인간의 모든 행동에는 그 원인이 있다는 심리적 결정론을 주장한다.
- 심리성적 이론은 성격발달에 있어 생애초기 경험을 중시한다.
- 다섯 단계로 이루어지는 성격발달단계는 누구든 차례대로 거치게 된다.

프로이트		에릭슨		피아제	
0-1세	구강기	유아기(0-1세)	신뢰감 대 불신감	0-2세	감각운동기
2-3세	항문기	초기아동기(1-3세)	자율성 대 수치심	2-7세	전조작기
4-6세	남근기	학령전기(3-5세)	주도성 대 죄의식		
7-12세	잠복기	학령기(5-12세)	근면성 대 열등감	7-12세	구체적조작기
사춘기후	성기기	청소년기(12-20세)	자아정체감 대 역할혼란	12세이후	형식적조작기
		성인기(20-35세)	친밀감 대 고립감		
		중년기(35-65세)	생산성 대 침체감		
		노년기(65세이후)	자아통합 대 절망감		
		고령노년기	-		

🔗 아동기(6~12세) = 프로이트(S. Freud)의 잠복기 = 피아제(J. Piaget)의 구체적 조작기

1 프로이트의 심리성적 발달 단계

- 프로이트는 쾌락을 주는 성적 추동 에너지가 신체 어느 부위에 집중되는가에 따라 발달의 단계를 명명했다.
- 각 단계에서 욕구가 지나치게 충족되거나, 결핍되면 성격 형성에 문제가 생긴다고 보았다.

1 구강기

- 출생부터 약 1세까지로 리비도가 입에 집중되어 입을 통한 쾌감으로 만족감을 느낀다.
- 프로이트(S. Freud)는 구강 만족을 통해 애착을 경험한다고 주장한다.
- 구강기의 욕구가 과도하게 충족되면 다른 사람을 잘 믿고 의존적이며 요구가 많은 성격이 형성될 수 있다.
- 구강기 욕구가 과도하게 결핍되면 비관적이고 공격적이면서도 논쟁적인 태도를 나타내게 할 수 있다.

2 항문기

- 2 ~ 3세에 해당하며 리비도가 항문 근처에 집중되어 배변이나 배뇨와 같은 본능적 욕구가 쾌락의 근원이 된다.
- 항문기에 욕구가 과도하게 충족되면 감정적이고 분노를 잘 느끼며 무질서한 항문기 배출 성격이 나타날 수 있다.
- 항문기에 욕구가 과도하게 결핍되면 완벽주의적이고 청결과 질서에 집착하며 인색한 항문기 보유 성격이 나타날 수 있다.

3 남근기

- 4 ~ 6세에 해당하며 남근기 갈등은 아동이 반대 성인 부모에 대해 지니고 있는 무의식적 근친상간의 욕망과 관련이 있다.
- 남자아동은 오이디푸스 콤플렉스, 여자아동은 엘렉트라 콤플렉스 현상이 나타난다.

4 잠복기

- 7 ~ 12세에 해당하며 성격의 세 구조인 원초아, 자아, 초자아가 형성되고 리비도가 휴지기에 접어들기 때문에 성적이고 · 공격적인 욕구나 충동적 욕구가 외부적으로 표현되지 않고 통제된다.
- 이성에 대한 관심은 감소하고 동성의 친구들과 어울리게 되는 사회화가 이루어진다.

5 성기기

- 사춘기 이후에 신체적 성장에 따른 성적 욕구가 강해지고 이성에 대한 관심이 증가한다.

2 프로이트의 지각 수준

- 인간의 정신적 지각 수준인 무의식, 전의식, 의식의 세 영역 중 무의식 세계를 가장 중시한다.

1 의식

- 개인이 현재 각성하고 있는 모든 경험과 감각, 사고, 지각, 감정, 기억 등을 포함한다.

2 전의식

- 지금 현재에는 의식되고 있지 않지만 조금만 노력하면 곧 의식으로 떠올릴 수 있는 생각이나 감정들을 포함한다.

3 무의식

- 자신의 힘으로는 의식으로 끌어올리기 어려운 심적 내용을 포함하여, 용납될 수 없는 생각, 감정, 기억 혹은 충동이 억압되어 있는 곳이다. 의식 상태에 두기에는 너무 위협적이거나 고통스러운 경험들은 대부분 무의식상태로 잠복하게 된다.

3 프로이트의 성격 구조

1 원초아(id)

- 식욕, 배설욕, 성욕, 수면욕 등과 같은 본능적 욕구를 즉각적으로 충족시키기 위한 쾌락원리를 따르며 쾌락원리는 현실적 여건을 고려하지 않고 즉각적 욕구, 욕망을 충족하는 원리이다.

2 자아(ego)

- 자아는 현실원리를 따르며 개인이 현실에 적응하도록 돕는다.
- 자아의 주된 임무는 원초아의 욕구충족을 지연하며 행동을 통제한다.
- 원초아와 초자아 간의 갈등을 중재하는 집행자이기도 하다.
- 자아는 주관적 욕구와 외부의 현실을 구별할 줄 아는 현실검증 능력이 있다.

3 초자아(super ego)

- 성장하는 과정에서 부모로부터 영향을 받은 전통적 가치관, 사회 규범과 이상, 그리고 도덕과 양심이다.
- 부도덕적이거나 양심에 어긋날 행동을 했다고 느낄 때 죄책감과 수치심을 느낀다.
- 지나치게 강한 초자아는 오히려 행동을 위축시키고 긴장이나 불안을 가중시킬 수 있으며 죄책감, 우울, 열등감에 사로잡히게 된다. 반면 초자아가 건강하게 형성되지 못할 경우 비양심적이고 반사회적인 행동을 하게 된다.

4 불안의 유형

1 현실적 불안

- 자아가 외부세계의 현실을 지각하여 느끼는 불안으로 실제적인 위험으로부터 개인을 보호한다.

2 신경증적 불안

- 원초아와 자아 간의 갈등에서 비롯된 불안이다.
- 자아가 원초아의 세력을 조절하지 못해서 두려움을 느끼는 경우 신경증적 불안을 경험하게 된다.
- 막대한 힘을 가진 원초아에 의해 충동적으로 표출된 행동 때문에 혹시 처벌받지 않을까 하는 무의식적인 두려움이다.

3 도덕적 불안

- 초자아에서 비롯된 불안으로, 도덕적 기준에 위배되는 생각이나 행동을 했을 때 유발된다.
- 양심에 근거하고 있으며, 죄책감이나 부끄러움을 느낀다.

5 프로이트의 방어기제

- 방어기제를 습관적으로 반복 사용하는 것은 건강하지 못한 성격의 징표로 볼 수 있다.
- 현실을 부정하거나 왜곡하여 지각함으로써 불안에서 자아를 보호하려는 비현실적이고 방어적인 체계이다.
- 무의식 수준에서 작용하기 때문에 스스로도 깨닫지 못하는 자기기만적이다.

1 주지화(intellectualization)

- 종교, 문학 등의 지적 활동에 몰입함으로써 성적욕망이나 불안을 회피하려는 것이다.

2 동일시

- 다른 사람의 태도, 신념, 가치 등을 자신의 것으로 채택함으로써 다른 사람의 특성을 자신의 성격에 흡수한다.
- 정신역동이론에 따르면 남근기 부모의 위협을 상상하는 아동이 자신의 거세 콤플렉스를 극복하는 방어기제로 초자아 형성을 유도한다.
- 예로는 청소년들이 인기 연예인의 헤어스타일을 모방하는 경우가 있다.

3 투사

- 자신의 내부에서 용납하기 어려운 욕구나 충동을 남의 탓으로 돌리는 것이다.

4 반동형성

- 용납하기 어려운 충동이 무의식적으로 억제되어 반대로 나타난다.

5 치환(displacement)

- 충족될 수 없는 무의식적 욕구를 다른 대상을 통하여 충족시키는 것이다.

6 억압

- 충격적인 사건이나 용납할 수 없는 충동을 무의식적으로 거부한다.

7 합리화

- 자신의 행위나 생각을 정당화하기 위해 그럴듯한 이유를 제시하는 것이다.

8 승화

- 성적 본능이 신경증적인 행동으로 전이되지 않고 오히려 사회적으로 바람직한 행동으로 나타난다.

9 이타주의

- 다른 사람을 돕는 일에 힘을 쏟고 만족을 얻는다.

10 퇴행

- 현재의 심리적 갈등으로 좌절을 경험하게 되면 이를 피하기 위해 이전의 발달단계로 되돌아가는 것을
  말한다.

11 신체화

- 외로움, 분노 등으로 심리적 갈등이 신체적 증상인 두통, 가슴통증, 위장 장애로 나타난다.

12 부인

- 의식화된다면 도저히 감당하지 못할 생각, 욕구, 충동, 현실적 존재를 무의식적으로 부정하는 것을 뜻한다.

13 격리

- 고통스러운 감정을 무의식으로 보내는 것이다.
- 과거의 고통스러운 기억은 의식 세계에 남고 이와 관련된 감정은 무의식 세계에 보내서 분리시키는 것이다.

14 이상화

- 어떤 사람이나 상황에 부정적인 측면을 무시하고 긍정적인 측면만을 과장한다.

15 해리

- 어떤 상황을 기억하거나 의식하지 못함으로써 일시적으로 그 상황에서 벗어나려고 한다.
- 기억을 상실한 것으로 보인다.

16 대치형성

- 목적하던 것을 못 가질 때 오는 좌절감을 줄이기 위해 원래의 것과 비슷한 것을 취해서 만족을 얻는 것이다.

17 억제

- 고통스러운 충동, 생각, 기억에 대한 자각을 피하려는 의도적, 의식적인 거부라고 볼 수 있다.

18 실수

- 말이나 행동에서의 실수는 무의식적 내용을 표현하게 되며 억압이 충분히 성공하지 못한 경우에 일어난다.

19 유머

- 자신과 타인에게 불편감을 주지 않고서 해결해야 할 갈등을 낙천적, 유머스런 감각이나 언행으로 대처하는 정신적으로 건강한 문제해결능력이다.

> **틀린 문장**
>
> - 초자아는 성적욕구와 관련된 것으로 쾌락의 원리를 따른다. → 원초아
> - 자아는 자아이상과 양심으로 구성되어 있다. → 초자아
> - 원초아는 옳고 그름에 대한 판단을 한다. → 자아
> - 자아는 일차적 사고과정을 따른다. → 원초아
> - 안나 프로이트(A. Freud)는 청소년기를 질풍노도의 시기로 보는 관점을 부정한다. → 안나 프로이트는 사춘기에 본능의 욕구와 자아 메커니즘 사이의 평형이 일시적으로 무너짐으로써 질풍노도의 시기가 나타난다고 주장하였다.

6 베일런트(G. Vaillant)의 방어기제

- 성인의 적응 방식을 방어기제 수준으로 설명하였다.
- 시련이나 위기에 직면한 개인이 나타내는 심리적 적응방식에서의 발달적 변화에 관심을 가졌다.
- 베일런트는 프로이트(S. Freud)의 방어기제 중에는 더 성숙한 방어기제도 있다고 간주한다.
- 개인생활과 직업생활에서 성공적인 사람들은 미성숙한 방어기제보다는 더 성숙한 방어기제를 사용하는 쪽으로 이동한다.
- 망상적 투사, 부정, 왜곡은 정신병적 방어기제의 대표적 유형이다.
- 병리적 방어기제, 미성숙한 방어기제, 신경증적 방어기제, 성숙한 방어기제 총 4가지로 나눌 수 있다.

1 병리적 방어기제(Pathological defenses)

- 망상적 투사(Delusional projection)
- 왜곡(Distortion)
- 부인(Denial)

2 미성숙한 방어기제(Immature defenses)

- 투사(Projection)
- 행위화(Acting out)
- 공상(Fantasy)
- 수동공격(Passive aggression)

3 신경증적 방어기제(Neurotic defenses)

- 억압(Repression)
- 반동형성(Reaction formation)
- 격리(Isolation)
- 취소(Undoing)
- 전치(Displacement)

4 성숙한 방어기제(Mature defenses)

- 승화(Sublimation)
- 유머(Humor)
- 이타주의(Altruism)
- 억제(Suppression)
- 예상(Anticipation)

병리적 방어기제	부정, 왜곡, 망상적 투사
미성숙한 방어기제	행동화, 수동공격성, 투사, 내사, 동일화, 신체화
신경증적 방어기제	전치, 해리, 반동형성, 퇴행, 합리화, 취소, 고작
성숙한 방어기제	이타주의, 예상, 유머, 승화, 금욕주의, 보상

🔍 **틀린 문장**

- 베일런트이론: 방어기제 수준을 정신병적 방어기제, 신경증적 방어기제, 성숙한 방어기제의 3수준으로 구분한다. → 병리적 방어기제, 미성숙한 방어기제, 신경증적 방어기제, 성숙한 방어기제 4가지 수준으로 구분한다.

25 지능

1 지능

- 지능의 상관은 이란성 쌍생아보다 일란성 쌍생아 간에 더 높다.
- 수리력, 추리력은 20세 이후 쇠퇴하는 경향을 보이고 어휘력, 일반지식은 20세 이후 증가한다.
- 플린효과(Flynn effect)는 세대가 반복될수록 평균 지능검사의 점수가 상승하는 현상이다.

2 학자별 지능

1 스피어만(C. Spearman,1927)의 2요인설

- 지능을 일반 지능과 특수 지능으로 구분한다.

일반요인(g)(General Factor)	모든 유형의 지적 활동에 관여하는 일반적 능력이다.
특수요인(s)(Special Factor)	특정한 과제를 해결하는데 주로 활용되는 특수능력이다.

2 서스톤(L. Thurstone,1938)의 기초정신능력이론(PMA: primary mental ability, 다요인 이론)

- 지능은 상호 독립적인 일곱 가지 하위요인인 언어이해 요인, 기억요인, 추리요인, 공간 시각화 요인, 수요인, 단어유창성 요인, 지각속도 요인의 7개 기본 정신 능력으로 구성되어 있다.

3 카텔(R. Cattell)의 Gf-Gc이론

- 결정적 지능(Gc)은 성인기에도 다양한 지적 자극을 통해 유지되거나 향상될 수 있다.

4 카텔(R. Cattell,1941)과 혼(J. Horn,1968)의 위계적 요인설

- 지능을 유동성 지능과 결정성 지능으로 구분한다.

1 유동지능(Fluid intelligence)

- 유동성 지능은 결정성 지능보다 중추신경계의 기능에 더 의존한다.
- 선천적으로 타고난 문제해결능력과 학습 능력. 유전, 성숙 등 생리적 요인의 영향을 받는다.

- 유전적 요인에 의해 결정되는 지능이다.

- 유동성 지능은 결정성 지능보다 학교교육이나 문화의 영향을 덜 받는다.

- 공간지각 및 추론 능력과 관련된다.

- 새로운 문제를 다루는 능력이다.

- 성인 중기 전후에 퇴보하기 시작한다.

- 특정 문화의 영향에서 자유로운 내용을 포함하는 새롭고 추상적인 문제들을 해결하는 능력이다.

- 유동성 지능은 결정성 지능에 비해 상대적으로 더 빨리 낮아진다.

2 결정지능(crystallized intelligence)

- 결정성 지능은 생활 경험과 교육을 통해 축적된 지식이다.

- 문화와 환경의 영향을 받는 내용들. 학교 교육이나 생활 경험의 결과로 학습된 지식을 반영한다.

- 결정성 지능에는 언어이해력이 포함된다.

- 성인 중기이후에도 경험과 연령에 따라 유지, 증가가 가능하다.

- 결정성 지능과 유동성 지능이 절정에 달하는 시기는 각기 다르다.

5 길포드(J. Guilford,1967)의 지적 구조 모형

- 지능은 내용 × 조작 × 산출(결과)의 세 차원으로 구성된다. 이 중 조작차원은 수렴적 사고와 확산적 사고를 포함한다.

- 수렴적 사고는 하나의 문제를 해결하기 위해 이미 알고 있던 지식들로부터 가장 적합한 답을 찾아내는 방식의 사고를 뜻한다.

- 확산적 사고는 하나의 문제를 해결하기 위해 정보를 광범위하게 탐색하여 다양한 해결책을 도출하는 사고방식을 뜻한다.

6 가드너(H. Gardner,1983)의 다중지능이론

- 인간의 지능은 다양한 차원으로 구성되어 있다.

- 지능이 여러 개의 독립적인 영역들로 구성되었다는 다중지능(multiple intelligence) 이론을 제안했다.

- 음악 지능, 신체 · 운동 지능, 논리 · 수학적 지능, 언어 지능, 공간 지능, 대인관계 지능, 자기이해 지능의 7가지 독립적인 지능들을 제안했다. 최근 7가지 지능에 자연 지능, 영적 지능 등을 추가했다.

- 지능은 문화권에 따라 다르게 정의될 수 있으며 각 하위 지능들의 상대적 중요성은 동일하다.

7　**스턴버그(R. Sternberg,1984)는 지능의 삼두(삼원)이론을 주장했다.**

- 지능이 성분적(요소적) 요소, 경험적 지능, 맥락적 지능으로 구성된다는 이론이다. 이 삼두(삼원) 이론은 이후, 분석적 지능, 창의적 지능, 실제적 지능으로 구성된 성공 지능 이론으로 수정되었다.

> 🔍 **틀린 문장**
>
> - 길포드(J. Guilford)의 지력구조론: 지능은 기능 × 조작 × 산출의 세 차원으로 구성되었다. → 내용 × 조작 × 산출
> - 스턴버그(R. Sternberg)는 지능을 인지적 요인과 정서적 요인으로 구분한다. → 스턴버그(R. Sternberg)는 지능을 분석적 지능, 창의적 지능, 실제적 지능으로 구분한다.
> - 결정성 지능은 유동성 지능보다 학교교육이나 문화의 영향을 덜 받는다. → 유동성 지능이 교육, 문화 영향 덜 받는다.
> - 결정성 지능은 유동성 지능에 비해 더 빨리 감퇴한다. → 유동성 지능이 결정성 지능에 비해 더 빨리 감퇴한다.

CHAPTER 26 기억

1 기억의 구조

1 감각 기억 (sensory memory)

- 매우 짧은 시간 동안 저장한다. 즉 일반적으로 1초 동안, 조건이 좋으면 2초 동안 저장한다.
- 선택적 주의를 통해 많은 정보 중 선택된 정보만이 단기저장고로 가게 된다.
  - ✓ 선택적 주의(selective attention): 주의력과 에너지를 중요한 곳에 집중시키고, 불필요한 자극을 배제하는 능력이다.

2 단기 기억 (short-term memory, 작업기억)

- 장기기억에 저장되기 전에 거치는 30초정도 저장되는 작업과정이다.
- 단기기억의 용량은 7±2 청크이다.

3 장기 기억 (long-term memory)

- 단기 기억에서 거쳐 온 정보가 비교적 영구적으로 저장되어 있으며, 용량의 제한이 없으므로, 많은 정보가 저장된다.
- 1분 이상, 또는 영원히 잊혀지지 않는 기억을 말한다.
- 성인 후기의 일화기억은 대부분 의미기억보다 빨리 쇠퇴한다.

2 기억 발달 과정에 관련된 개념들

1 약호화

- 감각기억이나 단기기억에서 정보를 처리하여 부호화하는 것을 말한다.

2 저장

- 약호화(부호화)한 정보를 유지하는 과정 또는 가장 효율적인 방식으로 변형시켜 저장시키는 과정이다.

3 인출

- 장기 기억에서 탐색하고, 확인하고, 재구성하여 끄집어내는 복잡한 과정을 말한다.

4　재인 기억

- 현재 지각하거나 생각하고 있는 어떤 것(단서 제공시)을 친근한 것으로 기억하는 일이다.

5　회상기억

- 회상이란 자극이 실제 눈앞에 제시되지 않을 때 자극에 대한 정보를 기억에서 끄집어내는 것이다.

3　유아와 관련한 기억

1　대상영속성 개념 형성

4개월 이전	시야에서 사라진 대상이 존재한다는 것을 이해하지 못해 대상을 더 이상 찾지 않는다.
4-8개월	사라진 대상을 찾는 행동을 보이기 시작한다.
8-12개월	사라진 대상이 완전히 감춰졌거나 사라져도 대상을 찾으려는 행동을 보인다. 이를 A-B 오류라 한다.
12-18개월	A-B 오류를 탈피한다. 어디 숨기든 가장 최근에 사라진 곳에서 대상을 찾는다. 단, 볼 수 없는 공간에서 이동된 대상에는 적용이 안 된다.
18-24개월	대상의 위치를 안 보이게 변화시켜도 그 대상을 찾기 위해 이동위치를 정신적으로 표상하여 추론할 수 있게 된다. 대상영속성의 완전한 이해가 가능하다.

2　지연모방

- 영아의 지연모방은 회상기억 능력이 있음을 보여준다.
- 미래의 어느 시점에 모델의 행동을 재생산하는 지연모방은 생후 2년 이후 급속히 발달한다.

3　스크립트 기억 (script memory)

- 먼저 일어날 것과 후에 일어나는 것을 순서대로 표상하여 기억하는 것을 말한다.

> 🔗 만 3세 아동의 생일잔치에 가족들이 모여 앉아 케이크의 촛불을 켜고 노래를 부르자 아동은 자기 차례가 된 것을 알아차리고 촛불을 끄려고 하였다. 이러한 행동은 생일잔치에 대한 아동의 (　　　)을/를 반영하는 것이다.

4　미래계획기억(prospective memory)

- 미래에 할 것을 기억하는 것을 말한다.

4   망각

- 학습된 내용이 시간의 경과와 함께 재생(상기), 재인할 수 없는 상태를 말한다.

1   소멸이론(decay theory)

- 시간의 경과에 따라 기억흔적이 쇠퇴하기 때문에 망각이 일어난다는 것이다.

2   간섭이론(interference theory)

- 기억된 정보가 서로 방해받기 때문에 일어나는 현상이다.

1 역행간섭(retroactive interference)

- 새롭게 학습한 정보가 이전에 학습한 정보를 간섭함으로써 인출을 방해하는 현상이다.

2 순행간섭(proactive interference)

- 이전에 학습했던 정보가 새롭게 학습한 정보를 간섭함으로써 인출을 방해하는 현상을 말한다.

3 인출실패(retrieval failure)이론

- 인출단서가 없어서 장기기억에 저장되어 있는 정보에 접근할 수 없을 때 발생한다. 하지만 설단현상을 겪을 때 적절한 인출단서가 주어지면 정보를 인출할 수 있다.
- 예로는 설단현상(tip of the tongue phenomenon)이 있다.

1 시연(rehearsal)전략

- 기억과제를 말로 되풀이해 머릿속에 미리 반복하여 기억하는 것을 말한다.

2 조직화(organization) 전략

- 아동이 사용하는 기억전략 중 기억하려는 정보를 의미적으로 관련 있는 것끼리 묶어서 범주화함으로써 기억의 효율성을 높이는 전략이다.
- 받아들이는 정보와 이미 갖고 있는 자료들의 관계성을 파악하고 재조직, 재구성하여 기억하는 전략을 말한다.
- 바지, 자동차, 양말, 비행기, 접시, 냄비를 주방용품, 의류, 교통수단의 세 범주로 구분하여 기억한다.
- 반복시연 전략보다 시기적으로 나중에 나타난다.

3 정교화(elaboration) 전략

- 기억자료에 의미적 관계를 부여하는 전략이다.
- 기존의 기억자료에 새로운 정보의 첨가로 의미를 부가하여 기억하는 방법 또는 회상을 높이는 또 하나의 효과적인 전략이다.
- 정교화 전략은 다른 전략에 비해 비교적 뒤늦게 발달한다.
- '곰'과 '얼음'을 기억해야 할 때, '얼음을 안고 있는 곰'을 떠올려 두 개의 항목을 기억한다.

4 인출(retrieval) 전략

- 앞에서의 반복시연, 조직화와 정교화 전략은 주로 장기기억에 정보를 저장하는 전략이지만, 인출 전략은 장기기억 저장소에서 정보를 찾아 끄집어내는 데 도움을 준다. 즉 필요한 정보를 탐색해서 사용할 수 있게 만드는 과정이다.

> 🔍 **틀린 문장**
>
> - 정교화 전략은 조직화 전략보다 더 먼저 나타난다. → 반복시연, 조직화, 정교화 순으로 발달한다.
> - 조직화 전략은 기억해야 할 정보를 여러 번 반복하는 것이다. → (반복)시연

토마스와 체스(A. Thomas & S. Chess)의 기질 차원

1 기질

- 기질은 행동 또는 반응의 개인차를 설명해 주는 생물학적 기초를 가지고 있다.

- 한 개인의 행동양식과 정서적 반응유형을 의미하는 것으로 활동수준, 사회성, 과민성과 같은 특성을 포함한다.

- 기질의 차원은 활동성, 접근/회피, 기분특성, 반응강도가 있다.

- 아기들은 제각기 특징적인 속도와 활동 수준, 특유의 기분 상태와 적응성, 특정한 경향의 취약성과 탄력성, 선호와 불호 같은 특유의 기질을 가지고 태어나며 이 특징들이 각각 취약성 요인과 보호요인이 될 수 있다.

- 기질적 특성만이 단독으로 아동의 결과물을 결정하지 않는다. 그 대신 발달이 건강한 경로를 따를 것인지 혹은 정신병리적 경로를 따를 것인지를 결정하는 것은 아동과 환경간의 적합성이다.

- 사회적 환경과 이루는 '조화의 적합성'은 아동이 유능하고 건강하게 발달하는데 중요하다.
  ✓ 발달 단계에서 기질과 환경의 적합성에 따라 정신병리의 발달을 완화하거나 강화한다.

- 부조화시 긴장과 문제, 갈등을 불러일으킨다.

- 토마스(A. Thomas)와 체스(S. Chess)는 이것을 순한, 까다로운, 반응이 느린 아동의 세 유형으로 구분하였다.

2 기질의 종류

1 순한(쉬운) 기질

- 전반적으로 긍정적인 감정을 나타내며 좌절에 온순하게 반응하고 쉽게 달랠 수 있다.

2 느린 기질

- 활동수준이 낮다.

- 수면 패턴 등 일상생활 리듬이 비교적 규칙적이다.

- 새로운 자극에 더디게 반응한다.

- 소리내어 웃는 일이 적고 기분이 부정적이다.

- 변화나 새로운 자극에 처음에는 부정적인 반응을 보이다가도 시간이 지나가면서 점차 적응을 하며 쉬운 영아처럼 보인다.

- 수면이나 섭식습관이 불규칙하고 까다로우며, 쉽게 화를 내고 진정시키기가 어렵다.
- 생활습관이 불규칙한 영아도 양육자가 허용적일 때 양육자와의 갈등이 줄어들 수 있다.
- 까다로운 기질의 영아도 지지적이고 일관된 양육을 받은 경우 긍정적인 발달을 보이게 된다.

범주	순한아동	까다로운 아동	느리게 반응하는 아동
식습관과 수면습관	규칙적	불규칙적	어느 정도 규칙적
변화 및 낯선 이에 대한 반응	새로운 환경과 낯선 이에 대해 잘 적응한다.	느리게 받아들이고 낯선 이에 대해 두려움을 표현한다.	처음에는 보통 정도의 부정적 반응을 보이며, 반복적인 노출을 통해 점차 잘 적응한다.
좌절에 대한 반응	어느 정도 보채지만 곧 수용한다.	짜증을 부리거나 혹은 위축된다.	부정적 반응을 보이나 결국 회복된다.
정서	대개 긍정적이며, 강도는 보통 정도이다.	부정적이고 강렬하며 빈번한 경향이 있다.	다소 온순하며, 긍정적, 부정적 정서를 모두 보인다.

28 퀴블러 - 로스(E. Kübler-Ross) 죽음을 받아들이는 과정

• 부정 – 분노 – 타협 – 우울 – 수용 순으로 죽음을 받아들이게 된다.

1 부정(부인)

- 죽음의 현실을 받아들이지 않으려는 경향을 보인다.
- 진단을 의심하고 여러 병원을 찾아다닌다
- 진단 수용이나 필요한 자원제공을 거부하며 현실을 직시하지 않는다.

2 분노

- '왜 하필 나인가?', '왜 나만 죽어야 하는가?'
- 자신의 진단에 대한 불공평한 감정을 느낄 수 있다.
- 진단의 정확성을 의심하고 논쟁하려 할 수 있다.
- 불공평함에 대해 분노하고 분노할 대상을 찾는다.

3 타협

- 자신의 죽음을 기정사실로 받아들이기는 하지만 죽음이 연기되거나 지연될 수 있도록 비현실적이고 불가능한 타협을 시도한다. 예를 들어 "몇년만 더 살게 해주시면 아무것도 바라지 않겠습니다"등이다.

4 우울

- 희망을 잃어버리고 극심한 우울증세가 나타난다.
- 현실을 수용하기 시작하며 슬퍼할 수 있다.

5 수용

- 현실을 받아들이게 된다.
- 차분하게 자신의 감정을 정리하는 시간이다.

29 | 엘킨드(D. Elkind) 청소년기 자아중심성

1 상상적 청중

- 자신이 타인의 집중적 관심과 주의의 대상이라 믿는다.
- 자신을 무대 위의 주인공처럼, 다른 사람을 관중처럼 생각한다.
- 주변 사람에게 신경 쓰느라 자신의 외모와 행동에 관심을 집중한다.

> 중학생 강희는 아침에 학교에 가려다가 이마에 커다란 여드름이 난 것을 보았다. 강희는 "나 오늘 학교에 안가. 사람들이 모두 내 얼굴만 쳐다볼 거란 말이야."라고 하면서 짜증을 냈다.

2 개인적 우화

- 다른 사람들도 비슷한 경험을 하는데 유독 자기가 한 경험만 대단히 독특하고 특별한 것으로 생각하는 것이다. 예를 들어 성적 조금 떨어졌다고 세상이 자기에게 시련을 준다며 과도하게 미화하는 것이 있다.
- 청소년기 특유의 비합리적이고 허구적인 자아관념을 말하며 자신의 우정이나 사랑 등은 다른 사람이 결코 경험하지 못하는 것으로 생각하는 반면, 다른 사람이 경험하는 죽음, 위험, 위기가 자신에게는 일어나지 않을 것이며 혹시 일어난다 하더라도 피해를 입지 않을 것이라고 확신하는 관념이다.
- 다른 사람은 다 죽어도 자신은 결코 죽지 않을 것이기 때문에 위험한 행동(오토바이)을 하게 된다.

CHAPTER 30 공격성

1 닷지(K. Dodge)의 사회적 정보처리이론

- 닷지(K. Dodge)는 공격성이 잘못된 사회인지적 판단에 기인한다고 본다.
- 닷지(K. Dodge)에 의하면 공격적 아동은 적대적 귀인편향을 보인다.
- 닷지(K. Dodge)의 사회적 정보처리이론의 순서 과정은 부호화 과정 – 해석 과정 – 반응탐색 과정 – 반응결정 과정 – 실행 과정 순이다.

1 부호화 과정

- 상황을 해석하기 위한 단서를 찾는 과정으로 공격적인 아동은 단서를 적게 사용한다.

2 해석 과정

- 부호화 과정에서 찾은 단서를 통해 다른 사람의 의도나 동기를 파악하고 자극으로 해석하여 공격적인 아동은 모호한 사건에 대해 적대적인 의도로 귀인한다.

3 반응 탐색 과정

- 주어진 상황에서 가능한 대안 방안을 산출하는데 공격적인 아동은 사회적 문제해결에 대한 지식이 부족하여 공격 반응을 생성한다.

4 반응 결정 과정

- 최적의 반응을 선택 → 결과 예상 → 반응의 적절성 평가 → 반응의 우선순위 결정 순으로 공격적인 해결 방안을 선택하기 쉽다.

5 실행 과정

- 결정된 반응을 실행한다.

> 🔗 A는 길을 가다가 우연히 다른 아이가 던진 공에 맞았다. A는 공에 맞은 상황을 자기에게 일부러 공을 던졌다는 적의적 의도로 해석하였고, 또래에게 공격적으로 반응하였다. 결국 이러한 행동은 또래로 하여금 A를 거부하거나 배척하는 반응을 낳게 하였다.

- 생후 1년경에 유아들은 또래와 함께 있을 때 도구적인 공격성(어떤 목적을 달성하기 위하여 의도되는 행동, 예시로 장난감 다툼)을 나타내기 시작한다. 영아의 공격성은 대체로 물건(장난감)을 차지하기 위한 도구적 공격성이다.
  - ✓ 도구적 공격성: 어떤 목적을 달성하기 위하여 공격적 행동을 하였으나 다른 사람을 해칠 의도는 없었던 행동이다.
  - ✓ 적대적 공격성: 타인에게 고통이나 해를 가하는 것 자체가 목적이다.
- 2 - 3세경에는 타인에게 고통이나 해를 가하는 것 자체가 목적인 공격이 나타난다. 또래가 공격하거나 자기를 좌절시킬 때 치거나 때리는 등의 신체적으로 보복하는 것이 늘기 시작한다.
- 3 - 5세경에는 연령이 증가함에 따라 신체적 공격은 줄어들지만 점차 언어적 공격이 증가한다. 놀리고, 흉보고, 욕하는 등 상대방을 위협하고 모욕을 가하는 언어적 공격이 나타난다.
- 4 - 7세경에는 경쟁자를 해치려는 적대적 공격성이 증가한다. 상대 아동의 공격적 의도나 동기를 알고 이를 보복하고자 하는 경우가 증가한다. 연령이 높은 유아일수록 적대적 공격성을 더 많이 보인다.
- 7 - 10세경에는 의도성이 있는 것과 의도성이 없는 공격성을 구별하는 것이 가능하다. 의도성이 없더라도 자신을 지나치게 성나게 하면 공격적으로 반응하기도 한다.
- 개인에 따라 변화의 정도가 다르기는 하지만 일반적으로 어린 시기에 매우 공격적인 유아는 청년기, 성인기에 이르러서도 공격적인 성향을 더 많이 보인다.

1   보상이론

- 공격적 행동은 그러한 행동이 결과적으로 공격자에게 보상을 가져다 주기 때문에 발달한다고 주장한다.

2   모방이론

- 반두라는 공격성은 학습된 행동이며, 직접적 경험과 사회적 모델에 의해서 모방으로 형성된다고 보았다.

3   본능이론

- 로렌츠와 프로이트는 공격성이 본능적 개념이라고 주장하였다.

> 🔍 **틀린 문장**
>
> - 유아는 언어적 공격성을 먼저 보이지만 점차 물리적 공격성을 더 많이 보이게 된다. → 유아기는 연령이 증가함에 따라 신체적 공격에서 점차 언어적 공격이 증가한다.

CHAPTER 31 셀먼/셀만(R. Selman)의 조망수용

- 조망수용능력은 타인에 대한 이해와 관련이 있다.

- 사람들이 다른 정보를 가지고 있으면 다른 조망을 가지게 된다고 생각한다.

- 자신과 상대방의 입장에서 벗어나 제 삼자의 입장에서 자신과 상대방이 어떻게 보일지 상상할 수 있다.

- 자신과 타인이 다른 생각과 감정을 가진다는 사실을 알지만 종종 혼동한다.

- 제 삼자의 입장이 사회적 가치체계의 영향을 받을 수 있음을 이해한다.

연령	단계	특징
3-6세	미분화 조망수용 (egocentric viewpoint) (=자기중심적 관점 조망수용)	아동들은 자신과는 다른 어떤 조망도 인식하지 못한다. 타인도 자신과 동일한 생각과 느낌을 가지고 있다고 생각한다. 그래서 다른 사람들이 동일한 사건이나 행위에 대해 자신과 다르게 해석할 수도 있다는 것을 알지 못한다.
6-8세	사회정보적 주관적 조망수용 (social-information subjective perspective taking)	사람들이 서로 다른 사회적 정보를 가지고 있기 때문에 동일한 상황에 대해 저마다 다른 생각을 할 수 있다고 깨닫기 시작하지만, 여전히 자신의 입장에서 이해하려고 한다. 그래서 타인의 의도, 감정, 사고를 추측할 수 있지만 숨은 의도나 감정은 알아차리지 못한다.
8-10세	자기반영적 조망수용 (self-reflective perspective taking) (자기반성적 조망수용)	자신의 생각, 감정, 행동을 다른 사람의 입장에서 볼 수 있으며, 다른 사람도 이렇게 할 수 있음을 알게 된다. 같은 정보를 받았을 때도 자신과 타인의 관점이 갈등할 수 있다는 것을 안다. 타인의 관점을 고려할 수 있으며, 자신들의 행동에 대한 타인의 반응을 예측할 수 있다. 자신의 관점과 타인의 관점이 다르고, 그 누구나 옳을 수도 있고 틀릴 수도 있으므로 어느 누구의 관점이 전적으로 옳은 것은 아님을 깨닫게 된다. 그러나 자신의 관점과 타인의 관점을 동시에 고려할 수는 없다. 즉 제 3자의 입장에서 자신과 타인의 입장을 객관적으로 바라보지 못한다.
10-12세	제3자적 조망수용 제3자적 역할수용단계 (mutual perspective taking) (=상호적 조망수용)	자신과 타인의 관점을 동시에 고려하고 타인도 같은 일을 할 수 있다는 것을 인식할 수 있다. 자신의 관점과 타인의 관점을 제3자의 관점에서 객관적으로 또는 공평하게 고려하기 시작한다. 동일한 상황을 각기 서로 다르게 볼 수 있다. 자신을 주체 및 객체로서 바라볼 수 있다.
12-15세	사회관습적 조망수용 (social and conventional system perspective taking)	사회적 가치체계에 근거해서 다른 사람의 입장을 이해하고 판단할 수 있게 된다. 사회집단에서 대부분의 사람들이 취하게 될 조망을 추정할 수 있다. 자기와 타인을 포함해서 개인은 물론 집단과 전체 사회체계(사회합의)의 조망을 이해하는 최상의 사회인지를 획득한다. 모든 사람들이 공유하는 일반타자, 합의된 집단의 관점, 사회 제도적, 인습적, 도덕적 측면의 관점을 고려한다.

🔍 틀린 문장

셀만의 조망수용이론에서 미분화된 자기중심적 단계에 있는 청소년들은 자신과 타인의 행동을 제3자의 관점에서 생각할 수 있다. → 자신과 타인의 행동을 제3자의 관점에서 생각할 수 있는 단계는 제3자적 조망수용단계이다.

32 동물행동학적 이론

1 동물행동학적 발달

- 종 특유 행동은 생존을 위한 진화의 산물이다.

- 인간발달에 있어 진화론적 관점을 강조한다.

- 동물행동학적 관점에서 볼 때 어머니와 유아 간 애착은 생존을 위한 것이다.

- 특정한 외적 자극에 의해 유발되는 본능적 행동에 관심이 있다.

- 로렌츠(K. Lorenz)가 동물행동학자의 대표적인 학자이며 각인 현상을 발견했다. 각인현상은 결정적 시기에만 발생한다.

  ✓ 각인: 새끼새가 부화한 직후부터 어미를 따라다니는 행동과 같이 태어나서 처음 접하는 물체에 애착을 형성하는 선천적 학습 현상을 말한다.

  ✓ 결정적 시기: 적응적 발달 패턴을 보이기에 최적인 시기를 말한다.

- 동물을 대상으로 주로 자연관찰 방법을 이용한다.

2 학자별 동물행동학적 발달

- 다윈(C. Darwin)은 생물이 오랜 세월에 거쳐 자연선택에 의해 진화한다고 주장하였다.

- 게젤(A. Gesell)은 유전자에 새겨진 시간표에 따라 성장한다는 생물학적 성숙으로 보았다.

- 볼비(J. Bowlby)는 아동들은 미리 프로그램된 다양한 행동을 보이며 이러한 반응들이 생존과 정상적인 발달을 돕는 특정 경험을 촉진한다고 주장했다.

- 에인스워스(M. Ainsworth)는 유아가 생존을 위해 자신을 돌보는 대상인 엄마와의 애착을 형성한다고 주장하며 애착실험으로 안정애착, 불안정, 회피애착, 불안정 저항 애착을 분류했다.

- 할로우(H. Harlow)의 원숭이 실험에서는 철사엄마보다는 헝겊엄마를 더 선호하는 새끼 원숭이의 행동으로 접촉의 중요성을 주장했다.

- 로렌츠(K. Lorenz) 이론에서 각인은 결정적 시기와 상관없이 이루어지는 본능적 행동이다. → 로렌츠가 각인 현상을 발견해 냈다. 각인 현상은 결정적 시기에 나타난다.
- 동물행동학자들은 발달의 민감기와 결정기를 인정하지 않는다. → 동물행동학자들은 결정적 시기와 민감한 시기의 중요성을 주장한다.
  - ✓ 민감기(Sensitive Period): 특정능력이나 행동이 출현하는데 있어서 최적의 시기를 의미하며, 범위가 결정적 시기보다는 덜 엄격한 시기를 말한다.

📝 게젤(A. Gesell)의 성숙이론

- 아동 발달이 생물학적 요인에 의해 결정되며, 발달의 연속성을 중요하게 여겼다.
- 환경 요인은 그다지 큰 영향을 미치지 않는다고 주장하였다.
- 성숙이 보편적인 발달 순서를 따른다고 보았다.
- 유아 내부의 성숙적 요구에서 출발해야 한다.
- '준비도'라는 새로운 경험을 위한 가장 적절한 시기와 효과적인 훈련이 가능한 시점이 있다.
- 행동의 학습은 문화적 관습보다 유아의 내적 요구와 필요에 따라 이루어져야 하며, 개별 유아의 발달 패턴과 속도에 맞춰 반응해야 한다고 주장했다.
- 유아들은 자연스럽게 일정한 성장 단계에 도달하면 그 단계에 적합한 행동을 할 수 있다고 보았다.
- 교육이 적절한 성숙 상태가 갖춰지지 않으면 비효과적이라는 점을 시사했다.
- 연령별 표준 행동 목록을 만들어 유아의 신체적, 정서적, 지적 발달 정도를 객관적으로 파악할 수 있는 기록을 제시했다.
- 최초의 과학적인 관찰 기록표로, 모든 성장 영역과 문화적 배경에서 보편적인 행동 발달 변화와 기본적인 유사성을 나타내는 목록이다.

33 사회성 발달

1 아동의 사회성 발달

1 친사회적 행동 발달

2세 이전 영아기	다른 아기가 아파하면 함께 우는 행동이 나타난다 엄마가 화가나면 함께 우는 공감 반응을 보인다
2-3세 유아기	곤경에 처한 또래에 대한 이타적 행동이 나타나지만 자발적인 자기희생적인 친사회적 행동이 드물게 나타난다
4-6세 유아기	자발적인 친사회적인 행동이 증가하기 시작한다

- 아동기는 유아기에 비해 대체로 이타적 행동이 증가한다.
- 아동기는 유아기에 비해 대체로 연합놀이나 협동놀이의 비중이 증가한다.
- 3 - 6세경에는 도덕성에 대한 지식이 급격하게 발달하면서 점차 친사회적인 행동을 한다. 놀이를 하며 협동심을 발달시킨다.

2 이론별 친사회적 행동

- 정신분석이론에서 친사회적 행동은 초지이의 발달과 관련되이 있다.
- 사회교환이론에 따르면 친사회적 행동으로 인한 손해가 보상보다 클 때 친사회적 행동은 감소한다.
- 사회학습이론에 따르면 친사회적 행동에 대한 보상의 관찰은 친사회적 행동을 증진시킨다.

- 아동의 공감능력은 친사회성 발달을 촉진한다.

벌이나 권위주의적 추론	벌의 회피나 권위에 맹목적으로 복종
자기중심적 (쾌락)욕구충족적 추론	자신의 욕구에 초점을 맞추어 자신에게 이익이 된다면 도움을 준다
타인의 욕구지향적 추론	타인의 욕구가 도움을 위한 정당한 기초로 인식한다 자신의 욕구와 타인의 욕구가 갈등할 경우 실제 자신의 욕구를 우선적으로 선택하더라도 상대방의 상황을 걱정하는 언어표현을 사용하는 등 타인의 욕구를 근거로 한 이타성을 고려한다
칭찬, 승인 혹은 대인관계적 상투적 추론	타인의 승인과 같이 타인이 수용하는 여부에 따라 돕기행동이 달라지기도 하며 그동안 인식해 온 좋고 나쁨에 대한 전형적 기준이 생각에 많은 영향을 미친다
공감적 추론(자기반성적 공감적 경향)	공감이나 동정심에 근거하여 판단하고 결정한다 상대방의 처지나 상태를 이해하고 이타적 행위에 따른 기쁨이나 죄의식, 미안함 등을 느낀다
변환적 추론	내면화된 가치, 규범, 책임감 등으로 포함하며 다른 사람의 권리를 보호할 필요성 포함한다
강하게 내면화된 추론	도움을 주거나 주지 않는 것에 대한 정당화는 내면화된 평등, 신념, 권리, 책임, 의무 등 가치에 기초한다

34 학자별 발달심리 이론

1 반두라(A. Bandura)의 사회학습이론

- 새로운 행동의 학습은 외적인 강화가 없이도 이루어질 수 있다.
- 인간은 대리적 강화를 통해서 학습할 수 있다.
- 다른 사람의 행동관찰을 통해서 새로운 행동을 학습할 수 있다.
- 모델을 관찰한 것이 학습에 영향 준다.
- 모델은 반드시 실제 인물이 아니라도 효과가 있다.
- 보보인형 실험은 아동의 공격성이 모방될 수 있음을 보여준다.

> 🔗 A는 길을 가다가 우연히 다른 아이가 넘어졌을 때 도와주는 친구를 보았다. 이를 보고 A는 친구의 행동에 감명을 받아 기억하고 또 다른 친구가 어려움에 처했을 때 도와주었다. 도움을 받은 친구는 A에게 고마움을 표했고, A는 뿌듯함에 계속 친구들을 도와 주게 되었다.

2 아들러(A. Adler)의 개인심리 이론

- 인간을 전체적, 통합적으로 보고 창조적이고 책임감 있는 존재로 보았다.
- 인간은 성적 동기보다 사회적 동기에 의해 동기화 된다고 보았다.
- 아들러의 개인심리학 성격이론의 주요 개념에는 생활양식, 열등감 극복과 우월감 추구, 허구적 최종목표, 사회적 관심 등이 있다.
- 개인의 행동과 습관에서 타인 및 세상에 대한 태도 등이 삶에 생활양식으로 나타난다고 하였다.
  ✓ 생활양식: 인생목표, 자아개념, 성격, 문제에 대처하는 방법으로 행동, 습관의 독특한 형태로 삶에 전반적으로 적용, 상호작용하는 통합된 양식을 의미한다.
- 열등감을 극복하는 것이 개인의 발달에 동기라고 하였다.
- 우월을 향한 노력은 인간의 궁극적인 목적은 우월하게 되는 것으로 우월은 모든 인간이 지닌 기본적인 동기로 선천적으로 열등감을 보상하려는 욕구에서 나온다고 주장하였다.
- 인간은 미래에 대한 기대로서 가상의 목표(허구적 최종목표)를 가진다고 주장하였다.
- 사회적 관심은 개인이 이상적인 공동사회를 목표로 달성하려는 성향으로 한 개인의 심리적 건강을 측정하는 유용한 척도이다.

- 발달단계를 6단계로 구분하고 연령에 따라 다른 사람과의 상호작용 욕구가 변화한다고 설명한다.
- 부모·자녀 관계의 중요성을 강조했던 다른 정신분석이론가와 달리 청년기 발달에서 친구관계의 역할을 강조하였고, 몇몇 친한 동성친구와 친밀한 관계를 형성하는 것을 '단짝관계(chumship)'라 칭하였다.

기간	연령	관련 대인관계 경험
유아기	0 - 18개월	선,악 양면을 지닌 엄마에 대한 두려움 부모의 돌봄에 완전히 의존적임
아동기	18개월 - 6세	인간상 형성, 세상은 내뜻대로 되는게 아니다 → 고립적, 의존적, 악의 드러남 부모가 지나치게 자신의 행동을 인정하지 않는다고 지각하면 악의적 변형, 부정적, 적의적으로 세계를 보기 시작함 → 타인의 좋은 점을 보지 못하고 부정적인 측면만을 지각하게 됨
소년기	6세 - 11세	사회화, 협동과 경쟁, 통제배움, 의존적
청소년 전기	11 - 13세	동성또래에 강한욕구, 순수한 인간관계 시작, 평등한 기회에 욕구
청소년 중기	13 - 17세	강한성욕, 이중사회성욕구(또래에 성욕과 친근감), 매우 독립적임
청소년 후기	17 - 20세	불안에 대한 강한 안전 욕구, 집단의 일원이 됨, 완전히 독립적임
성인기	20 - 30세	사회화가 완전히 이루어짐, 부모의 통제로부터 완전히 독립함

4　행동주의 이론

- 아동발달에서 생물학적 요인보다 환경적 요인을 더 강조한다.
- 새로운 행동의 형성·유지·제거는 환경과의 상호작용에 의해 결정된다.
- 초기 행동주의 연구에서는 직접 관찰하고 측정할 수 있는 행동을 중요하게 여긴다.
- 행동주의 이론에서는 자극과 반응 간의 관계를 강조한다.
- 조작적 조건형성이론에서는 강화와 처벌의 역할을 강조한다.
- 정상행동뿐만 아니라 이상행동도 동일한 학습원리로 설명할 수 있다.
- 동물 연구에서 나온 학습 원리를 인간 학습에 적용할 수 있다.

35 바움린드(D. Baumrind)의 양육방식

- 심리통제란 죄책감 유발이나 애정철회와 같은 방법으로 자녀의 행동에 영향을 미치는 것을 말한다.
- 양육의 유형을 애정의 차원과 통제의 차원의 정도에 따라 분류하였다.

1 권위있는 부모

- 애정과 통제가 모두 높다. 부모들은 개입적이고 일관되며 사랑을 주고 소통하며 아동의 의견을 듣고 존중한다. 아동은 자립심이 있고 자기통제적이고 안정적이며 인기가 있고 호기심이 있다.
- 권위있는 양육을 하는 부모의 자녀는 자신감이 높고 또래와 안정된 관계를 맺는다.

2 허용적 부모

- 애정이 높지만 통제가 없다. 이 부모들은 요구하지 않으며 수용적이고 아동 중심적이며 통제를 거의 하지 않는다. 아동은 의존적이고 무책임하며 공격적이고 버릇이 없다.
- 허용적 양육방식에서는 부모가 자녀에게 지나치게 관대하다.

3 방임적인 부모

- 애정과 통제가 모두 낮다. 이 부모들은 자기중심적이고 자녀에 대해 무관심하며 개의하지 않는다. 아동은 충동성, 침울함, 태만, 장기적 목표의 결여 그리고 빠른 음주, 흡연과 관계된다.
- 방임적 양육방식에서는 부모가 자녀들의 요구를 방치하거나 자녀들의 요구에 둔감하다.

4 독재적 부모

- 통제가 매우 높고 애정이 낮다. 이 유형의 부모는 요구적이고 통제적이고 사고하지 않는다. 아이들은 주도성이 낮고 자아존중감이 낮으며 또래들과의 능력이 낮다.
- 권위주의적 양육방식에서는 부모가 자녀를 많이 통제한다.
- 권위주의적 양육방식에서는 부모가 자녀에게 냉담하고 거부적이다.

<table>
<tr><td rowspan="2"></td><td rowspan="2"></td><td colspan="2">부모의 관여도(=애정)</td></tr>
<tr><td>높음(지지적임)</td><td>낮음(비지지적임)</td></tr>
<tr><td rowspan="3">훈육
정도
(통제)</td><td rowspan="3">강함
(요구적)</td><td>권위있는 유형</td><td>권위주의적(독재적) 유형</td></tr>
<tr><td>• 관계가 상호적이고 반응적임
• 아동중심적이고 수용적임
• 따뜻하고 지지적임
• 의사소통이 양방향적임</td><td>• 관계가 통제적이고 강압적임
• 부모중심적이고 지배적임
• 냉담하여 처벌적임
• 의사소통이 일방적임</td></tr>
<tr></tr>
<tr><td rowspan="2">약함
(비요구적)</td><td>허용적 유형</td><td>방임적 유형</td></tr>
<tr><td>• 관계가 자유롭지만 익애적임
• 아동중심적이지만 통제노력이 낮음
• 따뜻하지만 비훈육적임</td><td>• 관계가 자유롭지만 비관여적임
• 거부적이며 통제노력이 낮음
• 무관심하며 비훈육적임</td></tr>
</table>

CHAPTER 36 진로발달이론

1 긴즈버그(E. Ginzberg)의 진로발달이론

- 직업선택의 과정을 바람(wish)과 가능성 간의 타협으로 보았다. 타협은 여러 차례 일어나게 된다.
- 진로발달과정은 비가역적이다.
  - ✓ 비가역적: 주위 환경의 변화에 따라 이리저리 쉽게 변하지 않는 것을 뜻한다.
- 현실적인 장애와 제약을 받고 진로 변경 과정에서는 정서적 요인의 영향을 받는다.
- 진로발달의 비가역성에 대해 수정이론에서는 진로 선택 이전의 경험들이 진로선택에 당연히 영향을 줄 뿐 아니라 직업을 선택한 후에도 여러 가지 경험으로 인해 그 이후의 진로선택에 또 영향을 줄 수 있다며 가역성으로 수정한다.
- 진로발달을 환상기(fantasy), 잠정기(tentative), 현실기(realistic)의 3단계로 구분하였다.

환상기	유아 - 10세	직업을 욕구, 환상에 근거한 판단, 상상적 역할놀이로 일과 관련된 역할을 인식한다
잠정기	11 - 17세	흥미기, 능력기, 가치기(삶의 목표, 우선순위, 가치관)로 이루어져 있다
현실기	18세 - 성인초기	탐색기(2 - 3개 대안 비교), 결정화기(타협이 중요 요인), 특수화기로 이루어져 있다

2 수퍼(D. Super)의 직업적 자아개념이론

- 청년은 지아상과 정체감에 일치하는 직업을 선택한다.
- 전생애 동안 사회적 관계에서의 다양한 생애 역할을 통해 자아개념이 발달한다.
- 자신의 자아개념에 맞는 직업을 선택하려고 하며, 직업적 성취가 자아개념을 강화하거나 변화시킬 수 있다고 보았다.
- 자녀, 학생, 직업인, 배우자, 부모, 시민, 여가인 등 생애 무지개라는 개념으로 인간이 인생 동안 다양한 역할을 수행하고 이는 진로발달에 중요한 영향을 미친다고 주장하였다.
- 직업 정체감의 확립은 일생을 통해 일어난다.
- 진로가 항상 직선적으로 발전하지 않으며, 다양한 삶의 변화나 도전 때문에 진로발달의 초기 단계로 다시 돌아가 재탐색을 할 수 있다고 본다.

- 수퍼는 진로 발달에서 중요한 사건이나 변화(⑳ 직업 변화, 승진, 퇴사 등)가 사람의 경력에 큰 영향을 미친다고 강조했다. 이러한 사건들이 일어날 때 사람은 진로의 각 단계를 다시 경험할 수 있으며, 진로 발달이 선형적이지 않다는 점을 보여준다.
- 수퍼의 진로발달단계는 성장기(0 - 14세), 탐색기(15 - 24세), 확립기(25 - 44세), 유지기(45 - 65세), 쇠퇴기(65세 이후)로 발달한다.
- 강화(공고화)(consolidation) 단계에서는 자신이 선택한 분야에서 더 높은 지위에 오르기 위해 노력한다.

성장기 (출생 ~ 14세)	환상기(4 ~ 10세)	아동의 욕구가 지배적이며 역할수행을 중시한다
	흥미기(10 ~ 12세)	진로 목표와 내용 결정에 흥미가 중요 요인이 된다
	능력기(13 ~ 14세)	능력 중시로 진로 선택하며 직업훈련에 요구조건을 고려한다
탐색기 (15 ~ 24세)	잠정기(결정화기)(15 ~ 17세)	자신의 욕구, 흥미, 능력, 가치 등 고려하여 환상이나 토론, 일의 경험 등을 통해 잠정적으로 진로를 선택한다
	전환기(18 ~ 21세)	장래 직업 세계로 들어갈 때 필요한 교육 및 훈련, 현실적인 요인 중시, 직업적 자기개념으로 전환되는 시기이다
	시행기(22 ~ 24세)	자기에게 적합하다고 생각되는 직업을 선택하고 종사하기 시작. 그 직업이 적합한지 여부를 판단한다
확립기 (25 ~ 44세)	정착기	진입한 직장에서 직무요구사항을 충족시키고 자신의 직업적 역할을 수행한다
	공고화(consolidating)기	자신의 입지를 안정적으로 공고히 하는 시기이다 자신이 선택한 분야에서 더 높은 지위에 오르기 위해 노력한다
	발전기	직업역할을 안정적으로 더 높은 수준으로 성취하면서 조직 안에서 더 권위있는 지위나 책임을 가진다
유지기 (45 ~ 64세)	보유기	종사하는 직업에서 어느 정도 성취하며 그 상황을 지속적으로 유지해나간다
	갱신기	직업환경에서 계속 유지하기 위해 적응적인 노력을 하면서 기술, 정보, 지식 등을 갱신한다
	혁신기	직업환경이나 조직의 변화에 따라 새로운 요구에 맞춰 새로운 기술이나 능력을 키워 직무를 수행한다
쇠퇴기 (65세 이후)		정신적, 육체적 기능이 쇠퇴함에 따라 직업전선에서 은퇴하는 시기이다

🔍 틀린 문장

- 결정화(crystallization) 단계에서는 특정 직업을 선택하고, 직업을 자아개념의 일부로 간주하기 시작한다.→ 결정화(crystallization) 단계에서는 흥미, 가치, 가용자원, 우연성 등에 대한 인식을 토대로 직업적 목표를 세우고, 선호하는 직업에 대해 계획하고, 어떻게 실천할 것인가를 고려한다. 즉 특정 직업을 선택하지는 않는다.

CHAPTER 37 | 성취목표지향성 이론

1 숙달목표지향

- 지능에 대해 증가신념을 가지고 있다.
- 숙달지향 태도는 지능이나 능력이 변화가능하다고 믿는 것이므로 개인의 성장에 목적을 두는 학습목표지향성을 가진다.
- 과제의 난이도와 상관없이 새로운 것을 배울 수 있는 기회로 여기며 노력하는 숙달지향 행동양상을 보인다.
- 설사 실패하더라도 문제에 대한 흥미를 보이며 배움의 과정에 의미를 두고 긍정적인 마음을 유지할 수 있다. 실패했을 때, 학습자가 통제할 수 있는 요인을 찾아 피드백을 한다.
- 과제를 잘 못하더라도 일시적인 차질일 따름이며, 노력을 통하여 숙달할 수 있는 도전이라고 생각했다.
- 성공했을 때, 수행의 결과보다 과정을 중심으로 칭찬한다.
- 한 번의 수행으로 아동의 능력을 판단하지 않는다.
- 다른 사람의 수행보다 아동 자신의 목표와 비교하여 결과에 대한 피드백을 한다. 즉 자신이 얼마나 성장했는지의 관점이다.
- 외적 보상보다 학습과정 그 자체(내재적 흥미)에 가치 부여한다.
- 어려움에 직면하더라도 지속적으로 목표달성 경향 보인다.
- 타인의 평가보다 과제의 완숙에 관심있다.
- 새로운 것의 학습을 선호한다.
- 과제 싱공시 자부심을 느낀다.
- 실패시 죄책감을 느낀다.
- 숙달지향 태도 학생들의 공부방법은 메타인지, 자기조절전략, 정교화전략(요약, 재구성), 조직화전략(개요작성, 네트워킹) 등이다.

- 지능에 대해 고정신념을 가지고 있다.
- 수행지향 태도를 지닌 학생은 과제에 대한 수행에 목적을 두는 수행목표지향성을 지닌다.
- 수행지향 태도에 따르면 고정된 자신의 능력 내에서 얼마나 인정을 받는지가 중요하기 때문에 타인에게 긍정적인 평가를 받고자하기 때문에 수행목표지향성을 지니게 된다.
- 능력이 고정되어 있고 한정적으로 여기기 때문에 노력이란 자신의 능력이 부족함을 인정하게 되는 것이므로 노력이 필요한 상황에서 회피하는 경향을 보인다.
- 수행의 과정보다 결과가 더 중요하다.
- 과제를 잘 못하면 자신이 실패했고, 능력이 없는 탓이며, 미래의 전망이 좋지 않다고 생각했다.
- 실패 상황에서는 자신의 능력이 부족함을 느껴 포기하거나 무기력한 반응을 보이기도 한다. 다만 과제의 난이도가 자신이 하기에 충분한 정도라고 판단이 되는 경우에는 노력을 하기도 한다. 능력에 대한 안정성을 인지했기 때문이다.
- 수행지향 태도에서 자신의 능력이 높고 과제가 만만할 때는 숙달지향성을 보이지만, 실패시에는 즉 과제 난이도가 능력보다 높다고 판단될 때는 무기력한 행동양상을 보이게 된다.
- 자신의 능력이 타인에 의해 어떻게 판단되는가에 관심있다.
- 수행에 대한 평가에 관심있다.
- 수행을 타인과의 비교를 통해 평가한다.
- 자신의 높은 능력을 보여주거나 자신의 낮은 능력을 감추려한다.
- 도움이 필요해도 도움 요청하지 않는다(자신의 낮은 능력 반영으로 봄).
- 수행지향 태도 학생들의 공부방법은 시연, 암기 등이다.

숙달목표지향		수행목표지향
증가신념	지능에 대한 신념	고정신념
진보, 완숙, 학습	학습의 목표	증명, 인정, 비교
내재적 동기	학습 동기	외재적 동기
도전적인 과제 선호	선호 과제	성취가능한 과제 선호, 도전적인 과제 회피
자기참조적 기준에 기초한 숙달	학습 자체	목표달성 위한 수단
도전적 과제 선호, 적극적 전략	학습행동	쉬운 과제 선호, 피상적 전략
메타인지, 정교화전략, 조직화전략	학습전략	시연, 암기
과정지향, 지식획득, 기술숙달	평가기준	결과지향, 규준, 사회적 비교
타인의 평가보다 과제의 완숙에 관심	학습 결과 인식	타인과의 비교를 통해 자신의 높은 능력 증명
노력 부족	실패원인	능력 결여
성공에 대한 자부심	정서	실패 후의 부정적 정서

CHAPTER 38 그 외 발달이론에 관한 이론

1 파튼의 놀이 6단계

비사회적 놀이	몰입되지 않은 놀이	영아는 놀고 있지 않는 것처럼 보이지만 주변에 흥미를 가지고 있으며, 주로 자신의 신체를 가지고 논다
	방관자적 놀이	다른 유아가 노는 것을 관찰하면서 말을 하거나 제안을 하지만, 자신이 직접 놀이에 참여하지 않는 놀이유형이다
	혼자놀이	곁에 있는 유아와 상호작용을 하기보다는 혼자 장난감을 가지고 논다
평행놀이	-	서로의 놀이에 직접적인 영향을 미치지 않지만, 마음속으로 서로를 의식한다
진정한 사회적 상호작용의 형태 놀이	연합놀이	둘 이상의 아동이 함께 공통적인 활동을 하고 장난감을 빌리기도 하면서 논다. 그러나 각자의 방식대로 행동하며 놀이에서 리더나 일정한 목표 역할 분담은 없다
	협동놀이	아동은 한 가지 활동을 함께 하고 서로 도우며 조직된 집단으로 편을 이루어 놀이를 한다 규칙에 따라 놀이가 이루어지며 리더나 공동의 목표, 일정한 역할분담이 존재한다

1 가소성(plasticity)

변화에 대한 역량으로 긍정적인 또는 부정적인 경험에 반응하여 변화할 수 있는 능력을 말한다. 환경이 정상화되면 위축된 발달이 정상적으로 회복될 수 있는 역량을 말한다. 특정한 환경요인에 따라 특정한 방향으로 변화하는 성질을 가리킨다.

> 🔗 지영이는 아버지의 학대로 인하여 대인기피증과 우울증을 보였지만, 아버지와 떨어져 살게 된 후 사교적이며 명랑한 아이가 되었다.

2 습관화 기법

동일한 자극에 반복적으로 노출되면 영아는 흥미를 잃고 응시하지 않다가 새로운 자극이 제시되면 다시 주의를 집중하여 응시하는 경향이 있다.

3 플린(Flynn) 효과

시간이 지나고 세대가 바뀌면서 지능 점수는 점점 높아지고 있다. 가령, 1940년 이후 IQ 점수는 10년마다 3점씩 높아졌다.

4 자아개념의 발달 순서

신체적 자아 → 범주적 자아 → 심리적 자아 → 사회적 자아 → 이상적 자아

✓ 범주적 자아: 외현적으로 구별되는 범주 안에 자신을 포함시켜서 설명하는 것을 말한다.

> 🔗 "나는 여자예요." → "나는 멋진 신발을 가진 사람이에요." → "나는 그림을 잘 그려요." → "나는 수줍음이 심해요." → "나는 어떤 사람이 되어야 할지 깨달았어요!"

02

PART

집단상담의 기초

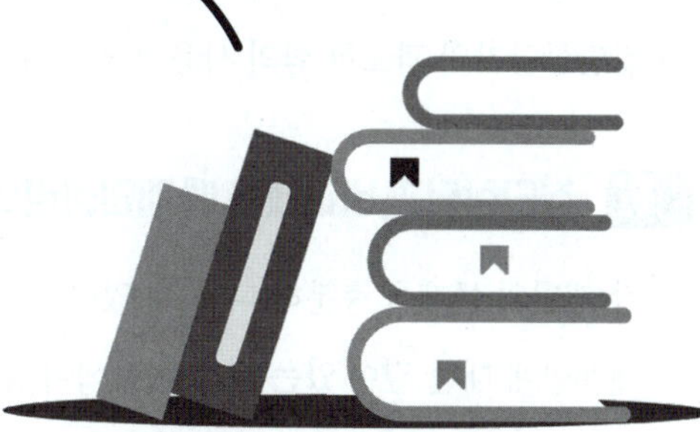

CHAPTER 01 집단상담

1 집단상담

1 집단상담의 장점

- 여러 사람들이 모여서 자신의 성장과 변화를 도모하는 상담 경험이다.
- 집단상담의 목표는 집단 전체의 목표와 집단원 개인의 목표로 나눌 수 있다.
- 다양한 집단원들과 함께 대인관계 기술을 연습할 수 있다.
- 유대감, 소속감, 협동심을 향상시킬 수 있다.
- 실생활에 필요한 대인관계 기술을 학습할 수 있다.
- 새로운 대인관계를 학습할 수 있다.
- 새로운 행동을 연습하는 장이 된다.
- 새롭게 터득한 사회기술을 연습할 수 있다.
- 대리학습이 가능하다.
- (개인상담에 비해) 한정된 시간에 보다 많은 내담자와 상담할 수 있다.
- (개인상담에 비해) 경제성과 효율성이 있다.
- (개인상담에 비해) 시간과 비용면에서 효율적이다.

2 집단상담의 단점

- 집단 참여에 대한 집단압력을 받아 심리적 부담을 느낄 수 있다.
- 집단압력에 의한 압박감으로 자기개방을 하게 된다.
- 집단원의 사적인 삶을 무분별하게 공유해야 한다.
- 집단원의 한계를 넘어서는 직면을 해야 한다.
- 개인작업의 제한성이 있다.
- 희생양 만들기의 대상이 될 수 있다.
- 집단상담자의 과도한 힘의 사용이 있을 수 있다.

3 집단상담과 비교했을 때 개인상담의 장점

- 각 개인의 문제를 충분히 다룰 수 있다.
- 개개인에 대한 깊이 있는 관심과 탐색이 용이하다.

4 집단상담이 필요한 경우

- 다른 사람이 자기를 어떻게 보는지 알아야 할 것으로 판단되는 내담자
- 자기와 성격, 생활배경 등이 다른 사람들에 대한 배려와 존경심을 습득해야 하는 내담자
- 다른 사람들과의 대화를 포함한 대인관계 기술, 사회적 기술의 습득이 필요한 내담자
- 동료나 타인의 이해와 지지가 도움이 될 것이라고 판단되는 내담자
- 자기의 문제나 관심사에 관해 다른 사람의 반응, 조언이 필요한 내담자
- 자기 문제에 관한 검토, 분석을 기피하거나 유보하는 내담자
- 자기노출에 관해 필요 이상의 위협을 느끼는 내담자
- 다른 사람과의 유대감, 소속감이 필요한 내담자

5 개인상담보다는 집단상담에 가장 적합한 청소년

- 대인관계에 관심이 많은 청소년
- 이혼가정의 청소년
- 임산부인 청소년
- 왕따를 당하고 있는 청소년
- 교우관계 갈등을 겪고 있는 청소년

6 청소년 집단상담에서 집단원 선정 시 제외해야 할 대상

- 조현병 진단을 받은 청소년
- 의심이 심한 청소년(=편집증이 있는 청소년)
- 극도로 의존적인 청소년
- 반사회적이고 공격적인 청소년
- 주의산만하고 충동적인 청소년
- 뇌손상, 급성 정신병이 있는 청소년
- 심한 우울증으로 자살 경향이 있는 청소년
- 위기상황인 청소년
- 대인관계에서 두려움을 느끼고 극도로 방어적이고 불안해하는 경우는 개인상담 후 집단상담

> **🔍 틀린 문장**
>
> - 집단의 역동을 다루기보다 개인의 문제 해결에 중점을 둔다. → 집단상담에서는 집단의 역동을 다룬다.
> - 집단상담은 모든 사람에게 적합하다. → 집단원 선정 시 제외해야 할 대상도 있다.

CHAPTER 02 | 집단상담의 유형

1 집단상담의 유형

1 상담집단

- 집단원들은 주로 일상생활에서 어려움을 경험하는 일반인들로 구성된다.
- 일상적인 삶의 문제 해결에 초점을 맞춘다.
- 비교적 단기간에 해결 가능한 문제를 다루며 성장 지향적인 특징이 있다.
- 대인관계 과정, 자기이해 증진, 부적응 행동의 극복에 초점을 맞춘다.
- 과거 문제의 탐색보다 지금 · 여기에 초점을 둔 상담기술을 주로 사용한다.
- 집단원 간의 상호피드백과 지금 · 여기에서의 경험에 초점을 둔다.
- 집단원의 자발성과 주관적인 의견에 초점을 둔다.
- 집단원 간의 대인관계 과정에 초점을 둔다.
- 전문적인 훈련을 받은 지도자와 복수의 집단원들로 이루어진다.
- 비교적 잘 기능하는 집단원들에 의해 집단의 초점이 결정되는 특징이 있다.

2 성장집단

- 성장집단은 자신의 잠재력 개발에 관심 있는 사람들로 구성된다.
- 성장집단에는 참만남 집단, 자기성장 집단, 감수성 훈련집단이 해당된다.
- 자신에 대해 좀 더 알기를 원하거나 자신의 잠재력 개발에 관심 있는 사람들의 성장과 발달을 촉진한다.
- 자기자신을 정직하게 평가하여 자신의 참모습을 깨닫고 사고, 감정, 행동의 변화로 인간적 성장을 실현한다.
- 자기인식, 자기이해, 타인이해 등 자기 자신에 대해 더 많은 것을 배우려는 동기를 가진 집단원들로 구성한다.
- 성장집단의 하위유형으로 (감수성)훈련집단(T집단), 참만남집단, 마라톤집단이 있다.
- 공통적으로 집단참여자들에게 구체적인 활동을 통해 직접 체험의 기회를 제공한다.

3　참만남집단

- 개인경험에 중점을 둔다.
- 체험집단이라고도 불린다.
- 지금-여기에 초점을 맞춘다.
- 구체적인 집단목표를 설정한다.

4　집중적 집단 = 마라톤 집단

- 몇 시간에서 며칠 간 진행되기도 한다.
- 일정기간 동안 집중적으로 실시하는 형태이다.

1　마라톤 집단의 장점

- 마라톤집단에서는 며칠 동안 집중 회기를 통해 심화된 상호작용이 활성화될 수 있다.
- 며칠동안 연이어 회기를 가짐으로써 집단원들의 방어를 감소시켜 사회적 가면을 내려놓게 하고 친밀감을 창출한다.

5　과업집단

- 집단원들에게 당면한 과제를 해결할 필요가 있을 때 운영되는 집단이다.
- 특정과업을 완수하기 위한 목적으로 구성된다.
- 구체적인 집단목표를 설정한다.
- 주제 및 내용, 집단지도성에 초점을 맞춘다.
- 집단의 논의가 주제나 과업에서 벗어나거나 집단원들 사이에 갈등이 빚어지는 경우, 집단상담자는 즉시 개입하여 집단이 다시 정상적으로 진행될 수 있도록 돕는 역할을 한다.
- 집단상담자가 자문자 또는 컨설턴트로 불린다.

6 교육집단

- 집단상담자는 집단원의 학습효과를 극대화하기 위해 교육자와 촉진자의 역할을 동시에 수행한다.
- 집단상담자가 강의나 발표 형식으로 참여자들에게 필요한 정보를 제공하고 발표 내용과 정보 및 자료에 대해 질문을 받고 각자의 소감을 나누면서 주제와 관련된 토의한다.
- 문제에 더 잘 대처하도록 돕는 수단으로 참여자들이 필요로 하는 정보를 제공한다는 목표를 가진다.
- 실제적인 정보를 전달, 토론하여 통합하고 숙제를 내주기도 한다.
- 예로는 대입 수험생 학부모를 위한 교육, 자녀와의 효과적인 의사소통 부모교육, 음주 · 흡연 예방, 학교폭력 및 집단따돌림 대처, 성교육, 다문화 교육, 약물 남용 예방 집단, 가정폭력, 분노관리, 스트레스 관리, 부모훈련, 의사소통 기술, 이성교제, 학습방법 집단상담 등이 있다.

7 자조집단

- 공통의 관심사나 어려움을 경험했던 사람들끼리 집단을 이끌어간다.
- 유사한 처지에 있는 사람들이 남에게 털어놓지 못할 고민을 함께 나눔으로써 안정성을 느낀다.
- 모두 공통된 고통을 느끼고, 다른 사람들이 자신의 상황과 너무나 비슷하다는 것을 확인하게 된다.
- 스스로 정보를 찾아 나눔으로써 성공적인 대처를 하게 된다.
- 특정한 어려움에 대한 실제적 해결책과 새로운 생활양식을 얻는 기회를 제공한다.
- 특정 문제를 겪었거나 극복한 사람들이 차례로 돌아가면서 경험과 어려움을 내어놓고 정보를 나눈다.
- 스스로 돕는 집단으로 전문가가 없다.
- 예로는 물질오남용, 체중조절, 알콜중독자, 암극복 환자집단, 근친상간 피해자 집단상담 등이 있다.

8 지지집단

- 공통적인 관심사가 있는 집단원들로 구성되어 특정문제와 관심사에 대해 공유한다.
- 공통관심사로 생각과 감정 나눔, 유사한 문제, 유사한 감정, 비슷한 생각을 공유한다.
- 예로는 최근 신체장애 집단, 가족이 임종을 앞둔 사람들, 미혼모집단, 자연재해 피해자, 인재 희생자, 재혼을 통해서 새 자녀를 두게 된 부모, AIDS/HIV 감염자 집단상담 등이 있다.

9 치료집단

- 집단원들의 우울, 분노, 불안, 공포 등 심각한 정도의 정서행동 문제나 정신장애를 치료하기 위한 목적으로 구성된다.
- 집단원이 자신의 문제를 해결하거나 다른 사람을 도울 수 있는 능력이 상대적으로 부족하다.
- 예로는 사회공포증 극복 심리치료 집단, 우울증 치료집단, 섭식장애 치료집단, 공황발작 치료집단 등이 있다.

10 구조화 집단

- 구조화 집단에서는 집단의 내용과 활동을 집단상담자가 미리 구성한대로 진행한다.
- 단기로 진행하는 심리교육집단은 대부분 구조화 집단으로 운영한다.
- 구조화집단은 집단의 목표, 과제, 활동방법을 미리 정해놓아서 비구조화집단보다 깊은 수준의 상호작용을 다루기에는 한계가 있다.
- 집단원의 특성을 고려하여 집단상담을 계획한다.
- 회기별 계획을 세울 때에는 주제와 활동 외에 소요시간도 결정한다.
- 매 회기별 활동이 체계적으로 조직되어 있다.
- 집단상담 회기, 시간, 장소를 사전에 계획한다.
- 집단평가 시기, 방법, 내용을 사전에 계획한다.
- 집단의 발달단계를 고려하여 계획한다.
- 집단상담 과정 중에 참여를 하지 않거나 지각 혹은 탈락한 집단원을 위한 계획도 수립한다.
- 집단원 모집을 위한 홍보계획을 사전에 수립한다.
- 집단원의 선별절차에 대한 계획을 사전에 수립한다.

11 개방집단

- 일부 집단원이 나가면 새로운 집단원이 들어온다.
- 새로운 집단원에게 집단의 기본규칙을 설명해주는 일이 중요하다.

1 개방집단의 장점

- 개방집단은 집단원의 변동이 가능하므로 폐쇄집단보다 다양한 사람들과 상호작용할 수 있다.
- 새로운 집단원을 맞이하면서 좀 더 다양한 사람들과 상호자용할 수 있는 기회가 늘어난다.
- 새로운 성원의 아이디어나 자원을 활용할 수 있으며, 다른 관점으로의 피드백도 받을 수 있다.
- 일상생활을 더 정확하게 반영한다.

2 개방집단의 단점

- 안정성이나 집단정체성에 문제가 발생할 수 있다.
- 새로운 집단원의 참여가 기존 집단원의 집단과업에 방해요소가 될 수 있다.
- 응집력이 약해질 수 있다.
- 갈등을 초래하기 쉽다.
- 초중등 학교에 적용이 다소 어렵다.
- 한 회기나 제한된 시간 내에 다루기 어려운 문제탐색은 피하는 것이 좋다.

3 개방집단에서의 유의할 점

- 한 회기 내에 다룰 수 있는 문제에 초점을 맞춘다.
- 매 회기마다 회기 종결에 대한 느낌을 탐색할 수 있는 시간을 충분히 확보한다.
- 꾸준히 참여하는 핵심집단원들을 확보한다.
- 타당한 이유 없이 지각과 결석을 반복하는 집단원에게는 집단 참여의 제한을 고려한다.

12 폐쇄집단

- 집단이 끝날 때까지 새로운 집단원을 받아들이지 않는다.

1 폐쇄집단의 장점

- 상담진행에서 높은 안정성과 일관성을 유지할 수 있다.
- 응집력이 높다.
- 집단역할과 규범이 안정적이다.
- 초중등 학교에 적합하다.

2 폐쇄집단의 단점

- 폐쇄집단은 일부 집단원이 중도에 탈락할 경우 집단 크기가 너무 작아질 염려가 있다.
- 일상생활(사회적 축소판)을 반영하지 못한다.
- 새로운 생각 유입이 어려우므로 집단 외부 의견, 소수의견 무시한 채 집단사고에 빠질 위험이 있다.
- 새로운 정보의 유입이 이루어지지 않으므로 효율성이 떨어질 수 있다.
- 집단압력이 발생할 수 있다.
  ✓ 집단압력: 집단 응집성이 발달함에 따라 집단의 기대치에 부응해야 한다는 미묘한 압박감을 말한다. 집단의 지배적인 구성원의 가치관에 동조해야 할 것 같은 압력을 받을 수 있다.

13 동질집단

- 집단원들의 성별, 인종, 종교, 성장환경, 출신지역, 교육수준, 사회적 지위, 경제적 수준, 직업 등이 유사한 사람들로 구성된 집단이다.

1 동질집단의 장점

- 동질집단에서는 이질집단보다 빨리 자기개방이 이루어지고 유대감이 형성될 수 있다.
- 동질집단에서는 이질집단에 비해 속마음을 쉽게 공개하고 공감할 수 있다.
- 출석률, 참여율이 비교적 높다.
- 상호간에 즉각적인 지지가 가능하며, 갈등수준이 비교적 낮다.
- 서로 연대감, 보편감을 갖게 해준다.
- 자신의 아픔과 상처를 쉽게 공개(자기노출)하고 공감할 수 있다.
- 집단의 응집성이 높아진다.
- 갈등이 적고 초기에 증상이 완화되는 경향이 있다.

2 동질집단의 단점

- 상호간의 관계가 피상적인 수준에 머물 수 있다.
- 반론을 제기할 수 있는 기회가 감소하므로, 현실검증의 계기를 마련하기 어렵다.
- 성격재구성 치료집단의 경우 비효과적이다.

14 이질집단

- 집단원들의 성별, 인종, 종교, 성장환경, 출신지역, 교육수준, 사회적 지위, 경제적 수준, 직업 등이 비교적 다른 사람들로 구성된 집단이다.

1 이질집단의 장점

- 다양한 인간관계에 대해 학습할 수 있다.
- 상호간의 이해의 폭을 넓힌다.
- 외부사회구조의 축소판이 될 수 있다.
- 서로 다른 견해와 생각을 들을 수 있다.
- 현실을 검증(반영)하는 환경에서 새로운 행동을 실험하고 대인관계 기술을 개발할 수 있다.
- 내향적이고 소극적인 집단원들을 외향적이고 활발한 집단원들과 같은 집단에 편성함으로써 모든 집단원의 다양한 학습이 일어날 수 있다.
- 갈등유발이 되어 집단역동이 강하게 일어나며 이로 인해 역동적 상호작용이 촉진된다.

2 이질집단의 단점

- 집단원 상호간에 공통점이 없으므로, 자기노출에 소극적인 양상을 보인다.
- 집단원들과 유대관계를 형성하는 데 시간이 오래 걸린다.
- 집단초기에 방어와 저항의 태도로 인해 집단원들의 탈락이 상대적으로 많은 편이다.
- 갈등이 심화된다.

🔍 틀린 문장

- 비구조화 집단에서는 집단의 내용과 활동을 집단상담자가 미리 구성한대로 진행한다. → 구조화 집단
- 단기로 진행하는 심리교육집단은 대부분 비구조화 집단으로 운영한다. → 구조화 집단
- 비구조화집단은 집단의 목표, 과제, 활동방법을 미리 정해놓아서 구조화집단보다 깊은 수준의 경험이 가능하다. → 구조화 집단
- 치료집단은 참만남집단, 감수성집단이 대표적이다. → 성장 집단
- 정신병리 징후를 가진 학생을 집단상담에 참여하도록 권유한다. → 정신병리 징후 학생은 집단상담 제외 대상이다.
- 개방집단은 상담진행에서 높은 안정성과 일관성을 유지할 수 있다. → 폐쇄집단
- 동질집단에 비해 이질집단은 속마음을 쉽게 공개하고 공감할 수 있다. → 동질집단이 이질집단에 비해 속마음을 쉽게 공개하고 공감할 수 있다.
- 게임이나 매체를 활용하는 활동은 하지 않는다. → 게임이나 매체를 활동에 활용한다.
- 주제 및 내용, 집단지도성에 초점을 맞춘다. → 과업집단
- 구체적인 집단목표를 설정한다. → 과업집단
- 쉼터에서 생활하는 청소년들을 대상으로 개방집단을 운영하는 경우 유의할 점에서 신규 집단원에 대한 오리엔테이션은 반드시 회기 내에 실시한다. → 쉼터 이용 시간이 24시간에서 7일 이내의 일시적인 경우도 있으므로 반드시 회기 내에 실시하지 않아도 된다.
- 정체감 혼란으로 고민하는 청소년 → 상담집단
- 구조화 집단 계획 시 회기 내에 진행되는 세부 활동의 시간을 모두 동일하게 배분한다. → 중요한 주제에 대해 더 많은 시간을 할애할 수 있다.
- 회기별 세부적인 활동은 해당 회기 직전에 계획한다. → 충분한 시간을 가지고 미리 계획한다.

CHAPTER 03 | 집단원의 권리

- 상담자와 집단원들에게 비밀을 보장받을 권리

- 참가 동의에 대한 거부

- 폐쇄집단인 경우라도 나갈 수 있는 자유(도중에 그만둘 수 있는 권리)

- 회기 중의 녹음이나 녹화에 대해 거부할 수 있는 권리

- 강요나 부당한 압력으로부터의 자유

- 상담자와 집단원들이 부여하는 가치관을 강요받지 않을 권리

- 동등한 대우를 받을 권리

- 집단참여로 인해 위기가 생겼을 때, 상담자가 도와줄 수 없으면 다른 전문가에게 도움받을 수 있는 권리

- 특정활동을 거부할 수 있는 권리

CHAPTER 04 | 집단상담 구조화

- 집단참여에 필요한 제반 규정과 한계에 대해 집단원에게 설명하는 것이다.

- 집단 구조 개선과 집단원 성장 촉진을 위한 틀을 제공하는 것이다.

- 기본적인 규칙을 개발하고 규범을 세운다.

- 집단상담에서 바람직한 태도나 역할, 행동양식에 관한 설명이다.

- 집단의 목적, 규칙, 과정에 관하여 안내한다.

- 암묵적이기보다는 명시화하는 것이 좋다.

- 집단원에게 집단목표와 진행절차를 설명한다.

- 집단의 유지 발전에 필요하다.

- 집단의 목표 달성에 중요한 역할을 한다.

- 이론적 배경에 따라 구조화의 정도와 종류가 다르다.

- 초기 단계의 구조화는 집단원의 집단참여에 대한 불안을 어느 정도 줄여준다.

- 구조화 집단에서 갈등이 발생할 경우 구조화 활동을 잠시 미루고 갈등을 다루는 것이 바람직하다.

- 지나친 구조화는 집단의 발달을 방해한다.

- 구조화의 효과로 집단원들의 불안 감소가 있다.

🔍 **틀린 문장**

- 암묵적 규범 외에도 집단에 대해 집단원이 나름대로 가지고 있는 신념을 토대로 이루어지는 명시적 규범으로 구성된다. → 암묵적 규범은 지양해야 하고, 집단원이 나름대로 가지고 있는 신념으로 규범을 구성함도 지양해야 한다.

05 집단규범

- 집단상담자와 영향력 있는 집단원들에 의해 구성 발달된다.

- 해야 할 것과 해서는 안 되는 것에 대한 공유된 신념이다.

- 자기개방, 느낌 중심의 상호작용, 즉시성, 자기탐색 등이 포함된다.

- 집단원들이 집단참여를 통해 얻고자 하는 것의 성취를 촉진하는 기능이 있다.

- 기대되는 행동이 무엇인지에 대해 집단원이 공유하는 신념체계이다.

CHAPTER 06 집단발달단계

- 집단의 발달단계는 실제로 중첩되기도 한다.
- 집단 과업이 달성된 후에도 새로운 갈등이 일어날 수 있다.
- 다음 단계에 진입해서 정체되기도 하고, 일시적으로 이전 단계로 퇴보하는 경우도 있다.
- 집단은 역동적, 지속적으로 변화하는 특징을 지니고 있다.

코리(G. Corey)의 집단상담 발달 단계			
집단의 구조화, 신뢰감 및 집단목표 설정하기	집단원의 저항과 상담자에 대한 도전 다루기	비효과적인 행동패턴 탐색과 행동의 변화 촉진	집단원의 성장과 변화 평가하기와 분리에 대한 감정 다루기
집단원의 참여 주저, 긴장과 두려움	갈등과 방어, 집단상담자에 대한 도전	집단응집력의 증가, 지금-여기에서의 직접적인 대화	좌절 감정 다루기, 소극적 태도
집단의 시작을 돕기	집단 분위기 조성	상호작용 촉진	회기 종결을 돕기
두 사람씩 만나서 5분간 예기불안, 기대 등을 나누게 했다.	진솔하고 온화한 분위기를 만드는 워밍업 활동을 진행했다.	집단원이 자신을 공개하면 한 사람 이상 피드백할 것을 제안했다.	종결활동을 구조화하여 미완성문장을 돌아가면서 완성하게 했다.
집단원들은 분위기를 시험하며 친밀감을 형성해 간다.	저항이 표출되고, 갈등이 나타난다. 집단원 간의 갈등을 직면하게 하고, 논의하며, 해결해간다.	역기능적인 행동 패턴을 탐색하고 변화를 위한 시도를 한다.	집단과정에서 일어난 미해결 문제를 표현하고 다룰 수 있다.
집단원들은 새로운 사람들과의 만남으로 어색해하거나 참여에 부담을 느끼기도 한다.	집단원들 간에 신뢰감이 높아지면서 불안감도 공존하게 된다.	다양한 방식으로 상호작용하게 되면서 강력한 집단역동이 발생한다.	집단경험을 통해 학습한 것들을 총체적으로 정리하고, 일상생활에서 지속적으로 적용할 계획을 세운다.
"이 집단에서 얻고 싶은 것이 무엇인가요?"	"집단을 신뢰하고 자신을 드러내는 것을 주저하는 것은 자연스러운 일이에요. 두 명씩 짝을 지어 무엇을 주저하고 있는지 말해 볼까요?"	"앞으로도 이런 감정이 들 때 회피하지 않기 위해 여기서 아버지를 떠오르게 하는 사람에게 자신의 감정을 말해 보겠어요?"	"집단에서 자신에 대해 배운 것들 중 가장 중요한 것은 무엇인가요?"

1　코리(G. Corey)의 집단발달단계

1　초기 단계

1　초기 단계의 집단원 특징

· 위험을 감수하는 행동이 상대적으로 적고 탐색도 머뭇거리면서 일어난다.

· 어느 수준까지 자기를 개방하고 참여할 것인지 결정한다.

· 집단에서 무엇을 얻어가기를 희망하는지에 대해 불확실하고 모호하여 염려하고 두려워한다.

· 집단의 규범이나 기대되는 행동이 무엇인지 명확히 알지 못해서 침묵하거나 어색해한다.

· 집단원들은 자신의 생각이나 감정을 표현하기에 안전한 장소가 되는지 시험한다.

· 자기초점 피하기, 거기-그때 초점, 낮은 신뢰감 등이 특징이다.

2　초기 단계의 집단상담자 역할

· 집단구조화를 실시한다.

· 집단규칙(집단규범)을 설명한다.

· 집단상담자와 집단원의 책임과 역할을 명확히 한다.

· 구조화를 실시하고 모델역할을 시범보인다. 모범을 보인다.

· 집단참여에 대한 기대와 불안을 다룬다.

· 적극적으로 경청하고 반응하기와 같은 기본적인 대인관계 기술을 알려준다.

· 집단원들이 구체적인 개인 목표를 설정하도록 돕는다.

· 신뢰적인 분위기를 조성한다.

· 지금 · 여기에서 집단원의 느낌을 표현하도록 격려한다.

· 초대하기를 통하여 집단원의 참여를 유도하고 촉진한다.

· 자발성과 신뢰감 형성을 위한 활동을 한다.

· 상호작용을 촉진한다.

- 솔직하고 자연스러운 언행을 촉진한다.

- 집단원의 적절한 자기개방을 촉진, 격려한다.

- 집단원들의 염려와 질문을 개방적으로 다룬다.

- 비생산적인 행동에 대해 개입한다.

- "집단에 오기 전에 어떤 생각이 들었는지 잠시 이야기 나눠 볼까요?", "혹시 이 집단 참여에 대한 어떤 두려움이나 의심이 있나요?"라는 말로 회기를 시작한다.

2 과도기 단계(transition stage)

1 과도기 단계의 집단원 특징

- 집단원의 불안감이 고조된다.

- 방어와 주저하는 행동을 보인다.

- 방어적 태도로 인하여 갈등이 나타난다.

- 집단상담자에 대한 도전이 나타나 갈등이 야기된다.

- 집단원 간의 갈등과 경쟁을 보인다.

- 집단원 자신을 속으로 숨기거나 간접적으로 표현한다.

- 불안과 방어가 다양한 행동으로 나타난다.

- 집단원은 집단 환경이 얼마나 안전한지 판단하기 위해 집단상담자와 다른 집단원들을 시험한다.

- 지금 · 여기보다는 그때 거기에서 일어난 일에 대하여 이야기한다.

- 저항과 방어 심리가 다양한 행동 패턴으로 나타난다.

- 다른 사람들에게 조언을 하는데 많은 에너지를 쏟는다.

- 통제와 힘과 관련된 문제가 드러나거나 집단 내의 다른 사람들과 갈등을 경험하기도 한다.

- 적대적이고 공격적인 태도를 취하고, 공격받은 집단원은 거부당한다고 느낀다.

- 하위 집단을 이루며 서로 분리된다.

2 과도기 단계의 상담자 역할

- 표출된 불안감을 다룬다.

- 불안과 긴장을 표현하도록 격려한다.

- 긴장과 불안 다룬다.

- 집단 참여를 격려한다.

- 집단원의 저항을 자연스러운 반응으로 이해하고 존중한다.

- 집단원 간에 발생한 갈등 상황을 인식하고 다룬다.

- 집단원 간의 갈등은 서로 말하도록 한다.

- 불만은 수용하고 충분히 표현하게 한다.

- 집단원 간 갈등의 직면과 해결에 도전한다.

- 집단상담자에 대한 도전을 다룬다.

- 방어적인 행동을 다룬다.

- 두려움과 저항을 탐색한다.

- 정직하고 건설적으로 직면하는 본을 보인다.

- 곤란한 행동을 하는 집단원 다룬다.

- 집단 응집력 형성 촉진한다.

- 부적절한 공격을 차단한다.

> 🔗 영희: 저는 여기 있는 사람들이 저를 비판할까봐 두려워요. 저는 다른 사람들이 제가 횡설수설한다고 생각하지 않도록 하기
> 위해 말하기 전에 몇 번이고 연습해요.
> 상담자: "언제 그런 두려움을 느꼈고 이 집단에서 누구를 가장 의식하고 있나요?"

🔍 틀린 문장

- 집단원 간의 갈등은 상담자가 개입하지 않는다. → 상담자가 생산적으로 개입한다.
- 생산적인 집단운영을 위해 갈등표현을 제한한다. → 과도기단계의 상담자는 집단원들의 갈등을 다룬다.

✓ 상담자 개입의 예시

- 혹시 영희와 같이 비판받을까봐 두려워하는 느낌을 가진 집단원이 있나요? → 연결기법
- 만약 비판받을 것 같은 두려움이 없었다면 이 집단에서 어떻게 달라질 수 있을까요? → 작업단계
- 비판을 두려워하는 자신에게 자기 패배적인 메시지보다는 긍정적으로 표현해 볼 수 있을까요? → 작업단계
- 말하는 것에 주의를 주는 듯한 어머니를 연상하는 사람이 집단 내에 있다면 이야기 나누어 볼 수 있을까요? → 작업단계

1 작업 단계의 집단원 특징

- 적극적으로 참여한다.
- 자발적 자기개방이 증가한다.
- 다소 거부감을 일으킬 수 있는 일이라도 주저 없이 노출한다.
- 집단원 간의 갈등이 있음을 인정하고 해결해 나간다.
- 지금·여기에 초점이 주어지고 집단원들이 느끼는 것을 서로 직접적으로 이야기한다.
- 지금·여기에 초점을 두고 원활하게 소통이 이루어진다.
- 집단원 간 또는 집단상담자와 갈등이 있음을 인정하고 그것에 대해 논의하고 해결한다.
- 피드백을 주고받는다.
- 집단 신뢰와 결속력이 높아져 실험적 행동도 시도한다.
- 변화를 도모하고 새로운 행동을 과감하게 시도한다.
- 집단원의 변화를 위한 도전 행동이 나타날 수 있다.
- 변화에 대한 자신의 시도가 지지받는다고 느끼며 새로운 행동을 시도해본다.
- 집단을 통해 학습한 새로운 행동을 일상생활에서 실천하게 한다.
- 비밀을 지킨다.

2 작업 단계의 상담자 역할

- 적절한 행동모델이 된다.
- 집단원의 사고와 정서변화를 촉진한다.
- 집단원이 깊은 수준의 자기탐색을 할 수 있도록 돕는다.
- 행동 패턴의 의미를 설명하여 집단원이 더 깊은 자기 탐색에 도달할 수 있도록 돕는다.
- 자기탐색을 위한 새로운 시도를 격려한다.
- 집단원의 공통된 주제를 찾고 보편성을 제공한다.
- 공통으로 나타나는 주제나 강렬한 정서를 다룬다.
- 스스로 대안을 찾도록 격려한다.
- 문제해결을 위한 과제를 부과한다.
- 적극적 작업과 생산적 성과를 촉진한다.
- 집단상담자에게 의존하는 경향을 줄인다.
- 보편성을 제공할 수 있는 공통 주제들을 탐색하고 다른 집단원의 작업과 연계한다.

4 종결 단계

1 종결 단계의 집단원 특징

- 소극적(태도)으로 참여한다.

- 자기 관여가 감소한다.

- 과제회피가 나타난다.

- 집단활동에 대한 애착과 정서적 관여가 감소한다.

- 이별 감정과 작별인사를 나누는 시간을 가진다.

- 성장과 변화에 대한 평가를 한다.

- 집단을 통하여 알게 된 사실과 목표달성 정도를 평가한다.

2 종결 단계의 상담자 역할

- 복합적 감정, 분리감, 상실감을 다룬다.

- 집단원의 성장과 변화를 평가한다.

- 집단 내 초기 지각과 후기 지각을 비교해 보게 한다.

- 배웠던 것을 떠올리며 집단 경험을 되돌아보게 한다.

- 집단 밖의 환경에 적용할 행동 계획을 발전시킨다.

- 집단경험에 대한 최종 평가 작업을 한다.

- 집단원의 변화행동을 평가하고 지속적으로 수행하도록 격려한다.

- 미해결 갈등이나 과제에 대한 생각이나 감정을 표현하게 한다.

- 집단에서 해결하지 못한 문제를 표현하고 다룰 수 있는 기회를 제공한다.

- 비밀 유지를 상기시킨다.

- 추수상담 일정을 결정하고 안내한다.

- "이 집단에서 자신에 관해 알게 된 것들 중 가장 중요한 것은 무엇인가요?"

- "집단에 참여함으로써 삶에서 가장 중요한 사람들에 대한 태도에 변화가 있었다면 어떤 것인가요?"

07 | 피드백

- 집단원이 받아들일 준비가 되어 있는지 확인한 후에 사용한다.

- 집단원에게 자신의 행동이 다른 집단원들에게 미치는 영향을 인식하도록 돕는다.

- 잠정적인 가설이나 질문의 형태로 표현한다.

- 상담자의 피드백은 집단원에게 교육적 효과가 있다.

- 긍정적인 피드백이 부정적인 피드백보다 더 잘 받아들여진다.

- 부정적인 피드백은 긍정적인 피드백 이후에 줄 때 더 쉽게 받아들여진다.

- 집단 발달이 어느 정도 이루어지고 신뢰관계가 형성되었을 때 부정적인 피드백을 하는 것이 효과적이다.

- 집단에서의 행동과 관련된 '지금ㆍ여기' 피드백이 모호한 피드백보다 더 도움이 된다.

- 상담자는 자신의 피드백에 대한 집단원의 반응을 면밀히 관찰해야 한다.

- 집단원의 변화에 대한 동기를 높일 수 있다.

- 집단원의 지적능력을 고려하여 사용한다.

- 정중하고 사려 깊게 한다.

📝 집단상담자에 대한 부정적 피드백에 대한 대처

- 합의적 검증(타당화) 과정을 거친다. 특정사안에 대해 다른 집단원들도 유사한 느낌 혹은 경험을 하고 있는지의 여부를 검증하는 과정을 말한다.

🔍 틀린 문장

- 상담자는 초기에 부정적 피드백, 종결기에 긍정적 피드백을 주로 사용한다. → 집단초기에는 긍정적 피드백이 부정적 피드백보다 집단 응집력 형성에 도움이 된다.
- 내재된 적대감과 불신이 있으나 표현하지 않는다. → 작업단계에서는 부정적인 피드백이나 감정표현도 다룰 수 있다.
- 피드백을 주어도 방어적인 태도를 취한다. → 작업단계에서는 방어적인 태도보다 수용적인 태도로 받아들인다.
- 다른 집단원에 대한 감정과 생각을 여과 없이 되돌려 주는 것이다. → 집단원이 받아들일 준비가 되어있는지 확인하고, 집단원에게 미치는 영향을 인식하고 피드백 하여야 한다.
- 집단상담자의 피드백 모델링은 집단원들의 심리적 의존성을 키울 수 있다. → 상담자의 모델링은 집단과정에 도움이 된다.
- 집단원의 자료에 기초하여 대안적인 설명이나 해석을 제공해 주는 것이다. → 집단기술 중 정보제공에 관한 설명이다.
- 집단초기에는 부정적 피드백이 긍정적 피드백보다 집단 응집력 형성에 도움이 된다. → 집단초기에는 긍정적 피드백이 부정적 피드백보다 집단 응집력 형성에 도움이 된다.

CHAPTER 08 | 매회기 종료

- 집단원이 요약하기는 한명 또는 그 이상의 집단원이 회기에 일어난 것을 간단히 말하는 것이다.

- 집단원이 요약하기 한 후에 다른 집단원도 느낌이나 중요했던 점을 언급하면 좋다.

- 지도자가 요약하기 한 후 집단원이 추가 내용을 요약할 수 있다.

📝 매회기 종료시 상담자의 언급

"오늘 어떤 경험을 했습니까?"
"이번 회기에서 어떤 느낌이 들었습니까?"
"이번 회기에 필요한 참여규칙은 무엇일까요?"
"오늘 배운 것을 일상생활에 어떻게 적용할 계획입니까?"

🔍 틀린 문장

- 집단원 개인에 대한 피드백보다 집단전체와 과정에 대한 피드백을 한다. → 라운드로 돌아가면서 집단원 개인에 대한 피드백을 한다.

CHAPTER 09 추수(follow-up) 면담

- 종결 후 집단원들이 경험한 어려움이 무엇인지 탐색한다.

- 집단상담 마지막 회기에 미리 추수면담 장소와 시간을 집단원들과 협의한다.

- 도움이 필요한 집단원에게 추수면담 이후의 개인상담이나 상담프로그램 정보를 제공한다.

🔍 틀린 문장

- 추수면담 집단회기에 참석하지 못한 집단원을 위해 개별 추수면담을 실시해서는 안 된다. → 참석하지 못한 집단원에게는 개인별로 추수면담을 안내한다.

10 집단상담기술/기법

1 집단상담기술

- 집단 역동을 촉진하는 상담자의 기술은 집단 회기의 상황에 맞춰 사용될 때 가장 유용하다.

1 연결(linking)

- 집단원들 간에 공통의 관심사를 공유함으로써 응집력을 촉진시키는 역할을 한다.
- 특정 집단원의 행동이나 말을 다른 집단원의 관심사와 이어주거나 한데 묶어 주는 기술이다.
- 두 집단원의 공통적인 상황과 관심사를 연결하여 자신과 비슷한 상황에 처한 집단원과 공감대를 형성하게 한다.
- 집단원들 간의 상호작용과 응집력을 촉진한다.
- 집단원들이 지금 여기에서의 상호작용에 집중하도록 돕는다.
- 집단원들에게 참여기회를 제공하여 상호작용을 촉진시킨다.

1 연결 기술을 쓰기에 유용한 상황

- 집단원들에게 보편성을 체험하게 하고 싶다.
- 구조화집단이라 역동을 활발하게 일으키기가 어렵다.
- 집단원의 자기노출 시 다른 집단원의 피드백이 뒤따르지 않는다.

> 길동: (어린 시절 잦은 전학으로 학교적응이 어려웠던 과거 이야기를 장황하게 늘어놓으며) 그리고 저는 중학교 가서도 계속 선학을 나섰는데, 하나하나 이야기하면....
> 상담자: 잠깐만! 길동아, 잠시만 이야기를 멈추고(차단하기), (다른 집단원들을 쳐다보며) 다른 친구들은 길동이 이야기를 들으며 어떤 생각을 했는지 이야기해 볼까요?(연결하기)

> 영주: 아무리 노력해도 엄마의 기대를 채울 수 없을 것 같아요. 2등을 해도 엄마는 1등이 아니면 안 된다고 하실 거예요.
> 상담자: 영주는 엄마의 기대가 부담스럽고, 그 기대에 부응할 수 없을 것 같아 염려가 되는구나. 영주의 이야기는 이전에 수민이가 다른 사람에게 인정받기를 원한다고 말했던 것과 유사한 것 같군요.(연결하기)

> 영희: 제가 원하는 학과에 들어가려면 공부를 열심히 해야 한다는 것을 알고 있어요. 하지만 막상 책상 앞에 앉으면 공부하기가 싫고, 자꾸 핸드폰을 보며 딴 행동을 하게 돼요. 저도 집중력을 높이고 싶지만 방법을 모르겠어요.
> 상담자: 혹시 영희와 비슷한 문제를 겪고 이를 극복한 학생들이 있다면 함께 이야기 해줄래요?(연결하기)

> 지금 수진이가 친구관계에서의 어려움을 얘기했는데, 이 얘기는 영희가 지난주에 이야기한 것과 유사한 부분이 있는 것 같네요. 영희는 지금 수진이의 이야기를 들으니 마음이 어때요?

2 연결의 효과

- 집단원들의 상호작용과 응집력을 향상시킨다.
- 집단원들에게 보편화 경험의 기회를 제공한다.
- 집단상담에 집중 및 내면을 탐색한다.

2 보편화

- 집단원이 상호작용하게 되면서 유사한 감정과 관심을 갖고 있다는 사실을 깨닫도록 해 주는 것이다.
- 인생문제의 보편성, 즉 자신만이 유독 고통을 겪고 있는 것이 아님을 깨닫게 된다.
- "지금까지 저 혼자만 문제가 있고, 이런 고민을 하는 줄 알았어요."

3 차단(blocking)

- 집단원의 역기능적인 언어적, 비언어적 행동을 중단시키는 것이다.
- 집단역동에 방해가 되는 집단원의 의사소통에 직접 개입하여 역기능적 행동을 중지시키는 것이다.
- 부드러운 어조와 태도로 차단할 수 있다.
- 다른 집단원의 피드백과 병행해서 사용할 수 있다.

- 질문을 사용하여 차단할 경우 집단원에게 변명할 기회가 되지 않도록 유의해야 한다.
- 집단원의 행동이 집단에 부정적인 영향을 미칠 수 있다고 판단되는 시점에 즉각 개입하는 것이 필요하다.
- 집단원의 성장을 저해하는 의사소통에 집단상담자가 직접 개입하여 집단원의 역기능적인 음성언어 혹은 비음성언어를 중지시키는 기법이다.
- 차단 기법을 통해 대화의 독점이 일어나지 않도록 문제행동에 대처할 수 있다.

1 차단 기술을 사용해야 할 상황

- 집단원이 중언부언할 때
- 발언권을 가진 집단원이 횡설수설하고 있을 때
- 집단원 간에 논쟁이 생겼을 때
- 집단원이 상처를 주는 말을 할 때
- 집단이 비생산적인 분위기로 흘러가서 분위기 전환이 필요할 때
- 집단의 주제를 벗어나는 이야기가 계속될 때
- 지도자가 주제의 초점을 변경하고자 할 때
- 회기가 끝나가는 시점에 새로운 문제를 꺼낼 때 "잠깐, 마무리할 시간이 다 되어서 그 이야기는 다음 시간에 하도록 할까요?"
- 부정확한 사실을 말할 때
- 상처 싸매기를 시도할 때
- '거기 · 그때' 형식의 논의를 할 때
- 다른 집단원을 언어적, 신체적으로 공격할 때
- 다른 집단원의 비밀누설 혹은 사생활을 침해할 때
- 질문 공세를 퍼부을 때

> 길동: (어린 시절 잦은 전학으로 학교적응이 어려웠던 과거 이야기를 장황하게 늘어놓으며) 그리고 저는 중학교 가서도 계속 전학을 다녔는데, 하나하나 이야기하면….
> 상담자: 잠깐만! 길동아, 잠시만 이야기를 멈추고, (다른 집단원들을 쳐다보며) 다른 친구들은 길동이 이야기를 들으며 어떤 생각을 했는지 이야기 해볼까요?

> 철수 : (영희를 보고) 영희씨! 당신은 왜 그렇게 느끼는가요?
> 상담자 : 철수씨! 영희의 느낌을 알고자 하는 관심을 보여준 것에 대해 고맙게 생각합니다. 그런데 당신의 마음속에 있는 것을 좀 더 명료하게 표현해 준다면 영희뿐만 아니라 우리 모두에게 더 도움이 될 것 같군요.

- 집단원의 강점이나 감정을 드러내어 음성언어와 비음성언어로 되돌려주는 것이다.
- 행동에 초점을 맞추고, 구체적인 상황에 대해 언급하며, 평가나 판단 없이 상대방에 대한 느낌 형태로 표현한다.
- 상담자의 피드백은 집단원에게 교육적 효과가 있다.
- 상담자는 초기에 긍정적 피드백, 종결기에 부정적 피드백을 주로 사용한다.
- 긍정적인 피드백이 부정적인 피드백보다 더 잘 받아들여진다.
- 부정적인 피드백은 긍정적인 피드백 이후에 줄 때 더 쉽게 받아들여진다.
- 집단에서의 행동과 관련된 '지금 · 여기' 피드백이 모호한 피드백보다 더 도움이 된다.
- 상담자는 자신의 피드백에 대한 집단원의 반응을 면밀히 관찰해야 한다.
- 집단원의 변화에 대한 동기를 높일 수 있다.

1 피드백 기술을 사용할 때 주의할 점

- 집단원이 받아들일 준비가 되어 있는지 확인한 후에 사용한다.
- 집단원에게 자신의 행동이 다른 집단원들에게 미치는 영향을 인식하도록 돕는다.
- 잠정적인 가설이나 질문의 형태로 표현한다.
- 집단 발달이 어느 정도 이루어지고 신뢰관계가 형성되었을 때 부정적인 피드백을 하는 것이 효과적이다.
- 집단원의 지적능력을 고려하여 사용한다.
- 정중하고 사려 깊게 한다.

2 피드백의 효과

- 집단원의 변화 계기를 제공한다.
- 집단상담자와 집단원에 대한 신뢰감을 향상시킨다.
- 집단원에게 내면 탐색의 기회를 부여한다.

> 하늘: 저는 어릴 때부터 아토피가 있어서 얼굴이나 목이 빨개요. 그래서 다른 친구들이 싫어하기 때문에 머리카락으로 가려야만 해요.
> 상담자: 하늘이가 아토피 때문에 머리카락으로 얼굴을 가리고 있었구나. 머리카락을 늘어뜨리고 있으니까 얼굴을 잘 볼 수가 없네. 네 얼굴이 조금 빨간 것이 나는 크게 느껴지지 않는데, 하늘이가 어떻게 느끼고 있는지 네 이야기도 듣고 싶구나.

> 향기: 저는 어려서 교통사고로 눈가에 흉터가 있어요. 그래서 흉터를 가리려고 늘 모자를 눌러쓰거나 머리를 길러서 얼굴을 가리고 있어야만 해요.
> 집단상담자: 눈가에 있는 흉터 때문에 모자를 쓰거나 머리를 기르고 있었구나. 많이 힘들었겠다. 근데 지금 내가 자세히 보니 흉터가 눈에 띄지 않는구나. 향기가 말하지 않았다면 흉터가 있는지도 몰랐을 것 같은데, 옆에 있는 나무는 향기의 흉터가 어떻게 보이는지 말해줄 수 있겠니?

> 상담자: 상우는 충고를 주는 도준이가 혹시 자신의 형처럼 생각되기 때문에 도준이의 의견에 계속 반대하는 모습을 보이는 것은 아닐까요? 형이 자신의 모든 것을 아는 것처럼 잘난 척 하고 충고한다고 말했었죠.

5 초점 맞추기

- 집단의 초점을 다시 제 궤도에 올려놓는 것이다.
- 집단원이 지금 현재 논의되고 있는 주제와 활동에 대해 지속적으로 집중하면서 이야기하도록 독려하는 것이다.

1 초점 맞추기의 효과

- 집단상담에 관심이나 주의를 집중시킨다.
- 회기별 목표를 달성하게 한다.
- 집단상담의 분위기를 형성 및 유지시킨다.
- 집단원의 내면을 탐색하게 한다.

> "여러분, 지금 이야기하는 내용에 대해 곰곰이 생각해 봅시다. 여러분이 친구들과 다투게 되는 상황에서 어떤 패턴이 있는지 더 이야기를 나누어 볼까요?"
> "지금 다루고 있는 주제를 10분 정도만 더 나누고, 새로운 주제로 옮겨가겠습니다.

6 명료화

- 핵심이 되는 주제에 초점을 맞추게 하거나 혼란스러운 감정을 분명하게 정리해 준다.
- 집단원의 모호한 진술 다음에 사용되는 질문 형태의 반응 기법이다.
- 어떤 중요한 문제의 밑바닥에 깔려있는 혼동되고 갈등적인 느낌을 가려내어 분명히 해주는 것이다.
- 명료화함으로써 집단원 스스로 실질적으로 겪고 있는 문제에 대해 보다 분명하게 볼 수 있게 할 뿐만 아니라 보다 심오한 수준의 자기탐색을 가능하게 할 수 있다.
- "불편하다는 것이 무엇을 말하는지 다른 친구들에게 더 이야기해 주면 도움이 될 것 같아요."

1 명료화의 효과

- 집단원의 표현을 정확하게 이해하고 있는지 확인한다.
- 집단원 간의 의사소통을 촉진한다.

7 요약

- 집단원들이 이야기의 핵심을 제대로 파악하지 못하거나 전체적인 집단과정에서 방향을 잡지 못할 때 활용할 수 있다.
- 집단원 둘 이상의 언어적 표현들의 핵심이 되는 진술 부분들을 엮어서 공통 주제나 공통 유형을 파악하여 두서없는 이야기를 차단하며, 상담의 진척정도를 검토할 수 있게 한다. 요약을 통해 집단원들이 자신들의 문제에 대해 깨달을 수 있게 할 뿐 아니라 집단의 흐름을 촉진할 수 있다.

✓ 라운드 기법: "집단을 마치기 전에 오늘 여러분들이 경험한 것에 대해 잠시 이야기 나눠 보죠"

> 상담자: 오늘 우리는 최근의 소망에 대해 이야기했습니다. 학교에 복귀하고 싶다는 사람도 있었고, 창업을 하고 싶다는 사람도 있었어요. 집단활동을 마치기 전에 오늘 경험한 것에 대해 잠시 이야기를 나눠봅시다.

- 중요한 기술 중의 하나이며, 적절한 모험심과 용기가 필요하다.
- 집단원과 신뢰로운 관계가 형성된 후에 자기개방을 한다.
- 타인의 경험이 아니라 반드시 자기 자신의 경험을 표현한다.
- 집단원이 관심을 가지고 있는 주제에 대해 자기개방을 한다.
- 자기개방을 하기 위해서는 모험을 감행해야 한다.
- 집단원의 흥미와 관심에 적합한 사적인 생각, 경험 및 느낌을 솔직하게 노출시킴으로써 보다 깊은 이해를 발달시킬 수 있다.

> 향기: 저는 요즘 남자 친구와 많이 싸우고 있어요. 그래서 지금 너무 힘들어서 헤어지고 싶다는 생각이 들어요.
> 바다: 저도 남자친구와 싸웠어요. 너무 성격이 안 맞는 것 같아 많이 힘들고 헤어질까도 고민하고 있어요. (자기개방)

9 　**해석**

- 집단원이 표면적으로 표현하거나 인식한 내용을 뛰어넘어 집단상담자가 그에게 새로운 방식으로 자신의 문제를 바라볼 수 있도록 한다.
- 해석 기법을 통해 집단원 행동의 원인과 목적을 통찰하도록 돕는다.
- 행동 원인에 대한 설명을 잠정적인 가설의 형태로 기술하는 것을 말한다.
- 집단원에게 자칫 위협적인 개입이 될 수도 있기 때문에 집단원이 받아들일 준비가 되어 있는가의 여부를 확인해서 적절한 시기에 해석 기법을 제공한다.
- 집단상담자가 집단원의 생애사, 인구통계학적 변인, 음성언어와 비음성언어, 직관과 직감 등으로 집단원의 행동의 원인을 추론하는 것이기 때문에 해석 후에 집단원이 집단상담자의 직관적인 추론의 타당성 여부를 고려해 볼 수 있는 시간적 여유를 제공한다.
- 의미 있는 과거경험을 지금 · 여기의 대인관계 패턴, 욕구와 연결시켜 지금 · 여기의 경험을 형성, 유지하게 된 원인을 이해시키기 위함이다.
- "채송이가 진구의 잘못에 대하여 이야기를 할 때 불편해 하는 것은 중학교 1학년 때 따돌림 받았던 경험이 떠올라서 그럴 수 있을 것 같습니다."
- "어머니가 초등학교 때 공부하라고 때린 것 때문에 공부하기를 싫어하게 된 것 같구나"

10 직면(맞닥뜨림하기)

- 피드백의 일종으로서 보다 정도가 강한 피드백이라 할 수 있다.
- 내담자가 의식적, 무의식적으로 피하고 있는 사실에 대한 모순이나 불일치를 지적하는 것이다.
- 내담자의 대부분은 자신의 문제가 해결되고 변화하기를 바라지만 자신의 문제를 개방하고 직시하는 것을 두려워하는데, 내담자가 자신의 감정이나 욕구를 자각하도록 하여 자신의 문제를 다른 관점에서 볼 수 있도록 하므로 부적절한 방어를 극복하게 할 수 있다.
- 직면은 집단원에게 자칫 공격적인 메시지로 인식되어 불필요한 저항이나 반감을 불러일으킬 수 있기 때문에 직면시킬 때에는 집단원과의 신뢰감 형성이 전제가 되어야 한다.

1 직면의 효과

- 직면을 시의적절하게 활용함으로써 집단원이 자신의 언행불일치(모순)를 통해 자신의 내면을 통찰하고 변화를 위한 행동으로 옮길 수 있도록 돕는다.
- 자기인식과 이해증진을 촉구하는 효과가 있다.
- 내담자의 자기이해와 변화동기를 높이는 데 있다.

2 직면 기법 적용 시 주의할 점

- 적절한 시기를 포착해서 사용해야 한다.
- 구체적이고 관찰 가능한 행동에 초점을 맞춰 진술한다.
- 돌보는 태도와 존중하는 방식으로 한다.
- 집단원이 스스로에 대해 정직한 평가를 할 수 있도록 돕는다.

3 직면(confrontation)이 필요한 상황

- 집단원의 말과 행동이 불일치할 때
- 이전에 한 말과 지금 하는 말이 불일치할 때
- 집단원이 스스로에 대해 인식하는 것과 다른 사람이 인식하는 것이 불일치할 때
- 집단원의 말과 정서적 반응 간에 차이가 있을 때
- 집단원의 말 내용이 집단상담자가 그에 대해 느낀 바와 다를 때
- "긴장되지 않는다고 이야기하면서 다리를 계속 떨고 있는데 알고 있나요?"
- "채송이가 진구에 대하여 지금 말한 내용이 지난번에 했던 것과 다른 것 같은데"

> 🔗 세훈: 공부를 열심히 해서 목표를 꼭 이루고 싶어요. 하지만 부모님이 공부하라고 말하면 공부가 싫어져요.
> 집단상담자: 열심히 공부하는 것이 중요하다고 말하면서 부모님 때문에 공부가 싫다고 말하니 네가 원하는 것이 무엇인지 알기가 어렵구나.

11 재진술

- 집단원이 이야기한 내용을 집단상담자가 동일한 내용의 다른 말로 바꾸어 줌으로써 의미를 분명하게 해준다.
- 집단원의 핵심적인 내용 중 집단상담자가 상황, 사건, 사람, 생각에 초점을 맞추어 집단상담자 말로 바꾸어 반응하는 것이다.
- "공부하고 있었는데 하필 게임할 때 엄마가 들어오셨구나."

1 재진술의 효과

- 집단원의 말하는 내용을 이해한 것을 전달한다.
- 집단원과 집단상담자 간의 신뢰감을 형성한다.
- 집단원 스스로 이야기의 핵심을 깨닫는다.

12 반영

- 감정의 재진술로 집단원의 느낌이나 진술의 정서적인 부분을 집단상담자가 그 느낌의 원인이 되는 상황, 사건, 사람, 생각과 함께 다른 동일한 의미의 말로 바꾸어 되돌려 주는 기법이다.
- 집단원의 생각, 느낌, 행동을 집단상담자가 거울처럼 비추어 되돌려 주는 기술로 감정의 재진술이다.
- 집단상담자가 집단원의 입장을 공감하고, 이해하는 것을 집단원에게 전달하는 데 사용되는 기법이다.
- 요령은 먼저 집단원의 감정 상태와 그 감정의 원인을 탐색하여 공감하고 이해하고 집단원의 욕구, 바라는 것을 파악하는 것이다.
- "선생님이 노력한 것을 알아주지 않아 서운했겠네요."
- "옆에 있는 친구가 자기 이야기를 잘 들어줘서 기분이 좋았겠어요."

13 공감하기(공감적 이해)

- 집단원 내면의 주관적인 세계, 주관적인 감정을 공유하고 집단원의 상황을 이해하는 것이다.

- 동일시하지 않고 집단상담자 자신의 개별성은 유지한다.

- 공감적 이해의 효과로는 자기탐색과 자기노출을 할 수 있는 용기를 부여하는 것과 다른 집단원의 피드백 수용 및 문제해결을 위한 새로운 행동을 시도하는 것이다.

> 집단원: 어제 엄마가 저에게 시험이 며칠 남지 않았는데 게임 좀 그만 하라고 화를 내시는 거예요. 사실 엄마가 방에 들어오기 전까지 진짜 열심히 공부하고 있었거든요.
> 상담자: 열심히 공부하고 있었는데 엄마가 몰라주고 오해해서 속상했구나.

> 향기: 저는 요즘 남자 친구와 많이 싸우고 있어요. 그래서 지금 너무 힘들어서 헤어지고 싶다는 생각이 들어요.
> 바다: 저도 남자친구와 싸웠어요. 너무 성격이 안 맞는 것 같아 많이 힘들고 헤어질까도 고민하고 있어요.
> 향기: 바다님도 저처럼 남자친구와의 관계가 힘드셨군요. (공감)

> 태리: 저는 요즘 중간고사 공부를 하면서 너무 자신이 한심하다는 생각이 들어요.
> 유진: 자신이 한심하다는 생각이 든다니 속상하시겠어요(공감하기).

> 향기(별칭): TV에서 폭행을 당하는 친구를 보면 제가 왕따 당했던 기억이 떠올라요. 지금 괴롭힘을 당하는 그 친구의 마음이 이해가 돼요. 그렇게 친구를 괴롭히는 아이들은 반드시 벌을 받아야 해요.

> 집단상담자: (공감)TV를 보면서 과거 생각이 나서 많이 힘들었나 보다. 또 너를 괴롭혔던 친구들에게 화도 나고 많이 속상하구나.

14 질문

- 어떤 사실이나 상황에 대한 정보를 얻을 목적으로 사용된다.
- 집단원의 문제해결을 위한 정보와 자료가 필요할 때 사용된다.
- 생각이나 감정을 탐색하기 위한 기법이다.
- 질문을 통해서 집단원의 내면을 탐색할 수 있다.

1 개방적 질문

- 누가, 언제, 어디서, 무엇을, 어떻게로 시작되는 질문들을 할 수 있다.
- 집단원의 자기탐색을 격려하거나 정보를 얻을 때 사용한다.
- 행동, 느낌, 생각에 대한 구체적인 예를 알아볼 때 사용한다.
- 집단원의 의사소통을 활성화시킬 때 사용한다.
- "엄마가 왜 그런 식으로 관심을 보이지 않았을까요?"
- "이번 일 말고 과거에도 엄마가 화를 낸 적이 있는지 이야기 해볼래요?"

- "방금 언급한 부정적인 감정이 구체적으로 무엇을 의미하는 것이죠?"

- "혹시 학교에서나 친구들에게도 그런 식으로 화를 낸 적이 있나요? 그런 경험을 나누어 주면 어떨까요?"

향기(별칭): TV에서 폭행을 당하는 친구를 보면 제가 왕따 당했던 기억이 떠올라요. 지금 괴롭힘을 당하는 그 친구의 마음이 이해가 돼요. 그렇게 친구를 괴롭히는 아이들은 반드시 벌을 받아야 해요.
집단상담자: TV를 보면서 과거 생각이 나서 많이 힘들었나 보다. 그런데 (질문)그때 힘들었던 상황을 어떻게 견뎠는지 궁금한데, 말해 줄 수 있겠니?

집단원: 엄마는 내 말을 아예 들으려고도 하지 않아요. 내가 무슨 말을 하던 간에 아예 관심도 안 보이고, 돌아서서 청소기를 가져와 바쁘게 청소를 해요. 그럴 때마다 나는 화가 나서 엄마를 밀치고 집을 나가 버려요.
상담자: ______________________________________

2 폐쇄적 질문

- 폐쇄질문은 구체적인 정보나 사실을 얻을 때 사용한다.

- 위기 상황일 때 사용한다.

- "지금 기분이 슬픈가요?

- "오늘 아침 식사를 하고 왔나요?"

태리: 저는 요즘 중간고사 공부를 하면서 너무 자신이 한심하다는 생각이 들어요.
유진: 자신이 한심하다는 생각이 든다니 속상하시겠어요. 잠은 잘 자는 편인가요?(폐쇄적 질문)

15 지지와 격려

- 침묵하던 집단원이 조심스럽게 자기개방을 했을 때 지지와 격려를 한다.

- 비음성적 언어(편안하고 밝은 얼굴표정, 개방된 자세)이다.

- "용기 있게 자신의 이야기를 하면서 적극적으로 참여하는 모습이 보기 좋아요"

1 지지와 격려의 효과

- 집단상담에 대한 신뢰감이 형성된다.

- 집단원 자신에 대해 탐색을 하게 된다.

향기(별칭): TV에서 폭행을 당하는 친구를 보면 제가 왕따 당했던 기억이 떠올라요. 지금 괴롭힘을 당하는 그 친구의 마음이 이해가 돼요. 그렇게 친구를 괴롭히는 아이들은 반드시 벌을 받아야 해요.
집단상담자: (격려)향기가 힘들었던 이야기를 용기내어 해주어서 고마워.

16   '지금-여기'를 활성화

- 집단원이 순간순간 경험하고 있는 것에 접근하여 지각하고 느껴지는 것을 표현하도록 하는 것이다.
- 집단상담자에게 의존하는 경향을 줄인다.
- 갈등과 대립을 공개적으로 표현하도록 격려한다.
- 집단참여에 대한 두려움과 기대를 표현하도록 격려한다.
- 새로운 행동을 시도할 때 격려와 지지를 보내는 등으로 지금여기 상호작용 촉진을 한다.

1   지금-여기 상호작용 촉진 효과

- 과거 사건에 대한 이야기가 현재 집단에 미치는 영향을 탐색하도록 돕는다.

> 🔗 길동: (어린 시절 잦은 전학으로 학교적응이 어려웠던 과거 이야기를 장황하게 늘어놓 으며) 그리고 저는 중학교 가서도 계속 전학을 다녔는데, 하나하나 이야기하면....
> 상담자: 잠깐만! 길동아, 잠시만 이야기를 멈추고, (다른 집단원들을 쳐다보며) 다른 친구들은 길동이 이야기를 들으며 어떤 생각을 했는지 이야기 해 볼까요?

- 자신의 감정을 이해할 수 있다.

> 🔗 집단원: 엄마는 내 말을 아예 들으려고도 하지 않아요. 내가 무슨 말을 하던 간에 아예 관심도 안 보이고, 돌아서서 청소기를 가져와 바쁘게 청소를 해요. 그럴 때마다 나는 화가 나서 엄마를 밀치고 집을 나가 버려요.
> 상담자: 만약 본인이 이 집단 안에서 그런 식으로 화를 낸다면 어떤 사람에게 화를 낼 수 있나요?

- 자신의 문제를 탐색할 수 있다.

17   경청

- 집단원의 말을 평가하지 말고, 끊지 않고, 짐작하여 듣지 않는다.
- 경청의 효과는 타인에 대한 올바른 이해이다.

🔍 틀린 문장

- 집단원이 집단과 다른 집단원에 대해 부정적인 피드백을 할 때 → 부정적 피드백도 할 수 있다. 단 작업단계에 들어선 이후로 하는 것이 좋다.
- 연결하기, 차단하기 같은 개인상담 기본기술을 집단상담에서도 능숙하게 사용할 수 있어야 한다. → 연결하기, 차단하기는 집단상담 기술이다.
- 대부분의 집단상담기술은 일상생활에서도 경험하는 것들이어서 집단원들의 변화를 일으키는 데 효과적이다. → 일상생활에서 쉽게 경험하는 것이 아니다.
- 여성주의 집단상담자는 집단원의 능동성·긍정성 증진을 위해 집단참여 전 변화 경험을 묻는 것이 바람직하다. → 집단참여 후 변화 경험을 묻는 것이 바람직하다.
- 통합적 접근의 집단 구성 시 이론적 통합보다 기술적 통합에 초점을 둘 때 기법을 더 풍부하게 개발할 가능성이 있다. → 이론적 통합과 기술적 통합 둘다 중요하다.
- 시선이나 반응회피와 같은 비언어적인 방법은 사용하지 않는다. → 불평불만 문제행동 시 쓰는 기법이다.

11 집단응집력

1 집단응집력

- 집단 내에서 함께 하는 느낌 또는 공동체라는 느낌을 의미한다.

- 더 이상 혼자라는 느낌이 들지 않는다.

- 집단원의 내면세계를 정서적으로 공유하고 집단으로부터 수용되는 것이다.

- 자신의 내면세계를 타인과 공유하고 수용 받는다.

- 다른 사람들과 친밀한 접촉을 지속한다.

- 집단응집력이 높을수록 출석, 참여, 상호지지의 비율이 더 높아진다.

- 상호 협조적으로 깊은 인간관계를 맺는다.

- 집단원과 상담자 간 상호작용보다 집단원 간 상호작용이 활발하다.

- 지금 · 여기에서 상호작용이 촉진된다.

- 지금 여기에 초점을 맞추면서 순간의 느낌을 토대로 솔직한 피드백을 교환한다.

- 지금 · 여기에 상호 피드백의 활성화는 응집력의 지표이다.

- 자기를 개방하고 적극적으로 참여하며 더 많은 모험시도를 한다.

- 집단규범을 지키지 않는 집단원을 제지한다 = 압력을 가한다 = 기꺼이 도전한다.

- 개인상담의 치료적 관계와 유사한 개념이다.

- 집단원들의 집단에 대한 애착과 정서적 관여도가 높다.

- 집단원들이 집단상담자의 역할을 공유한다.

- 부정적 감정을 표현한다.

- 갈등을 인식하고 공개적으로 다룬다.

- 자신의 수치스러운 면이 드러나더라도 여전히 집단에 수용된다.

- 건강한 유머를 통해 친밀해지고 기쁨을 함께 한다.

- 집단원들이 집단에 남아 있도록 하는 힘이다.

- 집단응집력은 그 자체가 강력한 치료적인 힘이다.

- 집단매력도와 관련이 있다.

- 초기부터 종결 단계까지 항상 중요하다.

1 **집단응집력 촉진 방법**

- 집단 공통 문제점을 직면하여 다룬다.

- 집단원들의 상호작용을 긍정적인 방향으로 이끈다.

- 집단상담자는 열정적이고 긍정적인 태도를 갖는다.

- 집단원들의 공통 관심사를 연결 짓는다.

🔍 틀린 문장

- 집단회기가 진행되면서 자연스럽게 발달되고 유지된다. → 자연스럽게 발달되고 유지되지 않는다.
- 집단원들 간의 상호작용보다 집단원과 집단상담자 간의 상호작용이 더 활발하다. → 집단응집력이 높을수록 집단원과 집단상담자 간의 상호작용보다 집단원들 간의 상호작용이 더 활발하다.

집단상담 평가

1 집단상담평가

- 집단상담 계획단계에서부터 집단상담 평가에 대한 방향을 설정하여야 한다.
- 집단상담 계획 시에 집단상담 효과성 평가를 위한 계획을 수립해야 한다.
- 집단상담 실시 이전에 집단상담 수요 평가, 집단원 행동 기초선 평가를 실시할 수 있다.
- 평가결과는 집단상담의 내용과 방법에 대한 수정 및 보완에 활용된다.
- 집단상담 서비스의 질을 관리하고 발전시키기 위한 것이다.
- 집단원은 평가 대상이면서 평가자가 되기도 한다.
- 집단원의 태도, 문제행동, 집단에서의 역할 등을 평가한다.
- 청소년 상담기관에서 집단상담을 실시할 경우 상담기관이 평가주체가 될 수 있다.
- 집단상담 평가는 집단원 평가, 상담자 평가, 프로그램 평가, 기관 평가로 구분한다.
- 평가방법은 주로 면접, 심리검사, 관찰, 토의 등으로 이루어진다.
- 상담자가 집단상담 전후에 심리검사를 실시하여 집단원 행동 변화를 평가할 때 평가의 주체는 상담자, 평가 대상은 집단원이 된다.
- 심리검사를 통해 수치화된 정보를 수집하고 통계적으로 분석하는 것을 양적 평가라 한다.
- 솔직히 털어놓고 의견을 교환하는 평가방식은 평가규준이 불분명하다.
- 라운드는 집단원이 돌아가면서 회기의 가장 인상적인 것을 평가하는 것이다.

> 🔍 **틀린 문장**
>
> - 추수평가는 집단상담의 전 과정이 끝날 무렵 1~2회의 모임을 할애하여 진행된다. → 집단상담 전 과정이 끝난 후 1·2회의 모임을 할애하여 진행된다.
> - 추수 평가는 집단상담 종결 회기에 실시한다. → 집단상담이 종결한 이후 실시한다.
> - 추수평가에서는 집단이 종결된 후, 일부 집단원을 불러 모아 변화가 지속되고 있는지를 확인한다. → 집단원 전체를 불러 모아 변화가 지속되고 있는지를 확인한다.
> - 집단상담자는 주관적인 평가를 내릴 수 있으므로 평가의 주체에서 제외시킨다. → 집단상담자도 평가를 할 수 있다.

CHAPTER 13 | 치료적 요인

1 얄롬(I. Yalom)의 치료적 요인

1 보편성

- 비슷한 문제를 가진 집단원을 보면서 안도감을 느낀다.
- 다른 사람들도 자신과 비슷한 생각과 감정을 갖고 있다는 사실, 공통점을 느낀다.
- 다른 사람과 내가 그렇게 많이 다르지 않다는 사실을 알게 된다.
- "나만 외롭다고 생각했는데 아니구나."

2 희망고취

- 삶에 대한 희망감, 변화가능성에 대한 믿음이다.
- 다른 사람이 좋아지는 것을 보는 것이 나를 고취시킨다.
- 다른 사람이 나와 비슷한 문제를 해결했다는 것을 보았다.
- "이 집단을 통해 나의 문제를 해결하고 나 자신도 변화할 수 있을 거야."

3 정화

- 회피했던 감정을 표현한다.
- 마음속에 있는 것을 털어놓는다.
- 무작정 참는 대신 나를 괴롭히는 것이 무엇인지 표현할 수 있게 된다.

4 실존적 요인

- 삶의 방식에 대한 궁극적인 책임이 집단원 자신에게 있다는 사실을 학습하는 것이다.
- 종결단계로 갈수록 부각되는 치료적 요인이다.
- 삶이 때로 부당하고 공정하지 않다는 것을 안다.
- 내가 아무리 다른 사람과 가깝게 지낸다 할지라도, 여전히 홀로 삶에서 마주쳐야 한다는 것을 인식한다.
- 나 자신이 다른 사람에게 아무리 많은 지도와 후원을 받았다 할지라도 내 인생을 살아가는 방식에 대한 궁극적인 책임은 나에게 있다는 사실을 배운다.
- "내 삶의 의미는 내가 찾아야 해. 내 삶에 책임을 지는 사람은 결국 나 자신이야."

5 집단응집력(응집성)

- 다른 집단원과 연결되어 있다는 느낌으로 "우리라는 의식", 소속감, 유대감이 있다.
- 나의 당혹스러운 점을 밝히고도 여전히 집단에 의해 수용된다.
- 더 이상 혼자라는 느낌을 갖지 않는다.

6 교정적 정서체험(가족재연)

- 과거에는 다룰 수 없었던 외상 경험의 수정을 위해 집단원을 보다 안전하고 지지적인 환경에 노출시키는 것을 뜻한다.
- 집단에 있다는 것은 어떤 의미에서 내가 성장한 가정에서 나의 삶을 다시 체험하고 이해하는 것 같았다.
- 집단에 있음으로 해서 과거에 지녔던 나의 부모, 형제자매 또는 기타 중요한 타인들과의 오래된 심리적 장애를 이해하는 데 다소 도움이 되었다.
- 집단에 있음으로 해서 나의 가정에서 내가 어떻게 성장했는가를 이해하는 데 다소 도움이 되었다.
- 집단은 마치 나의 가족처럼 생각되었다. 즉 어떤 집단원이나 집단상담자는 친부모처럼 여겨졌고, 또 어떤 사람은 친척처럼 여겨졌다. 집단경험을 통해 나는 내가 부모나 형제자매와 맺었던 과거의 관계를 이해한다.

🔗 일차가족과의 관계에서의 경험은 개인에게 관계왜곡의 원인을 제공하여 집단상담자에 대한 태도와 집단에서의 역할 결정에 영향을 미친다. 집단상담자는 집단에서 발생하는 적개심에 작용하는 집단원, 대인관계, 집단역동을 확인해야 한다. 이러한 감정의 일부는 집단원의 자기경멸의 투사로 인해 발생하는 것이기 때문이다.

7 대인간 행동학습

- 다른 사람들과의 상호작용을 통한 학습이다.
- 일상의 대인관계 문제들에 대한 통찰과 해결, 자신이 원하는 관계형성에 대한 아이디어를 통해 대인관계 형성의 새로운 패턴을 습득한다.

🔗 이번 회기에 집단지도자는 내가 다른 집단원에게 매우 공격적으로 말하고 있다는 것을 지적해 주었다. 나는 집단지도자에게 화를 내지 않으면서 "솔직히 말해주어 고맙습니다."라고 말하게 된 것이 좋았다. 이전에는 부정적인 피드백에 대해 이런 식으로 반응 하지 못했다.

8 이타주의

- 다른 사람을 도움으로써 더욱 자신에 대한 존경심을 갖게 된다.
- 다른 사람을 도우며 그들의 삶에 중요한 사람이 된다.
- 나 자신의 일부를 다른 사람에게 준다.
- "내가 다른 사람에게 도움이 된 것 같아."

9 정보제공(정보공유)

- 건강한 생활에 대한 정보를 얻는다.
- 다른 집단원들에게서 문제 극복 방법 등의 다양한 정보를 습득하면서 자신의 문제에 대해 보다 명확하게 이해하게 되며, 직간접적으로 제안 등을 얻는다.

10 모방행동(모델링)

- 집단상담자와 집단원은 새로운 행동을 배우는데 좋은 모델이 될 수 있다.
- "저 사람의 행동과 태도를 잘 관찰하고 배워서 따라해야겠다."

11 대인관계 입력(투입)

- 자신이 다른 사람들에게 어떤 모습으로 인식되는지를 알게 되는 것이다.
- 다른 집단원들이 나에 대해 어떻게 생각하는지 솔직히 말해준다.
- 내가 다른 사람들에게 어떤 인상과 성격으로 보이는지 알게 해준다.
- 다른 사람을 짜증나게 하는 나의 습관이나 태도를 지적해준다.
- 내가 진짜 생각하는 것을 말하지 않음으로써 때로 사람들을 혼란에 빠뜨린다는 사실을 알게 된다.

12 대인관계 산출(출력)

- 다른 집단원에게 상호 관계를 분명히 하기 위해 자신을 솔직히 표현한다.
- 다른 집단원의 반응을 살피기보다 더 건설적으로 주장하는 방식으로 나 자신을 드러낸다.
- 내가 다른 집단원과 어떤 방식으로 관계 맺는가를 알게 된다.
- 사람과 잘 지내는 기술을 개선한다.
- 집단은 내가 타인에게 접근하는 것을 배울 수 있는 기회를 준다.

13 　자기이해

- 자신의 책임을 수용한다.

  이전에는 알지 못했거나 받아들일 수 없었던 자신의 부분을 발견 및 수용한다.
- 내가 어떤 사람을 좋아하거나 싫어하는 이유가 그 사람과는 아무런 관계가 없고, 과거에 다른 사람에 의한 심리적인 장애나 경험과 관계있다는 사실을 알게 된다.
- 내가 왜 그런 식으로 생각하고 느끼는지 알게 된다. 즉 내 문제에 대한 몇 가지 원인과 근원을 알게 된다.
- 오늘날의 감정과 행동이 어떻게 나의 어린 시절이나 성장과 관련되는지 알게 된다. 즉 내가 왜 지금의 내가 되었는지에 대한 몇 가지 원인이 내 인생의 초기 시절에 있다.

14 　지도

- 집단원들이 내가 무엇인가를 하도록 제안, 조언한다.
- 집단 내의 어떤 사람이 삶의 문제에 대해 명쾌한 제안을 한다.
- 집단원들이 내게 삶에서 중요한 사람에게 다르게 처신하도록 조언한다.

15 　동일시(타인과 자신을 연관시켜 유사성을 자각)

- 다른 사람들이 위험을 감수하며 난처한 일을 해 봄으로써 이득을 얻는 것에 대한 관찰이 내가 동일한 일을 해보는 데 도움이 된다.
- 집단에서 나보다 더 적응을 잘하려는 사람과 비슷해지려고 노력한다.
- 다른 집단원의 버릇이나 스타일을 채택한다.

CHAPTER 14 | 윤리강령

1 윤리강령에 근거한 윤리적 행동

- 집단의 성격과 목표, 특성 등을 집단원들에게 분명하게 안내해야 한다.
- 상담자의 자격과 경력이 집단 진행에 적합하다는 점을 제시한다.
- 집단상담자는 자신의 가치관을 집단원에게 분명히 알려주는 것보다는 가치중립적 태도를 보이는 것이 좋다.
- 집단원 다수의 압력으로부터 집단원을 보호하는 개입을 한다.
- 개인상담 병행 여부를 확인하고 집단상담 참여 사실을 개인상담자에게 알리도록 조언한다.
- 다중관계의 범위에는 집단원뿐 아니라 수퍼바이저와의 관계도 포함된다.
- 다른 전문가에게 상담을 받고 있는 잠재적 집단원에게는 그 전문가에게 집단 참여 사실을 알리도록 조언해야 한다.
- 상담료는 잠재적 집단원들의 재정 상태와 지위를 고려하여 결정한다.
- 집단원이 자발적으로 참여를 희망할 경우에도 사전동의 절차를 밟는다.
- 집단원이 집단참여 정도를 스스로 결정할 수 있도록 촉진한다.
- 집단회기 중의 녹음, 녹화에 대해 반드시 사용 목적을 알린 후 서면 동의를 받아야 한다.
- 집단원들의 사생활에 관한 이야기를 외부에 발설하지 않도록 안내한다.
- 동일한 학급에 소속된 집단원들의 경우 비밀유지의 문제를 더 중요하게 다룰 필요가 있다.
- 비밀유지 한계를 알려주어 집단에서 자기개방을 어느 정도 할지 집단원 스스로 결정하도록 한다.
- 학교에서 진행되는 집단상담은 집단 밖으로 비밀이 새어 나가기 쉽다는 점을 민감하게 살펴보아야 한다.
- 보호관찰 명령=법원 판결로 집단에 참여하는 집단원이 중도에 집단을 포기하려고 할 때, 이로 인해 발생할 수 있는 문제를 설명하고 집단 참여 여부를 스스로 선택하게 한다.
- 집단상담 종결과 추수상담에서 그동안 진행된 집단원의 집단 경험을 평가한다.
- 비밀보장의 중요성 및 한계상황을 설명한다.
- 청소년 집단원이 치명적인 전염병에 걸렸을 때, 즉시 집단원, 법적 보호자, 교사 및 관련 전문기관 등에 이 사실을 알려야 한다. 집단원이 치명적인 전염병을 앓고 있다는 것을 알았을 때 관계 기관에 신고해야 한다.
- 청소년집단에서 집단원의 자살에 대한 구체적인 내용을 알았을 때 즉각 부모와 담당선생님에게 알린다.
- 법적으로 집단원에 대한 정보 공개가 요구되는 경우는 비밀유지 예외상황이다.
- 약물남용의 경우는 비밀보장의 원칙을 예외로 하고 보호자에게 알려야 한다.

- 성폭력이나 중대한 범죄일 경우 비밀유지가 파기된다.

- 학대를 받고 있는 경우 비밀유지가 파기된다.

- 자신이나 타인에게 해가 될 경우 비밀유지가 파기된다.

2 사전 동의

- 집단상담의 목표와 한계에 대해 명확히 알려야 한다.

- 집단상담자와 집단원 모두의 권리와 책임에 대해 알려야 한다.

- 만 14세 미만의 청소년인 경우, 보호자 또는 법정대리인의 상담 활동에 대한 사전 동의를 구해야 한다.

- 집단상담에 대해 집단원이 충분한 설명을 듣고 선택할 수 있도록 적절한 정보를 제공해야 한다.

- 청소년 집단원이 성폭력 피해에 대한 신고를 원하지 않을 경우, 비밀을 보장한다. → 심각한 범죄행위는 비밀 유지 원칙의 예외에 해당한다.
- 집단상담자와 연인관계에 있는 사람도 집단참여자로 선정한다. → 집단상담자는 윤리적으로 다중관계를 맺지 않는다.
- 사례지도 및 교육을 위해 녹음과 녹화가 원칙적으로 진행됨을 안내한다. → 집단원들의 동의를 얻은 후 진행할 수 있다.
- 집단상담의 치료적 영향력이 적극적인 집단원에게 집중될 수 있도록 한다. → 모든 집단원이 공평한 기회를 얻도록 분배해야 한다.
- 집단원의 자율성을 위해 집단규칙을 제시할 필요는 없다. → 비밀유지 같은 사항들은 매 회기 집단규범을 알려주는 것이 좋다.
- 매 회기마다 계획된 의제나 주제를 반드시 지켜야 한다. → 반드시는 아니다.
- 청소년 집단원의 권익을 보호하기 위해 가능하면 부모나 기관에 맞서 청소년의 편을 들어 주어야 한다. → 중립을 지키고 객관적인 관점을 유지해야 한다.
- 아동과 청소년들은 빠른 애착과 분리가 가능하기 때문에 종결 시점을 빨리 알려주지 않아도 된다. → 종결회기 1-2회 전에 종결회기를 안내해야 한다.
- 한 집단원이 부정적인 감정표출에 대한 집단압력을 받을 때, 집단상담자는 집단원들이 상호작용해서 문제를 해결하도록 기다린다. → 집단상담자가 집단원들이 해결하도록 기다리지 않고 생산적으로 상호작용하도록 안내한다.
- 청소년들이 집단상담에 참여할 때 상담료와 상담기록 부분은 집단상담 종료 후 청소년과 법적 보호자에게 동의를 받아야 한다. → 집단상담 시작 전에 계획 단계에서 내담자와 법적 보호자에게 동의를 받아야 한다.
- 개인상담 내담자가 집단상담에 참여해야 할 때, 상담의 효과를 위해 개인상담자는 가급적 자신이 운영하는 집단에 내담자를 참여하게 해야 한다. → 다중관계를 맺지 않는 것이 좋다. 가급적 개인상담자의 집단상담에 참여하지 않는다.
- 부모나 법적보호자의 참여 동의서 작성 시 비밀유지에 관한 내용은 고지하지 않아도 된다. → 비밀유지 내용은 조건에 상관없이 고지하여야 한다.
- 청소년집단에서 집단원이 같은 학교 여자친구와 성관계를 했다는 것을 알게 되었을 때 담임선생님에게 즉각 알려준다. → 비밀 유지 원칙의 예외에 해당하지 않는다.
- 가정에서 지속적으로 학대당하고 있는 청소년집단원에 대해 본인이 거부하는 경우 비밀을 보장하고 신고하지 않는다. → 내담자가 학대 당하고 있는 경우 비밀을 유지할 수 없다.
- 집단상담진행중 집단원이 집단상담자와 이성적 만남을 원하는 경우 비밀보장을 원칙으로 개인적인 만남을 가질 수 있다. → 집단상담자는 다중관계, 이중관계를 맺으면 안된다.
- 집단원의 권리보다는 집단의 유지와 권리가 더 존중되어야 한다. → 집단원 개인이 더 존중되어야 한다.
- 18세 미만의 청소년은 집단참여에 부모의 동의를 얻도록 법적으로 규정되어 있다. → 18세 미만이 아니라 14세 미만의 청소년은 부모의 동의를 얻어야 한다.
- 3회기에 알게 된 산(별칭)의 자살 구상을 8회기 집단 종결 후 학급담임교사에게 즉각 알렸다. → 위기 상황일 경우 즉시 알려야 한다.
- 집단상담자는 집단원의 사생활 보호와 비밀유지에 대한 윤리적 책임은 있지만 법적 책임은 없다. → 윤리적 책임 뿐 아니라 법적 책임도 있다.
- 집단상담자의 가치중립적 태도는 집단원의 다양한 가치관과 상충될 수 있기 때문에 지양해야 한다. → 가치중립적이어야 한다.
- 집단에 참가한 아동이 부모에게 학대받는 것을 알게 되었지만 아동이 신고하는 것을 꺼려할 경우 신고하지 않아야 한다. → 학대는 비밀을 유지할 수 없다. 관계 기관에 신고하여야 한다.
- 집단원이 집단과정 중에 떠나는 것은 집단역동에 부정적인 영향을 주기 때문에 집단에 남게 해야 한다. → 집단원은 집단상담을 그만둘 권리가 있다.
- 친구나 가족 같은 가까운 사람이라도 도움이 되겠다고 판단되면 상담자가 이끄는 집단에 참여시킬 수 있다. → 다중관계, 이중관계는 맺을 수 없다.

15 집단역동

1 집단역동

- 집단에서 발생하는 다양한 상호작용과 역동적인 과정을 포괄하는 개념이다.
- 집단역동이라는 단어를 최초로 사용한 학자 레빈(K. Lewin)은 "소집단 안에서 일어나는 모든 것을 의미한다."고 하였다.
- 집단 내, 집단원들 사이, 집단상담자와 집단원들 사이에서 발생하는 지속적인 상호작용과 상호관계에서 발생되는 힘을 일컫는 말이다.
- 집단의 성격과 방향에 영향을 미쳐서 집단의 분위기를 만든다.
- 집단원에게 해를 끼칠 가능성도 있다.

1 집단역동에 영향을 미치는 요인

- 집단참여 경험
- 집단모임 장소
- 집단크기
- 집단모임 시간
- 집단모임 빈도
- 집단상담자
- 집단과정
- 집단응집력
- 지도성 경쟁
- 집단참여 동기
- 집단원
- 집단원의 성별, 연령, 태도, 성격, 문화 등
- 집단원의 학력, 사회경제적 지위, 종교, 출신 지역, 인종 등

2 집단상담자가 집단 역동을 파악하기 위해 관찰해야 할 요소

- 집단원 간의 신뢰감
- 집단원의 책임감
- 집단원 간의 동맹
- 힘의 과시

3 집단역동 중 개인 내적 역동을 파악하기 위한 내용

- 집단원의 생각, 감정, 태도
- 집단원의 동기, 방어, 어린 시절의 기원

4 집단 성장에 긍정적인 영향을 미치는 집단역동 관련 요인

- 집단원의 참여가 광범위하게 이루어지는 집단
- 지금 · 여기에 초점이 맞추어진 의사소통
- 집단의 강한 응집력
- 적절한 내용의 제안을 자유롭게 하는 집단원

5 집단 성장에 부정적인 영향을 미치는 집단역동 관련 요인

- 명성이나 능력에 따라 형성된 비공식적 하위집단

6 집단역동의 요소인 내용적 측면

- 내용적 측면은 감정을 일어나게 한 내용에 초점을 둔다.
- 내용적 측면은 집단원들이 무엇에 관하여 이야기하고 있는지에 관심을 둔다.
- 내용적 측면과 과정적 측면 중 어느 한쪽으로 치우쳐서는 안 된다.

7 집단역동의 요소인 과정적 측면

- 과정적 측면은 지금 - 여기에서의 감정 경험에 집중, 감정을 일어나게 한 대인관계의 패턴이나 무의식적인 동기에 초점을 둔다.
- 과정적 측면은 집단원이 어떻게, 왜 그런 말을 했는지에 대해 관심을 둔다.
- 과정적 측면을 이해하기 위해 시선, 동작, 태도에도 주의를 기울여야 한다.

🔍 **틀린 문장**

- 내용적 측면은 언어로 표현된 것보다 이면에 있는 무의식적인 동기나 의도를 더 중시하는 것이다. → 과정적 측면에 대한 설명이다.

16 각 이론별 집단상담 접근

1 프로이트의 정신분석

1 정신분석의 주요개념

1 저항

- 내담자가 자신의 억압된 충동이나 감정을 자각하게 되면 불안이 유발되는데, 이때 이러한 불안으로부터 자아를 방어하고자 내담자는 상담의 진행을 막고 무의식적으로 자료를 생각해 내는 것을 방해하는 무의식적 역동성이 곧 저항으로 나타난다.
- 상담 진행을 방해하고 현재 상태를 유지하려는 의식적, 무의식적 생각, 태도, 감정, 행동을 의미한다.
- 저항은 침묵, 말이 없는 상태, 상담약속을 어긴다거나, 약속시간을 늦는 것, 상담자가 하는 말을 잊어버리거나 상담자가 개입할 때 조롱하는 것, 특히 정신분석에서는 무의식적 자료를 인식의 표면으로 가져오는 것을 주저하는 것(특정한 생각, 감정, 경험 등을 드러내지 않거나, 상담과정에서 아무런 의미도 없는 말만 되풀이하거나, 중요한 내용을 빠뜨리고 사소한 이야기만 하거나 하는 것)도 저항의 한 형태다.

> 🔗 철수는 최근 집단에서 비협조적이고 무관심한 태도를 보이기 시작하더니, 지난 회기에는 지각하고 오늘은 아무 연락 없이 결석하였다.

2 훈습

- 내담자가 이전에는 회피했던 무의식 자료를 정확히 이해하고 통합하여 일상생활에 적용할 수 있을 때까지 상담자로부터 반복적인 해석과 지지를 받는 과정을 의미한다.

3 방어기제

① 투사

- 수용할 수 없는 자신의 생각, 감정, 행동, 동기를 타인에게 돌리는 것이다.

> 🔗 자신의 공격적이거나 성적인 감정을 받아들이기 어려운 집단원이 다른 집단원을 적대적이거나 유혹적이라고 느낀다.

② 합리화

- 용납되기 어려운 충동이나 행동을 도덕적, 합리적, 논리적으로 설명함으로써 비판으로부터 자신을 보호하여 자존심을 유지하고자 하는 일종의 기만형 방어기제다.

> 놀림을 받는 집단원 A는 인기가 많은 집단원 B에 대해 불편한 마음을 가지고 있다.
> 이때 집단원 A가 드러내는 행동의 방어기제

합리화	B가 잘난 체 해서 B를 싫어한다고 말한다

2 정신분석의 상담목표

- 과거의 경험을 분석·해석하고 무의식적 수준에서 작동하는 심리적 역동에 대해 통찰하도록 한다.

2 아들러의 개인심리학

1 개인심리학의 집단상담 발달단계

관계형성	상담자와 집단원은 우호적이며 대등한 관계가 형성되어야 한다
분석·사정 단계	집단원에 대한 정보를 얻기 위해 생애사 질문지를 활용한다 집단원의 부적절한 생활양식을 파악하고 집단원의 신념, 감정, 동기, 목표를 이해한다 집단원의 초기 기억을 탐색한다 가족구도에서 차지하는 심리적 위치를 파악한다 일과 사회적 상황에서 어떻게 기능하고 있는가를 조사한다 지금-여기에서 행동하는 방식의 이면에 숨겨진 동기를 다룬다 행동하는 방식의 이면에 숨겨진 동기를 다룬다
해석·통찰 단계	상담자는 집단원의 진술에 대한 해석을 통해 집단원의 자각과 통찰을 돕는다
재정향 단계	집단원의 비효율적인 신념과 행동에 대한 대안을 선택하여 변화를 추구한다 생활양식에 대한 이해를 바탕으로 대안적인 행동을 하도록 격려한다 새로운 결정이 이루어지고 목표가 수정된다 효과적인 대안을 선택해서 실행한다 집단원이 과거의 잘못된 행동과 태도를 버린다 '마치~ 인 것처럼'과 같은 행동지향적 기법을 자주 사용한다

2 개인심리학의 상담목표

- 집단에 대한 소속감을 강화하여 타인과의 일체감과 연대감을 촉진한다.

- 격려를 통해 집단원들에게 용기를 북돋아 주고 사회적 관심을 갖게 하고, 생활양식을 수정하도록 한다.

3 인간중심

- 수용과 이해를 중시한다.
- 집단상담자는 집단원들이 자신을 표현하도록 돕는 역할을 하므로 촉진자로 불린다.
- 집단원에 대한 상담자의 태도와 개인적 특성이 핵심적인 역할을 한다.
- 집단원의 성장을 신뢰하며, 집단에서 현재의 순간을 충분히 경험하도록 한다.
- 인간이 현상학적 장을 경험하고 지각하며, 그것에 주관적인 의미를 부여하는 존재임을 강조한다.
- 어린 시절부터 부모나 보호자의 긍정적 존중을 얻기 위해 노력한 결과, 가치조건화가 형성된다.
- 지각된 자기와 실제적 경험 사이의 불일치로 긴장이나 혼란을 경험한다.
- 상담자는 일치성을 유지하기 위해서 높은 수준의 자각과 자기수용, 자기신뢰가 필요하다.
- 지시적이기 보다는 촉진적인 집단 분위기를 조성한다.
- 집단원에 대해 주의 깊고 민감하게 경청한다.
- 집단원의 행동의 원인을 해석·논평하는데 초점을 두지 않는다.
- 상담자 자신의 감정을 노출하고 활용하는 것을 중요하게 생각한다.
- 집단원이 처한 문제보다 집단원에게 초점을 맞춘다.

🔍 틀린 문장

- 실현경향성은 인간에게 국한된 것으로, 선천적으로 타고나며 인간을 유지·성장 방향으로 발달시키는 성향이다. → 사람이나 동물 뿐만 아니라 모든 살아있는 것에서 볼 수 있다.

1 인간중심의 주요개념

1 일치성을 높이기 위한 방법

- '지금 여기'의 경험과 관련하여 현재에 집중한다.
- 높은 수준의 자각을 유지한다.
- 자기수용과 자기신뢰를 가진다.
- 집단원과의 인간적 만남을 위해 노력한다.

🔍 틀린 문장

- 집단원에 대한 감정을 여과 없이 표현한다. → 여과 없이 표현하는 것이 일치성을 높여주지는 않는다.

4 합리정서행동치료(REBT)

- 행동주의상담에서 행동시연은 사회성을 기르는 데 유용하다.

1 ABCDE 모형

A	반응을 일으키는 사건, 상황, 환경
B	활성화된 사건에 대한 개인의 비합리적 신념
C	개인이 가진 비합리적 신념에서 비롯된 결과
D	결과를 야기한 비합리적 신념을 논박
E	합리적 신념에서 비롯된 새로운 감정이나 행동

2 합리정서행동치료의 상담목표

- 비합리적 신념을 변화시킴으로써 부정적인 감정을 완화시킨다.

5 인지행동

- 심리적 문제는 역기능적 인지 처리의 결과로 발생한다고 본다.
- CBT는 REBT와 달리 집단원에게 교육적인 입장을 취한다.
- 인지행동치료는 변증법 행동치료를 포함한다.

1 제3세대 상담

1 마음챙김 및 수용 기반 인지행동치료

마음챙김 기반의 인지치료(MBCT)	마음챙김 훈련을 통해 우울증을 유발하는 자동적 사고의 부정적 영향력을 약화시키는 것이 주요 목표
수용전념치료(ACT)	정신병리가 경험 회피와 인지적 융합으로 인한 심리적 경직성에 의해 발생한다고 봄

✓ 마음챙김에 근거한 스트레스 감소 프로그램(MBSR:Mindfulness-Based Stress Reduction) by Jon Kabat-Zinn: 사람들이 겪는 고통과 괴로움은 현재에 충실하기보다 과거에의 집착과 미래에 대한 과도한 염려에 마음을 쓰기 때문이라고 가정한다. 내담자가 과도하게 과거를 반추하거나 미래를 걱정하게 하지 않고 현재를 충만하게 살아갈 방법을 가르치는 것이다.

1회기	마음챙김 명상과 7가지 기본적 태도 소개

2회기	행위양식에서 존재양식으로의 변화 바디스캔 + 마음챙김 걷기명상
3회기	바디스캔 + 호흡명상
4회기	마음챙김 호흡 감정이나 생각의 변화를 순간순간 알아차리는 훈련
5회기	정좌명상 + 소리듣기 + 생각하기 현재에 머물러 항상 깨어있는 모습 연습
6회기	하타요가 + 마음챙김
7회기	정좌명상 + 걷기명상 + 바디스캔 + 요가 + 침묵수행
8회기	자신만의 명상법 소개 + 피드백

6 게슈탈트

- '왜'보다 '무엇'과 '어떻게'를 더 중요시한다.
- 집단원이 자신과 환경을 이해하고 자신을 수용하며 접촉할 수 있는 힘을 증진시킨다.

1 게슈탈트의 상담기법

- '뜨거운 자리', '차례로 돌아가기', '빈자리', '질문형을 진술형으로 고치기' 등의 기법이 있다.
- 투사는 자신의 요구 또는 감정을 자각하는 것이 두려워 책임을 타인에게 돌리는 현상이다.

> 📝 **창조적 투사하기**
>
> 집단상담자는 사람들이 너무 이기적이라고 불평하는 집단원에게 이기적인 사람이 되어 연기해 보도록 권유함으로써 그러한 이기적인 욕구나 감정이 자신의 것임을 알아차리도록 하였다.

2 게슈탈트의 상담목표

- 자기 스스로 일어서지 못하게 하는 방해물을 제거하는 것을 목표로 한다.

> 🔍 **틀린 문장**
>
> - 개인화는 권위있는 사람의 행동이나 가치관을 무비판적으로 받아들이는 현상이다. → 접촉경계혼란(장애)현상 중 내사에 대한 설명이다.
> - 반전은 자신의 요구를 인식하지만 겉으로 나타내지 못하고 안으로 억압하는 상태이다. → 타인에게 드러내고 싶은 감정이나 행동을 자신에게 되돌려 표현하는 것이다.
> - 접촉경계는 집단원들 간의 경계를 의미한다. → X
> - 전경과 배경의 교체가 방해를 받을 때, 게슈탈트가 형성된다. → X

7 실존주의

1 실존주의 집단상담의 목적

- 집단원 자신을 신뢰하기
- 집단원 자신과 주변 세계에 대한 조망 확대하기
- 현재와 미래의 삶에 부여할 의미 명료화하기
- 과거, 현재, 미래의 위기에 대해 성공적으로 협상하기
- 집단의 목표는 자신이 자기 삶의 주인이어야 한다는 자유를 인식하고 수용하는 것이다.
- 집단상황을 집단원이 실제로 살고 기능하는 세계의 축소판으로 본다.
- 집단원들이 실존적 문제를 나눔으로써 자신을 발견하도록 돕는다.
- 집단원들은 기본적으로 자유로운 존재이기에 자유에 동반되는 책임을 받아들여야 한다.
- 집단원들을 불안의 원천인 죽음이라는 실존적 조건 속에서 살아가는 존재로 본다.

> 🔍 **틀린 문장**
>
> - 집단원 간의 관계 문제를 과거 대인관계 역동으로 분석하고 통찰한다. → 설리번의 대인관계 이론에 해당하는 내용이다.

8 현실치료

- 불행의 가장 주된 근원을 중요한 사람과의 관계라고 간주한다.
- 집단원의 매 순간의 모든 행동은 욕구 충족을 위한 선택의 결과라고 가정한다.
- 가장 자기다운 모습으로 상담해야 한다.
- 웃음은 고통에 대한 치유약이므로 상담 중에 유머를 적극적으로 활용한다.
- 상담자 윤리강령에 따라 집단원의 궁극적인 복지를 위해 상담을 전개한다.
- '예상하지 않은 행동하기'를 통해 집단원으로 하여금 자신의 또다른 바람을 탐색 하도록 하여 잠시나마 고통상태에서 벗어나게 한다.

1 WDEP모델

W	• 어떤 사람이 되기를 소망합니까? • 원하는 것을 가질 수 있다면, 당신은 무엇을 갖고 싶습니까?
D	• 지금 무엇을 하고 있습니까? • 지난 주와 달리 이번 주에 하고 싶은 것은 무엇입니까?
E	• 지금 하고 있는 행동이 도움이 됩니까? • 현재의 상황을 그렇게 바라보는 것이 당신에게 도움이 되고 있나요?
P	• 원하는 것을 얻을 수 있는 효과적인 방법은 무엇입니까?

2 현실치료의 주요기법

- 질문하기
- 유머사용
- 역설적 기법
- 직면하기

9 교류분석

- 개인을 고유한 존재로 보고 자율성을 성취하도록 돕는다.
  - ✓ 라켓감정: 어린 시절에 격려 받고 학습된 친숙한 정서로써 다양한 상황에서 경험된다.
  - ✓ 교류분석 상담과정: 계약 → 구조분석 → 교류분석 → 게임분석 → 각본분석 → 재결단

🔍 **틀린 문장**

현실치료는 집단원의 직접적인 체험, 자각, 지금-여기, 해결되지 않은 문제 등을 다룬다. → 게슈탈트에 대한 설명이다.

10 심리극(사이코드라마)

- 역할연기를 통해 자신, 타인 및 상황에 대한 이해를 증진한다.
- 과거 발생한 일도 지금 · 여기에서 일어나는 것처럼 실연된다.
- 실연단계에서 내면적 정서들이 표현되면서 주인공은 억압된 감정을 의식하게 된다.
- 언어적·비언어적 수단을 통해 즉흥적으로 주인공의 상황이 표현된다.
- 주요 개념으로 현재성, 창조성, 자발성, 역할과 역할연기, 텔레와 참만남 등이 있다.

1　심리극(사이코드라마)의 과정

워밍업 단계	• 연출자의 준비, 신뢰감 형성 등의 활동이 포함된다 • 심리극이 시작되기 전 집단의 목표, 한계 등을 안내한다
시연(실연)단계	• 연출자가 다양한 기법을 활용하여 주인공의 무의식 속 욕망, 갈등 등이 드러나게 한다
종결단계	• 연출자는 참여자들이 심리극 과정에 참여하면서 느낀 소감을 주인공과 함께 나누도록 돕는다

2　심리극(사이코드라마)의 상담기법

1　이중자아 기법

- 집단원들 중에서 상담자는 주인공의 보조자아로서 가장 적절한 구성원을 선택하여 이중자아 역할을 하게 한다.
- 이중자아는 심리극의 핵심으로 분신, 또 다른 자기, 내적인 목소리, 마음의 쌍둥이 등으로도 불린다. 이중자아는 주인공이 이전에 적절하게 표현하지 못했던 감정, 생각, 행동을 표현할 수 있도록 도와준다.

2　거울기법

- 집단원이 자신이 하는 행위를 이해하도록 '마치 거울에서 보는 것처럼' 그 자신을 보게 하는 것이다. 집단원이 자신의 행위를 보다 객관적으로 볼 수 있도록 해준다.
- 본질적으로 거울기법은 내담자로 하여금 다른 사람이 자신을 어떻게 보고 있는지를 볼 수 있는 피드백 과정이다.

> 🔍 **틀린 문장**
>
> - 시연단계에서는 연출자가 공개적으로 주인공의 문제를 분석하고 자신의 유사한 경험을 개방한다. → 관객들은 주인공의 문제에 대한 지적인 분석이나 해석보다는 자신이 경험했던 유사한 상황을 공개하면서 자신의 이야기를 표현하게 된다.
> - 주요 5대 구성요소로 주인공, 보조자아, 연출가, 각본, 무대가 있다. → 주인공, 연출자, 보조자아, 관객, 무대이다.
> - 진행단계는 워밍업단계, 준비단계, 실연단계, 종결단계이다. → 워밍업단계, 시연(실연)단계, 종결단계이다.

11　해결중심

- 집단원이 자기 삶의 전문가라고 믿고 '알지 못함'(not · knowing)의 자세를 취한다.
- 심리적 장애나 역기능적 행동보다는 긍정적인 측면에 초점을 맞춘다.
- 문제대화보다는 해결대화에 참여하도록 독려한다.
- 집단원의 강점, 자원, 성공경험을 활용한다.

상담 전의 변화 질문	• 지난 집단 회기 이후에 나아진 것이 있습니까?
예외질문	• 그런 문제가 덜 일어날 때는 언제입니까? • 혹시 우울하지 않거나 덜 우울한 날은 무엇이 다른가요?
척도질문	• 지금 당신의 불안을 0에서 10점의 척도에서 몇 점을 줄 건가요? • 당신이 집단에서 느끼는 불안은 0점에서 10점 사이에 몇 점인가요?
기적질문	• 만약 밤에 자는 동안 지금의 문제가 사라져 버렸다면, 당신의 문제가 해결된 것을 어떻게 알 수 있고 무엇이 다른지를 어떻게 알 수 있을까요? • 만약 한밤중에 자고 있는 동안 기적이 일어나서 문제가 사라져 버렸다면, 다음 날 아침 눈을 떴을 때 무엇이 달라져 있을까요?
간접칭찬	• 자신의 형편도 많이 어려운데 어떻게 다른 친구의 활동비를 도와줄 수 있었나요?

🔍 **틀린 문장**

당신이 어렸을 때 겪었던 가장 고통스런 경험은 무엇인가요? → 과거를 탐색하지 않는다.

12 이야기치료

• 사회구성주의와 포스트모더니즘의 원리 및 철학에 토대를 두고 있다.

• 이야기치료에서 집단원은 자신의 경험에 대한 주 해석자이다.

• 외현화 대화법은 문제를 개인으로부터 분리하여 자신의 문제를 새로운 방식으로 볼 수 있도록 돕는 기법이다.

✓ 외현화 기법: 내면화된 증상을 인격화하는 작업이다. 상담자는 내담자 자신이 문제가 있거나 자신에게 문제가 있다고 생각하는 대신 문제를 자신과 분리된 또 다른 실체로서 서술하도록 격려한다.

🔗 (이야기치료)집단: 내가 가진 문제에 이름을 붙였다. 나와 문제를 떼어놓고 볼 수 있게 되어 문제를 다루기 편했다. 그리고 서로 도와 각자의 삶을 긍정적인 이야기로 새로 만들어서 좋았다.

🔍 **틀린 문장**

• 상담자는 집단원의 경험에 대한 주 해석자이며, 집단원과 함께 대안적인 이야기를 만드는 작업을 한다. → 집단원 자신이 자신의 경험에 대한 주 해석자이다.
• 질문은 상담자가 집단원의 정보를 수집하기 위해서 사용되는 기법이다. → 질문을 통해 내담자가 자신의 대안적인 이야기를 풍부하게 한다.
• 이야기치료는 현재 행동을 평가하고, 욕구실현이 가능하도록 계획하고 실천하게 돕는다. → 현실치료에 대한 설명이다.

13 라자루스(A. Lazarus)의 BASIC-ID

범주		조력기법
Behavior(행동)	행동, 습관, 반응, 외현적 행동	행동과 습관, 반응, 행동시연, 모델링, 정적강화, 자기모니터링, 자극통제, 체계적 노출, 심리적 문제 예시로 싸움, 훔치기
Affect(정서)	감정, 기분, 느낌	분노표현, 불안관리훈련, 감정확인, 빈의자기법 심리적 문제 예시로 불안, 우울
Sensation(감각)	시각, 청각, 후각, 미각, 촉각	신체적 감각, 바이오피드백, 초점맞추기, 명상, 이완훈련, 감각초점훈련, 임계치 훈련, 심리적 문제 예시로 두통, 현기증
Imagery(심상)	기억, 꿈, 상상, 환상, 자기상	연합심상, 혐오심상, 목표시연, 대처심상
Cognition(인지)	가치, 태도, 신념, 통찰, 철학, 의견, 생각, 판단	독서치료, 오개념 수정하기, 엘리스의 ABCDE 모형, 문제해결, 자기교수훈련, 사고중지
Interpersonal relation(대인관계)	가족, 친구들, 선생님, 타인들	다른 사람과의 관계, 의사소통훈련, 사회적 기술, 주장훈련
Drugs/Biology (약물/생물학)	마약, 섭식, 음식	약물, 물질복용, 건강문제, 식이요법, 전문의 의뢰, 생물학적 개입(항우울제 투입), 심리적 문제 예시로 담배, 술

🔍 틀린 문장

C - 문화적 배경은 어떠한가? → 인지(가치, 태도, 신념, 통찰, 철학, 의견, 생각, 판단)

14 표현예술치료집단 예시

나를 나타내는 색으로 그림을 그렸다. 음악을 듣고 감상을 말했다. 책상을 차례로 두드려 박자를 만들었는데 잘 어우러졌다. 거울처럼 동작하기를 하면서 짝의 마음이 느껴져 놀랐다.

학교에서의 집단상담

1 중·고등학교 학교집단상담의 특성

- 학교의 승인을 받아 집단을 운영한다.
- 대상의 연령에 따라 집단 운영 시간은 다를 수 있다.
- 학생에게 또래와의 상호작용과 관계발달의 기회를 제공한다.
- 보호자 및 교육적 필요에 의해 비밀유지가 제한될 수 있다.
- 학생의 보호자 및 학교교육 책임자의 승인과 관련자의 협조를 필요로 한다.
- 주로 예방 및 발달을 돕는 개입으로 이루어진다.
- 시험불안 감소를 위한 집단 운영도 가능하다.
- 집단을 통해 이혼가정 자녀들의 불안감소와 학업 수행 능력을 증진시킬 수 있다.
- 교우관계, 학습기술과 전략 외에도 성적 지향, 부모의 이혼과 재혼, 분노조절의 주제를 다룬다.
- 참가자는 참여목적이 분명하고 집단원들 간에 상호작용이 가능한 청소년들을 중심으로 선발한다.
- 집단상담자는 청소년집단원과의 불필요한 힘겨루기 및 갈등을 해결하기 위해 주도적 역할을 한다.
- 집단원들의 관심을 높일 수 있도록 놀이나 매체를 활용한다.
- 학교 관계자에게 집단상담이 학생의 행동 및 정서 변화에 효과적이라는 증거를 제시하는 것이 좋다.

2 효과적인 청소년 집단상담 운영 방안

- 교사들에게 집단에 대한 정보(일시, 회기, 장소)를 제공한다.
- 학급단위 집단상담은 대체로 심리교육집단 형태로 운영한다.
- 사전에 설정된 주제를 다루기 위하여 구조화집단으로 운영한다.
- 초기단계에 말문열기 활동을 활용한다.

3 청소년 집단상담 운영 시 고려해야 할 사항

- 집단상담에 적합하지 않은 청소년을 선별하여 제외한다.
- 청소년 집단상담 운영에 관련된 법률을 충분히 숙지하여야 한다.
- 상담을 시작할 때 집단에 참여함으로써 발생할 수 있는 심리적 위험요소에 대해 인지시킨다.
- 개인의 목표를 현실적인 수준에서 달성 가능하도록 설정하는 것이 좋다.
- 상담을 시작하기 전, 개인적 목표에 도달하기 위해 상담자로부터 어떤 도움을 받을 수 있는지를 알려준다.
- 상담 내용을 녹화할 때 집단원에게 녹화한 자료의 용도를 알리고 사전 동의를 받는다.
- 자발성이 낮은 집단인 경우 집단초기에 재미있는 활동들을 활용하는 것이 좋다.
- 집단 내 갈등이 발생하면 다루던 주제를 잠시 미루고 갈등을 먼저 다룰 수 있다.

4 청소년 집단원의 일반적 특징

- 부모나 교사에 의해 의뢰된 경우 상담에 대한 의심과 적대감을 표출하는 경향이 있다.
- 상담동기가 낮은 경우 장시간 진행되는 자기탐색 활동에 집중해서 참여하는 것이 어렵다.
- 동시다발적으로 다양한 관심을 갖고, 관심의 변화속도가 빠른 경향이 있다.
- 기성세대에 대한 편견과 왜곡된 기대로 인해 성인 상담자를 부정적으로 지각하는 경향이 있다.
- 청소년을 위한 집단활동은 구조화된 프로그램이 더 효과적이다. 청소년들은 새로운 상황이나 환경에서 수줍어하고 난감해한다. 구조화된 집단경험을 할 때 청소년들은 편안함을 느낀다.
- 집단원 수를 너무 많은 수로 구성하지 않는다.
- 50분 내외로 청소년의 집중력을 고려하여 회기 시간을 정한다.

5 아동·청소년 집단상담에서 사용하는 전략

- 집단 종결 전에 집단원에게 어느 정도의 기간을 두고 종결 시점을 상기시켜 준다.
- 매 회기를 철저히 준비하되 주어진 회기마다 구성과 주제를 조절할 수 있는 융통성이 있어야 한다.
- 아동·청소년과 관련된 법률을 숙지하고 있어야 한다.
- 아동과 청소년이 집단에서 얻을 수 있는 이점을 학교 담당자, 교사, 부모에게 명확히 설명해야 한다.

6 청소년 집단상담의 계획, 실시, 평가

- 집단의 형태, 회기, 인원, 선발방법 등을 계획한다.
- 사전 오리엔테이션으로 집단상담에 대한 기본적인 이해를 돕는다.
- 집단원 선정 시 집단원들의 동질성과 이질성을 고려한다.
- 집단상담 성과평가를 위해 사전 및 사후 검사를 실시한다.
- 미성년자인 경우 보호자 또는 법적 대리인의 동의서를 받는다.(14세 미만은 필수)

- 집단상담은 자발적 참여자를 대상으로만 운영한다. → 학교폭력 가해자의 심리치료 이수 시간을 채우기 위해 집단상담에 참여하기도 한다.
- 비자발적인 학생은 사전동의 제외 대상이다. → 비자발적인 학생도 사전동의 대상이며 집단상담에 참여하지 않을 권리가 있다.
- 교육을 목적으로 한 집단상담인 경우 사전 동의서는 불필요하다. → 어떤 목적이든 사전동의서는 필요하다.
- 부모나 특정 기관에 맞서서 전적으로 아동이나 청소년의 편을 들어야한다. → 상담자는 중립적인 관점을 유지한다.
- 학생이 겪고 있는 심각한 심리적 장애를 치료하는 집단을 운영한다. → 심각한 심리적 장애는 집단상담이 아닌 치료집단으로 안내한다.
- 부모나 법적보호자의 서면동의를 받은 후에 집단상담 계획을 수립한다. → 집단상담 계획 시에 집단원에 선정되면 그 후에 서면동의를 받는다.
- 자발적 집단상담은 치료센터나 시설거주치료센터에서 실시한다. → 심각한 정신병리에 해당하는 집단원은 치료집단으로 안내한다.
- 개별 상담이 필요한 경우는 집단상담이 종료된 후 실시한다. → 집단상담에 중도이탈 이유를 설명한 후 개별상담으로 진행할 수 있다. 꼭 집단상담 종료 후에 실시하는 것은 아니다.
- 집단에 선발된 학생들은 반드시 부모에게 참가동의서를 받도록 한다. → 반드시 동의서를 받는 나이는 14세 미만이고, 19세 미만의 학생들은 부모나 보호자의 동의를 얻는 것이 좋다.
- 집단원들에게 집단 규범에 대해서 매회 숙지시킨다. → 집단규범은 초기 회기에 다루고 비밀유지에 관해서는 매회 안내한다.
- 참여동기가 낮은 집단인 경우 집단초기 오리엔테이션을 짧게 진행하는 것이 좋다. → 참여동기가 낮은 집단은 오리엔테이션을 짧게 진행하지 않는다.
- 집단원 간의 신뢰와 응집력을 높이기 위하여 개방집단으로 구성한다. → 응집력을 높이기 위해서는 폐쇄집단이 더 적절하다.
- 학교폭력 문제를 신속하게 해결하기 위해 피해자와 가해자를 하나의 집단으로 구성한다. → 피해자와 가해자는 한 집단에 구성하지 않는다.
- 구체적 조작기에 해당되므로 경험에서 벗어난 논리적 추론 능력이 충분하다. → 형식적 조작기가 경험에서 벗어난 논리적 추론 능력이 충분하다.
- 집단원에게 도움이 된다고 생각될 경우 훈련받지 않은 기법을 적용한다. → 훈련받지 않은 기법 사용은 윤리적으로 어긋난다.

18 집단상담 계획

1 집단상담 계획

1 집단상담 제안서를 작성할 때 포함될 내용

- 집단에 대한 평가방법
- 대상, 모임시간, 전체의 길이
- 집단에서 달성하고자 하는 목표
- 집단에 대한 명확하고 설득력 있는 근거

2 집단상담 제안서를 검토할 때 고려해야 할 내용

- 집단의 필요성에 관한 합당한 근거를 제시하고 있는가?
- 집단에서 달성하고자 하는 목표는 무엇인가?
- 집단 모임시간, 횟수, 전체 시간이 제시되어 있는가?
- 목표 달성을 평가할 수 있는 전략이 있는가?

3 집단상담 회기별 계획(준비)

- 집단 규모를 정할 때 집단의 유형 및 초점을 고려해야 한다.
- 계획서에는 목적, 대상, 활동내용 등이 포함되어야 한다.
- 특정 시기에 공통적으로 겪을 수 있는 문제 해결에 초점을 맞춘다.
- 집단상담의 주제 선정을 위한 요구조사가 권장된다.
- 집단상담 시작 전에 참여학생의 학부모로부터 참여동의서를 받는다.
- 집단상담의 이점에 대해 학교행정가와 교사에게 설명한다.
- 초반 회기에는 효율적인 집단 분위기를 형성하는데 도움이 되는 계획을 세울 필요가 있다.
- 집단과 각 구성원의 특성을 이해하고 에너지 수준을 고려하여 회기별 활동을 계획한다.
- 집단상담과정 중에 참여를 하지 않거나 지각 혹은 탈락한 집단원을 위한 계획도 수립한다.
- 비구조화 집단을 계획할 때 개괄적 틀(frame)이 필요하다.
- 한 회기동안 적절한 활동을 계획하여 집단원들이 충분히 생각할 시간을 주어야 한다.

4 **집단상담을 준비하는 개별면담과정에서 집단상담자의 임무**

- 집단상담에 대한 이해를 도모한다.
- 발생 가능한 문제를 파악한다.
- 집단참여를 촉진하기 위한 정보를 제공한다.
- 집단상담에 대한 현실적 기대 형성을 조력한다.
- 개별면담과정에서 집단상담에서 제외할 대상은 배제한다.

5 **집단상담 오리엔테이션**

- 집단원의 집단에 대한 기대를 탐색한다.
- 집단원의 집단참여에 대한 불안감 해소를 돕는다.
- 집단에서 이루어지는 작업은 쉽지 않음을 알리고 적극적인 참여를 독려한다.
- 집단원과 함께 집단의 기본규칙에 관하여 논의한다.
- 집단원의 역할과 집단참가로 인해 경험할 수 있는 위험을 설명한다.
- 집단원들이 경험할 수 있는 불편사항을 언급한다.
- 집단원은 언제든지 집단상담의 참가를 취소할 수 있다는 보장과 참가를 거절할 수 있다는 보장이 있다는 것을 설명한다.

6 **집단상담의 계획 단계에서 나타날 수 있는 집단상담자의 실수**

- 부적절한 활동을 선택했는지 고찰해본다.
- 너무 많은 활동을 계획한 것인지 고찰해본다.
- 부족한 시간으로 계획한 것은 아닌지 고찰해본다.
- 부적절한 집단활동으로 순서를 배정한 것은 아닌지 고찰해본다.

> **🔍 틀린 문장**
>
> - 집단의 명시적 및 암묵적 규범이 구체적으로 제시되어 있는가? → 암묵적 규범은 지양한다. 명시적 규범으로 제시한다.
> - 집단상담 오리엔테이션에 관한 설명으로 집단의 저항이 어떻게 처리될 것인지 알려준다. → 오리엔테이션에서는 저항의 처리까지는 언급하지는 않는다.
> - 회기를 계획할 때 초반, 중반, 후반의 회기들 간의 차이를 염두에 둘 필요가 없다. → 집단상담 계획은 목적, 대상, 활동내용 등의 개괄적인 틀로 구성된다.
> - 반사회적 성향이 있어 담임교사로부터 의뢰된 학생은 집단원 선별 과정을 생략한다. → 의뢰된 학생들도 선별 과정을 통해서 집단상담에서 제외될 수 있다. 반사회적 성향의 학생은 집단상담의 집단원의 제외 대상이 된다.

19 비자발적인 청소년

1 비자발적인 청소년

1 (타의에 의해 집단에 참여하게 된) 비자발적인 청소년 집단상담

- 집단원의 권리 및 책임에 관해 친절하고 철저하게 안내한다.
- 집단원으로서의 책임과 권리를 인식할 수 있도록 한다.
- 비자발적인 집단원이 집단참여에 대한 불편한 감정을 표현할 수 있도록 돕는다.
- 비밀유지의 한계에 대해 명확하게 알려준다.
- 감당할 수 있을 만큼의 자기개방을 하도록 안내한다.
- 집단을 완료하지 못할 경우 어떤 결과가 초래되는지 안내한다.
- 본인이 원할 경우 집단을 떠날 권리가 있으나, 이때 예상되는 결과에 대해 알려준다.
- 집단을 떠나기 전에 그 이유를 집단에 알리도록 안내한다.
- 학교폭력 가해자가 교칙에 따라 의무적으로 참여하는 청소년일지라도 집단상담 참여거부권을 수용해야 한다.
- 법원의 수강명령으로 의뢰된 청소년 대상 집단프로그램 운영 시 유의사항으로 집단 참여가 집단원에게 가져다주는 유익을 강조하면서 적극적인 참여를 독려한다.

2 비행청소년 집단상담

- 초기단계에서 집단원은 집단과 상담자에 대한 신뢰감이 낮고 무반응을 보이는 경우가 많다.
- 상담자는 집단응집력을 높이기 위한 활동을 도입한다.
- 필요한 경우, 상담자는 집단원의 왜곡된 사고나 감정의 불일치를 알아차릴 수 있도록 직면을 사용한다.
- 상담자는 집단원 스스로 대안을 찾을 수 있도록 격려한다.

- "집단 상담에 대해 잘 모르겠다면 일단 참여한 다음 생각해보면 어떨까?"

- "여기에 참여한 이유가 무엇인지 같이 생각해볼까?"

- "예전에도 하기 싫은 일에 참여 했던 적이 있었는지 궁금하구나."

- "다른 친구들도 처음엔 그렇게 느꼈단다. 다른 친구들의 이야기를 들어보겠니?"

- "집단상담은 어떤 활동을 하는 것 같아요?"

- "집단상담에 참여를 하는데 무엇이 가장 어려울 것 같아요?"

- "집단상담을 처음하면 불편할 수 있어요. 무엇이 불편한지 말해 줄 수 있나요?"

🔍 틀린 문장

- 참여하기 싫은 마음을 집단에서 개방적으로 논의하는 것은 바람직하지 않다. → 비자발적인 집단원의 경우 참여하기 싫은 마음을 집단회기에서 충분히 표현할 수 있다.
- 비행청소년 집단상담의 목표가 구체적이어서 집단원의 집단에 대한 적응이 빠르게 이루어진다. → 집단상담의 목표가 구체적이라고 비행청소년 집단상담의 집단에 대한 적응이 빠르게 이루어지는 것은 아니다.
- 자신과 타인을 위협하는 경우가 아니라면 말하는 내용은 모두 비밀이 보장된다고 알려준다. → 법원의 명령 시, 감염병 존재 시, 학대 시에는 비밀이 보장되지 않는다.
- 학교폭력 가해자가 교칙에 따라 의무적으로 참여하는 청소년 집단상담에서 부모나 법적 보호자의 허락을 확인하지 않아도 된다. → 가해자가 교칙에 따라 의무적으로 참여하더라도 부모나 법적 보호자의 동의를 받아야 한다.
- 학교폭력 가해자가 교칙에 따라 의무적으로 참여하는 청소년 집단상담에서 사전 동의 절차를 진행하지 않아도 된다. → 가해자가 교칙에 따라 의무적으로 참여하더라도 사전 동의 절차를 진행해야 한다.
- 학교폭력 가해자가 교칙에 따라 의무적으로 참여하는 청소년 집단상담의 경우에서 비밀보장을 반드시 지켜야 한다. → 법원 명령에 따라 최소한의 정보만을 법원에 제공할 수 있다. 학교폭력 가해자가 다른 학생에게 피해를 입힐 발언을 한다면 비밀 유지 파기를 할 수 있다.
- 학교폭력 가해자가 교칙에 따라 의무적으로 참여하는 청소년 집단상담에서 집단원에게 집단이탈시 발생하는 결과에 대해 고지하지 않아도 된다. → 가해자가 교칙에 따라 의무적으로 참여하다가 집단 이탈시 발생하는 불이익에 대해서 안내하여야 한다.
- 법원의 수강명령으로 의뢰된 청소년 대상 집단프로그램 운영 시 유의사항으로 집단과정 중에 언급된 모든 내용은 비밀이 보장된다는 것을 약속한다. → 법원 명령에 따라 최소한의 정보를 법원에 제공할 수 있다는 것을 안내한다.
- 법원의 수강명령으로 의뢰된 청소년 대상 집단프로그램 운영 시 유의사항으로 집단원에게 중도에 포기할 권리가 없음을 알린다. → 법원의 수강명령으로 집단프로그램을 참여하더라도 중도에 포기할 권리가 있다.
- 법원의 수강명령으로 의뢰된 청소년 대상 집단프로그램 운영 시 유의사항으로 법원에서 필요한 상담 내용을 요구하더라도 비밀보장의 원칙에 따라 거부한다. → 법원에서 상담내용을 요구 시 해당 청소년에게 동의를 구한 후 최소한의 정보를 법원에 제공할 수 있다.

20 집단원의 문제행동

• 집단원의 문제행동 상황/유형과 대처 및 개입방안

1 청소년 집단에서 비생산적인 집단에 개입할 상황

• 각자가 다른 사람을 대변하는 경우

• 집단 밖의 사람에 관해서만 이야기하는 경우

• 집단원이 '난 항상 그래왔다'로 넘겨버릴 경우

• 한 집단원이 장황하게 설명하여 다른 집단원들이 지루해 할 경우

2 문제행동을 보이는 집단원이 있을 때 상담자의 개입전략

• 집단원과 집단의 진행과정에 대해 솔직하게 이야기를 나눈다.

• 문제행동을 보이는 집단원의 인격을 폄하하지 않는다.

• 갈등을 회피하지 않고 탐색할 수 있는 방법을 찾는다.

• 방어하는 행동을 멈추도록 강요하지 않는다.

3 청소년 집단상담에서 나타날 수 있는 문제행동에 관한 집단상담자의 대처

• 불평하는 집단원에게 개별면담을 활용한다.

• 하위집단에 속하지 않는 집단원을 의도적으로 집단활동에 참여시킨다.

• 집단규칙을 위반하는 경우 필요에 따라 강제로 중도 탈락시킨다.

4 청소년 집단상담에서 집단원의 의존성을 조장할 위험이 있는 경우

• 상담자가 상담 진행으로 발생하는 경제적 보상을 우선순위로 하는 경우

• 집단을 통해 사회생활에서 결핍된 상담자 자신의 욕구를 채우길 기대하는 경우

• 집단을 이용하여 상담자가 자신의 미해결 과제에 대해 작업하려고 시도하는 경우

• 상담자가 청소년들의 삶에 대해 방향을 제시하는 부모와 같은 어른이 되고 싶은 욕구를 가질 경우

5   소극적으로 참여하는 집단원에 관한 집단상담자의 개입 방안

- 집단상담자에 대한 저항의 표시인지 탐색해 본다.
- 소극적인 참여 원인에 관한 집단원의 자각을 촉진한다.
- 집단상담 초기 침묵 시 집단상담자가 표현하는 것을 보여주어 참여를 유도한다.
- 다른 집단원이 소극적인 집단원을 공격하지 않도록 개입한다.
- 방어의 한 형태이므로 연결하기(linking) 기법을 통해 그 행동을 멈추도록 돕는다.
- "뭔가 생각하고 있는 듯 보이는데, 우리에게 그 생각을 나누어 주시겠어요?"

6   주지화 행동을 보이는 집단원에 관한 집단상담자의 대처 방안

- 역할연습을 통해 자신의 감정을 인식하게 하여 표현을 유도한다.
- 집단상담자가 감정표현 하는 것을 보여줌으로써 집단원이 정서를 표현할 수 있게 한다.
- 비언어적 수단을 통해 용납하기 어려운 충동 및 감정을 인식하고 감정을 표현하게 한다.

7   사실적인 이야기를 늘어놓으며 집단을 지루하게 하는 집단원에 대한 집단상담자의 개입 방안

- 지루함에 대해 호기심을 갖는다.
- 지루함도 하나의 중요한 정보로 여긴다.
- 집단상담자의 역전이에 대해 주의를 기울인다.
- 언제, 어떤 경우에 덜 지루하게 하는지에 대해 파악한다.

8   사실적 이야기를 장황하게 말하는 집단원에 대한 상담자의 개입 방안

- 사실적 이야기를 장황하게 말하는 것과 자기 개방을 차별화시켜 줄 필요가 있다.
- 이야기의 세부 사항보다는 그 사건에 대한 집단원의 감정과 생각에 초점을 맞추도록 돕는다.
- 구체적이고 명료하게 자신을 표현하도록 가르칠 필요가 있다.
- 공감적 이해를 통해 집단원의 사실적 이야기가 현재에 미친 영향을 표현하도록 돕는다.
- 과거 이야기 장황하게 늘어놓는 집단원에게 "과거 이야기보다 자신이 지금 어떻게 느끼고 있는지 말씀해 주시겠어요?"라고 말할 수 있다.
- 사실적 이야기를 늘어놓는 집단원에게 집단 안의 역동에 참여하여 '지금 여기'에서 느껴지는 감정에 초점을 맞추도록 돕는다.

9 적대적 행동을 보이는 집단원에 대한 집단상담자의 대처 방안

- 적대적 행동이 집단 응집력 형성에 미치는 영향을 살핀다.
- 다른 집단원이 적대적 행동으로부터 받은 느낌을 표현하고 적대적 집단원은 이를 경청하게 한다.
- 적대적 행동 이면의 감정을 자각하도록 돕는다.
- 적대적 행동을 집단에서 다루기 힘든 경우에는 개인상담을 병행한다.

10 침묵하는 집단원에 대한 개입방법

- 침묵 이면에 숨겨진 의미를 탐색할 수 있도록 촉진한다.
- 회기에 대한 준비 부족으로 인해 나타나는 침묵인 경우에는 적극 개입하여 집단활동을 유도한다.
- 상담자가 집단원의 침묵 행동을 조장할 수도 있으므로 상담자 자신을 탐색해 본다.
- 다른 집단원이 침묵하는 집단원에 대해 비난하거나 공격적인 태도를 취하지 않도록 개입한다.

1 집단원의 침묵과 참여 부족의 이유

- 비밀누설에 대한 두려움
- 말보다는 침묵이 더 효과적이라는 생각
- 자신은 말할 가치가 별로 없다는 느낌
- 집단원이나 지도자에 대한 표현되지 않는 분노감
- 다른 집단원과 비교하여 자신은 기대에 미치지 못한다는 느낌

11 대화독점을 보이는 집단원에 대한 집단상담자의 대처 방안

- 독점하는 행동에 대해 판단을 배제하고 관찰한 사실만을 알려준다.
- 대화를 독점하는 집단원에 대해 이야기를 차단하는 기법을 사용하여 제재한다.
- "이야기 하고 싶은 것이 많은 것처럼 보이는데, 그것을 한 문장으로 말해보시겠어요?"
- 다른 집단원들에게 돌아가면서 "당신이 나에 대해 들어주기 가장 원하는 것은…입니다."라는 문장완성기법으로 자신이 집단에서 얻고자 하는 것을 깨닫게 한다.

1 대화독점(독점하기)

- 집단상담 시간에 특정 집단원이 일방적으로 시간을 독차지한다. 즉 지나치게 말이 많고 지나치게 능동적으로 참여하는 집단원의 행동이다.
- 어떤 집단원이 문제를 제시하면 자기도 비슷한 혹은 그보다 더한 경험을 했다고 들고 나서서 다른 집단원과 동일시하여 다른 집단원과 관련된 상황과 연결시켜 자신의 일상생활에 대한 이야기를 장황하게 늘어놓는 특징이다.

12 조언 일삼기(충고하기)를 보이는 집단원에 대한 집단상담자의 대처 방안

✓ 조언 일삼기(충고하기): 다른 집단원에게 해야할 것과 하지 말아야 할 것을 일러주는 행위이다.

- 충고를 하게 된 동기에 대해 스스로 탐색하게 하고 그가 경험하고 있는 느낌을 반영해 준다.
- 충고보다는 집단원이 시간적 여유를 가지고 스스로 자신의 문제를 깊이 탐색할 수 있도록 돕는 것의 가치를 설명한다.
- 많은 조언을 해주는 것은 조언을 해주는 집단원이 스스로 문제를 해결할 수 있는 능력이 없다고 말하는 것과 같은 것이라고 알려주며, 이미 정해진 해결책을 제시하는 것보다 집단원들이 어려움과 노력을 나누는 것이 더 도움이 된다고 교육한다.
- 조언을 구하는 집단원들의 기대에 대해 논의해보고, 그러한 기대들이 당신이 실제로 제공해 줄 수 있는 것인지 아닌지 알려준다.
- "별님, 별님의 조언이 어떤 점에서 달님에게 도움이 될 것 같다고 생각하시나요?

13 우월한 태도를 보이는 집단원에 대한 집단상담자의 대처 방안

✓ 도덕주의자인 듯, 완벽한 사람인 듯 다른 집단원의 행동에 대해 판단하거나 비평, 비판하고 자신의 약점은 개방하지 않는다.

✓ 자신이 다른 사람보다 우월하다는 태도로 군림하려고 하며 마치 '나는 문제가 없다', '제 문제는 당신들의 것과 비교하면 정말 별것 아닙니다', '나도 당신과 같은 문제를 가지고 있었지만 이제는 더 이상 그런 문제가 없다'의 태도를 보인다.

- 우월한 태도인 집단원이 집단에서 원하는 것(=얻고자 하는 것)이 무엇인지 질문하고 자신의 느낌을 탐색할 수 있는 기회를 제공한다.
- 다른 집단원들이 우월한 태도의 집단원에게 받은 영향에 대해 느낌(= 피드백)을 말하게 하고, 우월한 태도의 집단원이 경청하고 반응하도록 요청한다.
- "너는 상담을 공부하면서 그런 것을 가지고 힘들어 하니? 나는 너보다 훨씬 힘든 상황이지만 잘 하고 있잖아.
- "저는 정말로 아무런 문제가 없어요. 다 괜찮아요."

14   **질문 공세하기를 보이는 집단원에 대한 집단상담자의 대처 방안**

✓ 질문 공세하기: 폭격기처럼 쏟아부어서 질문에 대답을 하기도 전에 연속해서 일련의 질문을 하는 행위이다.

- 질문 속에 포함된 핵심 내용을 자신을 주어로 해서 직접 표현해 보도록 권유한다.
- "당신이…질문하게 된 계기는 무엇인가요?", "질문하게 된 계기에 대해 당신이 지금 이 순간 깨닫는건 무엇인가요?"와 같이 그런 질문을 하게 된 계기가 무엇인지에 대해 묻는다.
- 질문하기가 집단상담을 어떻게 방해하는지 교육한다.
- 그런 질문을 하기 전에 어떤 마음이 들었는지 이야기하도록 격려한다.
- 질문 공세를 한 집단원의 행동의 원인과 자신의 감추어진 욕구를 탐색해 볼 수 있다.
- 질문은 사람들로 하여금 감정보다는 생각에 집중하게 만드는 경향이 있음을 알려준다.

15   **상처 싸매기(일시적 구원)를 보이는 집단원에 대한 집단상담자의 대처 방안**

✓ 상처 싸매기(일시적 구원): "울지마 울면 안돼"라는 말을 하며 고통을 표현하는 집단원의 주의를 전환시키려고 한다. 겉으로 보기에는 다른 집단원에 대해 관심을 보이고 보살피는 행동처럼 보이지만, 실제로는 자신의 고통과 직접 만나기를 피하는 방편의 하나로 가식적인 도움의 형태라고 볼 수 있다.

- 집단원이 고통스런 경험을 노출할 때 느낌과 생각을 탐색할 수 있는 기회를 제공한다.
- 고통을 내어놓는 일이 치유를 위해 꼭 필요한 첫단계라는 사실을 집단원에게 알려준다.
- 미해결감정을 회피하거나 억압했던 집단원을 안전한 집단 분위기 속에서 교정적 정서체험(과거에 겪은 외상적 경험을 수정하기 위해 보다 안전한 환경에서 노출시키는 것)과 함께 집단의 지지와 격려를 받는 것이 성장과 변화에 도움이 된다고 알려준다.
- 일시적 구원을 하는 집단원에게 그 행동의 의미와 자신의 느낌을 성찰할 수 있는 기회를 제공한다. 진정한 돌봄을 원한다면 집단원이 고통을 깊이 경험하도록 허용하는 것도 좋은 방법이라는 것을 교육한다.

16   **습관적 불평을 보이는 집단원에 대한 집단상담자의 대처 방안**

✓ 습관적 불평: 불평불만을 늘어놓는 행위이다. 끊임없이 문제를 제기하고 이를 극복할 수 없는 것처럼 보이게 한다

- 집단상담자는 불평불만이 습관적, 만성적이라고 판단이 든다면 초점을 다른 사람이나 주제로 돌린다.
- 집단회기 마치고 개인면담을 통해 불평불만의 원인을 구체적으로 알아본다.
- 생산적인 집단을 위해 정중하게 협조와 도움을 요청한다.
- 불평적인 집단원과 시선접촉을 피함으로써(=강화를 주지 않음으로써) 불평을 줄이게 한다.

17 **적대적(공격적) 태도를 보이는 집단원에 대한 집단상담자의 대처 방안**

  ✓ 적대적(공격적) 태도: 내면에 누적된 부정적인 감정을 직간접적인 방식으로 집단상담자나 다른 집단원에게 표출하는 것이다. 결석, 지각, 집단을 떠나는 것, 지나치게 공손한 것, 지루함 짜증 표현, 비판적 표현 일삼기, 빈정거림, 농담, 비꼬는 말, 뒤로 빠져있는 행동 등의 행위이다.

- 집단상담자가 적대적 행동을 한 집단원으로부터 영향 받은 집단원들이 그들이 받은 영향(피드백)에 대해서 말하게 하고 적대적인 행동을 한 집단원은 다른 집단원들의 반응을 경청하게 요청한다.
- 집단원들이 적대적인 집단원에 대해 앞으로 어떤 식으로 행동하기를 바라는지 말하게 적대적인 집단원은 경청하게 한다.
- 집단상담자가 적대적인 집단원이 집단에서 원하는 것이 무엇인지 탐색하게 하고 표현하게 한다.
- 적대적인 행동은 친밀해지거나 상처받는 데 대처할 능력의 부족에 대한 두려움의 표현일 수 있다. 적대심 이면의 두려움을 표면화시켜서 다룰 수 있으면 적대심이 감소될 수 있다.

18 **하위집단 형성**

  ✓ 하위집단 형성: 집단 밖 비공식적 모임이다. 일종의 파벌을 형성하는 것이다.
- 하위집단 형성을 보이는 집단원에 대한 집단상담자의 대처 방안
- 집단상담자는 하위집단을 집단상담에서 공개적으로 검토하고 하위집단이 존재한다는 사실을 알리고 집단의 발전에 해가 된다는 것을 설명하고, 집단상담자는 비밀로 해주기로 약속하지 않는다.

19 **주지화(지성화)를 보이는 집단원에 대한 집단상담자의 대처 방안**

  ✓ 주지화(지성화): 지적 능력에 지나치게 의존하는 집단원으로 지적인 관심만 가진 것처럼 초연하게 이야기한다.
- 자신의 감정을 인식하고 통찰하게 촉진하기 위해서 게슈탈트 상담과 같은 경험적인 상담으로 주지화 집단원이 자기가 말하는 사건과 연관된 감정을 더 직접적으로 경험하게 한다.
- 집단상담자가 감정표현 방법을 직접 시범을 보이는 모델링하여 인식된 감정을 직접 표현해 보면서 자기 자신을 이해하고 수용할 수 있는 기회를 제공한다.
- 역할연습과 같은 기법을 통해 '지금 · 여기'의 느낌과 감정을 재경험하도록 한다.
- 사이코드라마로 역할연기를 통해 지금 여기에서 감정을 재경험하도록 한다.

20   감정화를 보이는 집단원에 대한 집단상담자의 대처 방안

  ✓ 감정화: 전적으로 감정에만 초점을 맞추고 매사에 감정적으로 처리하며, 지나치게 자주 눈물을 보이면서 강한 감정을 표출한다.

- 시간을 염두에 두고 문제의 집단원에게 어떤 반응을 보일 것인가를 결정한다.
- 빈번하게 눈물을 동반한 감정을 표출한다면, 고통스러운 사건의 결과인지, 동정을 얻기 위한 것인지를 분명하게 파악한다.
- 반복적인 감정화로 다른 집단원의 동정심으로 위로나 껴안아주는 신체적 표현을 차단시킨다.
- 2인1조로 짝을 짓게 하여 서로의 생각과 감정을 나누게 한다. 이때 집단상담자가 감정화를 일삼는 집단원과 짝을 지어 집단원의 고통에 대해 탐색한다.
- 집단회기 마치고 개인상담을 제안한다.

21   의존적 자세를 보이는 집단원에 대한 집단상담자의 대처 방안

  ✓ 의존적 자세: 다른 집단원들이 자신을 보살피고 자신에 관한 사안을 대신 결정해 줄 것으로 기대하는 태도를 보인다.

- 집단상담자는 타인에게 의존하려는 욕구를 계속 충족시켜 강화되는 것을 끊는다. 주의를 집중시키거나 자신에 대한 책임을 회피할 수 있었던 강화요인들을 원천봉쇄 시킨다.
- 타인에게 의존하려는 경향성이 있다는 것을 인식(직면기법)시킨다. 이런 행동이 자신의 의존성을 계속 유지하려는 수단이라는 사실을 지적해준다.

22   소극적 참여를 보이는 집단원에 대한 집단상담자의 대처 방안

  ✓ 소극적 참여: 침묵으로 일관한다거나 집단활동에 적극적으로 참여하지 않는 태도를 보인다.

- 연결 기술을 활용하여 소극적인 집단원의 집단참여를 유도할 수도 있다.
- 소극적 집단원에게 십단에 적극적으로 참여할 수 있는 기회를 제공한다.
- 대인관계기술이 떨어지는 경우 기본적인 사회적 기술을 교육한다.

✓ 침묵하는 집단원: 집단상담에서 대화하지 않는 집단원이다.

• 침묵하는 이유에 대해서 알아보고 생산적인 침묵(집단에서 일어난 일 통합, 감정과 생각 숙고)이면 기다려주고,
2 · 3분 기다린 뒤 언어적인 행동이나 비언어적 행동에 대한 반응을 하여 참여하게 유도한다.

• 비생산적 침묵일 경우 즉각적으로 개입한다.

• 한 회기를 마칠 무렵, 그들이 집단에 있는 것이 어떻게 느껴졌는지 물어보거나 침묵하는 집단원이 얻기를
원했던 것들을 집단에서 얻고 있는지 질문할 수도 있다.

• 만일 침묵하는 집단원이 집단에 참여하기를 원했지만 시간이 지나 기회를 놓친 순간들이 있었음을 내비친다면,
다음 회기에서 그 주제에 대해 처음으로 이야기할 수 있는 기회를 주는 계약을 하도록 할 수 있다.

• 집단원이 내적작업을 할 경우, 집단원에게 생각을 함께 나누고 싶다고 표현한다.

• 집단원이 흥미가 없어서 침묵하고 있다면, 초점이동을 한다.

24   잦은 지각과 결석을 보이는 집단원에 대한 집단상담자의 대처 방안

✓ 잦은 지각과 결석: 잦은 지각과 결석으로 집단과정에 주의를 흩뜨려 집단의 신뢰분위기, 집단응집력이 떨어진다.

• 만성적인 지각과 결석을 하는 집단원은 집단을 떠나줄 것을 요청한다.

• 중도탈락한 집단원에 대해 다른 집단원들이 반응을 표출할 수 있는 기회를 제공한다.

25   집단이탈

• 집단을 떠나고 싶어하는 이유에 대해서 논의하여야 한다.

• 집단상담자는 집단원에게 중도포기에 따르는 부작용 가능성에 대해 논의한다.

• 개인면담의 기회를 가짐으로써 개인적인 감정을 토로할 수 있도록 돕는다.

• 중도에 집단을 떠나는 집단원에게 집단참여를 중단하고자 하는 이유를 다른 집단원에게 알릴 수 있는 기회를
제공한다.

> 🔍 **틀린 문장**
>
> • 관찰한 사실이나 느낀 것을 권위적인 태도로 말한다. → 틀린문장으로 집단상담자는 권위적인 태도를 보이지 않는다.
> • 생산적인 침묵 시 기다리지 않고 즉시 개입하는 것이 효과적이다. → 생산적인 침묵 시에는 즉시 개입하지 않고 기다려준다.
> • 집단원이 집단 역동을 방해하지 않는 한 침묵을 다루지 않아도 된다. → 비생산적 침묵일 경우 즉각적으로 개입한다.
> • 집단 전체가 침묵하는 경우 주위를 둘러보거나 시간을 자주 확인한다. → 집단에서 얻고 있는지 질문할 수 있다.
>   적대적 행동을 보이는 청소년 집단원에 대한 집단상담자의 대처방안으로 즉각적으로 개입하기보다는 적대적 행동의 무의식
>   적 의도를 파악하기 위해 관찰만 계속한다. → 적대적 행동에는 "잠깐만요, 지금 무척 화가 난 것 같은데, 무엇에 대해 화가 났
>   는지 구체적으로 말해 주실래요?와 같은 언급을 하며 차단 기법으로 즉각 개입한다.
> • 적대적 태도를 보인 집단원에게 집단원 간의 피드백을 통해 적대적인 집단원으로 하여금 자기비판의 시간을 갖도록 유도한
>   다. → 다른 집단원들의 피드백을 듣게 한다.

 집단상담자의 문제행동

1 집단상담자 문제행동의 유형

1 방어적 반응(태도)

- 침묵하는 집단원에 대해 수용적인 태도를 보여준다.
- 집단원들의 비판, 평가 그리고 부정적인 반응이 포함된다.
- 비판적인 태도나 부정적인 반응을 보이는 집단원을 건설적으로 대하는 방법을 마련해야 한다.
- 부정적인 감정을 표현하게 하되, 함께 토의한다.

> 🔗 지윤: 제가 집단에 참여한지도 벌써 3주가 지났어요. 솔직히 말하면 이 집단이 제가 기대했던 것과는 다른 거 같아요. 별로 얻은 것도 없는 거 같아서 속상해요.
> 상담자: 지윤씨의 말씀은 이해되지만, 집단참여에 너무 소극적이고 자기를 잘 드러내지 않는 지윤씨에게도 책임이 있지 않을까요?

2 지나친 개입

- 집단상담자가 집단원들의 진술에 대해 일일이 반응할 필요는 없다.

3 폐쇄적 태도

- 집단상담자가 사적인 내용의 노출을 최소화하려는 경향이 있으면 집단원들에게도 영향을 주게 되어 자기개방을 가로막을 수 있다.

4 과도한 자기개방

- 집단상담자는 자기개방을 많이 할수록 바람직하다는 신념으로 자신을 알리는 일에 열중한다.
- 집단상담자는 자기개방을 어느정도까지 할 것인가를 고려한다.
- 다른 전문가와 상담 혹은 자문을 통해 그 문제를 최우선적으로 해결한다.

> 🔍 **틀린 문장**
>
> - 집단원이 말할 때마다 즉각적인 반응을 한다. → '지나친 개입'으로 집단원의 진술에 대해 일일이 반응할 필요는 없다.
> - 하위집단 간의 갈등이 자체적으로 해결될 때까지 기다린다. → 하위집단 간의 갈등은 비생산적 갈등이므로 집단상담자가 즉시 갈등을 중재한다. 집단상담에서 하위집단을 형성하는 것도 허용할 수 없다.
> - 지속적으로 자기개방을 한다. → '과도한 자기개방'으로 상담자는 어느정도까지 자기개방할 것인지를 고려해보아야 한다.
> - 집단원에게 끊임없는 칭찬과 지지를 한다. → 끊임없는 칭찬과 지지는 집단과정에 생산적이지 않다.

22 집단상담자의 인간적 자질(특성)

1 코리(G. Corey)의 집단상담자 인간적 자질의 특성

1 개인적 힘

- 자신이 타인에게 끼치는 영향에 대해 인식하는 것이다.

2 창의성

- 의식으로 굳어진 기법이나 습관화된 진행방식을 탈피하고 새로운 아이디어로 집단을 진행하는 것이다.

3 유머감각

- 웃음을 통해 집단원의 문제를 새로운 각도에서 조망해 볼 수 있게 한다. 시의적절한 유머는 강력한 치유효과를 수반하기 때문이다.
- 유머의 효과는 공유된 경험을 구축하고, 큰 저항없이 금기시되던 주제를 다룰 수 있게 한다. 통찰을 촉진하고 긴장을 감소시키고 심리적인 중압감에서 잠시 벗어나게 한다.

4 자신의 경험에 대한 개방성

- 경험의 폭이 넓고 깊을수록, 각기 다른 삶의 경험으로 서로 다른 가치관을 지니고 있는 집단원들에 대한 이해의 깊이와 넓이는 그만큼 크다.
- 새로운 경험을 추구하는 집단상담자는 자신과 다른 세계에서 온 집단원들의 문화에 대해 배우고자 한다.

1 집단에 접근하는 새로운 방식에 대한 독창성

종래의 집단 운영 방식을 매번 답습하기보다는 새로운 것을 창안하여 집단상담에 적용할 수 있는 능력을 말한다. 창의적인 집단상담자는 지속적으로 기법, 활동 그리고 작업방식에 변화를 추구한다.

5 심리적 에너지

- 자신이 소진되지 않도록 스스로를 돌보는 것이다.
- 집단원 개개인을 이해하고 그들의 욕구를 충족시키기 위해 활용되는 역동적 자원을 말한다.
- 전문가로서의 카리스마로 이어지기도 한다.
- 집단상담자는 자신을 솔직하게 표현하고, 실천중심적인 행동을 통해 생동감 넘치는 리더십을 발휘한다.
- 집단상담자는 자신의 약점을 기꺼이 인정함으로써, 약점을 숨기는 데 에너지를 낭비하지 않는다.

6 타인의 복지에 대한 관심

- 주변 사람들을 배려하는 마음으로 보살피는 것이다.
- 보살핌의 태도는 참여를 요청하지만 어느 정도까지 참여할지 그 사람 스스로 결정하게 한다.
- 보살핌을 표현하는 다른 방법은 어떤 사람에게 그렇게 느낄 때, 따뜻함, 관심, 지지를 보내는 것이다.

7 자기 수용

- 자기를 있는 그대로 받아들이며 인정하는 것을 의미한다.
- 자기수용적인 집단상담자는 자신의 강점뿐만 아니라 약점까지도 자신의 일부로 기꺼이 인정하고 받아들인다.
- 내면에 대한 깊이 있는 반성 혹은 성찰이 선행되어야 한다.

8 개방적 태도

- 새로운 경험과 다른 삶의 유형과 가치에 대해 개방적인 것이다.

9 용기

- 기꺼이 자진해서 실수나 불완전을 용납하고 집단원들이 감수하기를 바라는 위험을 감수하면서 때로는 상처를 받기도 하고, 다른 사람들을 직면시키기도 하지만 그들과 함께 머물 수 있으며, 자신과 신념에 직감에 따라 행동한다.

10 자기지각

- 자신의 정체성, 문화적 시각, 목표, 동기, 요구, 한계, 강점, 가치관, 감정 및 문제들을 포함한 자신에 대한 자각이다.

11 자발적 모범

- 집단원들의 행동변화를 위해 바람직한 행동의 모델역할을 담당하는 것을 말한다.

12 공감적 이해능력

- 감정의 공유, 상대방의 감정을 함께 경험하고 나누는 것을 말한다.
- 집단원의 주관적 경험세계에 동참하여 함께 느끼고자 노력하는 것이다.
- 집단원의 감정을 함께 느끼고 이해한 것을 언어 및 비음성 언어로 나타내는 것을 말한다.

13 자신의 청소년기에 대한 통찰

23 청소년 집단상담자에게 요구되는 능력과 자질 그리고 전문성

- 청소년심리 및 발달에 관해 이해한다.

- 청소년 환경에 대해 이해한다.

- 청소년들이 성장하면서 경험하게 되는 갈등의 종류들을 이해해야 한다.

- 청소년 주변인들과의 원활한 의사소통기술을 익힐 수 있다.

- 집단상담의 집중도를 높일 수 있도록 게임이나 활동을 활용한다.

- 역할극 및 다양한 매체활용 능력을 다룰 수 있다.

- 자발적인 집단과 비자발적인 집단의 특성을 이해한다.

- 비자발적인 청소년집단의 경우, 초기 회기 동안 집단원이 부정적인 감정이나 행동을 표현할 수 있도록 허락한다.

- 자신의 감정을 자각하고 치료적으로 표현한다.

🔍 틀린 문장

- 주도권을 잡으려는 집단원에게 집단을 이끌게 한다. → 틀린 문장
- 집단원의 모든 진술이나 행동에 언어적으로 반응한다. → '지나친 개입'으로 집단원의 진술에 대해 일일이 반응할 필요는 없다.
- 집단의 효과에 대해 비판하는 내담자를 직면시킨다. → 비판적인 태도나 부정적인 반응을 보이는 집단원을 건설적으로 대하는 방법을 마련해야 한다. 부정적인 감정을 표현하게 하되, 함께 토의한다.
- 자신의 개인적인 경험을 매번 노출한다. → '과도한 자기개방'으로 상담자는 어느정도까지 자기개방할 것인지를 고려해보아야 한다.
- 유머는 심리적 작업을 방해하기 때문에 사용할 수 없다. → 유머는 집단상담자에게 요구되는 인간적 자질 중의 하나이다.

24 공동지도자 집단

1 공동지도자 집단의 특징

1 공동지도자 집단의 장점

- 지도자 중 한 명은 강한 정서를 표현하는 집단원에 집중하고, 다른 지도자는 나머지 집단원들의 반응에 주목할 수 있다.
- 한 상담자가 집단원의 호소 내용을 중심으로 음성언어와 비음성언어에 대한 반응을 담당한다.
- 상담자 서로 간의 집단운영 방식과 전략을 관찰함으로써 전문성이 신장된다.
- 지도자의 신체적 · 정서적 소진 가능성이 줄어든다.
- 한 상담자가 질병이나 기타 사유로 집단에 참여할 수 없는 경우, 다른 상담자가 대신하여 단독으로 집단회기를 계속 진행할 수 있다.
- 지도자 중 한 명이 역전이가 일어날 때 도움이 된다.
- 서로의 감정이 지나치게 주관적으로 치우치지 않도록 조절할 수 있을 뿐만 아니라 유용한 피드백을 교환할 수 있다.
- 집단원에게 보다 다양한 역할 모델링의 기회가 제공된다.
- 집단원의 전이가 촉진될 수 있다.

2 공동지도자 집단의 단점

- 지도자가 다른 지도자에 대항하여 집단원과 한편을 이루는 단점도 있나.
- 집단원을 편애하여 경쟁을 이루는 구도가 형성될 수도 있다.
- 집단상담자끼리 경쟁심이 유발될 수 있다.
- 집단상담자들 간의 의견이 불일치 할 수 있다.

- 집단회기 전후에 공동지도자와 집단에 대한 계획과 소감, 서로의 협력에 대해 논의한다.

- 집단 예비모임에 함께 참석한다.

- 서로의 개인적 특성을 파악할 시간을 갖는다.

- 회기 후 집단원 반응에 대해 서로 의견을 교환한다.

- 회기 전 집단에 대한 기대를 함께 나눈다.

- 서로 정보교환이나 피드백 교환을 통해서 상호보완하는 방법이 있다.

🔍 **틀린 문장**

- 공동지도자와 의사소통하지 않고 회기계획과 목표를 세운다. → 공동지도자와 함께 계획과 목표를 세운다.
- 공동지도자보다 자신이 더 좋은 사람으로 보이도록 노력한다. → 공동지도자와 경쟁하지 않는다.
- 공동지도자와 함께 촉진하는 대신에 돌아가며 한 회기씩 집단을 이끈다. → 한 상담자가 질병이나 기타 사유로 집단에 참여할 수 없는 경우 다른 상담자가 대신하여 단독으로 집단회기를 진행할 수는 있다. 하지만 특정 사유가 없다면 공동지도자는 함께 집단회기를 진행한다.
- 공동지도자와 옆자리에 앉아서 지속적으로 눈 맞춤과 사인을 주고받는다. → 집단회기가 끝나고 상호 피드백을 교환한다.
- 지도자간의 경쟁과 대립은 집단의 역동을 촉진시킨다. → 공동지도자는 경쟁하지 않는다.
- 집단계획과 목표를 분담하여 수립한다. → 집단계획과 목표는 함께 세운다.
- 집단원에게 다양한 경험의 기회를 제공하기 위해 두 상담자가 상충되는 접근과 전략을 적용하는 것이 효과적이다. → 공동지도자는 서로 상충되는 접근과 전략을 지양한다. 서로 보완은 할 수 있으니 상충하지는 않는다.

25 그 외 집단상담 관련 이론

1 다문화 가정 청소년 집단상담을 실시할 때 상담자의 태도

- 문화적 특성이 고려된 다양한 개입방법을 사용한다.
- 집단원들의 문화적 가치와 경험들을 존중한다.
- 집단원에게 상담자의 문화적 가치를 강요하지 않는다.
- 집단원의 문화적 배경에 대해 학습한다.
- 문화 차이, 문화 편견, 문화 민감성에 대한 인식을 가진다.

2 숨겨진 안건(hidden agenda)

- 숨겨진 안건이란 집단에서 표면적으로 제기되지 않고 개인 혹은 일부 집단구성원들만 알고 있는 관심사나 문제를 말한다.
- 집단 이전에 형성된 집단원 간 갈등, 강제적인 참여, 특정 종교 등이 숨겨진 안건에 해당된다.
- 숨겨진 안건이 있을 경우 집단원은 자신을 방어하고, 위험을 감수하려고 하지 않는다.
- 상담자는 집단원이 숨겨진 안건을 알아차려서 말로 표현하도록 도전할 필요가 있다.
- 집단초기라도 숨겨진 안건이 집단 역동에 영향을 미친다면 이를 표면화시켜서 다룰 필요가 있다.
- 상담자는 집단이 종결되는 시기에 해결되지 않은 안건에 대해 이야기를 나누도록 해야 한다.

3 시간제한적 단기집단상담을 성공적으로 진행하기 위한 상담자 또는 집단원의 역할

- 특별히 주의를 기울여 집단원을 선별해야 한다.
- 초점을 명확히 하여 집단 발달과 응집력을 촉진해야 한다.
- 초점을 유지하기 위해 진행과정을 꾸준히 평가해야 한다.

4 청소년 집단상담의 과정 분석(processing)

- 활동경험을 집단원 개개인의 삶과 연관지어 탐색하도록 돕는다.
- 과거에 초점을 두기보다 과거 경험이 현재에 미치는 영향을 탐색하도록 돕는다.

🔍 틀린 문장

- 집단원 행동을 다수 집단원의 문화적 관점에서 이해한다. → 소수의 문화라도 존중하는 자세가 필요하다.
- 집단 과정 중에 형성된 갈등은 숨겨진 안건에 해당되지 않는다. → 형성된 갈등이 표면화되지 않았다면 갈등을 표면화 시켜 다루어야 한다.
- 상담자보다 집단원들이 더 적극적 자세를 취해야 한다. → 집단과정의 초기에는 상담자가 모델링을 보이며 적극적으로 임할 수 있지만 가장 생산적인 집단상담 과정은 집단원 간의 상호작용이 활발한 것이다.

청소년상담사 3급

03 PART

심리측정 및 평가

01 심리검사

1 심리검사

- 심리검사는 조작적 정의를 통해 구성개념과 관련된 행동의 일부를 측정하는 것이다.
  - √ 조작적 정의: 추상적인 개념을 구체적이고 측정 가능하게 정의하는 것을 말한다.

- 심리적 구성개념을 측정하는 도구이다.

- 심리적 구성개념은 이론적이고 가설적인 개념이다.
  - √ 심리적 구성개념: 심리학자들이 상상으로 만들어낸 추상적이고 가설적인 개념이며, '모성애'나 '근면성'의 심리적 속성들은 추상적이어서 직접적으로 측정할 수 없다.

- 검사의 종류에 따라 동일한 구성개념도 측정 결과가 다를 수 있다.

- 심리적 구성개념을 측정하는 방법은 다양할 수 있다.

- 조작적 정의는 모든 연구에서 동일하지 않다.

- 심리적 속성은 직접적으로 측정할 수 없다.

- 심리적 구성개념에 대한 측정은 간접적인 방법을 이용한다.

- 인간의 심리적 속성을 객관적이고 정확하게 나타내기 위한 과학적 방법으로 행동을 계량화하는 심리학적 측정기법이고, 검사명칭이 같아도 측정내용이 다를 수 있다.

- 개인의 대표적인 행동표본을 심리학적 방법으로 측정한다.

- 심리검사는 행동의 표본을 표준화된 방법으로 측정한다.

- 표집된 행동(행동표본)을 대상으로 그 결과를 수치로 나타내어 이를 점수로서 기술하는 측정도구이다.

- 표준화 검사와 비표준화 검사가 있다.

- 검사자는 검사실시의 표준절차를 따라야 한다.

- 표준화검사는 시행과 채점이 일정한 방식으로 진행된다.

- 심리검사는 개인 간 또는 개인 내 비교를 가능하게 한다.

- 심리검사는 개인의 특성을 이해하는 데 도움을 줄 수 있다.

- 심리적 특성에 대한 개인간 차이 또는 개인내 차이를 확인하는 방법이다.

- 개인의 행동을 예측할 수 있다.

- 심리평가의 근거자료 중 하나이다.

- 성격검사는 객관적 검사와 투사적 검사로 구분할 수 있다.

- 대표적인 투사적 검사로 로샤검사와 주제통각검사가 있다.

- 검사자의 숙련도는 검사결과에 영향을 준다.

- 검사자의 성격특성은 검사결과에 영향을 미친다.

- 인원수에 따라 개별검사와 집단검사로 구분할 수 있다.

- 올바른 활용을 위해 기능과 용도를 정확하게 알아야 한다.

CHAPTER 02 심리측정

1 심리측정

- 심리적 구성개념은 직접적으로 측정할 수 없다.

- 조작적 정의를 통해 간접적으로 측정할 수 있다.

- 심리적 구성개념을 측정하는 방법은 여러 가지가 있다.

- 행동을 관찰하여 심리적 구성개념을 추론한다.

- 심리측정은 신뢰성 높은 측정도구가 요구된다.

- 측정에는 항상 오차가 있다.

- 심리생리적 측정방식은 자기보고 편파가 작다.

- 실험가설은 선행조건의 조작과 결과적 행동의 측정을 위한 것이다.

CHAPTER 03 심리평가

1 심리평가

- 심리평가는 면담(interview), 그 개인에 대한 행동관찰(behavioral observation), 자료수집 및 심리검사(psychological test)를 통해 내담자에 대한 다양한 정보를 수집하고, 그 정보와 자료들을 정리하고 체계적으로 요약하는 종합적인 과정이다.
- 심리평가 = 심리검사 + 행동관찰 + 면담 + 전문지식(정신병리학, 정신장애진단편람(DSM-5) 등)
- 상담내용과 심리검사 결과가 상충될 때 면담 내용이나 행동관찰 결과를 우선하거나, 불일치 원인을 통합적으로 탐색한다.

1 심리평가의 기능

- 문제의 명료화
- 수검자에 대한 이해
- 증상이나 문제의 심각한 정도를 구체적으로 평가
- 개인의 강점(지능, 성격특성) 평가
- 인지적 기능 평가
- 상담계획 세우기
- 상담 진략을 판단하는 근거 제시
- 수검자가 자신의 자아강도와 심리적 문제를 인식하도록 도움
- 상담결과나 효과에 대한 평가
- 수검자에게 통찰의 기회 제공
- 개인의 인지적 기능 및 강점 평가

- 객관적 검사는 투사적 검사에 비해 독특한 개인의 반응을 이끌어 낼 수 있다. → 투사적 검사가 객관적 검사에 비해 개인의 독특한 반응을 이끌어 낼 수 있다.
- 타당도와 신뢰도가 높은 심리검사는 오차가 없다. → 타당도와 신뢰도가 높더라도 심리검사는 항상 오차가 있다.
- 물리적 특성에 비해 심리적 특성의 측정이 더 정밀하다. → 심리적 특성보다 물리적 특성이 더 정밀하다.
- 추상적인 구성개념을 직접적으로 측정하는 과정이다. → 추상적인 구성개념을 간접적으로 측정하는 과정이다.
- '대학 학점은 대학수학능력시험 점수와 관련된다'는 가설은 실험가설의 대표적인 예이다. → 상관연구에 대한 예시이다.
- 종속변인은 실험가설을 증명하기 위해 실험자가 의도적으로 조작하는 변수이다. → 독립변인은 실험가설을 증명하기 위해 실험자가 의도적으로 조작하는 변수이다.
- 표준점수는 원점수와 동일하다. → 원점수를 정규분포에 맞게 변환시킨 점수가 표준점수이다. 그러니 표준점수와 원점수는 동일하지 않다.
- 전집의 행동을 측정한다. → 전집을 측정하는 것이 어렵기 때문에 표본의 행동을 측정한다.
- 심리검사의 결과는 확정적이다. → 심리검사의 결과는 잠정적이다.
- 심리적 속성을 직접적으로 측정한다. → 심리적 속성을 간접적으로 측정한다.
- 측정을 위한 조작적 정의는 모든 연구에서 동일하다. → 연구의 목적과 설계 방법에 따라 조작적 정의가 달라질 수 있다.

🔍 심리적 구성개념 틀린 문장

- 구체적이고 가설적인 개념이다. → 추상적이고 가설적인 개념이다.
- 물리적으로 존재하는 개념이다. → 추상적으로 존재하는 개념이다.
- 측정 시 오차가 발생하지 않는다. → 측정 시 오차가 발생한다.
- 심리검사를 통해 수량화가 불가능하다. → 수량화하기 위해 표준화된 측정도구를 이용하여 측정한다.

04 | 심리검사의 윤리

1 심리검사의 윤리

- 심리검사를 정확하게 실시하고 해석하기 위한 훈련이 필요하다.

- 자격을 갖춘 사람이 심리검사를 실시해야 한다.

- 검사재료를 안전하게 보관하고 자격 없는 사람이 접근하지 못하도록 한다.

- 수검자에게 검사문항을 사전에 보여주지 않는다.

- 평가서를 보여 주면 안 되는 경우, 사전에 수검자에게 이 사실을 인지시켜야 한다.

- 기관에서는 검사자료에 대한 접근을 엄격히 통제해야 한다.

- 능력검사의 검사 자극이나 문항이 대중매체에 노출되지 않도록 해야 한다.

- 검사를 통해 얻은 개인정보는 사용이 제한되고 지정된 목적을 위해 사용되어야 한다.

- 검사 목적에 맞게 검사를 선정하여 사용해야 한다.

- 검사자는 검사를 시행하기 전에 수검자에게 검사의 목적에 대해 설명해야 한다.

- 검사가 필요한 이유를 설명하고 수검자의 사전 동의를 얻는다.

- 검사 매뉴얼에 맞게 검사를 실시한 후 채점하고 해석한다.

- 평가결과의 해석은 내담자가 그 내용을 이해할 수 있어야 한다.

- 검사자는 자신이 제시한 결과 해석에 대해 책임을 져야 한다.

- 검사자는 실시하는 검사의 제작 방식에 대한 충분한 지식을 갖추어야 한다.

- 평가 의뢰인과 수검자가 동일하지 않은 경우, 평가서나 의뢰 보고서는 의뢰인의 동의가 전제되어야 수검자에게 열람될 수 있다.

- 수검자의 권리를 보호해야 한다.

- 검사결과에 대해 수검자가 설명을 요구할 권리를 존중한다.

- 검사동의를 구할 때에는 비밀유지의 한계에 대해 알려야 한다.

- 심리평가에 관한 동의를 받을 때 비밀보장과 그 예외조항을 설명해야 한다.

- 수검자에게 비밀보장의 한계를 설명해 준다.

- 법이 요구할 경우 검사결과는 수검자의 동의없이 공개할 수도 있다.

- 수검자가 자해 위험이 있는 경우 비밀보장의 원칙을 지키지 않아도 된다.

- 하나의 심리검사 결과만으로 개인을 판단해서는 안 된다.

• 검사결과가 한 개인을 낙인찍지 않도록 주의를 기울여야 한다.

• 임상 수련생은 수련감독자의 지속적인 감독 하에 심리평가를 실시해야 한다.

• 가장 적은 시간과 노력을 들여 가장 타당하게 평가할 수 있는 검사를 선택한다.

• 수검자의 문화적 배경을 고려한다.

• 동의할 능력이 없는 사람에게도 평가의 본질과 목적을 알려야 한다.

• 내담자가 미성년자 혹은 자발적인 동의를 할 수 없는 경우, 상담심리사는 내담자의 최상의 복지를 고려하여, 보호자 또는 법정 대리인의 사전 동의를 구해야 한다.

• 교육이나 연구 또는 출판을 목적으로 상담관계로부터 얻어진 자료를 사용할 때에는 내담자의 동의를 구해야 한다.

• 다른 전문가의 자문을 구할 경우, 상담심리사는 사전에 내담자의 동의를 구해야 한다.

1 수검자나 수검자의 법적 대리인으로부터 '동의'가 필요하지 않은 경우

• 법률이나 정부 규정에 따라 검사실시가 필요할 때

• 고용이나 입학 허가 등 동의의 뜻이 명확하게 내포되어 있을 때

• 생명·사회 안전을 위협하거나 법적 요구가 있는 때

• 내담자가 감염성이 있는 치명적인 질병이 있다는 확실한 정보를 가졌을 때(단 제 3자에게 이러한 정보를 공개하기 전에, 내담자가 자신의 질병에 대해서 그 사람에게 알렸는지, 아니면 스스로 알릴 의도가 있는지를 확인한다.)

🔍 틀린 문장

• 자해 위험성이 있는 경우라도 비밀보장의 원칙은 반드시 지켜야 한다. → 자해 위험성이 있는 경우 비밀보장의 원칙을 지키지 않아도 된다.

• 검사 전·후의 사적인 만남은 관계형성에 필요하다. → 사적인 만남과 같은 이중관계는 가지지 않는다.

• 심리검사의 결과는 수검자에게 무조건 비밀로 해야 한다. → 심리검사 결과는 내담자의 이해의 수준에 맞추어 설명한다.

• 검사의 경우, 수검자와의 이중관계는 문제가 되지 않는다. → 이중관계는 허용되지 않는다.

• 수검자에게 검사 결과만을 알려주어야 한다. → 심리검사 결과만을 알려주기 위해 심리검사를 하는 것이 아니라 심리검사 결과를 바탕으로 내담자를 조력하는 것이 심리검사의 목적이다.

• 윤리적 딜레마가 생길 경우, 검사자의 권리를 최우선으로 고려한다. → 수검자의 권리를 최우선으로 고려한다.

• 평가 의뢰인과 수검자가 동일하지 않을 경우에, 평가서와 검사보고서는 의뢰인의 동의 없이 수검자에게 열람될 수 있다. → 평가 의뢰인과 수검자가 동일하지 않은 경우, 평가서나 의뢰보고서는 의뢰인의 동의가 전제되어야 수검자에게 열람될 수 있다.

• 자동화된 서비스를 사용할 경우 검사자는 평가의 해석에 대한 책임을 지지 않는다. → 자동화된 서비스라도 검사자는 평가의 해석에 대한 책임을 다한다.

• 반응의 왜곡을 방지하기 위해 검사 목적을 알리지 않는다. → 검사의 목적을 알리는 것을 기본으로 하되, 검사재료를 보여 주면 안 되는 경우, 사전에 수검자에게 이 사실을 인지시켜야 한다.

• 동의할 능력이 없는 수검자에게는 평가의 본질과 목적에 대해 알리지 않아야 한다. → 동의할 능력이 없는 사람에게도 평가의 본질과 목적을 알려야 한다.

05 심리검사 개발

1 심리검사 개발

- 검사목표, 내용, 과정을 이해하여야 한다.
- 검사 개발의 목적에 따라 검사 개발 절차와 내용이 결정된다.
- 검사이론을 숙지하고 있어야 한다.
- 수검자 집단의 특징을 파악하여야 한다.
- 예비검사의 대상은 그 검사를 실제 사용할 모집단의 성격을 잘 대표할 수 있도록 구성한다.
- 심리검사에서 우수한 문항은 불필요한 정보를 담고 있지 않다.
- 표집에서 얻은 자료를 토대로 규준표를 작성하게 된다.
- 진위형 문항(true/false item)은 사실적 정보에 대한 지식을 평가하는 데 유용하다.
- 성별, 인종, 학력 등에 대한 편견이 없어야 한다.
- 검사는 최종 시행에 앞서 비공식적인 예비시행의 과정을 거쳐야 한다.
- 문항은 최대한 단순하고 일반적인 이해를 요하는 것이 좋다.
- 문항이 독창적인 경우 오류의 원인이 되어 잘못된 결과를 초래할 수도 있다.
- 통계적인 관점에서 표준화 집단은 무조건 크다고 좋은 것이 아니다.
- 규준표는 최신성이 확보되어야 하므로 가능하면 5년 내 재표준화를 실시하고 규준표를 개정해야 한다.
- 검사목표 및 내용, 검사과정에 대해 충분히 이해해야 하고 검사실시 과정에서 발생할 수 있는 문제들을 고려해야 한다.
- 연령, 언어 및 학습발달 수준, 이해력 수준 등 수검자 집단의 특성을 충분히 파악해야 한다.
- 검사문항 내용을 간결하고 명확하게 기술할 수 있는 탁월한 문장력을 보유해야 한다.
- 다른 평가자나 검토자 등의 의견에 대해 수용적인 태도를 유지하여야 한다.
- 다양한 문항들을 제작·분석·수정·보완하는 과정을 통해 보다 새롭고 창의적인 문항을 제작할 수 있어야 한다.

검사 목적의 명료화 → 문항 개발 및 작성 → 문항 분석 및 수정 → 신뢰도와 타당도 검토 → 규준과 검사 요강 작성

🔍 **틀린 문장**

- 소음, 조명과 같은 물리적 환경은 수검자에게 영향을 미치지 않는다고 가정한다. → 심리검사가 실시될 장소는 적절한 조명과 온도, 소음이 없는 곳이어야 하며, 적절한 채광과 통풍, 안정된 좌석과 공간이어야 한다.
- 개발된 규준표는 개정하지 않아도 된다. → 최근 동향에 맞는 규준을 작성하여야 한다.
- 문항분석을 하여 문제가 있는 문항이라도 제거하지 않는다. → 문제가 있는 문항은 제거한다.
- 개발자는 검사 실시 과정에서 발생할 수 있는 문제들을 고려하지 않아도 된다. → 발생할 수 있는 문제들을 고려한다.
- 검사 개발의 첫 단계는 규준의 작성과 양호도를 분석하는 것이다. → 검사 개발의 첫 단계는 개발하고자 하는 검사 점수를 어떤 목적으로 사용할 것인가를 명확히 하는 것이다.
- 추상적이고 복잡한 글을 쓸 수 있는 문장력을 갖추어야 한다. → 검사문항의 내용을 간결하고 명확하게 기술하는 능력을 갖추어야 한다.

06 │ 심리검사 선정 시 유의사항

1 심리검사 선정기준

- 신뢰도와 타당도가 높은 검사를 선정한다.

- 검사의 경제성과 실용성을 고려해 선정한다.

- 객관적 검사와 투사적 검사의 장단점을 고려해 선정한다.

- 여러 검사 중 수검자에게 가장 필요한 정보를 제공해 줄 수 있는 검사를 선정한다.

- 평가목적을 확실히 하여 그에 맞게 적절한 검사를 선정한다.

- 표준화된 검사도구를 선정한다. 즉 비교 대상이 되는 표집된 규준집단에 실시한 검사 결과를 토대로 만든 규준표가 작성된 검사도구를 선정한다.

2 심리검사를 선정하고 시행하는 과정에서 고려해야 할 사항

- 검사가 의뢰된 목적

- 검사가 시행되는 환경

- 검사의 신뢰도와 타당도

- 검사가 여러 개인 경우 시행 순서

🔍 틀린 문장

- 수검자의 특성과 상관없이 의뢰 목적에 맞춰 선정한다. → 연령, 언어 및 학습발달 수준, 이해력 수준 등 수검자 집단의 특성을 충분히 파악하고 의뢰 목적에 맞춰 선정한다.

심리검사 실시 유의사항 및 고려해야 할 변인

1 심리검사 실시 시 유의사항

1 심리검사의 실시에 관한 설명

- 표준화된 검사의 경우 표준화된 절차에 따른다.
- 표준화검사에서 검사자는 수검자가 동기를 가질 수 있도록 독려할 수 있다.

2 심리검사 실시에서 라포 형성에 관한 설명

- 수검자가 협력적인 태도를 갖도록 동기를 유발하는 우호적 분위기를 의미한다.
- 감정적 유대, 작업동맹이라고도 한다.
- 상호 간에 감정적으로 친밀하게 느끼는 인간관계를 의미한다.
- 아동을 대상으로 개인검사를 실시할 때 필수적이다.

3 심리평가 시행 단계의 순서

- 의뢰 문제 분석 → 평가방법 및 절차 선택 → 면담 → 심리평가 결과보고

4 심리검사 결과의 전달

- 수검자가 쉽게 이해할 수 있는 용어를 사용하여 설명한다.
- 보호자의 서면 동의하에 교사가 검사를 의뢰한 경우에는 검사결과를 교사나 학교에 전달할 수 있다.
- 검사결과가 수검자에게 어떻게 받아들여졌는지 확인하는 과정을 갖는 것이 바람직하다.
- 검사결과에 대한 수검자의 정서적 반응을 살피고 검사결과를 이해할 수 있도록 돕는다.

5 심리검사 시 고려해야 할 변인

수검자 변인	수검자의 연령, 성별, 인종, 심신상태, 검사불안, 교육배경, 독해능력, 수검동기, 검사경험, 저항감 등
검사자 변인	검사자의 연령, 성별, 인종, 직업적·사회적 지위, 성격, 경험, 외모 등
검사상황 변인	검사실의 소음, 채광, 통풍, 책상과 의자의 안정감 등

🔍 틀린 문장

- 수검자에게 전문적인 용어를 사용할 때 형성된다. → 전문적 용어는 지양하고 수검자가 알아듣기 쉬운 언어를 사용할 때 형성된다.
- 지능검사의 경우 추가 질문을 해서는 안 된다. → 검사자가 내담자의 반응을 명료화하기 위해 추가질문을 할 수 있다.
- 검사 장소는 소음이 많은 곳으로 선정한다. 검사 장소는 조명이 어두운 곳으로 선정한다. → 심리검사가 실시될 장소는 적절한 조명과 온도, 소음이 없는 곳이어야 한다.
- 지능검사의 경우 수검자의 반응은 핵심단어를 중심으로 축약해서 기록한다. → 수검자가 사용한 언어 반응 그대로를 기록해야 하고, 수검자가 보인 특이한 행동 반응이나 언어 사용 등을 관찰하고 기록하여 해석에 활용한다.
- 검사자의 기대는 검사결과에 영향을 미치지 않는다. → 검사자의 연령, 성별, 인종, 성격 및 태도, 전문성 및 경험, 기대효과, 검사지시, 강화, 비언어적 행동, 라포형성 등이 검사결과에 영향을 미친다.
  - ✓ 검사결과에 영향을 미치는 수검자의 변인: 수검자의 능력, 성격, 동기, 이전 경험, 반응태세, 정서상태, 신체적 상태, 검사 불안, 약물복용 등이 검사결과에 영향을 미친다.
  - ✓ 검사결과에 영향을 미치는 검사상황의 변인: 물리적 환경, 시간 제약, 검사 절차, 문항의 특성, 검사 종류 등이 검사결과에 영향을 미친다.
- 신경심리검사를 실시할 때 수검자의 정서적 안정도는 고려하지 않는다. → 수검자의 정서상태도 고려하여야 한다. 수검자의 검사 당일의 기분, 스트레스 수준, 불안 정도 및 일시적인 정서 상태는 검사 반응에 영향을 미칠 수 있다.
- 검사 전 수집한 수검자에 관한 정보는 검사 과정에 영향을 미치지 않는다. → 검사에 대한 수검자의 동기와 같은 자발적인 참여 의지나 협조적인 태도, 이전 경험의 심리 검사 경험은 결과에 영향을 미친다.
- 표준화검사는 검사실시에 관한 표준조건을 엄격히 준수할 것을 요구하지 않는다. → 표준화검사는 검사실시에 관한 표준조건을 엄격히 준수할 것을 요구한다.
- 수검자가 초등학교 학생인 경우에는 검사결과에 대한 설명을 생략한다. → 수검자의 연령과 상관없이 검사결과에 대해 설명해야 한다.

CHAPTER 08 | 심리검사 관련 용어

1 심리검사 관련 용어

검사자료	수검자의 원점수, 환산점수, 검사자극에 관한 수검자의 반응, 진술 및 행동을 지칭한다
검사도구	한국판 성인용 웩슬러 지능검사(K-WAIS), 다면적 인성검사(MMPI), 성격유형검사(MBTI) 등 검사논리에 의해 구체적으로 가시화된 도구를 지칭한다
검사논리	행동이나 속성을 측정하기 위한 논리나 이론, 방법을 말하는 것으로서, 지능 측정방법, 적성 측정방법 등 추상적인 의미를 뜻한다
심리측정	사람이나 사건의 특징을 수치로 기술하는 것이다. 검사보다 광의의 개념으로서 크기, 무게, 질량 등에 대한 측정에서 인간의 심리적인 측정에 이르기까지 다양한 속성들을 수량화하는 것을 말한다
검사점수	채점 절차에 따라 수검자의 응답을 요약하여 수치로 나타낸 것(원점수, 변환점수 등)을 의미한다.

1 정신상태평가

- 면담 때 내담자의 증상과 징후를 체계적으로 평가하는 것이다.
- 정신상태평가의 주요 항목

일반적 기술	전반적 외모와 행동, 정신운동기능(활동), 면담 시 태도, 발달력
감정과 정서	기분, 정서적 표현, 적절성
언어	양, 속도, 연속성
지각	환각, 착각
사고	사고과정, 사고내용
감각과 인지	지남력, 집중력, 기억, 계산력, 상식과 지능, 추상적 사고능력, 의식
판단과 병식	상황적, 사회적 판단력과 자신이 병을 앓는다는 사실에 대한 이해 정도
정신기능 사정척도	정신건강과 정신장애의 가설적인 연속선상에서 심리적, 사회적 기능을 고려하여 나타낸 점수

10 문항분석

1 문항분석

1 문항분석의 기본개념

- 문항분석을 위해서는 사전에 총점계산, 집단구분이 필요하다.
- 문항특성곡선으로 문항을 분석한다.
- 문항특성곡선의 수평축은 검사 총점이고 수직축은 각 문항에 정답을 맞힌 수검자의 비율이다.
- 문항특성곡선은 검사 문항의 변별도를 보여준다.
- 문항 - 총점 상관이 높은 문항은 변별도가 높은 문항이다.
- 문항변별도는 문항난이도의 영향을 받는다.
- 문항난이도를 추정하는 한 방법이 문항 변별도를 이용하는 것이다.
- 오답의 능률도(effectiveness)는 오답의 매력도라고도 한다.
- 오답의 능률도는 문항반응분포를 통해 파악할 수 있다.

2 문항분석 이해를 위한 기본개념

1 문항특성곡선(ICC : Item Characteristic Curve)

- 특정 문항을 맞힐 확률을 잠재적 능력의 함수로 나타낸 것이다.
- 정답이 없는 성격검사의 경우에도 적용할 수 있다.
- 잠재적 능력은 평균 0, 표준편차 1, 범위는 + 무한대에서 - 무한대까지 이르는 분포라고 가정한다.
- 문항의 난이도에 관한 정보를 제공해 준다.

2 문항난이도(문항곤란도)(Item difficulty)

- 검사문항의 쉽고 어려운 정도를 뜻한다.
- 검사문항 개발 과정에서 문항난이도를 알아보는 목적은 적절한 난이도의 문항을 고르기 위함이다.
- 문항난이도는 최대수행검사(정답이 있는 검사)인 성취검사나 적성검사에 주로 사용된다.
- 문항난이도는 수검자의 문항에 대한 본래 지식과 추측에 의해 영향을 받는다.

3 문항변별도(Item discrimination)

- 한 검사에서 각 문항이 피험자의 능력 수준을 변별할 수 있는 정도를 나타낸다.
- 수검자의 능력 수준에 따라 문항의 정답을 맞힐 확률을 나타내며, 개별 문항이 총점이 높은 사람과 낮은 사람을 구분해 주는 정도를 나타낸다.
- 상위 집단과 하위 집단의 정답률 차이이다.
- 문항의 변별도가 높으면, 검사의 신뢰도는 높아진다.
- 문항변별도는 문항난이도에 따라 다른 값을 가지게 되므로 문항난이도의 영향을 받는다.

4 문항추측도(추측정답 가능성)(Item chance)

- 능력이 전혀 없음에도 불구하고 우연히 문항의 정답을 맞힐 확률이다.

5 오답지의 매력도(능률도)

- 선다형 문항의 경우 피험자가 오답을 정답으로 보고 택할 가능성을 의미하며, 오답지에 대한 응답비율에 의하여 결정된다.
- 오답의 매력도(능률도)는 문항의 각 답지에 대한 반응의 분포상태(문항반응분포)를 분석함으로써 파악할 수 있다.

✓ 문항반응이론에서 문항별 능력추정치(ability estimate)에 해당하는 것은 문항난이도, 문항변별도, 추측정답 가능성이다.

문항난이도	
고전검사이론 (계산이 간단하고 직관적임)	**문항반응이론** (개인의 능력과 문항 간의 수학적 함수로 반응 확률을 설명)
• 문항난이도 정답률(정답자 수 / 전체 응답수)이다. • 해당 문항의 정답자 수를 그 문항에 반응한 사람의 총수로 나눈 비율이다. • 문항난이도 지수란 한 문항에서 총 반응 수에 대한 정답 반응 수(정답자 수 / 전체 응답자 수)의 비율로 표시한다. 따라서 실제적으로는 한 문항의 쉬운 정도를 나타낸다. • 지수는 0.0 ~ 1.0의 범위를 가진다. • 문항난이도 지수의 범위는 0.0~1.0이며, 0.0~0.25(어려운 문항), 0.25~0.75(적절한 문항), 0.75~1.0(쉬운 문항)으로 분류한다.	• 언어적 용어로 '매우 쉽다, 쉽다, 중간이다, 어렵다, 매우 어렵다'의 5가지로 구분한다. • 문항의 답을 맞힐 확률이 0.5에 해당하는 능력 수준을 말한다.(정답률이 50%가 되는 지점) • 문항난이도는 수검자 집단의 특성에 의해 영향을 받지 않는다. • 고전검사이론과 반대로 어려운 문항일수록 문항난이도의 값이 높아지게 된다. • 문항난이도의 이론적 범위는 $-\infty$에서 $+\infty$이지만, 일반적으로 -2에서 $+2$ 사이에 존재한다.

문항변별도	
고전검사이론	**문항반응이론**
• 문항변별도 상위집단과 하위집단의 정답률 차이이다. • 개별 문항점수와 전체 점수 간의 상관이 높으면, 문항의 변별도가 높아진다. • 문항의 변별도 지수는 문항점수와 피험자 총점의 상관계수에 의하여 추정된다. • 문항의 변별도가 높으면, 검사의 신뢰도는 높아진다. • 문항변별도는 문항난이도에 따라 다른 값을 가지게 되므로 문항난이도의 영향을 받는다. • 문항변별도 지수는 −1.0~1.0의 값을 가지며, 1에 가까울수록 변별력이 크다고 해석한다. • 문항변별도 지수는 0.1미만, 0.1이상~0.2미만(문항개선 필요), 0.2이상~0.4미만(적절한 문항), 0.4이상(아주 좋은 문항)으로 분류한다. • 문항변별도 지수가 음수인 문항은 나쁜 문항으로 검사에서 제외하여야 한다.	• 문제가 학습자의 능력 수준을 상하로 구별해 주는 정도로서, 문항의 난이도를 나타내는 지점에서의 기울기를 말한다. • 능력에 따른 반응 확률의 변화율을 말한다. • 모수 로지스틱 통계모형으로 분석한다. • 문항특성곡선의 기울기가 가파를수록 문항변별도가 높다. • 문항변별도의 이론적 범위는 −∞에서 +∞이지만, 문항변별도가 음수값을 가져서는 안 된다. • 문항변별도는 문항특성곡선의 기울기가 크면(가파르면) 높아지고, 기울기가 작으면(완만하면) 낮아진다.

2 고전검사이론(CTT : Classical Test Theory)에 의한 문항분석

• 검사도구의 총점에 의하여 분석되는 이론으로 검사에 의한 관찰점수는 진점수와 오차점수에 의하여 합성됨을 가정하는 검사이론이다.

• 진점수와 측정오차의 상관관계는 '0'이며, 모든 피험자에 대한 측정의 오차는 동일하다고 가정한다.

• 피험자의 진점수를 알 수 없기 때문에 이론적으로 동일 검사를 동일 피험자에게 무한 반복 실시하여 얻은 점수들의 평균 점수로 추정한다.

• 문항 특성을 피험집단의 총점 분포를 통해 파악한다.

• 문항의 양호도를 평가하기 위해 문항 난이도와 문항 변별도, 문항 - 총점 상관 등의 지표를 사용한다.

• 문항 난이도는 해당 문항을 맞힌 피험자의 비율(정답률)로 정의되며, 0에 가까울수록 어려운 문항, 1에 가까울수록 쉬운 문항이다.

• 일반적으로 전체 피험자의 약 50%가 정답을 맞히는 문항이 가장 변별력이 좋다고 여겨지지만, 평가 목적에 따라 적절한 난이도 분포를 구성해야 한다.

• 문항 변별도는 문항이 피험자의 능력을 얼마나 잘 변별하는지를 나타내는 지표로, 보통 상위 집단과 하위 집단의 정답률 차이 또는 문항 - 총점 상관으로 계산한다. 예를 들어 상위 27%와 하위 27% 집단의 정답률 차이를 구하거나, 각 문항 점수(0/1)와 총점 간의 상관계수를 산출하여 변별도를 평가한다. 문항 - 총점 상관이

높을수록 해당 문항이 총점(전체 능력수준)과 일치하게 반응하여 고득점자일수록 맞히고 저득점자일수록 틀리는 경향이 뚜렷함을 의미한다. 반대로 문항 - 총점 상관이 낮거나 음수이면 문항이 전체 검사 목적에 부합하지 않거나 오류가 있음을 시사하므로, 이러한 문항은 수정 또는 제거 대상이 된다.

- 문항 난이도의 경우 0.9 이상이면 지나치게 쉬운 문항, 0.1 이하는 지나치게 어려운 문항으로 간주하여 극단적인 난이도를 가진 문항은 검사 목적에 맞게 조정하는 것이 바람직하다.

- 고전검사이론 하에서 이러한 문항 통계치는 표본의 특성에 영향을 받는 한계가 있다. 예를 들어 동일한 문항이라도 일반 학생 집단에서는 정답률이 0.7, 특정 학습부진 집단에서는 0.3이 나올 수 있으며, 즉 집단의존적이다. 이 경우 문항 난이도가 표본에 따라 다르게 추정된다. 이는 고전검사이론에서 문항 난이도와 변별도가 절대적 값이 아니라 표본 상대적인 값임을 의미하며, 표본 특성이 바뀌면 수치도 변할 수 있다. 따라서 CTT에서는 검사의 신뢰도와 타당도를 확보하기 위해 다양한 집단에서의 문항 통계를 검토해야 한다.

- 피험자의 능력의 정도가 검사도구의 특성에 따라 다르게 추정된다. 즉 문항의 특성이 피험자 집단에 따라 달라지므로 고전검사이론의 단점이라고 볼 수 있다.

- 문항분석을 하기 위해서는 사전에 총점계산, 집단구분 등을 마련해 놓아야 한다.

3. 문항반응이론(IRT : Item Response Theory)에 의한 문항분석

- 피험자의 검사결과에 영향을 미치는 관찰할 수 없는 잠재적 특성이 있다고 가정하고, 피험자의 검사점수로부터 잠재적 특성을 추정하는 절차와 관련된 이론이다.

- 고전검사이론에서 측정오차가 피험자 집단의 성질에 관계없이 동일하다고 가정한 것에 대한 문제점을 극복하기 위해 제안된 검사이론이며, 문항반응이론에서는 피험자에 따른 측정오차는 상이하다고 본다.

- 피험자의 잠재된 능력수준과 문항에 대한 반응의 관계를 수학적으로 나타낸다.

- 피험자가 능력에 따라 문항의 답을 맞힐 확률을 나타내는 문항특성곡선(Item Characteristic Curve, ICC)에 가정한 이론이다.

- 문항반응이론의 가장 기본적인 가정은 단일 차원의 잠재능력이 문항 반응을 결정한다.

- 일차원성을 가정한다.

- 단일 차원의 잠재능력이 문항 반응을 결정한다는 가정 하에서 문항의 난이도, 변별도 등의 모수를 추정한다.

- 하나의 특성으로 문항점수나 문항들의 상호관계를 설명할 수 있다는 가정이다.

- 모든 문항은 오직 하나의 잠재적 특성만을 측정해야 한다. 예를 들어 수학 능력 검사라면 순수하게 '수학적 능력'만 측정해야 한다. 독해력과 수학 능력을 동시에 측정하면 이 가정을 위배하게 된다.

- 1개의 검사를 구성하는 모든 문항은 1개의 잠재적 특성을 측정한다.

- 요인분석을 통해 검사의 일차원성을 확인할 수 있다.
- 피험자의 잠재능력(Θ)값에 따른 정답 확률의 변화를 통해 문항의 특성을 파악한다.
- 지역독립성을 가정한다.
- 각 문항은 서로 독립적이어야 한다.
- 특정 문항에 대한 반응은 다른 문항에 대한 반응에 전혀 영향을 미치지 않아야 한다.
- 문항 간 상관관계 분석으로 확인할 수 있다.
- 문항 특성은 표본의 특성 분포와 관계없이 일정해야 한다. 예를 들어 1번 문제의 답이 2번 문제를 푸는 데 도움이 되면 안 된다.
- 문항 특성은 표본의 특성에 따라 달라지지 않아야 한다.
- 수검자의 능력 수준은 능력을 측정하기 위해 사용하는 문항에 따라 달라지지 않아야 한다.
- 사용하는 검사 또는 문항에 따라 수검자의 능력은 변화되지 않는다.
- 문항 난이도는 수검자 집단의 특성에 의해 영향을 받지 않는다. 즉 집단독립적이다.
- 피험자 능력에 따라 문항의 답을 맞힐 확률을 나타내는 곡선이다. 예를 들어 답을 정확하게 아는 사람, "오늘은 3번으로 찍는다!"한 사람, "답이 1번, 4번, 5번은 아니고 2번이랑 3번 중에 하난데…"한 사람을 분별한다.
- 문항반응이론의 장점은 문항불변성과 능력불변성이다. 즉 피험자 집단에 관계없이 문항 모수는 일정하며, 반대로 어떤 문항 집합을 사용하더라도 동일한 능력 수준이라면 능력 추정치가 불변한다는 것이다.
- 개별응답자의 능력이 추정 가능하다.
- 가장 가파른 곡선은 전체 능력 구간에 걸쳐 고르게 변별하는 이상적인 경우이다.(1)
- 기울기가 비교적 완만하고 낮은 능력 영역에서 조금씩 상승하는데, 낮은 능력자 구분에는 용이하지만 높은 능력자에게는 모두 정답을 맞힐 정도로 쉬운 문항이다.(2)
- 초기에는 거의 정답 확률이 0에 가깝다가 상위 능력 구간에서 급격히 상승하는데 이는 어려운 문항으로서 상위 능력자만 맞히며 하위 능력자는 거의 틀리는 유형이다.(3)

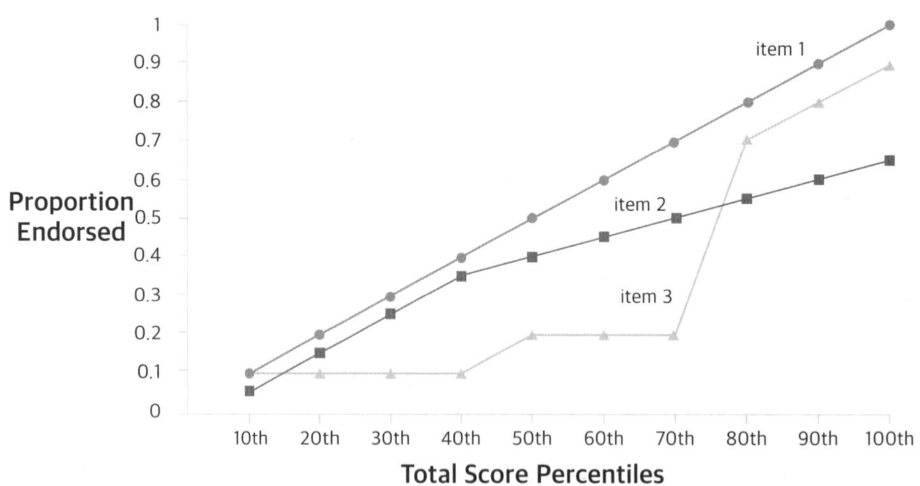

🔍 틀린 문장

- 문항반응이론의 기본가정에서 검사점수를 설명하기 위해서는 수검자가 여러 가지 능력이 있다고 가정한다. → 1개의 잠재적 특성을 측정한다.
- '문항의 난이도가 높다'는 의미는 검사에서 높은 점수를 받은 사람과 낮은 점수를 받은 사람을 잘 구분한다는 것이다. → 문항변별도에 관한 설명이다.
- 검사 점수들의 변산도(variability)는 문항의 난이도가 .70일 때 최댓값이 된다. → X
- 문항의 변별력이 높으면 검사의 신뢰도는 낮아진다. → 문항의 변별력이 높으면 검사의 신뢰도는 높아진다.
- 문항난이도(item difficulty)의 범위는 -1부터 1까지이다. → 고전검사이론의 문항변별도 지수의 범위가 -1부터 1까지이다. 고전검사이론의 문항난이도 지수는 0.0~1.0의 범위이며, 문항반응이론의 문항난이도의 이론적 범위는 $-\infty$에서 $+\infty$이지만, 일반적으로 -2에서 +2 사이에 존재한다.
- 문항변별도 지수(item discrimination index)의 범위는 0부터 1까지이다. → 고전검사이론에서의 문항변별도 지수는 -1.0~1.0의 값을 가지며, 1에 가까울수록 변별력이 크다고 해석하며, 문항반응이론에서의 문항변별도의 이론적 범위는 $-\infty$에서 $+\infty$이지만, 문항변별도가 음수값을 가져서는 안 된다.
- 문항반응이론에서 반복측정을 가정한다. → 고전검사이론에서 반복 측정을 가정한다. 문항반응이론에서는 반복 측정하지 않는다.
- 문항반응이론에서 수검자에 따른 측정오차는 동일하다고 가정한다. → 고전검사이론에서는 수검자에 따른 측정오차는 동일하다고 가정한다.
- 문항반응이론에서 문항특성은 수검자의 특성에 영향을 받는다고 가정한다. → 고전검사이론에서는 수검자의 특성에 영향을 받는다고 가정한다. 문항반응이론에서는 수검자의 영향을 받지 않는다.
- 문항모수치의 변화가능성을 가정한다. → 문항반응이론의 장점으로서 문항의 난이도, 변별도, 추측도 모수는 그 문항에 응답한 피험자 집단의 특성에 따라 변화되지 않는다는 것이다. 즉 문항반응이론에 의하면 능력 수준이 낮은 피험자 집단이 어떤 문항에 응답한 문항응답자료를 가지고 문항의 특성을 분석하든, 능력수준이 높은 피험자 집단이 응답한 문항응답자료를 가지고 문항특성을 분석하든 문항의 추정치는 유사하거나 동일하다.
- 문항반응이론에서 측정오차는 모든 수검자에게 동일하다. → 고전검사이론에서는 측정오차는 모든 수검자에게 동일하다고 가정한다.
- 문항특성곡선(ICC)에서 기울기가 양(+)인 경우 기울기가 큰 문항은 작은 문항에 비해 변별력이 떨어진다. → 문항특성곡선에서 기울기가 양으로 큰 경우 변별력이 높아진다.

CHAPTER 11 표준화검사의 준거참조검사와 규준참조검사

1 표준화검사의 유형

1 준거참조검사(criterion-referenced test)

- 준거(Criterion)란 개인이 어떤 일을 수행할 수 있다고 대중이 확신하는 지식 또는 기술수준을 말하며, 목표설정에 있어서 도달하여야 할 기준을 의미한다.
- 절대적 준거를 이용하여 검사결과를 해석하는 검사로서, 한 검사에서 개인이 획득한 점수를 미리 세워놓은 목표, 즉 준거에 도달한 정도로서 해석하는 검사이다.
- 검사점수를 다른 사람들의 결과와 비교하는 것이 아닌 어떤 기준점수(분할점수 또는 경계선점수)와 비교하는 절대평가 목적의 검사에 해당한다.
- 개인이 받은 검사의 원점수를 사용해서 해석한다.
- 특정 내용에 대한 숙달 여부를 검사할 수 있다.
- 운전면허 시험, 국가자격시험, 국가수준의 학업성취도 평가처럼 최소한의 숙달수준을 달성했는지 측정하는 검사가 여기에 속한다.
- 기준 점수는 검사사용 기관이나 조직의 특성, 검사의 시기나 목적에 따라 달라질 수 있다.
- 검사에서 측정하려고 하는 지식이나 기술영역을 명확하게 규정해야 한다.
- 정해진 점수를 기준으로 개인의 우울 여부를 판정하는 검사는 준거참조검사에 해당한다.

2 규준참조검사(norm-referenced test)

- 개인의 점수를 해석하기 위해 유사한 다른 사람들의 점수를 비교하여 평가하는 상대평가 목적의 검사에 해당한다.
- 특정 개인의 점수가 어떤 의미를 지니는지 해석하는 데 필요한 기준이 되는 자료인 규준을 활용하는 방식이다.
- 상대평가를 위해 대상자집단(규준집단)의 점수분포를 고려하며, 개인의 점수를 해당분포에 비추어 상대적으로 파악한다. 이때 점수분포가 곧 규준(Norm)에 해당한다.
- 정규분포와 같이 이상적인 점수분포를 이용해서 개인의 점수를 상대적으로 평가한다.
- 보통 표준화된 점수를 사용한다.
- 원점수를 어떤 상대적 위치로 바꾼 유도(derived)점수를 이용한다.
- 규준을 참조하여 검사결과를 해석한다.

- 다른 사람들의 점수와 개인의 점수를 비교하는 데 목적을 둔다.
- NEO - PI - R은 규준참조검사에 속한다.
- 개인의 점수는 동일한 검사를 수행한 다른 사람들의 점수와 비교해서 해석한다.
- 다른 사람의 수행 수준과 비교하여 점수를 해석한다.

2 표준화 검사를 위한 표집방법

1 확률 표집방법

1 단순 무작위 표집(Simple random sampling)

- 무작위로 추출한다.
- 모집단 내에서 개별적인 사례나 개인이 표본으로 선택될 확률이 동일하고, 각각의 선택이 서로 간에 영향을 미치지 않도록 표본을 추출하는 방법이다.
- 예를 들어 학생 80명 중 3, 6, 12, 45, 48, 50, 57, 68, 71, 77 번호로 10명을 무작위(random)로 추출한다.

2 유층(층화)표집(stratified sampling)

- 유층표집은 전집을 여러 개의 하위집단으로 나눈 후 하위 집단 내에서의 비율을 고려하여 무선표집하는 방법이다.
- 모집단을 몇 개의 하위집단으로 나누고 각 하위집단마다 무선표집하는 방법이다.
- 모집단이 규모가 다른 몇 개의 이질집단으로 구성되어 있는 경우에 사용한다.
- 예를 들어, 부산 시내 고등학교 학생들을 대상으로 어떤 조사를 실시한다고 했을 때, 고등학교를 일반고등학교, 특성화고등학교, 예술고등학교 등 하위 계층으로 나누고 각 계층에서 필요한 만큼 무선표집한다.

3 군집표집(cluster sampling)

- 모집단을 동질적인 하위집단으로 구분하여 집단 자체를 표집하는 방법이다.
- 예를 들어 경기도 주민을 대상으로 청소년 문제에 관한 의견조사를 할 때, 경기도의 시·군 중 에서 몇 개의 시·군을 추출하는 경우이다.

4 체계적 표집(systematic sampling)

- 모집단 목록에서 일정한 표집간격에 따라 매 K번째 사람을 표집하는 방법이다.
- 예를 들어 1,000명의 회원명부에서 100명을 선발하기 위해 최초표본을 무작위로 뽑은 후 그 회원번호가 5번으로 끝난다면 15, 25, 35 등의 번호로 표본을 선정한다.

1 편의표집(convenience sampling) 또는 가용성 표집(availability sampling)

- 연구자의 편의에 따라 혹은 연구자가 가용할 수 있는 요소를 표집하는 기법. 교실에서 이루어지는 설문이나 상점 입구에서 이루어지는 설문 등이 포함된다.
- 예를 들어 청소년 스마트폰 중독 연구를 위해 놀이공원에 방문한 청소년을 대상으로 자료를 수집했다.
- 예를 들어 서울시 정책에 대한 시민 의견 알아보기 위해 광화문 네거리에서 마주친 200명을 수집했다.

2 할당 표집(quota sampling)

- 층화변수(stratification variable)를 기반으로 할당표(quota matrix)를 구성한 후, 이를 기반으로 응답자를 비확률표집기법으로 표집하는 방법이다. 가장 많이 쓰이는 기법이다.
- 기준변수를 중심으로 전체모집단을 하위모집단으로 구분한 후에 기준변수의 비율에 맞는 하위표본을 수집한다.

3 판단 표집(judgemental sampling) 또는 표적 표집(purposive sampling)

- 연구의 목적에 맞는 사례들을 연구자의 판단에 따라 선택적으로 수집하는 기법이다. 즉 연구자의 주관적 판단에 근거한 표집기법이다.
- 예를 들어 희귀병 앓고 있는 환자, 성소수자 집단 등 특수하거나 사회적 소수자 집단 등의 수집이다.

4 눈덩이표집(snowball sampling)

- 네트워크 구조를 이용해 표본을 확보한다는 것이 핵심이다.
- 특정한 사람을 연구표본에 포함시킨 후 해당 사람과 연결된 사람들을 추가로 연구표본에 포함시키는 방식으로, 마치 눈덩이가 점점 불어나듯 연구표본에 포함되는 사람들의 수를 증가시키는 수집방법이다. 매우 효율적으로 해당 대상들을 표집할 수 있다.
- 예를 들어 과거 알코올중독자가 언제 알코올의 유혹을 느끼는지 조사한다. 이때 금주 모임의 네트워크 이용하면 매우 빠르고 효율적으로 과거 알코올중독자 표본을 모을 수 있다.

CHAPTER 12 | 변인 척도

1 변인 척도

• 척도란 측정을 하기 위한 도구로서, 수치를 부여하는데 사용된다.

2 척도의 종류

명명척도	• 가장 낮은 수준의 척도로 단지 측정대상 속성 간의 차이만 구분할 수 있다. • 변수 간에 명확한 순서나 크기의 개념이 없으며, 각 항목은 독립적으로 분류된다. • 개별 항목을 구분하고 분류하기 위한 척도이다. • 대상을 공통속성에 근거하여 둘 이상의 범주로 유목화하는 것이다. • 구별성의 특성을 가지고 있다. • 개인 간의 순위에 관한 정보를 알 수 없다. • 일반적으로 비모수통계가 적용된다. • 성별, 운동선수의 등번호, 종교, 직업, 인종 등이 예시이다.
서열척도	• 항목들을 순서대로 나열하고 상대적인 크기나 순위를 부여하는 척도이다. • 항목들 간의 순서가 중요하지만, 각 항목들 간의 간격이나 차이를 정량적으로 측정할 수는 없다. • 서열척도는 단위 사이의 간격에 관한 정보가 없다. • 단위 사이의 간격에 관한 정보가 없다. • 한 학급의 영어성적 석차는 서열척도에 해당한다. • 순위에 대한 정보를 포함한다. • 일반적으로 비모수통계가 직용된다. • 서열척도는 변수의 순서나 상대적인 크기를 표현할 수 있는 척도이다. • 백분위 점수, 사회경제적 지위 상중하, 선호도, 서비스 효율성 평가, 석차, 청소년 상담사 자격증 급수 등이 예시이다.
등간척도	• 각 측정값 간의 간격이 동일하게 정의된 척도이다. • 측정치 간에 등간성이 있다. • 수치 사이의 간격이 동일하다는 정보를 제공한다. • 명명척도와 서열척도의 특징을 모두 가지고 있으면서 변수 간의 간격을 일정하게 유지하는 척도이다. • 등간척도는 서열사이의 간격이 동일하지만 절대영점은 존재하지 않는 척도이다. • 수치 간의 비율적 정보는 가능하지 않다. • 등간척도는 연속변수이다. • 등간척도는 선형변환이 가능하다. • 가감(+ −)은 가능하지만 승제(× ÷)는 가능하지 않다. • 대부분의 심리검사는 등간척도를 사용한다. • 온도(섭씨, 화씨), IQ(지능), 시험점수 등이 예시이다.

<table>
<tr><td rowspan="11">비
율
척
도</td><td>• 비율척도는 대상을 절대 영점을 가진 동일 - 단위의 척도로 평정하는 것이다.</td></tr>
<tr><td>• 비율척도는 등간척도의 특성을 모두 가지면서, 절대적 기준이 되는 0점을 포함하는 척도이다.</td></tr>
<tr><td>• 절대영점이 존재, 가정한다</td></tr>
<tr><td>• 비율척도는 선형변환이 가능하다.</td></tr>
<tr><td>• 비율척도는 연속변수이다.</td></tr>
<tr><td>• 비율척도는 일반적으로 모수통계가 적용된다. 중앙값, 평균, 분산, 표준편차 등을 포함한 대부분의 통계적 연산이 가능하다.</td></tr>
<tr><td>• 사칙연산 = 가감승제(+ - × ÷)가 가능하다.</td></tr>
<tr><td>• 비율척도가 가장 높은 수준의 척도이다.</td></tr>
<tr><td>• 비율척도는 연구와 실험에서 가장 널리 사용되는 척도로, 다양한 데이터 분석 방법에 활용될 수 있다.</td></tr>
<tr><td>• 시속(km/h)은 속도가 0이 있기 때문에 비율척도다.</td></tr>
<tr><td>• 연령, 키, 무게, 수입, 출생률, 사망률, 이혼율, 졸업생 수, 토익시험 점수 등이 예시다.</td></tr>
</table>

3 척도의 구성

1 써스톤 척도

• 보통 12~46개의 문항으로 구성된다.

• 측정 변인의 연속선상에서 문항이 놓이는 위치가 그 문항의 척도값이 된다.

• 척도값은 주어진 문항에 대해 일치한다고 반응한 수집자에게 주어지는 점수이다.

• 수검자의 점수는 자신과 일치한다고 표시한 문항들의 척도치를 모두 합해서 그것을 문항수로 나눈 값이다.

• 수검자의 최종점수는 자신이 선택한 문항 척도값들의 중앙치가 된다.

2 리커트(R. Likert)의 누적평정법(Method of summated rating)

• 양극단의 의견을 아우르는 다양한 답변을 사용하며, 때로는 간혹 중간 또는 중립적인 답변을 포함하기도 한다.

• 측정하려고 하는 특성에 관해 5단계(전혀 그렇지 않다/그렇지 않다/잘 모르겠다/그렇다/ 매우 그렇다)로 나누어 수검자가 동의하는 어느 하나에 표시하도록 하는 것이다.

• 리커트 척도는 순위는 정할 수 있으나 서열의 크기와 정도는 비교할 수 없다.

3 가트만(L. Guttman)의 척도분석법(Method of scale analysis)

• 써스톤 척도와 비슷하지만 길이가 더 짧고 6~7문항으로 구성되었다.

• 최선의 가트만 척도를 구성하기 위해서는 오차에 대한 기준이 필요하다.

4 오스굿(C. Osgood)의 의미판별법(Semantic differential technique)

- 대상과 관련된 각 쌍의 형용사를 양 극단에 적고 그 사이에 정도를 표시할 수 있는 칸을 만들어 피검자의 반응을 이끌어 내는 척도다.
- 형용사는 공통적인 평가의 의미를 가지고 있어야 한다.
- 예를 들면, 친구들에 대한 감정을 확인하려는 평가에서는 좋은·나쁜, 친절한·잔악한, 정직한·부정직한 등이 대표적인 형용사가 될 수 있다. 검사에서는 각 형용사의 쌍에서 자신의 위치가 어느 정도인지를 V표로 표시하도록 한다.

> **의미변별척도의 장점**
>
> - 의미변별척도의 자료는 집단적으로 묶어서 분석할 수도 있고 개인별로도 할 수 있다.
> - 척도를 개발하기도 쉽고 실시하기도 쉽다.
> - 어떤 한 학생이나 학생집단에 대하여 서로 다른 방향을 지닌 정의적 특성을 비교하기 위해 이 척도를 사용할 수 있다.
> - 척도 자체가 반응자들에게 어떤 위협적인 것으로 생각되지 않는 경향이 있다.

> **의미변별척도의 단점**
>
> - 똑같은 형용사 쌍이라도 수검자들의 개별적인 경험에 따라 각기 다른 의미로 인식될 수 있다.
> - 동일한 대상자의 다른 특성에 대해서는 평가와 의미부여가 달라 일관성이 없는 경우가 많다.
> - 동일한 대상에게 여러 가지 유사한 개념들을 사용할 경우, 수검자들이 과제에 흥미를 잃고 지루해할 수 있다.
> - 형용사 쌍이 중복된다고 판단될 경우 나중 반응은 별 의미가 없을 수 있다.
> - 형용사의 의미는 측정하려는 정의적 특성의 대상에 따라서 달라질 수 있다.

5 형용사 체크리스트

- 긴장과 불안과 관련된 형용사는 긴장한, 동요되는, 안절부절 못하는, 허겁지겁한, 이완된, 불편한, 들떠있는, 신경질적인, 불안함이 있다.
- 분노와 적의와 관련된 형용사는 화가 난, 짜증나는, 시무룩한, 심술이 난, 귀찮은, 분개한, 씁쓸한, 싸우고 싶은, 반항적인, 기만당한, 격분한, 기분이 언짢은 등이 있다.
- 감정과 기분을 묘사하는 여러 가지 단어에 체크(V표시)한다.

6 강제선택형 척도 / 진위형 척도

- 예시로는 매우 반대 혹은 매우 찬성 / 예 혹은 아니오

7 중다선택형 척도

- 예시로는 4지 선택형, 5지 선택형

4 사회성 측정법

1 모레노(J. Moreno)의 사회성측정법(Sociometry)

- 제한된 집단 성원 상호 간의 반응을 끌어내어 집단의 성질, 구조, 역동성, 상호작용의 관계를 분석하는 방법이다.
- 동료평정방법(교우관계), 지명법(진술문에 맞는 사람의 이름을 선정), 사회도(소시오그램), 사회적
  거리추정방법(집단의 사회적 역동성 파악)등이 있다.
- 단순하고 실시가 용이하다.

2 보가더스(Bogardus)의 사회적 거리(social distance) 척도

- 보가더스가 인종적 편견의 강도를 측정하기 위해 제시한 척도로서, 누적척도에 해당된다.
- 응답자 자신과 다른 사회적 범주(국적, 인종)의 구성원 간에 인지되는 거리감을 측정한다.
- 보가더스가 인종적 편견의 강도를 측정하기 위해 제시한 척도로 친밀감의 정도를 사회적 거리라는 개념으로
  정의하고 이를 측정하기 위한 몇개의 하위 문항으로 구성된다. 단순히 사회적 거리의 원근의 순위만을 표시한
  것이지 민족 같은 친밀한 정도의 크기를 나타내지 않는다.
- 예시로는
  1. 가족으로 받아들일 수 있다.
  2. 친구로 받아들일 수 있다.
  3. 이웃으로 받아들일 수 있다.
  4. 같은 지역 사회의 구성원으로 받아들일 수 있다.
  5. 같은 나라의 국민으로는 괜찮다.
  6. 이민자로는 괜찮다.
  7. 절대 받아들일 수 없다.

🔍 틀린 문장

- 성별은 서열척도이다. → 성별은 명명척도다.
- 운동선수의 등번호는 비율척도이다. → 운동선수의 등번호는 명명척도다.
- 온도는 명명척도이다. → 온도는 등간척도다.
- 토익(TOEIC)시험의 점수는 비율척도의 한 사례이다. → 토익시험 점수는 등간척도다.
- 대부분의 심리검사는 비율척도를 사용한다. → 대부분의 심리검사는 등간척도를 사용한다.
- 비율척도는 서열사이의 간격이 동일하지만 절대영점은 존재하지 않는 척도이다. → 등간척도는 서열사이의 간격이 동일하지만 절대영점은 존재하지 않는 척도이다.
- 서열척도는 연속변수이다. → 등간척도, 비율척도는 연속변수다.
- 비율척도는 절대영점이 존재하지 않는다. → 비율척도는 절대영점이 존재한다.
- 시속(km/h)은 등간척도에 해당한다. → 시속(km/h)은 속도가 0이 있기 때문에 비율척도다.
- 서열척도는 대상을 절대 영점을 가진 동일 - 단위의 척도로 평정하는 것이다. → 비율척도는 대상을 절대 영점을 가진 동일 - 단위의 척도로 평정하는 것이다.
- 비율척도는 일반적으로 비모수통계가 적용된다. → 비율척도는 일반적으로 모수통계가 적용된다.
- 등간척도는 가장 높은 수준의 척도이다. → 비율척도가 가장 높은 수준의 척도이다.
- 의미변별척도의 단점에서 똑같은 형용사 쌍이라도 수검자들의 개별적인 경험에 따라 각기 다른 의미로 인식될 수 있다. → 형용사는 공통적인 평가의 의미를 가지고 있어야 한다.
- 의미변별척도의 단점에서 동일한 대상자의 다른 특성에 대해서는 평가와 의미부여가 달라 일관성이 없는 경우가 많다. → 일관성이 있는 편이다.
- 의미변별척도의 단점에서 동일한 대상에게 여러 가지 유사한 개념들을 사용할 경우, 수검자들이 과제에 흥미를 잃고 지루해 할 수 있다. → X
- 의미변별척도의 단점에서 형용사 쌍이 중복된다고 판단될 경우 나중 반응은 별 의미가 없을 수 있다. → X

CHAPTER 13 심리통계의 여러 개념
(표준편차, 정규분포곡선, Z점수, T점수, 스테나인점수, 백분위)

1 심리통계의 기본개념

- 표준편차(standard deviation)와 분산(variance)은 변산도(변할 변, 흩을 산)를 측정하는 지표이다.
- 분산도는 자료의 대체적이고 전반적인 분포가 평균을 중심으로 어느 정도로 밀집 혹은 분산되어 있는지를 설명해주는 자료이다.
- 분산도가 작다는 것은 측정치가 평균에 보다 밀집해 있다는 것이고 분산도가 크다는 것은 측정치가 평균에서 멀리 분산되어 있다는 것을 의미한다.
- 변산도는 한 집단의 점수 분포의 흩어진 정도를 요약해 주는 지수이다.
- 변산도는 범위, 사분편차, 평균편차, 표준편차가 있으며, 집단의 각 점수들이 평균에서 벗어난 평균거리를 의미한다.
  ✓ 범위: 데이터에서 최대값과 최소값의 차이다.
- 표준편차가 클수록 관측값 중에서 평균에서 떨어진 값이 많이 존재하는 것이다.
- 표준편차는 관측 값의 산포의 정도를 나타낸다.
- 모수치(parameter)는 전집의 수량적 특성을 의미한다.
- 비모수통계는 모집단의 확률분포가 정상분포를 따르지 않을 때 사용하는 방법이다.
- 비모수 통계는 자료의 표본(sample) 수가 적을 때, 자료들이 서로 독립적일 때, 변인의 척도가 명명척도나 서열척도일 때 사용하는 방법이다.
- 변인(variable)은 연구자가 관심을 가지는 연구대상의 속성을 의미한다.
- 표본(sample)은 전집의 하위집단이다.
- 집중경향치는 한 집단의 점수 분포를 나타내는 대표치에 해당한다.
- 중앙치는 점수 분포의 중간, 전체 사례를 상위 1/2와 하위 1/2로 나누는 값을 말한다,
- 최빈치(mode)는 분포 내에서 가장 빈도가 높은 점수이다.

1 측정의 표준오차(SEM:standard error of measurement)

- 관찰점수의 표준편차와 신뢰도 계수를 사용하여 추정한다.
- 검사에서 한 개인이 실제로 얻은 관찰점수는 진점수(true score)와 오차점수(error score)의 합으로 본다.
- 검사자가 알고자 하는 것은 진점수인데, 검사를 통하여 측정한 관찰점수에는 진점수와 오차점수가 함께 섞여 있다. 오차점수는 + 일 때도 있고, - 일 때도 있으며, 0일 경우도 있다. 오차점수가 0이 아닐 경우 관찰점수는 진점수를 과대 혹은 과소 평가하게 된다.
- 측정의 표준오차(SEM)는 관찰점수를 가지고 진점수를 추정하는 데서 발생하는 오차의 정도를 따지는 문제와 관련이 있다. 예를 들어, 어느 학생의 키를 측정한다고 하자. 키를 여러 번 측정하여 얻은 관찰점수는 어떤 분포를 이룰 것이고, 이 점수분포에서 평균과 표준편차를 구할 수 있다. 그러면 이때 얻은 평균치는 그 키의 진짜 길이, 즉 진점수가 되고 표준편차는 측정의 표준오차가 된다.
- 이론상으로는 오차 점수의 표집분포에서 표준편차를 계산하여 측정의 표준오차를 구하지만, 실제로는 한 집단에서 얻은 점수분포의 표준편차(SD)와 검사의 신뢰도를 근거로 하여 측정의 표준오차를 추정한다.

2 정규분포(normal distribution)

- 자료의 형태, 분포를 나타내주는 하나의 그래프다.
- 하나의 꼭지를 갖는 좌우 대칭적인 연속적 변인의 분포로서, 가장 중요하고 널리 사용된다.

3 정규분포곡선(normal distribution curve)

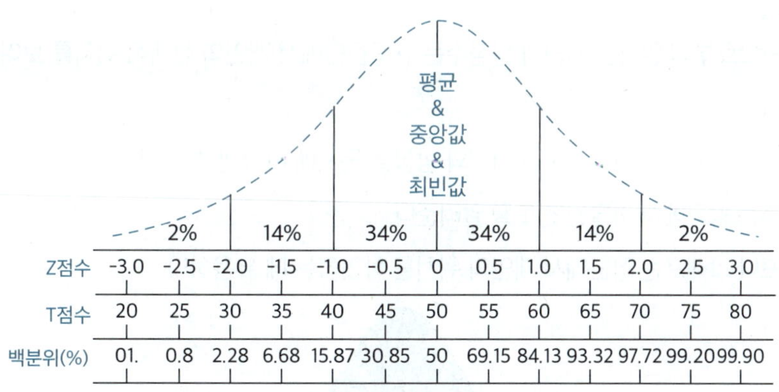

- 큰 규모의 인구집단을 조사했을때 얻을수 있는 대부분의 데이터들은 통계적으로 정규분포 곡선을 따른다라고 한다.
- 어떤 것을 측정한 결과가 얻어진 실제 자료의 분포가 아니라, 전체 사례 수 N이 무한히 크다고 가정하였을 경우, 얻어진 이론적인 분포이다.
- 정규분포곡선의 위치와 모양은 평균과 표준편차에 의하여 결정된다.

- X축에 접근하는 대칭적 종모양을 엎어놓은 양상을 보이는 분포이다.
- 정규분포곡선은 연속적 변인의 분포다.
- 정규분포곡선은 좌우 대칭이며 하나의 꼭지를 가진 분포다.
- 정상분포에 해당하는 것으로서, 평균치가 최빈치 및 중앙치와 일치하고 좌우대칭이다.
- 평균을 중심으로 연속적 · 대칭적 종 모양 형태를 지니며, 평균값이 최빈값 및 중앙값(중위수)과 일치하는 정상분포에 해당한다.
- 중앙치에 사례 수가 모여 있고, 양극단으로 갈수록 무한히 X축(0)에 접근할 뿐 X축(0)에 닿지는 않는다.
- 전체 면적은 항상 1이다. 표준편차가 작은 경우 종의 높이가 높아지며 폭은 좁아지고, 반대로 표준편차가 크면 종의 높이가 낮아지고, 옆으로 넓어진다.
- 정규분포의 끝은 x축에 닿는 게 아니라 수학적으로 좌우로 무한하기 때문에 끝이 0.999999999로 무한대로 간다.

4 규준(점수)의 의미(≒ 표준점수 ∋ Z점수, T점수, 스테나인점수, 백분위)

- 원점수를 표준화된 집단의 검사점수와 비교하기 위한 개념으로 대표집단의 검사점수 분포도를 작성하여 개인의 점수를 해석하기 위한 기준이다.
- 규준은 규준집단의 점수 분포를 반영한다.
- 규준집단에서 개인의 위치를 알아보기 위해 유도된 점수(derived score)를 사용한다.

1 규준의 종류

① 집단 내 규준

ㄱ. 표준점수

- 규준집단으로부터 얻어진 개인의 원점수는 규준집단에서 개인의 상대적 위치를 보여주는 표준점수로 변환된다.
- 표준점수는 평균으로부터 떨어진 거리와 방향을 동시에 나타낼 수 있다.
- 표준점수는 평균에서 이탈된 정도를 알려준다.
- 빈도분포나 그래프는 집단에서 개인의 위치를 확인하는 데 유용하다.

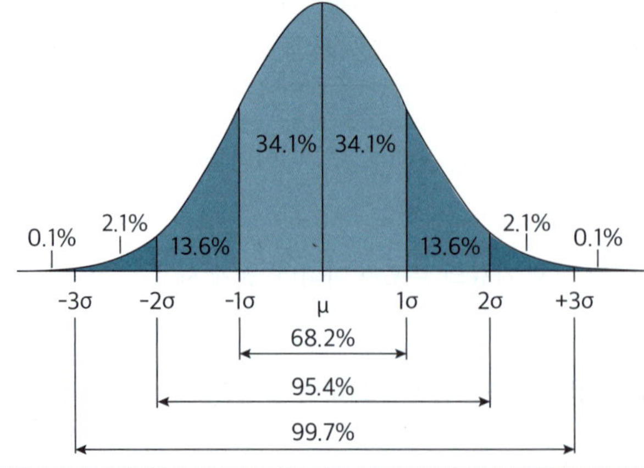

ㄴ. Z점수

- 일종의 표준점수다.
- Z점수는 평균(M)이 0, 표준편차(SD)가 1이다.
- 평균값 0에서 전체 도수의 34.13%가 속해 있는 Z값은 1, 47.72%가 속해 있는 Z값은 2이다.
- −1과 1 사이의 Z값은 68.26%, −2와 2 사이의 Z값은 95.44%, −3과 3 사이의 Z값은 99.74%로 나타난다.
- 표본이 크고 이질적일수록 정규분포에 더 가까운 모양으로 나타난다.
- Z = (개인점수 − 준거집단 평균점수) / 표준편차
- Z점수를 알면 T점수를 계산할 수 있다. Z점수 × 10 + 50, Z = +1.5, T=65
- Z점수 0에 해당하는 웩슬러(Wechsler) 지능검사 편차 IQ는 100이다.

ㄷ. T점수에 관한 설명

- 일종의 표준점수다.
- Z점수는 − 값을 취하거나 소수점이 있어 불편하므로 이것을 해소하기 위하여 생각해 낸 것이 T점수다.
- T점수로 변환하면 상이한 검사에서 측정된 점수에 대한 비교가 가능하다.
- T점수의 평균(M)은 50, 표준편차(SD)는 10이다.
- Z점수를 알면 T점수를 계산할 수 있다. T= 10Z+ 50, Z가 1이면, T점수는 60이다.
- 평균과 표준편차가 60, 15인 규준집단에서 원점수 90의 T점수는 70이다.
- 심리학개론 시험성적이 정규분포를 이루고 평균이 60, 표준편차가 10이라고 할 때 75점에 해당하는 Z점수와 T점수는 Z=+1.5, T=65
- T점수와 스테나인(stanine)은 정규화된 표준점수이다.

ㄹ. 스테나인(stanine) 점수에 관한 설명

- 'standard nine − point score'의 약자로 9구간 점수 또는 9단계 점수다.
- 1에서 9까지의 구간점수를 가지며 5점 구간에 평균이 포함된다.
- 백분위 50에 해당하는 스테나인(stanine)의 점수는 5이다.
- 스테나인 점수 5에 해당하는 백분율은 20%이다.

1	2	3	4	5	6	7	8	9
4%	7%	12%	17%	20%	17%	12%	7%	4%

ㅁ. 백분위 점수(percentile score)에 관한 설명
- 백분위는 규준집단에서 특정 원점수 이하에 속하는 사례의 비율이다.
- 백분위는 규준집단에서 주어진 점수보다 낮은 점수를 받은 사람의 비율이다.
- 백분위는 수검자의 상대적 위치를 알려준다.
- 규준집단 내에서 수검자의 상대적 위치를 알 수 있다.
- 원점수가 같아도 백분위는 속한 규준집단에 따라 다르게 나타날 수 있다.
- 백분위 점수는 원점수의 최저 점수부터 정한다.
- 백분위 점수가 낮을수록 개인의 원점수는 낮다.
- 객관적 검사의 경우 백분위 점수는 검사대상에 관계없이 사용할 수 있다.
- 백분위 점수는 서열척도이다.
- 백분위 50은 중앙치에 해당한다.

② 발달규준
- 수검자가 정상적인 발달경로에서 얼마나 이탈해 있는지를 표현하는 방식으로, 수검자의 생활연령과 정신연령을 함께 표시한다.

ㄱ. 연령규준
- 개인의 점수를 규준집단에 있는 사람들의 연령에 비교해서 몇살에 해당하는지 해석할 수 있는 방법이다.
- 연령규준을 설정할 때 성인보다 아동의 경우 연(월) 간격을 좁게 한다.

ㄴ. 학년규준
- 연령규준과 마찬가지로 주로 성취도 검사에서 이용하기 위해 학년별 평균이나 중앙치를 이용해서 규준을 제작하는 방법이다.

ㄷ. 서열규준
- 한 개인의 행동이 어느 발달단계에 도달해 있는지를 나타내는 방법이다.

ㄹ. 추적규준
- 각 개인의 발달양상을 동일 연령집단의 발달곡선을 통해 비교함으로써 연령의 증가에 따른 발달양상을 추적 또는 예측하는 방법이다.
- 연령별로 동일한 백분위를 갖는다고 가정한다.

③ 전국규준
- 어떤 검사를 표준화할 때 전국적으로 거주지역, 연령, 남녀, 사회계층, 교육수준, 종교 등과 같은 인구통계학적 유층을 고려하여 모집단을 대표할 수 있도록 표집한 규준집단에서 수집 한 자료를 사용하여 작성한 규준이다.

④ 특수규준
- 검사의 특정 목적에 맞추어 엄밀히 규정한 규준이다.

🔍 틀린 문장

- 원점수는 규준집단에서 개인의 상대적 위치에 관한 정보를 제공한다. → 표준점수는 규준집단에서 개인의 상대적 위치에 관한 정보를 제공한다.
- Z점수는 2.5보다 큰 값이 나올 수 없다. → 나올 수 있다.
- Z점수는 음의 값이 나올 수 없다. → Z점수는 음의 값이 있다.
- Z점수의 평균은 10이고 분산은 5이다. → Z점수의 평균은 0이고, 표준편차는 1이다.
- T점수의 평균은 50이고 표준편차는 15이다. → T점수의 평균은 50이고 표준편차는 10이다.
- T점수는 평균이 50, 표준편차가 5이다. → T점수는 평균이 50, 표준편차가 10이다.
- T점수 계산 공식은 검사 유형에 따라 달라진다. → T점수 계산 공식은 검사 유형에 상관없이 동일하다.
- T점수에 관한 설명으로 정규분포를 이루지 않는다. → 정규분포곡선을 이루고 일종의 표준점수이다.
- T점수에 관한 설명으로 -값이 나온다는 단점이 있다. → Z점수가 -값이 나온다는 단점이 있다.
- T점수에 관한 설명으로 중앙치와 최빈치를 사용하여 계산한다. → X
- 평균 50점, 표준편차 10점인 정규분포에서 원점수 30점에 해당하는 T점수는 20이다. → T점수는 30이다.
- 스테나인 점수는 정상분포상 점수 9에 가장 많은 사례가 위치한다. → 스테나인 점수는 정상분포상 점수 5에 가장 많은 사례가 위치한다.
- 스테나인(stanine) 점수는 원점수를 0 ~ 8까지의 범주로 나눈 것이다. → 스테나인(stanine) 점수는 원점수를 1 ~ 9까지의 범주로 나눈 것이다.
- 스테나인(stanine)의 점수범위는 10~90이다. → 스테나인(stanine) 점수는 원점수를 1 ~ 9까지의 범주로 나눈 것이다.
- 백분위가 높을수록 그 개인의 원점수는 낮아진다. → 백분위가 높을수록 개인의 원점수는 높아진다.
- 백분위 점수는 등간척도이다. → 백분위는 서열척도이다.
- 편차 IQ는 집단 간 규준에 해당한다. → 편차 IQ는 집단 내 규준에 해당한다.
- 백분위 50과 59인 두 사람의 원점수 차이는 백분위 90과 99인 두 사람의 원점수 차이와 같다. → 백분위는 서열척도이기 때문에 원점수 차이가 같지 않다.
- 백분위 점수 40과 50의 원점수 차이와 백분위 점수 80과 90의 원점수 차이는 같다. → 백분위는 서열척도이기 때문에 원점수 차이가 같지 않다.
- Pearson 상관계수(r)의 범위는 0부터 1까지이다. → Pearson 상관계수(r)의 범위는 -1 과 1 사이 값을 가진다.
  백분위 점수는 서열척도이다.
- 백분위 80은 '백분위 80에 해당하는 점수보다 높은 점수를 받은 사람이 전체 사례의 80%이다'라는 것을 의미한다. → 백분위는 서열척도이기 때문에 백분위가 80이라고 80%가 아니다.
- 측정의 표준오차(SEM)에 관한 설명으로 표준오차는 관찰점수들의 합으로 계산한다. → 신섬수(true score)와 오차점수(error score)의 합으로 본다.
- 측정의 표준오차(SEM)에 관한 설명으로 표준오차가 클수록 점수들 간의 이질성은 낮아진다. → 높아진다.
- 측정의 표준오차(SEM)에 관한 설명으로 신뢰구간을 계산할 때 표준오차를 사용하지 못한다. → 신뢰구간 계산에는 추정의 표준오차(SE)가 필요하며, 측정의 표준오차(SEM)는 개인의 진점수 신뢰구간을 설정하는 데 필수적으로 사용된다.
- 측정의 표준오차(SEM)에 관한 설명으로 표준오차는 정규분포를 이루지 않는다. → 이론상으로는 오차 점수의 표집분포에서 표준편차를 계산하여 측정의 표준오차를 구하지만, 실제로는 한 집단에서 얻은 점수분포의 표준편차(SD)와 검사의 신뢰도를 근거로 하여 측정의 표준오차를 추정한다.
- 하나의 규준은 다양한 분포로 이루어진다. → X

14 | 신뢰도와 타당도

1 신뢰도(reliability)

- 동일한 대상에 대해 같거나 유사한 측정도구를 사용하여 반복적으로 측정할 경우, 동일하거나 비슷한 결과를 얻을 수 있는 정도를 나타낸다.
- 신뢰도는 측정점수의 일관성을 의미한다. = 신뢰도는 측정의 일관성 문제와 관련된다.
- 신뢰도는 검사측정치가 얼마나 일관적인가를 의미한다.
- 검사점수의 일관성과 반복 가능성을 의미한다.
- 신뢰도는 측정의 안정성을 나타낸다.
- 신뢰도는 문항 수의 영향을 받는다.
- 문항들의 내용이 동질적일수록 신뢰도는 높아진다.
- 신뢰도는 관찰점수(진점수 + 오차점수)의 변량 중 진점수의 변량이 차지하는 비율이다.

1 신뢰도의 종류

1 검사 - 재검사 신뢰도

- 동일한 대상에 동일한 측정도구를 서로 상이한 시간에 두번 측정한 다음 그 결과를 비교한다.
- 검사 - 재검사법은 두 검사 간의 시간간격을 고려한다.
- 검사 - 재검사 신뢰도는 검사와 재검사 간 시간 간격의 영향을 받는다.
- 검사 - 재검사 신뢰도에서 시간 간격은 오차의 원인이 된다.
- 검사실시 간격은 오차의 원인이 되며, 신뢰도 계수에도 영향을 미친다. 검사 간격이 짧은 경우 신뢰도가 높게 나타나는 반면, 검사 간격이 긴 경우 신뢰도가 상대적으로 낮게 나타난다.
- 검사 - 재검사 신뢰도는 검사점수의 안정성에 대한 지표이다.
- 검사 - 재검사 신뢰도를 안정성계수라고도 한다.
- 검사 - 재검사 신뢰도는 검사 실시 간격에 따라 신뢰도 계수가 다르게 추정될 수 있다.
- 연습효과는 기억효과로 인해 후의 시험결과가 높게 나타날 수 있어 검사 - 재검사 신뢰도에 영향을 미친다.

① 검사 - 재검사 신뢰도에 영향 미치는 요인(단점)

  ㄱ. 이월효과

    검사 간 시간 간격이 짧을 경우, 첫 번째 검사의 답을 기억해 두 번째 검사에 활용할 수 있다

  ㄴ. 성숙효과

    검사 간 시간 간격이 길 경우, 수검자의 특성이 변할 수 있다

  ㄷ. 개인적 요인의 변화

    검사 시기의 수검자의 정신적, 신체적 상태변화가 검사 결과에 영향을 미칠 수 있다

  ㄹ. 환경적 요인의 변화

    검사 시기의 환경적 변화가 검사 결과에 영향을 미칠 수 있다

2 동형검사 신뢰도

- 두 개 이상의 유사한 측정도구를 사용하여 동일한 표본에 적용한 결과를 서로 비교하여 신뢰도를 추정하는 방법이다.
- 동형법은 검사 - 재검사법의 단점을 보완할 수 있다. = 검사 - 재검사 신뢰도의 제한점을 보완하는 한 방법이다.
- 동형검사신뢰도는 검사 - 재검사 신뢰도의 측정시기의 차이에 따른 문제점을 보완해 준다.
- 각각의 측정도구가 매우 유사해야만 신뢰도를 추정할 수 있는 수단으로 인정받을 수 있다.
- 문항수, 문항 표현방식, 문항 내용 및 범위, 문항난이도, 검사 지시내용, 구체적인 설명, 시간제한 등 다양한 측면에서 동등성이 검증되어야 한다.
- 검사내용의 차이에 따른 오차가 생길 수 있다.
- 동형성 계수(적률상관계수)를 통해 추정할 수 있다.
- 완벽한 동형검사를 제작하기 어렵다.

3 반분신뢰도

- 검사를 한 번 실시한 후 이를 적절한 방법에 의해 두 부분의 점수로 분할하여, 그 각각을 독립된 두 개의 척도를 사용하여 신뢰도를 추정한다.
- 단 한번의 시행으로 신뢰도를 구할 수 있으나, 반분하는 방식에 따라 각기 다른 신뢰도를 추정하므로 단일의 측정치를 산출하지 못한다.
- 검사 문항수가 증가하면 반분신뢰도는 높아진다.
- 반분된 두 검사 간에 얻어진 신뢰도 계수는 어디까지나 반분된 검사의 신뢰도이므로, 실제 사용되는 전체 검사의 신뢰도를 추정하기 위해서는 스피어만 - 브라운 공식을 사용하여 교정한다.

- 반분법은 신뢰도를 과소 추정하게 된다. = 신뢰도가 과소평가 되는 경향이 있다는 단점이 있다.
- 반분신뢰도는 검사 - 재검사 신뢰도보다 비용 측면에서 장점이 있다.
- 반분신뢰도를 추정하기 위해 가장 많이 사용하는 방법에는 짝진 임의배치법, 전후 반분법, 기우 반분법이 있다.
- 짝진 임의 배치법은 반분신뢰도를 구할 때 쓰는 방법이다.

4 문항내적 합치도(내적 일관성 분석법)

- 한 검사 내에 있는 문항 하나하나를 각각 독립된 별개의 검사로 간주하여, 문항들 간 정답과 오답 사이의 일관성을 일종의 상관계수로 표시한다.
- 내적일관성 방법은 단일시행으로 신뢰도 계수를 구할 수 있다.
- 반분신뢰도의 개념을 더욱 확장시킨 것이다.

① 문항내적 합치도(내적 일관성 분석법)의 종류

쿠더 - 리차드슨 20(KR - 20)	• '예/아니오' 또는 '정(正)/오(誤)'로 되어 있는 이분채점문항 검사에 사용된다 • 검사문항 간(inter - item) 정답과 오답의 일관성을 종합적으로 측정하는 상관계수이다 • 문항점수가 0과 1일 때 사용한다 • Kuder Richardson 계수를 사용한다
쿠더 - 리차드슨 21(KR - 21)	• 문항점수가 리커트 척도와 같이 1, 2, 3, 4, 5점과 같을 때 검사의 신뢰도를 추정하는 방법이다.
크론바흐 알파계수 (Cronbach's Alpha Coefficient)	• 신뢰도 측정의 계수를 '크론바흐 알파(α)값'이라 한다 • 내적 일관성 분석법에 따라 신뢰도를 측정하는 척도이다 • 신뢰도가 낮은 경우 신뢰도를 저해하는 항목을 찾을 수 있다 • 계수는 0~1의 값을 가지며, 값이 높을수록 신뢰도가 높다 • α는 0.7 이상이 바람직하며, 0.8~0.9 정도를 신뢰도가 높은 것으로 본다
호이트(Hoyt) 신뢰도	• 1941년 분산분석의 반복설계를 이용하여 호이트(Hoyt)에 의하여 제안된 방법이다

✓ 내적합치도 확인할 수 있는 신뢰도 계수는 반분신뢰도 계수, Cronbach α 계수, Kuder-Richardson 계수, KR(Kuder-Richardson)-20, 21, 호이트(Hoyt) 신뢰도이다.

5 평정자 간 신뢰도(관찰자 신뢰도)

- 평정자 간 신뢰도는 두 명 이상의 평가자가 필요하다.
- 관찰자간 신뢰도는 관찰 결과가 관찰자들 사이에서 얼마나 유사한가를 의미한다.
- 평정자 간 점수 차이는 신뢰도에 영향을 준다.
- 후광(halo)효과는 채점자간 신뢰도에 영향을 미친다.
  ✓ 후광(Halo)효과: 개인의 긍정적인 특성 하나가 그 사람의 다른 면을 평가하는 데 긍정적인 영향을 미치는 것을 말한다.

2   신뢰도 계수에 관한 설명

- 추측해서 우연히 맞을 수 있는 문항이 많으면 신뢰도 계수가 작아진다.
- 신뢰도 계수는 점수 분포의 분산에 의해 영향을 받는다.
- 측정오차가 크면 신뢰도 계수는 작아진다.
- 신뢰도 계수는 검사의 난이도에 따라 달라진다.
- 개인차가 클수록 검사점수의 변량이 커져 신뢰도 계수는 커진다.

3   신뢰도에 영향을 주는 요인에 관한 설명

- 문항 난이도
- 검사 - 재검사의 경우, 검사 시행 시간 간격 = 검사 시행 후 경과시간
- 검사문항 수
- 사례 수
- 문항의 반응 수
- 무선적인 오차
- 검사집단의 동질성
- 문항 내용의 동질성
- 검사점수의 변산도
- 개인차의 정도

4   신뢰도 제고 방안

- 측정 항목을 증가시키고, 유사하거나 동일한 질문을 2회 이상 시행한다.
- 측정 항목의 모호성을 줄이고 되도록 구체화해야 한다.
- 조사 대상자가 잘 모르는 내용은 측정하지 않는 것이 좋다.
- 보다 많은 수의 문항으로 검사를 실시할 때 측정의 오차를 줄일 수 있다.
- 문항의 난이도가 적절할 때 신뢰도가 증가한다.
- 문항의 변별도가 높을 때 신뢰도가 증가한다.
- 검사도구의 측정 내용이 보다 좁은 범위의 내용일 때 검사의 신뢰도가 증가한다.
- 검사시간이 충분할 때 신뢰도가 증가한다.

타당도(validity)

- 문항들이 측정하고자 하는 영역을 얼마나 대표하는지를 말한다.
- 타당도는 검사가 측정하고자 하는 것을 실제로 정확히 측정한 정도이다.
- 타당도는 측정하고자 하는 개념을 제대로 반영하는 정도를 말한다.
- 측정하고자 하는 개념이나 속성을 얼마나 실제에 가깝게 정확히 측정하고 있는지의 정도를 나타낸다.

1 타당도의 종류

1 내용(content)타당도

- 내용타당도는 해당분야의 전문가에 의해서 판단된다. = 내용타당도는 관련분야 전문가의 평가를 통해 판단된다.
- 연구자의 직관이나 전문가의 의견을 통해 파악하는 방식이므로, 비교적 적용이 쉬우며 시간절약에 유리하다.
- 논리적 사고에 입각한 논리적인 분석 과정으로 판단하는 주관적인 타당도로서, 객관적 자료에 근거하지 않는다.
- 연구자나 전문가의 주관적 판단에 의존하므로 오류의 가능성이 있다.
- 다양한 외부적인 관점을 포함해 주관성의 소지를 최대한 줄이는 것이 관건이다.
- 추상적인 개념에 대한 내용을 파악하기 어려우며, 통계적 검증이 어렵다.
- 내용타당도는 성격검사나 적성검사보다 능력이나 숙련도에 관한 검사에서 더 중요하게 다루어진다.

2 안면(face)타당도

- 안면타당도에서 문항의 적절성 판단은 주로 수검자의 평가로 이루어진다. 즉, 수검자가 측정하고자 하는 내용을 얼마나 타당하게 느끼는지의 정도를 나타낸다.
- 전문가가 아닌 일반인 수검자들의 시각에서 확인하는 방법이다.
- 안면타당도가 높아도 내용타당도는 낮을 수 있다.

3 준거(criterion)타당도(기준타당도)

- 특정한 측정도구의 측정치를 이미 타당도가 경험적으로 입증된 기준이 되는 측정도구의 측정치와 비교하여 나타난 관련성의 정도를 의미한다.
- 외적 준거를 이용하여 타당도를 알아본다.
- 타당화 검사 점수와 준거측정치 간의 상관계수를 사용하여 추정한다.
- 타당도 계수를 계산해 냄으로써 내용타당도에 비해 훨씬 객관적이고 비교가 용이하다.
- 검사에서 사용하는 준거는 검사의 목적에 따라 다르다.
- 공인타당도와 예언타당도 모두 통계적 수치가 타당도 계수로 제공되는 공통점이 있지만, 예언타당도의 경우 자료의 절단(범위 제한)으로 인해 추정된 상관계수가 실제 타당도 계수보다 과소 추정되는 문제가 발생할 수 있다.
- 공인타당도는 평가의 기준변수를 현재에 둔 예언타당도의 일종이므로, 공인타당도를 예언타당도의 대안으로 사용이 가능하다.

① 공인(concurrent)타당도

- 관심이 있는 동일한 특성을 측정하는 현재 검사 외의 다른 대안적 방법에서 측정된 내용과의 관계를 보는 것이다.
- 한 검사가 그 준거로 사용된 현재의 어떤 행동이나 특성과 관련된 정도를 나타내는 타당도이다.
- 새로 개발한 검사의 점수와 준거검사의 점수를 동일한 시점에서 수집한다.
- 새로 개발된 측정도구에 의해 산출된 측정결과들이 비교의 기준이 되는 다른 측정결과들과 상관성이 높은 경우 준거타당도가 높다고 할 수 있다.
- 동일 시점에서 측정된 내용과의 상관관계를 보는 타당도이다.
- 공인타당도는 준거타당도에 속한다.
- 검사점수 간 상관이 높을수록 공인타당도가 높아진다.
- 계량화되어 있어 타당도에 대한 객관적인 정보를 제공할 수 있다.

② 예언(predictive)타당도

- 준거의 기준시점에 따라 미래를 기준으로 한 경우이다.
- 미래의 행동유형을 측정하고자 하는 검사에 주로 사용된다.
- "현재의 점수로 미래의 수행수준을 예언할 수 있을까?"라는 의문과 관련이 있다.
- 예언타당도는 검사 실시 후 일정시간이 경과되어야 평가될 수 있다.
- 검사도구가 미래의 행위를 예언해 준다는 장점이 있다.
- 예언타당도는 준거타당도에 속한다.

4 구인(construct)타당도(구성타당도)

- 추상화 정도가 높은 개념을 '구성개념'이라고 부르는데, 이것은 연구자가 연구목적에 따라 내리는 개념적 정의에 의해 의미가 규정된다.
- 구인(construct)은 직접 관찰하거나 측정할 수 없는 이론적 개념이다.
- 검사가 측정하려고 하는 이론적 구성개념이나 특성을 측정하는 정도를 검증한다.
- 구인타당도 검증을 위해 요인분석을 사용할 수 있다. = 요인분석으로 구성타당도를 추정, 검증할 수 있다.
- 구인타당도는 각 요인의 부하량에 의해 영향을 받는다.
- 검사점수 간 상관이 높을수록 수렴(convergent)타당도가 높아진다.

① 구인(구성)타당도의 종류

ㄱ. 수렴 타당도

- 같은 개념을 상이한 측정방법으로 측정했을 때, 그 측정치 사이의 상관관계가 높은 경우, 그 측정지표는 타당도가 높게 나타난다.

ㄴ. 변별 타당도

- 서로 다른 이론적 구성개념을 나타내는 측정지표들 간의 상관관계가 낮은 경우, 그 측정지표는 타당도가 높게 나타난다.
- 예를 들어 학업성취만족도의 개념과 학업스트레스의 개념을 측정도구로 측정한 결과, 두 개념 사이의 상관관계가 낮게 나타난다면 차별적 타당도가 있다고 할 수 있다.

ㄷ. 수렴변별 타당도

- 수렴타당도와 변별타당도를 동시에 확인할 수 있는 타당도를 말한다.
- (중)다특성-(중)다방법 행렬(Multitrait-Multimethod Matrix)에 따른 실험설계를 통해 확인하는 타당도이다.

② 구성타당도(construct validity)를 확인하는 방법

ㄱ. 요인분석

ㄴ. 중다특성-중다방법 행렬(multi-traits multi-methods matrix)

ㄷ. 실험처치에 따른 변화

ㄹ. 연령에 따른 발달적 변화

2 타당도가 양호하게 산출되는 조건

- 검사의 신뢰도가 높은 경우

- 심리검사의 문항수가 많은 경우

- 대규모 표본에서 검증하는 경우

- 심리검사 결과가 기본구성비율(Base Rate)보다 민감도가 높은 경우
  - ✓ 기본구성비율: 선발되지 않은 집단에서 어떤 현상이 발생하는 기본 비율을 말한다. 예를 들어 전체 인구에서 특정 질병의 발병률이다.

- 심리검사 결과가 실제 선발 여부와 유의한 관계가 있을 때, 선발 확률을 높이기보다는 낮추는 경우

3 타당도와 신뢰도의 관계

- 타당도가 높기 위해서는 신뢰도가 높아야 한다.

- 신뢰도가 높다고 하여 반드시 타당도가 높은 것은 아니다.

- 타당도가 낮다고 하여 반드시 신뢰도가 낮은 것은 아니다.

- 타당도가 없어도 신뢰도를 가질 수 있다.

- 타당도가 있으면 반드시 신뢰도가 있다.

- 타당도는 신뢰도의 충분조건이고, 신뢰도는 타당도의 필요조건이다.

🔍 틀린 문장

- 신뢰도는 검사가 측정하고자 하는 내용을 정확히 측정하는가의 문제이다. → 타당도는 검사가 측정하고자 하는 내용을 정확히 측정하는가의 문제이다.
- 검사 - 재검사 신뢰도는 검사 시행의 시간 간격이 클수록 높아진다. → 검사 - 재검사 신뢰도는 검사 시행의 시간 간격이 짧을수록 높아진다.
- 검사 - 재검사 신뢰도는 실시 간격의 영향을 받지 않는다. → 검사 - 재검사 신뢰도는 실시 간격의 영향을 받는다.
- 연습효과는 검사 - 재검사 신뢰도에 영향을 미치지 않는다. → 연습효과는 검사 - 재검사 신뢰도에 영향을 미친다.
- 검사 - 재검사 신뢰도에서 오차변인은 내용표집에 따른 오차이다. → 검사 - 재검사 신뢰도에서 오차변인은 이월효과, 성숙효과, 개인적 요인의 변화, 환경적 요인의 변화에 따른 오차이다.
- 동형검사 신뢰도는 연습효과의 영향을 받지 않는다. → 동형검사 신뢰도는 연습효과의 영향을 받는다.
- 동형검사 신뢰도는 연습효과를 완전히 배제할 수 있다. → 동형검사 신뢰도는 연습효과를 완전히 배제할 수 없다.
- 동형신뢰도는 전체 문항을 짝수항과 홀수항으로 나누어서 측정한다. → 반분신뢰도는 전체 문항을 짝수항과 홀수항으로 나누어서 측정한다.
- 반분법은 신뢰도를 과대평가하는 경향이 있다. → 반분법은 신뢰도를 과소평가하는 경향이 있다.
- 짝진 임의배치법은 동형검사 신뢰도를 구하는 한 방법이다. → 짝진 임의배치법은 반분신뢰도를 구하는 한 방법이다.
- 채점자간 차이와 검사시간은 신뢰도에 영향을 주지 않는다. → 채점자간 차이와 검사시간은 신뢰도에 영향을 준다.

- 관찰자 간 일치도를 문항 간 신뢰도라 한다. → 한 검사 내에 있는 문항 하나하나를 각각 독립된 별개의 검사로 간주하여, 문항들 간 일관성을 보는 신뢰도는 문항내적합치도이다.
- 구성타당도는 크론바흐 알파계수(α)를 사용하여 측정한다. → 내적합치도 확인할 수 있는 신뢰도 계수가 Cronbach α 계수이다.
- 신뢰도계수는 진점수 변량에 대한 관찰점수 변량의 비율이다. → 신뢰도는 관찰점수(진점수 + 오차점수)의 변량 중 진점수의 변량이 차지하는 비율이다.
- 수검자들 간의 개인차가 크면 신뢰도 계수는 작아진다. → 수검자들 간의 개인차가 크면 신뢰도 계수는 커진다.
- 측정오차가 클수록 신뢰도는 높아진다. → 측정오차가 클수록 신뢰도는 낮아진다.
- 신뢰도는 검사 문항 수의 영향을 받지 않는다. → 신뢰도는 검사 문항 수의 영향을 받는다.
- 신뢰도는 문항 난이도의 영향을 받지 않는다. → 신뢰도는 문항난이도의 영향을 받는다.
- 문항들의 내용이 이질적일수록 신뢰도는 높아진다. → 문항들의 내용이 이질적일수록 신뢰도는 낮아진다.
- 타당도가 낮으면서 신뢰도가 높은 검사는 존재할 수 없다. → 신뢰도가 높아도 타당도가 낮을 수 있다.
- 내용타당도는 수검자의 평가를 통해 판단된다. → 내용타당도는 전문가의 평가를 통해 판단된다.
- 내용타당도와 안면타당도는 동일한 타당도이다. → 내용타당도는 전문가가 판단한다. 안면타당도는 수검자가 평가한다.
- 예언타당도의 대안으로 공인타당도를 사용하지 못한다. → 예언타당도의 대안으로 공인타당도를 사용한다.
- 안면타당도는 준거타당도에 속한다. → 준거타당도에 예언타당도와 공인타당도가 있다.
- 예언타당도는 구인타당도에 해당한다. → 구인타당도에는 수렴타당도와 변별타당도가 있다.
- 공인타당도는 검사점수와 예측행동자료를 일정시간에 걸쳐 수집해서 알아본다. → 예언타당도는 검사점수와 예측행동자료를 일정시간에 걸쳐 수집해서 알아본다.
- 공인타당도는 검사 실시 후 일정시간이 지난 후 평가하는 타당도이다. → 검사 실시 후 일정시간이 지난 후 평가하는 타당도는 예언타당도이다.
- 예언타당도는 준거타당도에 속하지 않는다. → 준거타당도의 종류에 예언타당도와 공인타당도가 있다.
- 수렴타당도는 준거 관련 타당도에 해당한다. → 수렴타당도는 구인타당도의 종류이다.
- 수렴 - 변별(convergent - discriminant)타당도는 내용타당도에 속한다. → 수렴 - 변별(convergent - discriminant)타당도는 구인타당도에 속한다.
- 구인타당도는 요인분석을 통해 검증할 수 없다. → 구인타당도는 요인분석을 통해 검증할 수 있다.
- 수검자의 반응경향이나 허위반응은 타당도에 영향을 주지 않는다. → 수검자의 반응경향이나 허위반응은 타당도에 영향을 미친다.
- 검사점수 간 상관이 높을수록 변별타당도가 높아진다. → 검사점수 간 상관이 높을수록 수렴타당도가 높아진다.
- 구인타당도는 검사 결과가 처치에 어떤 변화를 일으키는지 알아보기 위한 타당도이다. → 검사 결과가 처치에 어떤 변화를 일으키는지 알아보기 위한 것에 대한 설명은 처치타당도에 대한 설명이다.
- 안면타당도는 다른 점수와의 관계를 분석하여 추정한다. → X
- 구인타당도가 높으면 안면타당도는 높아진다. → X

15 검사종류(객관적 검사와 투사적 검사)

1 객관적 검사와 투사적 검사

1 객관적 검사

- 구조적 검사(Structured Test)이다.
- 수검자가 일정한 형식에 따라 반응하도록 되어있다.
- 개인마다 공통적으로 지니고 있는 특성이나 차원으로 개인들을 상대적으로 비교하는 데 있다.
- 객관적 검사 종류에는 한국판 성인용 웩슬러 지능검사(K - WAIS), 다면적 인성검사 (MMPI), 성격유형검사(MBTI), 성격평가질문지(PAI), 기질 및 성격검사(TCI), 16성격 요인검사(16PF), NEO 인성검사(NEO - PI - R), 일반 직업적성검사 (GATB) 등이 있다.

1 장점

- 시행과 채점과 해석이 투사적 검사에 비해 간편하다. = 채점 및 해석이 비교적 용이하다.
- 신뢰도와 타당도가 잘 확립되어 있다.
- 규준을 통한 개인 간 비교가 가능하다.
- (투사적 검사에 비해) 검사자 변인이나 검사상황 변인에 따른 영향을 적게 받는다.
- 검사자의 주관성이 배제될 수 있다.

2 단점

- 수검자는 자신의 상태를 은폐하거나 과장하기가 용이하다. = 의도적으로 반응을 왜곡할 수 있다.
- 사회적 바람직성의 반영을 보일 수 있다.
- 개인의 응답 방식 경향이 결과에 영향을 미친다.
- 응답의 범위가 제한되어 있으므로 개인의 독특한 문제에 대한 진술 기회가 상대적으로 적으며, 수집된 자료에 개인의 문제가 노출되지 않을 수 있다.

- 검사자극이 불분명하고 모호하다.
- 비구조적(Unstructured Test) 검사이다.
- 수검자의 글, 그림, 이야기 속에 그의 성격이 투사되어 있다고 가정하고 그것을 분석한다.
- 실시 및 해석에 전문성이 요구된다.
- 투사적 검사의 종류에는 로샤검사(Rorschach Test), 주제통각검사(TAT), 집 - 나무 - 사람검사(HTP), 문장완성검사(SCT), 인물화 검사(Draw - A - Person), 벤더게슈탈트 검사(BGT), 동작성 가족화 검사(KFD) 등이 있다.

1 장점

- 개인의 반응이 다양하게 표현된다.
- 개인의 독특한 반응을 통해 수검자를 이해하는데 매우 유용하다.
- 수검자의 자기 방어가 어렵다.
- 무의식적 내용의 반응을 더 많이 얻을 수 있다.
- 수검자의 솔직한 심리적 반응을 볼 수 있다.
- 자유롭고 풍부한 반응을 하는 것이 가능하다.
- 수검자의 반응이 사회적 바람직성의 영향을 덜 받는다.
- 전의식적이거나 무의식적인 심리적 특성이 반영될 수 있다.

2 단점

- 타당성이 충분히 입증되지 않았다.
- 검사 - 재검사 신뢰도가 더 낮다.
- 채점 및 해석이 어렵다. = 실시와 채점이 덜 용이하다.
- 해석에 검사자의 주관적인 측면이 반영되므로 신뢰도 및 타당도가 낮은 편이다.
- 검사자의 인종, 성, 검사자의 태도, 선입견 등이 검사 반응에 강한 영향을 미친다. = 검사자 변인이나 검사 상황변인의 영향을 받는다.
- 채점과 해석이 복잡하다.
- 검사자에게 상당한 전문성이 요구된다.

2 심리검사 종류

- 검사 실시 방식에 따른 분류
- 실시시간 기준
- 속도검사는 숙련도를 측정한다.
- 역량검사 문제해결력을 측정한다.

3 검사 내용에 따른 분류

1 극대수행검사

- 인지검사이다.
- 최대(maximum) 수행검사는 능력검사라고도 한다.
- 문항에 정답이 있고, 응답시간의 제한이 따르면, 최대한의 능력발휘를 요구한다.
- 지능, 적성, 성취도 검사가 있다.
- 지능검사는 웩슬러 지능검사, 적성검사는 일반 직업적성검사(GATB), 성취도 검사는 중고등 학업성취도 검사이다.

2 습관적 수행검사

- 정서적 검사이다.
- 인성검사는 습관적(typical) 수행검사에 속한다.
- 문항에 정답이 없으며, 응답시간의 제한이 없다. 최대한 정직한 응답을 요구한다.
- 성격, 흥미, 태도검사가 있다.
- 성격검사는 성격유형검사, 흥미검사는 직업선호도 검사 중 흥미검사, 태도검사는 직무 만족도 검사이다.

> 🔍 **틀린 문장**
>
> 아미-알파(Army-α) 검사는 흥미검사에 속한다. → 아미-알파(Army-α)는 극대수행검사에 속한다.

CHAPTER 16 | 행동관찰측정법과 기록방법

1 행동관찰측정법

- 관찰할 행동에 대한 조작적 정의가 명확해야 한다.
- 개인이 특정한 상황에서 어떤 행동을 하는지를 잘 관찰하여 그 행동 내용을 구체적으로 기술하고, 그 빈도나 강도를 수량화하는 방법이다.

1 행동관찰법의 종류

1 참여관찰법

- 자연스런 환경에 참여하고 있는 관찰자가 개인을 관찰하는 측정법이다.
- 광범위한 문제행동에 적용이 가능하다.
- 관찰자의 편견이나 선입견이 개입될 수 있으며, 관찰 이전의 상호작용에 의해 관찰기록의 정확성을 확신하기 어렵다.

2 유사관찰법

- 관찰자에 의해 미리 계획되고 조성된 상황의 전후 관계에 따라 특정한 환경 및 행동조건에서 내담자의 행동을 부각시키기 위한 방법이다.
- 내담자의 문제행동을 포착하는 데 시간이 적게 걸리며, 비용면에서도 효율적이다.
- 내담자의 반응요인으로 인해 외적 타당도가 저해될 수 있다.
- 예시로는 상담사가 별거중인 부부에게 부부관계에 대해 이야기하도록 요청한 후 상담실에 설치된 일방거울을 통해 관찰하는 것이다.

3 자연관찰법

- 관찰자가 실제 생활환경에서 내담자의 자연스러운 행동을 관찰하는 방법이다.
- 여러 상황에 걸쳐 많은 정보를 확보하도록 함으로써 문제행동에 대한 목록 작성 및 기초자료수집에 효과적이다.
- 내담자의 문제행동이 나타나는 데 시간이 오래 걸리며, 비용면에서도 효율적이지 못하다.

4 자기관찰법

- 관찰자가 자기 자신의 행동을 스스로 관찰하며, 자신과 환경 간의 상호작용에 대해 기록하는 방법이다.
- 관찰자 자신의 행동에 대한 피드백을 통해 문제행동을 통제할 수 있다.
- 관찰자가 자신에 대한 관찰 및 기록을 왜곡할 수 있다.

5 실험관찰법

- 연구자가 참가자의 환경에 어떤 변화를 주고, 그 변화가 참가자의 행동에 주는 효과를 측정하는 연구 설계이다.

2 행동기록방법의 종류

1 평정 기록

- 관찰하고자 하는 행동을 척도를 이용해서 평가하는 방법이다.
- 보통 관찰 기간 이후에 작성하며, 행동과 관련된 일반적인 인상을 통해 행동을 척도상에 채점한다.
- 관찰과 채점 사이에 시간이 너무 많이 경과할 경우 채점이 정확하지 않을 수 있다.

2 간격기록법

- 관찰기간을 일정한 간격으로 나누고, 각 간격마다 관찰대상 행동이 발생했는지를 기록하는 것으로서, 발생빈도가 매우 높은 행동의 관찰에 적합하다.

3 사건기록법

- 관찰기간 동안 지속적으로 관찰하여 관찰대상 행동이 발생할 때마다 기록하는 방법이다.

4 서술(이야기)기록법

- 특정 사건이나 행동의 모든 것을 이야기하듯 있는 그대로 사실적으로 묘사하는 방법이다.
- 관찰자가 사건에 대하여 있는 사실 그대로 객관적인 시선을 가지고 작성하는 방법이기 때문에 관찰기록방법들 중에 가장 쉽고 간단하게 기록할 수 있는 방법이다.

5 시간표집 기록

- 관찰할 대상의 특정 행동을 미리 정해 놓고 정해진 시간동안 특정 행동이 얼마나 일어나는지 알아보는 양적인 관찰 방법이다.
- 시간표집법은 빈번하게 일어나는 특정 행동을 관찰하는 데 좋은 방법으로 관찰 시간과 간격 등 관찰에 관한 내용들은 미리 결정한다.

17 객관적 검사에 대한 학자별 지능검사의 정의

1 학자별 지능에 대한 정의

웩슬러(Wechsler)	지능은 개인이 합목적적으로 행동하고, 합리적으로 사고하며, 환경을 효율적으로 다룰 수 있는 총체적인 능력이다 즉 개인의 종합적인 능력이다
비네(Binet)	지능은 일정한 방향을 설정하고 그것을 유지하는 능력, 목표 달성을 위해 일하는 능력, 행동의 결과를 수정하는 능력이다
터만(Terman)	지능은 추상적 사고를 하는 능력, 즉 다양한 문제들을 해결하기 위해 추상적 상징을 사용하는 능력이다
스피어만(Spearman)	지능은 사물의 관련성을 추출할 수 있도록 하는 정신 작용이다
서스톤(Thurstone)	지능은 추상적 개념과 구체적 사실을 연관시킬 수 있는 능력이다
피아제(Piaget)	지능은 단일 형식의 조직이 아닌 적응 과정을 통해 동화와 조절이 균형을 이루는 형태를 말한다
디어본(Dearborn)	지능은 학습된 능력, 즉 경험에 의해 습득되는 능력이다

2 학자별 지능에 관한 이론

1 스피어만(C. Spearman)의 2요인설

- 지능이 일반요인과 특수요인의 2요인으로 구성되어 있다는 2요인설을 주장하였다.
- 지능을 일반요인 g(general factor)와 특수요인 s(special factor)로 구분한 학자이다.
- 모든 인간이 공통적으로 갖고 있는 일반(g)요인을 주장하였다.

2 손다이크(E. Thorndike)의 다요인설

- 지능 다요인설로 구체적(실제적) 기계 지능(손으로 기계조작), 사회적 지능(사교성), 추상적 지능(언어 및 추상적)으로 이루어졌다고 주장하였다.

3 서스톤(L. Thurstone)의 다요인설

- 지능에 대해 다요인설을 제안하며 7가지의 기초정신능력(PMA:Primary Mental Ability)을 제시하였다.

> **📝 7가지의 기초정신능력(PMA:Primary Mental Ability)**
>
> - 언어이해 능력(verbal comprehension factor)
> - 단어 유창성 능력(word fluency factor)
> - 수 능력(numerical factor)
> - 공간 시각 능력(spatial visualization factor)
> - 기억 능력(memory factor)
> - 추리 능력(reasoning factor)
> - 지각속도 능력(perceptual speed factor)

4 길포드(J. Guilford)의 복합요인설

- 내용, 조작, 산출 3가지 차원을 구성하는 3차원 모델의 요소들이 상호결합하여 얻어지는 정신능력이다.

5 카텔과 혼(Cattell & Horn)의 위계적 요인설

- 카텔은 인간의 지능을 '유동성 지능(Fluid Intelligence)'과 '결정성 지능(Crystallized Intelligence)'으로 구분하였다.

유동성 지능	• 유전적 · 신경 생리적 영향에 의해 발달이 이루어지는 반면, 경험이나 학습의 영향을 거의 받지 않는다. • 신체적 요인에 따라 청소년기에 이르기까지 발달이 이루어지다가 이후 퇴보 현상이 나타난다. • 속도, 기계적 암기, 지각 능력, 일반적 추론 능력 등이 해당된다.
결정성 지능	• 경험적 · 환경적 · 문화적 영향의 누적에 의해 발달이 이루어지며, 교육 및 가정 환경 등에 의해 영향을 받는다. • 나이가 들수록 더욱 발달하는 경향을 보인다. • 언어 이해 능력, 문제 해결 능력, 상식, 논리적 추리력 등이 여기에 해당된다.

✓ 웩슬러 지능 검사의 언어성 소검사들은 결정성 지능과 관련이 있으며, 동작성 소검사들은 유동성 지능과 관련된다고 볼 수 있다.

6 카텔과 혼(Cattell & Horn)의 유동지능과 결정지능 Gf-Gc 이론

- CHC(Cattell - Horn - Carroll) 이론에서는 지능을 일반지능 1층위, 소수의 넓은 인지능력 2층위, 몇십개의 좁은 인지기능 3층위로 구성된다고 본다.

7 가드너(H. Gardner)의 다중지능이론

• 지능의 다요인설을 확장시켜 다중지능이론을 주장하였다.

언어지능(linguistic intelligence)
논리 - 수학지능(logical - mathematical intelligence)
음악지능(Musical Intelligence)
대인관계지능(Interpersonal Intelligence)
신체운동지능(Bodily - kinesthetic Intelligence)
공간지능(Spatial Intelligence)
자연친화지능(Naturalist Intelligence)
개인내 지능(intrapersonal intelligence)
실존적지능(Existential Intelligence)

8 스턴버그(R. Sternberg)의 삼원지능이론

• 분석적 능력, 창의적 능력, 실제적 능력에 기초한 성공지능(successful intelligence)을 주장한 학자이다.

• 맥락적, 경험적, 성분적 요인을 기반으로 지능의 삼원지능모형을 주장한 학자이다.

성분적 요소(분석적 능력)	• 지식습득성분
경험적 요소(창의적 능력)	• 경험을 통하여 새로운 과제를 통찰력 있고 신속하게 처리하는 능력 • 정보처리가 자동적으로 이루어지며, 창의성과 연관됨
맥락적 요소(실제적 능력)	• 외부환경에 대응하는 능력 • 현실상황에의 적응력과 연관됨

3 지능검사의 역사

1 비네 지능 검사(Binet-Simon Intelligence Test)

• 1905년 비네(Binet, 1857 - 1911)와 시몬(시몽, Simon)이 개발한 지능 검사로, 최초의 공식적인 지능 검사로 볼 수

있다. 초기에는 정상 아동과 지적 장애 아동을 식별하여, 초등학교 입학 여부를 결정하기 위한 목적으로 고안되었다.

2 **스탠포드-비네 검사**

- Terman(터만)이 미국의 실정에 맞게 비네 지능 검사를 수정한 것으로, 표준화를 그 특징으로 한다.
- 지능 지수(IQ) = 정신 연령(MA)/생활 연령(CA) × 100
- 각 아동의 정신 연령이 실제 연령과 같다면, 지능 지수는 항상 100이 된다고 가정하였다.
  - ✓ 터먼(Terman): 지능은 추상적 사고를 하는 능력이라고 주장하며, 비네 - 시몽검사(Binet - Simon Scale)를 미국 문화에 맞게 스탠포드-비네검사(Stanford-Binet Intelligence Scale)로 수정한 학자이다.

3 **고대-비네 지능 검사(Kodae-Binet intelligence test)**

- 고대 - 비네 지능 검사는 스탠포드 - 비네 지능 검사를 고려대학교 행동 과학 연구소 전용신이 한국의 실정에 맞게 수정하여 표준화한 검사이다.

4 **웩슬러 지능 검사(Wechsler Intelligence Scale)**

- 데이비드 웩슬러(David Wechsler)가 1939년에 제작한 개인 지능 검사로, 스탠포드 - 비네 지능 검사와 더불어 현재 가장 널리 사용되고 있다.

1 웩슬러 지능검사의 특징

① 편차 지능 지수 사용

정신 연령과 생활 연령을 비교한 스탠포드-비네 검사의 비율 지능 지수 방식에서 벗어나, 개인의 지능을 동일 연령대 집단에서의 상대적인 위치로 규정한 편차 지능 지수를 사용한다.

$$지능지수(IQ) = 15 \times \frac{개인점수 - 해당연령규준의\ 평균}{해당연령규준의\ 표준편차} + 100$$

② 언어성 검사와 동작성 검사로 구성

웩슬러 지능 검사는 언어성(Verbal) 검사와 동작성(Performance) 검사로 이루어져 있으며, 이를 통해 언어성 IQ(VIQ), 동작성 IQ(PIQ), 전체 IQ(FIQ)를 측정할 수 있다.

언어성 검사와 동작성 검사는 각각 하위 검사 들을 포함하므로, 언어성 검사와 동작성 검사의 비교는 물론 하위 검사 간 비교를 통하여 개인의 인지 기능 전반을 평가할 수 있도록 한다.

5 **로저스(Rogers)**

검사자를 문제해결의 권위자로 인식시키고, 수검자를 검사자에게 의존하게 만든다고 비판하면서 심리검사를 반대한 학자이다.

6 **한국판 베일리 영유아발달검사(BSID-II)에 관한 설명**

- 인지 및 행동 등 발달 수준을 평가하는 데 사용된다.
- 생후 1개월부터 42개월 영유아를 대상으로 한다.
- 동작척도는 소근육과 대근육 운동수준 등을 평가한다.
- 인지척도는 기억력과 문제해결능력 등을 평가한다.
- 검사항목은 인지, 언어, 운동, 사회 - 정서, 적응행동이다.
- 주목적은 발달 지연 영유아를 선별하고 중재계획을 위한 정보를 제공하는 것이다.
- 검사자의 실시와 주 양육자의 보고로 구성되어있다. 검사자는 아동의 3가지 발달영역 즉, 인지발달, 언어발달(수용언어와 표현언어), 운동발달(소근육운동과 대근육 운동)을 측정한다. 그리고 주 양육자는 2가지 발달영역 즉, 사회-정서발달과 적응행동에서 아동의 발달을 보고한다.

7 **한국판 카우프만 아동용 지능검사(K-ABC)에 관한 설명**

- 신경심리학과 인지처리과정 이론을 근거로 개발되었다.
- 정보처리이론을 바탕으로 2세 6개월에서 12세 6개월까지 아동의 지능 및 성취를 평가하기 위해 카우프만(A. Kaufman) 등(1983)이 개발하였다.
- 신경심리학과 인지심리학에 근거하여 내용보다는 과정에 초점을 둔 순차 - 동시 처리모델을 채택하여 지능을 문제해결과 관련된 기능으로 정의하고 있다.
- 카우프만 검사의 5가지 종합척도는 순차처리 속도, 동시처리 속도, 인지처리 과정 척도, 습득도 척도, 비언어성 척도이다.
- 인지처리능력은 순차처리능력과 동시처리능력으로 나뉘고, 순차처리측정의 하위검사는 손동작, 수 회상, 단어배열이 있고, 동시처리측정의 하위검사는 마법의 창, 얼굴기억, 그림통합, 삼각형, 시각유추, 위치기억, 사진순서 등이 있다. 습득도를 측정하는 소검사는 표현어휘, 인물과 장소, 산수, 문자해독, 문장이해가 있다.

순차처리측정	손동작, 수 회상, 단어배열
동시처리측정	마법의 창, 얼굴기억, 그림통합, 삼각형, 시각유추, 위치기억, 사진순서
습득도	표현어휘, 인물과 장소, 산수, 문자해독, 문장이해

- 아동이 선호하는 정보처리 패턴이 좌뇌 지향적인지 우뇌 지향적인지 비교할 수 있다.

1 한국판 K-ABC Ⅱ

- 한국판 K - ABC Ⅱ는 전국적인 표집계획에 따라 3 ~ 18세의 아동들을 표집하여 표준화되었다.
- K - ABC의 16개의 하위검사 중 다음과 같이 8개가 제외되고, 12개가 새롭게 추가되었다.
- 제외된 소검사는 마법의 창, 위치기억, 시각유추, 사진순서, 인물과 장소, 산수, 문자해독, 문장이해이다.
- 추가된 소검사는 이름기억, 관계유추, 이야기완성, 빠른길찾기, 이름기억(이름기억 - 지연), 언어지식, 암호해독, 블록세기, 형태추리, 암호해독(암호해독 - 지연)이다.
- 순차처리, 동시처리, 계획력, 학습력, 지식(CHC 모델에만 해당) 척도를 측정한다.

2 카우프만 지능검사의 3가지 모델

① CHC 모델
- 일반적으로 CHC 모델을 선택하며 5개의 하위척도가 있다.

② Luria 모델
- 다문화 학생, 언어장애, 자폐장애의 경우 Luria 모델을 선택하며 4개의 하위척도가 있다.

③ 비언어성척도
- 구두의사 소통이 힘든 아이의 경우 비언어성척도 모델을 선택한다.

8 군대알파검사(Army Alpha Test)

- 제1차 세계 대전 중 많은 군대 신병들을 평가하기 위해 로버트 여키스(Robert Yerkes)와 그 외 여섯 명이 개발한 집단관리형 검사이다.
- 언어 능력, 수치 능력, 방향감각 능력 및 정보 지식을 측정했다.
  문자해독력이 낮거나 외국어를 구사하는 군인을 위한 비언어적 검사로 베타지능검사(Army Beta) 알파 검사 후에 개발되었다.

4 지능검사와 그 활용에 관한 설명

- 개인의 성격을 측정하는 도구로도 활용할 수 있다.
- 학습과 진로지도 자료로 활용할 수 있다.
- 지능지수가 높다고 해서 반드시 높은 학업성취를 보이는 것은 아니다.
- 검사의 전체 소요시간은 여러 요인에 따라 달라질 수 있다.

- 가드너(H. Gardner)는 언어, 유창성, 수, 기억, 공간, 지각속도, 논리적 사고 등 다요인의 기초 정신능력을 주장하였다. → 가드너의 다중지능이론은 언어지능, 논리 - 수학지능, 음악지능, 대인관계지능, 신체운동지능, 공간지능, 자연친화지능, 개인내지능, 실존적지능으로 구성되어 있다. 언어, 유창성, 수, 기억, 공간, 지각속도, 추리적 사고 등 다요인의 기초 정신능력을 주장한 학자는 써스톤이다.
- 카텔(R. Cattell)은 결정성 지능이 두뇌 손상에 더 취약하다고 하였다. → 유동성 지능이 두뇌 손상에 더 취약하다.
- 웩슬러지능검사는 축적된 지능을 측정할 수 있는 집단용 지능검사이다. → 웩슬러 지능검사는 축적된 지능을 측정하는 언어성 검사와 선천적 지능을 측정하는 유동성 검사로 이루어진 개인용 지능검사이다.
- 아동기의 전반적인 인지발달은 청소년기보다 그 속도가 느리다. → 전반적인 인지발달은 아동기 속도가 더 빠르다.
- 웩슬러 지능검사의 특징 중 하나는 정신연령 개념을 도입한 것이다. → 개인의 지능을 동일 연령대 집단에서의 상대적인 위치로 규정한 편차지능지수 방식을 사용하였다.
  - ✓ 편차지능지수: 같은 연령대에서 얼마나 높은 위치에 있느냐에 따른 지능지수이다.
- 한국판 베일리 영유아발달검사(BSID - II)에 관한 설명으로 인지척도, 동작척도, 정서척도로 구성되어 있다. → 인지척도, 동작척도, 행동평가 척도로 구성되어 있다.
- 한국판 카우프만 아동용 지능검사(K - ABC)에 관한 설명으로 만 6세~16세 11개월의 아동과 청소년에게 실시할 수 있다. → 2세 6개월에서 12세 6개월까지 아동의 지능 및 성취를 평가한다.
- 한국판 카우프만 아동용 지능검사(K - ABC)에 관한 설명으로 습득도척도는 순차처리척도와 동시처리척도로 구성된다. → 인지처리능력이 순차처리능력과 동시처리능력으로 나뉜다.
- 한국판 카우프만 아동용 지능검사(K - ABC)에 관한 설명으로 개인의 지적능력을 평가하기 위해 언어성, 동작성 및 전체 IQ를 산출한다. → 신경심리학과 인지심리학에 근거하여 내용보다는 과정에 초점을 둔 순차 - 동시 처리모델을 채택하여 지능을 문제해결과 관련된 기능으로 정의하고 있다.
- 한국판 카우프만 아동용 지능검사(K - ABC)에 관한 설명으로 언어장애를 가지고 있는 아동에게 적용하지 못한다. → Luria 모델에서는 다문화 학생, 언어장애,자폐아이 의 경우 Luria 모델을 선택하며 4개의 하위척도가 있다. 구두의사 소통이 힘든 아이의 경우 비언어성척도 모델을 선택한다.

18 | 웩슬러 지능검사

1 웩슬러 지능검사

- 비네(A. Binet)는 정신연령(Mental Age)이라는 용어를 사용하였다. 이후 웩슬러 지능검사에서는 편차지능지수 개념을 도입했다. = 웩슬러는 비율IQ의 문제점을 보완하기 위해 편차IQ 개념을 도입하였다.
- 정신연령과 생활연령을 비교한 스탠포드 - 비네 검사의 비율지능지수 방식에서 벗어나, 개인의 지능을 동일 연령대 집단에서의 상대적인 위치로 규정한 편차지능지수 방식을 사용하였다.
- 연령규준인 정신연령점수를 한 개인의 상대적 위치를 나타내는 단일지수로 변환시키기 위해 초기 지능검사에 비율IQ가 도입되었다.
- 개인의 인지적 강점과 약점에 관한 정보를 제공한다.
- 학업성취와 신경심리학적 손상까지 예측할 수 있다.
- 개인의 성격을 측정하는 도구로도 사용할 수 있다.
- 유아용(만 4~6세)으로는 K-WPPSI-IV(Wechsler Preschool & Primary Scale of Intelligence)가 있다.

2 한국판 웩슬러 지능검사 4판 (K-WAIS-IV, 만16-69세)(Korean Wechsler Adult Intelligence Scale)

- K - WAIS - Ⅳ는 미국 원판인 WAIS - Ⅳ(2008)를 한국판으로 번안하여 표준화한 개인용 지능검사로서, 15개의 소검사로 구성되어 있다.
- K - WAIS - Ⅳ는 16세 0개월~69세 11개월까지의 청소년과 성인의 인지능력을 개인적으로 평가할 수 있도록 만들어진 임상도구이다.
- 10개 핵심 소검사와 5개 보충 소검사로 구성되어 있다.
- 소검사의 표준 점수 평균은 10이고 표준 편차는 3이다.
- 언어이해(VCI)와 지각추론(PRI) 지표는 일반능력지표를 의미한다.
- 전체검사 지능지수(FSIQ)는 보충소검사를 제외한 주요소검사 10개 점수의 합계로서, 보통 일반요인 또는 전반적인 인지적 기능에 대한 대표치로 간주된다.

구분	언어이해(VCI)	지각추론(PRI)	작업기억(WMI)	처리속도(PSI)
핵심소검사	공통성 어 휘 상 식	토막짜기 행렬추리 퍼 즐	숫 자 산 수	동형찾기 기호쓰기
보충소검사	이 해	무게비교 빠진 곳 찾기	순서화	지우기

1 언어이해 지수척도(VCI : Verbal Comprehension Index Scale)

• 언어이해 지수는 개인의 언어적 개념형성, 언어적 추론, 환경에서 획득된 지식에 대한 측정치이다.

1 공통성(Similarity : SI)

• 검사자가 불러주는 두 개의 단어를 듣고 두 단어의 공통점, 유사점을 말하는 과제로 구성되어 있다. 주로 언어적 개념화, 유사성의 관계 파악, 언어적 추론 능력, 언어적 추상적 사고 능력을 측정한다.

2 어휘(Vocabulary : VC)

• 검사자가 불러주는 여러 가지 단어들의 뜻을 구체적으로 설명하도록 하는 과제로 구성되어 있다. 검사에서 반영되는 개인의 어휘력은 일반 지능을 나타내는 중요한 지표이며, 초기 교육 환경의 영향을 가장 많이 받으며 교육 정도, 학습능력과 언어적 지식의 정도, 교육문화적 배경, 초기환경, 지적인 흥미와 호기심을 측정한다.

• 뇌손상이나 대부분의 정신병리에 덜 민감하므로 병전 지능의 좋은 지표가 된다. 모든 소검사들 중에서 뇌손상과 사고장애를 가장 잘 구분해 줄 수 있다.

3 상식(=지식Information : IN)

• 광범위하고 다양한 방면에 대한 질문을 통해 개인이 보유하고 있는 기본 지식의 수준을 측정한다. 상식 소검사는 교육적 기회, 문화적 노출 및 환경의 영향을 많이 받는다.

4 이해(Comprehension : CO)(보충소검사)

• 일상적인 사회적 상황과 관련된 여러 가지 질문들에 대해서 답하는 과제들로 구성되어 있다. 사회적 관습에 대한 이해 수준, 일상적인 경험의 응용능력, 도덕적, 윤리적 판단능력 등을 주로 측정하는 소검사로, 부적응에 대한 민감한 지표가 될 수 있다.

2 지각추론 지수(PRI : Perceptual Reasoning Index Scale)

- 지각추론 지수는 시공간 정보를 평가하는 능력, 비언어적 유동적 추론 능력을 반영한다. 언어이해 지수에 비하여 교육적 경험을 상대적으로 덜 받는다.

1 토막짜기(Block Design : BD)

- 빨간색과 흰색으로 칠해진 정육면체 토막들을 써서 카드에 제시되어 있는 그림대로 제한시간 내에 맞추어 보도록 하는 과제로 되어 있다. 토막짜기는 시지각적 구성능력과 공간적 표상능력, 공간적 추론능력, 시각 - 운동 협응능력 등을 주로 측정한다.

2 행렬추론(Matrix Reasoning : MR)

- 주어진 행렬 매트릭스의 빈칸에 적절한 반응을 아래에 주어진 반응 선택지들 중에서 고르는 과제로 구성되어 있다.
- 시지각적 조직화 능력, 시공간적 추리력, 비언어적 추상적 사고능력, 시공간 정보에 대한 동시적 처리능력을 측정한다.

3 퍼즐(Visual Puzzles : VP)

- 제시된 완성된 퍼즐 모양을 보고, 그 아래에 주어진 반응 선택지들 중에서 그 퍼즐을 만들 수 있는 세 개의 조각을 찾아내는 과제로 되어있다.
- 시지각적 조직화 능력, 시각적 재인능력, 시각적 주의 집중력의 지속력을 측정한다.

4 무게비교(Figure Weights : FW)(보충소검사)

- 양쪽의 무게가 달라 균형이 맞지 않는 저울 그림을 보고, 제시된 반응 선택지 중에서 저울의 무게 균형을 맞출 수 있는 반응을 찾아내는 과제로 되어있다. 시간제한이 있다.
- 비언어적인 수학적 추론능력, 수량에 대한 추리 및 유추 능력, 작업기억 능력, 시간적 압력 하에 작업하는 능력을 측정한다.

5 빠진곳찾기(Picture Completion : PCm)(보충소검사)

- '있어야 하는데 빠진 부분' 즉 중요한데 빠진 부분을 찾아내는 과제로 구성되어 있다. 시간제한이 있다. 시각적 예민성, 시각적 주의집중력, 시간적 압력 하에 작업하는 능력을 측정한다.

3 작업기억 지수(WMI : Working Memory Index)

- 작업기억 능력에 대한 측정치를 제공하는 지수로 정보를 일시적으로 기억 속에 보유하고 정신적으로 조작하고 기억을 조정하고 결과를 산출하는 능력을 필요로 한다. 주의, 집중, 정신적 통제, 추론 등이 포함된다.

1 숫자(Digit Span : DS)

- 검사자가 불러주는 숫자열을 첫 단계에서는 바로 따라 외우고('바로 따라하기') 두 번째 단계에서는 거꾸로 따라 외우고('거꾸로 따라하기') 세 번째 단계에서는 작은 숫자부터 차례로 기억하여 말하도록 하는('순서대로 따라하기') 세 가지 단계로 구성되어 있다.
- 주의력 범위, 주의집중력, 청각적 기억능력, 정신적 조작 능력, 시각적 심상화 능력, 불안, 주의산만, 충동성, 학습장애, ADHD를 반영한다.

2 산수(Arithmetic : AR)

- 간단한 계산 문제를 암산으로 푸는 과제로 구성되어 있다. 수검자는 종이와 연필을 사용할 수 없으며 시간제한이 있다.
- 주의집중력, 수리적 추론능력, 정신적 조작능력, 청각적 기억, 정신적 기민성, 불안, 충동성, 학습장애, ADHD를 반영한다.

3 순서화(Letter-Number Sequencing : LN)(보충소검사)

- 연속되는 숫자와 한글 글자를 불러주고, 숫자는 커지는 순서대로, 글자는 가나다 순서대로 외워서 말해보도록 하는 과제로 되어있다.
- 주의집중력, 청각적 단기기억력, 정신적 조작능력, 순차적·연속적 정보처리 능력, 충동성, 불안, 학습장애, ADHD를 반영한다.

4 **처리속도 지수(PSI : Processing Speed Index)**

- 처리속도 지수는 단순한 시각정보를 빠르게 정확하게 훑어보고 차례를 밝히고 변별하는 능력과 함께, 단기 시각기억, 주의, 시각-운동 협응 능력 등을 측정한다.

1 동형찾기(Symbol Search : SS)

- 정해진 시간 내에 왼쪽에 제시된 2개의 표적기호 중 어떤 하나가 오른쪽에 제시된 5개의 탐색기호들 중에 있는지 표시하는 과제이다.
- 시각적 변별력, 시각적 정보의 처리속도, 시각 - 운동 협응능력, 정신적 기민성, 불안, 산만함, 충동성, 동기수준, 학습장애, ADHD를 반영한다.

2 기호쓰기(Coding : CD)

- 1에서 9까지의 숫자를 특정 기호와 짝지어서 제시해둔 보기(key)를 보고, 정해진 시간 내에 가능한 정확하고 빠르게 자극 숫자에 해당하는 기호를 찾아서 그 아래의 빈칸에 차례로 적어 나가는 과제이다. 시간제한이 있다.
- 시각 - 운동 협응능력, 정신운동 속도, 주의집중력, 시각적 단기기억, 불안, 주의산만, 충동성, 학습장애, ADHD를 반영한다.

3 지우기(Cancellation : CA)(보충소검사)

- 조직적으로 배열되어 있는 도형들 속에서 표적 모양과 동일한 도형을 찾아서 표시하도록 하는 과제이다.
- 시각적 변별력, 시각적 선택적 주의능력, 정신운동 속도, 주의집중력, 시각-운동 협응능력을 측정한다.

3 **한국판 웩슬러 아동용 지능검사 4판**
(K-WISC-Ⅳ, 6세 0개월~16세 11개월)(Korean Wechsler Intelligence Scale for Children)

- 한국판 웩슬러 아동용 지능검사(K - WISC - Ⅳ)는 6세 0개월~16세 11개월까지의 아동의 인지적 능력을 평가하기 위한 개별 검사도구이다.
- 5가지 합산점수를 얻을 수 있으며, 아동의 전체적인 인지능력을 나타내는 전체지능지수(FSIQ:Full Scale Intelligence Quotient)를 제공한다.
- 15개의 소검사로 이루어져 있지만, 합산점수를 얻기 위해서는 대부분 10개의 주요검사만 실시한다. 처리점수(process scores)는 다른 소검사 점수로 대체할 수 없다.

구 분	언어이해(VCI)	지각추론(PRI)	작업기억(WMI)	처리속도(PSI)
주요소검사	공통성 어 휘 이 해	토막짜기 행렬추리 공통그림찾기	숫 자 순차연결	동형찾기 기호쓰기
보충소검사	상 식 단어추리	빠진곳찾기	산 수	선 택

1 언어이해 지수척도(VCI : Verbal Comprehension Index Scale)

- 언어이해 지수는 개인의 언어적 개념형성, 언어적 추론, 환경에서 획득된 지식에 대한 측정치이다.

1 공통성

- 공통적인 사물이나 개념을 나타내는 두 개의 단어를 듣고, 두 단어가 어떻게 유사한지를 말한다.
- 언어적 추론과 개념 형성을 측정한다.

2 어휘

- 그림 문항에서 소책자에 있는 그림들의 이름을 말하고, 말하기 문항에서 아동은 검사자가 크게 읽어주는 단어의 정의를 말한다.
- 아동의 언어 지식과 언어적 개념 형성을 측정한다.

3 이해

- 일반적인 원칙과 사회적 상황에 대한 이해에 기초하여 질문에 대답한다.
- 언어적 추론과 개념화, 언어적 이해와 표현, 실제적 지식을 발휘하는 능력을 측정한다.

4 상식

- 일반적 지식에 관한 광범위한 주제를 다루는 질문에 대답한다.
- 일반적이고 사실적인 지식을 획득하고, 유지하고, 인출하는 능력을 측정한다.

5 단어추리

- 일련의 단서에서 공통된 개념을 찾아내어 단어로 말한다.
- 언어적 이해, 유추 및 일반적 추론능력, 언어적 추상화, 특정 분야의 지식 등을 측정한다.

2 지각추론 지수(PRI : Perceptual Reasoning Index Scale)

- 지각추론 지수는 시공간 정보를 평가하는 능력, 비언어적 유동적 추론 능력을 반영한다. 언어이해 지수에 비하여 교육적 경험을 상대적으로 덜 받는다.

1 토막짜기

- 제한시간 내에 흰색과 빨간색으로 이루어진 토막을 사용하여 제시된 모형이나 그림과 똑같은 모양을 만든다.
- 비언어적 개념형성, 시지각 및 시각적 조직화, 동시처리, 시각-운동 협응 등을 측정한다.

2 행렬추리

- 불완전한 행렬을 보고, 다섯 개의 반응 선택지에서 제시된 행렬의 빠진 부분을 찾아낸다.
- 유동성 지능의 좋은 측정치이며, 시각적 정보처리와 추상적 추론능력 등을 측정한다.

3 공통그림찾기

- 두줄 또는 세줄로 이루어진 그림들을 제시하며, 아동은 공통된 특성으로 묶일 수 있는 그림을 각 줄에서 한 가지씩 고른다.
- 추상화와 범주적 추론능력을 측정한다.

4 빠진곳찾기

- 그림을 보고 제한시간 내에 빠져있는 중요한 부분을 가리키거나 말한다.
- 시지각 및 시각적 조직화, 집중력, 사물의 본질적인 세부에 대한 시각적 재인을 측정한다.

3 작업기억 지수(WMI : Working Memory Index)

- 작업기억 능력에 대한 측정치를 제공하는 지수로 정보를 일시적으로 기억 속에 보유하고 정신적으로 조작하고 기억을 조정하고 결과를 산출하는 능력을 필요로 한다. 주의, 집중, 정신적 통제, 추론 등이 포함된다.

1 숫자

- '숫자 바로 따라하기'에서는 검사자가 큰소리로 읽어 준 것과 같은 순서로 아동이 따라한다.
- 청각적 단기기억, 계열화능력, 주의력, 집중력을 측정한다.

2 순차연결

- 연속되는 숫자와 글자를 읽어주고, 숫자가 많아지는 순서와 한글의 가나다 순서대로 암기하도록 한다.
- 계열화, 정신적 조작, 주의력, 청각적 단기기억, 시공간적 형상화, 처리속도 등을 측정한다.

3 산수

- 구두로 주어지는 일련의 산수문제를 제한 시간 내에 암산으로 계산한다.
- 정신적 조작, 집중력, 주의력, 단기기억 및 장기기억, 수와 관련된 추론능력, 정신적 기민함을 측정한다.

4   처리속도 지수(PSI : Processing Speed Index)

- 처리속도 지수는 단순한 시각정보를 빠르게 정확하게 훑어보고 차례를 밝히고 변별하는 능력과 함께, 단기 시각기억, 주의, 시각 - 운동 협응 능력 등을 측정한다.

1 기호 쓰기

- 간단한 기하학적 모양이나 숫자에 대응하는 기호를 그리고, 기호표를 이용하여 해당하는 모양이나 빈칸 안에 각각의 기호를 주어진 시간 안에 그린다.
- 단기기억, 시지각, 시각 - 운동 협응, 주의력 등을 측정한다.

2 동형 찾기

- 반응 부분을 훑어보고, 반응 부분의 모양 중 표적 모양과 일치하는 것이 있는지를 제한시간 내에 표시한다.
- 시각적 단기기억, 시각-운동 협응, 시각적 변별, 집중력 등을 측정한다.

3 선택

- 무선으로 배열된 그림과 일렬로 배열된 그림을 훑어본다.
- 처리속도, 시각적 선택주의, 각성, 시각적 무시를 측정한다.

5   K-WISC-IV의 실시

- 핵심소검사 시행이 어려운 경우에 적절한 보충소검사로 대체할 수 있다.
- 소검사 대체는 각 지표점수 내에서 단 한 번씩만 허용된다.
- 시간을 초과하여 정답을 맞힌 경우에는 정답으로 채점하지 않는다.
- '토막짜기, 기호쓰기, 동형찾기, 빠진곳찾기, 선택, 산수'는 초시계를 사용하여 정확한 시간을 측정한다(행렬추리는 완성되지 않은 행렬을 보고 행렬을 완성시키기 위해 보기를 선택하는 것으로서, 정확하게 시간을 측정해야 하는 것은 아니다). 제한시간을 초과한 경우 0점으로 처리한다.
- 수검자와의 라포 형성을 위해 토막짜기부터 시작하며 ① 토막짜기 ② 공통성 ③ 숫자 ④ 공통그림찾기 ⑤ 기호쓰기 ⑥ 어휘 ⑦ 순차연결 ⑧ 행렬추리 ⑨ 이해 ⑩ 동형찾기 ⑪ 빠진곳찾기 ⑫ 선택 ⑬ 상식 ⑭ 산수 ⑮ 단어추리 순으로 시행한다.
- 소근육에 어려움이 있는 아동은 토막짜기 대신 빠진 곳 찾기로 대체하는 등 핵심소검사를 시행하기 어려운 경우 보충소검사로 대체할 수 있다.

1 K-WISC-Ⅳ 실시 규칙

① 시작점
- 각 소검사 실시는 전문가 지침서와 기록용지에 명시되어 있는 특정 연령의 시작점에서 시작하고, 시작점에 대한 연령 범위는 포괄적이다.
- '숫자', '선택' 두 개의 소검사만이 모든 연령에 대해 단 하나의 시작점을 갖고, 나머지 다른 모든 소검사들에서는 시작점이 아동의 연령에 따라 달라진다.

② 역순규칙
- 특정 연령용 시작점이 있는 대부분의 소검사에 적용되고, 어린 아동들이나 지적 결손으로 의심되는 나이가 많은 아동용으로 고안된 것이다.
- 역순 문항들이 있는 소검사에서는 처음 실시되는 두 문항에서 아동이 완벽한 점수를 받으면 시작점 이전의 미실시 항목들에 대해서 모두 만점을 부여하고, 그 소검사를 계속 한다.

③ 중지규칙

주요소검사	중지규칙
토막짜기	연속하여 3문항이 0점일 때 중지
공통성	연속하여 5문항이 0점일 때 중지
어휘	연속하여 5문항이 0점일 때 중지
기호쓰기	120초 후 중지
동형찾기	120초 후 중지

2 K-WISC-Ⅳ 검사를 실시할 때 주의할 점

- 실시와 채점의 객관도를 유지하기 위해 검사문항이나 실시 지시문을 변경하지 않아야 한다.
- 아동이 검사시작 전까지는 도구를 보지 못하도록 한다.
- 특정 반응이 옳은지 틀린지에 대해서는 피드백을 주어서는 안 된다. 아동의 자발적인 반응이 명백히 틀렸고 추가 질문을 할 필요가 없으면, 두 번째 반응을 요구하지 않고 실패한 문항으로 간주한다.
- 아동이 기록용지나 지침서를 보게 해서는 안 된다.
- 그 문항의 실시 지침에 추가 탐문할 것이 언급되어 있지 않는 한, 명백히 틀린 대답에 대해서는 추가 질문하지 않는다.
- 토막짜기는 수검자의 정중앙에 토막을 놓는다.
- 숫자와 순차연결 소검사에서는 문항 반복을 허용하지 않는다.
- 어휘/이해 소검사는 수검자의 반응을 놓치지 않고 그대로 기록한다.

P(Pass : 통과)	올바른 반응 또는 수행 시
F(Fail : 실패)	틀린 반응 또는 수행 시
Q(Question : 추가질문이나 탐문)	검사자가 반응을 명료화하기 위하여 추가질문한 것
DK(Don't Know : 모름)	아동이 "모르겠어요"라고 말했거나 답에 대한 지식이 부족함을 나타냈을 때
NR(No Response : 무반응)	아동이 말이나 행동으로 문항에 반응하지 않을 때
INC(Incomplete : 미완성)	아동이 시간제한이 있는 문항에서 시간 내에 완성하지 못했을 때
R(Rotation : 회전)	토막짜기 소검사에서 회전 시
REP(Repeat : 반복)	문항을 반복했을 때
PC(Point Correctly : 바르게 지적)	아동이 빠진 그림의 위치를 바르게 지적했을 때

4 웩슬러 검사결과의 진단적 특징

① 우울증: 처리속도 지표 저하(주의집중력 저하), 작업기억 지표 저하, 빠진곳찾기와 토막짜기 점수 낮음, 기호쓰기 저하(에너지 저하)

② 불안관련 장애: 작업기억 지표 저하(주의집중력 저하), 산수와 숫자 저하(주의집중력 저하)

③ 강박장애 :상식, 어휘, 이해는 높음

④ 학습장애: 전체지능(FSIQ)이 실제보다 과소평가되거나 낮게 나옴, 작업기억 지표 저하(산수, 숫자, 순차연결 저하), 처리속도 지표 저하(기호쓰기 저하), 산수, 숫자, 상식 저하

⑤ ADHD: 작업기억 지표 저하(숫자, 순차연결, 산수 저하), 처리속도 지표 저하(기호쓰기, 동형찾기 저하), 상식, 이해 저하

⑥ 품행장애: 산수와 숫자 저하, 이해 저하

⑦ 기질적 뇌손상: 토막짜기 낮음, 숫자 낮음, 공통성 저하

⑧ K-WAIS-IV의 숫자(digit span) 소검사가 측정하는 것: 주의지속력, 즉각적이고 단순한 회상능력, 청각적 연속능력

⑨ K-WISC-IV의 숫자(digit span) 소검사 수행점수에 영향을 미치는 요인: 주의집중력, 불안, 거부증, 학습장애

⑩ 청각적 주의력을 평가할 수 있는 신경심리검사: 숫자폭검사(Digit span test), 연속수행검사(CPT)

4 한국판 웩슬러 아동용 지능검사 5판(K-WISC-V, 만6세~만16세 11개월) (Korean Wechsler Intelligence Scale for Children)

- K - WISC - V는 만 6세 0개월에서 16세 11개월까지의 아동과 청소년에게 실시된다.
- K - WISC - V는 언어 이해, 시공간 기능, 유동 추론, 작업 기억, 처리 속도의 5개 지표점수로 구성된다.
- K - WISC - IV는 언어 이해, 지각 추론, 작업 기억, 처리 속도의 4개 지표 점수로 구성된다.
- 소검사 환산점수 10과 지표점수 100의 백분위는 같다.
- 10개의 핵심소검사와 5개의 보충소검사로 구성된다.
- 16개의 소검사로 이루어져 있으며, 유동적 추론의 측정을 강화하는 새로운 3개의 소검사 (무게비교, 퍼즐, 그림기억)가 추가되었고, 4판에서 13개의 소검사(토막짜기, 공통성, 행렬추리, 숫자, 기호쓰기, 어휘, 동형찾기, 상식, 공통그림찾기, 순차연결, 선택, 이해, 산수)가 유지되었으나, 소검사의 실시 및 채점 절차가 수정되었다.
- 구조적으로 변화한 전체 IQ(FSIQ), 5가지 기본지표점수(언어이해, 시각공간, 유동추론, 작업기억, 처리속도), 5가지 추가지표점수(양적추론, 청각작업기억, 비언어, 일반능력, 인지효율)를 제공한다는 점에서 이전 4판과 다르다.

전체척도(Full Scales)				
언어이해(VCI)	시공간(VSI)	유동추론(FRI)	작업기억(WMI)	처리속도(PSI)
공통성 어휘 (상식) (이해)	토막짜기 (퍼즐)	행렬추리 무게비교 (공통그림찾기) (산수)	숫자 (그림기억) (순차연결)	기호쓰기 (동형찾기) (선택)
기본지표척도(Primary Index Scales)				
언어이해(VCI)	시공간(VSI)	유동추론(FRI)	작업기억(WMI)	처리속도(PSI)
공통성 어휘	토막짜기 퍼즐	행렬추리 무게비교	숫자 그림기억	기호쓰기 동형찾기
추가지표척도(Ancillary Index Scales)				
양적추론(QRI)	청각작업기억(AWMI)	비언어(NVI)	일반능력(GAI)	인지효율(CPI)
무게비교 산수	숫자 순차연결	토막짜기 퍼즐 행렬추리 무게비교 그림기억 기호쓰기	공통성 어휘 토막짜기 행렬추리 무게비교	숫자 그림기억 기호쓰기 동형찾기

📝 K-WISC-IV에서 K-WISC-V의 변화에 대한 설명

- 언어이해 핵심소검사가 2개로 축소되었다.
- 처리속도 핵심소검사는 그대로 유지되었다.
- 작업기억 핵심소검사가 숫자와 그림기억으로 구성되었다.
- 지각추론지수가 시각공간 지수와 유동추론 지수로 분리되었다.

K-WAIS-IV	K-WISC-IV	K-WISC-V
언어이해	**언어이해**	**언어이해**
공통성, 어휘, 상식 (이해)	공통성, 어휘, 이해 (단어추리, 상식)	공통성, 어휘 (상식, 이해)
지각추론	**지각추론**	**시공간**
토막짜기, 행렬추론, 퍼즐 (빠진곳찾기, 무게비교)	토막짜기, 행렬추론, 공통그림찾기 (빠진곳찾기)	토막짜기 (퍼즐)
		유동추론
		행렬추리, 무게비교 (공통그림찾기, 산수)
작업기억	**작업기억**	**작업기억**
숫자, 산수 (순차연결)	숫자, 순차연결 (산수)	숫자 (그림기억, 순차연결)
처리속도	**처리속도**	**처리속도**
기호쓰기, 동형찾기 (지우기)	기호쓰기, 동형찾기 (선택)	기호쓰기 (동형찾기, 선택)

K-WISC-V 전체척도(Full Scales)				
언어이해(VCI)	**시공간(VSI)**	**유동추론(FRI)**	**작업기억(WMI)**	**처리속도(PSI)**
공통성 어휘 (상식) (이해)	토막짜기 (퍼즐)	행렬추리 무게비교 (공통그림찾기) (산수)	숫자 (그림기억) (순차연결)	기호쓰기 (동형찾기) (선택)
기본지표척도(Primary Index Scales)				
언어이해(VCI)	**시공간(VSI)**	**유동추론(FRI)**	**작업기억(WMI)**	**처리속도(PSI)**
공통성 어휘	토막짜기 퍼즐	행렬추리 무게비교	숫자 그림기억	기호쓰기 동형찾기

1 언어이해(VCI)

1 공통성(Similarity)

- 공통적인 사물이나 개념을 나타내는 2개의 단어를 듣고, 두 단어가 어떻게 유사한지 말해야 한다.

  개념을 범주화하는 능력, 어휘지식, 결정지능, 장기기억, 본질적 요소와 비본질적 요소의 변별능력 등을 측정한다.

2 어휘(Vocabulary)

- 그림 문항에서는 소책자에 그려진 이름을 말하고, 말하기 문항에서는 검사자가 읽어주는 단어의 뜻을 말해야 한다.

- 일반적인 지적능력, 결정지능, 장기기억, 언어유창성, 학습능력, 언어적 표현능력 등을 측정한다.

3 상식(Information)

- 일반적 지식에 관한 광범위한 주제를 다루는 질문에 답변해야 한다.

4 이해(Comprehension)

- 일반적인 원칙과 사회적 상황에 대한 이해에 근거하여 질문에 답해야 한다.

2 시공간(VSI)

1 토막짜기(Block Design)

- 제한시간 내에 주어진 2가지의 색으로 이루어진 토막을 사용하여 제시된 모형이나 그림과 똑같은 모양을 만들어야 한다.
- 추상적인 시각 자극을 분석하고 종합하는 능력, 비언어적 추론 능력, 동시처리 능력, 시각 - 운동 협응 능력 등을 측정한다.

2 퍼즐(Visual Puzzles)

- 제한시간 내에 완성된 퍼즐을 보고 퍼즐을 구성할 수 있는 3개의 조각을 선택해야 한다.
- 추상적인 시각 자극을 분석하고 통합하는 능력, 시지각 정보처리 능력, 정신적 회전 능력, 공간적 시각화 능력, 비언어적 추론 능력 등을 측정한다.

3 유동추론(FRI)

1 행렬추리(Matrix Reasoning)

- 행렬이나 연속의 일부를 보고, 행렬 또는 연속을 완성하는 보기를 찾아야 한다.
- 시지각 정보처리 능력, 추상적 추론 능력, 유농지능, 동시처리 능력 등을 측정힌다.

2 무게비교(Figure Weights)

- 제한시간 내에 양쪽 무게가 달라 균형이 맞지 않는 저울그림을 보고 균형을 유지할 수 있는 보기를 찾아야 한다.
- 양적추론 능력, 수학적 추론 능력, 비언어적 정보에 대한 추론 능력 등을 측정한다.

3 공통그림찾기(Picture Concepts)

- 2줄 혹은 3줄로 이루어진 그림들을 보고 각 줄에서 공통된 특성으로 묶을 수 있는 그림들을 하나씩 골라야 한다.

4 산수(Arithmetic)

- 제한시간 내에 그림 문항과 말하기 문항으로 구성된 산수문제를 암산으로 풀어야 한다.

4 **작업기억(WMI)**

1 숫자(Digit Span)

- 수열을 듣고 기억하여 숫자를 바로 따라하고, 거꾸로 따라하고, 순서대로 따라해야 한다.
- 단기기억, 작업기억, 기계적인 암기력, 주의집중력, 청각적 변별능력 등을 측정한다.

2 그림기억(Picture Span)

- 제한시간 내에 1개 이상의 그림이 있는 자극페이지를 본 후, 반응페이지에 있는 보기에서 해당 그림을 (가능한 한 순서대로) 찾아야 한다.
- 작업기억, 주의집중력, 시각처리 능력, 순서화 능력, 시각단기기억, 반응억제능력 등을 측정한다.

3 순차연결(Letter Number Sequencing)

- 연속되는 숫자와 글자를 듣고, 숫자는 오름차순으로, 글자는 가나다 순으로 암기해야 한다.

5 **처리속도(PSI)**

1 기호쓰기(Coding)

- 제한시간 내에 기호표를 사용하여 간단한 기하학적 모양이나 숫자와 상응하는 기호를 따라 그려야 한다.
- 시각단기기억, 주의집중력, 시각-운동 협응 능력, 정신운동속도, 시각적 변별능력 등을 측정한다.

2 동형찾기(Symbol Search)

- 제한시간 내에 반응 부분을 훑어보고 표적모양과 동일한 것을 찾아야 한다.
- 시각적 변별능력, 시각-운동 협응 능력, 주의집중력, 통제 및 조절능력, 시지각 조직화 능력 등을 측정한다.

3 선택(Cancellation)

- 제한시간 내에 무선으로 배열된 그림과 일렬로 배열된 그림을 훑어보고 표적그림에 표시해야 한다.

5 지능의 진단적 분류

지표점수 질적 분류				
분류	합산점수 범위	백분율	대안적인 기술적 분류	
매우 우수	130 이상	2.3	최상	131 이상
우수	120 – 129	6.8	평균 상	116 – 130
평균상	110 – 119	17.1		
평균	90 – 109	50.2	평균	85 – 115
평균하	80 – 89	15.0	평균 하	70 – 84
경계선	70 – 79	6.1		
지적 결손	69 이하	2.5	최하	69 이하

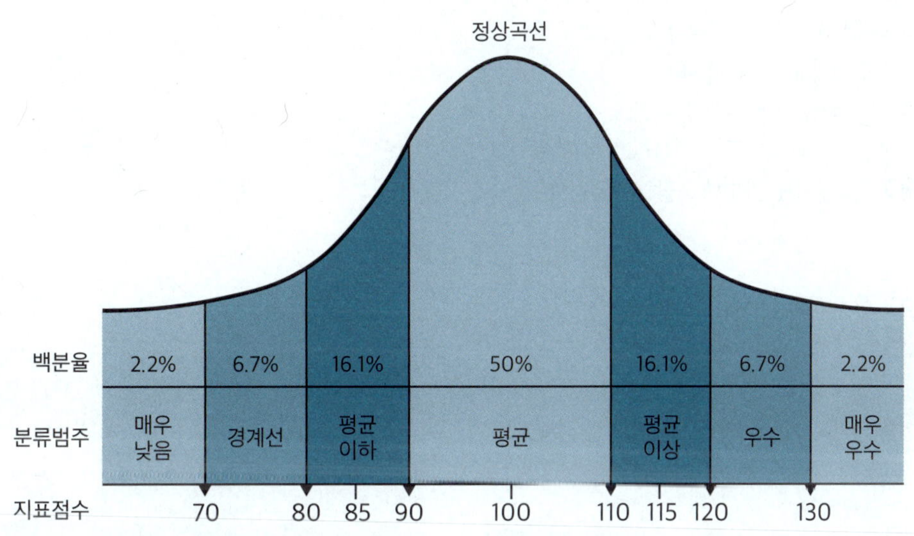

📝 실제 시험에서는 이렇게 나온다.

- 소검사 환산점수 10과 지표점수 100의 백분위는 같다.
- 전체지능지수(FSIQ)의 범위가 70~79이면 '경계선'으로 분류한다.
- 지표점수 95는 전체 지능지수 95와 동일한 상대적 위치이다.
- 전체 지능지수 85와 소검사 환산점수 7은 백분위 16에 해당한다.
- 일반능력 지표점수 100은 소검사 환산점수 10과 동일한 상대적 위치이다.
- 12세 청소년의 정신연령(mental age)이 18세로 측정되었다. 이 청소년의 비율 지능지수(ratio IQ)는 150이다.
  - ✓ 비율지능지수 = 정신연령 / 생활연령 × 100 = 18 / 12 × 100 = 150

그럼 우리는? K-WISC-IV, K-WAIS-IV, K-WISC-V를 다 외워야지.

24년

토막짜기 소검사는 K-WISC-V에서 시공간 기능 지표에 포함된다.

18년

K-WAIS-IV에서 동형찾기를 대체하는 보충소검사는 지우기이다.

17년

66. K-WAIS-IV에 관한 설명으로 옳지 않은 것은?

① 15개의 소검사로 구성되어 있다.

② 전체척도 점수(FSIQ)가 70 ~ 79이면 경계선 범위로 분류한다.

③ 전체척도 점수(FSIQ)는 전반적 인지능력을 나타내는 평가치이다.

④ 작업기억(WMI)의 핵심소검사는 숫자, 산수 소검사이다.

⑤ 언어이해지표(VCI)의 핵심소검사는 상식, 이해, 공통성, 어휘 소검사이다.

16년(14회)

77. K-WISC-IV에 관한 설명으로 옳지 않은 것은?

① '이해'는 언어이해지수(VCI)의 보충 소검사이다.

② '빠진곳찾기'는 지각추론지수(PRI)의 보충 소검사이다.

③ '산수'는 '순차연결'을 대체하는 소검사이다.

④ '상식'은 '어휘'를 대체하는 소검사이다.

⑤ 15세 11개월 된 청소년에게 실시할 수 있다.

23년

K-WISC-IV의 지각추론지표(PRI)에 해당하는 소검사

토막짜기

20년

K-WISC-IV의 처리속도 지표(PSI)에 해당하는 소검사

기호쓰기

18년

K-WISC-IV의 작업기억지표(WMI)를 측정하는 소검사

순차연결

16년(15회)

성인용 웩슬러 지능검사(K-WAIS-IV)의 지각추론지수(PRI)에 포함되지 않는 소검사

동형찾기

16년(14회)

K-WISC-IV 검사의 언어이해지수(VCI)에 포함된 소검사

공통성

🔍 틀린 문장

- 지능지수는 타고난 능력과 모든 문제해결능력을 대표한다. → 인지적 능력을 측정한다.
- 비율IQ의 산출공식은 생활연령/정신연령 × 100이다. → 비율IQ의 산출공식은 정신연령/생활연령 × 100이다.
- 웩슬러형 지능검사에서는 평균 100, 표준편차 10인 표준점수를 사용한다. → 웩슬러형 지능검사에서는 평균 100, 표준편차 15인 표준점수를 사용한다.
- 소검사 환산점수 13과 지표점수(index) 110의 백분위는 같다. → 환산점수 13의 백분위는 84이고, 지표점수(index) 110의 백분위는 75이다. 즉 같지 않다.
- 웩슬러 검사에서 소검사 환산점수 7과 지표점수 90의 백분위는 같다. → 환산점수 7의 백분위는 16.
- 소검사 환산점수 8은 지표점수 110과 동일한 상대적 위치이다. → 소검사 환산점수 8은 지표점수 90과 동일한 상대적 위치이다.
- 신뢰구간 95%의 범위는 모든 지표점수에서 같다. → 신뢰구간의 범위는 지표점수에 따라 다르다. 표본이 작을수록 구간이 더 넓어지고, 표준편차가 클수록 구간이 더 넓어진다.
  - ✓ 신뢰구간: 모수가 어느 범위 안에 있는지를 확률적으로 보여주는 방법이다.
- 신뢰구간 95%의 범위는 신뢰구간 90%보다 더 작다. → 데이터의 불확실성이 작을수록 구간이 좁아지고 불확실성이 커지면 구간이 커진다.

🔍 K - WAIS - IV K - WAIS - V 틀린 문장

- '상식'은 '어휘'를 대체하는 소검사이다. → '이해'는 '상식'을 대체하는 소검사이다.
- '산수'는 '순차연결'을 대체하는 소검사이다. → '산수'는 '순서화'를 대체하는 소검사이다.
- 15세 11개월 된 청소년에게 실시할 수 있다. → 15세 11개월 된 청소년은 K - WISC - IV,V를 실시한다.
- 소검사들의 표준점수의 평균은 15이고, 표준편차는 5이다. → 소검사들의 표준점수의 평균은 10이고, 표준편차는 3이다.
- 환산점수는 각 소검사의 원점수 총점을 평균 10, 표준편차 7로 변환해서 산출한 표준점수이다. → 환산점수는 각 소검사의 원점수 총점을 평균 10, 표준편차 3으로 변환해서 산출한 표준점수이다.
- 일반능력지수(GAI)는 언어이해와 작업기억의 핵심소검사로 구성된 조합점수이다. → 일반능력지수(GAI)는 언어이해와 지각추론의 핵심소검사로 구성된 조합점수이다.
- 일반 지능 지수(GAI)는 작업 기억과 처리 속도의 핵심 소검사로 구성된 조합점수이다. → 일반능력지수(GAI)는 언어이해와 지각추론의 핵심소검사로 구성된 조합점수이다.
- K - WISC - IV에 언어이해 지표와 지각추론 지표의 합산점수는 인지효율성 지표 점수로 산출된다. → K - WISC - IV에 언어이해 지표와 지각추론 지표의 합산점수는 일반능력지수(GAI) 점수로 산출된다
- 토막짜기 소검사에서는 수검자의 점수가 2문항 연속해서 0이면 중지한다. → 토막짜기 소검사에서는 수검자의 점수가 3문항 연속해서 0이면 중지한다.
- 동형찾기 소검사에서는 모든 연령의 시작점이 같다. → '숫자', '선택' 두 개의 소검사만이 모든 연령에 대해 단 하나의 시작점을 갖고, 나머지 다른 모든 소검사들에서는 시작점이 아동의 연령에 따라 달라진다.
- 첫 번째로 실시하는 소검사는 공통성이다. → 라포형성을 위해 토막짜기부터 시작한다.

- K - WISC - Ⅳ에서 10개의 주요 소검사와 15개의 보충 소검사로 구성되었다. → K - WISC - Ⅳ에서 10개의 주요 소검사와 5개의 보충 소검사로 구성되었다.
- '이해'는 언어이해지수(VCI)의 보충 소검사이다. → '이해'는 언어이해지수(VCI)의 핵심 소검사이다.
- 토막짜기는 작업기억 지표의 주요 소검사이다. → K - WISC - Ⅳ에서 토막짜기는 지각추론 지표의 주요 소검사이다.
- 산수는 모든 연령에 대해 시작점이 동일하다. → '숫자', '선택' 두 개의 소검사만이 모든 연령에 대해 단 하나의 시작점을 갖고, 나머지 다른 모든 소검사들에서는 시작점이 아동의 연령에 따라 달라진다.
- 행렬추리는 초시계로 정확하게 시간을 측정해야 한다. → 행렬추리는 시간 제한이 없다.
- 토막짜기 소검사는 연속하여 5문항이 0점일 때 중지한다. → 토막짜기 소검사는 연속하여 3문항이 0점일 때 중지한다.
- 추가질문을 사용했을 때 기록용지에 P로 표기한다. → 추가질문을 사용했을 때 기록용지에 Q로 표기한다.
- 아동이 "모르겠어요."라고 대답할 때는 기록용지에 CK로 표기한다. → 아동이 "모르겠어요."라고 대답할 때는 기록용지에 DK로 표기한다.
- 언어이해지표(VCI)의 핵심소검사는 상식, 이해, 공통성, 어휘 소검사이다. → 언어이해지표(VCI)의 핵심소검사는 공통성, 어휘, 이해 소검사이다.
- 전체 지능 지수(FSIQ) 범위는 30~150 사이에서 산출된다. → 전체 지능 지수(FSIQ) 범위는 69 이하 ~130 이상 사이에서 산출된다.
- 바꿔쓰기는 지우개가 달린 심이 뾰족한 연필 한 자루를 준비한다. → 바꿔쓰기는 지우개가 달린 심이 뾰족하지 않은 연필 한 자루를 준비한다.

- 산수 소검사는 K - WISC - Ⅴ에서 처리 속도 지표에 포함된다. → 산수 소검사는 K - WISC - Ⅴ에서 유동 추론 지표에 포함된다.
- 토막짜기는 작업기억 지표의 주요 소검사이다. → K - WISC - Ⅴ에서 토막짜기는 시공간 지표의 주요 소검사이다.
- 시각공간 핵심소검사가 토막짜기와 공통그림찾기로 구성되었다. → 시각공간 핵심소검사가 토막짜기와 퍼즐로 구성되었다.

19 | MMPI 객관적 검사

척도명		약어	
분류		MMPI-2(성인용)	MMPI-A(청소년용)
문항수		567문항	478문항
타당도 척도			
성실성	무응답	?	
	무선반응 비일관성	VRIN	
	고정반응 비일관성	TRIN	
비전형성	비전형	F	F
	비전형(후반부)	F(B)	F2
	비전형(정신병리)	F(P)	F1
증상타당도		FBS	MMPI-A는 없음
방어성	부인	L	
	교정	K	
	과장된 자기제시	S	MMPI-A는 없음
기본임상척도			
건강염려증		1 Hs	
우울증		2 D	
히스테리		3 Hy	
반사회성		4 Pd	
남성성-여성성		5 Mf	
편집증		6 Pa	
강박증		7 Pt	
정신분열증		8 Sc	
경조증		9 Ma	
내향성		0 Si	

다면적 인성검사 MMPI-2 (Minnesota Multiphasic Personality Inventory)

- MMPI가 개발된 이후 사회문화적인 변화에 따른 문항들의 새로운 규준의 필요성이 제기되었다.
- 1989년 MMPI - 2가 출판되었으며, 여기에는 총 567개의 문항과 함께 내용척도, 보충척도, PSY - 5 척도 등이 포함되었다.
- 수검태도를 반영하는 타당도 척도와 10개의 임상척도, 그 밖에 재구성 임상척도, 성격 병리 5요인 척도, 내용척도, 보충척도 등으로 구성되어 있다.
- MMPI - 2에서는 지역적·문화적·인종적·민족적 집단을 확대 및 추가하여 규준의 대표성을 확보하였다.
- MMPI - 2는 18세 이상의 성인을 대상으로 실시한다.
- MMPI - 2 검사의 시간제한은 없으나 많은 문항을 수록하고 있는 방대한 검사이기 때문에 될 수 있는대로 빨리 읽고 빨리 답하도록 한다.
- 표준화된 규준을 가지고 있다.
- 수검태도와 검사결과의 타당성을 확인하는 척도가 있다.
- MMPI의 임상척도와 MMPI - 2의 기본 임상척도의 수(10개)는 동일하다.

1 타당도 척도

1 ?척도 무응답 지표

- ?척도의 점수는 응답하지 않은 문항, 즉 답하지 않은 문항이다.
- ?무응답 척도가 높아지는 요인으로 읽기장애, 정신운동의 지체가 있다.
- 심각한 정신병리, 정신적 혼란으로 인하여 문항을 빠뜨린 사실조차 알지 못함, 심한 우울증으로 인하여 문항에 대한 결정을 내리기가 어려움, 검사에 대한 강한 불신감이 존재함, 검사에 대한 반항적이고 비협조적인 태도, 개인에게 특별히 민감한 부분에 대해서는 개방하는 것을 꺼림 등으로 점수가 상승한다.

2 VRIN(Variable response inconsistency) 무선반응 비일관성 척도

- 불일치하는 비일관적인 반응이 나타나는지를 통해 검사 태도의 타당성을 살피게 된다. 즉, 수검자가 무선적으로, 즉 문항의 내용을 고려하지 않고 '아무렇게나' 반응하는 경향을 탐지한다.

3 TRIN(True response inconsistency) 고정반응 비일관성 척도

- 수검자가 문항 내용과 관계없이 모든 문항을 '그렇다'로 반응하거나 '아니다'로 반응하는 경향을 탐지한다.

4 F척도 비전형성 척도

- F척도는 이상반응 경향을 탐지하기 위한 척도이다.
- 무작위로 대답하였거나, 문항내용을 이해하지 못한 사람, 의식적으로 자신을 부정적으로 보이려고 하는, 고의적으로 자신의 문제를 과장하여 반응하는 사람에게서도 F척도가 상승한다.
- 극단적인 상승은 정신장애와 관련이 있으며 현실검증력의 손상을 반영하기도 한다. 이 점수가 높을수록 정신병리가 심하다고 볼 수 있다.

5 F(B)비전형-후반부 척도

- 검사 후반부의 비전형 반응을 탐지한다. 검사를 실시하는 과정에서 발생하는 수검자의 수검태도 변화를 알아내는데 사용된다.

6 F(P)비전형-정신병리 척도

- 일반 규준집단뿐 아니라 정신과 환자들마저도 채점되는 방향으로는 거의 응답하지 않는 문항들로 되어있다.
- 정상인들이 거의 응답하지 않기 때문에 선정된 문항으로 구성된 F척도에 비해 F(P)척도들은 실제로 심각한 정신병리를 반영할 가능성이 훨씬 낮다고 볼 수 있다.
- F척도가 상승되었을 때 실제적인 정신병적 문제로 인한 것인지 아니면 의도적으로 자신을 부정적으로 보이려는 태도로 인한 것인지를 판별하게 된다.

7 L척도 부인척도

- L척도가 높으면 자신을 완벽하고 이상적으로 꾸며내려는, 가장하려는 경향이 있다.

8 K척도 교정척도

- K척도는 자신을 긍정적으로 기술하는 것을 측정하기 위한 척도이다.
- K척도는 자신을 긍정 왜곡하게 되면 상승한다.
- 방어심과 경계심을 측정한다는 점에서 L척도가 측정하는 행동과 유사한 부분이 있지만, L척도보다는 세련되고 간접적인 방식으로 자신을 방어한다는 점에서 차이가 있다.

9 S척도 과장된 자기제시 척도

- 자신이 정직하고 문제없이 원만한 사람인 것처럼 보이려는 경향성 측정, K척도와 함께 방어성 측정척도로 두 척도 간 상관이 높은 특징을 보인다.

1 FBS척도

- 개인의 상해와 관련하여 자신의 증상을 과장하려는 경향을 측정한다.

2 MMPI-A
(Minnesota Multiphasic Personality Inventory for Adolescents)

- 만13 - 18세에 실시한다.
- 청소년을 위해 개발된 내용척도 4개((소외(A - aln), 품행 문제(A - con), 낮은 포부(A - las), 학교 문제(A - sch))와 보충척도 3개(알코올/약물 문제 인정(ACK), 알코올/약물 문제 가능성(PRO), 미성숙(IMM))가 있다.

1 타당도 척도

1 ?척도 무응답 지표

- ?척도의 점수는 응답하지 않은 문항, 즉 답하지 않은 문항이다.
- ?무응답 척도가 높아지는 요인으로 읽기장애, 정신운동의 지체가 있다.
- 심각한 정신병리, 정신적 혼란으로 인하여 문항을 빠뜨린 사실조차 알지 못함, 심한 우울증으로 인하여 문항에 대한 결정을 내리기가 어려움, 검사에 대한 강한 불신감이 존재함, 검사에 대한 반항적이고 비협조적인 태도, 개인에게 특별히 민감한 부분에 대해서는 개방하는 것을 꺼림 등으로 점수가 상승한다.

2 VRIN(Variable response inconsistency) 무선반응 비일관성 척도

- VRIN척도는 내용이 유사하거나 또는 상반되는 문항 쌍으로 구성되어 있으며, 각 문항 쌍의 내용에 비추어 서로 불일치하는 비일관적인 반응이 나타나는지를 통해 검사 태도의 타당성을 살피게 된다. 즉, 수검자가 무선적으로, 즉 문항의 내용을 고려하지 않고 '아무렇게나' 반응하는 경향을 탐지한다.

3 TRIN(True response inconsistency) 고정반응 비일관성 척도

- TRIN 척도는 모두 내용이 상반된 문항쌍으로 이루어져 있다. 이를 통해 수검자가 문항 내용과 관계없이 모든 문항을 '그렇다'로 반응하거나 '아니다'로 반응하는 경향을 탐지한다.

4 F척도 비전형성 척도

- F척도는 이상반응 경향을 탐지하기 위한 척도이다.

- 무작위로 대답하였거나, 문항내용을 이해하지 못한 사람, 의식적으로 자신을 부정적으로 보이려고 하는, 고의적으로 자신의 문제를 과장하여 반응하는 사람에게서도 F척도가 상승한다.

- 극단적인 상승은 정신장애와 관련이 있으며 현실검증력의 손상을 반영하기도 한다. 이 점수가 높을수록 정신병리가 심하다고 볼 수 있다.

5 F1척도 : 비전형척도(전반부, MMPI-A, 만13-18세)

- 정상집단에 속하는 사람들이 특정한 방향으로 응답하는 비율이 10% 미만인 문항들로 구성되어 있다. 처음에는 무선 반응을 구분하기 위해 개발되었지만, 심각한 심리적인 문제를 가지고 있거나 또는 심각한 심리적 문제를 가지고 있지는 않지만 자신의 실제 상태보다 더 부정적인 것으로 보이고자 하는 수검자들에게서 이 척도에서의 점수가 상승하는 양상을 보인다.

6 F2 : 비전형척도(후반부, MMPI-A, 만13-18세)

- 검사의 후반부에 수검태도를 바꾸어 부주의하고 무작위로 응답했음을 시사한다.

2 임상척도

- 학문적으로는 T점수 65이상으로 유의미한다고 보지만 임상적으로는 T점수 70이상 유의미하다고 본다.

1 척도1 : 건강염려증(Hs : Hypochondriasis)

- 자신의 신체적 증상에 과도하게 집착하며 다양한 신체증상을 호소한다.

- 신체적 호소는 대개 모호하지만, 대부분 위장계통의 장애를 호소하며 그 다음으로는 만성적인 피로감, 통증 및 무력감 등을 호소한다.

- 타인을 지배하고 조종할 목적으로, 실제적이거나 혹은 상상적인 신체증상을 나타낸다.

- 비관적이고 패배주의적이며 도움을 주려는 노력들에 대해 냉소적인 반응을 보인다.

2 **척도2 : 우울증(D : Depression)**

- 심리적, 행동적인 에너지 수준이 낮다.

- 슬픔이나 불행감을 자주 경험한다.

- 밝고 즐거운 정서 경험이 낮다.

- 흥미와 의욕이 저하된다.

- 자신이 무가치하고 일을 잘 해낼 수 없다고 느끼며 쉽게 포기한다.

- 불면증이나 식욕감퇴 등의 신체증상을 나타내기도 한다.

- 자살사고나 자살행동의 과거력을 포함하는 높은 빈도의 우울증상을 보여준다.

3 **척도 3 : 히스테리(Hy : Hysteria)**

- 심리적으로 미성숙하여 때로는 유아적으로 보이기까지 하고, 감정기복이 심한 편이다.

- 자기중심적이고, 자기도취적이며, 타인으로부터 많은 관심과 애정을 갈구한다.

- 심리적 고통을 회피하는 방법으로 부인을 사용하는 정도를 측정한다.

- 타인으로부터 많은 관심, 주의와 애정을 갈구하는 욕구가 강한데 이러한 욕구를 간접적이고 우회적인
  방식으로 드러낸다.

- 두통, 흉통, 위장불편, 무기력감, 심박항진 등의 신체적 문제를 호소하는데, 보통 스트레스를 받으면 갑자기
  나타났다가 스트레스가 지나가면 사라진다. 스트레스가 증가하면 신체적 문제가 악화되는 경향이 있다.

- 현실적 어려움이나 심리적 문제를 다루는 방법으로 억압과 부인을 자주 사용한다.

4 **척도 4 : 반사회성(Pd : Psychopathic)**

- 사회적 가치와 규범을 내재화하는데 어려움이 있다.

- 가족 갈등과 불화가 많을 수 있다.

- 권위에 대한 거부감이 강하다.

- 자기중심적이고 미성숙하며 이기적이다.

- 품행문제를 측정하며 거짓말, 적대적이고 반항적인 행동, 낮은 치료동기를 반영한다.

- 비행, 공격적인 행동, 전반적인 외재화 행동 문제의 가능성이 높다.

- 빈약한 계획 능력, 낮은 욕구 좌절 인내력, 충동성 등과 관련있다.

- 사회적 가치를 내면화하는데 어려움이 있으며 규칙이나 법규에 저항적이다.

- 다른 사람의 욕구나 감정에 무감각하며 무책임하고 신뢰성이 결여되어 있다.

5 척도 5 : 남성성 - 여성성(Mf : Masculinity-Femininity)

① 남자: 척도 5가 높은 경우

- 전통적인 남성적 역할에 동일시하지 않으며 자신의 남성적인 역할에 부적절감을 느낀다.

- 사람들과의 관계에서 다른 사람에 대해 공감할 줄 알며 이해심이 많고 따뜻한 감정을 표현할 줄 안다.

② 여자: 척도 5가 높은 경우

- 전통적인 여성적 역할에 거부감을 가지고 있으며 일과 관련되어 성취지향적인 특성을 보인다.

- 대인관계에서 자기주장적이고 공격적이며 경쟁적이다.

6 척도 6 : 편집증(Pa : Paranoia)

- 다른 사람 탓을 하고 적대적이다.

- 타인이 악의적인 의도를 가지고 있다고 생각하여 경계를 하는 상태가 된다.

- 타인의 의견과 행동에 지나치게 예민, 민감하며, 대인관계에서 의심이 많다.

- 대인관계에서 방어적이고 불신감이 많으며 경직되어 있어서 대인접촉이 어렵다.

- 방어기제로 투사를 주로 사용하고 타인에게 적대감, 분노, 원망이 있다.

- 다른 사람들로부터 오해받는다거나 부당하게 처벌받거나 비난받는다는 믿는다.

- 주위에서 일어나는 일들이 자신을 겨냥한 것이라 과해석하고 피해의식이 있다.

7 척도 7 : 강박증(Pt : Psychasthenia)

- 과도한 걱정이나 긴장을 평가한다.

- 불안, 긴장, 초조하며 주의집중에 어려움이 있다.

- 사소한 일에 대해서 걱정이나 두려움이 많고 과민하다.

- 불안에 대한 방어로 강박적인 생각, 강박적이고 의식적인 행동을 한다.

- 완벽을 추구하고 높은 목표를 설정하며 자신이 정한 목표에 도달하지 못할 경우 종종 우울감을 느낀다.

- 부적절감, 열등감, 불안정감, 반추적인 경향을 보이며, 자신감이 결여되어 있다.

- 실수나 실패 등 부정적 경험을 반추하고 자기비판, 자기반성을 많이 한다.

- 신경쇠약이나 강박정도를 평가한다.

8 척도 8 : 정신분열증(Sc : Schizophrenia)

- 사고와 의사소통에 곤란이 있고, 혼란스럽고 무질서한 생각(사고장애)를 가지고 있을 수 있다.
- 손상된 현실검증력 때문에 현실과 공상을 구별하는데 어려움이 있다.
- 정서적으로 무감동하고 냉담하며 자신이 처한 환경으로부터 소외감과 괴리감을 느낀다.
- 철수되고 은둔적인 행동으로 타인과의 접촉을 회피하며 사회적으로 고립되어 있다.
- 기괴하고 비현실적인 사고나 이상한 행동, 망상, 환각 등을 보일 수 있다.
- 급성적인 정신적 혼란상태나 심한 불안상태를 반영하는 것일 수 있다.

9 척도 9 : 경조증(Ma : Hypomania)

- 전반적인 에너지와 활동수준을 평가하며 특히 정서적 흥분, 짜증스런 기분, 과장된 자기 지각을 반영한다.
- 과잉활동성, 정서적 흥분성 및 사고의 비약이다.
- 힘이 넘치며 외향적이고 지나치게 활동적이다.
- 비현실적이고 근거없는 낙관성을 가지며 자기자신의 가치나 중요성을 과대평가한다.
- 기분이 고양되어 있고 자신감에 넘치다가도 금방 초조해지고 낙담하는 등 감정기복을 보인다.
- 이기적인, 자기중심적이고, 자기탐닉적인 행동과 관련이 있다.
- 쉽게 권태나 싫증을 느끼며 욕구좌절에 대한 내성이 약하다.
- 자신이 추구하는 바가 지연되거나 행동이 방해받을 때 과민한 반응을 보인다.

10 척도 0 : 내향성(Si : Social introversion)

- 사회적 내향성과 사회적 불편감을 느낀다.
- 수줍음이 많고 소심하며 회피적이다.
- 마음을 터놓지 않아 속마음을 알기가 어렵다.
- 철수되어 있으며, 주저하는 모습을 보인다.
- 자기억제가 심하고 감정표현을 못한다.

3 재구성 임상척도

- 재구성 임상척도는 모두 9개이다.
- 진단적 변별성을 높이기 위한 목적으로 개발되었다.
- 임상척도들 간에 상관이 높다는 문제점을 보완했다.
- 임상척도들의 공통된 일반요인을 추출하여 의기소침(RCd) 척도를 추가하였다.
- T점수 65점 이상을 유의미한 상승으로 해석한다.

재구성된 임상척도	
의기소침(RCd)	• 전반적인 정서적 불편감과 동요의 지표
신체증상호소(RC1)	• 임상척도1 및 내용척도의 건강염려(HEA)와 유사, 다양한 신체증상을 호소함
낮은긍정정서(RC2)	• 무력감, 절망감, 지루함, 고립감, 수동적이고 비관적인 생각과 관련, 긍정정서(즐거움, 기쁨 등) 결여
냉소적태도(RC3)	• 점수가 높은 사람은 남들을 믿지 못하고 다른 사람들이 타인을 배려하지 않고, 이용한다고 생각함 • RC3은 점수가 낮을 경우 3번 척도(Hy)의 부정정서를 부인하고 타인에 대한 지나치게 낙관적인 태도를 반영함
반사회적 행동(RC4)	• 점수가 높은 사람은 사회적 규준에 따르지 않고, 공격적, 적대적, 논쟁적임, 법과 규칙 위반, 비행행동, 거짓말 등의 행동 보고
피해의식(RC6)	• 점수가 높은 사람은 자신이 남들의 표적이 된다고 생각하고 타인을 의심하며 편안하고 믿을만한 대인관계를 맺지 못함, 타인에게 피해(이용, 착취 등)를 당하고 있다는 피해적 사고 보고
역기능적 부정정서(RC7)	• 점수가 높은 사람은 불안, 짜증, 분노, 공포, 죄책감, 긴장 및 부정적인 정서를 경험함, 걱정이 많고 지나치게 예민함
기태적 경험(RC8)	• 정신병적 장애에서 나타나는 감각, 지각, 인지, 운동의 장애를 측정, 환각, 망상 등 비현실적이고 특이한 경험 보고
경조증적 상태(RC9)	• 높은 점수를 얻은 사람은 지나치게 빠른 사고의 전환, 지나친 활기와 흥분감, 고양된 기분과 짜증, 충동 통제의 어려움 등 경험, 과잉활동성과 다양한 경조증적 특성 보고

내용척도(MMPI-2)			
ANX	Anxiety	불안	일반화된 불안 및 걱정, 긴장, 수면장애 등의 불안 증상, 이치에 맞지 않는 걱정과 사소한 일을 걱정
FRS*	Fears	공포	두려움, 불안, 두려움이나 공포를 보고
OBS	Obsessiveness	강박성	반추 및 의사결정 곤란, 종종 사소한 일에 대해 과도하게 걱정하고 반응, 우유부단, 침투적 사고, 자책과 자기비하, 긴장, 초조 등
DEP	Depression	우울	자주 울고 피로감을 쉽게 느낌, 기분부전, 자기비하, 동기결여, 자살사고(60점 이상이면 자살평가 반드시 실시)
HEA	Health Concerns	건강염려	다양한 신체 증상 호소
BIZ	Bizarre Mentation	기태적 정신상태	환청, 환시, 환후 등을 포함하여 이상한 생각과 경험을 함, 매우 이상한 사고와 경험을 보고
ANG	Anger	분노	분노를 적절하게 조절하지 못함, 폭발적 행동(상해, 기물파손 등), 성마름(짜증, 불쾌함), 낮은 통제력 및 성급함
CYN	Cynicism	냉소적 태도	염세적 태도를 지님, 대인의심(타인의 동기를 의심하고 경계함, 왕따 경험이 있을 때 상승)
ASP*	Antisocial Practices	반사회적 특성	법적인 문제를 일으킨 적이 있음, 법을 어기지 않는 선에서 하는 행동은 나쁘지 않다고 봄, 남탓, 자기중심적, 타인에게 냉담, 권위에 분개, 화내며 격분
TPA*	Type A	A 유형 행동(조급함, 잦은 짜증, 참을성 부족)	에너지 넘침, 민첩, 성취지향적, 기다리거나 방해받는 것을 싫어하며 서두름, 욱하는 성질
LSE	Low Self Esteem	낮은 자존감, 수동적, 순종적, 의존적, 책임회피	자신이 매력없고 자신감이 부족하고 쓸모없고 결점이 많다고 생각
SOD	Social Discomfort	사회적 불편감	수줍음이 많고 혼자 있는 것을 더 좋아함
FAM	Family Problems	가정 문제	부모나 다른 가족과 많은 갈등이 있음
WRK*	Work interference	직업적 곤란	직무수행이 어렵고 직업 선택에 회의를 느끼며 활력이 없음, 직장 동료에 대해 부정적, 종종 스트레스에 눌려 대처할 수 없다고 여김
TRT	Negative Treatment Indicators	부정적 치료 지표	의사나 정신건강 전문가에 대해 부정적인 태도를 보임 문제해결에 대한 동기가 낮고 변할 수 없을 것이라 믿음, 자신의 문제, 마음, 정보를 말하기 꺼려함, 자기개방 불편함

✓ *는 MMPI-2에만 있는 척도

내용척도(MMPI-A)			
A-aln*	alienation	소외	다른 사람들과 큰 정서적 거리를 느낌, 대인관계 회의감
A-con*	conduct disorder	품행 문제	자신이 절도, 좀도둑질, 거짓말, 기물파손, 무례한 행동, 욕설, 반항적 행동
A-las*	low aspiration	낮은 포부	성공하는 것에 대해 흥미를 보이지 않음, 자신이 열등하고 부적절하다고 생각
A-sch*	school	학교 문제	성적, 정학, 무단결석, 교사에 대한 부정적 태도, 학교 혐오
A-ANX	Anxiety	불안	일반화된 불안 및 걱정, 긴장, 수면장애 등의 불안 증상, 이치에 맞지 않는 걱정과 사소한 일을 걱정
FRS	Fears	공포	MMPI-A는 없음
A-OBS	Obsessiveness	강박성	반추 및 의사결정 곤란, 종종 사소한 일에 대해 과도하게 걱정하고 반응, 우유부단, 침투적 사고, 자책과 자기비하, 긴장, 초조 등
A-DEP	Depression	우울	자주 울고 피로감을 쉽게 느낌, 기분부전, 자기비하, 동기결여, 자살사고(60점 이상이면 자살평가 반드시 실시)
A-HEA	Health Concerns	건강염려	다양한 신체 증상 호소
A-BIZ	Bizarre Mentation	기태적 정신상태	환청, 환시, 환후 등을 포함하여 이상한 생각과 경험을 함, 매우 이상한 사고와 경험을 보고
A-ANG	Anger	분노	분노를 적절하게 조절하지 못함, 폭발적 행동(상해, 기물파손 등), 성마름(짜증, 불쾌함), 낮은 통제력 및 성급함
A-CYN	Cynicism	냉소적 태도	염세적 태도를 지님, 대인의심(타인의 동기를 의심하고 경계함, 왕따 경험이 있을 때 상승)
ASP	Antisocial Practices	반사회적 특성	MMPI-A는 없음
TPA	Type A	A 유형 행동(조급함, 잦은 짜증, 참을성 부족)	MMPI-A는 없음
A-LSE	Low Self Esteem	낮은 자존감, 수동적, 순종적, 의존적, 책임회피	자신이 매력없고 자신감이 부족하고 쓸모없고 결점이 많다고 생각
A-SOD	Social Discomfort	사회적 불편감	수줍음이 많고 혼자 있는 것을 더 좋아함
A-FAM	Family Problems	가정 문제	부모나 다른 가족과 많은 갈등이 있음
WRK	Work interference	직업적 곤란	MMPI-A는 없음
A-TRT	Negative Treatment Indicators	부정적 치료 지표, 문제해결에 대한 동기가 낮고 변할 수 없을 것이라 믿음, 자신의 문제, 마음, 정보를 말하기 꺼려함, 자기개방 불편함	의사나 정신건강 전문가에 대해 부정적인 태도를 보임, 문제해결에 대한 동기가 낮고 변할 수 없을 것이라 믿음, 자신의 문제, 마음, 정보를 말하기 꺼려함, 자기개방 불편함

✓ *는 MMPI-A에만 있는 척도

보충척도(MMPI-2)			
A	Anxiety	불안	전반적인 심리적 부적응을 예측하는 지표, 불안감, 불행감, 우울감, 무능감, 사회적 불편감, 부정적이고 비관적 태도
R	Repression	억압	정서 또는 자극을 억제하고 통제하는 경향, 내향적, 내재화 경향, 회피적, 수동적
Es	Ego Strength	자아강도	전반적인 심리적 적응을 예측하는 지표, 정서적으로 안정됨, 좌절이나 문제에 적절히 대처할 수 있음, 사람들과 잘 지냄, 높은 성취 욕구 낮은 점수(T40 미만)일 경우 심리적 적응과 예후가 좋지 않고, 문제 대처의 자원이 부족한 것으로 봄
Do	Dominance	지배성	자신감이 강함(특히 대인관계에 자신감을 보임), 침착함. 낙관적, 성취지향적, 단도직입적, 자제력이 강함, 사회적 영향력과 책임감을 편안해함
Re	Social Responsibility	사회적 책임감	사회정의 윤리와 도덕적인 문제에 관심이 많음, 성실함, 규율과 관습을 잘 따름, 안정적이고 신뢰로움, 자신의 역할과 책임을 중요시함, 자신에 대한 높은 기준,
Mt	College Maladjustment	대학생활 부적응	비효율·비능률적, 불안한 정서, 꾸물거림, 삶이 힘겹고 스트레스가 많다고 여김
PK	Post-Traumatic Stress Disorder	외상 후 스트레스 장애	극심한 정서적 고통의 호소(불안, 우울, 죄책감, 두려움), 수면 곤란, 침투적이고 혼란스러운 사고, 통제력 상실의 두려움
MDS	Marital Distress	결혼생활 부적응	부부관계(또는 가까운 대인관계)에서 불만족과 갈등을 경험함, 삶이 힘겹고 실패한 것 같은 느낌, 정서적 고통(우울, 분노, 불안 등)
Ho	Hostility	적대감	냉소적, 타인을 믿지 못하고 의심함, 적대적, 남탓을 자주함, 부정적 감정을 자주 느낌
O-H	Overcontrolled Hostility	적대감 과잉통제	분노의 감정을 억압하고 좀처럼 표현하지 않음, 사소하거나 부적절한 자극에 분노를 공격적으로 표현할 수 있음, 자기 비난적 문제를 부인함
MAC-R	MacAndrew Alcoholism Revised	알콜중독	물질남용의 가능성이 있음, 활발하고 대담함, 자극 위험 추구경향 높음, 높은 자신감, 공격적이고 경쟁적임, 자기를 주장하고 과시하기를 즐김, 반사회적 경향
AAS	Addiction Admission	중독 인정	물질남용의 문제를 인정함, 충동적, 가족 문제의 보고, 행동화 경향성 및 이로 인해 문제를 일으킨 경험의 보고
APS	Addiction Potential	중독 가능성	물질남용의 가능성이 있음, 반사회적 경향
GM	Masculine Gender Role	남성적 성역할	전형적으로 남성적인 활동에 대한 흥미가 높음
GF	Feminine Gender Role	여성적 성역할	전형적으로 여성적인 활동에 대한 흥미가 높음

	청소년을 위해 개발된 3개 척도	
보충척도	알코올/약물 문제 인정 (ACK)	점수가 높은 청소년은 자신이 알코올 및 다른 약물 문제를 인정하고 있음을 나타냄
	알코올/약물 문제 가능성(PRO)	또래집단의 부정적 영향, 자극추구, 규칙위반, 성취에 대한 부정적 태도, 부모와의 갈등, 판단력 문제 등
	미성숙(IMM)	미래를 계획하기보다는 현재에만 관심을 집중, 자신감 결여, 통찰과 내성의 결여, 인지적 복합성의 결여, 대인관계에서의 불편감, 의심 및 소외, 적대감과 반사회적 태도, 자기중심성, 비난의 외재화 등
	MMPI-2 척도	
	불안(A)	점수가 높은 청소년은 심리적 고통, 불안, 불편감, 전반적인 정서혼란을 보임
	억압(R)	점수가 높은 청소년은 관습적이고 복종적이며 불쾌한 상황을 피하려 드는 경향이 있음
	알코올중독 (MAC-R)	점수가 높은 청소년은 물질남용, 외향적이고 자기과시적이고 모험적인 경향을 보임

6 PSY-5 척도(정신증 척도)

- 정상적인 기능 및 임상적인 문제 모두와 관련되는 성격특질을 평가하기 위해 제작된 척도이다.

PSY-5 척도	공격성(AGGR) (Aggressiveness)	권력욕구, 지배욕구, 행동의 활성화, 과격한 행동, 폭력적, 위협적, 공격적 행동 측정
	정신증(PSYC) (Psychoticism)	이상한(기태적) 감각과 지각의 경험, 현실감각의 결여, 이상한 믿음이나 태도 평가
	통제결여(DISC) (Disconstraint)	자기통제능력 결여, 충동성, 자극추구, 위험을 추구하고 충동적이고 관습에 얽매이지 않는 성향 평가
	부정적 정서싱/신경증(NEGE) (Negative Emotionality/ Neuroticism)	불쾌한 정서, 불안, 걱정, 죄책감, 자기비판 등의 정서 평가
	내향성/낮은 긍정적 정서성(INTR) (Introversion/ Low Positive Emotionality)	비관적, 염세적, 정서적 반응성 낮음, 유쾌한 정서를 경험하기 어렵고, 사회생활을 회피하며, 목표를 추구하거나 책임을 완수할 에너지가 부족한 성향 평가

- 임상척도의 문항들 중 내용이 유사하거나 동일한 태도, 특성을 반영하는 문항들을 주관적으로 함께 묶어 소척도를 작성하였다.
- 임상척도 중 Hs, Mf, Pt, Si는 소척도가 없다.

D(우울)	주관적 우울감(D1), 정신운동지체(D2), 신체적 기능장애(D3), 둔감성(D4), 깊은 근심(D5)
Pd(반사회성)	가정불화(Pd1), 권위불화(Pd2), 사회적 침착성(Pd3), 사회적 소외(Pd4), 내적 소외(Pd5)
Pa(편집증)	피해의식(Pa1), 예민성(Pa2), 순진성(Pa3)
Sc(조현병)	사회적 소외(Sc1), 정서적 소외(Sc2), 자아통합 결여 – 인지적(Sc3), 자아통합 결여 – 동기적(Sc4), 자아통합 결여 – 억제부전(Sc5), 기태적 감각경험(Sc6)
Hy(히스테리)	사회적 불안의 부인(Hy1), 애정욕구(Hy2), 권태 – 무기력(Hy3), 신체증상호소 (Hy4), 공격성의 억제(Hy5)
Ma(경조증)	비도덕성(Ma1), 심신운동항진(Ma2), 냉정함(Ma3), 자아팽창(Ma4)

> 📝 **실제 시험에서는 이렇게 나온다.**
>
> **MMPI-2 결과 – 척도 2의 상승, F척도의 상승, ANX 척도의 상승, 척도 9의 하락**
> 21세인 A양은 약 2개월 전부터 불안과 걱정이 심해졌고, 강의실에서 무기력하게 엎드려 있는 경우가 많았다. 최근 상담실을 방문하여 "사는 것이 재미없고, 다 귀찮다. 차라리 죽고 싶다."고 울면서 심리적인 고통을 호소하며 상담사에게 도움을 요청하였다.
>
> **F척도, 척도 1, 척도 2, 척도 8**
> 내담자가 3개월 전부터 환청과 함께 대인관계를 기피하고 두려워하는 증상, 우울하고 죽고 싶다는 생각, 원인을 알 수 없는 두통, 만성적인 피로감을 호소하며 상담실을 방문했다.

🔍 틀린 문장

- VRIN은 모든 문항에 대해 '그렇다' 또는 '아니다' 로 반응하는 경향을 탐지한다. → TRIN에 해당하는 설명이다.
- TRIN은 비일관적으로 응답하는 경향을 탐지하기 위한 무선반응 비일관성 척도이다. → VRIN에 해당하는 설명이다.
- TRIN척도는 내용이 유사하거나 상반되는 문항 쌍으로 구성된다. → VRIN척도는 내용이 유사하거나 또는 상반되는 문항 쌍으로 구성되어 있다.
- K척도는 긍정왜곡 경향성을 탐지하는 보충척도이다. → K척도는 긍정왜곡 경향성을 탐지하는 타당도 척도이다.
- 척도1은 심리적 에너지와 열정, 활력, 과장된 자기지각 경향을 측정한다. → 척도 9에 해당하는 설명이다.
- 척도4는 대인관계 상황에서 수줍음, 직업에 대한 흥미를 측정한다. → 수줍음은 SOD 내용척도에 해당하고 직업에 대한 흥미 측정은 WRK 내용척도에 해당하는 설명이다.
- 척도9는 신체기능에 대한 과도한 불안과 집착, 염려하는 경향을 측정한다. → 척도1에 해당하는 설명이다.
- DEP는 우울 증상을 측정하는 임상척도이다. → D가 우울 증상을 측정하는 임상척도이고 DEP는 우울 증상을 측정하는 내용척도이다.
- A - dep: 이치에 맞지 않는 걱정과 사소한 일을 걱정한다. → ANX 내용척도에 해당하는 설명이다.
- A - cyn: 다른 사람들과 커다란 정서적 거리감을 느낀다. → A - ALN 내용척도에 해당하는 설명이다.
- A - con: 수줍음이 많고 혼자 있는 것을 선호한다. → SOD 내용척도에 해당하는 설명이다.
- A - fam: 절도, 거짓말, 기물파손, 반항적 행동 등을 보인다. → A - CON 내용척도에 해당하는 설명이다.
- Pa: 심인성 감각장애 정도를 평가한다. → 틀린 문장이지만 심인성 단어 뜻은 알아야 한다.
  - ✓ 심인성: 어떤 병이나 증상 따위가 정신적, 심리적 원인으로 생기는 성질을 말한다. 1번, 3번 척도가 이에 해당한다.
- SOD: 냉소적, 불신, 의심 정도를 평가한다. → CYN 내용척도에 해당하는 설명이다.
- A - cyn: 높은 점수는 자신이 매력 없고 자신감이 부족하다고 생각함 → A - LAS 내용척도에 해당하는 설명이다.
- A - las: 낮은 점수는 수줍어하고 혼자 있는 것을 좋아한다. → SOD 내용척도에 해당하는 설명이다.
- A - con: 높은 점수는 낮은 성적과 무단결석 등을 나타낸다. → A - SCH 내용척도에 해당하는 설명이다.
- A - ang: 높은 점수는 부모나 다른 가족과 많은 갈등이 있다. → A - FAM 내용척도에 해당하는 설명이다.
- AGGR은 공격적인 성향을 측정하는 내용척도이다. → AGGR은 공격적인 성향을 정신증 척도(PSY척도)이다.
- PSYC는 정신증을 나타내는 타당도척도이다. → PSYC는 정신증 척도이다.
- 모든 임상척도에 대응되는 재구성 임상척도가 있다. → 0번 척도와 5번 척도는 없다.
- 임상척도 간에 중복되는 문항이 적어서 진단적 변별성이 높다. → PAI 검사에 대한 설명이다.

20 | MBTI 객관적 검사

1 MBTI 검사

- 융(C. Jung)의 심리유형에 관한 내용을 이론적 바탕으로 제작된 심리검사이다.
- MBTI는 16가지의 성격유형을 포함한다.
- 네 가지 차원을 기본 축으로 구성하였다.
- E/I 축은 에너지를 얻는 근원에 관한 설명이다.
- S/N 축은 정보를 수집하는 방법에 관한 설명이다.
- J/P 축은 판단과 인식에 관한 설명이다.
- 이상행동의 진단보다 개인이 가진 타고난 심리적 경향성을 측정한다.
- 개인이 정보를 인식하는 방식의 경향성을 반영하는 지표는 감각과 직관이다.
- 인식된 정보를 가지고 판단을 내릴 때 쓰는 기능을 반영하는 지표는 사고와 감정이다.
- 외부세계에 대한 태도나 적응에 있어서 어떤 과정을 선호하는지를 나타내는 지표는 판단과 인식이다.

외향 Ⓔ (extraversion)	심리적 에너지와 관심의 방향 자신의 내부 or 외부	내향 Ⓘ (introversion)
외부세계에 관심, 주의 사교적, 활동적, 말로 표현, 행동(경험) 후 이해 , 자신을 드러냄		자신 내면에 주의, 조용하고 내적활동, 말보다는 글로 표현, 생각한 후 행동
감각 Ⓢ (sensing)	비합리적 기능	직관 Ⓝ (intuition)
시각, 청각, 후각, 미각, 촉각 의존, 실제 경험을 중시, 현재에 초점, 정확한 것 선호, 관찰 능력이 뛰어남, 일처리 철저, 실제적인 것 중시, 사실적 묘사, 상세한 것까지 기억	정보 수집 시 이성적인 고려 없이 직접적으로 일어나는 인식기능(perceiving)	상상력풍부, 창조적, 육감의존, 나무보다는 숲, 가능성 중시, 비유적인 묘사 선호, 영감과 내적인 인식에 의존
사고 Ⓣ (thinking)	합리적 기능	감정 Ⓕ (feeling)
객관적인 사실 주목, 분석적 판단, 원칙과 규범 중요시, 비판적, 맞다-틀리다 식의 사고	정보 수집 시 이성적으로 고려하여 진행되는 판단기능(judging)	주관적이며 인간적 관계나 상황적 특성을 고려하여 판단, 결정, 정서적 측면 집중, 좋다-나쁘다 식의 사고
판단 Ⓙ (judging)	실생활에 대처하는 방식에 있어 판단과 인식 중 어느 쪽을 선호하는지의 생활양식	인식 Ⓟ (perceiving)
빠르고 합리적이며 옳은 결정 내리고자 함, 목적의식 뚜렷, 조직적 체계적 행동 경향		상황에 맞추어 활동, 모험이나 변화에 대한 열망이 높음, 매사 호기심 많음, 계획보다는 상황에 따라 유연하게 행동하는 경향

1 주기능, 부기능, 3차 기능, 열등기능

주기능	인식과 판단의 4가지 기능 중 가장 편하게 쓰는 기능
부기능	주기능 다음으로 사용하는 기능으로서 주기능을 보완하고 균형을 유지하는 데 사용
3차 기능	상대적으로 잘 쓰지 않는 기능으로 부족한 성격 경향성
열등기능	• 내부에 존재하는 기능이기는 하지만 가장 잘 사용하지 않는 관계로 상당히 퇴색된 기능 • 스트레스 상황에서 나타나기 쉬운 모습으로 평소의 자기 모습과는 다른 양상

📝 실제 시험에 나온 문제

- ISTJ형은 감각을 주기능으로 사용하는 내향적 판단형이다.
- E유형일 때 J유형은 주기능을 T/F로 주기능을 선정한다.
- E유형일 때 P유형은 주기능을 S/N으로 주기능을 선정한다.
- I유형일 때 J유형은 주기능을 S/N로 주기능을 선정한다.
- I유형일 때 P유형은 주기능을 T/F으로 주기능을 선정한다.

MBTI 유형							
INTJ	INTP	INFJ	INFP	ENTJ	ENTP	ENFJ	ENFP
주기능, 부기능, 3차 기능, 열등기능							
NTFS	TNSF	NFTS	FNST	TNSF	NTFS	FNST	NFTS
MBTI 유형							
ESTP	ESFP	ESTJ	ESFJ	ISTP	ISFP	ISTJ	ISFJ
주기능, 부기능, 3차 기능, 열등기능							
STFN	SFTN	TSNF	FSNT	TSNF	FSNT	STFN	SFTN

🔍 틀린 문장

- T/F 축은 영감과 내적인 인식에 관한 설명이다. → N직관에 관한 설명이다.
- 감각(S): 육감에 의존하고 미래지향적이다. → N직관에 관한 설명이다.
- 인식(P): 분명한 목적과 방향을 가지고 행동한다. → J판단에 관한 설명이다.
- 사고(T): 계획적이고 신속하게 의사결정을 내린다. → J판단에 관한 설명이다.
- 판단(J): 원리원칙에 입각하여 논리적이고 분석적으로 판단한다. → T사고에 관한 설명이다.

PAI 성격 평가질문지
(PAI-A : Personality Assessment Inventory-Adolescent) 객관적 검사

1 PAI 성격 검사

- 총 264문항으로 이루어져 있으며, 4개의 타당성 척도와 11개의 임상척도, 5개의 치료 고려척도와 2개의 대인관계척도로 이루어져 있다.
- 청소년을 대상으로 하는 PAI-A는 중학생용 규준, 고등학생용 규준과 별도로 비행청소년을 대상으로 하는 규준도 제시되어 있다.
- 대부분의 질문지형 성격검사가 '그렇다-아니다'의 양분법적 반응양식으로 되어 있지만, PAI는 4점 평정척도로 이루어져 있어 행동의 손상 정도 또는 주관적 불편감 수준을 정확히 측정하고 평가한다.
- 꾀병이나 과장 및 무선적 반응과 같은 부정적 왜곡, 물질남용으로 인한 문제의 부인과 같은 긍정적, 방어적 왜곡의 탐지에도 유용하다.
- 문항을 중복시키지 않아 변별타당도가 높고 여러 가지 지표가 있어 유용하다.
- 잠재적 위기 상황의 지표에 관한 중요한 내용으로 구성되어 있는 27개의 결정문항이 있어 위기상황에 즉각적으로 개입할 수 있다.
- 실제보다 더 좋게 보이려는 태도를 평가할 수 있는 척도가 있다.

척도	내용
타당성척도	비일관성(ICN), 저빈도(INF), 부정적 인상(NIM), 긍정적 인상(PIM)
임상척도	신체적 호소(SOM), 불안(ANX), 불안관련장애(ARD), 우울(DEP), 조증(MAN), 망상(PAR), 정신분열병(SCZ), 경계선적 특징(BOR), 반사회적 특징(ANT), 알코올문제(ALC), 약물사용(DRG)
치료고려척도	공격성(AGG), 자살관념(SUI), 스트레스(STR), 비지지(NON), 치료거부(RXR)
대인관계척도	지배성(DOM), 온정성(WRM)

타당성 척도	
ICN(비일관성)	경험적으로 도출한 척도로서 내용이 유사한 문항에 대한 내담자의 반응일치성을 평가하기 위한 척도
INF(저빈도)	부주의하거나 무선적인 반응태도를 확인하는 척도, 무관심, 정신적 혼란 또는 독해력 결함 등으로 인해 문항에 대해 제대로 반응하지 못한 내담자를 찾아내는 데 유용한 척도
NIM(부정적 인상)	바람직하지 못한 인상을 과장하기 위해 반응을 왜곡하거나 또는 매우 기이하고 희한한 증상과 관련된 문항들을 포함하고 있는 척도
PIM(긍정적 인상)	긍정적 인상 척도, 내담자가 매우 바람직한 방향으로 반응했거나 어떠한 사소한 결점도 부정하려는 내용으로 구성되어 있는 척도

임상척도	
SOM(신체적 호소)	신체적 기능 및 건강과 관련된 문제에 대한 관심을 반영하는 문항들을 포함
ANX(불안)	불안을 경험할 때 공통적으로 나타나는 임상적 특징들을 측정
ARD(불안관련 장애)	불안장애와 관련된 구체적인 임상 증상이나 행동을 측정하는 척도
DEP(우울)	우울증후군에 공통적인 임상적 특징을 측정하는 척도
MAN(조증)	조증과 경조증의 임상적 특징을 측정하는 척도
PAR(망상)	편집증적인 사람들이 가지고 있는 증상적 및 성격적 요소와 관련된 특징적 현상을 측정하는 척도
SCZ(조현병)	정신분열병의 다양한 측면을 측정하기 위한 척도
BOR(경계선적 특징)	심한 성격장애와 관련된 여러 특징을 평가하기 위한 척도
ANT(반사회적 특징)	반사회적 성격의 구성개념과 관련된 특징 및 행동을 평가하기 위한 척도, 자기중심적 또는 감각적 경험 추구, 반사회적 행동경향 지속을 측정, 불법적 행위에 관여한 경험 측정하는 척도
ALC(알코올문제)	알코올을 사용, 남용, 의존과 관련된 행동과 그 결과를 평가하기 위한 척도
DRG(약물문제)	약물사용, 남용, 의존과 관련된 행동과 그 결과를 평가하기 위한 척도

치료척도	
AGG(공격성)	공격성, 분노, 적개심과 관련된 태도와 행동적 특징을 평가하기 위한 척도
SUI(자살관념)	죽음이나 자살과 관련된 사고 및 구체적인 계획 등에 관한 생각을 평가하기 위한 척도
STR(스트레스)	개인이 현재 경험하고 있거나, 최근에 경험한 생활 상황적 스트레스를 평가하기 위한 척도
NON(비지지)	사회적 관계의 가용성과 질을 포함한 지각된 사회적 지지의 부족을 평가하기 위한 척도
RXR(치료거부)	심리적, 정서적 변화에 대한 개인적 관심과 관련된 속성과 태도를 평가하기 위한 척도

대인관계척도	
DOM(지배성)	개인이 대인관계에서 통제적, 순종적 또는 자율적인 정도를 평가하기 위한 척도
WRM(온정성)	대인관계에서 관여하고 공감하는 정도와 거절적이고 불신하는 정도를 평가하기 위한 척도

- PIM: 나쁜 인상을 주려는 태도를 확인하는 척도 → NIM 부정적 인상 타당도 척도
- DOM: 타인에 대한 공격성을 확인하는 척도 → AGG 공격성 치료척도
- WRM: 직업 관련 수행을 평정하는 척도 → 직업 관련 수행을 평정하는 척도는 PAI에 없다. MMPI의 내용척도에 있다. WRM 온정성 대인관계 척도
- ANT: 대인관계에서 공감 정도를 평정하는 척도 → WRM 온정성 대인관계 척도
- ALC: 정서적 불안정성, 분노, 정체감 혼동, 충동성 시사 → ALC 알코올 남용 의존 문제 임상척도
- SCZ: 마술적 사고, 망상적 신념과 지각, 환각 경험 → PAR 망상 임상척도와 SCZ 조현병 임상척도
- DEP: 공포적 회피행동, 외상사건과 관련된 불쾌한 생각 포함 → ARD 불안관련 장애 임상척도
- DRG: 확장된 자존감, 뚜렷한 과대성, 다양한 일에 대한 지나친 개입 → DRG 약물 남용 의존 문제 임상척도
- BOR: 원한과 앙심, 의심과 불신, 지나친 경계 행동 → BOR 경계선적 특징 임상척도이고, 원한과 앙심, 의심과 불신, 지나친 경계 행동은 PAR 망상 임상척도
- 타당도 척도는 3개의 척도로 구성되어 있다. → 타당도 척도는 4개의 척도로 구성되어 있다.
- 대인관계척도는 3개의 척도로 구성되어 있다. → 대인관계척도는 2개의 척도로 구성되어 있다.
- 공격성 척도(AGG)는 보충척도이다. → 공격성 척도(AGG)는 치료척도이다.
- 공격성척도(AGG)는 임상척도이다. → 공격성 척도(AGG)는 치료척도이다.
- 임상척도의 점수가 높을수록 증상이 심각하지 않은 것으로 해석된다. → 임상척도의 점수가 높을수록 증상이 심각한 것으로 해석된다.

22 | 5요인 성격검사(Neo-PI-R) 객관적 검사

1 BIG5 성격검사

- 코스타(Paul Costa)와 맥크레(Robert McCrae)가 성격의 5요인을 측정하기 위해 개발한 척도가 NEO - PI - R(NEO - Personality Inventory Revised)이다.
- NEO 인성검사는 Big 5 성격요인을 평가한다.

1 5가지 요인

개방성(O : Openness)	상상, 심미, 감정개방, 행동개방, 사고개방, 가치개방
성실성(C : Conscientiousness)	유능성, 질서, 충실성, 성취추구, 자기통제, 신중성
외향성(E : Extroversion)	온정성, 군거성, 자기주장, 활동성, 자극추구, 긍정정서
친화성,우호성(A : Agreeableness)	신뢰, 정직, 이타심, 순응성, 겸손, 동정
신경증(N : Neuroticism = 신경과민성, 정서적 불안정성) (emotional instability)	불안, 적대감, 우울, 자의식, 충동성, 심약성

높은 점수	특질	낮은 점수
사교적, 적극적, 낙관적, 사람중심, 즐거움추구, 상냥함, 활동성, 주장성, 흥분추구, 따뜻함, 긍정적감정	**외향성(E)** 대인관계에서 상호작용	말수적음, 냉정함, 과업중심, 조용, 활기少
걱정, 초조, 변덕, 불안정, 부정적감정, 자의식, 우울, 충동성, 분노적대감, 상처잘받음	**신경증(N, = 신경과민성)** 적응 대 정서적 불안정	침착, 이완, 안정, 강건함, 자족감
호기심多, 광범위흥미, 창의적, 독창적, 상상력 풍부, 관습타파, 아이디어 多, 정서적 풍부, 심미성, 감정자각, 가치개방성, 정신적인 연상(association)의 폭과 깊이	**개방성(O)** 경험을 주도적 추구 낯선 것에 대한 탐색	관습적, 제한된 흥미, 분석기피
이타성, 성격좋음, 신뢰↑, 조력적, 관대함, 솔직성, 겸손, 마음여림, 순응성, 온유	**친화성, 우호성(A)** 대인관계에서의 동정심	냉소적, 무례함, 의심적, 비협조적, 앙심, 무모함, 조종적
유능감, 성취동기, 책임감, 믿음직, 근면, 시간 잘지킴, 정돈됨, 야망큼, 자제심, 질서, 신중함	**성실성(C)** 목표지향적 행동 지속 유지	목적없음, 신뢰없음, 게으름, 부주의함, 의지약함, 쾌락탐닉

홀랜드(Holland)의 직업적 흥미 이론 객관적 검사

1 홀랜드 적성검사

- 직업적 흥미는 성격을 통해서 표현되는 것이며, 개인이 서로 다른 흥미를 가지는 이유는 서로 다른 성격적 특성을 가지기 때문이라고 설명한다.
- 6가지 유형 실재형(=현실형, Realistic), 탐구형(Investigative), 예술형(Artistic), 사회형(Social), 기업형(=진취형, Enterprising), 관습형(Conventional) 중 하나로 분류된다.
- 6가지 종류의 환경(실재형, 탐구형, 예술형, 사회형, 기업형, 관습형)에는 그 성격 유형에 일치하는 사람들이 머물고 있다.
- 자신의 능력과 기술을 발휘할 수 있고 태도와 가치를 표현할 수 있는 자신에게 맞는 역할을 수행할 수 있는 환경을 찾는다.
- 개인의 행동은 성격과 환경의 상호작용에 의해서 결정된다.
- 결과를 해석할 때는 일관성, 변별성, 긍정응답률을 고려한다.

1 6가지 성격유형과 육각형 모형

1 실재적(현실적)(R) 유형

- 실재형에 해당하는 사람들은 사물, 기계, 도구, 동물에 관한 체계적인 조작활동을 좋아한다. 질서정연하고, 구체적이고 체계적으로 신체적 기술을 써서 문제를 해결하려고 하는 경향을 보인다. 현실적이고 신중한 성격의 소유자이다.
- 자신의 진로문제를 해결하는 데 도움이 되는 구체적인 제안과 조언과 같은 실제적인 해결방안을 기대한다.
- 이 유형의 사람들은 사회적 기술이 부족하고, 교육적인 활동을 싫어한다.
- 대표적인 직업으로는 기술자, 정비사, 조종사, 농부, 엔지니어, 전기기계기사, 군인, 경찰, 소방관, 운동선수이다.

2 **탐구적(I) 유형**

- 탐구형에 해당하는 사람들은 논리적, 분석적이고, 체계적이고, 호기심이 많고 관찰하는 것을 좋아하고 신중하며 정확한 작업을 좋아한다. 분석적이고, 지적이고, 독립적인 성격의 소유자이다.
- 문제를 스스로 해결하고 싶어하고 그 문제에 대해 감정적이기보다는 이성적인 관점에서 접근하기를 원할 수도 있다.
- 이 유형의 사람들은 리더십 기술이 부족하고 사회적이고 반복적인 활동을 싫어한다.
- 대표적인 직업으로는 과학자, 의사, 화학자, 생물학자, 물리학자, 컴퓨터 프로그래머, 연구자, 인류학자, 지질학자이다.

3 **예술적(A) 유형**

- 예술형에 해당하는 사람들은 표현이 풍부하고, 감수성이 강하며, 자유분방하고, 독창적이며 비순응적(=비규범적)이다. 예술적 창조와 표현을 자유롭게 하는 것을 좋아한다. 그래서 예술적 유형은 비구조화된 상담을 선호한다.
- 경험에 대해 개방적인, 개성이 강한 성격의 소유자이다.
- 이 유형의 사람들은 틀에 박힌 것을 싫어하고, 논리적이고, 체계적이며, 구조화된 활동, 협동을 싫어한다.
- 대표적인 직업으로는 미술가, 음악가, 작곡가, 무대감독, 작가, 배우, 소설가, 디자이너이다.

4 **사회적(S) 유형**

- 사회형에 해당하는 사람들은 타인의 문제를 듣고 이해하고 도와주는 봉사활동을 좋아한다. 다른 사람과 함께 일하거나 다른 사람을 돕는 것을 즐긴다.
- 이타적이며, 동정심과 참을성이 있는 성격의 소유자이다.
- 이 유형의 사람들은 상징직이고 체계적인 활동 을 싫어하며 과학저 능력이 부족하다.
- 대표적인 직업으로는 사회복지사, 교육자, 간호사, 상담가, 교사, 유치원교사, 언어재활사, 임상치료가이다.

5 **기업적(진취적)(E) 유형**

- 기업형(진취형)에 해당하는 사람들은 조직의 목표나 이익을 달성하기 위해 타인을 통제, 관리, 계획하는 활동을 즐긴다. 개인의 위치가 분명하고 권력의 위계가 잘 구조화된 직업 환경을 선호한다. 지배적, 통솔력, 설득적, 지도적, 경쟁적, 야심적, 열성적인 성격특성을 보인다. 대담하고 사교적인 성격의 소유자이다.
- 다른 사람들과 함께 일하기를 좋아하지만 사람들을 도와주는 것보다는 설득하고 관리하는 것을 더 좋아한다.
- 이 유형의 사람들은 심미적 활동, 창의적 활동, 자율적이며 비체계적, 명확하지 않고 모호한 활동은 기피한다.
- 대표적인 직업으로는 기업경영인, 정치가, 판사, 변호사, 영업사원, 보험회사원, 판매원, 연출가이다.

6 관습적(C) 유형

- 관습형에 해당하는 사람들은 정해진 원칙과 계획에 따라 자료들을 정리하고 조직하는 일을 좋아한다. 체계적인 작업환경에서 사무적, 계산적인 활동을 하는 것을 좋아한다. 현실적이고 성실한 성격의 소유자이다.
- 규칙이나 명령을 따르는 능력에 가치를 둔다. 상황을 통제하에 두기를 선호하고 모호한 요구를 다루는 것을 좋아하지 않는다. 돈을 벌고 규칙과 규제, 지침을 따르는 가치가 충족되는 사무실 환경을 좋아한다. 다른 사람들과 관계할 때 과업을 달성하고 문제에 대한 조직적 접근을 확립하는 것을 지향하는 경향이 있다.
- 이 유형의 사람들은 심미적 활동, 창의적 활동, 자율적이며 비체계적, 명확하지 않고 모호한 활동은 기피한다.
- 대표적인 직업으로는 경리사원, 사서, 공인회계사, 은행원, 세무사, 안전관리사, 법무사 등이다.

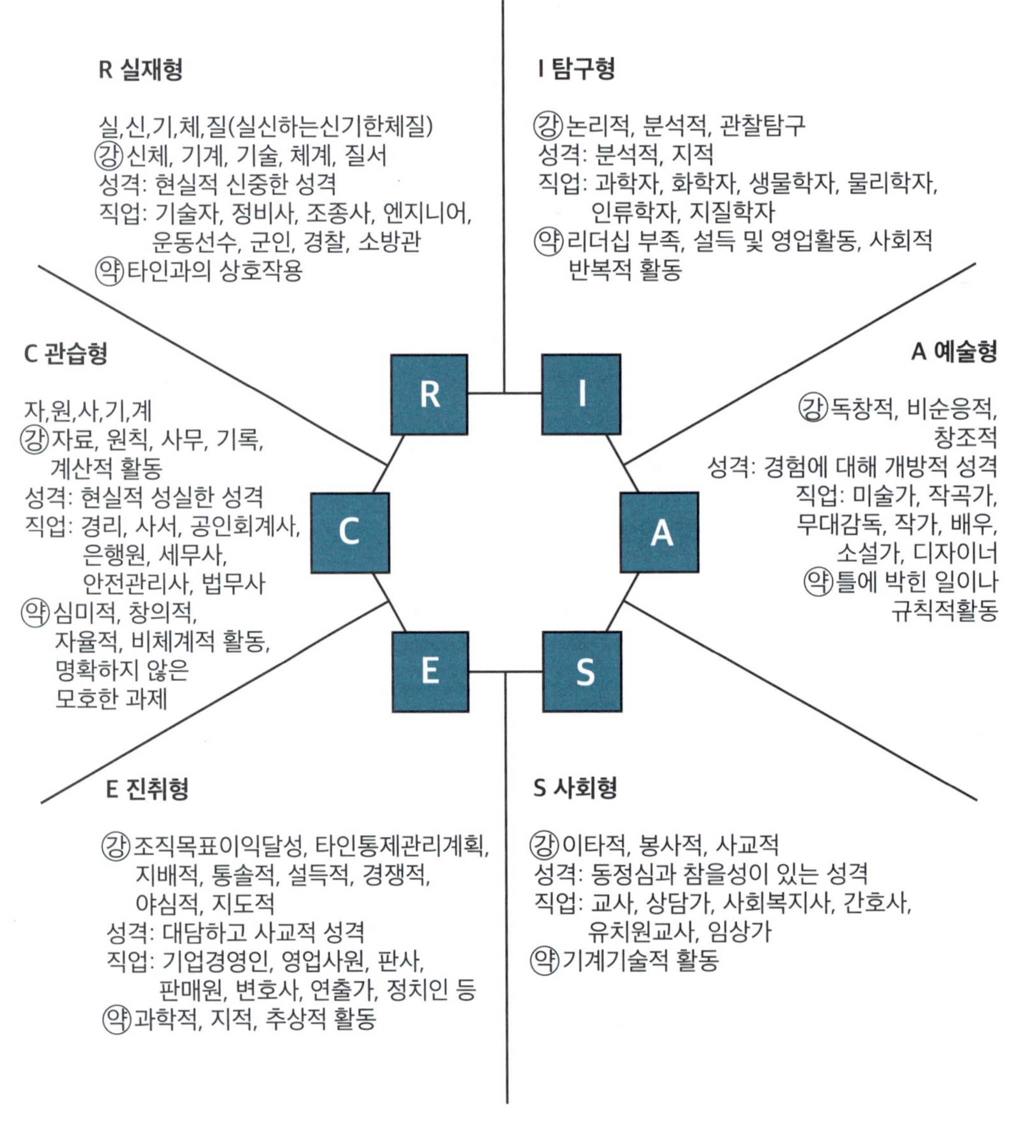

2 5가지 부가적 가정

일관성 (consistency)	육각형 두 유형 간 근접성을 의미한다 예를 들어 C와 E의 유사성은 I와 S의 유사성보다 높다
변별성 (differentiation)	사람이나 환경이 얼마나 잘 구별되는지를 의미한다 변별성이 높은 사람은 일에 있어 경쟁력과 만족도가 높다 개인성격과 환경이 1 유형 혹은 2 유형에 분명하게 속하는 정도를 의미한다 어떤 사람은 1,2유형이 현저히 높은 반면 어떤 사람은 6개의 유형에 골고루 점수가 분포될 수 있다 (변별이 낮을수록 진로결정이 어려움)
정체성(identity)	개인의 목표, 흥미, 재능 수준을 의미한다
일치성 (congruence)	개인성격과 직업환경 간의 적합성 정도, 직업적 흥미가 직업환경과 어느 정도 맞는지를 의미한다 일치성은 성격 유형과 직업환경 유형 간 유사한 정도를 나타낸다
계측성 (calculus)	육각형 모형에서의 흥미 유형 또는 환경 유형 간의 거리는 그들의 이론적 관계와 반비례한다는 것을 시사한다 ※ 통계측정적 부분으로 가장 시험에 나오기 어려운 부분으로 만약 시험에 나온다면 '상관'이란 단어가 나올 때에만 해당

3 홀랜드 결과 점수

원점수	표준점수
일반적으로 결과해석에 편리하도록 점수전환을 하게 되는데 원점수란 전환을 위한 기초점수	타인과의 비교를 위해 원점수를 해석하기 편리하게 전환한 검사점수

🔍 틀린 문장

- RA형은 RS형보다 일관성이 낮다. → RS형이 RA형보다 일관성이 낮다.
- 홀랜드 검사는 개별 실시가 가능하나 집단 실시는 불가능하다. → 집단검사로도 실시 가능하다.
- 홀랜드의 진로탐색검사는 홀랜드(J. Holland)의 4가지 직업적 성격유형을 바탕으로 한다. → 6가지 유형을 바탕으로 한다.
- LIASEC라는 육각형 모형으로 되어 있다. → LIASEC이 아닌 RIASEC이다.
- 현실적 유형은 교육적인 활동이나 치료적인 활동을 좋아한다. → 사회적 유형에 대한 설명이다.
- 관습적 유형은 자유롭고 변화를 좋아한다. → 예술적 유형에 대한 설명이다.

24 진로 관련 검사 객관적 검사

1 진로 관련 검사

1 일반적성검사(General Aptitude Test Battery : GATB)

- 일반 직업적성검사는 1947년 미국 연방정부 직업안정국(United States Employment Service)이 일반 적성검사 배터리를 표준화한 것이다.
- 포괄적인 적성을 측정하는 종합적성검사로서, 11개의 지필검사와 4개의 수행검사(동작검사)를 포함한 총 15개의 하위검사로 구성되어 있다.
- GATB를 통해 총 9개 분야의 적성이 검출된다.
- 형태지각, 사무지각, 운동반응, 공간판단능력, 언어능력, 산수능력, 손재치, 손가락재치, 일반지능 총 9개, 노동부에서 만 13세 이상 18세 미만의 중고등학생용 일반직업적성검사와 만 18세 이상 모든 성인과 고등학교 3학년 대상으로 하는 성인용 직업적성검사 개발되었다.

GATB(General Aptitude Test Battery)		
측정방식	하위검사명	검출되는 적성
지필검사	기구대조검사	형태지각
	형태대조검사	
	명칭비교검사	사무지각
	타점속도검사	운동반응
	표식검사	
	종선기입검사	
	평면도판단검사	공간적성
	입체공간검사	공간적성, 일반지능
	어휘검사	언어능력, 일반지능
	산수추리검사	수리능력, 일반지능
	계수검사	수리능력
수행검사	환치검사	손의 재치
	회전검사	
	조립검사	손가락 재치
	분해검사	

GATB(General Aptitude Test Battery)	
적성요인	하위검사
형태지각능력	기구대조검사, 형태대조검사
사무지각능력	명칭비교검사
운동반응	타점속도검사, 표식검사, 종선기입검사
공간적성능력	평면도판단검사, 입체공간검사
언어능력	어휘검사
수리능력	산수추리검사, 계수검사
손재치	환치검사, 회전검사
손가락재치	조립검사, 분해검사
일반지능	입체공간검사, 어휘검사, 산수추리검사

📝 사무지각적성의 예

- 문자나 인쇄물, 전표 등의 세부 사항들을 식별하는 능력
- 잘못된 문자나 숫자를 찾아 교정하고 대조하는 능력
- 직관적인 인지능력의 정확도를 비교하고 판별해서 교정하는 능력

2 한국직업능력개발원의 커리어넷(www.careernet.go.kr)

- 직업사전, 학과정보, 학교정보, 해외신직업, 진로지도 자료 및 사진과 동영상 제공한다.
- 아로플러스(중고등학생을 위한 자기이해 및 관심직업을 통한 진로탐색 프로그램), 아로주니어(초등학생을 위한 미래 만들기 프로그램)가 있다.
- 진로심리검사(직업적성검사, 직업흥미검사, 직업가치관검사, 진로성숙도검사)가 있다.
- 커리어넷의 직업가치관검사는 직업경험을 통하여 충족하고자 하는 욕구 또는 상대적으로 중요시 하는 것을 평가한다.

3 STRONG 진로탐색검사

- 개인의 전체적인 흥미의 경향성을 알아본다.
- 미국의 스트롱 흥미검사의 네 가지 척도 가운데 일반직업분류(GOT) 척도를 채택하고 한국의 중,고등학생들의 진로성숙의 수준을 측정하기 위한 새로운 척도를 개발하여 진로성숙도검사와 직업흥미검사의 두 부분으로 구성하였다.
- 1부 진로성숙도검사에서는 진로정체감, 가족일치도, 진로준비도, 진로합리성, 여가활동, 능력, 성격특성 등에 대한 문항을 통해 학생들의 흥미유형을 포괄적으로 파악할 수 있도록 한다.

미국	한국	
Strong Interest Inventory(SII)	**스트롱 진로탐색검사**	**스트롱 직업흥미검사**
GOT(일반직업분류) BIS(기본흥미척도) PSS(개인특성척도) OS(직업척도)	중·고등학교 대상 미국 원검사의 GOT 척도 채택 진로성숙도 척도	대학생 이상 일반인 대상 GOT, BIS, PSS의 세 가지 세부척도를 적용

스트롱 흥미검사	
일반직업분류(GOT)	RIASEC
기본흥미척도(BIS)	아래 표 참조
개인특성척도(PSS)	업무유형척도, 학습유형척도, 리더십 유형척도, 모험심 유형척도
직업척도(OS)	특정 직업에 종사하는 사람들의 흥미와 수검자의 흥미 유사성을 측정

일반직업분류(GOT)	기본흥미척도(BIS)
실재형(현실형)	농업, 자연, 군사활동, 운동경기, 기계관련활동
탐구형	과학, 수학, 의학
예술형	음악, 드라마, 응용미술, 글쓰기, 가정, 가사
사회형	교육, 사회봉사, 의료봉사, 종교활동
진취형(기업형)	대중연설, 법, 정치, 상품유통, 판매, 조직관리
관습형(사무형)	자료관리, 컴퓨터활동, 사무활동

🔍 진로검사 틀린 문장

- 위스콘신 카드 분류 검사(WCST)는 직업카드분류검사에 해당한다. → 위스콘신 카드 분류 검사는 신경 및 심리검사로 주로 주의력 결핍 과잉행동 장애 아동을 선별하는 검사에 해당한다.
- 한국판 스트롱 직업흥미검사는 일반직업분류(GOT), 기본흥미척도(BIS) 2개로 구성되어 있다. → 중·고등학생용 스트롱 진로탐색검사는 GOT(일반직업분류)와 진로성숙도 척도를 실시하고, 대학생과 일반인 대상으로는 GOT(일반직업분류), BIS(기본흥미척도), PSS(개인특성척도)의 세가지 세부척도를 적용한다.

25 HTP(House - Tree - Person) 집 - 나무 - 사람검사 투사검사

1 HTP 집-나무-사람 검사

- HTP는 1948년 벅(Buck)이 처음 개발하여 이후 벅과 해머(Hammer)가 발전시킨 투사적 그림검사이다.
- HTP의 집, 나무, 사람은 내담자의 연령과 지식수준 등을 고려할 때 다른 어떠한 주제보다도 받아들이기 쉽다.
- 검사자는 백지 4장, 연필, 지우개, 초시계를 준비한다.
- 집, 나무, 사람의 순서대로 그리도록 한다.
- House(가로), Tree(세로), Person(세로)로 놓는다.
- 그림을 그리는 데 제한 시간은 없지만 소요 시간은 측정한다.
- 집, 나무, 사람을 차례로 그리도록 하되 인물화에 있어 다른 성(이성)을 그리면 용지를 한 장 더 주어 같은 성(동성)을 그리도록 한다.
- 사람 그림의 경우, 특정 성(性)의 그림을 먼저 그리라는 지시를 하지 않는다.
- 그림이 현저하게 만화적이거나 막대형(뼈대만 그리는 것)이거나 추상적이라면 '온전한 사람'을 다시 한번 그리도록 한다.
- 사람그림에서 얼굴만 그렸을 경우, '전신 그림을 그리도록' 지시한다.
- 지우개 사용을 허용한다.
- 그림 단계가 끝난 후 질문 단계를 진행한다. 질문의 목적은 수검자가 그림을 통해 표출하는 개인적인 의미, 즉 현상적 욕구나 갈등, 압박의 투사를 알아보기 위한 것이다.
- 결과를 해석할 때는 구조적 요소와 내용적 요소를 고려한다.

1 HTP의 장점

- 실시가 쉽다.(연필과 종이만 있으면 된다)
- 시간이 많이 걸리지 않는다.(20분~30분)
- 중간채점이나 기호채점의 절차를 거치지 않고 그림을 직접 해석할 수 있다.
- 내담자의 투사를 직접 목격할 수 있다.
- 언어표현이 어려운 사람, 즉 수줍거나 억압된 아동 또는 외국인이나 문맹자에게도 적용할 수 있다.
- 연령, 지능, 예술적 재능에 제한받지 않는다 등을 들 수 있다.

2 HTP의 투사적 상징

집(House)	자기-지각(Self-awareness), 가정생활의 질, 자신의 가족 내 관계에 대한 지각
나무(Tree)	무의식적·원시적 자아개념, 심리적 갈등과 방어, 정신적 성숙도, 환경에 대한 적응수준 등
사람(Person)	보다 직접적인 자기상(Self-image)으로서 자화상, 이상적인 자아, 중요한 타인 등

3 집-나무-사람(HTP) 검사에 관한 일반적인 해석

- 과도한 지우개 사용은 불안정, 초조함을 반영한다.
- 그림이 용지의 아래쪽에 위치한 경우 불안정, 부적절감을 반영한다.
- 나무 그림에서 둥치(trunk)는 수검자의 자아강도나 심리적 힘에 관한 정보를 제공한다.
- 사람 그림에서 불균형하게 큰 머리는 공상에 몰두하는 경향을 반영하는 것일 수 있다.
- '사람 그림'의 몸통, '집 그림'의 벽면, '나무 그림'의 줄기(trunk)가 공통적으로 의미하는 심리적 특성은 자아강도를 의미한다.
- '나무'나 '사람' 그림은 주로 성격의 핵심적인 갈등 및 방어에 대한 정보를 제공해 준다.
- '사람그림'이 보다 의식적인 측면을 반영하는 반면, '나무그림'은 더 깊고 무의식적인 감정을 반영해준다.
- 주어진 종이의 방향을 돌릴 경우, 반항성, 공격성 경향으로 볼 수 있다.

4 집-나무-사람(HTP) 검사의 구조적 해석 특성

검사소요시간	• 오랜 시간의 소요 : 완벽 성향 또는 강박적 성향 • 어려움 호소 : 낮은 자존감, 우울증
그림의크기	• 보통 종이크기의 2/3 정도가 일반적임 • 과도하게 큰 그림 : 공격성, 과장성, 낙천성, 행동화 성향 • 과도하게 작은 그림 : 열등감, 불안, 위축, 낮은 자존감, 의존성
그림을 그린 위치	• 보통 종이 가운데 그리는 것이 일반적임 • 가운데 : 적정 수준의 안정감, 융통성 부족 • 위 : 높은 욕구, 목표달성에 대한 스트레스, 공상적 만족감 • 아래 : 불안정감, 부적절감, 우울성향, 실제적인 것을 선호하는 성향 • 왼쪽 : 충동성, 외향성, 변화에 대한 욕구, 즉각적 만족추구 성향 • 오른쪽 : 자기 통제적 성향, 내향성, 지적 만족추구 성향 • 구석 : 두려움, 위축감, 자신감 결여
필압	• 보통 강·약의 다양한 필압을 사용하는 것이 일반적임 • 강한 필압 : 공격성, 독단성, 자기 주장적 성향 • 약한 필압 : 위축감, 자기 억제 성향, 우유부단함

그림의 순서	• 그림의 크기 및 우선순위 : 위협 및 위축의 표상 • 그리던 그림을 지우고 새로 그리는 경우 : 열등감 및 가장의 성향 • 일반적인 순서와 다르게 그리는 경우 : 사고장애, 발달장애 • 선의 질 변화 : 자신감, 불안감, 산만함, 충동성
그림의 선	• 수평선 : 여성성, 두려움, 소극적·자기 방어적 성향 • 수직선 : 남성성, 결단성, 활동적·자기 주장적 성향 • 직선 : 경직성, 공격성 • 곡선 : 유연성, 관습 거부 성향 • 길게 그린 선 : 안정성, 결단성, 높은 포부 수준 • 끊긴 곡선 : 의존성, 우유부단함, 복종적 성향 • 선에 음영 : 불안정성, 불안감, 민감성, 신중함
그림의 세부묘사	• 생략된 세부묘사 : 위축감, 우울성향 • 과도한 세부묘사 : 강박성, 자기억제 성향, 주지화 성향 • 부적절한 세부묘사 : 위축감, 불안감
그림의 대칭	• 대칭 결여 : 정신병적 상태, 뇌기능 장애 • 대칭 강조 : 경직성, 강박성, 융통성 결여, 편집증적 성향
그림의 왜곡·생략	• 왜곡 및 생략 : 불안감, 내적 갈등 • 극단적 왜곡 : 현실 검증력 장애, 뇌손상 또는 지적장애
동적·정적 움직임	• 경직된 모습 : 우울감, 위축감 • 극단적 움직임 : ADHD(주의력 결핍 과잉행동장애), 경계선 장애
절 단	• 용지 하단에서의 절단 : 강한 충동성 또는 충동성의 억제 • 용지 상단에서의 절단 : 주지화 성향, 지적인 면에서의 강한 성취욕구 • 용지 왼쪽에서의 절단 : 의존성, 강박성, 과거에 대한 고착, 솔직한 감정표현 • 용지 오른쪽에서의 절단 : 행동에 대한 통제, 미래로의 도피 욕구, 감정표현에 대한 두려움
음 영	• 음영의 의미 : 불안 또는 갈등 수준 • 진하게 칠한 음영 : 불안 및 강박에 의한 우울감, 미숙한 정신 상태로의 퇴행 • 연하게 칠한 음영 : 대인관계에서의 과민성
그림 지우기	• 빈번한 지우기 : 내적 갈등, 불안정, 초조함, 자신에 대한 불만 • 반복적 지우기에도 그림이 개선되지 않음 : 특별한 불안 또는 갈등
종이 돌리기	• 이리저리 돌리기 : 반항성, 내적 부적절감 • 계속 같은 방향으로 돌리기 : 하나의 개념에 얽매인 보속성(Perseveration)
투명성	• 대상의 내부 묘사 : 현실 검증력 문제, 미숙한 인지능력, 성적 갈등

1 H 집

- 정신생활, 공상영역 상징한다.

① 지붕(공상적인 사고 혹은 자신의 생각이나 관념, 기억과도 같은 인지기능과 관련)

    ㄱ. 과도하게 큰 지붕: 공상에 과몰입되어 있고 외부 대인접촉으로부터 철수, 조현병과 같은 자폐적
공상이나 우울하거나 위축된 수검자가 보이는 소망이 공상적으로 표현

    ㄴ. 지나치게 작은 지붕: 내적 인지과정이 활발하지 않거나 이를 회피하고 억압하는 경향을 반영

    ㄷ. 지붕을 그물무늬로 강조, 음영처리: 수검자의 강한 의식과 수반된 죄의식 또는 공상에 대한 과잉통제

② 벽: 내담자의 자아강도에 대한 정보를 보여준다.

    ㄱ. 벽의 지면선 강조: 불안, 잘 통제되지 않는 부정적 태도

    ㄴ. 얇고 약한 벽: 손상받기 쉬운 자아를 나타내거나 자아통제력이 약화되었다는 것을 시사

③ 문: 환경과의 직접적인 상호작용을 나타내는 부분으로 내담자의 대인관계에 대한 태도를 보여준다.

    ㄱ. 문이 없음: 심리적 접근 불가, 철수 경향, 고립감, 가족 내 거리감

    ㄴ. 문을 가장 나중에 그림: 대인관계 접촉을 꺼림, 현실에서 철수하려는 경향

    ㄷ. 집, 창문의 크기에 비해 작은 문: 환경과의 접촉을 꺼리는 경향, 대인관계로부터 철수, 사회적
부적절감과 우유부단

    ㄹ. 과도하게 큰 문: 타인에게 매우 의존적, 사회적 접근을 통해 타인에게 인상적인 존재가 되고 싶은 욕구

    ㅁ. 열린 문: 외부로부터 정서적 따뜻함을 받고자 하는 강렬한 욕망

    ㅂ. 문 손잡이 강조: 타인의 접근과 대인관계에 대한 과도한 염려

    ㅅ. 가장자리에 그려진 문: 철수/외부 세계에 대한 의심과 경계

④ 창문: 환경과 간접적인 접촉 및 상호작용을 하는 매개체로 인간의 '눈'과 같은 역할을 한다.

    ㄱ. 창문 생략: 철수 경향, 타인과 접촉하는 데 심리적 불편감

    ㄴ. 커튼 닫혀진 창문: 회피적 경향, 병리적 방어

    ㄷ. 창문 강조: 대인관계에 과도한 염려

    ㄹ. 매우 작게 그려진 창문: 부끄러움이나 수치심

    ㅁ. 매우 많은 창문: 타인과의 관계에 있어 과도하게 자신을 개방하고 다가가며 관계맺기를 원하는 아동의
욕구와 특성 반영, 타인에게 돌봄, 관심과 인정을 받고 싶은 아동의 내적 소망

⑤ 연기나는 굴뚝

    ㄱ. 많은 양의 연기: 가정 생활에서 상당한 내적 긴장과 불안을 겪음

    ㄴ. 한 줄로 그려진 연기: 가정 생활에서 느끼는 정서적 따뜻함 부족

⑥ 집 뒷면을 그림: 철수, 반항적, 부정적 경향, 편집증적 경향

⑦ 집 주위와 벽에 수풀, 나무 등 다른 세부 묘사: 주의를 끌려는 욕구, 의존욕구, 안정감의 부족

⑧ 울타리(타인에게 자기노출과 자기개방을 불편해한다든가 타인의 접촉에서 보호받고 싶은 욕구 반영)

　방어의 책략

　ㄱ. 울타리가 매우 높게 그려진 경우: 조심성이 높음, 타인과의 관계에서 심리적 불편감

⑨ 구름 : 일반화된 불안

⑩ 해: 의존성

⑪ 숲과 나무, 꽃 등: 미성숙, 퇴행, 불안정

⑫ 많은 나무들: 강력한 의존 욕구

⑬ 산책길: 타인과의 상호작용에 시간이 걸리고 경계를 하는 태도, 커다란 태양은 부모와 같은 자기대상 존재의

　갈망을 반영하거나 강한 애정 욕구 및 이에 대한 좌절감을 시사

2 T 나무

• 자기 자신에 대한 무의식적이고 원시적인 자아 개념의 투사와 관련이 있다. 내담자의 성격 구조의 위계적

　갈등과 방어, 정신적 성숙도 및 환경에의 적응 정도를 엿볼 수 있다.

① 나무 전체 구조: 내담자의 대인관계 균형감 반영한다.

② 가지: 환경으로부터 만족을 구하고 타인과 접촉하며 성취를 향해 뻗어나가는 수검사자의 자원, 가지는

　사람그림에서의 팔과 무의식적인 유사성을 의미한다.

　ㄱ. 부러지거나 잘린 가지: 외상적 경험, 내담자가 겪은 환경적 압력으로 인한 상처 반영

　ㄴ. 밑으로 향하는 가지: 환경적 압력에 대처해 나갈 수 없다는 느낌

　ㄷ. 가지 없음: 대인관계에서 즐거움 얻지 못함, 타인과 어울리는데서 만족을 얻지 못함, 사회적으로 심하게

　　위축

　ㄹ. 짧은 곤봉같은 가지나 작살같은 가지: 행동화 가능성이 잠재되어 있는 공격적 성향

　ㅁ. 종이의 상단까지 닿는 긴 가지: 과도한 공상에 빠져 있는 내담자, 부적절한 충동 통제

　ㅂ. 매우 희미한 가지: 우유부단, 불안

　ㅅ. 얇고 매우 짧은 '잘린' 가지: 자살 경향

　ㅇ. 태양을 향해 호소하듯 뻗어 있는 경우: 애정욕구의 좌절을 겪은 아동에게서 보임, 권위적인

　　대상으로부터 따뜻함을 구하는 경우

　ㅈ. 가지가 빠진 나무: 타인과 상호작용하며 즐거움을 나누는 경험이 적음

　ㅊ. 가지가 땅에 닿을 정도로 심하게 휘어진 경우: 심한 우울감과 무력함을 나타내며 외부세계와

　　접촉능력이 억제되거나 위축

③ 나무 둥치: 내적인 자아강도와 내담자의 기본적 힘

    ㄱ. 거대한 둥치: 환경적 압박감, 공격적 경향, 기본적 욕구만족에 좌절하여 불안정한 적응중, 불안감

            과잉보상 시도, 약한 자아강도와 성격구조에 따른 불안감을 보상하려는 시도

    ㄴ. 작고 가느다란 둥치: 부적절감, 약한 자아, 위축되고 무기력하며 낮은 자아강도

    ㄷ. 짧은 둥치에 매우 큰 수관: 자기확신, 야망, 자신감, 자부심, 열망

    ㄹ. 큰 기둥에 매우 작은 가지: 환경에서 만족을 추구할 수 없는 좌절감과 부적절감

    ㅁ. 휘어진 기둥: 자아가 압박받고 있다는 느낌, 자신의 내적인 힘이 외부 요인에 의해서 손상, 우울감

    ㅂ. 둥치에 옹이를 그림: 외상적 경험(뿌리 가까운 쪽에 옹이가 존재할수록 어린 나이의 심리적 외상)

④ 죽은 나무: 철수, 심리적으로 매우 혼란되어 있음, 우울과 죄책감으로 자살 욕구, 심한 부적절감 및 열등감,

        절망감과 함께 심각한 무가치감, 현실에 대한 부적응 상태와 극도로 내성적인 사람, 조현병 환자,

        우울한 사람

⑤ 거대한 나무: 공격적 성향, 지배욕구, 과잉 보상적 행동, 환상, 자기중심적

⑥ 작은 나무: 에너지 수준이 낮은 약한 자아, 열등감, 부적절감, 내향적, 철수 경향, 고립감

⑦ 뿌리: 내담자의 성격적 안정성, 안전에 대한 욕구, 현실과의 접촉정도

    ㄱ. 죽은 뿌리: 현실과 접촉할 능력을 상실한 느낌, 심각한 동기 상실, 성격적 불균형, 강박적 경향

    ㄴ. 뿌리와 지면을 생략: 불안정감, 부적절감, 현실 속에서 자신에 대한 불안정감과 위축된 내적상태

    ㄷ. 뿌리를 과도하게 강조: 현실접촉을 과도하게 강조하거나 염려하는 상태

    ㄹ. 투명한 땅을 통해 보이는 뿌리: 현실검증력 손상, 정신분열증 상태

    ㅁ. 나무기둥을 종이밑면까지 그린 경우: 내적자원 불안정감으로 외적인 자원을 통해 안정감을 얻고자

            하는 욕구, 자기부적절감

    ㅂ. 나무를 지면에서 붕 뜨게 그린 경우: 현실검증력이 약하거나 내적으로 불안정한 상태

    ㅅ. 나무의 기둥과 뿌리를 그릴 때 지우기를 반복하였지만 나무의 뿌리와 기둥에 연결되지 못한 상태로

        그린 경우: 낮은 지능 수준과 심리적 불안정성을 반영

    ㅇ. 자신의 나이보다 어린 나무를 그린 경우: 정서적으로 미성숙한 사람일 수 있으며, 자신보다 나이가

            많은 나무를 그린 경우 자신의 미성숙에 대한 방어

⑧ 잎

    ㄱ. 잎 생략: 내적 황폐, 자아통합 어려움

    ㄴ. 떨어진 잎: 사회적 요구에 순응할 수 없음

    ㄷ. 많은 잎: 생산적이고 효과적으로 보이고 싶은 욕구, 강박적 경향

---

⑨ 과일나무: 의존욕구, 애정욕구, 심리적 미성숙, 엄마와 동일시

⑩ 열매나 나뭇잎이 땅에 떨어짐: 대인관계에서의 좌절감과 이로 인한 정서적 고통감 반영

⑪ 열매, 꽃, 새, 둥지, 동물, 그네: 불안을 보상하려는 욕구, 애정에 대한 욕구

⑫ 버드나무: 우울

⑬ 사과나무: 애정욕구, 의존욕구, 사랑에 목마른 상태

⑭ 땅으로 떨어지고 있거나 떨어진 경우: 상징적으로 자신이 경험한 상호작용의 좌절을 나타내며 이에 따른 좌절감과 열등감 및 내면의 부적절감

⑮ 상처입거나 떨어진 열매: 사랑과 애정에 대한 욕구의 좌절과 거부감

3 P 사람

내담자가 자신에 대해서 스스로 어떨 것이라 느끼는 점을 묘사하는 것이다. 신체적 자아뿐만 아니라 심리적 자아의 모습도 그림 속에 투사된다.

예 키 큰 내담자가 팔을 무기력하게 축 늘어뜨린 불쌍해 보이는 얼굴의 키 작은 인물을 그린다면, 내담자의 신체적 자아는 위축되지 않았더라도 심리적으로는 자기 자신을 조그맣고, 무기력하고, 의존적이고, 남의 지지를 필요로 하는 존재라고 느끼는 것이 투사되어 나타난 것일 수도 있다.

① 머리: 자아의 자리이며, 지적, 공상적 활동, 충동과 정서의 통제, 사회적 의사소통 등의 중추이다. 정상인은 대개 신체의 다른 부위보다 머리와 얼굴에 보다 주의를 두어서 그린다. 반면, 우울하거나 철수되어 있거나 신경증적인 문제가 있는 등의 부적응적인 사람들은 그렇지 않은 경향이 있다.

ㄱ. 불균형하게 큰 머리: 지적인 능력에 대한 관심, 지적 야심, 성취욕, 확장된 자아, 공상에 몰두함, 편집증, 공격적 경향, 퇴행, 억제, 의존, 미성숙, 불안, 정서적, 사회적 부적응

ㄴ. 작은 머리: 부적절감, 무능감, 열등감, 약한 자아 통제, 강박증적 경향, 죄책감 등의 피하고 싶은 생각을 억압, 부인

ㄷ. 머리를 생략: 불쾌한 생각을 제거하고 싶은 욕망

ㄹ. 흐릿하게 그린 머리: 수줍고 자의식 강함

ㅁ. 머리를 가장 늦게 그림: 대인관계 갈등

ㅂ. 머리카락을 강조: 공격적, 주장적 경향, 자기애적, 동성애적 경향

② 얼굴: 개인적 만족이나 불만족을 전하고, 상호 의사전달을 할 수 있는 중추이다.

ㄱ. 이목구비의 생략: 대인관계에서 마찰이 있고 이 문제를 회피함, 대인관계에서 회피적이고 피상적임, 과도한 경계와 소심함, 공격 충동, 자신의 정체성에 대한 부정적인 평가, 부적절감

ㄴ. 앞을 바라보지 않고 뒤돌아서 있는 얼굴: 외모에 대한 자신감 부족을 암시하며 이와 관련해서 극도로 예민하고 회피적인 상태를 나타내거나 거부적이고 반항적

ㄷ. 옆으로 그려진 얼굴: 자신감 부족과 사회적 접촉의 회피

    ⓐ 입 생략: 구강 공격성에 대한 죄책감, 타인과 의사소통 어려움, 좌절감, 무력감, 위축감, 중요 대상과의 관계에서 갈등이나 결핍, 우울증

    ⓑ 입 직선: 언어적 공격성

    ⓒ 너무 작게 그린 입: 애정교류에 있어 회피적인 태도로 타인에게 받을 수 있는 상처를 미리 방어

    ⓓ 입 벌려지거나 타원형: 구강적 성욕이 강하고 의존적

    ⓔ 남자 피검자의 경우 입술이 감각적일 경우: 여성적이거나 동성애적

    ⓕ 이가 보이는 경우: 구강적 공격성과 구강적 가학성향을 암시

ㄹ. 머리윤곽을 강조하고 이목구비는 흐릿하게 그림: 철수, 소심, 약한 자아 강도

ㅁ. 이목구비는 강조하고 신체부위는 흐릿하게 그림: 열등감에 대한 보상적 방안으로 습관적으로 공상에 의존함, 신체부위나 기능에 대해 수치감이나 열등감을 느낌

ㅂ. 다른 부분은 희미하고 머리와 얼굴만 강조했을 경우: 보상으로 공상에 몰두, 신체기능에 대한 열등감

③ 눈

ㄱ. 눈동자 없이 원모양 그림: 자기중심적, 미성숙, 퇴행

ㄴ. 눈을 크게 그린 경우: 대인관계에서 정서적 교류에 대한 예민함

ㄷ. 너무 작게 그려진 눈: 자신감 부족과 위축된 상태

ㄹ. 눈을 강조: 공격성, 편집증, 감정적 교류에 대한 불편감을 느끼며 타인과의 상호작용에서 방어적이거나 예민한 태도

ㅁ. 눈동자 생략: 현실적 의사소통이나 현실접촉의 상실, 거부를 암시하며 정신분열증 또는 심한 자기중심적 자아도취

④ 코(남성성기 상징으로 해석)

ㄱ. 지나치게 큰 코: 성적열등감과 무력감

ㄴ. 코가 굽어있고 넓고 평평한 경우: 외부에서 오는 정서적 자극에 예민하거나 외모에 많은 관심, 배척감과 자기모멸감

ㄷ. 코가 그려지지 않은 경우: 자신이 어떻게 비춰질지에 대해 예민하고 두려워하는 것을 나타내며 자신감이 없고 회피적

ㄹ. 너무 작게 그린 코: 외모에 대해 위축되고 감정교류에 대한 회피적인 태도

⑤ 턱(힘과 주도권의 상징): 큰 턱은 강한 충동성과 공격성, 허약감이나 무기력감에 대한 보상적 공격성

⑥ 팔: 외부세계와 직접 접촉하는 부분으로 상호작용 능력과 대처능력을 반영하며 자신의 욕구와 소망을 충족하는 수단이 된다. 물리적 환경의 통제자로 자아발달과 환경과의 접촉, 대인관계 사회적 적응을 나타낸다.

ㄱ. 짧은 팔: 수동의존성

ㄴ. 긴 팔: 성취욕, 획득욕, 세상과 소통하고 접촉하는 데 있어 스스로 느끼는 무력감이나 부적절감을 보상

ㄷ. 길고 강력한 팔: 환경을 통제하려는 시도, 자율성에 대한 욕구

ㄹ. 길고 약한 팔: 의존 욕구, 무력감

ㅁ. 팔이 몸통에 붙어 있음: 수동적, 의존적, 긴장상태

ㅂ. 팔이 몸통에서 바깥쪽으로 뻗쳐있음: 밖으로 향한 공격성, 도움이나 애정을 필요로 하면서 환경이나
　　　　　　　　대인접촉에의 욕구

ㅅ. 팔의 생략: 무력감, 철수, 외부세계에서의 적응과 대처에 있어 불편감을 느끼고 위축되고 회피

ㅇ. 팔짱을 낌: 의심 많고 적대적, 공격성을 경직되게 통제하려는 욕구

ㅈ. 뒷짐지고 있는 팔: 대인 접촉에서 물러나 있음, 공격성을 통제할 필요를 느낌, 죄책감

⑦ 손

ㄱ. 흐릿하고 분명치 않은 손: 사회적 접촉이나 생산활동에서 자신감 결여

ㄴ. 극단적으로 큰 손: 부적절감에 대한 보상, 충동적

ㄷ. 작은 손: 불안정감, 무기력감

ㄹ. 주먹쥔 손: 억압된 공격성

ㅁ. 감추어진 손: 손으로 조작하는 행위에 대한 죄의식이나 주도하는 행위에 대한 어려움

ㅂ. 손가락, 손톱, 관절 그린 경우: 강박성이나 신체지각장애

ㅅ. 원모양으로 그린 손: 적응과 대처능력에 있어서 무력감

ㅇ. 생략된 손: 자신에 대해 스스로가 낮게 평가하거나 부적절감을 가지고 있거나 자신감이 없는 상태,
　　　　스스로가 잘하지 못하는 것에 대한 두려움

⑧ 다리: 스스로 능동적으로 목표지점을 향해 위치를 움직이고 외부의 위험으로부터 도망칠 수 있는 현실에서의
　　　직응 및 대처능력을 나타내는 부분이다.

ㄱ. 다리를 그리지 않거나 한쪽 다리만 그릴 경우: 외부세계에서 스스로 설 수 있는 적응능력의 부족,
　　　　　　　자신감 부족과 심리적 위축

ㄴ. 너무 크고 긴 다리: 자신이 보다 큰 위치에서 세상을 통제함으로써 심리적 부적절감과 불편감을 보상,
　　　　　　　안전감에 대한 욕구가 큼

ㄷ. 짧고 가는 경우: 불안전감, 자신감 부족과 수동적인 태도 및 억제

ㄹ. 발을 그리지 않은 경우: 수검자가 스스로 외부세계에서의 적응 및 대처능력에 대해 양가적인 감정

⑨ 발

　ㄱ. 생략된 발: 실제현실세계에서 대처할 수 있는 능력이 부족, 부적절감, 불안전감, 의존성, 위축감

　ㄴ. 큰발: 자율성을 과하게 강조함으로써 불편감과 두려움을 과잉보상

　ㄷ. 작은발: 위축과 자신감 없는 상태

　ㄹ. 동그랗게 그려진 발: 자율성이 성숙하지 않은 상태

　ㅁ. 뾰족한 발: 자율성 성취와 관련되어 적대감과 분노를 느끼는 상태

⑩ 뒷모습을 그림: 반사회적 경향, 편집증 경향

⑪ 대칭

　ㄱ. 대칭의 결여: 불안정, 부적절감, 신경증 환자의 신체적 불편감, 부주의성, 과활동으로 통제력 약화,
　　　기질적 뇌손상, 지능 지체

　ㄴ. 엄격한 양측대칭: 강박적인 정서통제, 억압과 주지화의 기제, 불안정감, 정서적으로 차갑고 거리를 둠,
　　　통제가 불안정한 경직된 성격, 우울하며 과잉 긴장하는 신체형 장애, 기계적이고
　　　형식적이거나 기괴하게 보인다면 정신분열 중 망상형

⑫ 투명화: '사람' 그림에서 내장기관이나 뼈 등을 그려 넣는 청소년일 경우 나쁜 자기 개념과 적응장애일 수
　　　있다. 현실접촉력이 저하된 퇴행이나 판단력 저하로 판단할 수도 있다. 정신증이나 기질적
　　　뇌손상으로도 볼 수 있다.

⑬ 인물의 움직임

　ㄱ. 억압적이고 위축된 그림: 심각한 내적갈등에 대해 융통성 없는 강한 억압

　ㄴ. 앉아있거나 누워있는 인물: 낮은 에너지, 충동성의 결여, 정서적 고갈상태

　ㄷ. 움직임 없는 기계적 모습: 정신병적 상태 의심

🔍 틀린 문장

- 종이는 모두 세로로 제시한다. → House(가로), Tree(세로), Person(세로)로 놓는다.
- 모든 용지를 가로로 제시하여 수검자가 원하는 대로 사용하게 한다. → House(가로), Tree(세로), Person(세로)로 놓는다.
- 나무를 그리게 할 때는 종이를 가로방향으로 제시한다. → House(가로), Tree(세로), Person(세로)로 놓는다.
- 집을 그리게 할 때는 종이를 세로방향으로 제시한다. → House(가로), Tree(세로), Person(세로)로 놓는다.
- 머레이(H. Murray)가 개발하였다. → 1948년 벅(Buck)이 처음 개발하여 이후 벅과 해머(Hammer)가 발전시킨 투사적 그림검사이다.
- 문맹자에게는 실시할 수 없다. → 언어표현이 어려운 사람, 즉 수줍거나 억압된 아동 또는 외국인이나 문맹자에게도 적용할 수 있다.
- 각 그림마다 시간제한을 두어야 한다. → 그림을 그리는 데 제한 시간은 없지만 소요 시간은 측정한다.
- 지나치게 작은 크기의 그림은 높은 활동성과 심리적 에너지를 반영한다. → 과도하게 작은 그림은 열등감, 불안, 위축, 낮은 자존감, 의존성을 반영한다.
- 집의 '지붕'은 수검자의 내부와 외부를 구분하는 경계를 의미한다. → 지붕은 정신생활, 공상영역 상징한다. 공상적인 사고 혹은 자신의 생각이나 관념, 기억과도 같은 인지기능과 관련된다.
- 나무의 '가지'는 초자아의 강도를 나타낸다. → 나무의 '가지'는 환경으로부터 만족을 구하고 타인과 접촉하며 성취를 향해 뻗어나가는 수검자의 자원, 가지는 사람그림에서의 팔과 무의식적인 유사성을 의미한다.

---

26 문장완성검사SCT(Sentence Completion Test) 투사검사

1 문장완성검사(SCT)

- 자유연상을 이용한 투사검사이다. 갈톤(F. Galton)의 자유연상검사가 출발점이다.

- 단어연상 검사를 변형하여 발전시킨 것이다.

- 카텔(Cattell) 및 라파포트 (Rapaport)의 단어연상법 등의 확장에 의해 연구가 이루어졌다.

- 1928년 페인(Payne)이 문장완성을 성격검사 도구로 처음 사용하였으며, 이후 1930년 텐들러(Tendler)가 이를 사고반응 및 정서반응의 진단을 위한 도구로 발전시켰다.

- 미완성 문장을 수검자가 자기 생각대로 완성하도록 하는 검사이다.

- 주어진 어구를 보고 제일 먼저 생각나는 것을 쓴다.

- 자유연상을 토대로 하므로 수검자의 내적 갈등이나 욕구, 환상, 주관적 감정 등을 효과적으로 파악할 수 있다.

- 정·오답이 없다.

- 수검자가 작성한 문장을 사용하여 수검자의 욕구, 감정, 태도를 파악한다.

- 문장의 전반적인 흐름과 미묘한 뉘앙스를 통해 수검자의 성격 패턴을 도출할 수 있다.

- 부, 모, 대인관계 태도 영역을 선택하여 실시할 수 있다.

- 삭스(J. Sacks)의 문장완성검사는 가족, 성, 대인관계, 자기개념 영역으로 구성된다.

- 개인과 집단에게 모두 실시할 수 있다.

- 검사자는 수검자가 검사를 시작한 시간과 끝낸 시간을 기록한다.

- 수검자가 검사를 완성한 후 수검자의 반응에서 중요하거나 숨겨진 의도가 있다고 보이는 문항들에 대해서 질문단계를 실시한다.

- 문장을 지우고 다시 쓰고자 하는 경우, 두 줄을 긋고 빈 공간에 쓰도록 한다.

- 주어진 문장에 대해 아무런 생각이 나지 않는 경우 해당 문항에 표시를 한 채 다음 문항으로 넘어간다. 이후 해당 문항은 마지막 과정에서 작성을 완료하도록 한다.

- 표준적인 실시방법은 수검자가 직접 문장을 읽고 반응을 써야 하지만, 심하게 불안한 수검자에게는 문항을 읽어주고, 수검자가 대답한 것을 검사자가 받아 적는 것이 도움이 되기도 한다.

- TAT보다 더 구조화되어 있다.

- 투사적 검사로 보기 어렵다는 견해도 있다.

- 수검자의 투사를 토대로 하므로, 객관적인 채점이 사실상 불가능하다.

- 임상적인 분석을 하는 데 있어서 특별한 훈련 과정이 필요하다.

자기개념	• 자신의 능력, 과거, 미래, 두려움, 죄의식(죄책감), 목표 등에 대한 태도를 포함한다. • 현재, 과거, 미래의 자기개념과 바라는 미래의 자기상과 실제로 자기가 될 것 같다고 생각하는 모습에 대한 정보를 제공해준다.
가족	• 어머니, 아버지 및 가족에 대한 태도를 나타내도록 하는 문장으로 구성되어 있다.
대인관계	• 친구와 지인, 권위자에 대한 태도를 포함한다. • 자신에 대해 타인이 어떻게 느끼는지에 관한 수검자의 생각들을 표현하게 한다.
성	• 이성 관계에 대한 태도를 포함하고 있다. • 개인으로서의 여성과 남성, 결혼, 성적 관계에 대하여 자신을 나타내도록 한다.

1 SCT 해석

성격적 요인	지적능력 요인, 정의적 요인, 가치 지향적 요인, 정신 역동적 요인
결정적 요인	신체적 요인, 가정적·성장적 요인, 대인적·사회적 요인

🔍 틀린 문장

• 개인용 검사로만 사용된다. → 개인과 집단에게 모두 실시할 수 있다.

• 집단 대상으로는 실시가 불가능하다. → 개인과 집단에게 모두 실시할 수 있다.

• 수검자의 검사 시작 시간과 끝낸 시간은 기록하지 않는다. → 검사자는 수검자가 검사를 시작한 시간과 끝낸 시간을 기록한다.

• 정답과 오답이 있다. → 정 · 오답이 없다.

• 검사 후 검사자가 질문을 하면 안 된다. → 수검자가 검사를 완성한 후 수검자의 반응에서 중요하거나 숨겨진 의도가 있다고 보이는 문항들에 대해서 질문단계를 실시한다.

• 문장을 완성하지 못하면 다음 문항으로 넘어갈 수 없다. → 주어진 문장에 대해 아무런 생각이 나지 않는 경우 해당 문항에 표시를 한 채 다음 문항으로 넘어간다. 이후 해당 문항은 마지막 과정에서 작성을 완료하도록 한다.

• 로터(J. Rotter)는 단어연상검사 방법을 최초로 고안하였다. → 갈톤(F. Galton)의 자유연상검사가 출발점이다.

• 삭스(J. Sacks)의 문장완성검사(SSCT)에서 자기개념 영역에 해당하는 개념은 이성관계이다. → 이성관계에 대한 태도는 성 영역에 해당한다.

• 반드시 객관적 채점체계를 적용해야 한다. → 수검자의 투사를 토대로 하므로, 객관적인 채점이 사실상 불가능하다.

로샤(Rorschach) 잉크반점검사 투사검사

1 로샤 검사

- 1921년 스위스 정신과 의사인 로샤(Rorschach)가 『심리진단』에 발표한 논문을 통해 세상에 소개되었다. 총 10장의 카드로 구성되어 있다. 이 중 I, IV, V, VI, VII번 카드들은 흑백으로만 구성되어 있으며, II, III번 카드는 흑백에 붉은색이 혼합되어 있다. 나머지 VIII, IX, X번 카드들은 여러 가지 색깔들로 혼합 구성되어 있다.
- 준비물은 로르샤흐 카드 세트, 충분한 양의 반응 기록지와 반응영역 기록지, 필기도구이다.
- 좌석의 배치는 검사자와 내담자가 얼굴을 마주보는 위치는 피하는 것이 좋으며, 옆으로 나란히 앉거나 90도 방향으로 앉는 것이 좋다.
- 어떠한 카드도 특정한 대상이나 사물로 명명할 수 있을만큼 명확한 형태를 가지고 있지 않다는 것이 특징이다. 이 때문에 보는 사람에 따라서 다양한 내용의 보고를 하게 되는데, 이 과정에서 내담자의 다양한 성격 특징들이 영향을 미치게 된다.
- 성격의 여러 차원들, 인지, 정서, 자기상, 대인관계 등에 대한 종합적이고 다각적인 정보를 준다.
- 우울 증상이 있는 사람은 보통 음영 · 차원과 무채색에 대한 반응의 빈도가 높게 나타난다.
- 엑스너(Exner)에 의한 종합체계는 경험적인 근거를 바탕으로 실증적으로 입증된 부분과 연구 결과들만을 채택, 종합한 해석 틀이다.

1 실시

1 내담자에게 로샤 검사를 소개하기

- "이제부터 우리가 하게 될 검사는 '로르샤흐'라는 검사입니다. 이것에 대해서 들어본 적이 있거나 해 본적이 있습니까?"
- 없다고 하면, "이것은 잉크반점으로 만든 검사입니다. 이제부터 여러 장의 카드들을 보여드릴텐데, 이것이 무엇처럼 보이는지를 저에게 말씀해 주시면 됩니다."
- 내담자가 검사를 받아본 적이 있다고 하면 언제, 어디서, 어떤 목적으로 검사를 받았었는지, 당시의 반응 내용을 기억하고 있는지를 물어보아야 한다. 당시의 반응 내용을 기억하고 있는 내담자라면, "굳이 그때의 반응과 똑같이 하려고 하신다거나 틀리게 하려고 하실 필요는 없습니다. 그때 어떤 반응을 하셨는지에 상관없이, 지금 보이는 것을 말씀해 주시면 됩니다."라고 말해둔다.

2 검사자가 주의해야 할 점

- 내담자에게 '상상력'이나 '창의력'검사를 하고 있다는 인상을 주어서는 안 된다는 것이다. 그렇게 되면 내담자들은 그들이 '본 것'에 대해서가 아니라 잉크 반점에 대해 '연상'한 것을 보고하게 된다. 또한 카드의 잉크반점들이 모호하다거나 구조화되지 않은 자극이라고 설명하지 말아야 한다. 단지 "잉크반점으로 만든 검사이다"라고 말하는 것으로 충분하다. "이것이 무엇으로 보입니까?"라고 물어보는 것으로 충분하며 그 외의 다른 말은 필요하지 않다.

2 로샤검사단계

로샤검사단계	
자유연상 단계	지시문은 간단한 것이 좋으며, 로샤검사가 상상력 검사라는 잘못된 인상을 주어서는 안된다 내담자의 반응을 그대로 기록해 독특한 반응에 대한 정보를 얻는다
질문 단계	개방적인 질문을 통해 어떤 영역을 무엇 때문에 그렇게 보았는지 질문한다 검사자는 내담자의 이야기를 반응기록지에 기재한다 "지금까지 10장의 카드에 대해서 잘 대답해 주셨습니다. 이제 카드를 다시 한 번 보면서 당신이 본 것을 저도 볼 수 있도록 말씀해 주시기 바랍니다. 제가 당신이 말했던 것을 그대로 읽으면 그것을 어디에서 그렇게 보았는지, 어떻게 해서 그렇게 보게 되었는지를 설명해 주십시오." "조금 전에 이 카드를 보고 ~라고 말하셨습니다"라는 식으로 내담자가 했던 반응을 그대로 반복해서 들려준다. 내담자가 "예, 그랬습니다"라고만 말하고 가만히 있는다면, "당신께서 그렇게 본 것을 저도 볼 수 있도록 해 주십시오. 어디에서 그렇게 보았는지, 무엇 때문에 그렇게 보았는지 말씀해 주십시오" "그 이유는 모르겠어요. 그냥 그렇게 보였어요"라고 할 경우, "그렇게 보였다는 것은 알겠지만 저도 그렇게 볼 수 있어야 한다는 점을 기억해주세요. 자, 저도 그렇게 볼 수 있도록 도와주세요. 그 부분에서 그렇게 보도록 만든 것이 무엇이었는지 저에게 말씀해주세요."라고 대답한다.
한계검증 단계	대부분의 사람들이 많이 보고하는 평범반응을 내담자가 보고하지 않는 경우, 내담자가 그러한 반응을 볼 수 있는지를 평가할 수 있다 독창적인 반응을 하느라 평범반응을 하지 않은 내담자는 쉽게 평범반응을 지각하지만, 심하게 손상된 내담자는 다른 사람들의 반응을 의아하게 생각함을 알 수 있다 "이제 검사를 마쳤습니다. 그런데 다른 사람들이 이 카드에서 ~봅니다. 당신도 그렇게 보이세요?"

1 내담자의 질문

- 돌려 봐도 되느냐고 묻는다면, "편한대로 하십시오."
- 다른 사람들은 몇 개나 반응하냐고 묻는다면 "대부분 한 개 이상의 대답을 합니다."
- 다른 사람들은 이것을 무엇으로 보느냐고 묻는다면 "사람에 따라서는 다릅니다."
- 이 검사의 목적이 무엇이냐고 묻는 경우에는 내담자가 검사를 받는 목적이나 상황에 따라서 적절하게 "당신의 문제를 보다 잘 이해할 수 있도록 하는 한 방법입니다."

3 검사의 채점항목

반응영역	수검자가 잉크반점의 어느 부분에 반응했는가?
발달질	반응의 질은 어떠한가?, 반응영역에서 발달수준은 어떠한가?
결정인	반응하기 위해 잉크반점의 어떤 부분이 사용되었는가?, 반응을 결정하는 데 영향을 미친 반점의 특징은 어떠한가?
형태질	반응이 잉크반점의 특징에 얼마나 부합하는가?
쌍반응	사물에 대해 대칭적으로 지각하고 있는가?
반응내용	반응은 어떤 내용의 범주에 포함되는가?
평범반응	보통 빈번하게 나타나는 반응은 어떠한가?
조직화 활동	복잡한 자극에 대해 인지적으로 조직화된 응답이 이루어졌는가?
특수점수	특이한 반응은 어떤 특징을 보이는가?

1 엑스너(J. Exner)의 종합체계 및 해석

① 반응의 위치, 반응 영역(Location)

반응의 위치(반응영역) "내담자가 반점의 어느 부분에 반응하였는가?" "내담자의 주된 반응이 어느 영역에 대해 일어나고 있는가?"	
W(Whole response)	전체반응
D(Detail response)	흔히 사용하는 부분에 대한 반응 또는 보통 부분반응
Dd(Unusual Detail response)	드문 부분반응 또는 이상 부분반응(정상규준집단5%미만)
S(Space response)	흰 공간 부분이 사용되었을 경우의 공백반응 또는 간격반응

② 반응 위치의 발달질(Developmental Quality)

발달질 "반응영역에서 발달수준은 어떠한가?"		
+	통합반응	반점의 단일하거나 구분된 부분이 관련이 있는 하나의 반응에 조직되어 묘사된 것으로서, 구체적인 형태특성으로 나타나는 경우
v/+	모호-통합 반응	반점의 단일하거나 구분된 부분이 관련이 있는 하나의 반응에 조직되어 묘사된 것으로서, 구체적인 형태특성으로 나타나지 않는 경우
o(Ordinary)	보통반응	잉크반점이 구체적인 형체특성으로 묘사되어 대상의 윤곽과 함께 구조적인 양상을 보이는 경우
v(Vague)	모호반응	잉크반점이 구체적인 형체특성 없이 묘사되어 대상의 윤곽이나 구조적인 양상을 보이지 않는 경우

③ 반응의 결정인(Determinant)

결정인 "반응하기 위해 잉크반점의 어떤 부분이 사용되었는가?"		
F	형태(Form)	통제, 지연
M(인간), FM(동물), m(무생물)	운동(Movement)	개념화, 욕구, 스트레스
C(순수색채), CF(색채형태), FC(형태색채), Cn(색채명명)	유채색(Chromatic Color)	정서표현의 조정
C'(순수무채색), C'F(무채색형태), FC'(형태무채색)	무채색(Achromatic Color)	정서억제
T(순수재질), TF(재질형태), FT(형태재질)	음영 - 재질(Shading - Texture)	애정욕구
V(순수차원), VF(차원형태), FV(형태차원)	음영 - 차원(Shading - Dimension)	부정적 자기평가
Y(순수음영), YF(음영형태), FY(형태음영)	음영 - 확산(Shading - Diffuse)	불안감, 무력감
FD(형태에 근거한 차원)	형태차원(Form Dimension)	내성
(2)(쌍 반응)	반점의 대칭성에 근거하여 두 개의 동일한 사물을 지각 할 때 채점	
rF(반사형태), Fr(형태반사) *대칭성,거울상	쌍반응(Pairs)/반사반응(Reflections)	자기초점, 자아중심성

> 📝 **실제 시험에서는 이렇게 나온다.**

- 형태를 사용한 경우에는 F로 채점한다.
- 동물이 인간의 동작을 취하고 있는 경우에는 M으로 채점한다.
- 결정인 기호 중 무채색 반응은 C'이다.
- 유채색 결정인에는 C, CF, FC, Cn이 있다.
- 쌍반응은 (2)로 채점한다.

④ 형태질(Form Quality)

형태질 "반응이 잉크반점의 특징에 얼마나 부합하는가?"		
+	우수 - 정교한	형태를 매우 구체적으로 자세하게 묘사한 경우
o	보통의	대상을 묘사함에 있어서 쉽게 이해할 수 있는 방식으로 언급하는 경우
u	드문	반점의 특징과 내용이 크게 부조화하지는 않지만 흔하지 않은 경우
-	왜곡된	반점의 특징에 대해 왜곡하고, 임의적, 비현실적으로 반응을 형성하는 경우

⑤ 반응내용(Content)

- 엑스너(J. Exner) 종합체계에서 소외지표(사회적 고립 척도)와 관련 반응 내용은 식물(Bt), 구름(Cl), 지도(Ge), 자연(Na), 풍경(Ls) 등이 있다.

	반응내용 "반응은 어떤 내용의 범주에 포함되는가?"	
H	사람의 전체모습	Human
(H)	가공인물, 신화 속 인물, 유령, 요정	(Human)
Hd	인체의 일부	Human detail
(Hd)	가공인물 등의 불완전한 형태	(Human detail)
Hx	정서, 감각경험	Human experience
A	동물의 전체모습	Animal
(A)	가공적, 신화적 동물	(Animal)
Ad	동물의 불완전한 형태	Animal detail
(Ad)	가공적, 신화적 동물의 불완전한 형태	(Animal detail)
An	골격, 근육, 해부학적 구조	Anatomy
Art	예술작품, 보석, 장식물	
Ay	문화적, 역사적 의미의 물건, 토템	Anthropology
Bl	사람이나 동물의 피	Blood
Bt	식물 또는 식물의 부분, 새둥지	Botanic
Cl	구름	Cloud
Ge	지도	Geography
Na	Bt와 Ls에서 제외된 자연환경(태양, 달, 하늘, 안개)	Nature
Ls	풍경, 산, 섬, 동굴, 바다 경치	Landscape
Xy	엑스레이 반응에 의한 뼈나 내부기관	X-ray
Hh	가정용품, 주방기구, 램프, 양탄자	Household
Fd	사람의 음식, 동물의 먹이	Food
Ex	불꽃놀이, 폭발, 폭풍	Explosion
Sc	과학 및 과학적 산물(자동차, 빌딩, 무기)	Science
Fi	불, 연기	Fire
Cg	의복, 신발, 벨트, 안경	Clothing

⑥ 평범반응(Popular)

평범반응			
"보통 빈번하게 나타나는 반응은 어떠한가?"			
순서	색상	평범반응	내용
카드I	무채색	박쥐 또는 나비	우울감, 불행감 반응
카드II	무채색에 적색	동물	분노, 적개심, 심리적 고통 반응, 성性관심
카드III	무채색에 적색	인간형상	대인관계, 사회적 상호작용에 대해 부정적인 태도
카드IV	무채색	인간 또는 거인	권위적인 인물에 대한 열등감
카드V	무채색	박쥐 또는 나비	불안
카드VI	무채색	양탄자 또는 동물가죽	대인관계 태도
카드VII	무채색	인간얼굴, 동물머리	여성에 대한 부정적인 감정
카드VIII	유채색	움직이는 동물	복잡한 상황에서의 감정적 자극 회피
카드IX	유채색	인간형상	복잡한 상황을 좋아하지 않음
카드X	유채색	게 또는 거미	부담감

⑦ 조직화 활동(Z)(Organizational Activity)

- 수검자가 자극을 얼마나 인지적으로 조직화했는가를 평가하는 것이 Z점수이다.
- 검사자는 수검자의 자극영역을 조직화하려는 인지적 활동 수준을 Z점수로서 나타낸다.
- Z점수를 줄 수 있으려면, 형태를 반드시 포함하고 있는 반응이어야 하며, 다음 기준에서 적어도 1가지 기준을 만족시키는 반응이어야 한다.
- Wv로 평가된 경우에는 조직점수를 부여하지 않는다.
- 반점의 S 영역과 다른 영역을 통합해서 반응한 경우는 Z점수를 부여한다.
- 발달질이 +,o,v/+(v 일 때 제외)인 경우에 조직점수를 부여한다.
- Z점수의 최대값은 5.0으로 평가기준에 규정되어 있다.

조직화 활동	
"얼마나 인지적으로 조직화되어 있는가?"	
ZW	전체 반응이고, 발달질이 +, v/+ 또는 o인 경우
ZA	인접한 부분에서 두 개 이상의 개별적 대상을 지각하면서 서로 의미 있는 관계를 이루고 있을 경우
ZD	인접하지 않은 부분에서 두 개 이상의 개별적인 대상을 지각하면서 서로 의미 있는 관계를 이루고 있을 경우
ZS	반점의 공백과 다른 영역을 의미 있게 통합하여 반응했을 경우

⑧ 특수 점수(Special score)

- 특이한 언어반응을 하고 있는가에 대한 설명으로, 반응내용에서 나타나는 특이한 면에 대해서 기호화하는 것으로서, 종합체계 이전에는 내용분석의 대상이었던 여러 가지 반응 특징에 대한 수량화가 어느 정도 가능해졌다.

특이한 언어 반응	이탈된 언어표현	• DV(이탈된 언어표현) : 수검자가 신어 조작을 보이거나 과잉 표현을 보일 때 채점 • DR(이탈된 반응) : 수검자가 부적절한 구를 사용하였거나 표현이 우회적일 때 채점
	부적절한 반응합성	• INCOM(조화되지 않는 합성) : 반점의 부분이나 이미지들을 부적절하게 하나의 대상으로 합쳐서 압축하여 표현할 때 채점 • FABCOM(우화적인 합성) : 분명하게 분리되어 있는 두 가지 이상의 반점 영역들에 대해서, 대상들이 있을 수 없는 방식으로 관계를 맺고 있는 것으로 지각하는 경우 채점 • CONTAM(오염 반응) : 부적절한 반응합성 중에서 가장 부적절한 반응을 하였을 때 채점
	부적절한 논리	• ALOG : 검사자가 유도하지 않았는데도 수검자가 자신의 반응을 정당화하기 위하여 설명할 때, 논리가 부적절하고 비합리적일 때 채점
반응 반복		• 같은 카드에 대해서 위치, 발달질, 결정인, 형태질, 내용 및 Z점수까지 모두 같은 반응이 연속적으로 나타날 경우 • 카드 간 내용이 반복될 경우 기계적으로 계속 대상을 보고하는 경우
통합 실패		• 수검자가 반점의 어느 한 부분에 주의를 기울여 반응한 뒤, 이를 보다 큰 반점영역이나 전체 반점에 대해 일반화시키는 경우
특수 내용		• 추상적 내용(AB) : 수검자가 상징적인 표현을 사용하거나 인간의 정서, 감각적인 경험을 보고 하는 경우 • 공격적 운동(AG) : 운동반응에서 싸움, 파괴, 논쟁, 공격 등의 분명하게 공격적인 내용이 포함될 경우 • 협조적 운동(COP) : 운동반응에서 둘 또는 그 이상의 대상들이 협조적인 상호작용을 하고 있는 경우 • 병적인 내용(MOR) : 죽은, 파괴된, 손상된, 폐허가 된, 상처 입은, 깨어진 등의 대상으로 지각한 경우 • 개인적 반응(PER) : 수검자가 자신의 반응을 정당화하고 명료화하기 위하여 자신의 개인적인 지식이나 경험을 언급하면서 반응할 경우 • 특수한 색채 투사(CP) : 무채색 영역에서 유채색을 지각하는 경우

⑨ 구조적 요약

구조적 요약은 먼저 각 반응을 순서에 따라 부호화 채점을 한 후에 각 반응의 빈도를 기록하고 비율, 백분율 총 점수 등을 계산하는 순으로 한다.

핵심영역	**Lambda, L(람다 L)**	• 전체반응에서 순수형태반응이 차지하는 비율로 심리적 자원의 경제적 사용과 관련 있음 • L = F(순수 형태 반응의 수)/ R-F(전체 반응의 수 - 순수 형태 반응의 수)
	Erlebnistypus, EB(체험형 EB)	• 인간운동반응 M과 가중치를 부여한 색채 반응 총합 SumC의 비율 • WSumC = (0.5) × FC + (1.0) × CF + (1.5) × C
	Experience Actual, EA(경험실제 EA)	• 개인의 가용자원과 관련 있는 변인으로, SumM과 WSumC 를 더한 값 • EA = SumM + WSumC
	EB Pervasive, EBPer(EB 지배성)	• 의사결정에서 EB양식 중 우세한 양식이 있는지 나타내주는 비율 • 모든 비인간 운동결정인(FM,m)과 음영 및 무색채 결정인의 관계
	Experience Base, eb(경험기초 eb)	• 모든 비인간 운동결정인(FM, m)과 음영 및 무색채 결정인의 관계 • SumFM + m + SumC` + SumT + SumY + SumV
	Experience Stimulation, es(경험자극 es)	• eb자료를 근거로 계산하고, 현재 수검자가 경험하는 자극과 관련 있음 • SumFM + m + SumC` + SumT + SumY + SumV
	D Score, D(D점수)	• EA와 es 간의 관계에 대한 중요한 정보를 제공해 주고, 스트레스에 대한 내성과 통제요소와 관련 있음 • 자원(EA)에서 스트레스(es)를 뺀 값으로 적응수준
	Adjusted es, Adj es(조정 es)	• D점수가 스트레스에 대한 내성과 가용자원에 정보를 제공하지만, 이 점수가 상황적 요소의 영향을 받는지 알아보는 방법 • D점수에서 상황적 요소의 영향을 받는 요소를 제외시킨 점수 • 상황적 요소를 뺀 원래의 대처능력 • Adj es = es - < (m-1)+(Y-1) >
	Adjusted D Score, Adj D(조정 D점수)	• 지속적인 스트레스와 상황적인 스트레스를 구별하는데 사용 • 자원에서 상황적 스트레스를 뺀 값 • 상황적인 스트레스로 설명할 수 없는 주관적인 스트레스의 정도 • D < AdjD → 상황으로 인한 불편감을 시사 • AdjD < 0 기본적으로 스트레스 능력이 부족함/무능력
대인관계영역	**Interpersonal Interest, Human Content (대인관계 관심)**	• 인간에 대한 관심에 관한 정보를 제공 • 대인관계 관심(Interpersonal interest), Human Content • Human cont = H + (H) + Hd + (Hd)의 합(Hx는 포함하지 않음)
	Isolation Index, Isolate/R(소외지표)	• 사회적 고립과 관련된 것으로 식물, 구름, 지도, 풍경, 자연 등 다섯 가지 내용범주를 포함하며, 두 가지 내용범주는 2배로 계산 • Isolate/R = Bt + 2Cl + Ge + Ls + 2Na/R

관념 영역 (사고 영역)	Active : Passive Ratio, a : p(능동 : 수동 비율)	• 관념과 태도의 융통성과 관련 있는 것으로 왼쪽에는 능동 운동반응의 총반응수를, 오른쪽에서는 수동 운동반응의 총반응수를 적음
	M Active : Passive ap Ratio, M : M (인간 운동, 능동 : 수동 비율)	• 사고특징과 연관되는 것으로서, 인간 운동반응의 능동운동과 수동운동의 비율 • 인간 움직임 능동 : 수동 M active : Passive ratio - Ma : Mp • 인간운동반응의 능동운동과 수동운동의 비율, Ma : p는 양쪽 모두에 포함
	주지화 지표(Intellectualization Index) = 2AB + (Art + Ay)	• 특수점수인 AB(Abstract)와 Art 및 Ay 반응내용 포함
	M - >1 사고장애/ M - >2	• 정신증적 사고 즉 반응성 정신증이나, 고정된 망상을 지닌 심한 조현병
정서 영역	Form - Color Ratio, FC : CF + C (형태 - 색채비)	• 정서조절능력을 평가 • 정서의 조절과 연관되는 것으로서, FC 결정인을 사용한 총반응수와 CF + C + Cn 반응수의 비율
	Constriction Ratio, SumC' : WSumC (정서 억제비)	• 정서를 지나치게 내면화하는 것과 관련 있음 • C' 결정인(FC' : C'F + C')을 사용한 총 반응수와 WSumC의 비율
	Affective Ratio, Afr(정서비)	• 정서적 자극에 대한 관심 정도를 나타내는 것 • Afr = 카드Ⅷ, Ⅸ, Ⅹ의 총 반응수/카드Ⅰ - Ⅶ의 총 반응수
	Complexity Ratio, Blends : R(복합성 지표)	• 혼합반응의 수와 총반응수의 비율
중재 영역	Form Appropriate Extended, XA + % (적절한 확대 형태)	• 형태 특성을 적절히 사용한 반응의 비율
	Form Appropriate - Common Areas, WDA% (적절한 일반 영역 형태)	• W와 D영역을 사용한 반응들 중에서 형태 특성을 적절히 사용한 반응의 비율
	Distorted Form, X - % (왜곡 형태)	• 지각적 왜곡의 정도를 나타내는 비율 • 반점의 특징과 맞지 않게 형태를 사용한 비율
	Conventional Form Use, X + %(관습적 형태)	• 일상적인 대상을 지각한 반응 중 형태 특징을 적절하게 사용한 비율
	Unusual Form Use, Xu%(드문 형태 반응)	• 윤곽을 적절히 사용했지만 비관습적으로 사용한 반응의 비율
자기 지각 영역	Egocentricity Index- ,(자아중심성 지표) 3r + (2)/R	• 자존감과 관련이 있는 지표로 전체 반응기록에서 반사반응과 쌍반응의 비율 • 3r + (2)/R = 3(Fr + rF) + Sum(2)/R
처리 영역	Economy Index, W : D : Dd(경제성 지표)	• W반응수, D반응수, Dd반응수의 비율
	Aspirational Ratio, W : M(기대 지표)	• W반응수와 M반응수의 비율
	Processing Efficiency, Zd(과정 효율성)	• ZSum에서 Zest를 뺀 값 • Zd = ZSum - Zest

특 수 지 표	우울증 지표 (DEPI)	정서적·인지적 우울증 정도 측정, 5개 이상 해당될 경우 산출
		(FV + VF + V > 0) OR (FD > 2)
		(Col − Shd Blends > 0) OR (S > 2)
		(3r + (2)/R > .44 and Fr + rF = 0) OR (3r + (2)/R < .33)
		(Afr < .46) OR (Blends < 4)
		(Sum Shading > FM + m) OR (SumC' > 2)
		(MOR > 2) OR (2 × AB + Art + Ay > 3)
		(COP < 2) OR ([Bt + 2 × Cl + Ge + Ls + 2 × Na]/R > .24)
	자살지표 (S-CON)	자살가능성에 대한 정도 측정, 8개 이상 해당될 경우 산출, 14세 이상 수검자에게만 적용
		FV + VF + V + FD > 2
		Color−Shading Blends > 0
		3r + (2)/R < .31 OR > .44
		MOR > 3
		Zd > +3.5 OR Zd < −3.5
		es > EA
		CF + C > FC
		X + % < .70
		S > 3
		P < 3 OR P > 8
		Pure H < 2
		R < 17
	지각적 사고 지표 (PTI)	왜곡된 사고와 부정확한 지각 정도 측정, 4개 이상 해당 될 경우 산출
		XA% < .70 and WDA% < .75
		X − % > .29
		LVL2 > 2 and FAB2 > 0
		(R < 17 and WSUM6 > 12) OR (R > 16 and WSUM6 > 17)
		(M − > 1) OR (X − % > .40)
	대응결함 지표 (CDI)	환경적 요구·스트레스 상황 대처 손상 측정, 4개 또는 5 개 이상이면 산출
		(EA < 6) OR (AdjD < 0)
		(COP < 2) and (AG < 2)
		(Weighted SumC < 2.5) OR (Afr < .46)
		(Passive > Active + 1) OR (Pure H < 2)
		(Sum T > 1) OR (Isolate/R > .24) OR (Food > 0)
	과잉경계지 표(HVI)	환경에 대한 예민성과 경계의 정도 측정, 1번을 만족시키 고 아래 7개 중 최소한 4개가 해당될 경우 체크
		FT + TF + T = 0
		Zf > 12
		Zd > +3.5
		S > 3
		H + (H) + Hd + (Hd) > 6
		(H) + (A) + (Hd) + (Ad) > 3
		H + A : Hd + Ad < 4 : 1
		Cg > 3

특수 지표	강박증 지표 (OBS)	강박사고 및 행동의 정도 측정
		Dd > 3
		Zf > 12
		Zd > +3.0
		Populars > 7
		FQ + > 1

🔍 틀린 문장

- Z점수 채점에서 형태질이 u인 경우에 조직점수를 부여한다. → 발달질이 +,o,v/+(v 일때 제외)인 경우에 조직점수를 부여한다.
- Z점수의 최대값은 6.0으로 평가기준에 규정되어 있다. → Z점수의 최대값은 5.0으로 평가기준에 규정되어 있다.
- 결정인 영역에서 반점의 크기에 기초해서 거리감을 지각한 경우에는 Y로 채점한다. → 결정인 영역에서 반점의 크기에 기초해서 거리감을 지각한 경우에는 V로 채점한다.
- 유채색 반응 기호는 C'이다. → 유채색 반응 기호는 C이다.
- T는 막연한 두려움이나 불안으로 채점한다. → T(순수재질) Texture, 재질로 나타낼 때의 채점이다.
- Y는 타인에 대한 의존과 친밀감 욕구로 채점한다. → Y는 순수음영 반응으로 채점한다.
- Lambda는 대인관계 만족으로 채점한다. → 전체반응에서 순수형태반응이 차지하는 비율로 심리적 자원의 경제적 사용과 관련 있다. 대인관계는 Human cont=H+(H)+Hd+(Hd)의 합(Hx는 포함하지 않음)으로 채점한다.
- MOR는 자기애적 성향으로 채점한다. → 병적인 내용(MOR)는 죽은, 파괴된, 손상된, 폐허가 된, 상처 입은, 깨어진 등의 대상으로 지각한 경우이다.

CHAPTER 28 | 벤더게슈탈트검사(BGT) 투사검사

1 벤더게슈탈트 검사

- 1938년 벤더(Bender)가 정신병리 유형과 지각의 관계를 연구하기 위한 용도로 고안하였다.
- 형태심리학의 창시자인 베르트하이머(Wertheimer)가 지각의 형태학적 측면을 연구하기 위해 사용한 여러 기하학적 도형 중 9개의 도형을 검사도구로 사용하였다.
- 형태심리학과 역동심리학 이론을 근거로 개인의 심리적 과정을 분석할 수 있다.
- 초기에는 기질적 장애를 판별하기 위해 적용하였으나, 이후 BGT의 비언어적·투사적 속성에 주목하면서 개인의 성격을 측정하기 위한 도구로 발전하였다.
- 개인의 성격적 특징은 물론 정신병리적 진단 및 뇌손상 여부를 탐지할 수 있다.
- 만 5세부터 성인을 대상으로 실시하며, 시각, 운동 및 통합 기능을 평가한다.
- 인지, 정서, 성격과 같은 수검자의 심리적 특성에 대해서도 분석 가능하다.
- 여분의 모사 용지를 준비하여 수검자가 요구하면 더 사용할 수 있게 한다.
- 언어로 적절히 반응할 수 없는 수검자에게 비언어적 검사로 사용할 수 있다.
- 비언어적 검사로 문화적 영향을 덜 받는다.

1 허트(M. Hutt)의 BGT 평가항목

조직화 **(Organization)**	배열순서 공간의 사용 도형 간의 중첩 용지의 회전	도형 A의 위치 공간의 크기 가장자리의 사용 자극도형의 위치변경
크기의 일탈 **(Deviation in Size)**	전체적으로 크거나 작은 그림 점진적으로 커지거나 작아지는 그림 고립된 큰 그림 또는 작은 그림	
형태의 일탈 **(Deviation of Form)**	폐쇄의 어려움(곤란) 곡선 모사의 어려움(곤란)	교차의 어려움(곤란) 각도의 변화
형태의 왜곡 **(Distortion of Form)**	지각적 회전 단순화 중첩의 어려움(곤란) 보속성	퇴영 파편화 또는 단편화 정교함 또는 조악함
움직임 및 묘사요인 **(Movement and Drawing)**	운동방향에서의 일탈 운동방향의 비일관성 선 또는 점의 질	

✓ 퇴영: 수검자가 원을 점으로 모사하거나 연속된 점들을 선으로 그리는 등 자극도형을 매우 유치한 형태로 나타내는 것을 말한다.

✓ 파편화: 모사한 도형의 형태가 원형과 달리 결합되어 있지 않은 채 여러 부분으로 떨어져 있어 전체적인 형태가 상실된 경우를 말한다.

✓ 보속성: 앞서 제시된 도형의 요소가 다음 도형의 모사 과정에서 연속적으로 나타나는 것을 말한다.

2 BGT-2(Bender Gestalt)

- 벤더 도형에 7개의 도형을 추가하여 2003년에 개발되었다.

- 4세 이상의 아동 및 성인을 대상으로 하며, 기존 카드 9장에서 7장이 새롭게 추가적으로 개발되어 총 16장의 카드로 구성되었다.

- 추가된 자극카드는 저연령층을 위한 자극카드 4장과 고령층을 위한 자극카드 3장으로 구성되었다.

- 카드 1부터 13번까지는 8세 이하 아동(만4-7세)은 1~13번까지 검사하는 것이고, 카드 5에서 16번까지는 만 8세 이상 모든 수검자들에게 실시하는 것이다.

- 점수의 총합은 규준점수와 비교하여 차이를 구할 수 있다.

- 검사결과는 평균 100, 표준편차 15를 기준으로 산출한다.

- 인지, 정서, 성격과 같은 수검자의 심리적 특성에 대해서도 분석 가능하다.

- 신경심리검사의 일종으로 뇌기능장애를 살펴보는 데 적합한 검사이다.

24년

67. 벤더 도형 검사(BGT)의 정신병리 채점에서 형태의 일탈(변화)에 포함되는 것은?

① 단순화(simplification)　　　　　② 폐쇄 곤란(closure difficulty)

③ 퇴영(retrogression)　　　　　　④ 단편화(fragmentation)

⑤ 중첩 곤란(중복 곤란, overlapping difficulty)

20년

75. 허트(M. Hutt)의 BGT 평가항목 중 '형태의 일탈'에 해당하는 것은?

① 지각적 회전(perception rotation)　　② 중첩 곤란(overlapping difficulty)

③ 교차 곤란(crossing difficulty)　　　④ 단편화(fragmentation)

⑤ 보속성(perseveration)

🔎 **틀린 문장**

- 벤더게슈탈트검사(BGT)에서 성인이 그린 도형 A의 정상적인 위치는 용지의 정중앙이다. → X
- 인지장애가 심한 기질적 뇌손상 환자에게는 실시하지 않는다. → 신경심리검사의 일종으로 뇌기능장애를 살펴보는 데 적합한 검사이다.
- 벤더게슈탈트검사(BGT)는 8세 이하의 아동에게는 실시할 수 없다. → 4세 이상의 아동에게 실시할 수 있다.
- BGT-2는 8개의 도형으로 구성되어 있다. → 총 16장의 카드(도형)로 구성되었다.
- BGT-2는 노인에게는 실시할 수 없다. → 성인에게도 실시할 수 있다.
- BGT-2는 BGT-1보다 더 쉬운 도형 3개가 추가되었다. → 7장이 새롭게 추가되었다. 추가된 자극카드는 저연령층을 위한 자극카드 4장과 고령층을 위한 자극카드 3장으로 구성되었다.
- BGT-2는 BGT-1보다 더 어려운 도형 4개가 추가되었다. → 7장이 새롭게 추가되었다. 추가된 자극카드는 저연령층을 위한 자극카드 4장과 고령층을 위한 자극카드 3장으로 구성되었다.

29 주제통각검사(TAT : Thematic Apperception Test) 투사 검사

1 TAT 주제통각검사

- 머레이(H. Murray)의 욕구이론에 기초하여 제작된 투사법 검사이다.

- 내면적인 역동에서 파생된 결과로서 내담자의 주된 동기, 정서, 감정, 콤플렉스, 성격의 갈등을 살펴보기 위해 머레이가 개발한 검사다.

- 정신분석이론을 토대로 수검자 자신의 과거 경험 및 꿈에서 비롯되는 투사와 상징을 기초로 한다.

- 모호한 검사자극을 통해 개인의 의식 영역 밖의 정신현상을 측정하기 위한 성격검사이다.

- 30장의 흑백그림카드와 1장의 백지카드(도판16) 등 총 31장으로 구성되어 있다.

- 백지 카드를 포함해 흑백 그림 카드로만 이루어져 있다.

- 그림자극이 모호하다는 것이 검사의 특징이다.

- 그림자극에 대한 이야기를 구성하는 과정에서 성격특성과 무의식적 갈등이 나타난다.

- 수검자가 비구성적인 장면을 완성하면서 자신의 성격을 드러낸다.

- 지각-이해-추측-상상의 과정을 통해 대상에 반응하게 된다.

- 주제는 개인의 내적 욕구와 환경적 압력의 결합을 의미한다.

- 개인의 내적욕구가 환경적 압력과 상호작용하여 외부로 표출된다.

- 개인의 성격과 환경의 상호관계를 알려준다.

- 개인의 욕구가 이야기 속의 동일시한 인물을 통해 투사된다.

- 제시된 자극에 개인의 경험이 추가되면서 반응차이를 보인다.

- 하나의 이야기 속에 두 명 이상의 주인공이 나타나기도 한다.

- 대인관계의 역동적 측면을 파악하는 데 유용하다.

- 여러 해석방법 중 직관적 해석법, 욕구-압력 분석법이 있다.

- 집단으로 시행하는 것도 가능하다.

- 카드 뒷면에 GF라고 적혀 있는 경우 소녀와 성인 여성 모두에게 실시 가능하다.

- 벨락(Bellak)은 주제통각검사(TAT)의 기본가정으로 통각(Apperception), 외현화(Externalization), 정신적 결정론(Psychic Determination)을 제시하였다.
- 벨락은 3~10세의 아동에게 시행할 수 있는 아동용 주제통각검사(CAT)를 고안하였다.

통각(Apperception)	개인의 선행 경험에 의해 지각이 왜곡되는 투사의 과정과 연관된다.
외현화(Externalization)	전의식 수준에 있는 개인의 욕구가 의식화되는 과정을 의미한다.
정신적 결정론 (Psychic Determination)	TAT를 비롯한 모든 투사적 검사는 자유연상의 과정을 포함하며, 검사결과의 해석에 있어서 정신적 결정론의 입장을 따른다.

2 **TAT의 구성**

공용도판	모든 피검자에게 공통으로 적용하는 도판으로서, 도판 1, 2, 4, 5, 10, 11, 14, 15, 16, 19, 20의 11매이며, 이 가운데 도판 16은 그림이 전혀 없는 백지 도판이다
성인 공용도판	성인남자(M), 성인여자(F) 피검자에 한해서 적용하는 도판으로서, 도판 13MF가 있다
남자 공용도판	성인남자(M), 소년(B) 피검자에 한해서 적용하는 도판으로서, 도판 3BM, 6BM, 7BM, 8BM, 9BM, 17BM, 18BM의 7매가 있다
여자 공용도판	성인여자(F), 소녀(G) 피검자에 한해서 적용하는 도판으로서, 도판 3GF, 6GF, 7GF, 8GF, 9GF, 17GF, 18GF의 7매가 있다
소년/소녀 공용도판	소년(B), 소녀(G) 피검자에게만 적용하는 도판으로서, 도판 12BG가 있다
성인남자 전용도판	성인남자(M) 피검자에게만 적용하는 도판으로서, 도판 12M이 있다
성인여자 전용도판	성인여자(F) 피검자에게만 적용하는 도판으로 도판 12F가 있다
소년 전용도판	소년(B) 피검자에게만 적용하는 도판으로서, 도판 13B가 있다
소녀 전용도판	소녀(G) 피검자에게만 적용하는 도판으로서, 도판 13G가 있다

3 **시행방법**

- 검사에 의한 피로를 최소화하기 위해 대략 한 시간 정도, 두 번의 회기로 나누어 시행한다. 이때 회기 간에는 하루 정도의 간격을 둔다.
- 보통 1 ~ 10번의 카드를 첫 회기에 사용하며, 나머지 11~20번의 카드를 다음 회기에 사용한다.
- 검사는 검사자와 수검자 간에 라포 형성이 이루어진 상태에서 시행한다.
- 16번 백지카드에서 수검자가 어떤 그림을 상상하는지 말해달라고 요청한다.

4 TAT검사의 해석

표준화법 (Hartmann)	표준화된 자료를 토대로 반응을 항목별로 묶어 통계적으로 비교·분석한다
욕구-압력 분석법 (Murray)	주인공 중심의 해석방법으로서, 반응은 환경의 압력에 대한 주인공의 욕구와의 갈등에 의하여 나타난다고 본다. 따라서 주인공의 욕구 및 압력, 욕구 방어 및 감정, 다른 등장인물과의 관계 등에 초점을 둔다. 일반적으로 가장 널리 사용되고 있다
직관적 해석법 (Bellak)	정신분석을 토대로 자유연상을 통해 무의식의 내용을 해석하는 방법으로서, 해석자의 감정이입 능력을 요구한다
대인관계법(Arnold)	그림에 등장하는 인물 간의 상호관계에 초점을 두어, 공격성 및 친화도, 도피감정 등을 분석한다
지각법(Rapaport)	그림에 대한 지각적 왜곡, 이색적 언어의 사용, 사고 및 논리의 특이성에 초점을 둔다

2 한국판 아동용 회화통각검사(CAT : Children Apperception Test)

- TAT의 아동용 버전으로 유아기와 아동기에 주로 나타나는 여러 가지 심리적 문제들이 쉽게 투사될 수 있는 그림들로 바꾸고, 도판에 등장하는 주인공도 동물로 바꾸어서 아동이 그림자극에 더 잘 동일시되도록 하였다.
- K-CAT는 우리 문화에 적합하도록 수정된 CAT 표준판 9매와 CAT 보충판 9개의 총 18개 도판으로 구성되었다.

1 CAT검사에서 동물을 자극으로 사용하는 이유

- 검사목적을 위장하기가 편하다.
- 사회적으로 용납되지 않는 욕구나 부정적인 감정을 드러내기가 쉽다.
- 성과 연령이 분명하지 않아 등장인물의 성, 연령 특징에 덜 영향을 받는다.
- 문화적 영향을 덜 받는다.

- 백지카드를 포함한 흑백과 컬러의 그림카드로 이루어져 있다. → 30장의 흑백그림카드와 1장의 백지카드 등 총 31장으로 구성되어 있다.
- 흑백으로 인쇄된 20장의 그림 카드와 한 장의 백지 카드로 구성되어 있다. → 30장의 흑백그림카드와 1장의 백지카드 등 총 31장으로 구성되어 있다.
- 그림자극에 대한 투사과정의 이론적 전제는 통각, 내현화, 정신 결정론이다. → 그림자극에 대한 투사과정의 이론적 전제는 통각, 외현화, 정신 결정론이다.
- 숫자만 표시된 카드는 성별에 상관없이 성인에게만 실시한다. → 도판 1, 2, 4, 5, 10, 11, 14, 15, 16(백지 도판), 19, 20의 11매의 공용도판은 모든 피검자에게 공통으로 적용하는 도판이다.
- 마이어스(I. Myers)와 브릭스(K. Briggs)에 의해 개발되었다. → 머레이(Murray)는 융의 정신분석을 연구하던 모건(Morgan)과 함께 카드 형태의 TAT 도구를 개발하였다.
- 사고의 내용이 아니라 순수한 지각 과정에 관한 정보를 제공한다. → 사고 내용 정보도 제공한다.
- 남자 청소년과 여자 청소년에게 사용하는 도판은 동일하다. → 남자청소년은 B도판, 여자청소년은 G도판을 사용한다.
- 주제통각검사(TAT) 카드는 성인 남성과 성인 여성으로만 구별된다. → 성인남성(M), 성인여성(F), 남자청소년(B), 여자청소년(G)로 구별한다.
- 아동용 주제통각검사(CAT)의 카드 수는 주제통각검사(TAT)와 동일하다. → CAT 표준판 9매와 CAT 보충판 9개의 총 18개 도판으로 구성되었다.

30 | 16PF(Personality Factor) 성격요인 검사 객관적 검사

1 | 16PF 검사

- 16PF 성격요인검사는 카텔(R. Cattell)의 성격특성 이론을 근거로 개발되었다.

- 요인분석기법을 통해 레이몬드와 카텔과 동료들이 개발한 성격검사다. '만약 인간에게 특성이 존재한다면, 인간의 언어 속에 단어로서 표현되어 있을 것'이라는 가정에 기초하여 카텔은 사전을 통해 인간에게 적용되는 모든 형용사 중 요인분석을 통하여 인간특성을 잘 나타낸다고 생각하는 16개의 요인을 발견했다. 검사는 성인, 대학생, 고등학생별로 9개 규준집단을 대상으로 표준화되어 남성, 여성, 전체 집단 각각에 대해 활용 가능하도록 되어있다.

냉정성	VS	온정성	낮은 지능	VS	높은 지능
약한 자아강도	VS	강한 자아강도	복종성	VS	지배성
신중성	VS	정열성	약한 도덕성	VS	강한도덕성
소심성	VS	대담성	둔감성	VS	예민성
신뢰감	VS	불신감	실제성	VS	공상성
순진성	VS	실리성	편안감	VS	자책성
보수성	VS	진보성	집단의존성	VS	자기결정성
약한 통제성	VS	자기통제성	이완감	VS	불안감

31 한국 아동 청소년 행동 평가 척도(K-CBCL) 객관적 검사

1 CBCL 아동청소년 행동평가 척도

- 4 ~ 18세의 아동 및 청소년을 대상으로 부모가 응답하는 CBCL 6-18(Child Behavior Check List for Ages), 교사가 응답하는 TRF(Teacher's Report Form), 자기보고용인 YSR(Youth Self Report)이 있다.
- 신경증과 반사회성 장애로 불리는 장애의 위험이 높은 아동을 신속하게 분류해 내는 검사이다.
- 청소년의 주양육자가 자녀의 적응 상태 및 문제행동을 평가하는 표준화된 검사도구다.
- 두 척도 모두 120문항으로 구성되어 있으며 0~2점 범위의 3점 척도(0점:전혀 아니다~2점:자주 그런 편이다)로 평정하도록 되어있다.

척도이름		70점 이상을 보일 경우 지속적 관찰 및 개입 요망
불안/우울	내재화	'잘 운다''신경이 날카롭고 곤두서 있거나 긴장되어 있다' 등 정서적으로 우울하고 지나치게 걱정이 많거나 불안해하는 것과 관련된 문항들로 구성됨
위축/우울 (사회적위축)		'즐기는 것이 매우 적다''말을 하지 않으려 한다' 등 위축되고 소극적인 태도, 주변에 대한 흥미를 보이지 않는 것 등과 관련된 문항들로 구성됨
신체증상		'어지러워한다''별다른 이유없이 지나치게 피곤해한다' 등 의학적으로 확인된 질병이 없음에도 불구하고 다양한 신체증상을 호소하는 것과 관련된 문항들로 구성됨
사회적 미성숙		'어른들에게 붙어 있으려 하거나 너무 의존적이다''다른 아이들과 잘 어울려 지내지 못한다' 등 나이에 비해 어리고 미성숙한 편, 비사교적인 측면 등 사회적 발달과 관련된 문항들로 구성됨
사고문제		'어떤 생각들을 마음에서 떨쳐버리지 못한다(강박사고)''비정상적인 이상한 생각을 한다' 등 어떤 특정한 행동이나 생각을 지나치게 반복하거나, 실제로는 존재하지 않는 환청, 환시같은 현상을 보거나 소리를 듣는 등의 비현실적이고 기이한 사고 및 행동과 관련된 문항들로 구성됨
주의집중문제		'자기가 시작한 일을 끝내지 못한다' '집중력이 없고 어떤 일에 오래 주의를 기울이지 못한다' 등 주의력 부족이나 과다한 행동 양상, 계획을 수립하는 것에 곤란을 겪는 것 등과 관련된 문항들로 구성됨
규칙위반 (행동일탈)	외현화	'잘못된 행동(버릇없이 굴거나 나쁜짓을 함)을 하고도 잘못했다고 느끼는 것 같지 않다''집이나 학교 또는 다른 장소에서 규율을 어긴다' 등 규칙을 잘 지키지 못하거나 사회적 규범에 어긋나는 문제행동을 충동적으로 하는 것과 관련된 문항들로 구성됨
공격행동 (공격성)		'말다툼을 많이 한다''자기 물건을 부순다' 등 언어적, 신체적으로 파괴적으로 공격적인 행동이나 적대적인 태도와 관련된 문항들로 구성됨
기타문제		'손톱을 깨문다''체중이 너무 나간다' 등 앞에 제시된 여덟 개의 증후군에는 포함되지 않지만 유의미한 수준의 빈도로 나타나는 문제행동과 관련된 문항들로 구성됨
척도이름		64점 이상을 보일 경우 지속적 관찰 및 개입 요망
내재화 문제		불안/우울, 위축/우울, 신체증상 등 3가지 영역의 문제행동 점수의 합이다. 소극적이고 사회적으로 위축되어 있으며, 감정을 과잉통제하는 경향을 보일 수 있다.
외현화 문제		규칙위반과 공격행동 2가지 영역의 문제행동 점수의 합이다. 타인에게 피해를 주거나 공격적인 행동을 보일 수 있고, 행동통제가 어려울 수도 있다.
문제행동측정 (총문제)		전체 문제 행동 문항의 합으로 아동이 보이는 문제행동의 정도를 전체적인 지수로 표시한 것이다.

총 사회능력 척도 36점 이하가 문제가 있는 것	
사회성 영역	학업수행 영역
각각 30점 이하가 문제가 있는 것	
친구나 또래와 어울리는 정도, 부모와의 관계 등	교과목 수행정도와 학업수행상의 문제, 성적(주요 과목의 수행 평균), 특수학습에 있는지 여부, 휴학 여부, 기타 학교에서의 학업 관련 문제 여부에 대한 항목 등

CHAPTER 32 종합주의력검사(Comprehensive Attention Test, CAT) 객관적 검사

1 주의력 검사

- 코너스 연속수행 검사(Conner's Continuous Performance Test, CCPT)

- 정밀주의력 검사(Advanced Test of Attention, ATA)

- 위스콘신 카드 분류 검사(Wisconsin card sorting test. WCST)

- 아동용 색 선로 잇기 검사(Children's color trails test. CCTT)

- 스트룹 검사(Stroop test)

- 하노이탑 검사(The tower of Hanoi. TOH)

- 같은 그림 찾기 검사(Matching familiar figure test. MFFT)

- 선로 잇기 검사-B형(Trail-Making test part B. TMTB)

- 레이-오스터리스(Rey-Osterrieth)검사

- Rey-Kim Test

클로닌저(C. Cloninger)의 기질 및 성격검사(TCI : Temperament and Character Inventory)

- 클로닌저(C. Cloninger)가 개발한 기질 및 성격검사(TCI)의 성격 척도이다.
- 기질은 유전의 영향을 강력하게 받은 성격 영역인 반면, 성격은 후천적인 경험에 의해서 많은 영향을 받는 성격 영역이다.
- 선천적으로 타고난 반응 성향을 측정하는 4개의 기질척도(자극추구, 위험회피, 사회적 민감성, 인내력)와 개인의 성숙도와 적응수준을 측정하는 3개의 성격척도(자율성, 연대감, 자기초월)로 구성되어 있다.

1 기질

새로움 추구(＝자극 추구)(novelty seeking) **(새로운 자극에 행동이 활성화 되는 성향)**	탐색적 흥분성, 충동성, 무절제성, 무질서성
	절제하는, 융통성이 없는, 검소한, 절약하는
위험 회피(harm avoidance) **(위험한 자극에 의해 행동이 억제되는 경향성)**	불확실성에 대한 공포, 수줍음, 피로 민감성, 비관적인, 두려움이 많은, 쉽게 지치는 위험회피(HA) 척도가 높은 A는 수줍음이 많고 익숙하지 않은 상황을 회피하는 행동, 사람들과 거의 만나지 않으며 고립된 생활을 하며, 우울감을 호소한다
	낙관적인, 위험을 무릅쓰는, 사교적인, 활력이 넘치는
사회적 민감성(reward dependence)	감수성, 따뜻한 의사소통, 동정심이 많은, 애착, 의존성
	비판적인, 혼자 지내는, 거리를 누는, 독립적인
인내력＝끈기(persistence) **(지속적인 보상 없이도 행동을 지속하는 경향성)**	인내심, 노력의 적극성, 완고한 작업, 야망성, 완벽주의, 목적달성에 열심인, 단호한
	무관심한, 자기조절을 못하는, 적게 성취하는, 실용주의적인

기질척도명	하위척도
자극추구(Novelty Seeking : NS)	탐색적 흥분/관습적 안정성(Exploratory Excitability vs Stoic Rigidity : NS1)
행동 활성화 체계 관련 척도로, 새로운 자극이나 보상 단서 앞에서 행동 활성화되거나 처벌과 단조로움을 적극적으로 회피하려는 유전적 성향	충동성/심사숙고(Impulsiveness vs Reflection : NS2)
	무절제/절제(Extravagance vs Reserve : NS3)
	자유분방/질서정연(Disorderliness vs Regimentation : NS4)
위험회피(Harm Avoidance : HA)	예기불안/낙천성(Anticipatory Worry & Pessimism vs Uninhibited Optimism : HA1)
행동억제 체계 관련 척도로, 처벌이나 위험 단서 앞에서 수동적인 회피 성향으로 행동이 억제되거나 이전의 행동이 중단되는 유전적 성향	불확실성에 대한 두려움(Fear of Uncertainty : HA2)
	낯선 사람에 대한 수줍음(Shyness With Stranger : HA3)
	쉽게 지침/활기 넘침(Fatigability vs Vigor : HA4)
사회적 민감성(Reward Dependence : RD)	정서적 감수성(Sentimentality : RD1)
행동유지 체계 관련 척도로, 행동 특성 중 사회적 보상 신호에 민감하게 반응하는 유전적 경향성	정서적 개방성(Openness to Warm Communication : RD2)
	친밀감/거리 두기(Attachment vs Detachment : RD3)
	의존/독립(Dependence vs Independence : RD4)
인내력(Persistence : P)	근면(Eagerness of Effort : P1)
행동유지 체계 관련 척도로, 지속적인 강화가 없더라도 한 번 보상된 행동을 일정한 시간 동안 꾸준히 지속하려는 성향	끈기(Work Hardened : P2)
	성취에 대한 야망(Ambition : P3)
	완벽주의(Perfectionism : P4)

2 성격

자율성, 자기주도성(=자기주체성)(self directedness) (책임감, 목적성, 재치, 자기수용)	긍정적 자기상, 책임감, 명료한 목표의식
	무책임, 자기패배적, 목표없는 삶
연대감(cooperativeness) (사회적 수용, 공감, 이타성, 연민, 순수한 양심)	다른 사람과 친밀한 관계. 이타적인 행동
	편견, 적개심, 고립, 갈등
자기초월성(self transcendence) (개별적 존재 이상의 어떤 것 추구하는 관심)	우주 만물과 자연을 수용하고 동일시하는 경향 좋아하는 일에 몰두, 신비와 경이를 경험
	이기적, 물질주의적, 자기의식적

성격척도명	하위척도
자율성(Self-Directedness : SD)	책임감/책임전가(Responsibility vs Blaming : SD1)
자율적인 자아로서 자신을 얼마나 이해하는가와 관련된 성격척도로, 선택한 목표와 가치를 이루기 위한 자기결정력과 자신의 행동을 상황에 맞게 통제, 조절 및 적응시키는 의지력	목적의식(Purposefulness vs Lack of Goal Direction : SD2)
	유능감/무능감(Resourcefulness vs Inertia : SD3)
	자기수용/자기불만(Self-Acceptance vs Self-Striving : SD4)
	자기일치(Self-Congruence or Congruent Second Nature : SD5)
연대감(Cooperativeness : C)	타인수용(Social Acceptance vs Social Intolerance : C1)
사회의 한 일부로서 자신을 얼마나 이해하는가와 관련된 성격척도로, 타인에 대한 수용능력 및 타인과의 동일시 능력의 개인차 측정	공감/둔감(Empathy vs Social Disinterest : C2)
	이타성/이기성(Helpfulness vs Unhelpfulness : C3)
	관대함/복수심(Compassion vs Revengefulness : C4)
	공평/편파(Pure Hearted Principles vs Self-Serving Advantage : C5)
자기초월(Self-Transcendence : ST)	창조적 자기망각/자의식 (Creative Self-Forgetfulness vs Self-Consciousness : ST1)
우주의 일부로서 사신을 얼마나 이해하는가와 관련된 성격척도로, 우주만물과 자연을 수용하고 동일시하며 이들과 일체감을 느끼는 능력의 개인차 측정	우주만물과의 일체감(Transpersonal Identification : ST2)
	영성 수용/합리적 유물론(Spiritual Acceptance vs Rational Materialism : ST3)

34 그 외 검사들

1 동적(운동성) 가족화 검사(KFD:Kinetic Family Drawing) 투사검사

- 12세 남학생의 가족 구성원 간의 정서적 관계를 파악하기 위하여 KFD를 실시하였다.
- 동작성 가족화 검사(KFD)는 가족의 정서적인 관계를 살펴보는 데 유용하다.
- 자신을 포함한 가족이 무언가 하고 있는 장면을 그리게 하였다.
- A4 또는 B5 용지 정도 크기의 백지 한 장과 2B 또는 HB연필, 지우개가 필요하다. 그리고 "자신을 포함한 가족이 무언가 하는 모습을 그리세요. 만화나 막대기 같은 사람이 아니라 사람 전체를 그림으로 그려 주십시오."라고 지시한다.
- 임상상황에서는 일대일로 검사하는 것이 바람직하나 집단으로도 가능하다.

2 한국판 치매검사

- K-DRS-2
- SNSB(Seoul Neuropsychological Screening Battery, 서울신경심리검사)

3 Beck의 BDI(Korean-Beck Depression Inventory)검사

- 우울을 알아보기 위해 BDI를 실시하였다.
- Beck이 고안한 우울증 평가도구로 21개 문항에 대한 우울증상의 정도를 0-3점 척도로 평가한 점수를 합산하여 총점을 계산한다.
- 점수가 높을수록 우울증의 정도가 심하다.

4 에니어그램(Enneagram)

- 에니어그램은 아홉이란 뜻의 '에네아스(Enneas)'와 단위를 의미하는 '그라마(Grama)' 두 단어의 합성어이다.
- 에니어그램은 3가지 단계(자기 자신의 집착을 찾아내는 단계 → 집착의 원인을 이해하는 단계 → 집착을 극복하는 단계)를 거쳐 이루어지는 자아 발견의 여정이다.

1번 유형	완벽을 추구하는 사람
2번 유형	타인에게 도움을 주려는 사람
3번 유형	성공을 추구하는 사람
4번 유형	특별한 존재를 지향하는 사람
5번 유형	지식을 얻고, 관찰하는 사람
6번 유형	안전을 추구하고, 신중한 사람
7번 유형	즐거움을 추구하고, 계획하는 사람
8번 유형	강함을 추구하고, 자기를 주장하는 사람
9번 유형	조화와 평화를 바라는 사람

🔍 **틀린 문장**

- 에니어그램은 인간의 성격유형을 8개로 설명한다. → 에니어그램은 인간의 성격유형을 9개로 설명한다.

청소년상담사 3급

04

PART

상담이론

01 상담시작 전과 접수면접

1 상담 시작 전 준비

- 상담할 공간의 편안함과 쾌적함을 점검한다.
- 필기기구, 방음장치, 녹음 · 녹화시설이 구비되어 있어야 한다.

1 상담자의 첫 면담 준비사항

- 상담자에 대한 첫 인상이 중요하므로 복장에 신경을 쓴다.
- 개인적 걱정이나 감정으로부터 벗어나 내담자를 맞이할 수 있는 마음의 준비를 한다.
- 접수면접에서 누락된 주요 정보를 확인한다.
- 불참한 내담자에게 이유를 확인하고 참석을 독려할 수 있다.

> 🔍 **틀린 문장**
>
> - 내담자에 대한 선입견을 줄이기 위해 상담신청서는 활용하지 않는다. → 상담신청서는 상담 신청 시 작성하며, 내담자에 관한 최소한의 정보이다. 상담신청서는 상담에 활용한다.
> - 변화를 위한 실천행동 계획, 상담 진행방식에 대한 안내와 합의, 상담에서 제시할 과제 목록 작성, 보호자의 심리검사 실시 후 결과 확보 → 변화를 위한 실천행동 계획(중기 이후), 상담 진행방식에 대한 안내와 합의(상담초기), 상담에서 제시할 과제 목록 작성(상담 중기), 보호자의 심리검사 실시 후 결과 확보(보호자 심리검사 특별한 이유가 없는 한 불필요)

2 접수면접

- 접수면접의 주된 기능은 상담에 필요한 내담자의 기초정보를 수집하는 것이다.
- 내담자가 상담실을 방문하면 일차적으로 이루어지는 활동이다.
- 내담자의 기본정보, 호소문제, 스트레스 등에 대한 정보를 파악해야 한다.
- 접수면접자는 내담자와 상담자를 연결시키는 역할을 한다.
- 상담경력이 많은 전문가가 담당하는 것이 바람직하다.
- 접수면접 후 내담자의 문제유형, 심각성, 긴급성 등을 고려하여 적합한 상담자와 연결한다.
- 접수면접에서 내담자의 외모 및 행동을 관찰하는 것이 필요하다.
- 기관 또는 상담자가 내담자에게 도움을 줄 수 없는 경우, 연계 계획을 세울 수 있다.

- 심한 정서장애가 있는 내담자를 접수면접할 때는 '정신상태평가'를 실시한다.
- 수집된 자료는 완전하지 않을 수 있기 때문에 진단은 잠정적으로 이루어져야 한다.
- 상담자 수가 많고 규모가 큰 기관에서 주로 실시한다.
- 전문적 교육을 받은 접수면접자가 심리검사를 사용할 수 있도록 한다.

1 접수면접 시 상담자의 역할

- 상담신청서 정보를 확인한다.
- 접수면접 정보를 확인한다.
- 내담자 기본 정보를 수집한다.
- 호소문제를 확인한다.
- 현재의 기능수준을 파악한다.
- 스트레스 정도 및 위험요인을 평가한다.
- 가족관계, 역동적인 관계, 지지자 파악, 갈등관계를 파악한다.
- 내담자 문제의 발달과정(성장 및 생활배경)을 확인한다.
- 내담자의 이전 상담 경험 유무와 상담성과(중단사유 등)를 탐색한다.
- 내담자의 스트레스 정도 및 위기 상태를 파악한다.
- 상담에 대한 내담자의 기대를 확인한다.
- 상담목표, 절차, 한계점 등의 상담 계획을 세운다.

🔍 틀린 문장

- 접수면접 전에 반드시 심리검사를 실시한다. → 심리검사는 라포 형성 이후 실시한다.
- 행동관찰 등의 평가를 통해 상담계획을 수립한다. → 상담계획은 상담구조화 → 작업동맹(라포) 확립 → 문제진단 → 사례개념화 → 목표설정 → 상담계획을 수립한다.
- 내담자를 격려히여 호소문제와 관련된 감성을 충분히 해소할 수 있게 한다. → 접수면접이 아닌 상담중기 내용이다.
- 내담자에 대한 정보를 최대한 수집해야 하기 때문에 공감과 경청보다는 폐쇄적 질문을 집중적으로 사용해야 한다. → 내담자에 대한 정보를 최대한 수집할 때에는 개방적 질문을 사용한다.

- 상담회기보고서는 상담의 진행과정을 기록한 문서이다.

- 상담기록부 파일은 상담관리를 위한 것으로 내담자의 이름과 일련번호가 기록된다.

- 상담종결보고서에는 상담 시작에서 종결까지 진행되어 온 상담과정의 요약과 상담 성과의 평가가 포함된다.

- 상담 신청 시 작성하는 상담신청서에는 내담자에 관한 최소한의 정보가 수록된다.

- 상담기록의 보관여부와 보존연한에 대해 알려준다.

🔍 틀린 문장

- 축어록은 상담자와 내담자가 상담과정에서 나눈 대화를 녹음한 원자료이다. → 축어록에는 대화의 내용뿐만 아니라 침묵이나 몸짓, 표정 등의 비언어적 표현도 포함되어 있다. 상담회기를 문자로 기록한 형태이기 때문에 미완성 진술과 같은 잘못된 개입을 시각적으로 쉽게 인지할 가능성이 녹음테이프나 녹화테이프보다 높다.

02 상담

1 상담

- 상담의 주요 구성요소는 상담자, 내담자, 상담관계이다.
- 상담관계는 일반적 대인관계와는 다른 관계이다.
- 상담자는 상담에 대한 전문적 훈련을 받은, 전문자격을 갖춘 사람이다.
- 내담자의 긍정적인 변화와 성장을 목표로 한다.
- 상담은 교육적, 발달적, 예방적, 교정적, 치료기능 등이 있다.
- 상담은 내담자의 문제를 예방하고 해결하며 삶의 질을 향상시킨다.
- 내담자의 동의하에 실현 가능한 상담목표를 설정해야 한다.
- 상담은 상담자가 내담자를 조력하는 과정이다.
- 상담은 내담자의 문제를 해결하도록 노력하는 것이다.
- 상담자는 상담에 대한 전문적, 인간적, 윤리적 자질을 갖추어야 한다.
- 상담자는 이론에 대한 이해와 상담 수련을 통해 전문가로서의 자질을 갖춘다.
- 2인 이상의 내담자를 동시에 상담하기도 한다.
- 상담은 반드시 본인이 신청하지 않아도 된다.

2 상담관계

- 상담자와 내담자가 대등한 위치에서 상담에 참여하는 것이 바람직하다.
- 상담관계를 기초로 상담의 목적을 이루어간다.
- 직접 대면으로 형성되거나 전화, 인터넷, 문자 등의 매체를 통해 형성된다.
- 상담관계가 올바르게 형성되지 않으면 상담의 효율적 진행은 불가능해진다.

🔍 틀린 문장

- 내담자가 가지고 있는 문제를 해결해주는 과정이다. → 상담은 내담자의 문제를 해결하도록 노력하는 것이다.
- 상담자는 내담자의 변화를 위해 내담자 문제를 해결해 주는 주체이다. → 상담은 내담자의 문제를 해결하도록 노력하는 것이다.
- 상담 내담자는 자발적인 신청자로 제한한다. → 상담은 반드시 본인이 신청하지 않아도 된다. 의뢰도 가능하다.
- 비자발적 신청자는 상담 대상에서 제외된다. → 상담은 반드시 본인이 신청하지 않아도 된다. 의뢰도 가능하다.
- 상담자는 위기상담에서도 일반상담과 같이 동일한 방법으로 개입해야 한다. → 위기상담으로 개입한다.

03 청소년 상담의 기본원리

1 청소년 상담의 기본원리

1 개별화의 원리

- 내담자 각자의 개성과 개인차를 고려하여 상담한다.

> 🔗 A는 아주 민감한 성향을 가지고 있으며 우울증을 앓고 있어서 외출하는 것이 쉽지 않다. 게다가 운전이 미숙하여 상담실을 찾아오는 것에도 어려움을 호소한다. 따라서 상담자는 내담자의 상황에 맞게 내담자가 편리한 시간대에 상담을 진행하기로 하였다. 또한 내담자의 우울증과 민감한 성향을 배려하여 충분히 기다려주고 작은 반응에도 세심하게 응대하고 있으며, 상황에 따라 전화상담 등 매체상담도 계획하고 있다.

2 (의도적)감정표현의 원리

- 내담자가 감정을 솔직하게 표현할 수 있도록 돕는 것이다.
- 내담자로 하여금 자신의 감정이 부정적이든, 긍정적이든 자유롭게 표현할 수 있도록 도와야 한다.

3 무비판적(비심판적) 태도의 원리

- 내담자의 감정과 경험을 판단하지 않고 '그대로 받아들이는 태도'를 말한다.
- 상담관계에서 판단을 유보하고 내담자를 수용하는 자세이다.

4 자기결정의 원리

- 내담자 스스로 자기 결정권을 가지며 문제해결책을 선택하여 의사결정을 할 수 있도록 도와야 한다.

5 비밀보장의 원리

- 내담자의 사생활과 개인적인 문제보호를 위해 상담내용은 물론 그 내담자가 상담을 받았다는 사실조차 비밀로 해야 한다.

2 청소년 상담사의 인간적자질

- 인간에 대한 깊은 관심

- 온정적·수용적 태도, 공감과 이해심

- 유머감각

- 상담자의 욕구보다 내담자의 욕구를 우선하는 자기부정의 능력

- 다양한 감정을 인식할 수 있는 정서적 통찰력(자신과 타인의 감정 이해)

- 호기심과 탐구심

- 경청능력 및 대화능력

- 내면세계를 보고 느낄 수 있는 내성

- 정서적 친밀상태의 유지능력

- 삶의 역설적인 면을 볼 수 있는 능력

- 상담에 대한 열의와 힘

- 자기성찰적 태도와 성숙한 적응상태

- 변화에 대한 신뢰

🔍 **틀린 문장**

- 개별화의 원리는 내담자를 하나의 인격체로 존중하는 것이다. → 수용의 원리에 대한 설명이다.
- 수용의 원리는 각각의 내담자에게 적합한 상담방법을 활용하는 것이다. → 개별화의 원리에 대한 설명이다.
- 자기결정의 원리는 내담자 스스로 문제를 해결하고 성장할 수 있다고 믿는 것이다. → 자신의 문제의 해결책을 찾기 위해 노력하도록 돕는 것이 중요하다.

04 | 상담구조화

1 상담구조화

- 상담시간 안내, 취소 및 연기가 필요할 때의 방법을 알려준다.

- 상담자의 역할과 내담자의 역할을 안내한다.

- 상담절차나 조건, 비밀보장 원칙 등에 대해 설명한다.

- 상담자와 내담자의 기대를 탐색한다.

- 내담자가 상담에 대한 비현실적 기대를 갖고 있을 경우 중요성이 더욱 높아진다.

- 상담여건의 구조화(상담장소, 횟수, 시간, 비용, 연락방법)를 안내한다.

- 목표탐색 및 명료화(목표합의, 동의서작성)를 한다.

🔍 틀린 문장

- 상담자의 전문성 정도 → 상담자의 전문성 정도는 접수면접 시 안내한다.
- 라포가 형성된 이후 상담구조화를 천천히 진행한다. → 상담구조화 이후 라포 형성이 천천히 진행된다.

CHAPTER 05 상담목표

1 상담목표

- 내담자를 주체로, 상태나 행동을 진술한다.

- 내담자의 문제해결 뿐만 아니라 예방 및 성장에 초점을 두어 설정한다.

- 호소 문제를 고려하여 목표를 설정한다.

- 상담기간 내에 달성 가능하여야 한다.

- 내담자가 실현가능한 목표를 설정한다.

- 측정 가능하여야 한다.

- 현실성, 성취가능성, 실행가능성, 구체성이 있어야 한다.

- 행동용어로 구체화하여 설정한다. 예를 들어 또래의 부당한 요구를 거절하기, 다른 사람과 5분 이상 대화를 지속하기, 엄마가 소리를 지를 때 함께 고함치지 않고 말하기, 이번 학기가 끝나기 전까지 친한 친구 1명 사귀기 등이 있다.

- 내담자의 상담준비도, 개인능력, 관계자원 등을 고려하여 현실적으로 설정한다.

- 내담자의 의뢰 사유나 주변 여건을 함께 고려한다.

- 내담자의 연령, 특성을 고려하여 세운다.

2 호소문제

- 상담자는 호소문제를 우선적으로 들어야 한다.

- 호소문제를 해결하는 상담목표를 수립해야 한다.

- 호소문제를 들으면서 비언어적 행동을 면밀히 관찰해야 한다.

> 🔍 **틀린 문장**
>
> - 목표수립은 다음 단계인 촉진적 관계 형성을 활성화한다. → 촉진적 관계는 다음 단계인 목표수립 형성을 활성화한다.
> - 상담목표는 상담동기가 낮은 경우 상담자가 주도적으로 설정한다. → 상담목표는 내담자와 상담자의 협의 하에 정해진다.
> - 내담자의 호소문제를 중심으로 상담자가 설정한다. → 상담목표는 내담자와 상담자의 협의 하에 정해진다.
> - 상담 초기에 설정된 목표는 종결할 때까지 바꾸지 않는다. → 상담의 진행사항에 따라 목표는 조정이 가능하다.
> - 신뢰와 존중, 친밀감을 기초로 하기 때문에 상담목표를 향한 작업 관계이자 사교적 관계이다. → 사교적 관계가 아니다.
> - 친구들이 내 기분을 이해하게 만들기 → X
> - 일관성 → X

06 | 상담단계

1 상담 초기 단계

- 상담기록, 보존, 관리에 대해 내담자의 동의를 구한다.
- 내담자의 상담에 대한 기대를 탐색하고 조정한다.
- 내담자의 말을 경청하고 공감적으로 이해한다.
- 촉진적 상담관계를 형성(관심기울이기, 적극적 경청)한다.
- 내담자와 상담관계를 형성한다.
- 내담자가 경험하는 어려움을 구체적으로 파악한다.
- 내담자의 언어적 표현과 비언어적 표현(행동 관찰)으로부터 현재 문제점 파악하고, 내담자를 이해하고 평가한다.
- 내담자의 반복적인 행동패턴 관찰한다.
- 내담자의 호소문제를 탐색한다.
- 내담자와 합의하여 구체적인 상담목표를 정한다.
- "점심시간에 혼자 밥 먹을 때 기분이 어땠나요?", "학교생활에 대해서 좀 더 이야기해 줄 수 있나요?", "열심히 공부했는데 결과가 기대에 미치지 못해 실망했군요.", "남자친구의 마음을 어떻게 하면 돌릴 수 있을지가 가장 큰 고민이군요." 등의 상담초기 대화로 우호적 분위기를 조성한다.
- "아버지의 말 때문에 많이 실망했나 보구나.", "아버지에게 배신감을 느끼는지 궁금하구나.", "나도 아버지에 대해 비슷한 경험이 있단다.", "아버지의 말에 네가 어떻게 대답했는지 말해보렴." 등의 대화로 첫회기에 개입한다.
- 상담을 구조화한다.

🔍 틀린 문장

- 내담자의 부적응적 패턴을 직면한다. → 상담 중기 이후 작업이다.
- 내담자 호소문제의 해결정도를 평가한다. → 상담 종결 단계의 작업이다.
- 내담자가 상담을 통한 자신의 변화를 인식하도록 촉진한다. → 상담 종결 단계의 작업이다.
- "노력하겠다고 말을 하지만 구체적인 행동으로 옮기지는 않고 있네요." → 직면 기술로 내담자가 받아들일 수 있는 상담 중기 이후에 적용할 수 있는 기법이다.
- "네가 공부에 흥미를 잃은 건 아버지에 대한 반감이 무의식적으로 작용했기 때문인 것 같구나." → 해석 기술로 내담자가 받아들일 수 있는 상담 중기 이후에 적용할 수 있는 기법이다.

2 상담 중기 단계

- 자신의 문제에 대한 통찰을 얻는다.

- 사고의 경직성에서 벗어나 융통성을 갖게 된다.

- 실제적인 변화를 결심한다.

- 새로운 대안을 찾고 실천한다.

- 탐색과정에서 깨달은 사실을 구체적인 행동으로 옮기도록 격려한다.

- 상담진행 상태와 내담자 변화를 평가한다.

- 저항과 직면을 다룬다.

- 조언과 해결책 제시가 아닌 관찰한 내용의 피드백을 한다.

🔍 틀린 문장

- 주호소 문제를 탐색한다. → 초기 단계의 작업이다.

3 상담 종결 단계

- 내담자가 상담 초기에 호소했던 문제가 얼마나 줄어들었는지 비교하도록 하였다.

- 내담자가 상담과정에서 무엇을 얻었는지 확인한다.

- 상담의 목표달성 여부를 점검한다.

- 내담자와 상담종결에 대한 불안을 다룬다.

- 문제의 재발 방지 방안에 대해 다룬다.

- 내담자가 앞으로 사용할 수 있는 가용자원과 행동목록을 점검한다.

- 니담자가 사용했던 효과적인 대처행동을 검토한다.

- 종결에 따른 이별 감정을 다룬다.

- 내담자가 이별에 대한 감정을 충분히 이야기할 수 있는 기회를 제공하였다.

- 상담이 필요한 사안이 발생하면 다시 상담을 받을 수 있다고 이야기하였다.

- 추수상담 일정에 대해 논의한다.

1　**상담 종결 시기를 결정할 때 고려 사항**

- 상담기관의 관련 지침
- 상담 기간
- 호소문제의 해결 정도
- 내담자의 상담 외 지지체계
- 상담목표 달성 정도
- 상담성과에 대한 평가 및 점검
- 심리검사 실시 결과(시작 때의 심리검사 결과와 비교)
- 내담자의 이전 상담 경험은 상담의 종결을 결정할 때의 고려사항이 아니다.

🔍 틀린 문장

- 내담자가 먼저 종결을 제안하는 경우는 없다. → 상담목표가 달성 되었을 때에는 상담자와 내담자의 합의하에 상담을 종결한다.
- 내담자와 비공식적인 수준에서 지속인 상담관계를 계획한다. → 공식적인 수준에서 지속적인 상담관계를 계획한다.
- 종결에 대한 두려움으로 상담자에게 의존하는 내담자와 정해진 회기를 초과하여 상담을 계속 진행하였다. → 내담자와 상담 종결에 대한 불안을 다루며, 필요한 사안이 발생하면 다시 상담을 받을 수 있다고 이야기하며 종결하되, 두려움이 과할 시 1-2회기 정도만 더 늘린다.

2　**상담의 진행과정 단계**

초기	내담자 동기 파악, 상담 구조화, 관계형성, 목표와 전략 수립, 상담기간 협의
중기	과정목표 설정, 저항해결, 타협적 목표달성, 내담자가 자신의 문제를 이해하고 반복적인 학습이 일어남, 문제해결 과정에서 저항이 나타날 수 있음
종결	이별 감정 다루기, 미해결 과제 점검, 상담 목표를 기준으로 상담성과를 평가함

🔍 틀린 문장

- 초기에는 비자발적 내담자의 경우 상담목표를 설정하지 않는다. → 비자발적 내담자의 경우라도 내담자와 협의 후 상담목표를 설정한다.

07 | 상담자 윤리

1 상담자의 윤리 규정

- 상담자 스스로 자신의 상담활동을 점검하고 향상시키기 위한 지침을 제공한다.
- 내담자와 보호자가 상담에 관한 결정을 하는 데 필요한 정보를 제공한다.
- 상담에서 발생할 수 있는 윤리적 문제의 처리기준을 제공한다.
- 청소년상담자로서 자신의 한계를 인식한다.
- 상담자는 내담자의 사전 동의하에 기록 및 녹음 등을 할 수 있고 전문적인 서비스를 제공하기 위하여 상담내용을 기록하고 보관할 수 있다.
- 상담중 내담자의 학교폭력 가해 사실을 알게 된 경우, 내담자에게 비밀보장 예외에 대한 설명을 하고 관련 기관에 신고해야 한다.
- 판사가 정보공개를 요청하여 내담자에게 그 사실을 알리고 필요한 최소한의 정보를 공개하였다.
- 상담자는 교수와 학생, 가까운 친구나 친인척, 직장 동료와의 관계 등 이중관계를 피해야 한다.
- 조현병의 전조 증상을 보이는 내담자를 상담하는 데 어려움을 느껴 다른 전문가에게 의뢰하였다.
- 비전문적인 상담으로부터 내담자를 보호해야 한다.

2 상담자의 비윤리적 행동

- 상담을 중단하고 싶어하는 내담자를 설득하여 정해진 상담 횟수를 채우고 종결하였다.
- 교육을 받지 않은 심리검사를 시험 삼아 친구들에게 실시하고 해석하였다.
- 내담자의 신상이 드러나지 않도록 조치를 취하여 수퍼비전을 받은 후 내담자에게 동의를 구했다.
- 사이버상담의 특성상 내담자의 전자 전송 자료에 여러 사람의 접근이 가능하다는 사실을 내담자에게 고지하지 않았다.
- 동의를 구하지 않고 사례발표를 위해 상담내용을 녹음하였다.
- 약물남용 사실을 알고 부모에게 알리려고 하였으나 내담자가 약물을 중단하겠다고 하여 부모에게 알리지 않았다.
- 수퍼비전을 목적으로 내담자 동의 없이 녹음했다.
- 상담실 밖에서 내담자와 사적인 관계를 맺었다.
- 자신의 능력을 과장해서 내담자가 의존하게 한다.
- 친구나 친척을 내담자로 받아들이고 상담한다.

- 상담자가 내담자와의 관계에서 두 가지 이상의 역할을 동시에 수행할 때 성립된다.
- 내담자를 위해하거나 착취할 가능성이 있기 때문에 피해야 한다.
- 상담자의 판단력을 손상시키고 치료관계에 문제를 야기한다.
- 내담자와의 성관계는 이중관계에 해당된다.

> 🔍 **틀린 문장**
>
> - 내담자와의 다중 관계는 그 자체로 착취적이므로 한계를 명확히 하는 것이 좋다. → 다중 관계는 비윤리적인 행동에 해당하므로 한계를 명확히 하는 것이 아니라 다중 관계를 맺지 않아야 한다.
> - 전문적으로 훈련받지 않은 영역에 대한 상담이라도 내담자와의 관계를 위해 상담을 계속 수행한다. → 훈련받지 않은 영역에 대한 상담은 하지 않는다.
> - 상담을 전공한 김교사는 반 학생에게 소정의 상담료를 받으며 주 1회 상담을 진행하였다. → 이중관계에 해당하므로 비윤리적인 행동에 해당한다.
> - 상담자가 내담자의 상담 교육을 위해 수퍼바이저 역할을 하는 것은 해당되지 않는다. → 내담자의 상담자이자 수퍼바이저는 이중관계에 해당한다. 내담자의 수퍼바이저 역할을 맡지 않는 것이 윤리적이다.
> - 상담자의 전문적 치료행위에 관한 법률적 책임 면제 → X

3　비밀유지의 상담자 윤리

- 비밀유지 원칙의 위반은 윤리적 문제뿐 아니라 법적 문제도 초래할 수 있다.
- 미성년자를 상담하고 있는 상담자는 자녀의 상담내용에 대한 부모나 보호자의 알 권리를 인정해야 한다.
- 상담자는 상담에서 알게 된 타인에 대한 심각한 위협을 잠재적 희생자에게 알려야 할 의무가 있다.

1　비밀 유지 원칙 예외 사항

- 내담자가 자신을 해칠 의도나 계획을 말하는 경우
- 내담자가 타인을 해칠 의도나 계획을 말하는 경우
- 내담자의 아동학대 피해 사실을 알게 되는 경우
- 법원에서 공개를 요구하는 경우
- 감염성 질환에 감염된 경우

- 전문가에게 슈퍼비전을 받는 경우는 비밀 유지 원칙에 해당한다. → 비밀 유지 원칙 예외 사항에 해당하지 않는다.
- 현재 우리나라에서는 비밀유지를 위한 증언거부권이 적용되고 있다. → 판사가 정보공개를 요청하여 내담자에게 그 사실을 알리고 필요한 최소한의 정보를 공개하였다.
- 성인상담과 달리 청소년 내담자와의 상담에서는 어떠한 경우라도 비밀은 보장되어야 한다. → 판사가 정보공개를 요청하여 내담자에게 그 사실을 알리고 필요한 최소한의 정보를 공개하였다.
- 상담 중 가정폭력 사실을 알게 되었으나 내담자의 어머니가 자녀의 상처받은 마음만 달래 주고 더 이상 개입하지 말아달라고 하여 상담에만 전념하였다. → 가정폭력을 인지하면 관계 기관에 신고하여야 한다.

4 키치너(K. Kitchener)의 윤리적 의사결정 원칙

1 선의(beneficence)

- 내담자의 안녕, 복지, 이익을 추구하고 증진시키는 것을 강조하는 것으로서, 심리상담이 내담자에게 이익이 되도록 해야 한다는 것이다.
- 내담자의 안녕과 복지를 증진시키는 것이다.
- 상담자로서 무능하거나 부정직하면 내담자의 성장 또는 복지에 도움을 줄 수 없다는 사실을 인식한다.
- 상담중재법이 어떤 내담자에게는 유익하지만 또 어떤 내담자에게는 유익하지 않을 수 있으므로, 각 내담자에게 맞는 치료목표와 기법을 사용해야 한다.
- 치료목표, 기법, 결과는 내담자에게 유익해야 한다.

2 충실성(fidelity)

- 내담자와의 계약을 위반하거나 신뢰를 저버리는 행위를 하지 않는다.
- 상담자는 내담자를 보다 효과적으로 도울 수 있는 방법에 관하여 꾸준히 연구·노력히고, 내담자의 성장촉진과 문제의 해결 및 예방을 위하여 최선을 다한다.
- 상담자는 자신의 능력한계나 개인적인 문제로 내담자를 적절하게 도와줄 수 없을 때에는 상담을 시작해서는 안 되며, 다른 전문가에게 의뢰하는 등의 적절한 방법으로 내담자를 돕는다.
- 상담자는 자신의 질병, 사고, 이동, 또는 내담자의 질병, 사고, 이동이나 재정적 한계와 같은 요인에 의해 상담을 중단할 경우, 이에 대한 적절한 조치를 취해야 한다.
- 상담자는 상담을 종결하는 데 어떤 이유보다도 우선적으로 내담자의 관점과 요구에 대해 고려해야 하며, 내담자가 다른 전문가를 필요로 할 경우에는 적절한 과정을 통해 의뢰한다.

3 자율성(autonomy)

- 내담자가 원하는 것을 스스로 선택하고 그것을 할 수 있는 권리를 인정하는 것이다.

4 무해성(nonmaleficence)

- 내담자에게 고통이나 피해를 줄 수 있는 위험한 행동이나 활동을 하지 않는 것이다.
- 상담전문가는 내담자에게 해를 끼치지 않을 것이라고 확신할 수 있는 개입방법만 사용할 의무가 있다.
- 내담자를 위한 치료의 위험성을 인식하고 평가해야 하며, 그에 맞게 행동해야 한다.

5 공정성(justice)

- 인종, 성별, 종교 등의 이유로 내담자를 차별하지 않는다.

08 | 상담기법

1 상담기법

1 자기개방

- 상담자가 치료 목적으로 자신의 경험을 드러내는 기법이다.
- 상담자가 내담자나 관계에 직접적으로 관련되지 않는 자신의 생활에 대한 것을 내담자에게 노출하는 것을 말한다.
- 자기공개, 자기노출, 자기폭로라고 불린다.
- 상담자의 인간적인 모습을 보여줌으로써 상담자와 내담자 간 동질감을 형성하게 한다.
- 모델링 학습의 목적으로 사용한다.
- 변화가능성과 도전을 위한 용기를 불어넣고자 할 때 사용한다.
- 자기개방을 하는 경우 상담자가 내담자에게 비밀유지 책임을 물을 수 없다.
- 예시로는 "나도 고등학교 다닐 때 엄마한테 야단을 많이 맞았어.", "선생님도 예전에 따돌림을 당한 적이 있었는데 그때 많이 힘들었단다."

1 자기개방 시 지침

- 타이밍, 즉 시기가 적절해야 한다.
- 수준이 적당해야 한다.
- 상담주제와 일치되는 내용이어야 한다.

2 재진술

- 내담자의 진술 내용을 상담자가 다른 동일한 말로 바꾸어 기술하는 것을 말한다.
- 내담자가 한 말에 비해 말의 길이가 짧고, 그 내용이 더 구체적이고 분명한 특징이 있다.

1 재진술의 방식

① 환언(paraphrasing)

- '바꾸어 말하기'라고 불리는데, 내담자의 말에서 몇 개의 단어를 추가하거나 빼거나 혹은 다른 단어로 바꾸는 방법으로 문장을 새로 구성한다.

② 명료화(clarification)

- 내담자의 말을 좀 더 분명하고, 명확한 표현으로 만들어서 내담자에게 다시 말하는 것이다. 그런 의미에서 명료화는 구체화라고도 불린다.

③ 요약(summary)

- 내담자가 한 번에 길게 말하는 내용이나 상담자와 내담자 사이에 오갔던 대화를 간결하게 하여 되돌려 주는 반응이다.
- 예시로는 "네 말은 그러니까 그곳에 가고 싶지 않았다는 거구나."

> 🔗 내담자 : 선생님, 우리 반 친구들이 저만 따돌려요. 담임선생님도 저만 미워하시는 것 같고요.
> 선생님 : 친구들이 너만 따돌리고 담임선생님도 너만 미워한다는 말이구나.

3 명료화

- 내담자의 모호한 말을 명확하게 확인하기 위한 질문형태의 기법이다.
- 내담자 자신은 미처 충분히 자각하지 못하는 의미나 관계이다. 내담자가 애매하게만 느끼던 내용이나 불충분하게 이해한 자료를 상담자가 말로 정리해준다.
- 내담자로부터 정확하고 구체적인 진술을 하도록 고안된 특별한 형태의 질문으로 내담자로 하여금 자신이 전달하려는 메시지의 핵심부분에 초점을 맞출 수 있고, 혼란스럽고 갈등되는 감정들을 분류해 낼 수 있게 한다.
- 예시로는 "화가 나면 오히려 마음이 차분해진다는 말은 분노감을 말로 표현하기 어렵다는 뜻인가요?", "친구들이 너만 따돌린다는 말이 무슨 말인지 좀 더 이야기해 줄 수 있겠니?"

4 요약

- 내담자가 표현했던 주요한 주제를 상담자가 정리해서 말로 나타내는 것이다.
- 내담자의 산만한 생각과 감정을 정리해볼 기회를 갖게 한다.
- 상담자의 요약은 내담자가 미처 의식하지 못한 면을 학습시키고 문제해결의 과정을 밝히며 자신의 생각과 느낌을 탐색하도록 돕는다.

1 요약의 목적

- 특정 주제를 철저히 탐색할 수 있게 자극한다.
- 특정 주제를 종결짓게 한다.

2 요약의 사용시기

- 상담회기를 시작할 때
- 분위기를 전환시킬 때
- 내담자가 산만하게 이야기할 때
- 상담자가 논의주제 또는 초점을 이동할 때
- 내담자가 특정주제에 관한 이야기를 모두 한 것처럼 보일 때
- 상담회기를 마칠 때
- 상담을 종결할 때

5 (감정)반영

- 내담자의 감정을 상담자가 동일한 뜻의 말로 부연하는 기법이다.
- 반영은 내담자의 말에 담긴 주된 감정을 상담자의 말로 되돌려 주는 것이다.
- 내담자의 느낌이나 진술의 정서적인 부분을 상담자가 그 느낌의 원인이 되는 상황, 사건, 사람, 생각과 함께 다른 동일한 의미의 말로 바꾸어 되돌려 전달하는 기법이다.
- 내담자의 생각, 느낌, 행동을 상담자가 거울처럼 비추어 되돌려 주는 기술로 감정의 재진술이다.
- 내담자의 감정과 관련된 언어, 비언어 행동을 경청한다.
- 내담자의 감정에 적절한 단어(형용사)를 택한다. 예시로는 "화가 난 것처럼 보이는구나."
- 예시로는 "엄마한테 야단맞아서 많이 속상했겠다.","친구들이 따돌리지 않고 담임선생님도 너에게 관심을 가져 주었으면 좋겠는데 그렇지 않아서 속상했겠다."

6 직면

- 내담자의 언어적 진술과 비언어적 진술 간 또는 언어적 진술들 간의 불일치 등에 관해 진술하는 기법이다.
- 내담자의 말과 행동이 불일치, 말의 앞뒤가 불일치되는 경우, 내담자의 불일치하거나 모순된 부분을 자각하도록 해주는 것이다.
- 모순을 드러내어 새로운 통찰과 바람직한 변화를 유도한다.
- 신념과 행동의 불일치를 깨닫게 해준다.
- 모순되는 행동을 직시하여 새로운 조망을 갖도록 돕는다.
- 자신의 현실을 되돌아보게 한다.
- 내담자의 건설적인 변화를 위해 새로운 내 · 외적 행동의 발달을 촉진한다.
- 직면은 내담자에게 자칫 공격적인 메시지로 인식되어 불필요한 저항이나 반감을 불러일으킬 수 있기 때문에 직면시킬 때에는 내담자와의 신뢰감 형성이 전제가 되어야 한다.

• 직면을 시의적절하게 활용함으로써 내담자가 자신의 언행불일치(모순)를 통해 자신의 내면을 통찰하고 변화를 위한 행동으로 옮길 수 있도록 돕는다.

📝 **도전과 직면**

<보기>

내담자 : (굳은 표정을 지으며) 괜찮아요.
상담자 : 당신은 말로는 괜찮다고 하면서도 얼굴표정은 그렇게 보이지 않네요.

7 해석

• 상담자의 직감 또는 최적의 추측을 기반으로 가설적 형태로 제시된다.

• 내담자의 명시적 · 암묵적 메시지와 행동 사이의 인과관계 확인을 목적으로 한다.

• 내담자가 문제를 새로운 각도에서 이해하도록 생활경험과 행동의 의미를 설명해 주는 기술이다.

• 인간중심상담에서는 상담과정의 흐름을 저해하고 내담자에게 위협이 될 수 있다고 간주한다.

• 행동 원인에 대한 설명을 잠정적인 가설의 형태로 기술하는 것을 말한다.

• 상담자는 해석을 통해 새로운 의미를 제공하거나 내담자의 행동과 감정 이면에 깔린 원인을 지적한다.

• 내담자에게 자칫 위협적인 개입이 될 수도 있기 때문에 내담자가 받아들일 준비가 되어 있는가의 여부를 확인해서 적절한 시기에 해석 기법을 제공한다.

• 해석 후에 내담자가 상담자의 직관적인 추론의 타당성 여부를 고려해 볼 수 있는 시간적 여유를 제공한다.

8 즉시성

• 상담자와 내담자의 상호작용을 내담자에게 보여주는 기법이다.

• 내담자의 사고, 감정, 행동에 대한 반응으로 상담자가 보고 관찰한 것을 드러내는 것이다.

• 어떤 특정한 시점에서 상담자와 내담자 사이에 진행되고 있는 무엇인가를 깨닫고 이를 건설적으로 전달해주는 것으로 '지금 - 여기'에서 내담자에게 반응하는 것이다.

• 상담자가 내담자와 관계된 그의 생각이나 감정을 솔직하게 개방할수록 내담자는 상담자를 보다 인간적으로 가깝게 느끼고 스스로를 솔직하게 표현하여 상담관계를 한층 깊게 할 수 있다.

• 예시로는 "네가 엄마 이야기를 하면서 나의 눈치를 자꾸 보는 것 같아 안쓰럽게 느껴진다."

상담자: 경수가 상담하는 내내 평소와 달리 고개를 푹 숙이고 있으니까 이 주제들 이야기 하는 것이 불편한 것 같구나.
경수: (망설이며) 선생님은 큰누나하고 동갑이잖아요. 어떻게 사춘기 남자 아이의 마음을 제대로 이해할 수 있겠어요. 선생님도 큰누나처럼 저를 야단만 칠까봐 불편해요.

9 질문

- 내담자들에 관한 정보와 자료를 수집하고, 내면의 생각이나 감정을 탐색하기 위한 기법이다.
- 개방질문은 내담자의 자기탐색을 격려하거나 정보를 얻을 때, 행동, 느낌, 생각에 대한 구체적인 예를 알아볼 때, 내담자의 의사소통을 활성화시킬 때 사용한다. 내담자의 사고, 감정, 신념, 관점을 끌어낼 수 있다.
- 예시로는 "담임선생님이 어떻게 하실 때 너를 미워한다고 생각하는지 궁금하구나.", "지금 너의 기분이 어떤지 궁금하구나."

1 폐쇄질문

- 폐쇄질문은 상담자가 시간을 절약해서 내담자로부터 정확하고 구체적인 정보를 끌어내는 데 유용하게 사용될 수 있다.
- 내담자의 말을 이해했는지 확인하고 동의를 구할 때 사용된다.
- 위기상황에 처했을 때 유용하게 쓸 수 있다.

2 '왜'로 시작하는 질문

'왜'로 시작하는 질문은 내담자로 하여금 내담자의 잘못을 지적하거나 비난하려는 의도로 받아들여질 수 있어서 내담자의 방어적 태도를 유발하는 한편, 이유에 대한 근거를 대기 위해 감정보다는 사고에 초점을 맞추게 한다.

3 이중질문

"그래서 거기 갔었어? 그 사람은 만났어? 다음 날 얘기는 했니?"와 같이 내담자로 하여금 대체 어떤 대답부터 해야할지 혼란스럽게 만드는 이중질문은 삼간다.

10 경청

- 음성언어와 비음성언어에 민감하게 반응하여 상담자가 자신이 이해한 내용을 자신의 말과 행동으로 되돌려주는 것이다.

11 공감

- 내담자 내면의 주관적인 세계, 주관적인 감정을 공유하고 내담자의 상황을 이해하는 것이다.

12　정보제공

- 내담자가 필요로 하는 사실적인 정보나 자료를 상담자가 구두로 전달해주는 것을 말한다.

13　과제 부여

- 상담자가 내담자와 함께 논의하여 정할 때 더 효과적이다.

- 자기개방은 상담자에게 이해받는다는 인식을 하게 한다. → 공감에 대한 설명이다.
- 재진술은 내담자의 문제를 새로운 관점에서 조망할 수 있도록 설명해주는 것이다. → 해석에 대한 설명이다. 해석은 내담자의 문제를 새로운 관점에서 이해하도록 의미나 원인을 설명해 주는 기법이다.
- 반영은 내담자에게 필요한 특정 주제에 대한 객관적 자료나 사실을 전달하는 것이다. → 정보제공에 대한 설명이다.
- 정보 제공은 내담자의 말에 담긴 주된 감정을 상담자의 말로 되돌려 주는 것이다. → 반영에 대한 설명이다.
- 직면은 감정을 인식하고 경험하며 표현하는 것을 주된 목적으로 한다. → 직면은 자신의 내적,외적 불일치, 말과 행동의 불일치를 깨닫는 것을 주된 목적으로 한다.
- 직면은 내담자의 행동들 간의 관계, 행동의 의미, 동기에 대해 설명해 준다. → 해석에 대한 설명이다.
- 직면은 상담의 어느 시기라도 할 수 있다. → 직면은 타이밍이 적절해야 한다. 시의적절해야 한다.
- 해석은 내담자가 말한 둘 이상의 언어적 표현을 요약하는 것이다. → 재진술(요약)에 대한 설명이다.
- 해석의 예시로는 "친구에 관해 이야기를 나누기 전에 엄마한테 야단맞은 일에 대해서 좀 더 대화를 해보자." → 집단상담에서 초점맞추기 상담기법에 해당한다.
- 해석은 상담의 필수요소이다. → 경청은 상담의 필수요건이다.
- 해석에 앞서 모순에 직면시키는 과정이 있어야 한다. → 해석과 직면은 시의적절하게 개입하여야 한다.
- "그래서 거기 갔었어? 그 사람은 만났어? 다음 날 얘기는 했니?" → 이중질문은 삼간다.
- 정보 제공은 글자 그대로 정보를 제공하는 것이 아니라 내담자 스스로 정보를 찾도록 돕는 것을 말한다. → 정보 제공은 내담자가 필요로 하는 사실적인 정보나 자료를 집단상담자가 구두로 전달해주는 것을 말한다.
- 저항은 상담과정에서 일어나지 않도록 해야 한다. → 저항을 수용하고 활용하여야 한다.

09 상담자의 전문적 자질

📝 상담자가 갖추어야 할 전문적 자질

인간에 대한 호기심과 관심, 타인의 복지에 관심, 자기성찰 능력과 태도, 자기이해 및 성찰능력, 자신과 타인의 감정인식 및 수용 능력, 자신 존중 수용, 상담이론의 적용과 활용 능력, 상담기법의 활용, 상담이론에 대한 이해, 심리검사의 이해, 상담자의 윤리에 대한 이해, 변화에 대한 신뢰, 변화와 도전에 개방적, 인간관계 및 경험에서 개방적이고 수용적, 지역사회 자원 및 사회 환경에 대한 이해, 다문화적 차이에 대한 이해와 민감성, 심리적 안정과 조화, 유머, 개방성, 유연성, 청소년기 미성숙한 행동의 이해와 수용 능력, 청소년 정책에 대한 이해와 적용 능력, 효과적인 대인관계 기술

엄마의 과도한 기대와 인색한 칭찬으로 인해 늘 완벽해야 한다는 생각을 갖고 있는 내담자와 상담하면서 자신의 어머니가 떠오르곤 했는데, 상담의 과정에서 내담자와 함께 그의 어머니를 비난하고 있는 자신을 발견했다.

- 상담자의 역할 중 내담자를 돕는 직접적인 역할로는 상담면접, 교육, 훈련이 있다.
- 초등학생을 대상으로 집단따돌림 예방 교육을 실시하였다.
- 성적이 떨어져 비관하는 학생을 돕기 위해 학부모들 면담했다.
- 소극적인 아동에게 주장훈련을 실시하였다.
- 자신의 신념과 가정들이 다문화 내담자들에게 적절한지 숙고한다.

1 상담자의 자질(인간적 특성)

① 자기수용, ② 개방적 태도, ③ 새로운 경험 추구 ④ 용기 ⑤ 심리적 에너지 ⑥ 창의성, ⑦ 개인적인 힘,

⑧ 자기지각, ⑨ 타인의 복지에 대한 관심 ⑩ 유머감각, ⑪ 자발적 모범, ⑫ 공감적 이해능력

1 자기수용(self acceptance)

- 자기를 있는 그대로 받아들이며 인정하는 것을 의미한다.
- 자기수용적인 집단상담자는 자신의 강점뿐만 아니라 약점까지도 자신의 일부로 기꺼이 인정하고 받아들인다.
- 자기수용을 통해 스스로 완벽하지 않은 존재라는 사실을 인정함으로써 집단과정을 촉진한다.
- 집단원들에게 자신의 약한 부분과 한계를 기꺼이 드러내기도 한다.
- 내면에 대한 깊이 있는 반성 혹은 성찰이 선행되어야 한다.

새로운 경험, 자신의 것과는 다른 유형의 삶과 그 가치에 대해 기꺼이 수용하는 자세를 말한다.

예 "저도 사실 열악한 환경에서 자랐답니다"

개방적 태도를 지닌 집단상담자 특징	폐쇄적 태도를 지닌 집단상담자 특징
• 집단원의 부정적 피드백도 솔직하게 다룬다 • 부정적인 피드백에 과민한 반응을 보이지 않는다 • 부정적인 피드백에 개방적인 자세로 원인과 자신의 감정을 탐색한다 • 쉽사리 정서적으로 불안정해지지 않는다 • 쉽게 위협을 느끼지 않는다	• 집단원의 부정적 피드백에 방어적 태도를 보인다 • 부정적인 피드백에 궁색한 변명을 늘어놓을 수 있다

3 **새로운 경험 추구**

- 경험의 폭이 넓고 깊을수록, 각기 다른 삶의 경험으로 서로 다른 가치관을 지니고 있는 집단원들에 대한 이해의 깊이와 넓이는 그만큼 크다.
- 새로운 경험을 추구하는 집단상담자는 자신과 다른 세계에서 온 집단원들의 문화에 대해 배우고자 한다.
- 삶에서 겪는 경험에 대해 개방적인 자세를 취하는 것이다.
- 생활경험의 범위가 넓을수록, 다양한 사람들을 접하게 되고, 그만큼 사람들을 폭넓게 이해할 수 있기 때문이다.

4 **용기**

① 기꺼이 자진해서 실수나 불완전을 용납하고 집단원들이 감수하기를 바라는 위험을 감수하면서 때로는 상처를 받기도 하고, ② 다른 사람들을 직면시키기도 하지만 그들과 함께 머물 수 있으며, ③ 자신의 신념과 직감에 따라 행동하고, ④ 감정적으로 다른 사람의 영향을 받으며 그것들을 밝히려고 자신의 경험에 의존하며, ⑤ 집단원들에게 직접적이고 솔직하게 대하며 그들을 돌보고 존경한다.

5 **심리적 에너지(psychological energy)**

1) 집단원 개개인을 이해하고 그들의 욕구를 충족시키기 위해 활용되는 역동적 자원을 말한다.

2) 활력 넘치는 집단상담자의 열정과 확신은 집단원들을 매료시키는 한편, 상담과정을 촉진시키는 원동력이다.

3) 전문가로서의 카리스마로 이어지기도 한다.

4) 집단상담자는 자신을 솔직하게 표현하고, 실천중심적인 행동을 통해 생동감 넘치는 리더십을 발휘한다.

5) 집단상담자는 자신의 약점을 기꺼이 인정함으로써, 약점을 숨기는 데 에너지를 낭비하지 않는다.

6) 심리적 에너지 수준이 낮아질 경우   집단상담자는 자칫 자신이 기대한 집단과 실제 집단 간의 불일치로 열정을 상실하거나 자기 자신을 포함하여 집단원들을 탓하게 하기 쉽다.

6 창의성

종래의 집단 운영 방식을 매번 답습하기보다는 새로운 것을 창안하여 집단상담에 적용할 수 있는 능력을 말한다. 창의적인 집단상담자는 지속적으로 기법, 활동 그리고 작업방식에 변화를 추구한다.

7 개인적인 힘

자신감과 카리스마를 내포한다. 솔직성과 관련이 있는데, 자신의 약점을 수용하며 자신과 타인들에게 이를 감추는 데 에너지를 소비하지 않는다.

8 자기지각

자신의 정체성, 문화적 시각, 목표, 동기, 요구, 한계, 강점, 가치관, 감정 및 문제들을 포함한 자신에 대한 자각이다.

9 타인의 복지에 대한 관심

타인의 복지에 대한 진실한 관심이 집단상담자에게 필수적이다. 보살핌의 태도는 참여를 요청하지만 어느 정도까지 참여할지 그 사람 스스로 결정하게 한다. 보살핌을 표현하는 다른 방법은 어떤 사람에게 그렇게 느낄 때, 따뜻함, 관심, 지지를 보내는 것이다.

집단원을 돌보는 방법에는 집단원 개개인에게 온정과 관심, 지지를 아끼지 않는 것뿐만 아니라 집단참여를 촉구하는 것도 포함된다.

10 유머감각

웃음을 통해 집단원의 문제를 새로운 각도에서 조망해 볼 수 있게 한다.

시의적절한 유머는 강력한 치유효과를 수반하기 때문이다.

유머의 효과는 다음과 같다.

① 공유된 경험을 구축한다.

② 창의성을 발휘할 수 있게 한다.

③ 큰 저항없이 금기시되던 주제를 다룰 수 있게 한다.

④ 마치 양념과 같은 기능이 있어서 통찰을 촉진한다.

⑤ 긴장을 감소시키고 심리적인 중압감에서 잠시 벗어나게 한다.

11 자발적 모범

집단원들의 행동변화를 위해 바람직한 행동의 모델역할을 담당하는 것을 말한다.

집단상담자가 개방적 태도, 수용적 자세, 적극적 경청, 자기개방, 타인에 대한 존중과 배려, 즉각적인 긍정적 피드백

등을 몸소 실천함으로써 집단원들에게 대리학습의 기회를 마련하여 집단과정을 촉진시키는 강한 원동력이다.

12 공감(empathy)적 이해능력

감정의 공유, 상대방의 감정을 함께 경험하고 나누는 것을 말한다.

집단원의 주관적 경험세계에 동참하여 함께 느끼고자 노력하는 것이다.

집단원의 감정을 함께 느끼고 이해한 것을 언어 및 비음성 언어로 나타내는 것을 말한다.

이외에도 호의(friendliness), 인내 등이 있다.

> **🔍 틀린 문장**
>
> - 완벽주의, 유창성, 완벽을 지향하는 태도이다. → X
> - 상담자의 역할 중 내담자를 돕는 직접적인 역할로는 의뢰 및 위탁, 조직개발이 있다. → X
> - 대부분의 상황에서 좋고 싫음을 분명히 표현한다. → X
> - 역동적인 청소년기를 경험해야 한다. → X
> - 자신의 일에 열정적이며 내담자를 위해 개인적인 여가시간을 제한한다. → X
> - 현재보다 과거의 경험에 초점을 두고 실수를 기꺼이 인정한다. → X

프로이트(S. Freud)의 정신분석

1 프로이트의 정신분석

- 인간행동은 생물학적인 본능과 충동에 의해 동기화 된다.

- 성적 추동은 인간의 가장 기본적인 욕구이다.

- 인간에 대한 결정론적 입장을 취한다.

- 결정론이란 개인의 사고, 감정, 행동이 심리내적 원인에 의해 결정된다고 보는 견해를 말한다.

- 인간의 행동은 의식적 요인보다 무의식적 요인에 의해서 훨씬 더 강력하게 영향 받는다.

- 의식수준을 의식, 전의식, 무의식으로 구분한다.

- 인간은 과거 경험에 영향을 받는 존재이다.

- 성격형성과 정신장애의 원인이 어린 시절의 경험과 관련이 있다고 본다. 예시로는 "현재 이런 성격을 갖게 된 것은 어린 시절 엄마와의 상호작용 경험이 중요하게 작용한 것입니다."

- 생애 초기 6년 동안의 과거 어린 시절의 경험과 심리성적 에너지는 무의식적 동기와 갈등으로 잠재되어 있다가 개인의 현재 행동에 영향을 미친다고 본다.

- 개인의 행동을 이해하기 위해 어린 시절의 경험을 탐색한다.

- 심리적 부적응의 원인은 자아기능의 약화와 미숙한 방어기제로 본다.

- 증상의 제거보다는 증상을 유발한 무의식적 갈등의 성격적 문제의 해결을 목표로 한다. 예시로는 "이 문제 행동은 의식적 요인보다 무의식적 요인에 의해 더 많은 영향을 받았다고 볼 수 있습니다."

- 정신분석의 목표는 무의식의 의식화를 통한 성격재구성이다.

- 과거의 경험을 분석·해석하고 무의식적 수준에서 작동하는 심리적 역동에 대해 통찰하도록 한다.

- 상담목표는 자아 기능을 강화시키는 것이다.

1 심리성적 발달단계

- 프로이트는 쾌락을 주는 성적 추동 에너지가 신체 어느 부위에 집중되는가에 따라 발달의 단계를 명명했다. 입, 항문, 생식기 등의 신체부위로 옮겨간다.
- 각 단계에서 욕구가 지나치게 충족되거나(방임), 결핍되면(좌절) 다음 단계로 넘어가는 데 지장을 초래하게 되고, 성인이 되어서도 그 단계에 고착되어 성격 형성에 문제를 갖게 된다.

1 구강기

- 출생부터 약 1세까지로 리비도가 입에 집중되어 입을 통한 쾌감으로 만족감을 느낀다.

구강기 수용 성격	구강기의 욕구가 과도하게 충족되면 다른 사람을 잘 믿고 의존적이며 요구가 많은 성격이 형성될 수 있다
구강기 공격 성격	구강기 욕구가 과도하게 결핍되면 입으로 씹고 깨물고 내뱉는 행동을 유발하여 성격을 형성하며 비관적이고, 의심이 많으며, 공격적이면서도 냉소적이고 탐욕스러우며 논쟁적인 태도를 나타내게 할 수 있다

2 항문기

- 2~3세에 해당하며 리비도가 항문 근처에 집중되어 배변이나 배뇨와 같은 본능적 욕구가 쾌락의 근원이 된다. 대소변을 참거나 배출하는 경험을 통해 쾌감을 얻는다.
- 항문기의 과도한 배변훈련이 인색, 강박, 통제적 성격특성을 갖게 한다고 보았다.

항문기 보유 성격	항문기에 욕구가 과도하게 결핍되면 완벽주의적이고 청결과 질서에 집착하며 인색한 항문기 보유 성격이 나타날 수 있다
항문기 배출 성격	항문기에 욕구가 과도하게 충족되면, 감정적이고 분노를 잘 느끼며 무질서한 항문기 배출 성격이 나타날 수 있다

> 고등학생인 슬비는 돈을 쓰는 것이 아까워 친구들과 거의 어울리지 않는다. 더욱이 자신이 좋아하는 것도 돈이 아까워서 하지 못한다. 이 때문에 친구들과 어울리지 못하고 외로움과 소외감을 느끼지만 돈은 아껴 써야 한다는 생각이 든다. 슬비는 외로움이 심해져 상담실을 찾았다.

3 남근기

- 4~6세에 해당하며 리비도가 생식기에 집중한다. 남근기 갈등은 아동이 반대 성인 부모에 대해 지니고 있는 무의식적 근친상간의 욕망과 관련이 있다.
- 구강기에서 남근기까지를 성격형성의 기초라고 보았다.

오이디푸스 콤플렉스	남자아동이 어머니의 사랑을 얻기 위해 아버지와 경쟁하는 삼각관계에서 경험하는 복잡한 심리적 갈등으로 오이디푸스 콤플렉스가 잘 해결되지 못하면 권위적 인물에 과도한 두려움과 복종적 태도를 나타내거나 지나치게 경쟁적인 성격특성을 나타낼 수 있다
엘렉트라 콤플렉스	여자아동의 경우에는 아버지의 애정을 독점하려 하면서 어머니를 경쟁자로 인식하게 되는 유사한 현상이 나타난다

4 잠복기

- 이성에 대한 관심은 감소하고 동성의 친구들과 어울리게 되는 사회화가 이루어진다.

5 성기기

- 사춘기 이후에 신체적 성장에 따른 성적 욕구가 강해지고 이성에 대한 관심이 증가한다.

2 성격의 삼원구조 이론

1 원초아(id)

- 원초아는 쾌락원리에 따라 작동하고 일차과정 사고를 한다.
- 쾌락원리는 현실적 여건을 고려하지 않고 즉각적 욕구, 욕망을 충족하는 원리이다.
- 원초아는 식욕, 배설욕, 성욕, 수면욕 등과 같은 본능적 욕구를 즉각적으로 충족시키기 위해 외부의 현실이나 도덕을 고려하지 않은 채 충동적으로 작용한다.

2 자아(ego)

- 자아는 현실원리에 따라 본능적 욕구와 외적인 현실 세계를 중재한다.
- 자아는 유기체의 욕구를 만족시키기 위해 합리적이고 현실적인 방법을 사용한다.
- 자아는 현실원리에 따라 원초아와 초자아를 중재한다.
  현실적 여건을 고려하여 판단하고 욕구충족을 지연하며 행동을 통제한다.
- 자아의 주된 임무는 원초아와 초자아 간의 갈등을 조절하고, 원초아에 담긴 내적인 본능적 욕구, 초자아의 도덕적이며 양심적인 요구, 현실세계 간의 갈등을 중재하는 일을 하기에 성격의 집행자라고 불리기도 한다.

3 **초자아(super ego)**

- 초자아는 성격의 도덕적, 사회적, 판단적 측면을 반영하며, 도덕이나 가치에 위배되는 원초아의 충동을 견제하며, 자아의 현실적 목표들을 도덕적이며 이상적인 목표로 유도하려고 한다.
- 도덕적 불안은 초자아와 자아 사이의 갈등에서 발생한다.
- 초자아가 자아를 압도하는 상태를 도덕적 불안이라 한다.
- 초자아는 양심을 느끼는데 잘못된 행동에 대해 처벌이나 비난을 받는 경험에서 생기는 죄책감이다. 그래서 양심에 어긋날 행동을 했다고 느낄 때 죄책감을 느끼며, 자아이상에 따라 생활하지 못했다고 여길 때 수치심을 느낀다.

3 불안

- 불안은 신경증의 핵심으로 여기고 참을 수 없는 욕동과 그와 연관된 생각들이 불안을 유발한다고 보았다.
- 불안은 갈등의 결과로 생기며 자아방어를 요청하는 일종의 신호라고 여겼다. 통제할 수 없는 불안은 자아를 위협하게 되는데, 이때 자아가 합리적이고 직접적인 방법으로 불안을 제거할 수 없는 경우에는 비현실적인 방법, 즉 자아방어기제에 의존하게 된다.
- 개인이 불안을 느끼게 되면 자아가 방어기제를 동원한다고 가정한다.

1 현실적 불안

- 현실적 불안은 불안의 원인이 외부에 있다고 해서 객관적 불안이라고도 하며, 공포와 유사한 특징이 있다.
- 자아가 외부세계의 현실을 지각하여 느끼는 불안으로 실제적인 위험으로부터 개인을 보호한다.

2 신경증적 불안

- 신경증적 불안은 그 원인이 개인 내부에 존재하는데 원초아와 자아 간의 갈등에서 비롯된 불안이다.
- 자아가 적절하게 원초아(이드)의 충동을 조절하지 못하여 처벌을 받을지도 모른다는 생각에서 발생한다. 원초아의 충동이 의식으로 분출되어 나온다는 위협에 대한 반응이다.
- 성욕과 공격성의 지배를 받는 원초아의 본능적 충동을 자아가 통제할 수 없을 것이라는 두려움과 긴장감에 따른 정서반응이라고 할 수 있다.
  - ✓ 발생과정은 내적 충동 → 외적인 처벌과 위험 → 객관적 불안 → 충동의 억압 → 억압의 부분적인 붕괴 → 충동 파생체 출현 → 신경증적 불안

3 도덕적 불안

- 도덕적 불안은 초자아에서 비롯된 불안으로, 도덕적 기준에 위배되는 생각이나 행동을 했을 때 유발된다. 양심에 근거하고 있으며, 죄책감이나 부끄러움을 느낀다.
- 초자아와 자아 간의 갈등 혹은 초자아와 원초아의 갈등에서 비롯된 불안으로서 본질적으로 자신의 양심에 대한 부끄러움이다.

4 방어기제

- 불안으로부터 자신을 보호하기 위해 다양한 방어기제를 사용한다.
- 사회적으로 용납될 수 없는 욕구나 충동 때문에 발생하는 불안으로부터 자아를 보호하기 위한 전략과 탈출구라고 할 수 있다.
- 방어기제는 불안을 극복하고 불안에 압도되지 않도록 자아를 보호하는 기능을 함으로써 실패에 대처하고 긍정적인 자아상을 유지하는 데 도움이 된다. 그러나 방어기제를 지속적으로 과도하게 사용하여 현실을 회피하는 생활양식이나 성격특성으로 굳어지게 될 때에는 자기 성장을 방해하는 병리적인 것이 된다.
- 현실을 부정하거나 왜곡하여 지각함으로써 불안에서 자아를 보호하려는 비현실적이고 방어적인 체계이다.
- 무의식 수준에서 작용하기 때문에 스스로도 깨닫지 못하는 자기기만적이다.
- 직접적인 해결방법이 아닌 간접적, 우회적인 문제해결방법이다.

1 적응적인 방어기제

① 이타주의(Altruism)

- 다른 사람을 돕는 일에 힘을 쏟고 만족을 얻는다.

② 승화(sublimation)

- 억압된 충동이나 욕구의 발산 방향을 사회적으로 인정되거나 가치 있는 쪽으로 실현함으로써 그 충동이나 욕구를 충족시키는 방어기제를 의미한다. 공격적 충동을 복싱으로 전환하면 내면의 욕구를 표출할 수 있을 뿐만 아니라 부수적으로 다른 사람들의 칭찬까지도 받을 수 있게 된다. 예시로는 영화감독이 자신의 성적 욕망을 영화로 승화시키는 경우이다.

> 🔗 A는 또래에 비하여 키가 작고 덩치가 왜소하여 친구들에게 괴롭힘을 당했고 이로 인해 분노감과 열등감이 심해졌다. 그런데 태권도를 접한 후, 친구들에 대한 분노감과 열등감을 운동으로 달래고 자신의 작은 덩치를 극복하기 위해 열심히 연습하여 유단자가 되었고, 학교 대표로 태권도 대회에 나가게 되었다.

③ 유머(Humor)

- 자신과 타인에게 불편감을 주지 않고서 해결해야 할 갈등을 낙천적, 유머스런 감각이나 언행으로 대처하는 정신적으로 건강한 문제해결능력이다.

2 신경증적 방어기제

① 억압(repression)

- 수용하기 힘든 원초적 욕구나 불쾌한 경험이 의식에 떠오르지 못하도록 무의식 속에 눌러두는 것이다.
- 고통스럽거나 위협적인 경험, 생각, 감정 등을 의식으로부터 분리하는 것이다. 수치심이나 죄의식 또는 자기비난을 일으키는 기억을 억압하여 의식하지 못하게 한다. 예시로는 어릴 적 학대의 기억을 바쁘게 살면서 잊어버리는 경우이다.

② 반동형성(reaction formation)

- 받아들일 수 없는 충동이나 욕구로부터 벗어나기 위해 그와 반대로 행동하는 것을 의미한다. 불안을 야기하는 욕망에 정반대되는 의식적 태도나 행동들을 과장되게 함으로써 자신의 그러한 욕망들을 인식했을 때 야기되는 불안에 직면할 필요가 없어지게 된다.
- 예시로는 싫어하는 친구에게 선물을 사주고 호감을 표현한다.

③ 전치(치환)(displacement)

- 자신의 본능적 충동을 위협적인 대상이 아닌 보다 안전한 대상에게로 이동시켜서 발산하는 것이다.
- 내담자의 폭력적인 행동은 자신의 자아를 위협하는 대상에 대한 감정을 덜 위협적인 대상으로 옮겨 표출하는 기제로 보인다.
- 예시로는 학교에서 반장을 하고 있는데 학급일도 많고, 선생님이 너무 많은 일을 시키세요. 선생님께 불만을 얘기할 수 없으니 친구에게 막 화를 냈어요.
- 또 다른 예시로는 게임시간을 어겨 엄마에게 야단을 맞은 후 의자에 앉아 있는 동생을 밀쳐버렸다.

④ 합리화(rationalization)

- 용납되기 어려운 충동이나 행동을 도덕적, 합리적, 논리적으로 설명함으로써 비판으로부터 자신을 보호하여 자존심을 유지하고자 하는 일종의 기만형 방어기제다. 그럴듯한 이유를 들어 자신의 무능이나 실패를 두둔하고자 하는 것으로 고의적인 거짓말이나 변명과는 다르다.

> 용납되기 어려운 충동이나 행동을 그럴듯한 이유로 설명함으로써 비판으로부터 자신을 보호하여 자존심을 유지하고자 한다. 원하는 대학에 불합격하자 "그 대학은 명문대학도 아니야. 나도 그 대학을 꼭 다니고 싶지는 않았어."라고 말하는 경우에 해당된다.

3 부적응적인 방어기제

① 퇴행(regression)

- 현재의 심리적 갈등으로 좌절을 경험하게 되면 이를 피하기 위해 이전의 발달단계로 되돌아가는 것을 말한다.
- 심각한 스트레스나 극단적인 곤경에 직면할 때 미성숙하고 부적절한 행동에 매달림으로써 불안에 대처하려고 한다.
- 예시로는 동생이 태어나면 갑자기 오줌을 싸거나 어리광을 부리는 경우이다.

② 신체화(somatization)

- 외로움, 분노 등으로 심리적 갈등이 신체적 증상을 호소하는 형태로 나타난다.
- 의학적으로 특별한 원인을 찾을 수 없는 두통, 가슴통증, 위장 장애로 나타난다.
- 예시로는 시험 때마다 아픈 아이이다.

③ 동일시(identification)

- 자기보다 더 훌륭하다고 판단되는 인물 혹은 집단과 강한 정서적 유대를 형성하여 부분적으로나 전반적으로 그들의 행동을 모방하는 것이다.
- 열등감을 느끼게 될 때 자신을 성공적인 사람이나 조직과 동일시함으로써 자신이 가치 있다고 지각되기를 바란다.
- 예시로는 청소년이 유명 연예인의 복장이나 행동을 모방해서 따라하는 것이다.

④ 행동화(acting out)

- 과거의 사건을 현재 기억하지 못할 때 행동으로 반복적으로 표현하는 것을 이른다.

4 자기애적 방어기제

① 부인(denial)

- 의식화된다면 도저히 감당하지 못할 생각, 욕구, 충동, 현실적 존재를 무의식적으로 부정하는 것을 뜻한다. 너무 고통스러운 나머지 현실에 대해 스스로 눈을 감아버리는 것이다.
- 예시로는 갑자기 아버지가 돌아가신 후 다시 학교에 나왔는데, 오늘도 방과 후에 아버지가 데리러 올 거라고 생각하고 있다.

② 분리(isolation)

- 고통스러운 감정을 무의식으로 보내는 것이다. 과거의 고통스러운 기억은 의식 세계에 남고 이와 관련된 감정은 무의식 세계에 보내서 분리시키는 것이다.
- 감정이 의식에서 사라지기 때문에 우선 마음이 편해지지만, 강박장애를 일으킬 수 있다.
- 예시로는 엄마가 딸과 한바탕 싸운 후에 딸이 곤히 잠자는 모습을 보고 이불을 덮어주는 경우이다.

③ 투사(projection)

- 자기 스스로 혹은 사회적으로 용납하기 어려운 감정이나 동기를 타인 또는 외부에 돌리는 경향이 있다.
- 자신의 결점을 타인이나 환경의 탓으로 돌려 비난함으로써 자신의 결함이나 약점 때문에 갖게 되는 위협이나 불안으로부터 자아를 보호하고자 하는 방어기제다.
- 예시로는 친구가 자신을 싫어한다고 느끼는 것은 자신이 친구를 싫어하기 때문에 느끼는 감정이다.
- 또 다른 예시로는 학기 초에 마음에 들지 않는 반에 배정될 때면, 담임 선생님이 자기를 미워한다고 불평한다. 아내를 미워하는 남편이 아내가 자신을 미워한다고 인식한다.

중학생인 세준이는 이성문제로 상담을 신청하였다. 주호소문제는 자신은 관심이 없는데 어떤 여학생이 자신을 일방적으로 좋아해서 공부에 방해가 된다는 것이었다. 세준이는 그 여학생이 자신을 좋아하는 증거라며 몇 가지 사건을 얘기했지만, 상담자는 타당한 근거를 전혀 찾지 못하였다.

5 그 외 방어기제

① 주지화(intellectualization)

- 불편한 감정을 조절하거나 최소화하기 위해 지나치게 추상적으로 사고하거나 일반화함으로써 감정적 갈등이나 스트레스를 처리하고자 하는 방어기제다.
- 예시로는 감정을 억누르고 장황한 논리를 주장하는 경우나, 부모님의 죽음이 받아들이기 어려울 정도로 슬프기 때문에 다른 사람에게 마치 신문기사를 읽듯이 전하는 것이 해당된다.

② 이상화(idealization)

- 어떤 사람이나 상황에 부정적인 측면을 무시하고 긍정적인 측면만을 과장한다.

③ 해리(dissociation)

- 어떤 상황을 기억하거나 의식하지 못함으로써 일시적으로 그 상황에서 벗어나려고 한다. 기억을 상실한 것으로 보인다. 예시로는 지킬박사와 하이드가 있다.

④ 대체형성(substitution)

- 꿩 대신 닭을 찾는 것이다. 목적하던 것을 못 가질 때 오는 좌절감을 줄이기 위해 원래의 것과 비슷한 것을 취해서 만족을 얻는 것이다.
- 대체형성이 '대상'에 중점을 둔 반면, 전치는 '감정'에 중점을 둔다는 차이점이 있다.
- 예시로는 오빠에게 매력을 느끼는 여동생이 오빠와 비슷한 외모를 가진 사람과 사귀는 것이다.

⑤ 억제(suppression)

- 비생산적이고 혼란을 가중시키는 문제, 경험, 감정에 매몰되지 않도록 의도적으로 딴 곳으로 주의를 돌린다. 고통스러운 충동, 생각, 기억에 대한 자각을 피하려는 의식적인 거부라고 볼 수 있다.

6 강박장애에 많이 쓰는 방어기제

① 격리(Isolation)

- 생각에 동반되는 감정을 잘 표현하지 않고 고립시키는 방어기제로, 예컨대 공격적인 내용의 강박사고에 몰두하는 환자는 그와 관련된 분노 감정을 잘 인식하지 못한다. 이 때문에 감정이 잘 안 느껴지고 메마르게 느껴진다.

② 전치(Displacement)

- 원래의 갈등과 욕구를 다른 대상으로 대체하여 불안을 감소시킨다.
- 부부 갈등의 문제를 피하기 위해 집 안 청소를 지나치게 많이 하거나 몸을 몇 시간씩 씻는 행동을 할 수 있다.

③ 반동형성(Reaction formation)

- 공격적인 주제의 강박사고에 몰두하는 사람이 실제 마음과는 달리 평소에 주변 사람에게 온순하고 친절하게 행동한다.

④ 취소(Undoing)

- 이미 일어난 일을 소거 혹은 무효화하려는 시도로 죄책감이나 불안을 방어하기 위해 하는 행동이다.
- 죄책감을 느낄 만한 성적, 공격적 사고를 하고 난 뒤 죄를 사하려는 듯 성호를 긋는 행동을 하는 것이 이에 해당된다.

⑤ 실수(Parapraxis)

- 행동화 또는 실언이라고도 불리며, 프로이트는 이를 '파라프락시스(parapraxis)' 또는 '무의식적 실수'로 보았다.
- 단순한 실수가 아니라 무의식에 억압된 욕구나 감정이 표출되는 방식이라고 본다. 예시로는 연인에게 "사랑해" 대신 전 애인의 이름을 부르는 것이다. 말이나 행동에서의 실수는 무의식적 내용을 표현하게 되며 억압이 충분히 성공하지 못한 경우에 일어난다.

⑥ 분열(splitting)

- 자신이나 타인의 긍정적인 자질과 부정적인 자질을 결합력 있는 이미지로 통합하지 못하는 것이다. 즉, 한 사람을 전적으로 '좋은 존재' 또는 '나쁜 존재'로 보는 사고 방식이다.
- 예시로는 아빠는 완전 악마이고, 엄마는 100% 좋은 사람이라고 생각한다.
- 멜라니 클라인 등 대상관계이론 학자들이 강조한 개념으로 유아 초기 발달단계에서 나타나며, 성인이 되어서도 이 기제를 주로 사용하는 경우 성격장애(예: 경계선 성격장애)와 연관될 수 있다.

⑦ 상징화(Symbolization)

- 특정한 어떤 감정이나 대상, 또는 아이디어가 일정한 상징으로 표현되는 것을 말한다.

⑧ 보상(Compensation)

- 어떤 결핍감이나 열등감을 느끼는 영역을 다른 영역에서의 성공이나 과잉행동으로 상쇄하려는 방어기제이다.
- 알프레드 아들러의 이론에서 중요하게 다루어졌다. 프로이트 이론의 확장선상에서 다뤄지기도 한다.
- 예시로는 키가 작은 사람이 운동 능력이나 리더십 등 다른 부분에서 뛰어나려 애쓰는 것이다. 자존감을 지키고 현실의 불만족을 다른 방식으로 보완하려는 노력이다.
- 예시로는 내담자는 또래들과의 관계에서 자신이 인식한 약점이나 실패를 다른 긍정적인 특성으로 보충함으로써 자존심을 회복하고자 한다.

⑨ 정동의 격리(Isolation of Affect)

감정과 사고를 분리함으로써 자신을 보호하려는 심리적 전략이다. 감정 없이 기억만 남기는 심리와 같다. 정동의 격리는 감정적으로 고통스러운 사건이나 생각을 기억할 때, 그에 수반되는 감정(정동)을 분리하여 마치 타인 이야기처럼 건조하게 떠올리는 방어기제이다. 사건은 기억하지만, 사건과 관련된 슬픔, 분노, 두려움 같은 감정은 느끼지 않는다. 감정의 부담을 줄이기 위해 무의식적으로 감정과 사고를 '격리'시키는 전략이다. 간단히 말하면, "힘든 일을 떠올리긴 하지만, 아무 감정도 느끼지 않는 것"이다.

> 📝 **정동의 격리(Isolation of Affect)와 억압(Repression)의 차이**

	정동의 격리(Isolation of Affect)	**억압(Repression)**
차이	기억은 남아있지만 감정만 차단	기억과 감정 모두 무의식으로 억눌림
예시	사건은 생생히 기억하지만 감정이 없음	사건 자체를 기억하지 못함

3 정신분석의 상담과정

1 초기단계(=시작단계)

1 내담자 문제에 대한 기본적인 역동을 파악하는 단계다.

2 상담자는 내담자의 협력자로서 치료동맹을 맺는다.

2 전이단계(transference)

1 내담자는 과거 어릴 때 중요한 사람과의 관계에서 가졌던 유아기적 욕구와 감정을 상담자와의 관계에서 반복하려고 한다. 내담자가 과거에 부모나 다른 사람들에게 느꼈던 감정을 현재의 상담자에게 동일하게 느끼는 것을 전이라고 한다.

2 상담자는 분석과정 동안 중립적이고 익명적인 태도를 유지함으로써 상담자에 대한 내담자의 전이를 유발시키고, 유발된 전이를 내담자가 지닌 문제 상황과 관련하여 해석해 준다.

3 상담자가 전이를 유도함으로써 내담자의 무의식적 갈등을 이해할 수 있기 때문이다. 전이유도를 통해서 내담자의 무의식적 갈등과 방어기제가 자각될 수 있다.

4 상담자가 내담자를 싫어하거나 좋아하는 감정을 가지는 것을 역전이라고 하는데, 상담자가 과거에 경험한 인물에 대한 느낌을 현재의 내담자에게 치환시키는 것이다. 역전이가 발생하면 상담자는 객관적인 태도를 유지하기 곤란해지기 때문에 상담자는 자신의 감정에 주의를 기울이면서 역전이가 일어나지 않도록 조심해야 한다.

5 전이반응을 증가시키는 요인

① 익명성을 유지할 때(상담자가 비밀을 지켜줄 때)

② 상담자가 중립성을 지킬 때

③ 상담 빈도가 자주, 규칙적이고 상담기간이 장기간일 때

④ 내담자의 전이반응을 상담자가 불안감 없이 편하게 받아들일 때

⑤ 상담자가 전이현상에 대해 관심을 보일 때

6 역전이 시 상담자 행동

① 수퍼비전의 도움을 받는 것이 역전이를 해결하기 위한 하나의 방법이 될 수 있다.

② 다른 상담자에게 의뢰한다.

③ 역전이를 활용하려는 자세를 가진다.

④ 세미나, 학회 등에서 연구를 통해서 전문지식을 쌓는다.

3 통찰단계

신뢰할 수 있는 분위기 속에서 자신의 여러 부정적 감정이 의존과 사랑 욕구가 좌절된 것에서 비롯되었다는 것을 통찰하게 된다.

4 훈습단계(working through)

1 내담자로 하여금 전이신경증을 훈습하게 하여 전이와 저항을 분석하는 데 있다.

2 훈습은 내담자의 통찰을 변화로 이끄는 것을 방해하는 저항을 반복적이고 점진적으로 정교하게 탐색하는 것을 의미한다.

3 능숙해질 때까지 이 과정을 연습한다는 의미이다.

4 훈습을 통해 통찰의 효과가 일상생활에 일반화되도록 한다.

4 정신분석의 상담기법

- 자유연상은 내담자의 마음에 떠오르는 모든 내용을 검열하지 않고 표현하게 하는 것이다.
- 꿈 분석은 꿈에 나타난 주제나 내용들을 면밀히 분석함으로써 무의식의 갈등을 발견하는 기법이다.
  - ✓ 현재몽: 내담자가 기억하는 내용을 의미
  - ✓ 잠재몽: 상징적으로 표현되고 있는 무의식적 동기
- 전이분석은 정신분석에서 치료자의 주된 과제 중 하나로 전이를 유도하고 해석하는 것이다.
  - ✓ 전이: 내담자가 과거 중요한 타인에게 느꼈던 감정이나 환상을 무의식적으로 치료자에게 나타내는 것이다.
  - ✓ 역전이: 치료자도 내담자에게 전이현상이 나타날 수 있다. 내담자의 반응을 왜곡하여 받아들이게 하기 때문에 최소화해야 한다.
- 저항분석은 내담자가 치료과정에서 나타내는 비협조적이고 저항적인 행동의 의미를 분석하는 작업이다.
  - ✓ 저항: 내담자가 자발적으로 치료받기 위해 찾아왔음에도 불구하고 다양한 방식으로 원활한 치료과정을 방해하는 행동이다.
- 해석은 내담자는 치료과정에서 스스로 자신의 무의식적 갈등에 대한 통찰을 얻게 되는 것을 조력하는 기법이다. 그러나 내담자가 스스로 통찰에 이르는 것은 아니며 통찰의 내용과 수준에는 한계가 있다. 따라서 치료자는 내담자가 스스로 이해하기 어려운 무의식적 갈등에 대한 해석을 해줄 수 있어야 한다.
- 훈습은 무의식적 갈등이 어떻게 현실 생활에서 나타나고 있으며 그에 대한 깨달음을 어떻게 적응적 행동으로 실천할 수 있는지를 검토하며 변화하는 점진적 과정이다. 예시로는 "불안증상은 완벽주의적인 아버지로 인해 형성된 것 같습니다."

5 정신분석의 한계점

- 객관적 · 과학적 검증을 위한 시도가 부족하다는 비판을 받고 있다.
- 프로이트의 이론은 19세기 말 여성의 억압이 심했던 유럽 사회의 일부 환자를 대상으로 발전한 것이기 때문에 인간에 대한 보편적 이론으로 일반화하기 어렵다.
- 프로이트는 개인 내부에 존재하는 성격 구조 간의 역동적 갈등에 초점을 두었을 뿐 대인 관계적 측면과 사회 문화적 요인의 영향을 충분히 고려하지 못했다.
- 내담자 입장에서 치료 기간이 길고 비용이 많이 든다.

🔍 틀린 문장

- 무의식은 행동에 영향을 미치지 않는다. → 무의식은 행동에 영향을 미친다.
- 개인이 겪는 심리적 문제의 원인은 외부에 존재한다. → 개인이 겪는 심리적 문제의 원인은 내부(충동)에 존재한다.
- 현실적 불안과 신경증적 불안의 원인은 외부에 존재한다. → 현실적 불안의 원인은 외부, 신경증적 불안의 원인은 내부에 존재한다.
- 전이는 치료의 진척을 막고 무의식적 내용의 의식화를 방해하는 모든 시도를 의미한다. → 저항은 치료의 진척을 막고 무의식적 내용의 의식화를 방해하는 모든 시도를 의미한다.
- 정상적 불안은 개인의 존재를 유지하기 위한 노력에서 발생한다고 본다. → 현실적 불안은 객관적 불안이라고도 하며 자아가 외부세계의 현실을 지각하여 느끼는 불안으로 실제적인 위험으로부터 개인을 보호한다.
- 수면 중에는 자아의 방어가 없기 때문에 잠재몽은 왜곡되지 않는다. → 프로이트는 꿈을 잠재몽과 현재몽으로 나누었다. 수면 중에는 잠재몽이 의식으로 떠올라 오는데, 이것이 현재몽이다. 즉, 현재몽은 꿈에서 본 내용 그 자체이고, 이때 현재몽 안에 숨겨진 내용을 잠재몽이라고 한다. 잠재몽은 무의식의 소원이면서 의식에서 수용되기 어려운 것이기 때문에 형태를 바꾸지 않으면 의식으로 올라올 수 없고 소원성취도 불가능하다. 잠재몽은 압축, 치환, 상징화, 퇴행 등의 방어기제를 통해 왜곡되고 변형된 것이다.
- 현실적 불안과 신경증적 불안은 내적 힘의 불균형에 의해 촉발된다. → 현실적 불안은 자아가 외부세계의 현실을 지각하여 느끼는 불안이고, 신경증적 불안은 원초아와 자아 간의 갈등에서 촉발된다.
- 어두운 골목에서 누군가 따라오는 것을 감지할 때 느끼는 불안을 신경증적 불안이라 한다. → 어두운 골목에서 누군가 따라오는 것을 감지할 때 느끼는 불안은 현실적 불안 = 객관적 불안이다.
- 실존적 불안은 존재가 주는 것들에 직면할 때 나타나는 어쩔 수 없는 결과이다. → 실존적 불안은 실존주의의 입장으로 인간이 자신의 존재와 삶의 의미를 자각할 때 느끼는 깊은 감정이다.
- 원초아가 자아를 압도하는 상태를 현실적 불안이라 한다. → 원초아가 자아를 압도하는 상태를 신경증적 불안이라 한다. 프로이트(S. Freud)의 항문기는 에릭슨의 주도성 대 죄의식 단계와 시기적으로 일치한다.

	에릭슨	에릭슨 덕목	프로이트
유아기(0-1세)	신뢰감 대 불신감	희망	구강기
초기아동기(1-3세)	자율성 대 수치심	의지	항문기
학령전기(3-5세)	주도성 대 죄의식	목적성	남근기
학령기(5-12세)	근면성 대 열등감	능력	잠복기
청소년기(12-20세)	자아정체감 대 역할혼란	충실성	성기기
성인기(20-35세)	친밀감 대 고립감	사랑	
중년기(35-65세)	생산성 대 침체감	돌봄	
노년기(65세이후)	자아통합 대 절망감	지혜	
고령노년기			

- "음식 조절을 못하는 것은 아무래도 구강기 욕구충족 문제 때문인 것 같습니다" → 프로이트는 먹는 행동은 부모에 대한 해결되지 못한 무의식적 분노가 음식으로 대치되어 폭식이 일어난다고 보고 있다.
- 합리화(rationalization)는 반려동물의 죽음이 너무 슬픈데 친구에게 마치 인터넷 뉴스에 난 기사를 전하듯 무감각하게 말한다. → 지성화=주지화(intellectualization)에 해당하는 내용이다. 불편한 감정을 조절하거나 최소화하기 위해 지나치게 추상적으로 사고하거나 일반화함으로써 감정적 갈등이나 스트레스를 처리하고자 하는 방어기제다. 예시로는 감정을 억누르고 장황한 논리를 주장하는 경우나, 부모님의 죽음이 받아들이기 어려울 정도로 슬프기 때문에 다른 사람에게 마치 신문기사를 읽듯이 전하는 것이 해당된다.
- 주지화는 사랑하는 사람을 사고로 잃은 사람이 그 죽음을 인정하지 않는다. → 부인(denial)에 해당하는 내용이다. 의식화된다면 도저히 감당하지 못할 생각, 욕구, 충동, 현실적 존재를 무의식적으로 부정하는 것을 뜻한다.
- 합리화는 직장상사에게 야단을 맞은 사람이 상사에게 대들지 못하고 부하 직원에게 짜증을 낸다. → 전치(치환)(displacement)에 해당하는 내용이다. 자신의 본능적 충동을 위협적인 대상이 아닌 보다 안전한 대상에게로 이동시켜서 발산하는 것이다.
- 승화는 실연을 당한 남자가 여성의 심리에 대한 지적인 분석을 하며 자신의 고통을 회피한다. → 주지화(intellectualization)에 해당하는 내용이다. 불편한 감정을 조절하거나 최소화하기 위해 지나치게 추상적으로 사고하거나 일반화함으로써 감정적 갈등이나 스트레스를 처리하고자 하는 방어기제다.
- 반동형성은 대소변을 잘 가리던 아이가 동생이 태어난 이후 대소변을 가리지 못하게 된다. → 퇴행(regression)에 해당하는 내용이다. 현재의 심리적 갈등으로 좌절을 경험하게 되면 이를 피하기 위해 이전의 발달단계로 되돌아가는 것을 말한다.
- 치환(substitution)은 외출 후 세균에 감염된 것 같은 불안감을 떨쳐내기 위해 여러 번 손을 씻는다. → 강박장애에 많이 쓰는 방어기제는 격리(Isolation), 전치(Displacement), 반동형성(Reaction formation), 취소(Undoing)가 있는데 이 중 전치(Displacement)의 원래의 갈등과 욕구를 다른 대상으로 대체하여 불안을 감소시키는 방어기제와 취소(Undoing) 이미 일어난 일을 소거 혹은 무효화하려는 시도로 죄책감이나 불안을 방어하기 위한 방어기제에 해당된다.

11 | 아들러(A. Adler)의 개인심리학

1 아들러의 개인심리학

- 아들러(Adler)는 프로이트의 생물학적 · 결정론적인 관점에서 벗어나 사회심리적·비결정론적 관점으로 전환하였다.
- 무의식이 아닌 의식이 성격의 중심이며, 의식에 의한 선택과 책임, 삶의 의미, 성공과 완벽의 욕구를 강조하였다.
- 인간은 성적 충동보다 사회적 관계에 의해 일차적으로 동기화 되는 사회적 존재이다.
- 더 나은 세계를 만들기 위해 현재, 과거, 미래 인류와 갖는 유대감, 즉 범인류적 공동체감을 중시한다.
- 공감과 상호존중을 특징으로 하는 사회적 관심은 정신건강의 핵심 지표이다.
- 인간의 행동은 목적적이고 목표지향적이다.
- 인간은 가상적인 최종목표를 추구하는 존재로 보았다.
- 인간은 주관적 존재이며 현실에 부여하는 의미가 현실 그 자체보다 중요하다.
- 인간을 분리하여 볼 수 없는 전체적 존재로 본다.
- 핵심 신념과 가정은 행동에 영향을 미치며 삶의 사건들을 해석하고 의미를 부여한다.
- 사회와 교육 문제에 대한 폭넓은 관심을 가졌다.
- 출생순위와 가족 내의 위치는 심리적 특성과 대인관계 방식에 영향을 미친다.
- 심리적 부적응의 원인은 '공동체 의식과 사회적 관심의 결여'이다.
- 사회적 관심을 갖게 하고, 재교육을 통해 생활양식을 재정향한다.
- 격려를 통해 집단원들에게 용기를 북돋아 주고 사회적 관심을 갖게 하고, 생활양식을 수정하도록 한다.
- 실존주의, 현실치료, 가족치료 등 상담이론에 영향을 주었다.

1 열등감(inferiority)

- 인간은 누구나 어떤 측면에서 열등감을 느끼고 있다. 항상 다른 사람들과 비교하여 자신을 평가하기 때문이다.
- 인간은 현재보다 나은 상태인 안정성을 실현하기 위해 노력하는 존재이고, 그러므로 열등감을 긍정적인 측면으로도 볼 수 있다.

2 열등 콤플렉스(병적 열등감)(inferiority complex)

- 열등감을 개인적 우월추구에 집착하면 파괴적 생활양식을 갖게 되어 신경증에 빠지게 된다. 열등감에 사로잡히면 열등 콤플렉스에 빠진다.

3 열등 콤플렉스의 원인

1 기관 열등감(organ inferiority)

신체적 결함에 대한 열등감을 극복하지 못하고 열등 콤플렉스에 빠질 때 정신적인 문제가 생긴다.

2 과잉보호(spoiling)

문제가 생겼을 때 아이 스스로 해결할 수 있도록 기회를 주지 않고 부모가 나서서 다 해결해버리면 아이는 인생의 어려운 고비에 부딪혔을 때 해결할 능력이 없다고 믿고 깊은 열등감에 빠지게 된다.

3 양육태만(neglect)

양육태만(방임)된 아이들은 근본적으로 자신이 필요하지 않다고 느끼기 때문에 열등감을 극복하기보다는 오히려 문제에 대해 회피하거나 도피한다.

4 우월추구

- 우월추구는 인간이 문제에 직면했을 때 부족한 것은 보충하고, 낮은 것은 높이고, 미완성의 것은 완성하며, 무능한 것은 유능하게 만드는 선천적인 경향이다.
- 우월추구는 전생애에 걸쳐 인간의 동기로 작용하며, 선천적으로 타고나지만, 우월성을 현실에서 실현하는 것은 개인의 노력에 달려있다. 또한 우월성을 추구하는 방식도 개인마다 다르다.

5 가상적(허구적) 최종목표(fictional finalism)

- 인간의 모든 행동은 목적을 갖는다고 가정한다. 스스로 선택한 삶의 목표를 향해 나아가게 하는 삶의 계획을 반영한다. 미래에 대한 기대에 의해 행동이 좌우된다.
- 아들러는 인간을 현재를 바탕으로 미래지향적인 삶의 목적을 향해 노력하는 존재로 보았으며, 최종적인 목적이 개인의 성격을 구성한다고 보았다.
- 한 사람의 가상적 목표를 알게 되면, 그 행동이 지니는 의미를 알게 되고, 그의 생활양식이 지니는 의미를 알게된다.

6 생활양식(life style)

- 개인심리학에서 인생의 초기에 개인의 경험을 조직하고 예언, 통제하기 위해 발달시켜 온 개인의 인지조직도이다.
- 자신과 타인 그리고 세상에 대해서 지니는 나름대로의 신념체계뿐만 아니라 일상적인 생활을 이끌어나가는 개인의 독특한 신념, 사고, 감정, 행동방식을 의미한다.
- 생의 초기 4~5세경에 가족경험에 의해서 발달하고, 행동방식의 뼈대를 이루며, 대부분 형성되고 거의 변하지 않는다.
- 생활양식 조사에 들어가는 주요한 5가지 내용으로는 초기회상, 꿈분석, 출생순위, 기본적 오류, 자질이다.

1 생활양식의 유형

- 생활양식의 유형은 사회적 관심과 활동성 수준에 따라서 구분된다.
  ① 지배형(사회적 관심 낮고, 활동수준 높음)
    - 공격적이거나 적대적이며 반사회적인 태도를 보인다.
    - 예시로는 통제적이고 지배적인 가정에서 성장한 B는 에너지는 많지만 공격적이고 다른 사람에게 무관심하다.
  ② 기생형=획득형(사회적 관심 낮고, 활동수준 낮음)
    - 자신의 욕구를 다른 사람에게 의존하여 충족시키는 이들로 자신의 문제를 스스로 해결하기보다는 남에게 의존하여 기생의 관계를 유지한다.
    - 부모가 자녀를 지나치게 과잉보호할 때 나타나는 태도이다.
  ③ 회피형(사회적 관심 낮고, 활동수준 낮음)
    - 삶의 문제를 아예 회피함으로써 실패의 두려움에서 벗어나려고 한다.
    - 자신감이 없기 때문에 매사에 소극적이며 문제에 대한 인식도 없고 사람들과의 관계에서도 관심을 두지 않는다. 고립된 생활을 한다.
  ④ 사회적 유용형(사회적 관심 높고, 활동수준 높음)
    - 삶의 과제에 적극적으로 대처하며, 사회적 관심의 틀 안에서 타인과 협동하여 해결한다.

7 출생순위

1 첫째 아이

책임감이 강하며 가정을 돌보는 일에 몰두하여 친구관계나 사회생활을 경시할 수 있다.

2 둘째 아이

첫째와 대항하기 위해 경쟁적인 성향을 보이며 능력을 개발시켜 인정받으려 하는 경향이 있으며 애정을 받기 위해 노력한다.

3 막내 아이

과잉보호를 받을 수 있으며, 의존적이고 자기중심적이며 무책임한 아이로 성장할 수 있다.

4 외동아이

형제자매가 없기 때문에 자기중심적인 행동을 나타낼 수 있다.

3 개인심리학의 상담과정

1 1단계 : 협력적인 대등한 관계 수립

공감, 경청 등으로 내담자와 우호적인 관계를 형성하여 대인관계 목적에 대해 이해하고, 개인적 목표를 함께 정한다.

2 2단계 : 생활양식 탐색

- 생활양식을 조사할 때 주로 쓰는 기법으로는 가족구도(출생순위) 사정, 초기아동기 탐색, 꿈분석, 기본적 오류에 관한 분석 등이 있다.
- 생애사 질문지(life history questionnaire)를 사용하여 부모, 형제, 동거인, 삶의 과제, 초기 시절의 기억(10세 이전) 등 내담자의 가족구성에 대한 정보로 내담자의 생활양식에 대한 정보를 수집한다.
- 내담자 현재의 부적절한 생활양식을 파악하고 내담자의 역동성을 탐색하여 그의 신념, 동기, 목표를 이해한다.

가족구도(출생순위)	부모배경(이름, 나이, 직업, 성격, 건강, 교육수준 등), 자녀와의 관계, 부부관계, 내담자에게 의미있었던 부모에 대한 기억, 가정환경(사회경제적 수준, 종교적, 문화적 특성)
초기기억	10세 이전의 초기기억의 주제와 이와 관련된 세세한 사건 탐색 초기기억으로 굳혀진 내담자가 세상을 보는 견해, 삶의 목적, 가치관, 신념
기본적 오류	과일반화, 그릇되었거나 불가능한 안전의 목표, 인생과 일생의 요구들에 대한 잘못된 지각, 개인가치의 최소화 또는 부인, 그릇된 가치(잘못된 가치관)
꿈	미래지향적인 문제해결 활동 즉 미래에 가능한 활동의 시연

3 3단계 : 자기이해, 통찰, 해석

- 자기이해로 자신의 행동의 숨겨진 목적과 목표를 의식적으로 깨닫게 한다.
- 내담자가 자신의 생활양식, 현재의 심리적인 문제, 잘못된 신념 등 기본적 오류를 깨닫는다.
- 내담자는 자신에 대한 이해를 증진시켜 통찰을 얻을 수 있다.

4 4단계 : 새로운 선택으로의 재정향(reorientation, 재정립, 재교육, 방향재설정)

- 통찰을 실제로 일상생활에 실천할 수 있게 용기를 가지도록 격려한다.
- 내담자로 하여금 인생의 목표를 수정하거나 재설정하도록 돕는다.
- 내담자가 새로운 행동을 할 수 있도록 격려하는 것이 매우 중요하다.

4 개인심리학의 상담기법

1 수프에 침 뱉기

- 내담자가 반복적으로 나타내는 자기패배적 행동의 감춰진 동기를 확인하고 그것을 매력적이시 못한 것으로 만듦으로써 그 행동의 유용성을 제거하는 기법이다.
- 내담자의 잘못된 인식, 생각 또는 행동에 '침을 뱉으면' 내담자는 더 이상 그 생각과 행동을 하는 것을 주저하게 된다. 부적응적인 행동을 유발하는 내면적 동기에 침을 뱉어 혐오스러운 것으로 변화시킴으로써 그러한 행동의 반복을 억제하는 것이다. 감추어진 동기를 인정하게 함으로써 그 유용성을 감소시켜 행동을 제거한다.
- 아들러는 이 기법을 '깨끗한 양심에 먹칠하기'라고 부르며 내담자가 자기 파괴적 행동을 계속 할 수 없게 만드는 기법이다.

2 마치 ~인 것처럼 행동하기

- 내담자가 바라는 바람직한 자신의 모습을 상상함으로써 실제로 그렇게 되도록 하는 것이다.
- 내담자가 실패할 것이라고 생각하기 때문에 두려워하는 행동을 하도록 돕는다.
- 불가능하다고 생각하는 것을 가능한 것처럼 행동함으로써 새로운 인식과 결과를 유발할 수 있다.
- 자신감 있게 행동함으로써 자신감을 향상시키고 새로운 변화를 위한 용기를 북돋아준다.

> 내담자: 저도 언니처럼 엄마에게 제 속마음을 이야기하고 싶어요.
> 상담자: 엄마와 대화를 잘하는 언니를 흉내 낸다고 생각하고 엄마와 대화를 나눠보면 어떻겠니?

3 통찰

- 자기이해로 자신의 행동의 숨겨진 목적과 목표를 의식적으로 깨닫게 한다.
- 내담자가 자신의 생활양식, 현재의 심리적인 문제, 잘못된 신념 등 기본적 오류를 깨닫도록 하고 그것이 내담자의 삶에 어떤 영향을 주는지에 대해서 통찰하게 한다.

> 만성적인 두통에 시달리는 A는 상담을 받으면서 어릴 때부터 자주 싸우는 부모님 사이에서 긴장하고 짜증 한번 내지 못했던 자신의 어린 시절이 떠올랐다. 긴장하며 살고 있는 현재의 모습이 어린 시절의 경험과 연결되어 있음을 이해하면서 마음이 편해지고 두통이 줄어드는 경험을 하였다.

4 단추 누르기

- 내담자 자신이 자신의 감정을 창조하는 것임을 깨닫도록 돕는 데 사용하는 기법으로, 자신이 원하는 장면을 자의적으로 상상하면 그에 따라 원하는 정서를 스스로 만들 수 있다는 사실을 알게 하는 것이다.
- 내담자에게 단추를 누르는 것을 상상해 보라고 하고 눈을 감고 자신의 인생에서 행복했던 사건을 상상하라고 한 후 그 좋은 감정을 느껴보라고 요청한다. 그 후 내담자는 굴욕과 실패와 같은 불쾌한 사건을 상상하고 그때의 기분을 느껴보라고 한다. 그리고 다시 행복한 상상을 하고 행복감을 느끼게 하면서 유쾌, 불쾌의 단추를 바꿔가며 누르도록 하고 내담자가 무엇을 생각하느냐에 따라 감정이 달라지는 것을 스스로가 통제할 수 있다는 것을 실감하도록 하여 자기결정적인 힘을 알아차리게 한다.

> A는 항상 우울하고 시무룩하여, 상담을 받고 있다. 상담자는 A에게 우울과 행복의 경험을 번갈아 가면서 생각하도록 하고 우울과 행복을 각각 상징하는 인형을 보여주며, 어떤 인형과 함께 놀고 싶은지 선택하게 하였다. 그리고 선택한 인형과 놀아보는 과제를 주어서, 자기가 어떤 감정과 상황을 선택할 것인지를 생각해보게 하였다.

5 과제 설정하기

- 문제해결을 위한 구체적인 행동과제를 정하고 내담자로 하여금 그러한 과제를 수행하게 하는 것이다.

6 격려

- 상담자의 기본적인 태도이자 마음자세이다.
- 역경을 이겨 내는 능력을 발달시키기 위해 격려를 사용한다.
- 타인과 긍정적인 관계를 유지하기 위한 핵심적 요소로 인간관계를 촉진하는 역할을 한다.
- 격려는 상담의 모든 과정에 사용되며 내담자와 관계를 형성하는 데 유용하다.
- 상담자는 내담자를 용기를 북돋워 줌으로써 내담자가 가진 장점과 강점을 인식하게 하여 자신의 삶의 문제에 용감하게 다가갈 수 있도록 도와주는 것이 필요하다.

7 수렁 피하기(악동피하기)

- 분노, 실망, 고통과 같은 감정호소로 상담자를 통제하려는 내담자의 의도를 간파해서 그 기대와는 다르게 행동하는 기법이다.
- 내담자의 자기패배적인 행동에 상담자도 내담자가 원하는 반응을 하도록 상황을 조작하려고 한다. 이럴 때 상담자는 내담자의 함정에 빠지는 것을 피해야 하며 악동의 접촉을 막아야 한다.

8 자기 포착하기

- 내담자가 반복적으로 범하는 부적응적 행동을 자각하게 함으로써 그러한 행동을 방지하도록 돕는 방법이다.
- 문제 행동이 작동하기 시작하는 순간을 좀 더 빨리 알아채서 더 이상 진행되지 않게 하는 방법이다.
- 이 기법을 통해 내담자는 행동의 선택권이 자신에게 있음을 깨닫고, 자기패배적 행동을 제거하는 것이 유익하다는 사실을 알게 된다.

> 🔍 **틀린 문장**
>
> - 리비도(libido)를 인간 성장의 가장 중요한 힘으로 본다. → 프로이트의 정신분석에 대한 내용이다.
>   목적론보다는 결정론을 더 중시한다. → 프로이트가 결정론을 주장하였고, 아들러는 허구적 목적론을 중시한다.
> - '열등감'과 '완전함 추구 성향'은 후천적이다. → 열등감의 극복과 완전성의 추구는 선천적인 것이다.
> - 실존치료는 생활양식 이해를 통한 공동체감 형성이 상담 목표이다. → 아들러의 개인심리학의 상담목표에 대한 내용이다.
> - 증상의 원인을 찾는데 초점을 둔다. → X
> - 잘한 일이나 우수한 결과에 초점을 맞추는 행위이다. → X

12 | 칼 융(C. Jung)의 분석심리학(3급X, 2급O)

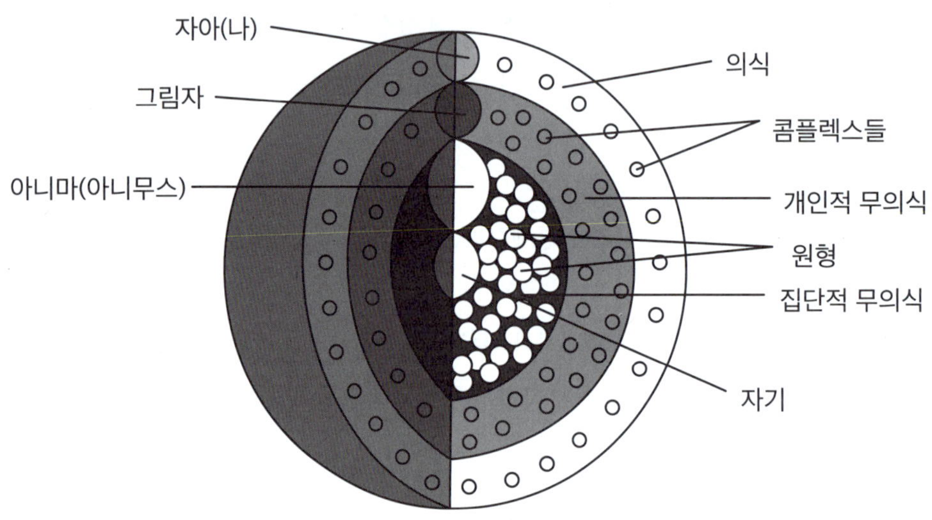

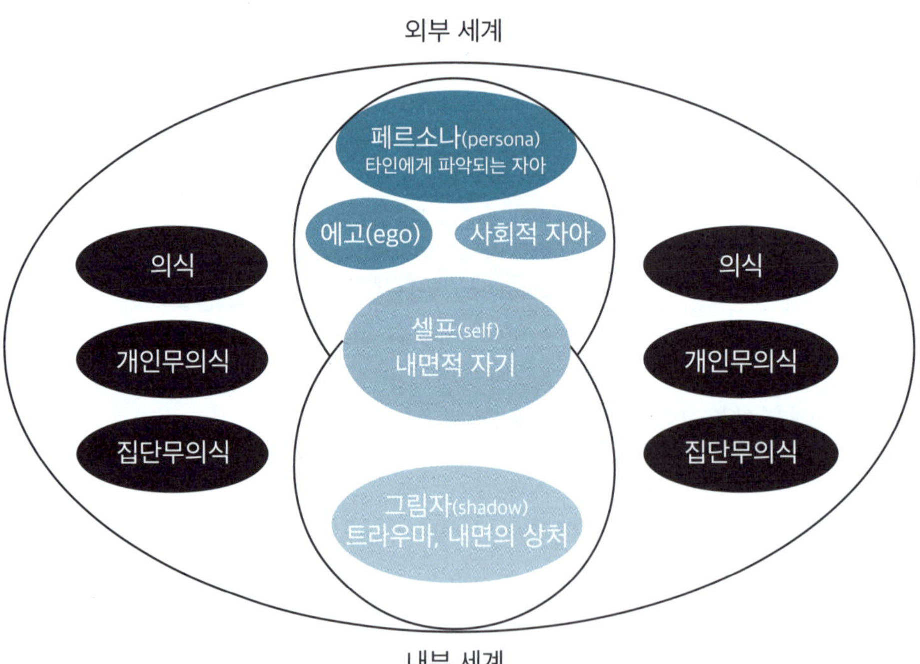

1 칼 융의 정신의 구조

개인무의식	프로이트의 무의식과 유사한 개념
집단무의식	집단무의식의 주인은 자기(Self)
의식	의식의 주인인 자아(Ego)

정신구조		세부구조	내용
의식		의식	직접 인식이 가능한 정신부분
		자아(Ego)	의식의 중심부에서 의식을 지배 자아는 전체 정신의 일부이자 의식으로만 구성
		페르소나(Persona)	사회적 요구에 반응하는 공적 얼굴
무의식	개인무의식	개인무의식	자아에 의해 의식화되지 못한 개인의 경험/정신
		그림자(Shadow)	개인의 의식적 자아와 상충되는 측면
		콤플렉스	정서적 색채가 강한 심리적 내용의 집합체
	집단무의식	집단무의식	역사, 문화적인 정신적 자료의 저장소 심연의 무의식
		아니마(Anima)	남성 속 여성성
		아니무스(Animus)	여성 속 남성성
		자기(Self)	의식과 무의식의 주인, 성격의 주인
		원형(Archetype)	모든 인간의 보편적인 가장 원초적인 행동유형 자기는 의식과 무의식으로 이루어짐

1 의식

의식의 태도		외향성 (Extraversion)	외적 세계, 타인에게 향하게 하는 성격태도
		내향성 (Introversion)	의식을 자신의 내적 주관적 세계로 향하게 하는 성격태도
합리적 차원 정보 수집 시 이성적으로 고려하여 진행되는 판단기능 (judging)		사고(thinking)	논리적 판단과 분석을 중시
		감정(feeling)	가치 판단과 정서적 공감을 중시
비합리적 차원 정보 수집 시 이성적인 고려 없이 직접적으로 일어나는 인식기능(perceiving)		감각(sensing)	실제 경험과 구체적인 사실을 통해 인식
		직관(intuition)	직감과 미래 가능성에 대한 통찰에 의존

-자아에 의해 지배된다.

-의식의 태도는 자아의 정신적 에너지의 방향을 말하는데 외향성(E)과 내향성(I)가 있다.

-외향적 사고와 내향적 사고는 대립되는 것이 아니라 상보적이다.

-정신적 기능은 사고, 감정, 감각, 직관으로 구성된다.

-개인무의식과 집단무의식으로 분류된다.

-억압된 기억이나 사고, 감정은 개인무의식에 저장된다.

개인무의식			• 의식에 인접해 있는 부분, 쉽게 의식화 될 수 있는 기억 • 의식에 도달하지 못한 망각된 기억, 위협적이어서 자아에 의해 억압, 억제된 기억과 외상들로 구성
집단무의식			• 인간이 진화의 역사로 인해 신체 구조뿐만 아니라, 감정과 생각의 행동, 즉 성격의 무의식적 성향들도 공통되게 가지고 태어나는 것 • 집단무의식은 수많은 원형(신화, 민속, 예술 등)으로 구성 • 사람들이 역사와 문화를 통해 공유해 온 모든 정신적 자료의 저장소
	원형	페르소나	• 가면을 의미하는 그리스어 • 개인이 사회적 요구들에 대한 반응으로서 사회에 내놓는 공적 얼굴로 외부 세계와 자신을 연결해줌 • 건강한 사람들은 자신의 역할과 자신의 진정한 내적 본성의 깨달음이 필요
		아니마&아니무스	• 인간은 역사적으로 남녀가 함께 생활해온 경험으로 양성성을 가짐 • anima는 남성의 내부에 있는 여성성(eros) • animus는 여성의 내부에 있는 남성성(logos) • 양성성을 개발해야 함
		그림자	• 인간의 어둡고 사악한 측면을 나타내는 원형 • 사회에서 부정되거나 부도덕, 악함 등과 관련 • 동물 본능의 근원, 자발성, 창조성, 통찰력 및 깊은 정서 등 완전한 인간성에 필수적인 모든 특성의 원천 • 자아가 음영의 힘을 조절하여 긍정,부정적인 면을 균등하게 표현할 때 삶의 활력이 생김
		자기	• 모든 의식과 무의식의 주인 전체로서 인생중반까지 자아가 자기에서 분화, 중년 이후 자아와 자기가 통합

원형		
페르소나 (persona)	• 페르소나는 라틴어로 가면이라는 뜻으로 개인이 사회적 요구들에 대한 반응으로서 밖으로 내놓는 사회적 역할(친구, 직장인, 연인, 자식, 부모)이다 • 겉으로 표현된 페르소나와 내면의 자기가 너무 불일치하면 표리부동한 이중적인 성격으로 사회적 적응에 곤란을 겪게 된다	
아니마(anima)와 아니무스(animus)	아니마(anima)	• 남성의 무의식 인격의 여성적 측면을 원형이라고 규정했다
	아니무스(animus)	• 여성의 무의식 인격의 남성적인 면을 의미한다 • 인간은 누구나 양성성을 갖고 태어나기 때문에 성숙된 인간이 되기 위해서는 남자는 내부에 잠재해 있는 감성을 이해하고 개발해야 하며, 여자는 내부에 있는 이성을 이해하고 개발하는 것이 필요하다
그림자 (shadow)	• 본능적이고 동물적인 측면으로 인간의 어둡고 사악한 측면을 나타내는 원형이다. 인간의 어두운 측면으로서, 다른 사람들과 사이좋게 지내기 위해서는 억압되어야만 한다 • 자발성, 창조성, 통찰력, 깊은 정서 등 완전한 인간성에 필수적인 모든 특성의 원천이기도 하다 • 긍정적이든 부정적이든 간에 사실을 인정하고 의식을 통해 그림자를 받아들이는 것이 필요하다	
자기 (self)	• 모든 의식과 무의식의 주인이다 • 자기는 전체로서 인간 성격의 조화와 통합을 위해 노력하는 원형이다 • 융은 자기발달을 인생의 궁극적 목표라고 생각했다 • 자기는 정신의 모든 측면의 통일성, 통합성 및 전체성을 향해 노력하는 것을 말하는데, 중년(불혹)의 시기에 나타난다	

2 분석심리학의 상담과정

1 고백단계

• 내담자의 강렬한 정서방출과 치료동맹 형성이다.

• 내담자는 자신의 개인사를 고백함으로써 정화를 경험하며 의식적, 무의식적 비밀을 상담자와 공유한다.

2 해석단계

• 해석단계에서는 증상의 의미, 아니마와 아니무스, 그림자 등을 알아차리도록 한다.

• 내담자는 명료화 과정을 통해 문제의 기원에 대해 알게 된다.

• 내담자가 정서적 또는 지적으로 자신의 문제에 대한 통찰을 얻게 하는 것이다.

3 교육단계

- 내담자가 사회적 존재로서 부적응적 또는 불균형적 삶을 초래한 발달과정의 문제에 초점이 맞춰진다.
- 내담자의 페르소나와 자아에 초점이 맞춰서 현실적인 사회 적응을 할 수 있도록 돕는다.

4 변형단계

- 융은 변형단계를 자기실현 과정 즉 개성화를 지향하는 과정에 맞춰진다.

3 분석심리학의 상담목표

1 개성화(개별화)(individuation)

- 중년기(대략 40세) 이후에는 자기의 방향이 내부로 향하여 자아는 다시 자기에 통합되면서 성격 발달이 이루어진다.
- 자기를 실현하는 과정이다.
- 융은 이렇게 분화와 통합을 통해 자기가 발달하는 과정을 개성화라고 하였다.

4 분석심리학의 상담기법

- 단어연상검사, 꿈 분석, 증상 분석 등의 기법을 사용한다.

> **틀린 문장**
>
> - 콤플렉스는 의식과 무의식의 구성요소로 특히 집단무의식의 내용으로 구성된다. → 콤플렉스는 개인무의식과 의식의 내용으로 구성된다.
> - 상담은 관계형성-분석과 사정-해석-재정향 단계 순으로 진행된다. → 고백단계 - 해석단계 - 교육단계 - 변형단계 순으로 진행된다. 관계형성 - 분석과 사정 - 해석 - 재정향 단계는 아들러의 상담과정 순서이다.
> - 고백단계에서 내담자의 무의식적 의미를 해석하고 통찰을 촉진한다. → 내담자는 자신의 개인사를 고백함으로써 정화를 경험하며 의식적, 무의식적 비밀을 상담자와 공유하므로, 내담자의 강렬한 정서방출과 치료동맹 형성이다.
> - 원형에 자아(ego)가 있다. → 원형에는 자기(self)가 있다.

13 행동주의 상담

1 행동주의

- 내담자의 현재 문제에 영향을 주는 요인들을 다룬다.

- 부적응 행동에 대한 과거의 영향력을 간과한다.

- 내담자가 변화하고자 하는 구체적인 행동에 초점을 두고, 상담을 진행할 때 인간 내부의 심리적 구조보다는 환경과의 상호작용을 중시한다.

- 상담목표는 부적응 행동의 소거와 적응적 행동을 학습하는 것이다.

- 바람직하지 못한 행동을 소거하고, 효과적이고 바람직한 새로운 적응행동을 학습·유지시킨다.

- 과학적 방법의 원리와 절차에 근거한다.

- 행동변화의 전략은 내담자의 필요와 요구에 따라 개별화된다.

- 관찰 및 측정 가능한 행동, 과거나 미래보다 현재의 구체적인 행동에 초점을 둔다.

- 내담자가 변화하고자 하는 구체적인 행동에 초점을 두고, 상담자가 여러 학습 원리를 사용하여 내담자가 원하는 새로운 행동을 학습하도록 돕는다.

- 객관적인 목표의 설정 및 평가를 강조한다.

- 초기의 인간관은 주로 환경의 자극에 반응하는 수동적인 양상을 통해 인간의 행동을 유전과 환경의 상호작용으로 설명함으로써 기계론적·결정론적인 입장을 보였다.

- 행동주의적 접근은 겉으로 드러난 구체적인 현재의 행동을 강조하므로 성격의 구조나 발달, 역동성보다는 행동의 변화에 더 관심이 있다.

- 비정상적 행동과 정상적 행동은 똑같은 학습 원리에 의해 학습된다고 가정하며, 학습된 행동은 또한 학습 원리에 의해 소거될 수 있다.

- 부적응 행동도 적응행동과 마찬가지로 학습된 것으로 본다.

- 인간 내부의 심리적 구조보다는 환경과의 상호작용을 중시한다.

- 정신분석이나 인간중심 상담이론에서와 같은 추정적이거나 가설적인 개념을 배제한다.

- 동물실험에서 얻은 결과를 인간에게 적용하였다.

2 파블로프(I. Pavlov)의 고전적 조건형성(classical conditioning)

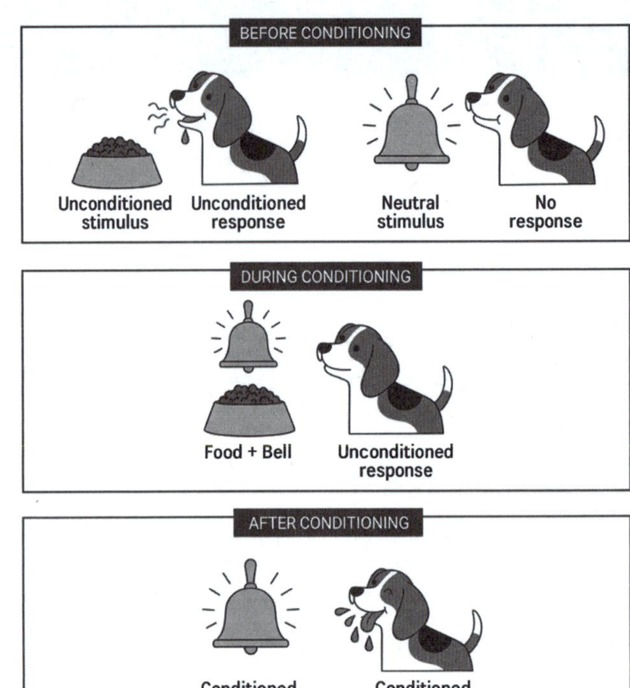

- 개의 소화샘 연구에서 비롯된 고전적 조건형성으로 개에게 종소리를 들려준 후 먹이를 주는 것을 반복하자, 이후에는 종소리만 들려도 개가 침을 흘리는 실험 과정에서 비롯되었다.
- 파블로프의 개 실험에서 먹이는 '무조건 자극', 먹이로 인해 나오는 침은 '무조건 반응', 조건화되기 이전의 종소리는 '중성 자극', 이후 들려주는 종소리는 '조건 자극', 종소리로 인해 나오는 침은 '조건 반응'에 해당한다.

1 자극 일반화(stimulus generalization)

- 어떤 자극이나 상황에서 어떤 행동이 강화된 결과로 그와 비슷한 자극이나 상황에서도 그 행동이 일어날 가능성이 증가하는 것을 말한다.

2 자극 변별(stimulus discrimination)

- 둘 이상의 자극의 차이를 식별하여 각각의 자극에 대해 서로 다르게 반응하는 현상이다.

3 고차적 조건형성(higher order conditioning) = 2차적 조건형성(secondary conditioning)

- 조건화가 이루어진 후 조건자극을 무조건자극으로 하고, 조건반응을 무조건 반응으로 하여 또 다른 조건반응을 형성할 수 있는데 이를 2차적 조건형성이라 하고 3차, 4차의 조건자극을 만들 수 있다.

3 ## 스키너(B. Skinner)의 조작적 조건형성(=도구적 조건형성) (operant conditioning)

- 반응의 결과가 행동의 재발 빈도를 좌우하는 강화 원리이다.

- 행동의 선행사건과 결과에 초점을 둔다.

구분	고전적 조건형성(Pavlov)	조작적 조건형성(Skinner)
학습원리	무조건자극과 조건자극의 연합에 의해 학습이 일어난다	보상이 뒤따르는 행동이 증가한다
자극·반응 계열	자극이 반응의 앞에 온다	반응이 효과나 보상 앞에 온다
자극의 역할	반응은 외적자극에 의해 추출된다	반응은 내부에서 자발적으로 방출된다

1 ### 조작적 조건형성 기본개념

1 강화(reinforcement)

- 행동의 빈도가 증가하는 과정이다.

① 정적강화(positive reinforcement)

- 행동한 결과가 긍정적이면 행동의 빈도는 증가한다.

- 보상으로 정적강화물을 준다면 행동의 빈도는 증가한다.

- 음식, 돈, 인정, 주목, 칭찬, 자유시간, 특혜, 좋아하는 활동 등이 있다.

② 부적강화(negative reinforcement)

- 역시 행동의 빈도는 증가한다. 하지만 부적강화는 정적강화와 달리 내담자 입장에서 불쾌한 것을 제거함으로써 행동의 빈도를 증가시킨다.

- 과제를 내면 화장실 청소를 면하게 해준다면 과제를 내는 행동의 빈도가 증가한다.

- 꾸중, 벌, 청소, 구속 등이 있다.

2 처벌(punishment)

행동의 빈도가 감소되는 과정이다.

① 정적처벌(positive punishment)

- 행동의 빈도가 줄어드는 것이다.

- 혐오적 자극을 덧붙여 행동의 빈도가 줄어들게 한다.

- 혼을 내서 옆 친구를 괴롭히는 행동을 줄인다.

② 부적처벌(negative punishment)

- 행동빈도를 줄이기 위해 강화적 자극을 빼앗는 것이다.

- 스터디 때 자꾸 지각을 하면 일정한 돈을 뺏어서 지각하는 행동을 줄인다.(반응대가)

- 학습(공부)를 벌로 주면 안 된다.
- 벌은 어떤 행동을 해서는 안 되는지를 알려주지만, 무엇을 해야 되는지 알려주는 것은 아니다.
- 처벌하려는 행동이 의도치 않게 강화되는 것을 피해야 한다.
- 벌은 일관성 있게 적용한다.

		강화	처벌
		~더 하게 한다	~를 하지 않겠다
정적 +	~를 제공하여	칭찬, 토큰	꾸중, 벌
부적 -	~를 제거하여	주번, 당번 빼주기	벌금

4 행동주의의 상담기법

1 차별강화

- 특정 자극이나 상황에서 특정 행동만을 강화하고, 다른 자극이나 상황에서의 행동은 강화하지 않는 방법이다. 이를 통해 특정 행동이 특정 자극과 연결되어 강화될 가능성을 높이고, 다른 자극에서는 그 행동이 강화되지 않음을 학습하게 한다.
- 예시로는 수업 중 자리를 이탈하는 학생이 제 자리에 앉아있을 때만 칭찬을 하였다.

2 간헐적 강화계획

1 고정 간격 강화 계획(Fixed Interval reinforcement)

- 일정한 시간 간격마다 강화물이 주어지는 경우로, 피험자가 하는 반응의 수는 관계가 없다.
- 월급

2 고정 비율 강화 계획(Fixed Ratio reinforcement)

- 일정한 반응비율에 따라 강화물이 주어지는 것으로서 시간과는 관계없이 피험자가 하는 반응의 수에 근거한 강화계획이다.
- 인형 눈알 붙이기 100개 인형(만든 개수에 따라 일정한 보수가 지불되는 경우)

3 변동 간격 강화 계획(Variable Interval reinforcement)

- 평균 간격을 중심으로 최소와 최대 간격 사이에서 무선으로 시간 간격이 주어지는 것으로 피험자가 하는 반응의 비율과는 관계가 없이 변동된 시간에 따라 강화물이 제공된다. 강화가 지난 후에도 반응의 감소현상이 매우 적다.
- 낚시

4 변동 비율 강화 계획(Variable Ratio reinforcement)

- 평균적인 강화비율을 중심으로 최소와 최대 비율 사이에서 반응비율이 변동되어 강화물이 불규칙적으로 주어지는 강화계획이다. 예상하지 못하는 강화로 반응이 가장 빠른 속도로 증가되며 강화가 지난 후에도 반응의 감소현상이 극히 적다.
- 도박, 카지노, 슬롯머신

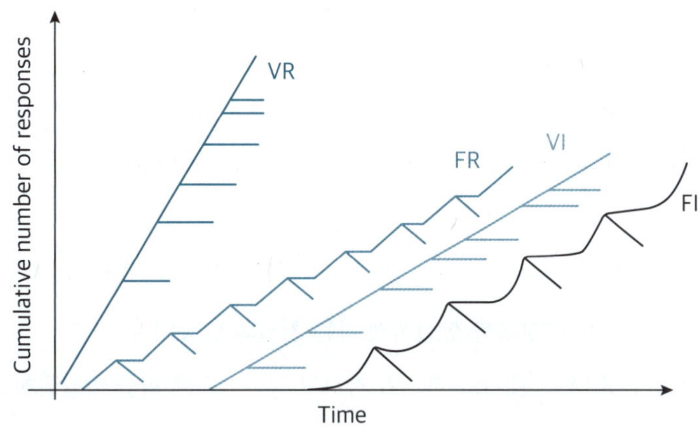

3 간헐적 차별강화

1 낮은비율 차별강화 DRL(Differential Reinforcement of Low Rates)

문제행동이 너무 자주 또는 빨리 일어나는 경우 부적절한 행동의 발생비율을 감소하기 위해 일정 기간에 일정 횟수 이상의 행동이 나타나지 않을 때에만 강화를 제공한다.

2 상반행동 차별강화 DRI(Differential reinforcement Incompatible Responding)

문제행동과 동시에 일어날 수 없이 상충되는 행동을 강화하는 것이다.

3 대안행동 차별강화 DRA(Differential reinforcement Alternative behavior)

표적행동이 되는 문제행동 이외의 다른 행동에 강화를 주는 것이다.

1 바람직하지 않은 행동, 부적응 행동을 감소시키는 기법

1 소거(extinction)

- 강화물이 철회되었을 때 행동하는 것이 중단되는 현상이다. 더 이상 강화가 제시되지 않으면 행동하지 않는다.
- 자녀가 문제행동을 했을 때 부모가 관심을 기울이지 않았다.
- 예시로는 아이가 울면서 떼를 쓰며 장난감을 사달라고 했을 때 엄마가 아이의 울면서 떼쓰는 것을 무시하고 장난감 코너를 지나쳐버리면 아이는 더 이상 울고 떼쓰는 행동을 하지 않는다.

2 반응대가

- 문제행동을 했을 때 조건부로 정적강화를 상실하게 하는 처벌의 일종이다.
- 바람직하지 못한 행동을 했을 때 그 대가로 자기가 가지고 있는 정적강화를 박탈당하는 것이다.
- 교통법규를 위반했을 때 내는 과태료는 반응대가에 해당한다.

3 체계적 둔감법(systematic desensitization) by Wolpe

- 고전적 조건형성 원리에 기초한 행동치료 기법이다.
- 긴장을 이완시킨 상태에서 약한 공포자극부터 시작하여 점차적으로 강한 공포자극을 노출시키는 방법이다.
- 특정한 대상에 불안을 느끼는 경우에 효과적이다.
- 이완훈련(relaxation training), 불안위계 목록 작성, 둔감화로 구성된다.
- 체계적 둔감법은 고전적 조건형성과 상호제지원리를 토대로 하였다.

1단계	근육이완 단계	• 내담자에게 그들의 불안한 감정을 이완반응으로 대치하도록 가르치는 것이다. • 심호흡, 명상 등을 통해 근육을 이완시킨다.
2단계	위계목록작성 단계	• 내담자가 갖고 있는 두려움과 공포증에 관한 구체적인 정보를 수집하여 불안을 생성하는 상황들을 위계적인 구조로 표현하게 한다. • 내담자를 불안하게 만드는 사건을 불안의 수준에 따라 평가하고 불안위계를 정하는 것이다. • 불안이 적은 것부터 큰 것으로 위계목록을 작성한다.
3단계	불안위계목록에 따른 둔감화	• 내담자가 이완된 상태에서 불안 유발 상황을 상상하게 하는 것이다. • 가장 낮은 단계부터 높은 단계까지 불안 유발 자극에 노출하여 불안에 점점 둔감화됨으로써 이를 극복할 수 있게 한다. • 전에 불안을 유발했던 사건에 대한 생각과 이완을 결합시키기 위해 이를 점진적으로 반복하게 되면, 내담자는 체계적으로 이전에 불안을 일으켰던 상황에 둔감화된다. • 가장 높은 수준의 불안을 일으켰던 장면에서도 내담자가 이완상태를 유지할 때, 치료를 종결한다.

① 역조건형성(deconditioning)

- 달라드와 밀러(J. Dollard & N. Miller)가 역조건 형성이 습관을 바꾸는 과정을 제안하였다.

- 파블로프의 고전적 조건형성의 이론적 가정에 근거한 것이다.

- 바람직하지 못한 자극을 야기하는 자극에 더 강력한 새로운 자극을 연합해 이전 반응을 제거하고 새로운 반응을 조건화한다.

② 상호억제(reciprocal inhibition)

- 울프(J. Wolpe)가 새로운 반응이 습관적 반응을 감소시키는 상호억제를 제안하였다.

- '불안과 이완은 양립할 수 없다'는 전제에서 시작한다.

- 공포 혹은 불안과 양립할 수 없는 어떤 반응이 정상적으로 공포 혹은 불안을 야기하는 자극에 나타나게 할 수 있다면, 그러한 자극은 공포반응을 유발하는 것을 중지할 것이라는 상호억제의 원리다.

4 타임아웃

- 부적절한 행동을 감소시키기 위한 처벌의 일종으로 정적 강화의 기회를 일시적으로 박탈하는 기법이다.

- 바람직하지 않은 행동을 할 때 일시적으로 다른 장소에 격리시켜 두는 기법이다.

> 📝 **효과적인 사용을 위한 지침**
>
> - 부적절한 행동이 일어나고 있는 장소에 강화요인이 존재하고 있어야 한다.
> - 격리되어 있는 장소에 강화자극이 없어야 한다.

5 과잉교정

- 부적절한 행동이 나타날 때, 즉시 그 행동 이전의 환경조건보다 훨씬 나은 상태로 원상회복시키도록 하는 것이다.

- 주1회 방청소를 하기로 한 아이가 청소를 하지 않자 다음 2주 동안 매일 방을 청소하도록 하였다.

6 노출법(exposure) ⊒ 홍수법

① 실제상황 노출법

- 실제적인 불안자극에 직접 노출시키는 기법이다.

  엘리베이터 공포증이 있는 사람과 상담자가 같이 타는 것이다.

② 상상적 노출법

- 상상적 혹은 실생활에서 공포 자극에 대해 체계적으로 직면시키는 기법이다.

③ 점진적 노출법

- 낮은 불안을 유발하는 자극부터 서서히 강도를 높여가는 기법이다.

④ 급진적 노출법

- 처음부터 강한 불안을 유발하는 자극에 노출시키는 급진적 노출기법이다.

7 홍수법

- 노출치료의 또 다른 형태는 홍수법이다.
- 실제로 혹은 상상적으로 유발된 불안 자극에 오랫동안 노출시키는 것을 말한다.
- 모든 노출기법의 특징처럼 홍수법에서도 내담자는 노출 동안 불안을 경험하지만, 두려워했던 결과가
  실제로는 일어나지 않는다는 것을 체험한다.
  ① 심상적 홍수법
     - 내담자가 무서워하거나 불안을 유발하는 사물이나 사건의 정신적 심상에 노출되며, 불안이 점점
       감소될 때까지 그러한 사건을 연상하도록 하는 경험이 계속된다. 계속되는 노출에도 불편한 느낌을 더
       이상 느끼지 않을 시점이 올 때까지 정신적 심상을 감소시킨다.
  ② 노출 및 반응방지법(exposure response prevention)
     - 문제행동이 되는 자극상황에 노출시키되 문제행동을 하지 못하게 함으로써 자극상황과 문제행동의
       연합을 차단하는 방법으로 강박장애 치료에 효과적이다.

8 주장적 훈련

자기주장훈련, 감정표현훈련, 의사결정훈련, 문제해결훈련, 긴장이완훈련, 분노통제훈련 등이 있다.

9 혐오치료

- 바람직하지 않은 행동에 대해 혐오자극을 제시함으로써 부적응 행동을 제거하는 방법이다.
- 금연을 하려는 청소년에게 담배와 관련된 질병에 걸려 고통스러워하는 장면을 상상해 보게 하였다.

10 내파법(implosive therapy)

- 현실보다 과장된 형태로 불안을 유발하는 심상을 계속적으로 제시함으로써 불안반응을 감소시키는 방법이다.

11 자극포화법

- 자극 포화(포만)은 혐오 통제의 한 기법이다. 부적응적 행동을 충족시켜 줄 수 있는 자극을 정도가 넘도록
  제공함으로써 질리게 하여 그 행동을 그만하도록 만드는 방법이다.
- 자극포화법은 강박 행동을 하는 사람의 강박 행동을 통제하는 데 흔히 사용된다.

12 심적포화

- 되풀이되는 일에 싫증이 나서 더 계속할 생각이 없어지는 것이다.

2 바람직한 행동을 증가시키는 기법

1 행동계약법

- 상담자와 내담자가 구두나 문서에 의한 합의로 계약을 하는 것이다.
- 내담자가 어떤 행동을 수행하고 그 대가로 보상을 받기로 약속하여 계약서를 작성하고 수행하면 보상을 한다.
- 내담자를 관찰하여 기초선(기저선, base line)을 정하고 계약기간과 목표행동을 명세화하고 수행수준을 명확하게 한다.

2 토큰경제(token economy)

- 개인은 각자 바람직한 행동을 할 때마다 토큰을 받고 토큰은 개수에 따라 다양한 강화 자극(스티커, 참 잘했어요 도장)과 교환된다.
- 심리적 포화현상을 방지하고 강화할 때 토큰을 주는 것이 간편하다.

3 행동조성(shaping)

- 조형을 이루는 요소는 강화, 소거, 일반화, 변별(차별)이다.
- 조형은 바람직한 행동에 접근하는 반응들을 여러 단계로 나누어 강화함으로써 원래의 행동에서 바람직한 행동까지 차별강화를 이용하여 점차적으로 유도하는 방법이다.
- 표적행동이 보일 때까지 표적행동을 위한 점진적 행동 변별(차별)강화라 정의할 수 있다.
- 행동조형(행동형성)에서 표적행동을 위한 점진적 행동을 강화하고 이전의 행동을 소거시킬 때 강화와 소거가 포함된다.
- 예시로는 학원에 와서 공부를 하게 해야 하는 행동이라면 아침에 일어날 때 강화를 주고, 옷을 갈아입고 가방을 매면 강화를 주고, 집을 나와서 학원으로 오는 버스를 타면 강화를 주고, 학원에 도착해서 계단을 올라오면 강화를 주고, 책상에 앉아서 책을 꺼내면 강화를 주는 것이다. 각각의 새로운 목표 행동을 성취하게 되면, 이전의 목표는 더 이상 칭찬을 받지 않고 새로운 목표 행동을 하였을 때만 강화를 받는다.

4 용암법(fading:fade - out:연극에서 장면이 전환될 때 조명이 점점 더 어두워지는 것)

- 자극변별을 가르칠 때, 자극을 점진적으로 조절해 궁극적으로 일부의 변화된 자극 또는 새로운 자극에 대해 반응할 수 있도록 하는 절차이다.
- 자극에 대한 변별을 가르칠 때 행동통제 자극을 점차 약하게 하여 새로운 자극에 영향을 받게 하는 것입니다.
- 촉진법을 통한 지원의 양을 점차 줄여가는 방법이다.
- 예시로는 동그라미를 그리는 것이 목표행동이면 처음에 동그라미를 그려준 후 그 다음은 동그라미가 그려진 점선을 따라 그리게 하고, 그 다음은 희미하게 보이지 않는 점선으로 동그라미를 그리게 한다. 마지막엔 스스로 자극 없이 동그라미를 그릴 수 있게 한다.

5 행동연쇄법

- 행동연쇄법은 자극 - 반응 연쇄라고도 불리며 자극 반응이 일관되게 연속적으로 일어나며 마지막 반응에 강화가 따라온다. 각 반응은 다음 반응의 강화자극이 된다.

6 모델링

① 실제적 모델링

- 실제 인물을 관찰해서 모방하는 것이다.

② 내현적 모델링

- 관찰될 수 없으나 머릿속에 상상해서 어떤 행동을 하도록 하는 것이다.

③ 참여적 모델링

- 상담자가 내담자를 위한 행동에 참여하여 먼저 보여주는 것이다.

④ 상징적 모델링

- 동영상을 통해 적절한 행동을 모방하는 것이다.

7 프리맥의 원리

- 낮은 확률의 행동 즉 내담자가 싫어하는 행동(숙제)을 증가시키기 위해 높은 확률로 나타나는 행동 즉 내담자가 좋아하는 행동(게임,TV시청)을 할 기회를 (정적)강화로 제공하는 것이다.

> 🔗 민수는 낮은 학업 성적으로 인해 학교 적응에 어려움을 겪고 있다. 상담자는 민수가 평소 컴퓨터 게임하는 것을 매우 좋아한다는 사실을 알았다. 상담자는 민수가 하루 계획한 학업량을 달성하는 경우, 컴퓨터 게임을 30분 동안 하도록 개입하였다.

8 자기관리(self management)

- 자기관리는 내담자가 변화하기 위하여 자신의 노력으로 자신의 환경을 수정하고 행동의 결과를 조정하며 관리하는 것이다.
- 자기관리는 일반적으로 3단계에 걸쳐 진행된다.

1단계	자기 관찰 단계	• 문제행동 또는 목표행동과 관련된 자기 자신의 생각이나 감정, 행동이 일어나는 전후 상황에 대해 보다 체계적인 방법으로 관찰하고 기록하는 과정이다. • 행동에 대한 객관적이고 구체적인 자료, 정보를 얻을 수 있다. • 자극통제(stimulus control)는 문제 행동과 관련된 환경적 요인들을 미리 재조정하여 행동의 변화를 촉진하는 기법이다. • 자극통제는 부적절한 행동을 일으키는 환경 자극의 빈도를 줄이고 바람직한 행동을 일으키는 환경자극을 증가시키는 것을 목적으로 한다. 물리적 환경의 변화, 사회적 환경의 통제 등이 있다. • 예시로는 다이어트를 위해 친구들과 만나는 약속을 자제하는 것은 자극통제에 해당한다.
2단계	자기 평가 단계	• 목표를 설정하고, 실제 수행 정도와 수행준거를 비교하는 과정이다. • 자기관찰을 통해 실제로 행동하는 정도와 초기에 설정한 행동 목표와의 차이점을 알아보는 것이 목적이다.
3단계	자기 강화 단계	• 자기평가를 토대로 그 결과에 대한 반응을 자신에게 제공하는 과정이다. 자기강화의 목적은 동기화다. • 자기 스스로 강화를 받을 수 있는 적절한 수행수준과 강화물이 결정되어야 한다. 긍정적인 자기강화로 동기를 높일 수 있다.

🔍 틀린 문장

- 심리적 문제의 근원에 대한 역동적 통찰을 요구한다. → 인간 내부의 심리적 구조보다는 환경과의 상호작용을 중시한다. 정신분석이나 인간중심 상담이론에서와 같은 추정적이거나 가설적인 개념을 배제한다.
- 타임아웃, 과잉교정, 홍수법은 처벌의 일종이다. → 홍수법은 고전적 조건화를 이용한 불안감소법이다.
- 행동조성의 예시로는 자기표현을 잘하는 친구의 행동을 지켜보고 나서 친구들의 부당한 요구에 거절하는 행동을 시도해보았다. → 주장적 훈련의 예시로는 자기표현을 잘하는 친구의 행동을 지켜보고 나서 친구들의 부당한 요구에 거절하는 행동을 시도해보았다.
- 왓슨(J. Watson)은 조작적 조건화를 적용한 정서조건형성을 연구하였다. → 왓슨은 고전적 소거화를 인간에게 적용한 학자이다.
- 체계적 둔감화는 심상적 홍수법(imaginal flooding)과는 달리 불안 유발 심상에 노출되지 않는다. → 내담자가 이완된 상태에서 불안 유발 상황을 상상하게 한다. 가장 낮은 단계부터 높은 단계까지 불안 유발 자극에 노출하여 불안에 점점 체계적으로 둔감화됨으로써 이를 극복할 수 있게 한다.
- 프리맥의 원리에서 수업시간에 떠드는 학생을 잠깐 동안 복도에 나가 있게 한다. → 프리맥의 원리를 수업에 참여하는 것 자체를 싫어하는 학생에게 적용하는 것은 적절하지 않다.

14 인간중심＝인본주의 상담

1 인간중심=인본주의 상담이론

- 로저스(C. Rogers)에 의해 창시된 상담이론이다.

- 비지시적 상담 또는 내담자중심 상담으로 불리어졌다.

- 상담자는 내담자의 감정, 사고, 행동에 대하여 평가를 하지 않는다.

- 모든 인간에게 실현경향성이 있다고 보는 긍정적 인간관을 지닌다.

- 구체적인 상담기법보다 상담자의 태도를 더 중요시한다.

- 내담자에 대한 진실성, 무조건적 긍정적 존중, 공감적 이해를 중시한다.

- 모든 인간은 자기실현경향성을 가지고 태어난다.

- 인간은 자기실현경향성을 가지고 있는 존재이다.

- 실현화 경향성(actualizing tendency)은 자기를 보전, 유지하고 향상시키고자 하는 선천적 성향이다.

  ✓ 실현 경향성: 인간이 자신을 유지시키면서 잠재력을 건설적인 방향으로 성취하려는 선천적인 성향이다.

- 인간이 현상학적 장을 경험하고 지각하며, 그것에 주관적인 의미를 부여하는 존재임을 강조한다.

- 현재 경험이 자기개념과 불일치할 때 불안을 경험하게 된다.

- 유기체적 경험과 자기개념 간의 불일치는 심리적 부적응의 원인이다.

- 내적 경험을 무시하고 부모의 기준에 맞추는 것이 부적응의 원인이다.

- 심리적 부적응의 원인을 가치의 조건화와 자기와 경험의 불일치로 본다.

- 가치의 조건화는 주요 타자로부터 긍정적 존중을 받기 위해 그들이 원하는 가치와 기준을 내면화하는 것이다.

- 이상적 자기와 현실적 자기 간의 괴리가 큰 경우 심리적 부적응이 발생한다고 본다.

- 충분히 기능하는 사람은 경험에 대해 개방적이며 매 순간의 삶에 충실하다.

  ✓ 충분히 기능하는 사람(fully functioning person): 경험에 대한 개방성이 높은 사람으로 어떤 일이 일어나고 있는지를 충분히 그리고 사실적으로 경험하기 위하여 두려움이나 방어적 태도 없이 자신의 경험을 있는 그대로 받아들인다. 자기수용과 자기 신뢰를 바탕으로 자신의 경험과 기준에 의한 평가와 판단을 한다.

- 유기체는 유기체적인 가치화 과정(OVP,Organismic Valuing Process)을 거쳐 충분히 기능하는 사람이 된다.

- 충분히 기능하는 인간은 가설적이고 이상적 사회의 궁극적 목표로 무조건적 존중을 통하여 실현된다.

- 현상학적 장(Phenomenological field)은 경험적 세계 또는 주관적 경험으로 특정 순간에 개인이 지각하고 경험하는 모든 것을 뜻한다.

- 현상적 장은 개인에게 실제적인 세계로 여겨지는 내적 참조체계(internal frame of reference)로서 모든 판단과 행동의 근거가 된다.
- 개인은 객관적 현실이 아닌 자신의 현상학적 장에 입각하여 재구성된 현실에 반응한다.
- 궁극적인 목표는 내담자가 온전히 기능하도록 돕는 것이다.
- 인간중심상담이 효과적으로 진행될 때, 내담자에게 나타나는 변화로는 자기자각 증가, 자기수용 증가, 자기표현 증가, 자기개방 증가이다.
- 사회체계가 개인에게 기여하는 영향력을 과소평가하는 측면이 있다.

2 인간중심 상담의 주요개념

1 자기(self)

- 개인이 경험세계로부터 분화된 것으로 자신에 대해서 의식적으로 지각한 것과 자신이 소중히 여기는 가치를 포함한다.

2 자기 개념(self-concept)

- 자신의 개인적 특성 또는 타인과의 관계 속에서 형성된 특징에 대해 스스로 가지고 있는 개념이다.
- 현재 자신이 어떤 사람인지에 대한 개인의 인식, 즉 자아상을 의미한다.
- 자기개념은 현실적 자기(real self)와 이상적 자기(ideal self)를 포함한다.
- 현실적 자기(real self)는 현재 자기 모습을 반영하는 자기이다.
- 이상적 자기(ideal self)는 긍정적 존중을 받기 위해 추구해야 할 자기로 이상적 자기는 다른 사람으로부터 긍정적인 평가를 받기 위한 가치의 조건을 반영하고 있다.
- 현실적 자기와 이상적 자기의 불일치 정도가 심해지면 부적응이 발생할 수 있다.

3 가치의 조건(conditions of worth)

- 아동은 부모가 원하는 것을 할 때에만 긍정적 자기존중을 받게 되고 착한 아이가 된다. 부모가 원하지 않는 것을 하면 나쁜 아이가 된다.
- 부모를 비롯한 중요한 타인과의 상호작용을 통해서 자신이 소중하게 인정받는다는 느낌을 갖게 되는 가치의 조건을 습득하게 된다.
- 부모나 교사는 조건부의 애정을 주기 때문이다. 따라서 개인은 긍정적 존중을 받기 위해서 그들이 원하는 가치와 기준을 받아들여 내면화한다. 그래서 개인은 가치의 조건을 자기개념의 일부로 내면화하며 이와 일치하지 않는 자신의 특성이나 경험은 불편하거나 불쾌한 것으로 여기게 된다.

3 인간중심상담의 상담기법

1 무조건적인 긍정적 존중(수용)(unconditional positive regard)

- 무조건적 긍정적 존중(수용)은 내담자를 조건, 행동, 감정과 상관없이 무조건적 가치를 지닌 하나의 고유한 인간으로 따뜻하게 존중하는 것을 의미한다.
- 내담자 존재 자체의 잠재성과 자기실현 경향성을 신뢰하고 확신하면서 내담자가 표현하는 혹은 표현하지 않은 감정, 사고, 행동 등에 대하여 있는 그대로 받아들이고 어떠한 판단과 평가도 하지 않는다.

2 진솔성(genuineness)

- 상담자는 일치성을 갖추기 위해 자기를 이해하고 수용하며 솔직하게 개방하도록 노력할 필요가 있다.
- 내담자와의 상담관계에서 겪게 되는 다양한 내면적 경험을 알아차리고 적절하게 표현할 수 있어야 한다.
- 내담자와의 관계에서 불편하고 혼란스러운 경험을 하더라도 그러한 경험의 자각을 부정하지 않으며 열린자세로 수용하고 투명하게 표현하려는 태도를 의미한다.
- 내담자와의 관계에서 경험하는 그 순간의 반응으로 상담자 자신의 약점까지도 숨김없이 드러낸다.

1 상담자의 일치성(진솔성)

- 자신의 경험과 자기를 일치시킬 수 있어야 한다.
- 자신을 부정하지 않고 자기 자신으로 존재한다.
- 자신의 전문역할 뒤로 숨지 않는 것을 뜻한다.
- 자신의 능력을 과장하려는 유혹을 성찰하는 것이다.

2 일치성을 높이기 위한 방법

- '지금 여기'의 경험과 관련하여 현재에 집중한다.
- 높은 수준의 자각을 유지한다.
- 자기수용과 자기신뢰를 가진다.
- 집단원과의 인간적 만남을 위해 노력한다.

3 공감적 이해(공감적 반영)(empathetic understanding)

- 상담자가 내담자의 감정에 빠져들지 않으면서 내담자의 생각, 감정, 경험에 대하여 상담자 자신의 주관적인 입장에서가 아니라 상담자 자신의 감정인 것처럼 내담자의 입장에서 내담자가 경험하는 것을 민감하게 느끼고 이해해야 한다. 잠시 내담자의 내적 세계에 들어가 내담자와 함께 민감하게 기복을 겪으면서 그 어떤 비판이나 판단을 하지 않는 것이다.

> 🔗 내담자: "제가 나쁘게 살지 않았는데 왜 이런 일들이 제게 일어나는지 모르겠어요. 그 친구는 왜 이런 경험을 내게 안겨주나 싶어요. 내가 더 잘 했으면 떠나지 않았을 텐데 라는 생각이 들면 너무 힘들어요."
>
> 🔗 상담자: "내가 더 잘 했었다면 막을 수 있었을 거란 죄책감이 들면서도 그 친구가 원망스럽고 왜 이런 일이 나에게 일어났을까? 라는 생각이 들어 의아하고 억울하겠어요."

4 자기-경험의 불일치

- 이상적 자기의 수준이 높은 개인은 자신의 유기체적 경험을 있는 그대로 받아들이기 어렵다.
- 유기체적 경험과 자기개념의 괴리는 위협으로 느껴지며 불안을 일으키게 되고 개인은 불안을 방어하기 위해 자신의 유기체적 경험을 왜곡하거나 부인하게 된다.
- 부모가 제시한 가치조건과 자신의 현실적 경험의 불일치는 불안을 유발한다.
- 부모의 조건적 사랑을 받은 아동은 자신의 특성을 선택적으로 수용한다.
- 심리적 부적응은 의미 있는 타인의 조건적인 수용과 존중에 기인한다.
- 왜곡, 부인과 같은 심리적 기제는 자기와 경험의 불일치를 낮추고자 하는 시도이다.

5 왜곡(distortion)(개인이 실제 경험한 내용을 받아들이지 않거나 다르게 받아들이는 경우)

- 자기개념 중 유기체경험과 일치하지 않는 부분이다.
- 의식되기는 하지만 실제경험 내용과는 다르게 경험을 지각하는 것을 말한다.

- 유기체경험 중 자기개념과 일치하지 않는 부분이다.
- 자기개념에 위협이 되는 존재 자체를 무시하거나 경험을 인식하지 않음으로써 자기개념을 유지하려는 것을 말한다.

🔍 **틀린 문장**

- 진솔성이란 자신의 느낌과 생각을 내담자에게 모두 표현하는 것을 의미한다. → 상담자가 내담자와의 상담관계에 도움이 되는, 순간순간 경험하는 자신의 감정이나 태도를 있는 그대로 솔직하게 표현하는 것이다.
- 무조건적 사랑을 받은 아동은 자신의 특성을 선택적으로 수용한다. → 무조건적으로 사랑을 받은 아동은 자기자각 증가, 자기수용 증가, 자기표현 증가, 자기개방 증가가 된다.
- 자기실현 경향성은 자기를 보존, 유지, 향상시키고자 하는 후천적인 상위의 욕구다. → 인간이 자신을 유지하거나 성장시키기 위해 모든 능력(잠재력)을 건설적인 방향으로 개발·성취하려는 선천적인 경향성을 말한다.
- 철학적 배경은 실증주의이다. → 칼 로저스의 인간중심 상담은 실존주의와 인본주의 심리학의 철학을 배경으로 한다.
- 현실적 자기는 다른 사람으로부터 긍정적으로 평가받기 위한 가치의 조건을 반영한다. → 이상적 자기에 대한 설명이다.
- 아동은 부모의 기대와 가치를 내면화하여 현실적인 자기를 형성한다. → 아동은 부모의 기대와 가치를 내면화하여 이상적인 자기를 형성한다.
- 자아는 성격의 조화와 통합을 위해 노력하는 원형이다. → 칼 융의 분석심리학에 대한 내용으로 원형은 '자기'이다.

15 | 엘리스의 합리정서행동상담(REBT)

1 엘리스의 합리정서행동상담

- 인간은 선천적으로 합리적이면서도 비합리적 존재라고 보았다.

- 내담자의 신념을 정서와 행동의 원인으로 본다.

- 인지적 과정을 자기패배적 정서와 역기능적 행동의 주된 원인으로 본다.

- 비합리적 사고는 경험적인 현실과 일치하지 않는다.

- 비합리적 사고의 요소로는 당위적 사고, 과장적 사고, 인간 가치의 총체적 비하 등이 있다.

- 타인에 대한 당위적 요구의 예시로는 "네가 내 친구라면 당연히 내 편을 들어야 마땅하지."이다.

- 절대적 당위성을 비롯한 사건왜곡 메커니즘이 강조된다.

- 상담자는 지시적이고 적극적인 역할을 수행한다.

- 적극적이고 지시적으로 개입한다.

- 과거 사건보다는 현재 경험에 초점을 둔다.

- 합리적 사고는 개인이 자신, 타인, 상황에 대해 무조건적 수용을 할 수 있게 한다.

- 비합리적 신념을 변화시킴으로써 부정적인 감정을 완화시킨다.

- 특정 장애의 원인을 구체적으로 제시하지 않는다.

- 단기치료 모델을 지향한다.

1 비합리적 신념

1 절대적인 강요와 당위

- 당위적 요구로 자기 자신과 타인 그리고 세상에 대해서 비현실적인 과도한 기대를 나름대로 만들어서 그것을 일방적으로 부과할 뿐만 아니라 반드시 지키도록 요구하고 강요한다.

2 파국화

- 당위적 요구가 충족되지 않았을 때 그러한 현실의 결과를 과장되게 해석하는 것이다. 파국화는 자신, 타인 또는 세상에 대한 평가 및 사고가 과장되게 부정적이다.

3 좌절에 대한 낮은 인내력

- 당위적 요구가 좌절된 상황을 참을 수 없다고 생각하는 비합리적 사고를 의미한다. 흔히 실망스러운 일을 참을 수 없다거나 "이런 일은 도저히 참을 수 없다", "내편을 들어주지 않는 친구의 배신행위는 도저히 참을 수 없다"는 형태의 사고로 나타난다. 즉 자신의 기대가 좌절된 상황은 너무 불쾌해서 도저히 참을 수 없다는 비합리적인 사고를 뜻한다.

4 자신과 타인에 대한 질책

- 당위적 요구를 충족시키지 못한 자신과 타인은 무가치할 뿐만 아니라 비난받거나 질책당해야 한다는 비합리적 사고를 뜻한다. 타인을 가치없는 인간이라고 여기는 사람은 분노와 경멸을 경험할 것이다. 예를 들어 "내편을 들어주지 않는 친구의 행위는 배신행위이며 그런 배신행위를 한 인간은 몹쓸 인간이다. 그런 인간을 친구라고 생각한 내가 참 한심하다"라고 생각하는 것이다.

2 당위적 사고

1 자신에 대한 당위적 사고

- 스스로 자기 자신에게 현실적으로 충족되기 어려운 과도한 기대와 요구를 부과하는 것이다. 예를 들어 "나는 반드시 훌륭하게 일을 수행해 내야하며 중요한 타인들로부터 인정받아야만 한다", "그러지 못하는 것은 끔찍하고 참을 수 없는 일이며, 나는 보잘것없는 하찮은 인간이 되고 말 것이다", "나는 실수해서는 안 된다", "나는 실패해서는 안 된다" 등 이러한 자신에 대한 당위적 사고가 이루어지지 않을 때 자기파멸이라는 생각을 갖게 된다.

2 타인에 대한 당위적 사고

- 개인이 타인에게 지니는 과도한 기대와 요구로서 타인이 그러한 기대에 따르도록 일방적으로 요구하는 신념을 의미한다. 예를 들어 "타인은 반드시 나를 공정하게 대우해야 한다. 그러지 못하는 것은 끔찍하며, 나는 그러한 상황을 참아낼 수 없다", "부모니까 나를 사랑해야 한다", "친구니까 우정을 보여야 한다", "친구라면 항상 내편을 들어줘야 한다", "동료니까 항상 내 일에 협조해야 한다" 등 타인에게 바라는 당위적 기대가 이루어지지 않을 때 인간에 대한 불신감을 갖게 된다.

3 세상에 대한 당위적 사고

- 사회정치적 체제와 자연세계에 대한 비현실적인 과도한 기대를 의미한다. 그러나 세상은 항상 우리가 원하는 대로 움직이지 않기 때문에 이러한 신념은 비현실적이다. 이러한 신념을 지닌 사람들은 자신의 당위적 요구대로 돌아가지 않는 세상에 대해 분노를 느끼거나 원망과 저주를 할 수도 있다. 예를 들어 "세상은 항상 반드시 내가 원하는 대로 돌아가야 하며 나의 노력에 즉각적인 보상을 주어야 한다. 그렇지 못하는 것은 끔찍하며, 나는 그런 끔찍한 세상에서 살아갈 수가 없다" 그러나 항상 세상이 자기 마음대로 되지 않으면 화를 내거나 부적절한 행동을 한다.

3 합리정서행동상담(REBT)의 ABCDE 모델

> 🔗 늘 우수한 성적을 유지하던 지호는 최근 중간고사에서 평균 정도의 성적을 받은 후 심한 무력감을 호소하여 상담에 의뢰되었다

1 A

촉발사건 = 결과와 관계된 선행사건 탐색 "중간고사에서 평균 점수를 받았어요.", "이번 중간고사에서 수학 성적이 평균보다 낮게 나왔어요."

2 B

촉발사건에 대한 비합리적 신념 = 결과를 일으킨 정서 탐색 "평균이라니! 저는 정말 바보 멍청이에요.", "저는 A를 받아야만 해요. A를 받지 못한다면 한심한 인간이 될 거예요.", "내가 원하는 대로 일이 풀리지 않는 것은 끔찍하다."

3 C

비합리적 신념의 결과로 나타난 부정적 감정과 행동 = 부적절한 정서적 · 행동적 결과 탐색 "학교 다니기 싫어요. 전 망했어요.", "제 자신에 대해 너무 화가 나고 수치심마저 느껴져요."

4 D

비합리적 신념에 대한 논박 = 탐색된 사고 체계 논박 "네가 다른 친구들보다 성적이 더 높아야 하는 이유는 무엇이니?"

5 E

사고변화에 따른 정서적 · 행동적 효과 확인 "한 번 시험을 망쳤다고 내가 바보라는 뜻은 아니죠. 이번 시험을 못 본 이유를 잘 살펴 보고 다시 노력해 보겠어요.", "한 번 시험에 망했다고 해서 끝은 아니죠. 이번 시험에서 망한 이유를 살펴보고 재도전해 볼게요."

4 비합리적 사고와 합리적 사고의 변별 기준

- 논리성의 여부 = 논리적 일치성
- 경험적 현실과 일치 여부
- 현실적인 실현가능성 = 현실성
- 삶의 목표 달성에 도움 여부
- 융통성과 유연성의 여부
- 사고의 융통성
- 기능적 유용성
- 실용성

3 합리정서행동상담의 상담기법

1 인지기법

1 소크라테스식 논박하기

2 논리적 논박

- "자신의 신념이 타당하다는 논리적 근거는?"

3 경험적 논박

- 내담자의 생각이 얼마나 현실과 일치하는지를 확인하고 평가하도록 돕는 데 목적이 있다.
- "자신의 신념이 타당하다는 현실적, 경험적 근거는?"
- "증거는 어디에 있습니까?"
- "그것이 일어날 현실적 가능성은 얼마나 됩니까?"

2   정서기법

1 합리정서 상상법(지정적 심상법)

- 새로운 정서 패턴을 확립하기 위한 정신훈련이다. 자신에게 일어날 수 있는 매우 최악의 일들 중 하나를 상상하게 하여 상황과 맞지 않는 부적절한 감정이 적절한 감정으로 변화될 수 있도록 한다. 건강한 정서로 바꾸기 위해 어떤 노력을 했는지 탐색하고, 합리적 사고 유지를 위해 어떤 노력을 할 것인지 탐색한다.

2 역할연기

- 정서, 인지, 행동 요소가 모두 포함되어 있다. 예를 들어 면접시험에서 교장과의 면담을 역할 연기를 통해 미리 연습하면서 그 당시의 불안과 비합리적 신념을 조사하고, 반드시 합격해야 한다는 생각과 시험에 실패하는 것은 자신이 어리석고 무능한 인간임을 의미한다는 내용의 비합리적 신념에 도전한다.

3 수치심 극복하기(수치심 - 공격 연습)(shame - attacking)

- 엘리스는 누군가가 우리를 보고 멍청하다고 생각하더라도 이것이 비극적 일은 아니라고 우리 자신에게 말함으로써 수치심을 강하게 거부할 수 있다고 생각한다. 생각 때문에 평상시에 하기를 두려워했던 행동을 해 보는 모험을 하는 과제를 받을 수도 있다. 주의를 끌만한 화려한 옷을 입을 수도 있고, 지하철에서 목청껏 노래를 부를 수도 있다. 이러한 숙제를 실행함으로써 내담자는 사람들이 자신의 행동에 실제로 그렇게 관심이 많지 않다는 것을 알게 된다.

4 단호한 자기 진술(대처진술 숙달시키기)(forceful coping statement)

- '반드시 해야만 한다'는 신념에 대항하는 강력하고 단호한 방식의 진술은 비합리적인 신념을 합리적인 신념으로 바꿔나가는 것에 도움이 된다. 예를 들어 "나는 합격하기 원해. 그렇지만 꼭 그래야만 하는 것은 아니야!", "내가 실패하더라도, 내 자신이 실패하는자가 되는 것은 절대로 절대로 아니야!"와 같이 단호하며 더 적절한 진술로 바뀔 수 있다.

1　주장훈련

- 분노나 적대감 등 부정적 감정을 표현하는 데 초점을 둔다.

2　과제(숙제)

- 실생활에서 새로운 행동의 시도를 통해 새로운 경험을 하게 한다.

🔍 **틀린 문장**

- 행동변화의 지속을 위해서 장기상담을 지향한다. → 단기치료 모델을 지향한다.
- 인간은 합리적인 존재로 태어났지만 가치조건화에 의해 비합리적인 존재가 된다. → 인간은 선천적으로 합리적이면서도 비합리적 존재라고 보았다.
- ABCDE 모델에서 "시험을 망쳐서 너무 슬퍼!"라는 내담자의 감정은 B에 해당된다. → ABCDE 모델에서 "시험을 망쳐서 너무 슬퍼!"라는 내담자의 감정은 (C)비합리적 신념의 결과로 나타난 부정적 감정과 행동 = 부적절한 정서적·행동적 결과 탐색에 해당한다.
- 상담기법으로 수치심 극복하기, 신체 자각하기 등이 있다. → 합리정서행동상담의 상담기법으로 소크라테스식 논박하기, 논리적·경험적 논박, 역할연기, 수치심 - 공격 연습, 단호한 자기 진술, 주장훈련, 과제 등이 있다.
- ABCDE 모델에서 D는 Doing으로 합리적으로 행동하기이다. → ABCDE 모델에서 D는 논박하기(Disputing)이다.
- 합리적 사고수준의 객관적 탐색을 위해 표준화된 검사 사용을 권장한다. → X

16 아론 벡(A. Beck)의 인지치료

1 벡의 인지치료

- 협동적 경험주의 관점을 따른다.

- 심리교육적 모델에 근거하고 있다.

- 내담자의 자가치료(self-treatment) 철학을 강조하고 능력을 키우는데 초점을 둔다.

- 1960년대에 정신분석과 행동치료로 잘 치료되지 않던 우울증에 대한 새로운 치료법으로 개발되었다.

- 인지행동치료는 타 이론의 효과적 기법들을 수용한 복합적, 다요인적 접근이다.

2 인지치료의 상담목표

- 역기능적 신념을 수정하는 것이다.

- 왜곡된 인지를 수정하는 것이다.

- 인지왜곡을 제거하는 것이다. 사고의 왜곡을 제거하기 위해 자동적 사고뿐만 아니라 인지적 도식에 주의를 기울인다.

1   역기능적 인지도식(역기능적 신념)(dysfunctional schema)

- 인지도식은 과거경험을 일반화한 인지적 구조로 자신과 세상 등에 대한 신념으로 구성된다.
- 초기 아동기에 부모와 같은 중요한 인물과의 상호작용과 부정적인 경험을 통해 스스로를 '사랑받지 못할 사람'이라는 역기능적인 신념, 부정적인 인지도식을 형성하게 된다.
- 인지도식(핵심신념)은 어린 시절의 경험에 의해서 형성되는데 성장하여 부정적인 생활사건에 직면하게 되면 활성화되어 그 사건의 의미를 부정적으로 왜곡함으로써 우울증상을 유발하게 된다.
- 핵심신념은 개인이 어떻게 생각하고 느끼고 행동하는지에 대한 기본이 된다.

2   중간신념

- 중간신념은 핵심신념으로부터 나온 삶에 대한 태도, 규칙, 기대, 가정 등으로 구성된다.
- 핵심신념과 자동적 사고를 매개하는 것으로서 핵심신념에 의해서 영향을 받으며, 잘 인식되지 못하는 경우가 흔하다.
- 역기능적 인지도식은 자동적 사고를 유발하고 인지적 왜곡(오류) 또한 발생시킨다.

3   자동적 사고

- 자동적 사고는 매우 빠르게 의식 속을 지나간다.
- 자동적 사고는 사실인 것처럼 무비판적으로 받아들이게 된다.
- 자동적 사고는 스트레스 사건을 경험했을 때 순간적으로 아주 빠르게 떠오르기 때문에 자동적 사고의 존재를 인식하기 힘들 뿐 아니라 그 타당성을 검토하지 못한 채 사실인 것처럼 무비판적으로 받아들이게 된다.

4   인지삼제

- 우울한 사람들이 부정적인 생각을 갖는 세 가지 주제, 인지삼제를 개념화하였다.
- 사람마다 동일한 사건을 해석하는 방식이 다르다. 우울한 사람들이 생활사건을 부정적인 방향으로 해석하며 인지적 오류를 범하는 이유는 편향된 인식의 틀, 즉 독특한 인지도식을 지니고 있기 때문이다.
- 우울증이 있는 사람들이 자신, 미래, 세상에 대해 가지고 있는 부정적인 관점을 말한다.
- "나는 무가치한 사람이다"는 자신에 대한 비관적 생각, "나의 미래는 희망이 없다"라는 미래에 대한 염세적 생각, "세상은 살기 힘든 곳이다"라는 세상에 대한 부정적 생각이다.

5 인지적 오류(cognitive error)=인지적 왜곡(cognitive distortion)

1 임의적 추론(arbitrary inference)

- 충분한 증거 없이 결론에 도달하는 것이다.

  🔗 A는 친구들이 자신을 꼬맹이라고 부르는 이유가 성적이 낮은 자신을 무시해서라고 생각한다.
(시험 준비로 남자친구의 연락이 뜸 하자) 이제 남자친구가 나랑 헤어지려고 연락을 안 하는구나.
(여자 친구가 바쁜 상황으로 연락을 자주 못하자)"이제 여자 친구가 나를 멀리 하는 것 같아요."
남자/여자 친구가 바쁜 일로 연락을 못하면 나를 멀리하려 한다고 결론 내리고 이별을 준비하는 것이다.
"담임선생님이 나를 별명으로 부르는 것은 성적이 낮다는 이유로 나를 무시하기 때문이다."

2 선택적 추론(selective abstraction)=정신적 여과(mental filtering)

- 일부 특정 정보에만 주의를 기울여 사건 전체의 의미를 해석하는 오류이다.

  🔗 B는 수업시간에 과제를 발표한 후 대부분의 학생들이 긍정적인 반응을 보인 반면 소수의 학생들이 부정적인 반응을 보이자, 부정적 반응에 초점을 두고 자신의 발표가 잘못되었다고 단정짓고 낙담한다.
많은 사람들 앞에서 강의 후, 대다수의 긍정적인 반응보다 소수의 부정적인 반응에만 초점을 맞춰 강의가 실패했다고 단정하는 것이다.

3 과잉일반화(overgeneralization)

- 단 하나의 사건을 근거로 형성된 극단적 신념을 유사하지도 않은 다른 장면에 부적절하게 적용하는 과정이다.

  🔗 한두 번의 실연당한 경험으로 누구로부터도 항상 실연을 당할 것이라고 생각하는 것이다.
"저는 수학을 못 하니까 형편없는 학생이에요."
"오늘 동아리 모임에서 불편했어. 아무래도 니는 친구를 사귀는 데 필요한 자질이 없나봐."

4 개인화(personalization)

- 관련지을 만한 근거가 없을 때에도 외적 사상과 자기 자신을 관련짓는 경향이다.

  🔗 내담자가 두 번째 회기에 오지 않을 경우, 첫 회기에서 내가 뭘 잘못했기 때문이라고 강하게 믿는 것이다.
"제가 소풍을 갈 때마다 비가 와요."
(벤치에 앉아 있는 사람들이 웃는 것을 보고)"저 사람들이 제 외모를 보고 비웃는 것 같아요."

5 파국화(catastrophizing)

- 어떠한 사건에 대해 과도하게 염려하고 두려워하는 것을 말한다.

6 잘못된 명명(mislabelling)

- 불완전성과 과거의 실수에 근거해서 정체감을 묘사하고 이를 자신의 진정한 정체감으로 정의하는 것이다.

7 독심술(mind - reading)

- 관계에 있어서 타인이 어떤 생각을 하고 있는지 안다고 생각하는 것이다.

8 이분법적 사고(흑백논리적 사고)(all or nothing thinking)

- 경험을 어느 한 극단으로 범주화하는 것이다.
- 흑백논리로 분류하게 된다.
- 성공 아니면 실패, 칭찬 아니면 비난

9 의미확대(magnification, 과대평가)/의미축소(minimization, 과소평가)

- 사건의 의미나 중요성을 지나치게 과장하거나 축소하는 오류이다.

10 긍정격하(disqualifying the positive)

- 자신의 긍정적인 경험이나 능력을 객관적으로 평가하지 않은 채, 그것을 부정적인 경험으로 전환하거나 자신의 능력을 낮추어 본다.

11 감정적 추리(emotional reasoning)

- 현실적인 근거가 없이 막연히 느껴지는 자신의 감정에 근거하여 결론을 내리는 것이다.

4 인지치료의 상담기법

1 소크라테스식 질문

- 내담자의 인지적 변화를 촉진하기 위한 기법이다.
- 해결책 제시 혹은 논박보다 질문을 통해 스스로 자신의 해결책을 찾도록 돕는다.
- 내담자 생각이 잘못되었음을 지적하는 것이 아니라 대안적 사고를 찾도록 돕는다.

2 사고중지(thought stopping)

- 원치 않는 생각이 떠오를 때마다 "멈춰!"라고 크게 말하거나 소리를 내지 않고 말하는 것, 더 나아가 긍정적인 생각으로 대체하는 것을 의미한다.

3 증거탐문(questioning the evidence)

- 자동적 사고에 대한 타당성을 평가할 수 있는 증거를 찾아 사고를 변화시키는 전략이다. 내담자가 보지 못하고 있는 다른 관점을 볼 수 있어야 내담자가 생각하는 증거 점검이 가능해진다.

4 역기능적 사고 기록지(daily record of dysfunctional thoughts)

- 내담자의 사고, 정서, 행동을 평가하는 방법으로 자기관찰을 하는 것이다.

사고기록지					
상황	감정/행동/몸의 반응	그 상황에서 했던 생각	자동적 사고	대안적 사고	대안적 행동

5 자동적 사고 구체화

- 역기능적 사고 기록지를 사용하여 생각을 구체화하고 다음 회기에 그것들을 가져오도록 한다. 내담자가 자신의 자동적 사고를 이해하는 데 도움이 된다.

6 절대성에 도전하기

- 내담자의 '절대로', '항상', '완전히', '반드시', '모든 사람이', '한 사람도', '나는 제대로 하는 게 하나도 없다' 등과 같은 극단적인 표현들을 지적함으로써 내담자가 좀 더 현실에 가까운 해석을 하거나 관점을 갖도록 돕는 기법이다.

7 재구성(reframing)

- 내담자의 상황이나 행동에 대한 인식을 변화시키는 전략으로, 문제의 다른 측면에 초점을 두거나 내담자가 다른 시각에서 문제를 바라볼 수 있도록 해주는 것이다.

> 🔗 친한 친구와 심하게 다퉈 헤어졌을 때 마음이 많이 아프지만 이 상황을 자신의 의사소통이나 대인관계 방식을 돌아볼 수 있는 기회로 삼는다.

8 재귀인

- 어떤 사건에 대해 책임이 거의 없음에도 불구하고 상황이나 사건에 대한 책임을 그들 스스로에게 부여한다. 재귀인 기술은 내담자가 사건에 대한 책임을 공정하게 귀인하도록 돕는다.

9 과제

- 내담자와 상의하여 다음 회기까지 해올 수 있는 과제를 준다. 새로운 대안적 사고와 대안행동을 강화시키기 위하는 방법이다.

🔍 틀린 문장

- 자동적 사고는 누구나 즉시 인식할 수 있다. → 자동적 사고는 스트레스 사건을 경험했을 때 순간적으로 아주 빠르게 떠오르기 때문에 자동적 사고의 존재를 인식하기 힘들다.
- 자동적 사고는 핵심신념과 중간신념을 매개한다. → 핵심신념과 자동적 사고를 매개하는 것은 중간신념이다.
- 정신적 여과의 예시로 (벤치에 앉아 있는 사람들이 웃는 것을 보고)"저 사람들이 제 외모를 보고 비웃는 것 같아요." → 개인화에 대한 예시다.
- 정신적 여과의 예시로 (친구들이 웃으며 이야기하는 모습을 보고)"애들이 내 외모를 비웃는 걸거야." → 개인화에 대한 예시다.
- 개인화의 예시로 "선생님이 유독 나만 주시하고 트집을 잡는 데는 내 잘못도 있을 것이다." → 임의적 추론에 대한 예시다.
- 과잉일반화의 예시로 "우리 학교 전교 1등 학생이 담배를 피우는 것을 보면 흡연은 나쁜 행동이 아니다." → 선택적 추론에 대한 예시다.
- 의미확대의 예시로 "나는 어디 가든지 사람들의 주목을 받아야 한다." → 엘리스의 합리정서행동상담의 당위적 사고 중 자신, 타인, 세상에 대한 당위적 사고 중 자신에 대한 당위적 사고에 해당한다.
- 높은 좌절인내력(high frustration tolerance) → 엘리스의 합리정서행동상담의 비합리적 신념인 절대적인 강요와 당위, 파국화, 좌절에 대한 낮은 인내력, 자신과 타인에 대한 질책 중의 하나이다.
- 이분법적 사고의 예시로 "혈액형은 각각 완전히 다른 거야, A형이면서 B형일 수는 없어." → X

게슈탈트 상담

1 게슈탈트 상담이론

- 게슈탈트란 전체, 형태를 의미하는 독일어로 개체가 현재 자신의 유기체 욕구나 감정을 하나의 의미 있는 행동 동기로 조직화하여 지각하는 것을 의미한다.
- 게슈탈트를 형성한다는 말은 유기체가 어느 한 순간에 가장 중요한 욕구나 감정을 자각하여 전경으로 떠올리는 것을 말한다.
- '지금 - 여기'에서 경험하는 것들에 초점을 맞춘다.
- 내담자가 실존적 삶을 살아가도록 돕는다.
- 내담자의 자기인식과 문제해결을 돕기 위해 다양한 실험을 활용한다.
- 심리적 부적응의 원인을 접촉 경계 장애로 본다.
- 인간은 전경과 배경의 원리에 따라 세상을 경험한다.
- 자신과 환경을 이해하고 자신을 수용하며 접촉할 수 있는 힘을 증진시킨다.

2 게슈탈트상담의 주요개념

1 전경과 배경

- 게슈탈트를 형성한다는 것은 개체가 어느 한 순간 가장 중요한 욕구나 감정을 전경으로 떠올린다는 말과 같은 뜻이다.
- 건강한 개체는 매 순간 자신에게 중요한 게슈탈트를 선명하고 강하게 형성하여 전경으로 떠올릴 수 있는 반면에 그렇지 못한 개체는 전경을 배경으로부터 명확히 구분하지 못한다.

2 알아차림(awareness)

- 긍정과 성장, 개인적 통합을 위한 핵심 개념으로 개체가 자신의 유기체적 욕구나 감정을 지각하여 명료한 전경으로 떠올리는 행위이다.
- 유기체가 주어진 상황에서 유기체 - 환경의 장에서 일어나는 자신에게 중요한 내적, 외적 사건들을 지각하고 체험하는 것이다.

3 알아차림을 촉진

- 자신의 욕구나 감정을 지각한 다음 게슈탈트를 형성하여 전경으로 떠올리는 행위가 '알아차림'이고, 환경과 상호작용하는 행위, 에너지를 동원하여 실제로 환경과 만나는 행위는 '접촉'이다.
- 알아차림과 접촉 주기는 배경, 감각, 알아차림, 에너지 동원, 행동, 접촉의 순으로 이루어진다.
- "생각을 멈추고 지금 느끼는 감정에 집중해보세요.", "당신이 가장 원하는 것은 무엇인가요?", "당신의 손은 무엇을 말하려고 하나요?", "눈을 감고 그 사람의 얼굴을 떠올려 보세요."

4 게슈탈트의 형성과 알아차림 – 접촉(해소) 주기

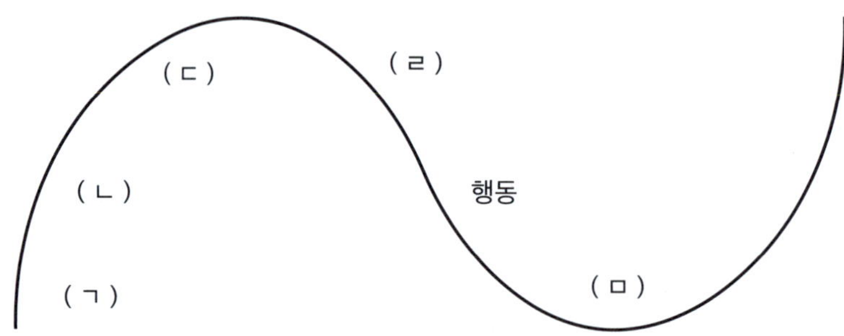

ㄱ: 배경, ㄴ: 감각, ㄷ: 알아차림, ㄹ: 에너지 동원, ㅁ: 접촉

1 배경

- 신체감각 자체가 느껴지지 않을 수 있다. 신체적 고통이나 불편한 상태 등이 무시되어 느껴지지 않는다거나 혹은 외부환경에서 일어나고 있는 사건들이 지각이 되지 않는 현상이다.

2 감각

- 어떤 유기체 욕구나 감정이 신체감각의 형태로 나타난다. 장애가 발생하면 신체감각은 자각하지만 잘못 해석하는 일이 발생한다.

3 알아차림

- 개체가 알아차려 게슈탈트를 형성하여 전경으로 떠올린다. 어떤 욕구를 알아차리고 해결하고 싶어하지만 실제 행동으로 실천할 의욕이 일어나지 않는 것이다.

4 에너지동원

- 에너지를 동원하면서 흥분을 경험한다. 하지만 장애가 생기면 동원된 에너지를 외부 환경과의 접촉적인 행동으로 옮기지 못하고 차단해 버리는 현상이 발생한다.

5 행동

- 적절한 행동을 선택하고 실행한다. 하지만 장애가 생기면 에너지를 동원하여 행동으로 옮기지만 접촉에 실패함으로써 게슈탈트를 완결하지 못하는 현상이 발생한다.

6 접촉

- 환경과의 접촉을 통해 게슈탈트를 해소한다. 하지만 장애가 생기면 체험의 정점에서 자신을 놓아버리지 못하고 행위에 집착하거나 매달리며 물러나지를 못한다.

> 🔗 함께 대화를 나누고 있는 영희가 철수의 얘기를 듣지 않고 딴 생각을 하면서 멍하니 있었다. 철수는 그런 영희에게 "영희야 나 좀 봐줘! 그리고 내 말 좀 들어봐." 라고 말하였다.

7 해소

5 미해결 과제

- 완결되지 못했거나 해소되지 않은 게슈탈트를 미해결 과제라고 한다.
- 미해결 과제가 많아질수록 개인은 자신의 욕구를 효과적으로 해소하는 데 실패하고 되고 마침내 심리적, 신체적 장애를 일으키기 때문에 게슈탈트 이론에서는 미해결된 과제의 완결을 매우 중요한 목표로 다룬다.
- 게슈탈트 상담의 목적은 알아차림과 접촉을 증진시키는 것이다.
- 분노, 불안. 미움, 증오, 죄책감, 두려움 등일 수 있다.
- 신체 증상을 일으킬 수 있기 때문에 상담자는 내담자의 신체적 경험에 주의를 기울인다.
- 미해결 과제를 해결할 수 있는 방법은 '지금 여기'를 알아차리는 것이다.

6 접촉경계 혼란(장애) 현상

- 미해결 상황을 현재까지 유지시키고, 유기체의 욕구충족을 방해하며, 자신뿐만 아니라 타인 및 환경과의 접촉을 방해하는 심리기제다.

1 내사(introjection)

- 부모나 사회의 영향에 의해 형성된 가치관이다.
- 부모가 요구하는 가치관을 비판하지 않고 수용한다.
- '항상 열심히 일해야 한다', '늘 다른 사람을 먼저 배려해야 한다'와 같은 가르침을 아무 비판없이 수용하는 경향성이다.
- 타인의 신념과 기준을 자신과 동화(소화)시키지 못한 채 무비판적으로 수용하려는 경향이다.

2 투사(projection)

- 자신이 받아들일 수 없는 부정적인 생각, 느낌, 태도 등의 속성이 다른 사람들에게 속한다고 여기고 그것을 무시하거나 자신의 속성이 아니라고 부인하는 것을 뜻한다.
- 많은 대인관계 갈등은 자신의 내면에서 받아들일 수 없는 부분들을 타인에게 투사함으로써 나타난다. 투사는 존재를 있는 그대로 바라보지 못하고 자신의 생각과 욕구를 타인의 것으로 지각한다.

3 자의식(egotism)

- 타인으로부터 존경과 관심욕구가 높으나 거부당하는 것에 대한 두려움, 긴장, 불안으로 자신의 행동에 대한 타인의 반응을 지나치게 의식하여 발생한다.
- 관심의 대상이 자신인 까닭에 타인과 관계 맺기가 어렵다. 다른 사람의 눈을 쳐다보거나 자연스럽게 대화를 나누지 못한다. 이로 인해 대인관계 접촉이 방해받아 장기적으로 고립된다.

4 반전(retroflection)

- 다른 누군가에게 하고 싶은 것을 우리 자신에게 하는 것을 말하거나 다른 사람들이 우리에게 해주기를 바라는 것을 자기 스스로 하는 것을 말한다. 즉 다른 사람에게 해야 할 행동을 방향을 바꾸어 본인에게 되돌려 하는 것을 말한다.
- 타인에게 드러내고 싶은 감정이나 행동을 자신에게 되돌려 표현하는 것이다.
- 자신을 비난하고 상처를 입히는 것은 타인을 공격하기가 두려워서 자신을 공격하는 것이다. 자신을 괴롭히는 친구에게 화가 날 때 자해를 하거나 손톱을 물어뜯는 것은 다른 사람에 대한 적개심이나 다른 사람을 물어뜯고자 하는 마음으로 자신에게 하는 행위일 수 있다.
- 주로 혼자 내적 대화를 하거나 딴 생각을 하면서 타인과의 접촉을 회피한다.

> 🔗 고등학생 A는 우울과 신체화 증상을 자주 호소한다. 이러한 증상은 학교에서 친구들과 갈등이 생길 때 더욱 심하게 경험하게 되는데, 특별히 자각하지 못한 채 자동적으로 일어난다고 하였다.

> 🔗 "아빠가 술을 드시고 제게 화를 내시면 저는 자해를 하곤 했어요."

5 편향(deflection)

- 불안, 죄책감, 갈등, 긴장 등 여러 가지 부정적인 심리상태를 피하기 위한 다양한 수준의 접촉 회피를 말한다. 특히 불안의 방어가 중요한 목적이다.
- 환경과의 접촉이 감당하기 힘든 심리적 결과를 초래할 것이라 예상될 때, 환경과의 접촉을 피해 버리거나 약화시킨다.
- 요점이 없는 이야기를 장황하게 늘어놓는다.
- 말을 장황하게 하거나 초점을 흐리고 말하면서 상대방을 쳐다보지 않거나 웃어버린다.
- 구체적으로 말하지 않고 추상적 차원에서 맴돌고 자신의 감각을 차단시킨다.

6 융합(confluence)

- 밀접한 관계에 있는 두 사람이 서로의 독자성을 무시하고 동일한 가치와 태도를 지닌 것처럼 여기는 것으로 흔히 외로움이나 공허감을 피하기 위한 경우가 많다.
- 부모 · 자식 관계에서 각자의 개성과 자유를 포기한 상태이다.
- 상담은 부모와 자식 간의 경계를 그어주는 작업을 해야한다.
- 예시로는 "엄마는 제가 어려서부터 변호사가 되길 원하셨어요. 저는 변호사 이외에 다른 직업을 생각해 본 적이 없어요."

7 성격변화(신경증 층) 5단계

1 피상층(가짜층)(cliche or phony layer)

- 진정성이 없거나 패턴화된 방식으로 다른 사람들에게 반응하는 것을 말한다.
- 형식적이고 의례적으로 반응하고 피상적으로 서로 교류하는 단계다.
- 겉으로 자신에게 아무 문제가 없는 것처럼 행동한다.

2 공포층(연기층)(phobic or role playing layer)

- 자신의 욕구를 억압하고 부모나 주위 환경에서 바라는 기대에 맞춰 행동하며 살아가는 단계다.
- '어떤 사람이어야 한다'는 관념에 의해 타인이 기대하는 역할행동을 자신이 원하는 행동이라고 믿으며, 배우와 같이 주어진 역할을 연기하며 살아간다.
- 부정하려고 했던 자신의 어떤 모습을 직시하게 될 때 이들은 크게 저항한다.

3 교착층(impasse layer)

- 지금까지 해오던 역할연기를 그만두고 자립을 시도하지만 자립할 힘이 없어서 오도가도 못하는 실존적 딜레마에 빠져 꼼짝하지 못하고 공포감과 공허감을 느끼는 단계다.
- 극도의 무력감과 두려움을 느끼며, 자신을 매우 가치 없는 사람이라고 느낀다.

4 내파층(implosive layer)

- 자신이 지금까지 스스로를 어떻게 억압하고 차단해 왔는가를 알아차리게 되는 단계다.
- 지금까지 억압하고 차단했던 욕구와 감정을 알아차려 게슈탈트를 형성하지만, 환경과의 접촉을 통해 게슈탈트를 해소하지 못하고, 타인에 대한 분노와 적대감 등의 부정적 감정을 자신에게 돌려 자신을 비난하고 질타하는 행동을 한다.

5 폭발층(외파층)(explosive layer)

- 자신의 욕구나 감정을 더 이상 억압하지 않고 외부로 표출하는 단계다.
- 게슈탈트를 형성한 개체는 환경과 접촉하여 이를 해소한다.

3 게슈탈트상담의 상담기법

1 실험하기

- 내담자의 문제를 이해하고 해결하는 데 있어서 상담자가 창의적인 아이디어를 구상하여 내담자와 함께 하나의 상황을 연출해냄으로써 문제를 명확하게 드러내고 문제에 대한 새로운 해결책을 모색해보는 모든 창의적인 활동을 말한다.
- 문제 명료화와 새로운 해결책 모색을 촉진한다.
- 내담자와 중요 타인과의 대화 장면 설정하기, 고통스러웠던 기억을 극화하기, 역할놀이, 내적 언어 표현인 몸짓이나 자세 등이 있다.

> 내담자: (내담자가 자신의 삶에 대해 이야기한다) 세상에 혼자 있는 것 같아요.
> 상담자: 세상에 혼자 있다고 마음속으로 상상해 보세요. 어떤 것을 경험하십니까?

2 언어수정 기법

- '나'를 주어로 쓰도록 하며, '하고 싶다', '하겠다', '하기 싫다' 등 자신의 주관적인 감정언어로 바꾸어 쓰게 한다.
- "나는 할 수 없다"를 "나는 하지 않겠다'로 바꾼다.

3   직면 기법

- 내담자가 회피하려는 행동을 직면시킨다.
- 자신의 진정한 감정을 회피하는 내담자에게 진실을 그대로 받아들이는 상담기법이다.

4   빈의자 기법

- 내담자 내사를 외현화하기 위한 기법이다. 2개의 의자를 사용하여 내담자에게 한 의자에 앉아서 자신의 내면에 말을 한다. 그런 다음, 다른 의자로 옮겨서 상대방이 되어 보라고 한다. 대화는 내담자의 두 측면 사이에서 계속될 수 있다. 내담자가 두 측면을 수용하고 통합함으로써 갈등은 해결된다.
- 내면에 억압된 자기와 접촉하게 한다.
- 내사된 가치관을 의식화함으로써 부인하고 있을지 모르는 자신의 어떤 측면에 접촉하도록 도와준다.
- 거부하고 부인했던 자신의 성격의 측면들을 통합하고 수용하기 위해 내적 대화 기법을 사용한다.
- 인격 기능의 두 측면인 상전과 하인의 갈등과 대립을 다룸으로써 통합에 이르게 한다.
- 어떤 특성을 제거하는 것이 목적이 아니라 양극성을 수용하게 하는 것이다.

1   빈의자 기법의 장점

- 새로운 행동을 시험해 볼 수 있으며, 역할을 바꾸어 가며 대화를 해 봄으로써 상대편의 시각과 감정을 이해하고 공감할 수 있는 장점도 있다.
- 타인과의 관계뿐만 아니라 자기 자신의 억압된 부분 혹은 개발되지 않은 부분들과의 접촉도 가능하게 해준다.
- 자신의 내면세계를 더욱 깊이 탐색할 수 있다.

5   과장하기

- 자기 감정이나 욕구에 대한 내담자 이해를 촉진한다.
- 내담자가 더 알아차렸으면 하는 부분을 상담자가 과장하게 하여 알아차리게 한다.
- 내담자에게 행동이나 몸짓을 반복적으로 과장하게 하거나 무심코 한 말을 되풀이해서 말하게 하거나 큰 소리로 말하게 하여 억압된 내적 감정을 더 분명하게 만든다.

6   꿈 작업

- 펄스는 꿈의 모든 국면을 자신의 성격에서 부정된 부분 또는 우리 자신을 꿈에 투사한 것으로 보았다.
- 꿈의 각 부분은 자신의 투사로 가정하기 때문에 꿈속의 여러 인물 역할을 맡아봄으로써 소외되어온 자기의 부분들과 다시 통합할 수 있게 된다.
- 억압하거나 회피했던 충동과의 접촉 및 통합한다.

1 신체 자각

- 우리가 흔히 화가 나면 '열불난다' 등의 표현을 쓴다.
- 현재 상황에서 느끼는 신체 감각에 대해 자각하게 함으로써 자신의 감정이나 욕구 혹은 무의식적 생각을 알아차리게 해 줄 수 있다.

2 환경 자각

주의 사물의 모습, 자연경관, 맛, 냄새, 소리, 촉감 등 자각을 통하여 자신의 존재와 감정에 대한 자각이 보다 분명해진다.

8 실연하기(enactment)

- 내담자가 자신에게 중요했던 과거의 어떤 장면이나 미래에 있을 수 있는 장면들을 현재 상황에 벌어지는 장면으로 상상하면서, 어떤 행동을 실제로 연출해 보는 것을 말한다. 이 기법을 통해 내담자는 미처 몰랐던 자신의 감정이나 행동패턴을 발견할 수도 있고, 회피해왔던 행동들을 실험해 볼 수도 있다.

9 머물러있기

- 내담자가 불쾌한 감정이나 기분에 대해 이야기하고 거기에서 도망치려는 강한 욕구를 느끼는 바로 그 순간에, 상담자는 내담자에게 이 감정을 지속하라고 말하며 피하고 싶은 감정이나 행동에 더 깊이 들어가 보라고 독려하는 기법이다. 상담자는 내담자에게 자신의 현재 감정에 의도적으로 계속 머무르며 미해결 과제를 해결하게 한다.

10 반대로 하기

- 반대행동을 하여 자신의 억압된 행동들을 직면하고 통합할 수 있는 기회를 갖도록 해주어야 한다.
- 내담자가 매우 불안해하는 행동을 하게 만들어, 숨겨지고 부인해왔던 자신의 일부분과 접촉하게 만드는 것이다.
- 과거에 회피해 온 행동이나 성격의 측면을 재탐색하고 발굴함으로써 내담자의 행동영역을 확장시켜 주기 위함이다.
- 양극성을 통합하는 데도 유용한 기법이다.

11 창조적 투사하기

> 집단상담자는 사람들이 너무 이기적이라고 불평하는 집단원에게 이기적인 사람이 되어 연기해 보도록 권유함으로써 그러한 이기적인 욕구나 감정이 자신의 것임을 알아차리도록 하였다.

12 환상이완기법

환상연습을 통하여 원하지 않는 행동이 일어나기 전에 나타나는 신체적 단서를 찾아서 통제할 수 있도록 해 주는 최면상담전략의 하나이다.

🔍 틀린 문장

- 알아차림 - 접촉 주기는 '배경→감각→알아차림→행동→에너지동원→접촉'의 순으로 이루어진다. → 알아차림 - 접촉 주기는 '배경→감각→알아차림→에너지동원→행동→접촉'의 순으로 이루어진다.
- 알아차림을 촉진하는 질문은 "과거에는 그 문제에 어떻게 대처했나요?" → 알아차림을 촉진의 질문은 "현재에는 그 문제에 어떻게 대처하나요?"
- 내파층은 개체가 게슈탈트를 해소하고 완결 짓는 단계이다. → 폭발층(외파층)은 개체가 게슈탈트를 해소하고 완결 짓는 단계이다.
- 내사는 친구와 싸운 일 때문에 수업에 집중하지 못하는 것이다. → 미해결 과제에 의한 현상이다. 친구와 싸운 일이 전경에 올라와야 하는데 친구와 싸운 일이 미해결 과제로 배경에 있는 상태이다.
- 내담자의 꿈에 대해 의미를 해석하고 지적 통찰에 이르도록 돕는다. → 프로이트의 주장에 해당하는 내용이다. 펄스는 꿈의 모든 국면을 자신의 성격에서 부정된 부분 또는 우리 자신을 꿈에 투사한 것으로 보았기 때문에 꿈속의 여러 인물 역할을 맡아봄으로써 소외되어온 자기의 부분들과 다시 통합할 수 있게 된다.
- 실연(enactment)은 명확하고 생생한 내담자 환경을 자각하는 기법이다. → 환경자각 기법은 주의 사물의 모습, 자연경관, 맛, 냄새, 소리, 촉감 등 자각을 통하여 자신의 존재와 감정에 대해 자각하는 것이다.
- 미해결 과제는 전경과 배경의 교체를 촉진한다. → 미해결 과제는 전경에 떠올라야할 과제가 배경에 머물러 있어서 완결되지 못했거나 해소되지 않은 게슈탈트를 말한다.

18 실존주의 상담

1 실존주의의 주요개념

1 실존적 불안

- 실존적 불안의 조건은 죽음, 고립(고독), 무의미, 자유와 책임, 선택과 같이 불가피한 결과이다.
- 실존주의자들은 실존적 불안은 인간이 삶에서 필연적으로 겪게 되는 것이지만, 자신의 삶을 더욱 의미있게 살아가는 원동력이 된다.
- 죽음, 책임감, 선택과 같은 실존적 딜레마에 직면하는 기회를 제공할 수 있다.
- 실존적 불안은 성장에 대한 자극일 수 있다.
- 실존주의 상담에서 가정하는 인간의 궁극적 관심사는 자유, 고독, 무의미, 자유와 책임, 선택이다.
- 다양한 정신장애의 원인을 실존적 불안을 다루는 방식에서 찾았다.
- 내담자로 하여금 자신의 내면세계를 진실되게 자각하도록 한다.
- 진단적 범주보다 내담자의 실존적 주제에 주의를 기울인다.
- 지금 있는 그대로의 자기 자신을 신뢰하도록 돕는다.
- 죽음의 불가피성과 삶의 유한성을 다룬다.
- 개인이 갖고 있는 자유와 책임을 인식하게 한다.

2 실존주의 인간관

- 인간은 자기인식 능력을 지닌 존재이다.
- 인간은 자신의 의사와 상관없이 이 세상에 우연히 던져진 존재이다.
- 인간은 유한성을 지닌 존재이다.
- 인간은 자유와 책임을 지닌 존재이다.
- 인간은 타인과 세계로부터의 근본적인 고립을 느낀다.
- 인간은 삶의 의미를 상실한 상태를 겪는다.
- 인간은 실존적 소외를 느끼며 실존적 소외 속에는 심오한 외로움과 소외감이 있다.
- 인간은 실존적 소외를 겪는다.
- 상담은 내담자의 고유한 경험을 존중하고 내담자는 스스로가 선택하고 있는 자신을 그대로 느끼면서 자신의 내면의 세계, 즉 실존의 경험으로 들어간다.

3 심리적 문제

- 프랭클은 인간의 심리적 문제는 실존적 공허, 실존적 신경증(우울증, 알콜중독, 강박증 등)에서 발생한다고 하였다.
- 심리적 문제는 실존적 죄책감(참여회피 또는 선택하지 않기로 선택한 것), 강박적 활동(무의미함과 허무함을 회피하거나 보상하기 위해서 다른 활동에 강박적으로 집착하는 것)에서 발생한다고 하였다.
- 무의미성과 무근거성이 실존적 불안과 우울의 원천이라고 하였다.
- 정형화된 상담 모형과 상담자 훈련 프로그램이 마련되어 있지 않다는 점이 단점이다.

2 실존주의 상담목표

- 상담자는 내담자가 스스로 삶의 의미와 목적을 발견하고, 삶을 주체적으로 선택하고 책임지도록 돕는다.

3 실존주의 상담기법

1 역설적 의도

- 내담자가 불안, 걱정, 두려움의 대상이 되는 행동 또는 반응을 의도적으로 실행하게 되어 의도와 반대되는 결과를 얻게 하는 기법이다. 이 기법은 두려워하는 것은 두려움 그 자체일 뿐임을 깨닫도록 내담자를 도움으로써 공포의 악순환을 차단하는 효과가 있다.
- 역설적 의도는 내담자들의 증상에 대한 자신의 태도를 반전시켜 줌으로써 내담자로 하여금 자기의 증상으로부터 벗어날 수 있게 해준다. 증상 자체에 지나치게 관심을 두지 않게 한다.

> 🔗 저는 이 기법으로 내담자가 문제라고 생각하는 행동을 오히려 더 과장하게 해서 내담자가 두려워하는 것은 두려움 그 자체일 뿐이라는 사실을 깨닫도록 도왔습니다.
> 하루 종일 운동 외에 다른 활동은 절대 하지 않도록 해보라고 제안한다.

2 탈숙고(de-reflection) by 프랭클

- 예기불안의 악순환에서 벗어나게 하기 위해 사용되는 기법이다. 내담자가 자신의 문제에 지나치게 숙고(hyperreflection, 지나친 주의, 자기관찰)하면 자발성과 활동성에 방해가 되므로 지나친 숙고를 상쇄시킴으로써 내담자의 자발성과 활동성을 회복시켜 주려는 것이다. 이 기법에서는 내담자에게 문제가 되는 행동 또는 증상을 무시하도록 지시한다.

• 예를 들어 불면증인 내담자가 잠을 자려고 애를 쓰는 대신에 책을 읽거나 요가를 하는 등의 일을 함으로써 잠을 자는 일에 쏟는 관심을 다른 곳으로 돌리고 집중하다 보면 오히려 쉽게 잠을 잘 수가 있다.

> 🔗 중학생인 진우는 운동으로 근육을 단련하는 데에 지나치게 몰두해서 수업시간에도 책상 밑에서 운동기구로 운동을 하느라고 수업에 집중하지 못한다. 이 문제로 담임교사가 상담을 의뢰하였다.

3 호소기법

• 의지가 약한 내담자를 위해서 고안된 것이다.
• 내담자의 에너지 수준이 너무 약해서 내담자와 상담계획을 세울 수 없을 때 '의지의 암시훈련'과 '의지의 자율훈련'이 실시된다.
• 의지의 암시훈련은 내담자에게 더 강해질 수 있다는 것을 확신시켜 주어 자신의 의지에 따라 행동할 수 있게 한다.
• 예를 들어 "나는 나의 충동이나 감정의 무력한 희생자가 아니다. 나는 자유의지를 가지고 있으며 나의 의지를 강화하고 나에게 의미있는 목표를 향하거나 나 자신에 대해…(중략)"
• 의지의 자율훈련은 내담자의 의지를 강화하기 위한 방법으로 내담자가 자율훈련을 경험하면 내담자의 의지가 강화되거나 삶에 대한 긍정적인 태도를 갖게 된다.

4 태도변형

• 과거에 대한 태도를 바꿈으로써 과거뿐만 아니라 현재를 좀 더 의도적으로 자신의 것으로 만들 수 있다. 태도변형을 통하여 내담자가 처해있는 상황이나 직면한 문제에 대한 태도를 새롭게 재구성해 주고 미래에 대한 새로운 결단을 위해 구조화시켜 주는 것이다.
• 상담자는 소크라테스적 질문 등을 통하여 내담자로 하여금 자신의 삶에 대한 사려 깊은 의미를 발견할 수 있도록 도와주어야 한다.

5 자유연상법

• 현재에 일어나고 있는 일에 대한 현상적 경험을 깊이 있게 다루어서 실존적 개념의 바탕 하에 내담자의 문제를 분석하는 데 초점을 둔다. 내담자로 하여금 자신이 접촉하고 있는 현실적이고 주관적인 세계를 자각하고 삶의 의미와 방향을 찾아갈 수 있도록 도와준다.

6 직면

• 내담자가 겪는 실존적 불안이나 실존적 공허감이 그의 궁극적 관심사와 관련되어 있다는 전제에서 그러한 문제를 진솔하게 직면할 수 있도록 격려한다.

- 내담자의 현재보다는 과거의 사건과 미래에 주목한다. → 과거에 대한 태도를 바꿈으로써 과거뿐만 아니라 현재를 좀 더 의도적으로 자신의 것으로 만들 수 있다.
- 실존주의 인간관은 개인은 그가 처한 객관적 상황 속에서 이해되어야 한다. 인간이 처한 실존상황의 주된 네 가지 조건은 죽음, 고독, 자유, 희망이다. → 실존주의 상담에서 가정하는 인간의 궁극적 관심사는 자유, 고독, 무의미, 자유와 책임이다.
- 소크라테스 대화법으로 수업에 집중하지 못해서 생기는 손해를 깨닫도록 논리적으로 교육한다. → 엘리스의 합리정서행동상담의 상담기법으로 소크라테스식 논박하기 기법이 있다.
- 탈숙고(dereflection)는 운동에 대한 집착이 문제라는 생각을 의식적으로 피해보도록 한다. → 탈숙고(dereflection)기법은 내담자가 자신의 문제에 지나치게 숙고(지나친 주의, 자기관찰)하면 자발성과 활동성에 방해가 되므로 지나친 숙고를 상쇄시킴으로써 내담자의 자발성과 활동성을 회복시켜 주려는 것이다. 이 기법에서는 내담자에게 문제가 되는 행동 또는 증상을 무시하도록 지시한다.
- 동기강화는 운동하는 것처럼 공부를 열심히 할 수 있도록 동기를 강화시킨다. → X
- 역할전환은 자기가 운동에 전혀 관심이 없는 학생인 것처럼 가장해서 역할해보기 → X

19 | 글래서(W. Glasser)의 현실치료상담

1 글래서의 현실치료상담

- 글래서는 선택이론을 주장하며 개인이 느끼는 불행과 정신병은 결국 개인이 선택한 결과라고 주장했다.
- 인간을 자신의 행동을 선택하는 존재로 가정한다.
- 불행은 단지 우리에게 일어나는 것이 아니라 우리 자신이 선택하는 것이라고 주장했다.
- 개인의 선택과 삶에 대한 통제를 중시한다.
- 사람들은 자신의 삶은 물론 행하고, 느끼고, 생각하는 것에 대해 책임이 있다고 가정하기에 우리의 행동을 통제할 수 있는 사람은 오로지 우리 자신이라고 내적통제를 강조했다.
- 선택이론에 근거하고 있다.
- 선택이론은 인간 행동의 대부분은 내적으로 동기화되어 있다고 가정한다.
- 내담자 개인의 책임을 강조한다.
- 현재의 행동에 초점을 두고 개인적인 책임을 강조한다.
- 내담자의 감정이나 과거보다는 현재 행동에 초점을 둔다.
- 불만족스러운 관계 혹은 관계 결여에 관심이 있다.
- 상담목표는 의미있는 관계를 형성하는 것이다.
- 스스로 선택하고 책임질 수 있는 방법으로 각자의 생존, 소속, 힘, 자유, 즐거움 등의 심리적 욕구를 충족할 수 있도록 돕는다.

2 현실치료상담의 주요개념

1 기본욕구

- 욕구를 충족시키는 방법인 바람은 개인마다 독특하고 차이가 있다.
- 기본욕구는 상호갈등적이고 대인갈등적이다.
- 현실치료상담에서는 개인이 자신이 원하는 바람을 파악했다고 하더라도 그러한 바람을 효과적으로 충족시키지 못하기 때문에 심리적 문제가 생긴다고 본다.

1 사랑과 소속의 욕구

다른 사람들과 사랑하고 나누고 함께하고자 하는 속성을 말한다.

2 힘과 성취의 욕구

경쟁하고 성취하고 중요한 존재로 인정받고 싶어하는 속성을 말한다.

3 자유의 욕구

선택, 독립, 자율성 등의 의미를 내포하며 각자 자신이 원하는 식으로 삶을 영위하고 싶어하는 욕구를 말한다.

4 즐거움(재미)의 욕구

새로운 것을 많이 배우고 놀이를 통해 즐기고자 하는 속성을 말한다. 놀이와 학습도 포함된다.

5 생존의 욕구

생명을 유지하고 생식을 통해서 자신을 확장시키고자 하는 속성을 말한다.

2 지각체계(감각체계)

- 지각체계는 지식 여과기와 가치 여과기로 구성되어 있다.
- 일차적인 지각체계는 모든 현실을 있는 그대로 받아들이는 작업을 하는 지식여과기이다.
- 이차적인 지각체계는 지각현실을 긍정적, 부정적, 혹은 가치중립적으로 인식하는 기능을 담당하는 가치여과기이다.

3 좋은세계(quality world)

- 좋은 세계는 개인의 욕구와 소망이 충족되는 (내면)세계이다.
- 좋은 세계 안에는 우리에게 중요한 것과 가장 원하는 것이 반영되어 있으며 도덕적 기반은 존재하지 않는다.
- 뇌 속의 비교장소를 상정한다.
- 비교장소에서 좋은 세계와 일치하는 현실세계 경험을 하기 위해서 행동하도록 한다.
- 자기 내면세계 또는 질적 세계에 맞게 사람들은 각자 순간순간 최선이라고 판단되는 행동을 한다.
- 좋은 세계는 기본적 욕구를 반영하여 구성되며 인식된 현실세계와 비교되어 어떻게 행동할 것인지를 선택하는 바탕이 되는데, 그림은 비합리적인 것일 수 있다.
- 세상에 대해 각자 주관적으로 지각해서 세상이라는 각 개인의 정신화첩에는 마음속에 새겨져 내면의 욕구를 만족시킬 수 있다고 믿는 그림들이 있다.

4 **행동체계**

- 행동체계는 불균형이 심할 때 강한 좌절과 충동이 발생한다.
- 현실세계가 좋은세계(질적세계,정신화첩) 안에 들어있는 사진첩을 충족시키지 못할 때 불균형 상태에 놓이게 되는데, 즉 자신의 삶이 통제되지 않을 때, 좌절감을 느낄 때, 욕구 충족이 불가능할 때 행동체계를 작동시키기 위해 좌절신호를 보내게 된다. 이 좌절신호는 전행동을 유발하는 신호다. 하지만 이 전행동이 비합리적인 행동일 수 있다.

5 **전행동(total behavior)**

- 기본욕구는 자동차의 엔진에 해당하고, 바람은 핸들이 되며, 전행동은 자동차 네 바퀴가 되어 개인이 원하는 방향으로 가도록 되어 있다. 즉 욕구를 만족시키기 위해 하는 행동은 모두 전행동이다.
- 전(全)행동은 욕구만족을 위한 활동하기, 생각하기, 느끼기, 생리반응으로 구성되어 있다.
- 전행동의 '생각하기'에는 공상과 꿈이 포함된다.

6 **3R**

- 3R에는 책임(Responsibility), 현실(Reality), 옳고 그름(Right and wrong)이 있다.
- 내담자는 자신의 행동에 대해 선택권이 있다.
- 글래서는 정신병이나 반사회적 행동은 자신의 행동에 대해 책임지지 않는 데에서 모든 문제가 비롯된다고 보았다.
- 현실치료에서는 무책임을 정신병이라고 간주한다.

---

3 **현실치료상담의 상담기법**

W	어떤 사람이 되기를 소망합니까?
D	지금 무엇을 하고 있습니까?
E	지금 하고 있는 행동이 도움이 됩니까?
P	원하는 것을 얻을 수 있는 효과적인 방법은 무엇입니까?

1 WDEP모델

1 바람, 욕구 지각을 탐색하기=원하는 것 탐색(Want)

- 내담자가 원하는 것이 무엇인지 탐색한다.
- 자신이 정말로 이루고 싶은 삶의 모습을 구체화하도록 한다.
- "당신이 진정으로 원하는 것은 무엇인가요?", "문제해결을 위해 노력할 마음이 있나요?"

2 현재 행동 탐색하기=전행동 탐색(Doing)

- 현실치료에서는 내담자의 감정보다는 행동 즉, 과거보다는 현재에 초점을 두는 것을 강조한다.
- 활동하기, 생각하기, 느끼기, 생리적 반응과 같은 전체행동을 탐색하는 데 중점을 두고 내담자에게 원하는
  것을 얻기 위해 '지금 무엇을 하고 있는가?'를 묻는다.
- 내담자로 하여금 지금 행동하고 있는 것에 초점을 두게 하는 것은 자신의 행동에 대해 의식적인 통제를 할
  수 있고, 대안적인 행동을 새롭게 선택할 수 있으며, 자신의 삶을 변화시킬 수 있다는 것에 목적이 있다.
- "원하는 것을 얻기 위해 무엇을 하고 있나요?", "원하는 것을 얻기 위해 어떻게 하고 있나요?"

3 행동을 평가하기(Evaluation)

- 선택행동에 대한 자기평가를 의미한다.
- 평가는 전행동이 현실적인지, 내담자에게 도움이 되는 것인지, 방해가 되는지에 근거한 판단이 이루어진다.
- 내담자가 현재 행동을 평가하고 더 효과적인 행동을 할 수 있는 심리적 힘을 키우도록 돕는다.
- 행동은 자신의 욕구를 충족시키기 위한 노력이다.
- "당신이 하고 있는 행동은 원하는 것을 얻는데 도움이 되나요?", "지금 하고 있는 행동이 원하는 것을 얻는데
  도움이 되나요?"

4 계획=계획수립(Planning)

- 상담자는 계획을 필수적인 것으로 보고 내담자가 장기적인 계획과 목표를 세우도록 격려한다.
- 계획은 간단하고, 실현가능하고, 즉각적이어야 한다.
- 내담자의 현재 행동 중에서 비효과적이고 부정적인 것들을 찾아 이를 효과적이고 긍정적인 것으로
  변화시키기 위한 새로운 행동 계획을 세우고 실천하도록 돕는 것이다.
- 이때 행동계획은 타인에게 피해주지 않으면서도 자신의 욕구를 충족시키는 전체행동을 말한다.
- "원하는 것을 얻을 수 있는 보다 효과적인 방법은 무엇인가요?", "문제해결을 위해 어떻게 하려고 하나요?"

① Simple : 단순해야한다.
② Attainable : 달성할 수 있는 것이어야 한다. 현실적이고 실현가능한 것이어야 한다.
③ Measurable : 측정할 수 있어야 한다. 구체적이고 정확해야 한다.
④ Immediate : 즉각적이어야 한다.
⑤ Involved : 관심을 갖고 관여되어야 한다.
⑥ Controlled : 통제되어야 한다. 내담자 스스로 계획을 통제할 수 있어야 한다.
⑦ Consistent : 일관성이 있어야 한다. 습관이 될 때까지 자주 반복하는 것이다.
⑧ Committed : 이행하겠다는 언약이 있어야 한다. 확고한 의지를 가지고 수행되어야 한다.

- 가장 자기다운 모습으로 상담해야 한다.
- 웃음은 고통에 대한 치유약이므로 상담 중에 유머를 적극적으로 활용한다.
- '예상하지 않은 행동하기'를 통해 집단원으로 하여금 자신의 또다른 바람을 탐색 하도록 하여 잠시나마 고동상태에서 벗어나게 한다.
- 상담자 윤리강령에 따라 집단원의 궁극적인 복지를 위해 상담을 전개한다.

2 상담과정

- 맞닥뜨림(직면), 역설적 기법, 유머 활용하기, 토의와 논쟁, (내담자 행동변화에 대한) 계약, 질문하기, 동사로 표현하기 등을 사용한다.
- 내담자가 실행하지 못한 것에 대한 변명을 허용하지 않는다.
- 내담자가 실패를 해도 처벌하지 않는다.
- 내담자가 절대 포기하지 않도록 한다.

- 경험 · 환경이 형성한 5가지 욕구를 가정한다. → 욕구를 충족시키는 방법인 바람은 개인마다 독특하고 차이가 있다.
- 의학적 모델에 기초한다. → 선택이론에 근거하고 있다.
- 내담자의 과거 또는 미래 행동에 초점을 맞춘다. → 내담자의 감정이나 과거보다는 현재 행동에 초점을 둔다.
- 개인은 현실에 대한 지각을 통해 현실 그 자체를 알 수 있다. → 지각체계는 지식 여과기와 가치 여과기로 구성되어 있다. 일차적인 지각체계는 모든 현실을 있는 그대로 받아들이는 작업을 하는 지식여과기이다. 이차적인 지각체계는 지각현실을 긍정적, 부정적, 혹은 가치중립적으로 인식하는 기능을 담당하는 가치여과기이다.
- 개인이 경험하는 현실세계는 감각체계와 직관체계를 거친다. → 지각체계는 지식 여과기와 가치 여과기로 구성되어 있다. 일차적인 지각체계는 모든 현실을 있는 그대로 받아들이는 작업을 하는 지식여과기이다. 이차적인 지각체계는 지각현실을 긍정적, 부정적, 혹은 가치중립적으로 인식하는 기능을 담당하는 가치여과기이다.
- 인간은 기본적으로 생존, 사랑과 소속, 존중, 힘, 자유의 욕구가 있다. → 인간은 기본적으로 생존, 사랑과 소속, 힘, 자유의 욕구, 즐거움(재미)가 있다.
- 기본 욕구에는 사랑과 소속, 힘과 성취, 자유, 즐거움, 자아실현의 욕구가 있다. → 인간은 기본적으로 생존, 사랑과 소속, 힘, 자유의 욕구, 즐거움(재미)가 있다.
- 인간은 즐거움, 자유, 실현, 소속, 힘의 욕구를 가지고 태어난다. → 인간은 기본적으로 생존, 사랑과 소속, 힘, 자유의 욕구, 즐거움(재미)가 있다.
- 생존의 욕구는 신뇌에서 유발된다. → 생존의 욕구는 구뇌에서 유발된다.
- 힘과 성취의 욕구는 구뇌(old brain)에서 유발되며 칭찬과 인정을 원하는 기본 욕구이다. → 생존의 욕구는 구뇌에서 유발된다.
  ✓ 신뇌(new brain)에는 사랑과 소속감, 힘과 성취, 자유, 즐거움의 욕구가 해당하고, 구뇌(old brain)에는 생존의 욕구가 해당한다.
- 주요 개념은 4R, 전행동, 선택이다. → 주요 개념은 3R, 전행동, 선택이다.
- 전행동에는 활동하기, 생각하기, 관계하기의 세 가지 요소가 있다. → 전행동에는 활동하기, 생각하기, 느끼기, 생리반응의 네 가지 요소가 있다.
- 전행동(total behavior) 중 행동하기와 느끼기는 직접적으로 통제할 수 있다. → 전행동(total behavior) 중 행동하기와 생각하기는 직접적으로 통제할 수 있다.
- WDEP에서 W는 바람, D는 행동, E는 평가, P는 내담자를 의미한다. → WDEP에서 W는 바람, D는 행동, E는 평가, P는 계획을 의미한다.
- 현실치료는 선택이론에서 통제이론으로 초점을 옮기면서 의료에서 교정, 학교 영역까지 확장되었다. → 현실치료는 선택이론을 바탕으로 제안되었다.
- 현실치료는 상담자와 내담자의 치료적 관계를 중요하게 여기지 않는다. → 현실치료는 내담자와의 치료적 관계를 숭요하게 여겼고 내담자를 절대 포기하지 않는다.

20 에릭 번(E. Berne)의 교류분석

1 번의 교류분석

- 창시자는 에릭 번(E. Berne)이다.
- 인간은 어느 정도 중요한 타인(특히 부모)의 기대나 요구에 의해 영향을 받는다는 의미를 내포하고 있다.
- 어린 시절의 초기결정은 전적으로 타인(부모)에 의존할 수밖에 없지만, 새로운 결정(재결단=재결정)을 내릴 수 있다고 본다.
- 어릴 때 형성된 왜곡된 관계에서 일그러진 생애각본을 변경한다.
- 개인을 고유한 존재로 보고 자율성을 성취하도록 돕는다.

2 교류분석의 주요개념

1 (자아)구조분석

- 성격은 어버이자아상태, 어른자아상태, 어린이자아상태로 구성된다.

1 어린이 자아상태(C, child ego)

- 어린 시절에 실제로 느꼈거나 행동했던 것과 똑같은 감정이나 행동을 나타내는 자아상태다.

　① 자유스러운 어린이(FC, free child)

- 직관적이고 창의적이며 상상이나 공상을 즐기는 특징이 있는데, 지나치면 통제할 수 없고 경솔한 행동으로 나타나기도 한다.
- 현실을 고려하지 않고 즉석에서 쾌락을 추구하고 고통을 피하려 한다.

　② 순응하는 어린이(AC, adapted child)

- 자신의 감정을 억제하고 부모나 교사의 기대에 부응하도록 노력하고 있는 부분이며, 주로 부모의 영향 아래 형성된 것이다.
- 부모나 주위의 어른들의 눈치보는 행동을 취하며, 순종하고, 의존하고, 맹종하며, 반항하거나 원망하고 자학한다.
- 실제의 자기를 항상 억제하고 있으므로 죄책감, 우울감, 좌절, 자기혐오 등의 내부적 문제를 숨기고 있다.

2 어른 자아상태(A, adult ego)

- 어른자아상태는 합리적, 이성적, 객관적 성격특징을 지닌다.
- 객관적 사실에 의해 사물을 판단하고 감정에 지배되지 않으며 이성과 관련이 있어서 사고를 기반으로 적응적 기능을 하는 성격의 일부분이다.

3 어버이 자아상태(P, parent ego)

- 부모뿐만 아니라 정서적으로 중요한 인물 등으로부터의 행동이나 태도로부터 영향을 받아서 형성되는 것이다.
  ① 비판적, 통제적 어버이(CP, critical, controlling parent)
    - 거만하고 지배적인 태도, 명령적인 말투, 지시, 칭찬보다 질책하는 경향 등이 있으며 자신의 가치관을 강요하는 듯한, 상대를 깔보는 듯한 느낌을 준다.
  ② 양육적 어버이(NP, nurturing parent)
    - 친절, 동정, 관용적인 태도를 나타내는 부분으로 위로하고 격려하며 친부모와 같이 돌보는 것이 특징이다.
    - 타인을 보살피고 관심을 가지며 보호하고, 수용하고, 이해하고, 과보호가 될 수도 있다.

2 교류분석(=대화분석)

- 자아상태 P, A, C를 기반으로 주고받는 말, 태도, 행동 등을 분석하는 것이다.

1 상보교류

- 두 사람 간의 대화가 지지적으로 잘 이루어지는 상태를 말한다.

> 🔗 친구1: 지금 몇 시야?
> 친구2: 3시.

> 🔗 언니: 오늘 점심은 내가 살게. 동생: 고마워.
> 남편: 요즘 애들은 너무 예의가 없어. 아내: 그러게요. 우리 때와는 너무 달라요.

> 🔗 과장: (지각한 직원에게) 지금 몇 시죠?
> 직원: 아직 10시가 안 됐는데요.

2 교차교류

- 발신자가 기대하는 대로 응답해 오지 않고 예상 밖의 응답이 될 때 일어나는 교류다.
- 의사소통이 제대로 이루어지지 않고 대화의 단절을 가져와서 인간관계에 부정적인 영향을 미친다.
- 부적절한 교차적 교류는 중단하도록 촉진한다.

> 학생: (수업시간에 시계를 보며) 선생님! 지금 몇 시에요?
> 교사: 너는 공부는 안하고 집에 갈 생각만 하는구나!

> 자녀: 아빠는 몇 시에 퇴근하세요?
> 엄마: 학원갈 시간 다 됐지…

> 상담자(자아상태 A): 지난 상담에서 일주일 동안 시도해 보기로 한 대화 실험은 어땠니?
> 내담자(자아상태 FC): 어, 선생님 밖에 불꽃놀이 하나 봐요, 우리 나가서 구경하면 안돼요?

3 이면교류

- 두 가지 자아상태가 동시에 활성화되어 표면적으로 당연해 보이는 메시지를 보내고 있는 것 같으나 그 주된 욕구나 의도, 진의 같은 것이 이면에 숨겨져 있는 것이 특징이다.
- 사회적 차원에서 메시지를 보내고 있는 것처럼 보이지만 주된 요구나 의도가 이면에 숨겨져 있는 심리적 차원의 메시지가 있는 것이 특징이다.
- 이면적 교류는 중단하도록 촉진한다.

> 어머니: 지금이 몇 시니? (숨겨진 메시지 : 왜 이렇게 늦게 다니는 거야? 일찍 좀 와)
> 아들: 11시요. (숨겨진 메시지 : 집에 들어오기 싫어요! 집이 편하지 않아요)

3 시간구조화

- 인정자극을 극대화할 방향으로 삶의 시간을 활용하여 사회적 상황을 만들고자 하는 욕구이다.

1 차단/폐쇄(철회)(withdrawal)

신체적 도피, 정신적 도피, 환상 등 타인을 멀리하고 대부분의 시간을 자신의 생각이나 상상으로 보내는 방식이다.

2 의식(의례)(ritual)

어떤 행사나 집회모임 등 전통이나 관습적인 행사에만 의식적으로 참여하는 방식이다.

3 소일(pastime)

특별한 목적 없고, 무의미하며 날씨나 사회적 사건들에 대해 잡담하며 시간 보내는 것 등 무난한 화제로 깊이가 없는 시간활용 방식이다.

4 활동

뚜렷한 계획 하에 안전하고 실용성 있는 방법으로 확실한 목표가 있는 사람들에게서 흔히 볼 수 있는
시간구조이다.

5 게임

겉으로는 친밀한 것처럼 보이지만 결과적으로는 라켓 감정을 유발하는 현상(이면교류)을 말한다.
소일 이상의 인간관계가 필요한 경우, 신뢰와 애정이 없는 일종의 솔직하지 못한 의사소통 방식이다.

6 친밀관계(intimacy)

상대방을 신뢰하고 순수한 배려를 하는 진실된 형태의 시간구조화 방식이다. 가장 이상적인 시간구조화
형태이다.

4 라켓(감정)(Racket)

- 어린 시절에 격려 받고 학습되어진 친숙한 정서로써 다양한 상황에서 경험된다.
- 교류분석에서 초기 결정을 확증하기 위하여 다른 사람을 조작하는 과정이며 스트레스 상황에서 자주 경험하게
  되는 것이다.
- 자신의 진정한 감정은 숨기고 어릴 때 허용되었던 감정을 나타낸다. 그 결과 불쾌감정은 누적되어 만성적이
  되어버린다.
- 스트레스 상황에서 자주 경험하게 되는 감정이다.
- 자신도 모르게 벌이는 일련의 각본에 따른 행동이다.
- 초기 결정을 확증하기 위해 타인을 조작하는 과정이다.

5 스트로크(strokes)

- 껴안기, 접촉, 표정, 감정, 태도, 언어 등 여러 형태의 행동을 통해서 상대방에 대한 반응을 알리는 인식의
  기본단위를 말한다.
- 인간은 본질적으로 타인의 관심과 인정을 추구한다.
- 부정적 스트로크를 비효율적으로 사용하면 가치와 존중감을 손상시키고 수치심을 심어준다. 그러나 꾸중이나
  비난과 같은 부정적 스트로크라 하더라도 스트로크를 받지 못하는 것보다는 낫다. 따라서 따뜻한 관심과 애정을
  얻지 못하면, 잘못된 행동을 함으로써 부정적 스트로크라도 받으려고 한다.

1 자기, 타인 긍정 OK 이고그램(I'm OK, You're OK)

- 나도 너도 모두 OK

2 자기, 타인 부정 OK 이고그램(I'm not OK, You're not OK)

- 심한 정신적 문제를 가지고 자기 파괴적인 행동을 할 가능성이 많다.

3 자기긍정, 타인부정 OK 이고그램(I'm OK, You're not OK)

- 타인을 비판하며 남에게 맞추지 않고 자기중심의 행동을 취하기가 쉽다.

4 자기부정, 타인긍정 OK 이고그램(I'm not OK, You're OK)

- 스스로 낮은 자아개념을 가지고, 자기 자신은 무능하여 타인의 도움 없이는 생존할 수 없다는 좌절감을 경험하여 의존성이 형성된다.

7 상담목표

- 라켓을 통해서 느끼는 감정이 아닌 자신의 진정한 감정을 느끼고 표현할 수 있도록 한다.
- 초기결정을 따름으로써 자신의 자유를 스스로 어떻게 제한했는가를 자각하여 자율성 있게 새로운 결정을 내리는 것을 돕는 것이다.
- 게임과 자기 기만적인 인생각본, 이면교류, 교차교류 등으로 발생하던 여러 가지 문제점들을 발견하고 게임을 중지하고 상보교류로 바꾸며 자율적으로 재결정하게 하는 것이 목표이다.

3 교류분석의 상담과정(상담기법절차)

1 1단계 : 계약

- 상담자와 내담자의 라포형성, 상담구조화, 상담목표를 세우고 달성할 상담계약이 이루어진다.

2 2단계 : 구조분석

- 상담자는 내담자에게 구조분석의 의미와 세 가지 자아상태와 기능을 이해시키고, 내담자 자아상태의
  오염(혼합)(contamination)이나 배제(배타)(exclusion)현상을 확인하게 한다.

1 오염(혼합)(contamination)

- 오염(혼합)은 각 자아경계가 지나치게 이완되거나 약화되어 특정 자아상태가 자아경계를 침범하여 침범된
  자아상태가 제 기능을 하지 못하는 것을 말한다.

2 배제(배타)(exclusion)

- 배제(배타)는 각 자아의 영역이 지나치게 경직되어 하나 또는 두 개의 자아상태가 독자적으로 사용되는
  반면, 나머지 자아상태는 폐쇄되어 전체 기능에서 제외되는 상태다.

3 3단계 : 교류분석

- 내담자에게 의사교류 의미와 유형을 이해시키고 다른 사람들과의 의사교류를 분석해 보도록 한다.

4 4단계 : 게임분석

- 내담자가 사용하는 게임의 유형을 확인하고 게임의 결과로 갖게 되는 부정적인 감정을 찾는다.
- 전형적인 게임의 특징을 보면, 게임은 반복적으로 진행되고, 어른 자아가 모르는 사이에 진행되며, 항상 게임을
  하는 사람으로 하여금 라켓감정으로 종결된다.

5 5단계 : 각본분석

- 각본은 어릴 때(약7세때)부터 부모가 주는 메시지에 의해 강화되고 초기결정으로 형성된다.
- 어린 시절 가족환경, 특히 부모와의 관계를 바탕으로 인생각본이 형성된다.
- 인생각본은 초기결정, 게임, 라켓감정 등으로 구성되어 있다.
- 자신의 생활에 대하여 적절한 새로운 결정(재결정)을 내릴 수 있게 된다.

- 내담자가 지금까지 문제 있는 각본이나 의사교류, 게임, 배타와 혼합 등으로부터 탈피하여 자율적이고 정상적인 자아상태를 회복하고 긍정적인 생활자세로 돌아오기 위한 과정이다.
- 자신의 초기결정이 비현실적이거나 불합리하다는 것을 깨닫게 되면 사람들은 자신에게 더 유익한 방향으로 새로운 결정을 내리게 된다.

🔍 틀린 문장

- 어른 자아를 중심으로 어버이 자아, 어린이 자아가 균형 있게 기능하도록 돕는다. → 양육적 어버이 자아(NP)를 정점으로 순응적 어린이 자아(AC)로 내려가는 언덕형이다. 비판적 어버이 자아(CP)와 어른 자아(A)가 같은 수준이고, 양육적 어버이 자아(NP)가 가장 높고 자유로운 어린이 자아(FC), 순응하는 어린이 자아(AC)로 갈수록 내려가는 그래프가 자기긍정 - 타인긍정 자세이다.(CP, NP, A, FC, AC)
- 세 자아 상태 중 두 자아만 자극과 반응을 주고받는 것이 건강한 상태이다. → 세 자아 상태가 균형있게 자극과 반응을 주고받는 것이 건강한 상태이다.
- 교류분석은 세 자아상태 중 한 상태, 세 자아기능 중 한 기능으로 메시지를 주고받는다. → 세 자아 상태가 균형있게 자극과 반응을 주고 받는 것이 건강한 상태이다.
- 교류분석을 통해 내담자가 교차교류를 할 수 있도록 격려한다. → 교류분석을 통해 내담자가 상보교류를 할 수 있도록 격려한다.
- 시간구조화에는 의식, 친밀관계, 소일, 공생관계가 포함된다. → 시간구조화에는 차단/폐쇄(철회)(withdrawal), 의식(의례), 활동, 소일, 게임, 친밀관계으로 구성되어 있다.
- 내담자가 게임을 지속할 수 있도록 긍정적 스트로크를 제공한다. → 게임과 자기 기만적인 인생각본, 이면교류, 교차교류 등으로 발생하던 여러 가지 문제점들을 발견하고 게임을 중지하고 상보교류로 바꾸며 자율적으로 재결정하게 하는 것이 목표이다.
- 게임은 긍정적 스트로크를 주고받게 한다. → 게임은 부정적 스트로크를 주고받게 한다.
  라켓은 표정, 감정, 태도, 언어, 기타 여러 형태의 행동으로 상대방에 대한 자신의 반응을 알리는 행위를 말한다. → 스트로크에 대한 설명이다.
- 내담자의 삶의 입장을 자기긍정 - 타인부정의 입장으로 변화시킨다. → 내담자의 삶의 입장을 자기긍정 - 타인긍정의 입장으로 변화시킨다.
- 각본은 최근 개인이 경험한 사건에 따라 결정된다. → 각본은 어릴 때(약7세때)부터 부모가 주는 메시지에 의해 강화되고 초기결정으로 형성된다.
- 계약 - 교류분석 - 구조분석 - 각본분석 - 게임분석 - 재결단 순으로 상담을 진행한다. → 계약 - 구조분석 - 교류분석 - 게임분석 - 각본분석 - 재결단 순으로 상담을 진행한다.
- 개인심리학에서는 부모나 환경에 대한 반응으로서의 결정들을 토대로 인생각본이 형성된다. → 교류분석에 대한 내용이다.
- 교류분석에서는 내담자의 무의식적 교류에 대한 통찰을 얻기 위해 사용된다. → X

21 | 해결중심상담

1 해결중심상담의 기본가정

- 가족원과 상담자는 협동적이다.
- 내담자가 원하는 것, 중요하다고 생각하는 것을 상담목표로 세운다.
- '잘 알지 못함(not - knowing)'의 자세를 취하고 내담자를 전문가로 여긴다.
- 문제 해결에 필요한 자원을 내담자 자신이 갖고 있다고 본다.
- 내담자의 장점과 자원을 확인하고 지지한다.
- 병리적인 것보다는 건강한 것에 초점을 맞춘다.
- 현재에 초점을 맞추며 미래지향적이다.
- 쉽고 간단한 해결방안을 중시하므로 작은 변화에 초점을 맞춘다.
- 가장 작은 변화는 큰 변화를 가져온다.
- 문제에 대한 탐색이 불필요하다.
- 긍정적 예외상황 탐색, 새로운 해결책 도출에 초점을 둔다.
- 효과가 있으면 계속한다.
- 효과가 없으면 그만둔다.
- 가족의 구조적인 역기능이나 결함을 탐색하지 않는다.
- 가족원의 잠재적인 변화 욕구를 인정하고 저항의 개념을 무시한다.

2 해결중심상담의 내담자 유형과 상담목표

1 고객형 내담자

- 처음에는 불평형이나 방문형 내담자였으나 상담의 중간이나 끝부분에서 내담자와 상담자가 함께 치료목표를 설정하는 과정에서 고객형의 관계로 발전하게 된다.
- 문제를 분명히 인식하고 있다.
- 예외상황을 찾게한다.
- 관찰 또는 행동 과제를 부여한다.

2 불평형 내담자

- 내담자는 자기 자신이 증상을 가지고 있는 다른 가족 구성원의 희생자라고 생각하고, 자신의 힘든 입장과 역할에 관해 상담자의 이해를 받기 원한다.
- 문제상황을 다른 관점에서 관찰하고 깊게 생각할 수 있게 해주어야 한다.
- 내담자가 자신을 위해서가 아닌 다른 사람을 위한 목표를 가지고 있을 때 발생한다.
- 관찰형, 심사숙고형 과제부여한다.

3 방문형 내담자

- 자신의 문제에 대한 인식이 없다.
- 문제에 대한 책임이 없거나 자신의 문제를 인정하지 않는 경향을 보인다.
- 주로 교사가 보내서 내담자(폭력가해자, 비행청소년)가 된다.
- 문제에 대한 인식을 스스로 알 수 있도록 조력한다.
- 과제가 없다. (비자발로라도 참여해준 것에 대해) 칭찬만 해준다.

3 해결중심상담의 상담목표

- 가족들에게 가장 중요한 것, 원하는 것을 상담목표로 삼는다.
- 목표를 수행하는 것은 힘든 일이라고 인식시킨다.
- 내담자가 목표를 실행하는 것은 어렵고, 가치 있고, 힘든 일이라는 것을 알려준다.
- 목표는 가능한 작고 성취할 수 있으며 구체적이고 명확하고 행동적인 것이어야 한다.

4 해결중심상담의 상담기법

1 상담 전의 변화를 질문

- 상담에 오기 전 변화에 대해 질문한다.
- 상담을 받으러 오는 중에 심각 정도가 완화된 경우가 있다. 문제가 어떻게 완화될 수 있었는지 되돌아보는 질문으로 가족이 실시한 방법에 관해 인정과 칭찬을 한다.
- 상담자는 상담 회기 전의 변화를 인정함으로써 내담자가 인식하지 못하는 해결방안을 발견하는데 활용한다.
- 예시로는 "예약 후 오늘 오기까지 혹시 어떤 변화가 있었나요?"

2 기적질문(가상적 해결방안 구성을 위해)

- 내담자에게 마치 기적이라도 일어난 것처럼 문제가 해결된 상황을 가상적으로 상상해 보라고 권한다.
- 문제해결에서 가상적 해결책을 생각하게 되면 내담자는 예외상황을 찾을 수 있게 되고 새로운 구조를 만들 수 있게 된다.
- 기적을 만드는 사람도 자신이라는 사실을 알아차리게 된다.
- 질문을 통해 내담자가 기적을 현실화하기 위해 새롭게 행동해야 한다는 것을 암시해야 한다.

3 예외질문

- 예외란 문제라고 생각하는 행동이 일어나지 않은 상황이나 행동을 뜻한다.
- 예외상황을 포착하여 그 상황을 더 강화시키고 확대하도록 돕는다.
- 예외상황을 스스로 찾아내고 실행한 것이 내담자의 자원이라 인식시키고 내담자의 자아존중감을 강화시킬 수 있다.

> *%* "최근 문제가 일어나지 않은 때는 언제였습니까?"
> "문제가 발생하지 않았다는 것을 어떻게 압니까?"
> "지금까지 살아오면서 우울함을 느끼지 않았던 순간이 한 번쯤 있었다면, 그 순간은 언제였나요?"
> "최근에 동생과 싸우지 않은 때는 언제였나요?"
> "어떻게 하면 덜 고통스러웠던 상황이 다시 일어날 수 있을까요?"

4 척도질문

- 내담자 자신의 문제, 우선순위, 변화에 대한 의지와 확신, 문제해결에 대한 희망, 변화를 위해 투자할 수 있는 노력, 문제가 해결된 정도 등을 수치로 나타내는 질문이다.
- 자신의 문제 상태, 심각성, 상담목표, 성취정도, 변화동기를 구체적인 숫자로 표현하게 하여 객관적으로 사정평가와 결과평가를 검토할 수 있다.
- 예시로는 "현재의 자신감이 2점이라면, 1점을 올리기 위해 무엇을 할 수 있을까요?"

5 대처질문

- 문제로 인하여 오랫동안 절망적이거나 좌절한 상태에서 도저히 희망이 없다고 생각하는 내담자들에게 효과적이다.
- 내담자가 생존하기 위해서 나름대로 최선을 다했다는 것을 알게 해주는 질문이다.
- 내담자에게 버텨낼 수 있는 힘이 남아있다는 것을 알게 하고, 자신이 가지고 있는 자원이나 강점들을 재발견할 수 있는 기회를 제공한다.
- 어려운 상황이나 도저히 불가능하다고 생각하는 내담자에게 더 나빠지지 않게 극복할 수 있었던 힘(인내심, 극복력, 강한 동기, 다양한 경험)이 있다는 것을 알 수 있게 한다.
- 예시로는 "이렇게 힘든 상황을 지금까지 어떻게 견뎌낼 수 있었어요?"

6 관계성질문

- 자신에게 중요한 타인이 자신을 어떻게 보고 있을 것이라는 생각과 밀접한 관계가 있다.
- 내담자가 자기 자신을 자신에게 중요한 타인의 눈으로 보게 되면 이전에는 없었던 가능성을 만들어 낼 수도 있다.
- 내담자가 문제해결의 상황을 자기중심적 생각에서 벗어나 중요한 타인의 시각에서 보면서 문제해결에 관한 새로운 가능성을 찾아내는 데 도움을 주는 질문이다.
- 예시로는 "청상이가 이번 주말에 어지럽혀진 방을 정리하는 모습을 본다면, 엄마는 어떻게 반응하실까?"

7 악몽질문

- 악몽질문은 기적질문, 예외질문 등이 효과가 없을 때 주로 사용된다.
- 악몽질문은 해결중심상담에서 유일하게 문제 중심적인 부정적인 질문이다.
- 이 질문은 내담자가 자신의 처지가 더 악화되어야만 문제에서 벗어나려는 의지를 보일 때 상담자가 사용해 볼 수 있는 질문이다.

8 간접칭찬

- 내담자의 강점이나 자원을 인정함으로써 내담자의 자원을 더욱 활성화하게 하고, 문제해결의 방법을 발견하게 하며, 이미 실행하고 있는 긍정적 해결지향행동을 더욱 강화시켜 준다.
- "자신의 형편도 많이 어려운데 어떻게 다른 친구의 활동비를 도와줄 수 있었나요?"

🔍 틀린 문장

- 상담자와 내담자가 내담자 운명의 공동건축가라고 본다. → 가족원과 상담자는 협동적이다.
- 문제가 발생하는 상황을 구체적으로 탐색한다. → 문제에 대한 탐색이 불필요하다.
- 문제행동과 관련된 과거 경험을 탐색한다. → 문제에 대한 탐색이 불필요하다.
- 문제의 해결에 초점을 맞추고 근본적인 변화를 강조한다. → 문제에 대한 탐색이 불필요하다.
- 다양한 질문기법을 활용해 문제의 원인을 파악한다. → 문제에 대한 탐색이 불필요하다.
- 내담자의 취약한 점과 강점을 모두 고려한다. → 병리적인 것보다는 건강한 것에 초점을 맞춘다.
- 기적질문의 예시로 "지금 했던 말을 아빠가 들으시면 뭐라고 하실까요?" → 관계성 질문에 해당한다.
- 대처 질문의 예시로 "그러한 상황 속에서 어떤 경험을 했나요?" → 대처 질문의 예시로 "그러한 상황 속에서 어떻게 포기하지 않고 지금 여기까지 오게 했나요?"
- 행동평가 질문의 예시로 "당신의 행동은 자신에게 도움이 됩니까?" → X
- 논박 질문의 예시로 "최악이라고 상상한 것이 현실이 된다면 정말 파멸일까요?" → X

22 이야기치료

1 이야기치료

- 대표 학자는 화이트(M. White)와 엡스턴(D. Epston)이다.

- 내담자와 문제를 분리하고, 새로운 관점에서 삶과 미래를 재저작하는 것을 강조한다.

- 이야기치료에서 내담자는 자신의 경험에 대한 주 해석자이다.

- 내담자가 지배적인 문화로부터 벗어나 자신이 선호하는 방향으로 자기의 이야기를 쓴다.

- 질문과 반영을 통해 내담자가 자신의 대안적인 이야기로 삶의 이야기를 다시 쓰도록 한다.

2 이야기치료의 주요개념

1 문제의 외재화(외현화)(externalization)

- 내면화된 증상을 인격화하는 작업이다.

- 상담자는 내담자 자신이 문제가 있거나 자신에게 문제가 있다고 생각하는 대신 문제를 자신과 분리된 또 다른 실체로서 서술하도록 격려한다.

- 문제를 외재화하는 작업은 내담자나 가족을 문제에서 분리한 건강한 개체로 볼 수 있게 한다는 점에서 유리하다.

2 스토리의 재저작(rewriting)=스캐폴딩(scaffolding)

- 내담자가 삶의 이야기를 다시 쓰는 것이다. 토대는 '독특한 결과'이다.

- 독특한 결과와 관련있는 내담자의 과거사건을 찾아내어 그 사건들을 중심으로 새로운 이야기로 구성하도록 돕는다.

- 지배적인 문제 이야기와는 다른 독특한 결과들을 모아서 새로운 이야기의 바탕으로 만드는 작업이다.
  ✓ 독특한 결과(unique outcomes) = 예외상황(exceptions)은 내담자가 문제의 영향에서 벗어날 수 있었던 사건을 말한다.

3 회원재구성(re-membering)

- 내담자 삶에서 중요한 타인에게 새로운 의미를 부여하는 일이다.
- 내담자의 삶에서 중요했던 인물들과의 관계를 자신의 중요한 정체성과 연결시키려고 하는 것이다.
- 만약 내담자를 학대하고 방치하여 강압적 행동을 한 사람에 대해서는 '인생클럽'에서 제외시키는 것이 회원재구성이다.

4 정의예식(definitional ceremony:정체성을 재정의하는 예식)

- 내담자의 회복된 정체성이나 재정의된 정체성을 사람들에게 알리고 퍼뜨리기 위한 기법으로 개발되었다.
- 새로운 삶의 이야기를 외부증인으로 구성된 청중 앞에서 전개함으로써 증인들 앞에서 새로운 이야기를 바탕으로 한 인생을 살기로 한 것을 알리며 사회적으로 인정받는 긍정적 정체성을 발견하게 된다.
- 정의예식 과정에서는 초대된 증인들이 진술(telling)과 재진술(retelling), 재진술에 대한 재진술을 통하여 정체감에 대한 결론을 내릴 수 있도록 돕는다.

5 거푸집 짓기(scaffolding)

- 비고츠키의 근접발달영역을 이용한 현재와 미래 사이의 거푸집을 짓는 대화이다.

6 치료적 문서 활용

- 상담자는 내담자가 새로 형성한 정체성(대안적 정체성)을 구축, 강화할 수 있는 다양한 방법을 모색한다.
- 상담자가 내담자가 쓴 새로운 스토리를 강화시키기 위한 기법으로 편지, 비디오, 오디오, 메모, 진술서, 수필, 계약서, 증서 등으로 다양하다.

CHAPTER 23

여성주의 상담

1 여성주의 상담의 관점

- 여성의 삶의 맥락에 주목한다.
- 내담자의 문제를 유발한 사회 · 문화적 요인에 초점을 맞춘다.
- 성(性)차이는 선천적이라기보다 사회화에 의한 것이다.
- 남성과 여성의 성역할 및 행동의 차이는 사회화에 기인한 것으로 본다.
- 내담자의 문제는 개인적 특성에 의해서라기보다 사회 정치적 환경에 의해 더 잘 유발된다.
- 사회적 성역할 기대가 개인의 정체성 형성에 많은 영향을 미친다고 본다.
- 인간을 발달상의 성차가 있는 존재로 본다.
- 여성이 사회적으로 여전히 존재하는 성차별주의와 분투 중이라 본다.
- 심리적 스트레스를 질병이 아니라 공정하지 못한 체제의 표현으로 재개념화한다.
- 여성주의 상담은 성에 대한 도식, 관계의 중요성, 다중 정체성 등을 다룬다.
- 다양성의 중시와 지지, 평등성, 독립성과 상호의존성의 균형을 주장한다.
- 사회의 변화에도 관심을 가진다.
- 상담자들은 내담자 개인 삶의 변화도 도모하지만 고정관념, 사회적 소외, 억압으로부터 모든 사람들을 자유롭게 하는 사회적 변화를 위해서도 노력한다. 목표는 역기능적 사회정치 환경을 변화시키는 것이다.

2 여성주의의 관계모형과 주요개념

1 밀러(J. Miller)의 관계 모형

- 밀러(J. Miller) 관계적 문화적 이론을 발전
- 남녀의 행동 차이는 선천적이기보다 사회화에 의한 것이다.
- 내담자들의 문제는 개인적 특성보다 사회정치적 환경에 의해 더 잘 유발된다.
- 상담의 원리는 계층, 인종 등에 확대 적용할 수 있다.
- 내담자의 개인적 변화뿐 아니라 사회의 변화에도 관심을 갖는다.
- 여성은 타인과 연결되어 있다고 느낄 때 존재 가치를 인정받는 것으로 지각한다.
- 여성은 타인들과 연결되어 있다고 느낄 때 존재 가치를 인정받는 것으로 여긴다는 밀러(J. Miller)의 관계 - 모형이 포함되어 있다.

2 여성주의의 주요개념

- 여성과 남성의 차이점 또는 유사점을 지나치게 과장하는 것을 경계하기 위해 알파 편견과 베타편견 개념을 사용한다.

1 알파편견

남성과 여성을 두 범주로 분리시키는 것을 의미하는데, 이러한 분리는 여성을 이질적이고 동등하지 않은 존재로 보면서 남녀에 대한 고정관념을 심화시킬 위험을 안고 있다.

2 베타편견

남성과 여성을 동질적인 존재로 보면서 남성의 삶과 여성의 삶 사이에 존재하는 실제적인 차이를 간과한다.

3 여성주의의 상담방법

- 다양한 정체성을 가진 위험 · 취약 집단 여성에 주목한다.
- 내담자가 힘을 회복하여 자신의 권리를 지킬 수 있도록 한다.
- 역량강화를 통해 내담자들은 사회적 성역할 제약에서 벗어나 제도적 억압에 계속 도전할 수 있게 된다.
- 남녀를 이분법적으로 구분하지 않고 다양성을 인정하고 수용하도록 돕는다.
- 상담자와 내담자의 평등한 관계를 지향한다.
- 여성주의 상담자들은 모든 상담관계가 평등하고 상호의존적이어야 한다고 믿기에 내담자와의 권력 공유와 상담에 대한 신비성 제거가 필수적이라고 본다.

> 📝 **신비성 제거**
>
> - 여성주의 상담자는 가치관을 강요하는 여지를 줄이기 위해 자신의 가치관을 분명히 말한다. 내담자는 상담자와 상담을 할지 그만둘지를 결정할 수 있다.
> - 상담자가 내담자를 부를 때 성을 빼고 이름만 사용한다.
> - 상담과정에 대한 정보를 제공하고 상담에서 사용되는 기법들 중 일부를 내담자에게 알려주는 것이다.
> - 상담자의 이론적 배경, 상담과 관련된 자신의 가치관, 소비자인 내담자의 권리에 대해 설명한다.
> - 내담자 자신의 경험과 판단을 신뢰하도록 격려한다.
> - 여성의 의견과 지식은 가치있으며, 경험은 존중받아야 한다.
> - '객관적 사실'을 여성주의식으로 대체시키는 것이다.
> - 상담자의 자기개방, 성역할분석(사회로부터 받은 메시지), 성역할 중재, 권력분석(힘분석), 힘중재, 독서치료, 자기주장훈련, 재구성과 재명명하기 등의 상담방법을 활용한다.

🔍 틀린 문장

- 권력분석은 내담자와 상담자 사이 권력차이를 감소시킨다. → 권력과 자원에 대한 불평등한 접근이 개인적 현실에 미치는 영향을 내담자가 이해할 수 있도록 도와주는 것을 목표로 하는 방법이다. 권력의 대안적 유형을 확인하여 권력의 연습을 금지하는 성역할 메시지에 도전하게 돕는 것을 강조한다.
- 남녀를 동질적 존재로 보는 알파편견은 남녀의 삶 사이에 존재하는 차이를 간과할 위험이 있다. → 남녀를 동질적 존재로 보는 베타편견은 남녀의 삶 사이에 존재하는 차이를 간과할 위험이 있다.
- 차별적이고 가해적인 사회제도를 변화시키는 것은 여성주의 상담목표를 벗어난다. → 차별적이고 가해적인 사회제도를 변화시키는 것이 여성주의 상담의 목표이다.
- 내담자의 문제를 사회·정치적 맥락보다는 개인적인 것으로 이해한다. → 내담자의 문제를 사회·정치적 맥락으로 이해한다.
- 남녀의 행동 차이는 사회화 과정보다는 선천적인 것에 기인하는 것이 더 크다고 본다. → 남녀의 행동 차이는 사회화 과정보다는 후천적인 것에 기인하는 것이 더 크다고 본다.
- 인간 성장과 발달에 대해 연대성과 상호의존성보다 독립성과 자율성을 더 강조한다. → 여성주의 상담자들은 모든 상담관계가 평등하고 상호의존적이어야 한다고 믿기에 내담자와의 권력 공유와 상담에 대한 신비성 제거가 필수적이라고 본다.

24 변증법적 행동치료(DBT)
(DBT:Dialectical Behavior Therapy)

1 변증법적 행동치료

- 경계선 성격장애로 진단 받은 만성적 자살 위험이 있는 내담자를 치료하기 위해 마샤 리네한(M. Linehan)이 개발하였다.
- 자살 의도를 가진 내담자를 치료하기 위한 방법으로 개발되었지만, 경계선 성격장애로 진단받은 내담자에게 우선 적용하기 위한 심리치료법으로 발전하였다.
- 정서적 취약성을 타고난 경우 어려움을 겪는다고 가정한다.
- 파괴적 행동의 수정과 감정의 비판단적 수용을 강조한다.
- 변증법적 행동 심리치료는 행동주의와 수용 기법의 조합으로 변증법이라는 하나의 주장과 반대의 주장이 존재하고 있다는 사실을 종합하는 것을 이용해서 수용과 변화 사이의 균형을 맞추게 함으로써 증상을 감소시킨다.
- 내담자가 자기 파괴적인 행동을 하지 않고 고통스러운 감정을 인내하도록 하는 노출치료를 포함하는 행동주의적 기법을 이용한다.
- 변증법적 행동치료는 인지행동, 마음챙김, 인간중심, 전략적 요소 등의 통합이다.

변증법적 행동 심리치료 프로그램 내용	
마음챙김	흐트러지지 않고 비판적이지 않으면서 순간을 인식하는 능력을 습득함
감정조절	감정을 규명하고, 감정이 자신 또는 타인에게 미치는 영향을 인식하며, 부정적인 감정상태를 바꾸고 긍정적인 감정을 일으키는 행동을 증가시키는 법을 습득함
고통감내	스트레스 상황에서 대처하는 방법과 자기위로 방법을 습득함
대인관계 효용성	대인관계 갈등을 효과적으로 해결하고, 자신의 요구와 욕구를 적절하게 충족시키며, 다른 사람들이 원치 않는 요구를 할 시 적절하게 거절하는 방법을 습득함

🔍 틀린 문장

- 기술훈련모듈에는 인지처리, 감정조절, 고통감내, 대인조절이 있다. → 변증법적 행동 심리치료 프로그램에는 마음챙김, 감정조절, 고통감내, 대인관계 효용성이 있다.
- 변증법적 행동치료는 삶이라는 클럽의 회원구성을 새롭게 함으로써 자신의 정체성을 재구성한다. → 이야기치료에 해당하는 내용이다.

📝 마음챙김에 근거한 스트레스 감소 프로그램(MBSR:Mindfulness-Based Stress Reduction) by Jon Kabat-Zinn

• 사람들이 겪는 고통과 괴로움은 현재에 충실하기보다 과거에 대한 집착과 미래에 대한 과도한 염려에 마음을 쓰기 때문이라고 가정한다. 내담자가 과도하게 과거를 반추하거나 미래를 걱정하게 하지 않고 현재를 충만하게 살아갈 방법을 가르치는 것이다.

1회기	마음챙김 명상과 7가지 기본적 태도 소개
2회기	행위양식에서 존재양식으로의 변화 바디스캔 + 마음챙김 걷기명상
3회기	바디스캔 + 호흡명상
4회기	마음챙김 호흡 감정이나 생각의 변화를 순간순간 알아차리는 훈련
5회기	정좌명상 + 소리듣기 + 생각하기 현재에 머물러 항상 깨어있는 모습 연습
6회기	하타요가 + 마음챙김
7회기	정좌명상 + 걷기명상 + 바디스캔 + 요가 + 침묵수행
8회기	자신만의 명상법 소개 + 피드백

📝 마음챙김에 근거한 인지치료(MBCT: Mindfulness-Based Cognitive Therapy)

• 우울증을 유발하는 자동적 사고의 영향력을 약화시키는 것으로서 인지치료의 이론과 MBSR의 기법을 접목한 것이라고 할 수 있다. 즉, 마음챙김 훈련을 통해서 우울증의 재발을 촉진하는 자동적 사고가 떠오르는 것을 알아차리고 수용하며 거리를 둠으로써 자동적 사고의 부정적 영향력을 약화시키는 것이다.

1회기	자동조종 설명 + 마음챙김
2회기	바디스캔
3회기	호흡에 대한 마음챙김
4회기	정좌명상 + 호흡명상
5회기	수용하기 + 내버려두기
6회기	생각은 사실이 아니다 깨달음
7회기	대처방법
8회기	대처격려

25 수용전념치료(ACT)

1 수용전념치료(ACT)의 핵심 원리

- 인지적 탈융합과 마음챙김을 통해 심리적 건강과 삶의 질을 향상시킬 수 있다고 보는 이론으로 스티븐 헤이즈(S. Hayes)에 의해 발전하였다.
- 내담자들은 부정적인 언어기능(불편함, 고통, 불안, 우울증 등)을 가지고 개인적인 사건(생각과 감정)을 회피한다.
- 대개의 정신질환 형태는 인지적 융합과 경험 회피의 결과라고 본다.
- 수용은 경험을 없애려고 하지도 않고, 현실을 왜곡하지 않고, 판단이나 평가 없이 그대로 보면서, 사건이나 상호작용으로부터 자신을 분리하지 않으면서, 현재 순간의 활동에 충분히 참여하는 것이다.
- 내담자들이 부정적인 정서를 피하지 않고 느낌, 사건, 상황을 그대로 받아들이도록 도와주면 내담자가 자신의 생각과 느낌을 그대로 바라볼 수 있게 된다는 것이다.

1 수용

- 경험회피라 함은 원하지 않는 걱정, 염려와 관련된 수많은 생각들이 자기 내면에서 발생할 때 이러한 생각이나 감정, 신체 감각들을 다른 생각이나 감정 혹은 신체감각으로 바꿔 스스로가 이를 덜 경험하려는 경향을 말한다.
- 불편한 감정 자체는 느끼지 않으려는 시도를 하기도 하는데 그 시도가 '자기 - 소외'과정을 경험하게 된다. '자기 - 소외' 상태의 외로움을 피하기 위해 적잖은 심리적 에너지를 쓰게 되는데 불편한 감정을 잊게 해 주는 행동(술, 게임, 도박 등)에 과할 정도로 몰입하기도 한다.
- 경험회피에 대한 대안적인 개념으로, 개인의 역사로부터 유래한 감정과 생각 등 사적 경험의 빈도나 내용을 변화시키려는 불필요한 노력 없이 있는 그대로 이를 감싸 안는 것을 말한다.

2 가치 탐색(가치있는 방향 정의하기)

- 개인이 실현하기를 원하는 삶의 중요한 가치나 목표를 의미한다.
- 내담자는 진정한 삶을 통해 실현시키고자 하는 가장 소중한 가치를 생각해본다.

3 전념 행동

- 소중한 가치와 목표를 실현하기 위한 구체적인 행동에 전념하는 것이다.
- 목표를 세우고 이를 회기 내에서 시도하며 그 과정에는 노출 및 마음챙김 등의 새로운 기술 습득과 목표 설정하기 등이 포함된다.

4 현재에 머무르기(존재하기)

- 있는 그대로의 심리적 사건 및 환경적 사건에 비판단적으로 접촉하도록 돕는다.

5 인지적 탈융합

- 과거 경험에서 오는 기억이나 생각이 떠오를 때 마치 그 일을 실제로 경험하는 것처럼 느끼며, 생각과 연관된 감정 경험을 하기도 하는데, 생각(내적언어)이 우리의 현실과 '융합'할 때 발생한다.
- 메타적 인지는 반복되는 생각(내적언어)과 우리가 하기로 한 것 사이에서 일어난 융합을 각각 분리할 수 있도록 돕는다.
  ✓ 메타적 인지: 생각을 생각으로 보는 것을 말한다.
- 감정과 생각 등 사적 사건의 형태나 빈도를 변화시키기보다 감정이나 생각과 관계를 맺고 상호작용하는 방식을 변화시키는 것을 말한다.

> 🔗 내담자는 쪽지시험 실수, 친구에게 한 실언 등 통제하지 못한 실패에 집착하여 불면, 스트레스성 소화장애에 시달린다. 본 상담에서는 내담자가 자신의 생각과 감정으로부터 떨어져 바라보게 해서 더 명료하게 알아차릴 수 있도록 돕고, 자신에게 가치 있는 삶에 집중할 수 있도록 돕는 접근이 필요하다.

6 맥락적 자기

- 경험이 일어나는 맥락에서 경험이 일어나는 지속적이고 안정적인 자기와의 만남을 돕는다.
- 지금 - 여기의 경험을 조망하는 자기, 즉 관찰하는 자기를 의미한다.

CHAPTER 26 | 통합적 접근 상담

1 통합적 접근 상담

- 최근 동향에서는 이론적 통합을 지향한다.
- 상담자의 숙고와 철학에 바탕을 두고 다양한 접근을 조화롭게 통합하여 사용하는 것이다.
- 효과성을 기준으로 선택한 개입전략들의 조합이 바람직하다.

1 통합적 접근

- 내담자의 다양한 특성을 고려하여 상담의 효과성을 높이기 위한 접근이다.
- 각 내담자의 독특한 욕구에 맞추기 위한 접근이다.
- 모든 내담자들에게 효과적인 단일 접근법은 없다고 믿기 때문에 한 가지 상담이론에 얽매이지 않는다.
- 여러 접근법에서 기법을 체계적으로 가져온 접근이다.
- 다양한 이론적 접근과 기법을 필요에 따라 선별적으로 적용한다.
- 개별 내담자에게 최상의 심리치료가 어떤 것인지 알 수 없기 때문에 내담자에게 효과적인 상담방법을 탐색한다.
- 이 접근에 숙달된 상담자는 최종적으로 메타이론 단계에 도달한다고 본다.
- 서로 다른 이론에서 나온 요소들을 통합하여 상담자 자신만의 개입전략을 개발할 때 사용된다.
- 통합의 궁극적 목표는 치료의 효과와 유용성을 높이는 것이다.
- 통합적 입장을 취하는 상담자가 과거에 비해 증가하는 추세이다.

2 이론적 통합(theoretical integration)

- 두 개 이상의 치료 이론을 토대로 각 이론의 기법들을 종합하여 개념적 틀을 만드는 통합적 접근이다.
- 토대가 되는 치료이론들과 그 이론들의 기법을 통합하는 것이다.
- 이론적 통합의 예시로는 다양한 접근의 최상의 개념을 종합하여 새로운 개념적 틀을 창조하는 것으로 변증법적 행동치료(DBT)가 해당된다.
- 예시로는 정서중심치료(EFT:Emotion Focused Therapy), 심리도식치료(by jeffrey young)
  (= 인지 + 행동 + 정신분석 + 애착 + 게슈탈트 + 구성주의)가 있다.

3   동화적 통합(assimilative integration)

- 특정한 학파를 기초로 다른 상담접근을 선택적으로 통합한다.

- 하나의 심리치료이론을 중심으로 여러 치료 모델에서 기법을 빌려와 가능한 한 매끄러운 방식으로 통합한다.

- 예시로는 정신역동(특정학파기초)을 기초로 빈의자기법이나 인지재구성을 덧붙이는 방식이다.

> 🔗 단일의 이론적 학파에 근거를 두고, 이론의 장점과 다른 치료적 접근의 실제를 선택적으로 결합하는 통합방식이며, 마음챙김 기반 인지치료(MBCT)가 이에 해당된다.
> 특정 이론적 접근에 근거하여 다른 치료적 접근의 기법을 선택적으로 결합하는 방법으로 마음챙김기반 인지치료(MBCT)가 해당된다.

4   기술적 통합(technical integration)

- 각 접근들로부터 유용한 기법을 선택하는 것이다.

- 이론적 기초 없이 다른 이론의 방법을 빌려온다.

- 그 기법이 근거하는 이론은 언급하지 않고 기법들만 빌려온다.

- 예시로는 라자루스 중다양식 심리치료(BASIC - ID)가 있다.

5   공통요인 통합접근(common factors integration)

- 서로 이론들의 공통적 요인을 찾는다.

- 공통요인에는 상담관계 형성, 치료동맹, 기대, 카타르시스, 새로운 행동 연습하기, 기법 사용 등이 있다.

🔍 틀린 문장

- 정서중심치료는 공감, 표현예술치료, 마음챙김의 통합이다. → 정서중심치료는 이론적 통합에 해당한다. 인간중심이론 + 게슈탈트 + 실존주의 이론을 통합하여 새롭게 재창조된 이론이다. 표현예술치료는 철저하게 비분석적이고 인본주의·실존주의 철학에 기초를 둔 통합치료(integrative therapy)이기 때문에 동화적 통합에 해당한다. 마음챙김은 남방 불교어인 빨리어의 사띠(sati)를 영어로 번역한 말로서 사띠는 알아차림(awareness), 주의(attention), 기억(remembering) 등의 뜻을 내포하고 있으며, 인간의 의식적 과정으로서 인지주의의 정보처리과정과 일치한다. 최근 심리학에서는 마음챙김을 새로운 범주의 창조, 새로운 정보에 대한 개방성, 하나 이상의 관점을 가진 알아차림 등을 포함한 인지과정으로 정의한다.
  - ✓ 정서 중심 치료(Emotion - Focused Therapy, EFT) : 심리적 고통을 완화하기 위해 변화과정에 대한 경험적 연구를 바탕으로, 1980년대에 Greenberg와 Rice에 의해 개발된 근거 기반 접근 방식(evidence - based approach)이다. EFT는 인간 중심 이론, 게슈탈트 및 실존적 접근 방식을 통합하고 있다.
  - ✓ 근거 기반 치료(evidence - based therapy) : 상담 및 심리치료가 객관적으로 관찰 가능하고 수치화 할 수 있는 변화를 내고 있다는 증명이 된다.
  - ✓ 마음챙김에 근거한 인지치료(MBCT: Mindfulness - Based Cognitive Therapy) : 우울증을 유발하는 자동적 사고의 영향력을 약화시키는 것으로서 인지치료의 이론과 MBSR의 기법을 접목한 것이라고 할 수 있다.
- 기술적 통합(technical integration)은 다양한 접근 중에서 효과가 입증된 기법을 통합하는 것으로 정서중심 치료(EFT)가 해당된다. → 정서중심치료는 이론적 통합에 해당한다. 기술적 통합의 예시로는 라자루스 중다양식 심리치료(BASIC-ID)가 있다.
- 공통요인 접근(common factors approach)은 다양한 이론으로부터 공통 요소를 찾아내어 상담에 적용하는 것으로 변화단계모델이 해당된다. → X
- 혼합주의(syncretism)는 통합적 상담위계의 중간단계 특징이다. → X
- 상담의 통합적 접근은 치료과정이 고도로 조직화된 접근이다. → X

27 라자루스(A. Lazarus)의 중다양식치료

1 중다양식 심리치료(BASIC - ID)

- 이론의 통합이 아니고 기법을 빌려온다. 그 기법이 근거하는 이론은 언급하지 않는다.

범주		조력기법
Behavior(행동)	행동, 습관, 반응, 외현적 행동	행동시연, 모델링, 정적강화, 자기모니터링, 자극통제, 체계적 노출 심리적 문제 예시로 싸움, 훔치기
Affect(정서)	감정, 기분, 느낌	분노표현, 불안관리훈련, 감정확인, 빈의자기법 심리적 문제 예시로 불안, 우울
Sensation(감각)	시각, 청각, 후각, 미각, 촉각	바이오피드백, 초점맞추기, 명상, 이완훈련, 감각초점훈련, 임계치 훈련 심리적 문제 예시로 두통, 현기증
Imagery(심상)	기억, 꿈, 상상, 환상, 자기상	연합심상, 혐오심상, 목표시연, 대처심상
Cognition(인지)	가치, 태도, 신념, 통찰, 철학, 의견, 생각, 판단	독서치료, 오개념 수정하기, 엘리스의 ABCDE 모형, 문제해결, 자기교수훈련, 사고중지
Interpersonal relation(대인관계)	가족, 친구들, 선생님, 타인들	의사소통훈련, 사회적 기술, 주장훈련
Drugs/Biology (약물/생물학)	마약, 섭식, 음식	식이요법, 전문의 의뢰, 생물학적 개입(항우울제 투입) 심리적 문제 예시로 담배, 술

28 | 다문화

1 다문화 상담 역량을 갖춘 상담자의 자질

- 내담자의 문화적 배경에 대해 구체적인 정보와 지식을 학습한다.

- 다양한 배경사이에 존재하는 공통 배경에 주의를 기울이는 것을 배운다.

- 자신의 가치관과 편견이 다른 문화권의 내담자를 상담할 때 방해가 될 수 있음을 인식한다.

- 문화의 다양한 차원들과 그것이 치료에 어떤 영향을 미치는지 배운다.

- 다문화적 관점을 발전시키기 위해 일상에서 소수자들을 접할 기회를 갖는다.

- 인간중심접근의 단점으로 소수민족의 내담자 위기를 다룰 때 필요한 구체적 대처기술이 부족하다.

- 개인 - 체제 간 균형 잡힌 관점으로 문제의 원인을 개념화한다.

- 내담자가 강점 인식 및 자기 옹호를 배우도록 조력한다.

- 내담자에게 필요한 자원 및 지지 제공을 위해 지역사회 내 단체, 지도자, 교장 등과 협력한다.

- 정치적 행동을 취할 필요가 있는 사회 문제를 인식한다.

🔍 틀린 문장

- 연결(linking) 기법을 사용하여 지역사회 내 단체들 간 협력을 지원한다. → 내담자 간의 공통적인 상황과 관심사를 연결하여 자신과 비슷한 상황에 처한 내담자와 공감대를 형성하게 하는 연결기법은 소수 민족에게는 불리하다.
- 다른 문화적 배경을 가진 내담자가 자신의 영적 멘토에게 자문을 구하지 않도록 한다. → X
- 여성주의에서는 관습의 힘과 불공평을 비판하므로 가부장사회의 여성 내담자에게 적합하다. → 여성주의에서는 가부장 사회 관습의 힘과 불공평을 비판한다.
- 행동주의에서는 감정의 정화를 강조하므로 감정표현이 어려운 내담자에게 부석절하다. → 행동주의에서는 감징, 징서는 다루지 않는다.
- 현실치료에서는 선택이론에 의해서 내담자들 간의 세계관 차이는 고려하지 않는다. → 세계관 차이를 고려한다.
- 게슈탈트에서 형태실험은 행동을 촉진하므로 정서를 억제하는 문화권의 내담자에게 적합하다. → 게슈탈트 이론은 정서를 억제하는 문화권의 내담자에게는 적합하지 않다.

29 | 사례개념화

- 내담자의 특징적 행동, 정서, 사고에 이론적인 지식을 적용하여 내담자 문제의 성격과 원인에 대해 상담자가 잠정적인 가설적 설명과 이에 기초한 상담목표 및 전략을 수립하는 일이다.
- 상담신청서, 접수면접, 행동관찰, 심리검사, 자기보고식 질문지 등을 통해 얻은 객관적인 정보들과 한두 회기의 상담에서 상담자가 파악한 내담자의 심리, 대인관계, 행동 및 정서문제의 원인, 촉발요인, 유지요인 등에 관한 기술적, 처방적 가설이다.
- 진단과 증상, 아동기 경험 및 다른 발달적 요인들, 상황 및 대인관계 문제, 생물학적, 유전학적, 의학적 요인, 강점, 전형적인 자동적 사고, 정서, 행동패턴, 기본 스키마라는 7개의 주요 영역으로부터의 정보를 통합하여 이루어진다.

1 사례개념화의 구성요소

- 문제의 발생과 배경
- 내담자의 자원 및 취약점
- 문제에 대한 종합적 이해
- 상담목표 및 계획

30 프로차스카와 디클레멘티(J. Prochaska & C. DeClemente)의 범이론적 변화단계모델 5단계

1 프로차스카와 디클레멘티의 범이론적 변화단계모델

1 숙고 전 단계

- 내담자 스스로 문제가 없다고 생각하거나 무엇이 문제인지 모르는 단계로, 자신이 변화할 필요를 인식하지 못하는 단계이다.
- 내담자가 문제를 가지고 있음을 자각하지 못하며, 누군가의 요청, 대개는 부모, 법원의 요청에 의해 상담을 받는다고 생각한다.

2 숙고(contemplation) 단계

- 자신이 문제가 있다고 인식하지만 변화해야 할지 말아야 할지 고민하는 단계이다.
- 내담자는 변화가 필요하지만 어렵다는 것을 알고 있으며 자신이 어떤 변화를 시도할 수 있는지 모르는 단계이다.

> 🔗 내담자 : 스마트폰 게임을 많이 해서 엄마와 자꾸 싸워요. 공부에 방해가 돼서 게임 시간을 줄이고 싶은 마음도 있지만, 지금처럼 게임을 하면서 스트레스를 풀고 싶은 마음도 있어요. 조만간 게임 시간을 줄여야 할 것 같아요.

3 준비(preparation) 단계

- 변화가 필요하고 이를 위해 계획의 실행이 필요함을 이해하는 단계이다.
- 자신이 선택할 수 있는 방법과 각 방법의 실행가능성, 장단점 등을 평가하여 어떤 방법을 선택할지를 생각한다.

4 행동(action) 단계

- 내담자는 시도할 수 있는 행동을 구체적으로 알고 실행할 준비가 된 상태이다.

5 유지(maintenance) 단계

- 내담자에게 행동변화가 나타난 후 그 행동이 습관화되어 유지될 수 있도록 돕는 단계이다.

CHAPTER 31 안구운동 둔감법 및 재처리 과정
(EMDR)(Eye Movement Desensitization and Reprocessing)

1 안구운동 둔감법 및 재처리 과정

- 노출치료의 한 형태로 사피로(F. Shapiro)가 개발한 기법이다.
- 외상 후 스트레스 장애를 경험한 내담자를 치료하기 위해 고안한 기법이다.
- EMDR에서는 외상 기억의 괴로운 내용을 떠올리게 하고 치료자의 손가락 움직임을 눈으로 따라가게 하여 외상기억과 관련된 부정적 사고, 감정 및 심상을 점차 약화시키고 외상 기억의 정보처리가 촉진될 수 있도록 한다.
- 적절한 훈련과 지도감독을 받지 않은 사람은 이 절차를 시행해서는 안 된다.

마음챙김 기반 스트레스 감소법
(MBSR : Mindfulness - Based Stress Reduction)

1 마음챙김 기반 스트레스 감소법

- 카밧진(Jon Kabat - Zinn)은 사람들이 겪는 고통과 괴로움은 현재에 충실하기보다 과거에 대한 집착과 미래에 대한 과도한 염려에 마음을 쓰기 때문이라고 가정한다.
- 내담자가 과도하게 과거를 반추하거나 미래를 걱정하게 하지 않고 현재를 충만하게 살아갈 방법을 가르치는 것이다.
- 명상을 통해 지속적인 주의력 개발에 도움을 준다.

33 치료적 요인

1 가필드(S. Garfield)가 제시한 심리치료의 치료적 요인

- 치료적 관계
- 문제의 직면
- 정서의 표현과 발산, 정화
- 자기문제에 대한 둔감화
- 해석, 통찰, 이해
- 인지적 수정
- 안도와 지지
- 강화
- 정보제공
- 기대감
- 이완
- 시간

2 얄롬(Yalom, 1985)

- 대인관계 학습
- 카타르시스
- 집단의 응집력
- 이타주의
- 보편성
- 희망의 주입
- 정보교환
- 모방행동
- 일차적 가족관계 재현
- 실존적 요인들
- 사회화 기법의 발달

3 코리(Corey, 2000)

- 피드백

- 감정정화

- 관심과 이해

- 응집력

- 보편성

- 인지적 재구조화

- 희망(향상에 대한 기대)

- 실험을 해보는 자유

- 변화하겠다는 결단

- 자기개발

- 직면

- 유머

- 힘

> 📝 **Corsini & Rosenberg(1955)**
>
> - 상호작용(interaction)
> - 관찰자치료(spectator therapy)
> - 감정과 사고의 표출(ventilation)
> - 수용(acceptance)
> - 이타주의(altruism)
> - 보편성(universalization)
> - 주지화(intellectualization)
> - 전이(transference)
> - 현실검증(reality testing) - 피드백과 직면
> - 기타요인 - 승화, 자발성, 지도자 권위, 이완, 경쟁, 강화 등

- 대인관계학습 - 투입(interpersonal input)
- 대인관계학습 - 산출(interpersonal output)
- 카타르시스(catharsis)
- 응집력(cohesiveness)
- 이타주의(altruism)
- 보편성(universality)
- 자기이해(self - understanding)
- 희망의 고취(instillation)
- 지도(guidance)
- 동일시(identification)
- 가족 재구조화(family reenactment)
- 실존요인(existential factors)

🔍 **틀린 문장**

- 대리학습 : 정서적 환기, 긴장 해방, 정화 → 카타르시스(정화)에 대한 설명이다.
- 노출 : 다른 사람들도 나와 비슷한 문제로 분투한다는 점을 자각 → 보편성에 대한 설명이다.

34 그 외 상담관련 개념과 상담기관

1 침묵

- 내담자가 당황하거나 저항할 때 나타날 수 있다.
- 상담자의 개입으로 인해 내담자가 깊이 생각할 때 나타날 수 있다.
- 비자발적인 내담자의 경우 적대감이나 불안으로 인해 나타날 수 있다.

1 침묵하는 내담자에 대한 개입방법

- 침묵 이면에 숨겨진 의미를 탐색할 수 있도록 촉진한다.
- 회기에 대한 준비 부족으로 인해 나타나는 침묵인 경우에는 적극 개입하여 집단활동을 유도한다.
- 상담자가 내담자의 침묵 행동을 조장할 수도 있으므로 상담자 자신을 탐색해 본다.
- 다른 집단원이 침묵하는 집단원에 대해 비난하거나 공격적인 태도를 취하지 않도록 개입한다.

> 🔍 **틀린 문장**
>
> - 상담 중 침묵에 대해서는 직접 다루지 않는 것이 좋다. → 생산적인 침묵일 경우 1 - 2분의 시간 후에 적절하게 개입하고, 비생산적인 침묵일 경우 즉각적으로 개입한다.

2 상담 기관

- 해바라기아동센터는 성범죄 피해 아동에게 통합적인 지원 서비스를 제공한다.
- 청소년상담복지센터는 위기청소년을 통합적으로 지원하기 위해 CYS - Net을 운영한다.
- 진로진학지원센터는 진로개발 및 진로상담 등의 업무를 담당한다.
- 건강가정지원센터는 가정 문제의 예방 및 상담, 프로그램 개발, 가정 관련 정보를 제공한다.

> 🔍 **틀린 문장**
>
> - 학교상담 체계에는 학교의 Wee클래스, 지역 교육청의 Wee스쿨, 시·도교육청의 Wee센터가 있다. → 각 단위학교(초중고) 내부에는 위클래스(Wee클래스), 지역 교육지원청(시군구 단위)에는 위센터(Wee센터), 장기치유기관(기숙형 장기 위탁 교육 기관)인 위스쿨(Wee스쿨)이 있다.

- 내담자의 절망감, 고립감, 실패, 불완전성을 수용한다.
- 내담자가 자신의 방향을 선택할 권리를 인정한다.
- 내담자의 책임감 있는 행동능력을 강화한다.
- 상담자가 내담자에 대한 비판을 잠시 보류한다.

🔍 틀린 문장

- 서로 가치관과 규범이 다를 때, 상호존중이 어렵다. → 서로 가치관과 규범이 다르더라도 상호존중한다.

05

PART

학습이론

01 학습의 정의

1 학습의 정의

- 성숙에 의한 변화는 학습이 아니다.

- 성숙에 의한 변화는 학습으로 보지 않는다.

- 성숙에 의한 행동 변화는 학습의 범주에 포함하지 않는다.

- 학습과 수행은 구분되어야 한다.

- 수행이 없어도 학습은 일어날 수 있다.

- 행동 잠재력의 변화도 학습이다.

- 행동 변화는 학습 경험 후에 즉시 일어나지 않아도 된다.

- 학습은 경험을 통하여 이루어진다.

- 행동의 변화는 경험이나 연습을 통해 얻어진다.

- 태도 변화는 학습 영역에 포함된다.

- 정서적 변화는 학습에 포함된다.

- 비교적 영속적인 행동의 변화가 나타나야 한다.

- 행동의 변화는 비교적 영속적으로 나타나야 한다.

- 유기체의 경험에 의해 비교적 영속적으로 변화된 행동이다.

- 약물에 의한 일시적 신체 변화는 학습의 범주에 포함되지 않는다.

🔍 틀린 문장

- 학습은 직접적으로 관찰 가능해야 한다. → 직접 관찰되지 않는 정서적 변화와 태도의 변화도 학습에 포함된다.
- 학습(learning)과 수행(performance)은 직접적으로 관찰 가능하다. → 직접 관찰되지 않는 정서적 변화와 태도의 변화도 학습에 포함된다.
- 학습과 수행(performance)은 같은 개념으로 볼 수 있다. → 학습과 수행은 구분되어야 한다.
- 유기체가 속한 종(種) 특유의 행동(species-specific behavior)도 학습으로 볼 수 있다. → 종 특유의 행동은 학습이 아니다.
- 유기체가 속한 종(種)의 계통발생학적 행동도 학습으로 볼 수 있다. → 종 특유의 행동은 학습이 아니다.
- 유전인자에 의한 행동도 학습으로 볼 수 있다. → 종 특유의 행동은 학습이 아니다.
- 약물에 의해 일시적으로 변화된 행동도 학습으로 볼 수 있다. → 약물에 의한 일시적 신체 변화는 학습의 범주에 포함되지 않는다.
- 약물에 의한 일시적 신체 상태에 기인한 행동 잠재력의 변화도 학습의 범주에 포함한다. → 약물에 의한 일시적 신체 변화는 학습의 범주에 포함되지 않는다.
- 태도 변화는 학습의 범주에서 제외한다. → 직접 관찰되지 않는 정서적 변화와 태도의 변화도 학습에 포함된다.
- 정서적 변화는 학습의 범주에 포함하지 않는다. → 직접 관찰되지 않는 정서적 변화와 태도의 변화도 학습에 포함된다.
- 행동 잠재력의 변화는 학습으로 볼 수 없다. → 행동 잠재력의 변화도 학습이다.
- 학습은 과정이 아니라 결과이다. → 학습은 과정도 포함한다.
- 성숙에 의한 변화도 학습에 포함된다. → 성숙에 의한 변화는 학습이 아니다.
- 일시적 행동의 변화는 학습의 범주에 포함된다. → 유기체의 경험에 의해 비교적 영속적으로 변화된 행동이다.

02 학습에 관한 학자별 정의

칸트(I. Kant)(1785)	• 의식적 경험은 경험적 세계에서 유발되는 감각적 경험과 생득적 정신 능력의 영향을 모두 받는다
갈(F. Gall)(1813)	• 뇌의 부위에 따라 기능이 다르다
분트(W. Wundt)(1879)	• 사고의 기본 구성요소를 밝히고자 내성법(introspection)을 사용하였다
제임스(W. James)(1890)	• 인간의 의식과정이 총체로서 환경적응에 관여한다는 기능주의적 입장을 취했다
손다이크(E. Thorndike)(1898)	• 행동의 결과가 자극과 반응 간 연결 강도에 영향을 준다 • 유기체가 행동 후 만족스런 상태를 경험하면 그 행동이 강화된다는 효과의 법칙을 제안하였다 • 학습은 점진적으로 이루어진다
스키너(B. Skinner)(1930)	• 강화인을 제거하면 소거(extinction)가 발생한다
거스리(E. Guthrie)(1950)	• 행동 동반 자극들의 연합이 반복되면 그 행동은 추후 유사 상황에서 이어지는 경향이 있다
헵(D. Hebb)(1955)	• 풍요로운 환경은 인지적 발달을 촉진한다 • 인간에게는 최적 각성 수준이 존재한다
로저스(C. Rogers)(1940)	• 조건적 존중(conditional regard)은 개인의 성장을 방해한다
반두라(A. Bandura)(1977)	• 인간은 행동을 할 때 자기조절적 특성을 지니고 있다
에빙하우스(H. Ebbinghaus)(1885)	• 학습이 연합 경험의 횟수로 결정된다는 가정 하에 망각곡선을 연구하였다
에스테스(W. Estes)(1950)	• 유기체는 의사결정을 할 때 기억에 저장된 정보를 이용하고 가장 이익이 되는 결과를 산출한다
게젤스와 잭슨(Getzels & Jackson)(1962)	• 학업 성취는 지능뿐만 아니라 창의력에 의해서도 좌우된다
피아제(J. Piaget)(1925)	• 인지적 구성주의 입장을 취한다
비고츠키(L. Vygotsky)(1934)	• 학습을 준비가 될 때까지 기다릴 필요가 없는 능동적 과정으로 보았다
블룸(B. Bloom)(1956)	• 학문적 자아개념과 학업성적 간에는 유의미한 관련성이 있다
로젠탈과 제이콥슨(Rosenthal & Jacobson)(1968)	• 학생들의 성취도는 교사의 기대에 영향을 받는다

🔍 틀린 문장

- 홉스(T. Hobbes)(1641) : 생득적 관념(innate idea)이 모든 지식의 근원이다. → 데카르트는 경험에 의해 후천적으로 습득된 관념이 아니라 탄생과 더불어 인간의 본성 안에 기입된 선천적 관념을 가리켜 본유관념(innate idea)이라고 한다.
- 로크(J. Locke)(1689) : 마음은 관념들로 이루어져 있으며, 관념은 순수한 이성적 사고에서 생긴다. → 로크는 인간의 마음을 백지(Tabula Rasa)로 보고, 모든 지식은 '경험'에서 온다고 주장했다. '순수 이성'을 강조한 것은 데카르트나 칸트 계열이다.
- 에빙하우스(H. Ebbinghaus)(1885) : 어떤 관념은 선천적이어서 개인의 과거 경험에 의존하지 않는다. → 학습이 연합 경험의 횟수로 결정된다는 가정 하에 망각곡선을 연구하였다.
- 베르트하이머(M. Wertheimer)(1912) : 요소 간 연합을 설명하는 회피학습을 연구하였다. → 사물에 대한 인식은 조각의 합이 아니라 조직된 전체의 형태(Gestalt)를 지각하는 것이다.
- 분트(W. Wundt)(1879) : 기존의 실험 중심 연구에 반기를 들었다. → 사고의 기본 구성요소를 밝히고자 내성법(introspection)을 사용하였다.
- 왓슨(J. Watson)(1910) : 내성법을 받아들인 이론가 중 한 명이다. → 분트에 대한 설명이다.
- 스키너(B. Skinner)(1930) : 정신적 경험은 학습에 포함된다. → 행동주의자들은 정신적 경험을 연구하지 않았다.
- 스키너(B. Skinner)(1930) : '학습된 무력감'을 최초로 제안하였다. → 마틴 셀리그만에 대한 설명이다.
- 헐(C. Hull)(1929) : 문제해결과정에는 대리적 시행착오가 존재한다. → 문제해결과정에는 시행착오가 존재한다고 주장한 사람은 손다이크이다.
- 볼스(R. Bolles)(1950) : 행동적 시행착오 외에도 대리적 시행착오가 존재한다. → 많은 회피 행동이 실제로는 조작적 행동이 아니라 유발된 행동이라고 주장하는 종 특이적 방어 반응 이론을 발전시켰다.
- 톨만(E. Tolman)(1932) : 학습의 수준은 강화에 따라 변한다. → 신행동주의의 대표 학자로 인간의 행동에 직접적이고 내재적인 목적(purpose)과 인지(cognition)가 관련되어 있음을 인정하였다. 즉, 목적과 인지가 행동의 내재적 결정인자(determinants)라고 주장하였다. 잠재학습 미로탐색 실험을 하였다.
- 반두라(A. Bandura)(1977) : 관찰학습은 조작적 조건화와 같다. → 반두라는 사회학습이론, 관찰학습의 창시자이다.
- 반두라(A. Bandura)(1977) : 자기효능감을 학습자가 과제수행에 필요한 행위를 효율적으로 조직하고 실행해 나가는 능력이라고 정의하였다. → 자기효능감은 반두라가 제시한 개념으로 어떤 상황에서 적절한 행동을 할 수 있다는 기대와 신념이다.
- 피아제(J. Piaget)(1925) : 학습을 지식의 능동적 구성으로, 발달을 연합의 수동적 형성으로 정의하였다. → 비고츠키에 대한 설명이다.
- 피아제(J. Piaget)(1925) : 근접발달영역(ZPD)라는 개념으로 학습을 통한 발달의 극대화를 가정하였다. → 비고츠키에 대한 설명이다.
- 비고츠키(L. Vygotsky)(1934) : 동화와 조절이라는 과정 속에서 인지발달이 일어난다고 보았다. → 피아제에 대한 설명이다.
- 비고츠키(L. Vygotsky)(1934) : 발달은 학습의 도구에 불과하다. → 피아제는 학습은 발달에 종속된다고 제안하였다.
- 비고츠키(L. Vygotsky)(1934) : 사회문화이론에 동기 개념을 도입하였다. → X

03 행동주의

1 행동주의

- 행동주의는 자극과 반응의 연합이다.
- 직접 관찰할 수 있거나 측정 가능한 행동에 초점을 둔다.
- 새로운 행동의 형성 · 유지 · 제거는 환경과의 상호작용에 의해 결정된다.
- 정상행동뿐만 아니라 이상행동도 동일한 학습원리로 설명할 수 있다.
- 동물 연구에서 나온 학습 원리를 인간 학습에 적용할 수 있다.
- 관찰 및 측정 가능한 행동, 과거나 미래보다 현재의 구체적인 행동에 초점을 둔다.
- 행동주의적 관점에서 학습의 예시로는 수영하기, 일과표 작성하기, 친구와 노래하기, 읽은 글에 관해 설명하기 등이다. 정신분석이나 인간중심 상담이론에서와 같은 추정적이거나 가설적인 개념을 배제한다.
- 부적응 행동에 대한 과거의 영향력을 간과한다.
- 부적응 행동도 적응행동과 마찬가지로 학습된 것으로 본다.
- 정서반응에 대한 조건형성이 가능하다.

2 파블로프(I. Pavlov)의 고전적 조건형성(classical conditioning)

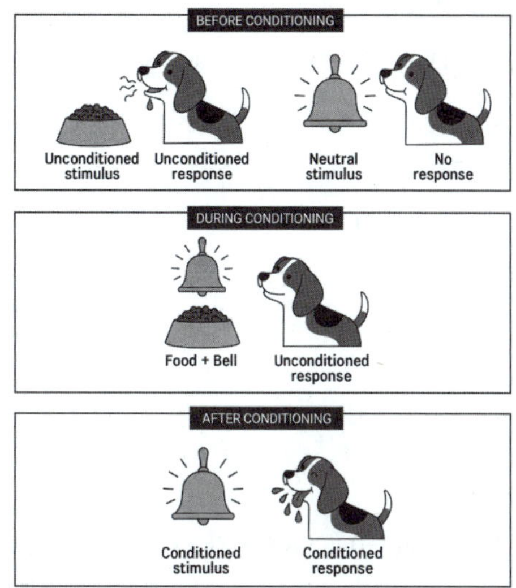

- 파블로프(I. Pavlov)는 음식물과 결합하여 종소리에 대한 개의 소화액 분비를 유발하였다.

- 무조건 자극과 중성 자극 간의 연결에 관심이 있다.

- 개에게 종소리를 들려준 후 먹이를 주는 것을 반복하자, 이후에는 종소리만 들려도 개가 침을 흘리는 실험 과정에서 비롯되었다.

- 파블로프의 개 실험에서 먹이는 '무조건 자극', 먹이로 인해 나오는 침은 '무조건 반응', 조건화되기 이전의 종소리는 '중성 자극', 이후 들려주는 종소리는 '조건 자극', 종소리로 인해 나오는 침은 '조건 반응'에 해당한다.

> 🔗 파블로프(I. Pavlov)는 배고픈 개에게 고기를 주기 바로 전에 똑딱거리는 메트로놈을 반복적으로 들려주었다. 실험 초반에는 메트로놈의 똑딱거리는 소리가 개에게 침을 흘리게 하지 않았으나, 고기(무조건 자극)를 줄 때는 개가 침(무조건 반응)을 흘렸다. 그러나 결국 개는 고기를 받기 전에 똑딱거리는 메트로놈 소리(조건 자극)만 들려도 침(조건 반응)을 흘리게 되었다.

- 약물내성과 중독은 고전적 조건형성으로 설명될 수 있다.

- 대부분의 정서적인 반응들은 고전적 조건형성을 통해 학습될 수 있다.

- 왓슨(J. Watson)은 망치소리를 이용하여 흰쥐에 대한 어린 아동의 조건공포 반응을 형성하였다.

- 아이가 토끼 옆에 있을 때 갑자기 큰 소리에 노출되면, 토끼에 대한 공포가 형성된다.

> 🔗 왓슨(J. Watson)은 쥐에 대한 공포가 없었던 어린 앨버트를 대상으로 공포에 대한 일련의 실험을 하였다. 실험에서 왓슨은 앨버트가 쥐에게 가까이 가려고 했을 때 앨버트의 뒤에서 망치로 강철을 때려서 크고 날카로운 소리(무조건 자극)가 나게 하였다. 그 큰 소리에 앨버트는 놀라서(무조건 반응) 넘어지고 말았다. 이러한 상황이 반복되자 앨버트는 (조건 자극)쥐를 보면 소스라치게 놀라며(조건 반응) 울기 시작했다.

1 **파블로프(I. Pavlov)의 이론에서 근접성의 원리에 따라 강한 조건형성**

- 가장 강한 조건형성의 순서는 지연 조건형성 > 동시 조건형성 > 흔적 조건형성 > 역행 조건형성 순이다.
- 조건 자극을 먼저 제시하면서 0.5초 이내로 무조건 자극을 제시한 후 두 자극을 동시에 철회하였다.
- 조건 자극(CS)과 무조건 자극(UCS)의 제시 간격이 짧을수록(약 0.5초) 조건형성이 더 잘 된다.

2 **고전적 조건형성에 영향을 미치는 요인**

- 조건 자극 - 무조건 자극 간격
- 무조건 자극 강도

3 **고전적 조건형성 방식**

- 지연 조건형성 : 조건 자극(CS)을 무조건 자극(UCS)에 약간 앞서 제시하고 동시에 철회한다.
- 동시 조건형성 : 조건 자극(CS)과 무조건 자극(UCS)을 동시에 제시하고 동시에 철회한다.
- 흔적 조건형성 : 조건 자극(CS)을 먼저 제시하고 철회한 후에 무조건 자극(UCS)을 제시한다.
- 감각 전조건형성(sensory preconditioning)

> 🔗 시험불안이 높은 A군은 시험 전 선생님이 시험지가 담긴 황색 봉투를 교탁 위에 '툭' 내려놓는 소리에 소스라치게 놀랐다. 이것이 반복되면서 A군에게 있어서 시험 전 황색 봉투와 이것이 내는 소리는 두려움의 대상이다. 이후 A군은 시험시간이 아님에도 불구하고 선생님이 출석부를 교탁 위에 '툭' 내려놓는 소리에 깜짝 놀란다.

- 역행 조건형성 : 무조건 자극(UCS)을 먼저 제시하고 철회한 후에 조건 자극(CS)을 제시한다.

4 **고전적 조건형성의 학습원리**

1 시간의 원리

- 조건자극은 무조건자극과 시간적으로 동시에 혹은 0.5초 정도 앞서서 제시해야 한다.

2 강도의 원리

- 무조건자극은 처음에 제시되는 강도보다 나중에 제공되는 자극물이 그 강도가 강하거나 동일해야한다.

3 계속성의 원리

- 자극과 반응의 결합관계에 반복되는 횟수가 많을수록 조건화가 잘 성립한다.

4 일관성의 원리

- 조건반응이 잘 나타나기 위해서는 조건자극이 일관된 자극물이어야 한다.

5 고전적 조건화의 주요 개념

1 근접성

- 조건 자극과 무조건 자극 간의 간격이다.
- 고전적 조건형성에서 근접성은 일반적으로 조건 자극과 무조건 자극 간의 간격을 말한다.

2 자극일반화(stimulus generalization)

- 어떤 자극이나 상황에서 어떤 행동이 강화된 결과로 그와 비슷한 자극이나 상황에서도 그 행동이 일어날 가능성이 증가하는 것을 말한다.

> 🔗 고전적 조건형성을 이용하여 흰쥐에 대한 공포반응이 조건화된 아이가 하얀 수염이 난 할아버지나 하얀 토끼에 대해서도 동일한 공포반응을 보였다.

> 🔗 운동선수가 해외 원정경기를 할 때 자국의 응원단이 많거나 운동장 환경이 비슷하면 경기력이 높아진다. 자국에서 경기할 때와 유사한 환경으로 인하여 긴장이 줄어 자신의 실력을 제대로 발휘할 수 있기 때문이다.

3 고차적 조건화(higher - order conditioning)

- 고차적 조건화는 고전적 조건화의 한 형태이다.
- 조건화가 이루어진 후 조건자극을 무조건자극으로 하고, 조건반응을 무조건 반응으로 하여 또 다른 조건반응을 형성할 수 있는데 이를 2차적 조건형성이라 하고 3차, 4차의 조건자극을 만들 수도 있다.

> 🔗 메트로놈 소리와 고기를 짝 짓는다. 고기는 배고픈 개에게 침을 흘리게 할 것이고, 메트로놈 소리와 고기가 몇 차례 짝 지어지면 메트로놈 소리만 제시하여도 개는 침을 흘린다. 이후 새로운 조건 자극인 반짝이는 불빛과 이전의 조건 자극(메트로놈 소리)을 짝 짓는다. 이 시행을 몇 차례 반복하면 개는 반짝이는 불빛만 제시하여도 침을 흘린다.

4 소거(extinction)

- 우는 행동을 줄이기 위해 울 때마다 주었던 관심과 도움을 더 이상 주지 않았다.

5 자발적 회복(spontaneous recovery)

- 소거 후 일정 시간이 지난 다음 진행되는 절차이다.

6 습관화

- 반복적으로 제시되는 자극에 대하여 정향 반응이 감소하는 현상

1 부적응행동을 감소시키는 기법

① 체계적 둔감법(systematic desensitization)

- 월페(J. Wolpe)는 체계적 둔감화 절차를 이용하여 공포증 환자의 불안 증상을 해소하였다.
- 긴장을 이완시킨 상태에서 약한 공포자극부터 시작하여 점차적으로 강한 공포자극을 노출시키는 방법이다.

1단계	근육이완 단계	• 내담자에게 그들의 불안한 감정을 이완반응으로 대치하도록 가르치는 것이다. • 심호흡, 명상 등을 통해 근육을 이완시킨다.
2단계	위계목록 작성 단계	• 내담자가 갖고 있는 두려움과 공포증에 관한 구체적인 정보를 수집하여 불안을 생성하는 상황들을 위계적인 구조로 표현하게 한다. • 내담자를 불안하게 만드는 사건을 불안의 수준에 따라 평가하고 불안위계를 정하는 것이다. • 불안이 적은 것부터 큰 것으로 위계목록을 작성한다.
3단계	불안위계 목록에 따른 둔감화	• 내담자가 이완된 상태에서 불안 유발 상황을 상상하게 하는 것이다. • 가장 낮은 단계부터 높은 단계까지 불안 유발 자극에 노출하여 불안에 점점 둔감화됨으로써 이를 극복할 수 있게 한다. • 전에 불안을 유발했던 사건에 대한 생각과 이완을 결합시키기 위해 이를 점진적으로 반복하게 되면, 내담자는 체계적으로 이전에 불안을 일으켰던 상황에 둔감화된다. • 가장 높은 수준의 불안을 일으켰던 장면에서도 내담자가 이완상태를 유지할 때, 치료를 종결한다.

ㄱ. 체계적 둔감법의 2가지 원리

a. 역조건형성(Counter-conditioning)

- 파블로프의 고전적 조건형성의 이론적 가정에 근거한 것이다.
- 바람직하지 못한 자극을 야기하는 자극에 더 강력한 새로운 자극을 연합해 이전 반응을 제거하고 새로운 반응을 조건화한다.

b. 상호억제(reciprocal inhibition)

- '불안과 이완은 양립할 수 없다'는 전제에서 시작한다.
- 공포 혹은 불안과 양립할 수 없는 어떤 반응이 정상적으로 공포 혹은 불안을 야기하는 자극에 나타나게 할 수 있다면, 그러한 자극은 공포반응을 유발하는 것을 중지할 것이라는 상호억제의 원리다.

② 혐오 요법(aversion therapy)

바람직하지 않은 행동에 대해 혐오자극을 제시함으로써 부적응 행동을 제거하는 방법이다.

혐오자극으로는 화학물, 시청각 자료, 내현적 가감법 등이 있다.

예시로는 담배갑에 암 관련 사진을 들 수 있다.

> 🔗 금주를 하려는 사람에게 술을 마신 뒤 매번 메스꺼움을 유발하는 약물을 복용하도록 하였다.
> 약물 복용으로 인해 술을 마시는 횟수가 줄어들었다.

7 고전적 조건형성의 예

- 범죄 뉴스에서 특정 국가의 사람을 보면 그 국가 국민에 대한 편견이 형성된다.
- 부정적인 단어와 특정민족을 짝지어 제시하면 편견이 생길 수 있다.
- 유명 연예인이 광고한 제품은 소비자의 호감을 유발한다.
- 인기 있는 모델이 A제품을 광고하면 A제품에 대한 긍정적 이미지가 학습된다.
- 멋진 아이돌 가수가 특정 제품을 광고하면, 그 제품에 대한 긍정적 이미지가 형성된다.
- 쥐가 설탕물을 마실 때 소음에 노출되면 설탕물에 대한 맛혐오가 학습된다.
- A는 열 살 때 오이를 먹고 몇 시간 뒤 독감에 걸렸다. 그 후 A는 오이를 싫어하게 되었다.
- 장미 꽃가루에 알레르기가 있는 사람은 장미를 보기만 해도 재채기를 한다.
- 자라보고 놀란 가슴 솥뚜껑보고 놀란다.
- 무의미 철자를 보는 중 무서운 장면이 나타나면 무의미철자에 대한 공포가 학습된다.
- 수능시험을 걱정하는 수험생에게 그 시험 역시 그동안 치렀던 모의시험과 다를 바 없음을 납득시킴으로써 시험불안을 줄여준다.
- 수줍음을 많이 타는 학생에게 학습자료를 배포하게 함으로써 수줍음을 경감시킨다.
- 학생들에게 부정적인 정서반응을 일으키는 개인 간 경쟁보다 집단 경쟁과 협동을 강조하여, 부정적인 정서를 완화시킨다.
- 편안한 공간을 만들어서 독서에 대한 거부감을 줄여준다.
- 로스바움(B. Rothbaum)은 가상현실노출치료(VRET)를 사용하여 환자의 고소 공포증을 치료하였다.

3 스키너(B. Skinner)의 이론적 관점

- 조작적 행동(operant behavior)은 결과에 의해 통제를 받는 것이다.
- 강화인이 반응에 의존적인 것을 유관강화(contingent reinforcement)라고 한다.
- 기대된 반응을 유발하는 자극(stimulus)보다는 반응(response)의 중요성을 강조한다.
- 스키너는 인간이 환경의 자극에 능동적으로 반응하여 나타내는 행동인 조작적 행동을 설명하였다.
- 인간이 환경적 자극에 수동적으로 반응하여 형성되는 행동에 몰두한 파블로프의 고전적 조건형성과 달리, 스키너의 조작적 조건형성은 행동이 발생한 이후의 결과에 관심을 가진다.
- 조작적 조건형성의 핵심은 조작반응이 그 반응에 수반되는 결과(강화와 처벌)에 의해 통제된다는 것이다.

1 　**스키너의 초기 행동주의 관점으로서 ABC 패러다임**

- 스키너는 인간의 행동(Behavior)이 선행조건(Antecedents)으로 환경적 자극에 의해 동기화, 행동에 따르는 결과(Consequences)에 의해 전적으로 결정된다고 보았다. 선행요인, 행동, 결과의 머리글자에 따라 행동의 'ABC패러다임'이라 한다.

4 　손다이크(E. Thorndike)의 도구적 조건화(instrumental conditioning)

- 학습은 통찰적이라기보다 점진적이다.
- 동물의 학습은 지적 능력 발전이라기보다 시행착오의 결과라고 제안하며 시행착오설(trial and error)을 주장하였다.
- 학습된 반응은 이미 형성된 방향으로 일어나기 쉽다.
- 자극과 반응 간 연합은 연습만으로도 강화된다.
- 시행횟수가 늘어나면서 문제해결에 소요되는 시간 단축된다는 학습곡선을 제안하였다.
- 반응 다음에 만족스러운 상태(satisfying state of affairs)가 따라오면 자극과의 연결 강도가 높아진다.

1 　손다이크의 학습법칙

준비성의 법칙(law of readiness)	물리적, 정신적, 감정적으로 학습할 준비가 되어야 학습이 잘 된다
연습의 법칙(law of practice)	행동이 자주 반복될수록 잘 기억한다
효과의 법칙(law of effect)	즐겁거나 만족스런 경험이 수반될 때 학습이 더 잘 이루어진다. 만족스런 결과가 나왔을 때 행동이 증가하는 학습 경향을 보인다
중다반응의 법칙(law of multiple response)	시행착오이론으로 문제해결을 하지 못하면 다시 여러 가지 반응을 시도하게 된다
태도의 법칙(law of set or attitude)	학습이 유기체의 자세나 태도, 기질에 의해 결정된다
유사성의 법칙(law of assimilation)	자극이나 상황에 대한 반응은 이전의 경험에 근거한 유추를 통해 일어난 반응이다

5　조작적 조건형성

1　조작적 조건형성의 기본개념

1 강화(reinforcement)

- 행동의 빈도가 증가하는 과정이다.

① 정적강화(positive reinforcement)

- 정적 강화는 어떤 반응 후에 바람직한 자극이 제시될 때 그 반응이 증가하는 현상이다.
- 행동한 결과가 긍정적이면 행동의 빈도는 증가한다.
- 보상으로 정적강화물을 준다면 행동의 빈도는 증가한다.
- 일차(primary) 강화물은 물, 수면, 음식 등이 있다.
- 이차 강화물은 돈, 상장, 토큰, 칭찬, 인정, 자유시간, 특혜, 좋아하는 활동 등이 있다.

② 부적강화(negative reinforcement)

- 부적 강화는 어떤 반응 후에 혐오스런 자극이 제거될 때 그 반응이 증가하는 현상이다.
- 역시 행동의 빈도는 증가한다. 하지만 부적강화는 정적강화와 달리 내담자 입장에서 불쾌한 것을 제거함으로써 행동의 빈도를 증가시킨다.
- 과제를 내면 화장실 청소를 면하게 해준다면 과제를 내는 행동의 빈도가 증가한다.

> 🔗 자습시간에 복습을 한 학생에게 숙제를 면제해 주었더니 자습시간에 복습하는 행동이 늘었다.

> 🔗 어머니는 자녀에게 저녁식사 전 숙제를 끝내면 방 청소를 면제하기로 하였다. 그 결과, 저녁식사 전 숙제를 마치는 행동이 증가하였다.

📝 부적강화, 도피

> 두통이 있던 사람이 진통제를 먹었더니 두통이 사라졌다. 두통이 생길 때마다 진통제를 먹는다.

- 도피행동(escape behavior)에서 행동 발생은 이미 존재하고 있는 혐오자극의 종결을 가져온다. 즉, 특별한 행동을 함으로써 혐오자극에서 벗어나고 그 행동이 강화된다. 회피행동(avoidance behavior)에서 행동 발생은 혐오자극의 출현을 방지한다. 즉, 특별한 행동을 함으로써 혐오자극을 피하게 되고 그 행동이 강화된다.

2 처벌

- 행동의 빈도가 감소되는 과정이다.

① 정적처벌

- 행동의 빈도가 줄어드는 것이다.
- 혐오적 자극을 덧붙여 행동의 빈도가 줄어들게 한다.
- 어떤 반응 후에 혐오스런 자극이 제시될 때 그 반응이 감소하는 현상이다.
- 혼을 내서 옆 친구를 괴롭히는 행동을 줄인다.
- 꾸중, 벌, 청소 등이 있다.

② 부적처벌

- 행동빈도를 줄이기 위해 강화적 자극을 빼앗는 것이다.
- 스터디 때 자꾸 지각을 하면 일정한 돈을 뺏어서 지각하는 행동을 줄인다.(반응대가)

> ### 📝 처벌 시 고려사항
>
> - 처벌받는 행동은 분명하고 구체적인 용어로 제시되어야 한다.
> - 처벌 전에는 사전 경고를 하는 것이 바람직하다.
> - 처벌받는 행동이 받아들여질 수 없는 이유에 대해 설명해 주어야 한다.
> - 처벌받는 행동을 대신할 바람직한 행동에 대한 학습 기회를 제공해야 한다.
> - 행동과 처벌 사이의 시간 간격이 짧을수록 처벌 효과가 커진다.
> - 행동과 처벌 간 시간 간격이 길수록 처벌의 효과는 떨어진다.
> - 처벌은 일관성이 있어야 한다.
> - 처벌을 공개적으로 주면 안 된다.
> - 학습(공부)을 처벌로 주면 안 된다.
> - 처벌의 결과는 유기체에게 혐오적이어야 한다.
> - 처벌받은 행동은 억제될 뿐이다.

6 행동주의의 주요개념

1 자극일반화(stimulus generalization)

어떤 자극이나 상황에서 어떤 행동이 강화된 결과로 그와 비슷한 자극이나 상황에서도 그 행동이 일어날 가능성이 증가하는 것을 말한다.

2 자극 변별(stimulus discrimination)

둘 이상의 자극의 차이를 식별하여 각각의 자극에 대해 서로 다르게 반응하는 현상이다.

3 수반성(contingency)

- 반응행동과 그 결과 간에 확립될 수 있는 특별한 관계를 말한다. 수반성은 어떤 사건(A)이 일어나면 이어서 특정한 사건(B)이 야기될 것이라는 규칙이다.
- 아이가 숙제를 하면(A) 간식을 받을 것(B)이라는 규칙이 수반성이 된다.

4 차별 강화

- 바람직한 행동을 강화함으로써 상대적으로 바람직하지 못한 행동을 감소시키는 것이다.

> 🔗 김 선생님은 수업 중에 한 아이가 자주 의자에서 일어나 돌아다니는 행동을 목격하였다. 그는 그 아이가 자기 의자에 앉아 있을 때 일관되게 칭찬하여 앉아 있는 행동을 증가시킴으로써 돌아다니는 행동을 소거하였다.

1 간헐적 차별강화

① 낮은비율 차별강화 DRL(Differential Reinforcement of Low Rates)
- 문제행동이 너무 자주 또는 빨리 일어나는 경우 부적절한 행동의 발생비율을 감소하기 위해 일정 기간에
- 일정 횟수 이상의 행동이 나타나지 않을 때에만 강화를 제공한다.

② 상반행동 차별강화 DRI(Differential reinforcement Incompatible Responding)
- 문제행동과 동시에 일어날 수 없이 상충되는 행동을 강화하는 것이다.

③ 대안행동 차별강화 DRA(Differential reinforcement Alternative behavior)
- 표적행동이 되는 문제행동 이외의 다른 행동에 강화를 주는 것이다.

1 연속적 강화계획

연속적 강화는 행동이 발생할 때마다 즉시 보상을 준다.

2 간헐적 강화계획

- 반응의 횟수나 시간을 고려하여 간헐적 또는 주기적으로 강화를 부여한다.
- 간헐적 강화는 연속적 강화에 비해 소거에 대한 저항이 크다.
- 조건형성에서 연속강화보다 부분강화를 적용할 때 소거에 대한 저항이 더 오래 지속된다.
- 계속적 강화계획에 비해 상대적으로 학습된 행동을 유지하는 데 효과적인 방법이다.
- 언제 강화가 주어질지 내담자가 예측하기 어려운 강화계획은 변동간격 강화계획, 변동비율 강화계획이다.
- 간격계획은 강화시간간격에 기초하고, 비율계획은 반응비율에 기초한다.
- 한 번 형성된 행동을 유지시키기 위해서는 강화를 즉시 중단하는 것보다 점진적으로 줄이는 것이 좋다.
- 효과적인 강화를 위해서는 학습자에게 직접 강화물을 확인하여 강화를 개별화 하는 것이 좋다.

① 고정 간격 강화계획(Fixed Interval reinforcement)
  - 고정간격계획은 강화 직후 반응이 감소했다가 다음 강화시점이 가까울수록 반응이 증가하는 패턴을 보인다.
  - 일정한 시간 간격마다 강화물이 주어지는 경우로, 피험자가 하는 반응의 수는 관계가 없다.

🔗 정류장에 도착하기 직전에 버스가 출발했다. 15분에 한 대씩 버스가 온다는 사실을 알고 있어서 처음 몇 분간은 버스가 오는지 신경을 쓰지 않다가 15분이 다 되어감에 따라 버스가 오는지를 자주 쳐다보게 된다.

🔗 A씨는 그 동안의 경험을 통해 15분 간 빵을 구우면 가장 맛있다는 것을 알게 되었다. 그래서 요즘은 반죽을 오븐에 넣고 15분이 가까워지면 오븐 안을 더 자주 들여다 본다.

🔗 학교에서 매주 금요일마다 30분의 자유시간이 허용된 학생들은 고정간격 강화를 받고 있는 것이다.

② 고정 비율 강화계획(Fixed Ratio reinforcement)
  - 일정한 반응비율에 따라 강화물이 주어지는 것으로서 시간과는 관계없이 피험자가 하는 반응의 수에 근거한 강화계획이다.
  - 고정비율강화계획과 고정간격강화계획에서는 강화 후 휴지가 나타난다.

🔗 A학급에서 B교사는 칭찬스티커 10개를 모은 모둠에게 떡볶이 쿠폰을 준다. 또한 10권의 책을 읽은 학생에게 독서상을 준다.

🔗 학생들에게 일련의 연산 과제와 스티커를 제시하고, "10문제를 정확하게 맞힐 때 마다 자신이 좋아하는 스티커를 1개씩 가져도 좋아요."라고 말하는 교사는 "앞으로 30분마다 점검하여 10문제를 정확하게 맞힌 사람은 자신이 좋아하는 스티커를 1개씩 가져도 좋아요."라고 말하는 교사보다 높은 비율의 수행을 기대할 수 있다.

③ 변동 간격 강화계획(Variable Interval reinforcement)

- 평균 간격을 중심으로 최소와 최대 간격 사이에서 무선으로 시간 간격이 주어지는 것으로 피험자가 하는 반응의 비율과는 관계가 없이 변동된 시간에 따라 강화물이 제공된다. 강화가 지난 후에도 반응의 감소현상이 매우 적다.
- 변동 간격 강화계획은 일정 시간을 기준으로 강화가 주어지나 그 시간 간격이 평균시간을 전후로 불규칙하게 변한다.

④ 변동 비율 강화계획(Variable Ratio reinforcement)

- 평균적인 강화비율을 중심으로 최소와 최대 비율 사이에서 반응비율이 변동되어 강화물이 불규칙적으로 주어지는 강화계획이다. 예상하지 못하는 강화로 반응이 가장 빠른 속도로 증가되며 강화가 지난 후에도 반응의 감소현상이 극히 적다.
- 변동 비율 강화계획에서는 비교적 꾸준한 수행이 나타난다.
- 변동 비율 강화계획은 고정비율강화계획보다 소거에 대한 저항이 크다.
- 카지노의 슬롯머신은 변동비율 강화의 예이다.

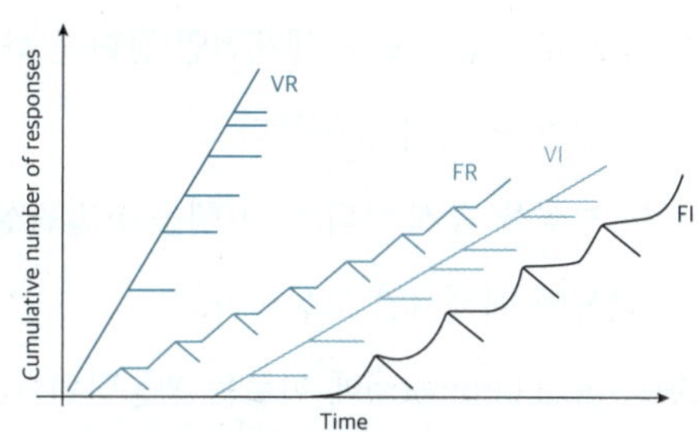

- 도박꾼들이 언제 돈을 딸 수 있을지 모르지만 계속해서 베팅을 하는 행동
- 낚시꾼들이 여러 차례 낚시를 던져 물고기가 잡히지 않는데도 낚시를 계속하는 행동

6　조작적 조건형성과 관련된 설명

- 강화자극(reinforcing stimulus)은 변별자극이 주어질 때 반응이 일어날 가능성을 증가시키는 자극이다.
- 무작위로 강화를 주면 바로 직전 반응은 무엇이든지 강화되는 경향이 있어 미신적 행동이 나타난다.
- 조작적 조건형성의 사례 중 미신적 행동의 예시는 손톱을 깎고 시험을 본 날 성적이 좋았다면 시험을 볼 때마다 손톱을 깎는 것이다.

  ✓ 미신적 행동(Superstitious Behavior)은 특정 행동이 어떤 사건을 일으킨다는 잘못된 신념을 가리키는 것으로서, 이는 행동 및 그로 인한 강화 간에 생긴 우연한 연합에 기초한 학습결과에서 비롯된다.
  수동적 회피학습(passive avoidance learning)에서 유기체는 혐오사태를 회피하기 위해 특정반응을 하지 않는 것을 학습한다.

  ✓ 회피행동(avoidance behavior)에서 행동 발생은 혐오자극의 출현을 방지한다. 즉, 특별한 행동을 함으로써 혐오자극을 피하게 되고 그 행동이 강화된다.

- 칭찬 - 무시 접근은 학급 운영에 도움이 될 수 있지만, 그것이 모든 문제를 해결할 것으로 기대해서는 안 된다.

구분	고전적 조건형성(Pavlov)	조작적 조건형성(Skinner)
학습원리	무조건자극과 조건자극의 연합에 의해 학습이 일어난다	보상이 뒤따르는 행동이 증가한다
자극 - 반응 계열	자극이 반응의 앞에 온다	반응이 효과나 보상 앞에 온다
자극의 역할	반응은 외적자극에 의해 추출된다	반응은 내부에서 자발적으로 방출된다
고전적 조건형성과 조작적 조건형성에서 공통적으로 나타나는 현상	변별, 자극일반화, 소거	

7 행동주의 기법

1 적응행동을 증진하는 기법

1 조성(조형)(shaping)

- 목표행동을 향해 점진적으로 접근해 가는 과정이다.
- 조형(shaping)은 목표 행동에 점진적으로 접근하도록 체계적인 강화를 하는 것이다.
- 초기 행동에서 바람직한 행동으로 근접할 때 마다 강화한다.
- 처음에는 아주 간단한 반응만으로도 보상을 받게 하다가 그 행동을 일관성 있게 잘하게 되면, 다음 단계에서는 보다 복잡하고 어려운 반응에 대해서만 보상한다.
- 학습자가 달성해야 할 최종 목표행동(goal behavior)에 이르는 행동단위들(target behaviors)을 난이도에 따라 분리한 다음, 각각의 행동단위를 순차적으로 조건화해 나감으로써 궁극적으로 최종 목표행동을 학습시킨다.
- 조형을 이루는 요소는 강화, 소거, 일반화, 변별(차별)이다.
- 표적행동이 보일 때까지 표적행동을 위한 점진적 행동 변별(차별)강화라고 정의할 수 있다.
- 행동조형(행동형성)에서 표적행동을 위한 점진적 행동을 강화하고 이전의 행동을 소거시킬 때 강화와 소거가 포함된다.

  옹알이를 시작한 아기에게 '엄마' 라는 말을 가르치기 위해 '음음' → '음마' → '엄마' 단계로 강화하였다.

2 프리맥 원리(Premack principle)

- 높은 빈도로 나타나는 행동이 낮은 빈도로 나타나는 행동을 강화할 수 있다.
- 행동의 강화적 속성을 결정하는 것은 상대적 가치이다.
- 더 선호되는 행동이 덜 선호되는 행동을 증가시키기 위한 정적 강화물(reinforcer)로 작용하는 현상을 말한다.
- 좋아하는 활동을 덜 좋아하는 활동의 강화인으로 활용한다.
- 활동에 대한 선호가 바뀐다면 강화인도 바뀐다.
- 낮은 확률의 행동 즉 내담자가 싫어하는 행동(숙제)을 증가시키기 위해 높은 확률로 나타나는 행동 즉 내담자가 좋아하는 행동(게임, TV시청)을 할 기회를 강화로 제공하는 것이다.

> 🔗 학생 C는 매일 30분씩 운동을 하기로 엄마와 약속하였다. 운동을 좋아하지 않는 C는 약속을 지키지 않았다. 엄마는 운동을 30분씩 하면 좋아하는 게임을 1시간씩 하도록 허락해주었다. 이후 C는 매일 30분씩 운동을 하게 되었다.

> 🔗 C학생은 매일 영어공부를 1시간씩 하기로 하였다. 하지만, 이 목표가 잘 지켜지지 않아서 영어공부를 1시간 해야만 자신이 좋아하는 게임을 하는 것으로 바꾸었다. 그 후 영어공부를 더 자주 하게 되었다.

3 연쇄화(chaining)

- 먼저 한 반응만 강화하고, 그 다음 연속으로 이루어지는 두 반응에 대해 강화하는 식으로 반응의 연쇄를 학습시키는 과정이다.

4 행동계약법

- 상담자와 내담자가 구두나 문서에 의한 합의로 계약을 하는 것이다.
- 주의 깊게 내담자를 관찰하고 기초선(기저선, base line)을 명확하게 알아야 한다.
- 내담자가 어떤 행동을 수행하고 그 대가로 보상을 받기로 약속하여 계약서를 작성한다.

5 토큰경제(token economy)

- 개인은 각자 바람직한 행동을 할 때마다 토큰을 받고 토큰은 개수에 따라 다양한 강화 자극(스티커, 참 잘했어요 도장)과 교환된다.
- 심리적 포화현상을 방지하고 강화할 때 토큰을 주는 것이 간편하다.

1 반응대가(response - cost)

- 반응대가는 처벌의 한 형태이다.
- 문제행동을 했을 때 조건부로 정적강화를 상실하게 하는 처벌의 일종이다.
- 바람직하지 못한 행동을 했을 때 그 대가로 자기가 가지고 있는 정적강화를 박탈당하는 것이다.

> 🔗 A의 부모는 A에게 규칙적인 생활 습관을 학습시키기 위하여 정해진 시간에 일어나면 스티커 하나를 주기로 하지만 기상 시간을 지키지 못할 경우 주어진 스티커 하나를 회수하기로 하였다.

> 🔗 부적절한 행동을 한 학생으로 하여금 이전에 확보한 강화물의 일부를 반납하도록 했다.

2 홍수법(flooding) ∈ 노출법

- 노출치료의 또 다른 형태는 홍수법이다.
- 실제로 혹은 상상적으로 유발된 불안 자극에 오랫동안 노출시키는 것을 말한다.
- 모든 노출기법의 특징처럼 홍수법에서도 내담자는 노출 동안 불안을 경험하지만, 두려워했던 결과가 실제로는 일어나지 않는다는 것을 체험한다.

> 🔗 뱀 공포 치료를 원하는 내담자에게 뱀을 몸에 감고 1시간 이상을 버티게 했다.

3 노출 및 반응방지법(exposure response prevention)

- 문제행동이 되는 자극상황에 노출시키되 문제행동을 하지 못하게 함으로써 자극상황과 문제행동의 연합을 차단하는 방법으로 강박장애 치료에 효과적이다.

4 혐오치료(aversion therapy)

- 바람직하지 않은 행동에 대해 혐오자극을 제시함으로써 부적응 행동을 제거하는 방법이다.
- 혐오자극으로는 화학물, 시청각 자료, 내현적 가감법 등이 있다.
- 예시로는 담뱃갑에 암 관련 사진을 들 수 있다.

> 🔗 알코올 중독 치료를 원하는 내담자에게 구토제를 복용하도록 하여 술을 마실 때마다 구토를 경험하게 하였다.

5 타임아웃

- 수업시간에 떠드는 학생을 짧은 시간 동안 다른 학생들로부터 격리시키는 것을 일시격리(time out)라 한다.
- 부적절한 행동을 감소시키기 위한 처벌의 일종으로 정적 강화의 기회를 일시적으로 박탈하는 기법이다.
- 바람직하지 않은 행동을 할 때 일시적으로 다른 장소에 격리시켜 두는 기법이다.

> ✎ **효과적인 사용을 위한 지침**
> - 부적절한 행동이 일어나고 있는 장소에 강화요인이 존재하고 있어야 한다.
> - 격리되어 있는 장소에 강화자극이 없어야 한다.

6 과잉교정

- 부적절한 행동이 나타날 때, 즉시 그 행동 이전의 환경조건보다 훨씬 나은 상태로 원상회복시키도록 하는 것이다.
- 예시로는 벽에 그림을 그리는 아이에게 벽에 그림을 전부 다 지우게 한다.

7 반응적 조건화(respondent conditioning)

- 자극은 반응을 일으킨다.
- 특정 자극에 반응하여 행동한다 하여 반응적 조건화라고도 한다.

🔗 전학을 간 초등학교 5학년 A양은 낯선 환경 탓에 제대로 적응하지 못할 것 같아 고민이 많았다. 하지만, 옆자리 학생이 이전 학교의 단짝 친구와 닮아서 마음이 훨씬 편해졌다.

8 기능적 분석(functional analysis)

- 기능분석은 고전적 조건형성(classical conditioning)과 조작적 조건형성(operant conditioning) 이론에 기초를 두고 있으며, 특히 B.F. 스키너(B.F. Skinner)의 조작적 조건형성 이론이 그 중심이다.
  문제 행동은 임의로 발생하는 것이 아니라 환경적 자극과 결과적 강화의 함수로 간주된다.

🔗 교사는 학생의 문제행동에 관한 선행자극, 문제행동의 양상, 문제행동의 후속 결과를 분석하였다. 그 결과, 문제행동이 교사의 주목을 끌기 위한 행동임을 알게 되었다. 따라서 교사는 학생의 문제행동이 나타나기 전 충분한 관심을 미리 학생에게 보여주었다.

9 부분강화 효과에 관한 좌절 가설

- 소거는 능동적인 학습 과정이다.
- 강화 받던 행동이 강화 받지 못하면 좌절을 경험하게 되며, 증가된 좌절은 반응에 대한 신호가 되므로 소거에 대한 저항이 오래 지속된다.
- 부분 강화 효과(Partial Reinforcement Effect, PRE)에서는 강화물이 모든 행동에 주어지는 것이 아니라, 간헐적으로 주어질 때 학습된 행동이 훨씬 더 오랫동안 유지되고 소거에 저항하는 현상을 말한다.

10 소거 저항 (Resistance to Extinction)

- 연속 강화의 경우, 학습자는 행동과 강화물 사이에 강한 기대를 형성한다. 따라서 강화물이 제공되지 않으면 즉시 보상이 없다고 인식하고 행동을 멈춘다. 즉 소거가 빠르다. 반면, 부분 강화의 경우, 학습자는 강화물이 매번 주어지지 않을 수 있다는 것을 학습한다. 따라서 강화물이 잠시 나타나지 않더라도 "지금은 보상이 나오지 않지만, 곧 나올 거야"라고 생각하며 행동을 계속한다. 마치 보상이 지연되거나 불규칙하게 나오는 것이 학습의 일부인 것처럼 받아들인다. 이로 인해 행동이 소거되는 데 더 오랜 시간이 걸린다.

11 좌절 효과 (Frustration Effect)

- 부분 강화 조건에서는 행동에 대한 보상이 주어지지 않을 때 좌절을 경험할 수 있다. 그러나 이러한 좌절 속에서도 결국 보상을 받았던 경험이 있기 때문에, 좌절 자체를 행동을 지속하는 신호로 해석하게 된다. 즉, "아, 지금은 보상이 없어서 좌절스럽지만, 이 좌절을 이겨내고 계속하면 결국 보상이 올 거야"라는 학습이 이루어진다.

12 식별성 (Discriminability)

- 연속 강화 조건에서는 강화와 비강화의 차이가 명확하여 강화가 중단되었음을 쉽게 식별할 수 있다. 부분 강화 조건에서는 강화와 비강화가 혼합되어 나타나므로, 강화가 완전히 중단된 것인지 아니면 단순히 다음 강화까지의 간격이 긴 것인지 구별하기 어렵다. 따라서 행동을 멈추기까지 더 오랜 시간이 걸린다. 쉽게 말해, 어떤 행동을 할 때마다 항상 보상을 받는 것보다, 가끔씩만 보상을 받을 때 그 행동이 나중에 보상이 전혀 주어지지 않더라도 더 오랫동안 지속된다는 의미한다.

🔍 틀린 문장

- 고전적 조건형성의 적용 사례로 노란색 옷을 입고 등교한 날 시험을 잘 보면, 시험 보는 날은 노란색 옷을 입는다. → 조작적 조건형성에 해당하는 내용이다.
- 고전적 조건형성의 적용 사례로 아침에 머리를 감은 날 시험을 망치면 시험 보는 날은 머리를 감지 않는 행동이 학습된다. → 조작적 조건형성에 해당하는 내용이다.
- 손다이크는 문제해결을 하는데 걸리는 시간은 시행 횟수가 증가함에 따라 체계적으로 증가한다. → 점진적으로 발전하지만 체계적으로 증가하는 것은 아니다.
- 타임아웃(time - out)은 정적 처벌의 하나이다. → 타임아웃(time - out)은 부적 처벌의 하나이다.
- 연속강화계획은 기대하는 반응이 나타날 때마다 강화를 주는 것으로 소거가 잘되지 않는다. → 간헐강화계획이 소거가 잘되지 않는다.
- 처벌은 시차를 두고 부적절한 행동들을 취합한 후 주어져야 한다. → 행동과 처벌 사이의 시간 간격이 짧을수록 처벌 효과가 커진다. 행동과 처벌 간 시간 간격이 길수록 처벌의 효과는 떨어진다.
- 강화인이 동물의 행동과 관련되어 있는 것을 미신적 행동(superstitious behavior)이라 한다. → 미신적 행동은 특정 행동이 어떤 사건을 일으킨다는 잘못된 신념을 가리키는 것으로서, 이는 행동 및 그로 인한 강화 간에 생긴 우연한 연합에 기초한 학습결과에서 비롯된다.
- 반응 행동(respondent behavior)이란 자극에 의해 유발된 것이 아니라 유기체에 의해 방출된 행동이다. → 자극에 의해 방출된 반응 행동이다.
- 프리맥의 원리는 낮은 빈도를 나타내는 활동이 높은 빈도를 나타내는 활동 다음에 오면, 낮은 빈도를 보였던 활동의 빈도가 증가한다. → 높은 빈도를 나타내는 활동을 강화인으로 삼아서 낮은 빈도를 보였던 활동의 빈도를 증가시키는 방법이다.
- 행동주의적 관점에서 학습의 예로 긍정적으로 생각하기가 있다. → 행동주의는 관찰할 수 있는 행동만을 다룬다.
- 조건 자극과 새로운 중성 자극이 유사할수록 변별(discrimination)의 가능성이 커진다. → 유사할수록 변별의 가능성이 낮아진다.
- 사회적 고립은 일차적 처벌 중 하나이다. → 사회적 고립은 이차적 처벌이다.
- 후진적 조건화에서 무조건자극은 나중에 제공된다. → 역행 조건형성은 무조건 자극(UCS)을 먼저 제시하고 철회한 후에 조건 자극(CS)을 제시한다.
- 상금은 일차적 강화물에 해당된다. → 상금은 이차적 강화물에 해당한다.
- 부적 강화는 특정 행동의 감소를 목적으로 한다. → 강화는 특정 행동 빈도 증가가 목적이다.
- 연속강화계획은 소거로부터의 저항이 가장 큰 강화계획이다. → 간헐 강화계획이 소거로부터 저항이 큰 강화계획이다.
- 특정 대상에 대해 특정 정서를 갖는 것은 학습으로 간주할 수 없다. → 왓슨(J. Watson)은 망치소리를 이용하여 흰쥐에 대한 어린 아동의 조건공포 반응을 형성하였다.
- 행동주의는 내적 사고과정에 관심을 둔다. → 행동주의는 내적 사고과정에는 관심을 두시 않는다.
- 자발적 회복(spontaneous recovery)으로 등교거부가 심한 학생에게 교문, 현관, 복도, 교실 순으로 조금씩 시간을 보내면서 자연스럽게 학교에 익숙해지도록 하였다. → 점진적 노출법에 해당하는 내용이다.
- 고전적 조건형성의 원리를 적용한 연구사례로 밀러(N. Miller)는 바이오피드백을 이용하여 자율적 내장 반응을 조건화하였다. → 밀러는 의식적으로 조절할 수 없는 신체 반응(🔲 심장 박동, 혈압, 소화기관 활동)도 학습을 통해 변화할 수 있다는 사실을 실험으로 증명했다.
- 조작적 조건형성으로 학습된 무기력은 회피할 수 있는 혐오자극에 반복적으로 노출될 때 발생한다. → 학습된 무기력은 자극에 반응의 빈도가 없으므로 조작적 조건형성이 아니다.
- 처음에는 약한 강도의 처벌을 사용하는 것이 문제행동 감소에 효과적이다. → 처벌을 점진적으로 강도를 높이게 되면 적응하게 되어서 바람직하지 않다.
- 자발적 회복은 소거된 행동이 강화에 의해 재출현하는 것이다. → 자발적 회복은 소거된 행동이 강화가 없어도 재출현하는 것이다.
- 프리맥의 원리는 일차 강화물과 이차 강화물을 구분한다. → X
- 비율계획보다 간격계획에서 더 높은 비율의 반응이 나타난다. → X
- 조건형성에서 근접성이 수반성보다 더 강력한 효과성 변인이다. → X

04 행동주의와 관련된 이론들

1 학습된 무기력(learned helplessness)

• 통제 불가능한 상황에서 혐오자극에 반복적으로 노출되면 발생할 수 있다.

• 행동과 그 결과 사이에 관련이 없다고 인식될 때 나타난다.

• 인간의 경우 삶의 다양한 시도들이 좌절되어 무기력하고, 움츠러들며, 마지막에는 포기해 버리는 특징이 있다.

• 우울증과 관련이 깊다.

• 실패를 내적이고 안정적이며 광범위한 상황에 일반화할 수 있는 원인으로 귀인한다.

• 부모나 교사와 같은 통제권을 가진 사람들은 반복적으로 너무 어려운 과제를 부여하는 것을 피한다.

  과제난이도를 조절한다.

• 셀리그만(M. Seligman) 등은 면역훈련을 통해 예방할 수 있다고 하였다.

• 만일 실패가 예상되는 상황이 예견되면 실패결과를 수용할 준비(실패내성)를 할 수 있도록 사전에 상황에 대한 정보를 제공한다. 실패할 수도 있다는 사실을 인지(실패 경험에 대한 대처훈련)할 수 있게 해주고, 이후에 어떤 대처를 해야 할 것인가를 미리 생각할 기회를 마련한다.

• 인간을 포함한 많은 종의 동물들에서 발견할 수 있다.

2 모우러(O. Mowrer)의 이요인 이론(two-factor theory)

- 모우러(Mowrer)의 회피 학습의 2요인 과정 이론에 따르면, 중립적인 자극이 고전적 조건형성을 통해 두려운 생각과 경험으로 연합되어 불안을 유발한다. 악수를 하거나 문고리를 만지면 오염에 대한 두려운 생각이 연합되어 불안이 야기되므로 손을 씻는 행동을 수반한다. 손을 자주 씻으면 그런 불안을 없앨 수 있으니 이 행동이 강화되고, 강박적인 의례 행동을 하게 만들고, 이로써 불안이 완화된다. 불안이 완화되면 보상이 되므로 계속 이런 행동이 강화될 수밖에 없다는 것이 2요인 과정 이론의 핵심이다.

> 🔗 A방에 개가 있다. 그 방의 불빛이 꺼지고 잠시 후 개는 전기충격을 받는다. 곧 개는 장벽을 뛰어넘어 전기충격이 없는 B방으로 간다. 이 과정을 도식화하면 다음과 같다.

신호(불빛이 꺼짐) → 자극(전기충격) → 반응(고통) → 강화(고통으로부터의 도피)

- 개가 장벽을 뛰어넘는 것은 부적 강화력을 가진다.
- 불빛이 꺼지는 것은 고통에 대한 조건 자극이 된다.
- 고전적 조건화와 조작적 조건화라는 두 종류의 학습 경험이 관여한다.
- 개가 장벽을 뛰어넘는 것은 공포를 종결시키는 활동을 학습한 것으로 해결학습(solution learning)에 해당된다.

3 레스콜라-와그너 (Rescorla-Wagner) 모형(고전적 조건형성)

- 두드러진 자극이 더 짧은 시간 안에 더 많은 학습을 일으키는 현상을 제안했다.
- 전형적인 조건형성 곡선의 부적 체감 기울기 현상을 제안했다.
- 자극의 강도가 셀수록 학습의 초기에 더 많이 학습이 일어난다고 제안하였다.
- CS와 US가 최초로 짝지어질 때 가장 많은 학습이 일어나며 뒤로 갈수록 더 적은 학습이 일어난다.
- 레스콜라 - 와그너는 두 자극을 짝지을 때 일어날 수 있는 조건형성의 양에는 한계가 있다고 주장하였다. 이 한계에 영향을 미치는 요인은 US의 성질이다. 즉, 물보다 이온음료가 더 강한 침 분비를 일으킬 것이다.
- 개별 자극(개별치)에 부여되는 중요도(수치)를 의미한다. 모든 자극에는 US를 예측하기 위해 가중치가 존재하며, 가중치는 0부터 100까지 부여할 수 있다. 중성 자극의 가중치는 0으로, 가중치가 없다고 표현한다.
- 어떤 자극은 몇 번의 짝짓기만으로도 학습이 되며 어떤 자극은 몇 백번 짝지어져도 효과가 없다.
- 두 자극을 짝지을 때, 일어날 수 있는 조건형성의 양에는 한계가 있다.
- 소거 절차에 의한 조건반응의 감소 현상에 대한 모형이다.
- 소거에서도 학습과 같은 방식으로 부적기울기를 보인다. 결국 소거 절차에 의한 조건반응의 감소현상을 설명할 수 있다.
- 고전적 조건화가 일어나기 위해서는 동물이 대상에 주의를 기울여야 한다.

- 헐은 프로이트가 주장하던 추동 이론을 개량하여 도입했다.
- 프로이트는 생리적인 욕구불만이 축적되어 추동을 형성하고 이 추동이 인간을 움직인다고 주장했는데, 헐도 비슷하게 인간의 동기가 생물학적 결핍에서 오는 추동이라고 주장했다.
- 헐의 학습 이론은 인간과 동물의 행동을 수학적이고 체계적으로 설명하려 했다.
- 헐은 학습이 유기체의 생물학적 욕구를 충족시키려는 동기에서 비롯된다고 보았다.
- 단순히 생물학적 욕구 충족만으로는 설명할 수 없는 행동(**예** 배가 부른데도 맛있는 것을 먹는 행동)을 충분히 설명하지 못한다는 비판을 받았으며, 이후 스키너의 조작적 조건 형성 이론에 의해 주도권을 넘겨주게 되었다.
- 헐의 이론은 현대 행동 수정 및 동기 이론의 기초를 닦았으며, 특히 인센티브(Incentive)가 행동에 미치는 영향을 강조한 점이 중요하게 활용된다.

추동(Drive)	갈증, 배고픔과 같이 생물학적 결핍으로 인해 발생하는 내부적인 긴장 상태이다.
강화(Reinforcement)	어떤 행동이 추동을 감소(**예** 갈증 해소)시키면, 그 행동은 보상을 받은 것으로 간주되어 다시 나타날 확률이 높아진다.
습관 강도(Habit Strength)	특정 자극(S)과 반응(R)의 결합이 강화된 횟수가 많을수록 습관은 더 강력해진다.

$$sEr = D \times K \times H \times V$$

D(Drive)	추동(현재 배가 얼마나 고픈가)
K(Incentive)	유인(보상이 얼마나 매력적인가)
H(Habit Strength)	습관 강도(과거에 이 행동을 얼마나 반복했는가)
V(Stimulus Intensity)	자극 강도(자극이 얼마나 강렬한가)

- 헐은 행동의 발생 가능성을 예측하기 위해 반응 잠재력(Reaction Potential, sEr) 공식을 제안했다.
- 시간이 지나면서 자연스럽게 생성되는 생물학적 결핍 상태(배고픔, 갈증 등)는 생리적 욕구를 형성하는데, 생리적 욕구가 심리적 불편감으로 이어지면서 심리적 추동이 생겨난다.
- 욕구 박탈 시간으로 추동의 발생 가능성을 예측할 수 있으며, 추동으로 인해 행동주의적 원리에 따라 형성된 후천적 습관에 따라 추동을 해소한다.
- 행동주의의 이론가였던 헐은 가설연역법을 신봉하여 행동에 대한 이론도 가설연역법에 기초하여 검증할 수 있는 결과를 도출해야 한다고 주장했고 이론적 작업을 통해 관찰과 추측에 기초해 만든 16개의 공리(postulate)를 제시하였다.
- 유기체는 욕구가 생길 때 유발되는 반응 위계를 가지고 태어난다.
- 강화는 추동 감소이다.

- 만일 자극이 반응을 유도하고 반응이 생리적 욕구를 만족시키면 자극과 반응의 관계는 강해진다.
- 반응제지는 근육활동으로 인한 피로에 의해 유발되며 과제수행을 위한 작업량과도 관계된다.
- 행동은 피로를 유발하고 피로는 조건반응을 방해한다. 출근 시각이 다 돼가도록 잠자리에서 일어나지 않는 이유는 우리가 피로하기 때문이다. 헐은 피로를 반응제지(lr)로 정의하여 수량화하려고 하였다.
- 동물은 선천적인 반응 위계를 가진다. 헐에 따르면 새로운 행동을 학습하지 않아도 배고픔이나 갈증을 해결하는 행동 몇 가지를 동물이 가지고 태어나는데, 이 행동들은 위계적으로 조직되어(이를 반응 위계 혹은 습관군 위계라 한다) 위계가 높은 행동이 먼저 나타난다.
- 인접한 자극이 추동을 감소시켜야 학습이 일어난다. 어떤 행동이 학습되려면 먼저 추동이 일어난 때에 일어나야 하고, 행동이 추동을 감소시켜야 한다. 장발장이 가게에서 빵을 훔치는 행동을 학습하기 위해서는 훔치는 행동이 배고플 때 일어나야 하며 빵을 훔침으로써 배고픔이 줄어들어야 한다. 여기서 헐은 강화인을 반응의 결과로 나타나는 만족스런 상태나, 반응비율의 증가로 정의한 손다이크나 스키너와 달리 강화인을 추동을 감소시킬 수 있는 자극으로 정의했다. 그리고 손다이크의 사용의 법칙과 비슷하게 자극과 반응이 자주 연합되면 습관강도(sHr)가 강해진다고 주장했고, 초기의 강화가 나중의 강화보다 효과가 강하다고 주장했다.(이를 부적 가속성이라 한다)
- 어떤 자극이 조건반응을 일으키는지는 해당 고전적 조건화가 일어난 환경이 현재 자극이 제시된 환경과 얼마나 비슷한지에 달려 있다. 손다이크와 비슷하게 헐은 형식도야설에 반대하고 주변 맥락이 비슷해야 학습된 행동이 반복될 수 있다고 보았다.
- 추동은 종류에 따라 특정 자극과 연합할 수 있다.
- 반응잠재력은 학습된 행동이 다시 발생할 가능성을 말하는데 반응잠재력(sEr)은 습관강도와 추동의 함수이다.
- 피로할 때 아무것도 하지 않으면 아무것도 하지 않음 그 자체가 강화된다. 피로도 휴식의 부족으로 나타난 추동이기 때문에 휴식을 제공하면 추동이 감소하고 학습이 형성된다. 이때 학습된 행동인 휴식을 조건화된 제지(slr)라 표현하고, sEr을 개량하여 학습된 행동이 다시 나타날 가능성인 유효반응 잠재력=sEr-(lr+slr)로 정의하였다.
- 학습된 행동을 제지하는 요인들은 시시각각 변한다. 이렇게 시간에 따라 변하는 제지 요인들을 헐은 진동효과(제지잠재력, sOr)로 정의하였다.
- 순간의 유효반응 잠재력이 클수록 자극과 반응 사이의 잠재시간이 짧아질 것이다. 여기서 잠재시간은 동물에게 자극을 준 이후 반응이 나올 때까지의 시간이다.
- 순간 유효반응 잠재력이 클수록 소거에 대한 저항이 강해진다.

- 학습된 무기력이 높은 사람은 실패의 원인을 노력 부족으로 생각한다. → 실패의 원인을 노력 부족으로 생각하는 내용은 캐롤 드웩의 성취목표이론에서 숙달목표지향에 해당하는 내용이다. 학습된 무기력은 실패를 내적이고 안정적이며 광범위한 상황에 일반화할 수 있는 원인으로 귀인한다.
- 학습된 무기력은 인간에게만 나타나는 현상이다. → 동물 실험으로 먼저 알게 된 현상이다.
- 학습된 무력감은 숙달지향성이 높은 사람에게 나타날 가능성이 높다. → 학습된 무력감은 숙달지향성이 높은 사람에게 나타날 가능성은 낮아진다.
- 이요인 이론에서 고통은 전기충격에 대한 조건 반응이 된다. → 고통은 무조건 반응이다.
- 레스콜라 - 와그너 모형은 잠재적 억제 현상을 보여준다. → 레스콜라 - 와그너의 연구에 해당하지 않는다.
  ✓ 잠재적 억제 : 조건 없이 노출된 어떤 자극의 경우 나중에 조건화하려 해도 어렵게 되는 현상을 말한다.
- 레스콜라 - 와그너 (Rescorla - Wagner) 모형은 잠재적 억제를 설명할 수 있다. → 레스콜라 - 와그너의 연구에 해당하지 않는다.
- 부분강화 효과에 관한 좌절 가설에서 강화 훈련 과정에서 존재하는 조건들이 행동 발생의 단서가 되며, 유기체의 외부 환경(예 강화와 비강화의 연속적 순서)이 그 주요 단서로 작용한다. → 부분 강화 조건에서는 강화와 비강화가 혼합되어 나타나므로, 강화가 완전히 중단된 것인지 아니면 단순히 다음 강화까지의 간격이 긴 것인지 구별하기 어렵다. 따라서 행동을 멈추기까지 더 오랜 시간이 걸린다.
- 헐(C. Hull)이 제시한 공리(postulates)에서 하나의 행동은 하나의 자극에 의해 발생한다. → 어떤 자극이 조건반응을 일으키는지는 해당 고전적 조건화가 일어난 환경이 현재 자극이 제시된 환경과 얼마나 비슷한지에 달려 있다.

CHAPTER 05 | 사회인지학습

1 사회인지학습(social learning) 유형

1 관찰학습(observational learning)

- 모델의 행동을 관찰함으로써 학습하는 것이다.
- 학습이 이루어지기 위해서는 모델의 행동을 기억해야 한다.
- 모델은 반드시 실제 인물이 아니라도 효과가 있다.
- 정보를 전달하는 것이면 어떠한 것이라도 모델이 될 수 있다.
- 모델의 매력도는 관찰학습에 영향을 미친다.
- 인간은 모델이 매력적이고 유명한 사람일 때 더 잘 배우는 경향이 있다.
- 간접적으로 강화를 경험하여도 학습이 가능하다.
- 인간은 대리적 강화를 통해서 학습할 수 있다.
- 다른 사람의 행동관찰을 통해서 새로운 행동을 학습할 수 있다.
- 모델링을 통해 억제(inhibition)와 탈억제(disinhibition)가 모두 가능하다.
  - ✓ 탈제지효과(disinhibitory effect): 모델이 금지된 행동을 한 후 보상을 받거나 부정적 결과(처벌)를 받지 않는 것을 관찰한 후 평소 억제하고 있던 행동을 수행하게 되는 것을 말한다.
- 비숙련 모델(unskilled model)은 관찰자에게 모델의 성공뿐만 아니라 실패로부터도 배우게 한다.
- 관찰학습은 학습능력을 요구한다.
- 학습과 수행을 구별한다.
- 학습은 즉각적인 행동변화를 가져오지 않을 수도 있다.
- 행동, 환경, 개인은 서로 양방향적 영향을 미친다는 상호작용적 결정론(reciprocal determinism)을 전제한다.
- 학습자는 환경의 영향을 받을 뿐만 아니라 환경에 영향을 미치기도 한다.
- 인간 외의 동물들도 관찰을 통해 학습할 수 있다.
- 다른 사람의 행동을 관찰해 두었다가 특정한 상황에서 그와 유사한 행동을 재생하는 경우를 뜻한다.
- 강화가 없더라도 학습이 일어나지만, 수행은 강화가 존재할 때 나타난다.

1 관찰학습 과정

① 주의집중 과정(attentional process)

- 관찰학습이 일어나기 전에 모델의 행동에 주의를 기울인다.
- 주의집중 과정 모델의 특성에 따라 관찰자의 주의집중이 달라진다.
- 모델이 내담자와 성별과 나이가 비슷한 사람, 좋아하는 사람, 사회적 지위가 높거나 인기 있는 사람일수록 내담자가 주의를 둔다.

🔗 경수는 기차역 대합실 TV에서 프로 테니스 선수가 백핸드를 완벽하게 구사하는 것을 보았다.

② 파지(기억) 과정(retentional process)

- 관찰된 정보를 기억하기 위해 심상적, 언어적 표상체계로 부호화(≒기억, 저장)한다.
- 부호화, 심상 · 인지적 조직화, 상징적 시연이 활성화 된다.

🔗 '아! 저렇게 팔목을 구부리지 않아야 하는구나'라고 혼잣말을 하며 마음속으로 그 동작을 모방하였다.

③ 운동재현(재생산) 과정(motor reproductive process)(behavioral production)

- 모델을 모방하기 위해 심상 및 언어로 저장된 표상을 적절한 행동으로 전환하는 과정으로 반복적인 연습(재현과정)을 거쳐 재생한다.

🔗 '이렇게 하면 잘 될 거야', '팔을 왼쪽으로 더 뻗어야 해' 와 같이 정보적 피드백에 근거한 자기 수정적 조정이 필수적이다.

④ 동기화 과정(motivational process)

- 습득한 행동을 수행으로 옮기기 위해 강화와 기대를 통해 동기를 유발하는 과정이다.
- 모델이 보상받는 것을 관찰하면 강한 자극제가 될 수 있다.
- 강화를 통해서 행동의 동기를 높여주는 단계로 행동의 수행여부는 강화에 의해 동기화가 이루어졌는지에 좌우된다.

2 모방학습(modeling)

- 인지적 요인의 개입 없이 자동적으로 이루어지는 경향으로 다른 사람의 행동을 자동적으로, 그대로 따라하는 것이다. 아이들이 부모를 따라하는 것과 같다.

3 대리학습(vicarious learning)

- 관찰자가 모델이 하는 행동이 강화를 받는 것을 보는 것만으로도 강화로 작용하는 것이다.
- 직접적인 강화를 받지 않더라도 다른 모델이 보상을 받거나 벌을 받는 것을 관찰함으로써 간접적으로 강화를 받는 효과를 갖게 된다는 것이다.
- 보상받은 행동은 학습하게 되고, 벌받은 행동은 학습하지 않게 된다.
  - ✓ 션크와 루드(D. Schunk & H. Rude)가 제시한 효과적인 모방학습 모델의 특성은 유사성, 지위, 능력이다.

2 자기효능감(self-efficacy)

- 구체적인 상황에서 성공할 수 있는 자신의 능력에 대한 신념이다.
- 자기효능감은 자신의 능력에 대한 스스로의 판단을 나타낸다.
- 자기효능감의 수준은 과제 영역에 따라 다를 수 있다.
- 동일시 모델을 관찰하는 것은 자기효능감에 영향을 미친다.
- 자기효능감은 다른 사람의 성공이나 실패를 관찰하는 것과 관련이 있다.
- 비슷한 과제에 대한 과거 성공경험이 중요한 요인이다.
- 교사의 격려가 학생의 자기효능감을 증진시킨다.
- 자기효능감이 높은 학생이 낮은 학생에 비해 더 빨리 효과적인 전략으로 수정한다.
- 자기효능감이 높아도 결과기대(outcome expectation)는 낮을 수 있다.

1 반두라(A. Bandura)가 제시한 자기효능감의 근원

1 완숙경험(mastery experience : 실제 과거 성취경험)

- 실제 과거 수행 경험을 통해서 자기의 능력과 한계를 인식하게 되면서 자기효능감을 얻게 된다.

2 대리경험

- 타인의 수행으로부터 얻은 정보를 통해 '나도 저렇게 될 수 있어'라는 자기효능감을 가지는 것이다.

3 사회적(언어적) 설득

- 부모나 친구, 다른 사람들로부터 격려와 칭찬으로 수행과제를 성취할 수 있는 능력이 있다는 기대감을 갖게 된다.

4 생리적 각성

- 생리적, 정서적 각성이 낮을 때 강한 자기효능감을 일으킨다. 즉 개인이 느끼는 불안의 정도가 낮을 때 자기효능감이 상승한다.

자기관리(self management)

자기지시 (self - instruction)	새로운 동작을 배우고 수행할 때 '고개를 왼쪽 2회, 오른쪽 1회, 뒤로 1회, 그리고 앞으로 2회'의 순서를 마음속으로 생각하면서 수행한다
자기감독 (self - monitoring)	3분 간격으로 '뚜 ~ '소리가 나는 알람을 켜놓고 온라인 수업 영상을 수강하며, 알람이 울릴 때마다 '나는 지금 선생님의 설명에 주의집중하고 있나?' 스스로에게 물어본다
자기강화 (self - reinforcement)	발표 불안을 극복하고자 자발적으로 발표에 참여하고 마친 경우 마일리지 노트에 스스로 부여한 점수를 기록해둔다
자기부여 자극통제 (self - imposed stimulus control)	식탁에서는 유튜브 시청만을, 책상에서는 온라인수업 영상 수강만을 하도록 스스로 조건화한다

4 밀러와 달라드(N. Miller & J. Dollard)의 관찰학습

- 밀러와 달라드(Miller & Dollard)는 대리학습이 조작적 조건형성의 한 형태라고 가정하였다.
- 모방이 습관이 된다고 하였으며 모방행동을 세 가지 범주로 구분하였다.

5 관찰학습 관련 행동

1 맞춤 의존적 행동(matched-dependent behavior)

- 타인의 행동을 맹목적으로 따라하는 경우를 말한다.
- 예를 들어 형이 현관의 벨 소리를 아빠가 오시는 소리로 알고 벨소리만 나면 현관으로 달려가는 행동을 하고 형은 아빠에게 칭찬을 받는다. 동생은 형이 현관으로 달려가는 행동을 할 때마다 무조건 형을 따라 한다. 이때 형의 행동은 칭찬에 의해 강화가 된 것이고 형이 현관으로 달려가는 것이 동생의 행동을 강화한 것이다.

2 동일 행동(same behavior)

- 둘 이상의 사람들이 같은 상황에 똑같이 반응하는 것을 의미한다.
- 예를 들어 콘서트가 끝나고 다 같이 일어나 박수를 치는 것과 같은 것을 의미한다.

3 모사 행동(copying behavior)

- 어떤 사람의 행동이 다른 사람의 피드백을 받는 것이 포함된다.
- 예를 들어 그림 그리는 학생에게 교사가 정확한 피드백과 지도를 하는 것을 의미한다.

🔍 틀린 문장

- 관찰학습은 주의집중, 동기화, 파지, 운동재생의 순서로 진행된다. → 관찰학습은 주의집중, 파지, 운동재생, 동기화의 순서로 진행된다.
- 상호결정주의 원리를 비판하였다. → 반두라는 상호결정주의 원리를 주장하였다.
- 사회인지학습이론에서의 학습은 시행착오의 과정이다. → 행동주의 손다이크의 시행착오설에 해당하는 내용이다.
- 모델의 행동에 집중한다면 반드시 모방하게 된다. → '반드시' 모방하지는 않는다.
- 반두라(A. Bandura)의 사회인지학습이론에 관한 설명으로 강화는 학습이 일어나기 위한 필수요건이다. → 강화가 없더라도 학습이 일어나지만, 수행은 강화가 존재할 때 나타난다.
- 공포증, 불안감과 같은 정서는 모델링으로 학습될 수 없다. → 행동주의 왓슨부터 사회인지학습도 정서도 학습할 수 있다.
- 관찰학습은 조작적 조건화와 동일하다. → 반두라의 관찰학습에 대한 설명으로는 옳지 않다. 밀러와 달라드(Miller & Dollard)는 대리학습이 조작적 조건형성의 한 형태라고 가정하였다.
- 연령도 관찰학습에 영향을 미치는데, 생활 연령이 정신 연령보다 더 중요하다. → X
- 모방은 관찰학습의 필요조건이다. → X
- 밀러와 달라드의 지연 모델링(delayed modeling) → X
- 직접 모델링보다는 상징적 모델링이 효과적이다. → X
- 사회학습 유형으로 역전학습(flipped learning)이 있다. → 플립드 러닝은 온라인을 통한 선행학습 이후 오프라인 강의를 통해 교수와 토론식 강의를 진행하는 '역진행 수업 방식'을 말한다.
- 자기효능감은 자기 자신에 대한 정서적 반응 또는 가치평가이다. → 구체적인 상황에서 성공할 수 있는 자신의 능력에 대한 신념이다.
- 자기효능감은 자신의 가치, 속성, 태도 등에 대한 전반적인 자기 지각이다. → 자기효능감은 자신의 능력에 대한 스스로의 판단이자 신념이다.
- 자기효능감의 수준은 과제 영역에 따라 다르지 않다. → 자기효능감의 수준은 과제 영역에 따라 다르다.
- 자기효능감이 낮은 학생보다 높은 학생이 실패 시 불안감을 더 많이 경험한다. → 자기효능감이 낮은 학생이 실패 시 불안감을 더 많이 경험한다.

06 인지주의

1 인지주의

- 인지주의에서 학습은 지식을 습득, 기억, 활용하는 정신과정이라고 본다.
- 인지주의이론은 지식과 기능의 구인, 정신적 구조와 기억네트워크의 발달, 정보처리과정 등을 강조하는 학습이론이다.
- 경험의 결과보다 정신적 과정을 중시한다.
- 인지주의는 지각, 문제 해결, 추론의 발달에 대해 연구하였다.
- 인지주의이론에서는 태도, 가치 등에 관심을 둔다.
- 객관적 입장보다 주관적 입장을 강조한다.
- 시행착오적 문제해결보다 통찰적 문제해결을 강조한다.
- 전체는 부분의 합 이상이다.
- 불안, 강박, 우울과 같은 심리적 장애나 부적응적 행동은 상황이나 사건에 대한 개인의 지각, 사고, 신념, 태도에 의해 영향을 받는다고 주장한다.
- 상황에 대해 내담자가 어떻게 지각하고 판단하고 생각하느냐에 따라 상황에 대한 정서적 반응과 대처하는 행동이 달라진다고 주장한다.

🔍 틀린 문장

- 인지주의에서는 학습환경은 고려사항이 아니다. → 상황이나 사건에 대한 개인의 지각, 사고, 신념, 태도에 의해 영향을 받기 때문에 학습환경은 고려사항이다.
- 몰 단위(molar)행동보다 분자 단위(molecular)행동에 더 많은 관심을 갖는다. → 인지주의는 몰 단위(molar) 행동에 관심을 갖는다. 행동주의가 분자 단위(molecular)행동에 더 많은 관심을 갖는다.

2 사회인지이론에서 자기조절(self-regulation)

- 자기조절은 학습될 수 있다.

- 자기조절 체계는 개방적 특성을 갖는다.

- 반두라(A. Bandura)는 자기조절이 자기관찰, 자기평가, 자기반응의 하위 과정으로 구성된다고 본다.

자기조절		
자기관찰	자기판단	자기반응
• 개인의 행동에 대한 정보를 제공하고, 그에 따른 목표설정	• 현재의 수행을 자신의 목표와 비교 • 목표달성 예상하면 긍정적인 자기 반응으로 연결	• 목표달성을 이루려는 동기발생 • 자기에게 상 주기

> 📝 **자기조절학습이론(self - regulated learning theory)**
>
> C학생은 일요일 아침 카페에 가서 그 주에 공부한 내용을 정리하는 습관이 있다. 일요일 아침의 여유로운 시간과 카페라는 조용한 장소의 선택이 본인의 학습 효과를 높이는 데 도움이 된다는 것을 알기 때문이다.

> 🔍 **틀린 문장**
>
> 짐머만(B. Zimmerman)의 자기조절 단계는 '수행 또는 의지 통제', '선견', '자아성취'이다. → 짐머만의 자기조절 3단계는 '선견(Forethought) - 수행(Performance) - 자기성찰(Self-reflection)'이다.
> 구성요소로는 인지조절(계획, 점검, 조직화, 정교화), 동기조절(자기효능감, 과제가치), 행동조절(시간관리, 도움요청, 환경통제 관리 등)이다.

07 | 톨만(E. Tolman)의 잠재적 학습(latent learning)

1 톨만의 잠재학습

> 톨만과 혼지크(Tolman & Honzik)는 쥐를 사용하여 미로 찾기 실험을 실시하였다.
> 집단 A의 쥐에게는 목표지점에 도달할 때마다 보상을 하였다.
> 집단 B의 쥐에게는 처음 10일 동안 보상을 하지 않다가 11일째부터 목표지점에 도달하면 보상을 하였다. 그 결과 집단 B의 쥐는 11일째 시행부터 오류가 급격하게 줄었다.

톨만의 쥐의 미로학습 실험

톨만은 쥐를 세 집단으로 나누어 17일 동안 미로를 통과하여 보상인 먹이가 있는 목표지점을 찾아가게 하는 학습을 시켰다. 제1집단에는 강화인을 제공하지 않았고, 제2집단에는 항상 강화인을 제공하였으며, 제3집단에는 실험 시작 11째 날에 처음으로 강화인을 제공하였다. 결과적으로 강화를 전혀 받지 않은 제1집단에서 수행상 약간의 향상이 나타났으며, 17일 동안 지속적인 강화를 받은 제2집단은 꾸준한 향상을 보여주었다. 11일째부터 강화를 받은 제3집단은 강화를 받은 때부터 수행이 크게 향상되었고, 제2집단보다 수행을 더 잘한 것으로 드러났다. 톨만은 이를 통해 학습이 강화 없이도 가능하며, 강화는 학습의 수행에 도움을 준다고 주장하였다. 톨만은 쥐의 학습이 자신이 처한 환경에 대한 인지도, 즉 미로에 대한 정신적 지도를 형성함으로써 이루어진다고 보았다. 톨만은 또한 쥐가 미로를 찾는 과정을 관찰한 다른 쥐에게 자신이 실제 시행착오를 겪는 것이 아님에도 실제로 시행착오를 경험한 것과 같은 효과가 나타나는 것을 보고 대리적 시행착오가 존재한다고 보았다.

- 학습된 것이 행동으로 드러나지 않을 수 있다.
- 학습의 결과는 인지도(cognitive map)로 만들어진다.
- 목표를 달성하기 위해 필요한 행동에 대한 기대를 포함하는 인지지도(cognitive map)를 형성한다.
- 유기체는 강화 기대를 학습한다.
- 유기체는 잠재적 학습을 한다.
- 톨만은 강화를 학습에 필수적인 것으로 보지 않았으며 강화는 학습에 영향을 미치는 것이 아니라 학습한 것의 수행에 영향을 미친다고 보았다.
- 강화(reinforcement)는 학습에 필수적이지 않다.
- 학습은 보상이나 추동 감소 없이 발생할 수 있다.
- 학습은 강화와 독립적으로 일어난다.
- 목표를 강조하는 목적적 행동주의(purposive behaviorism)에 적합한 예이다.
- 유기체의 행동은 목표지향적이다.
- 보상의 유무는 학습된 결과가 행동으로 나타나는 것에 영향을 미친다.
- 이미 학습은 되었으나 보상이 주어질 때까지 학습한 것이 나타나지 않고 잠재해 있는 것이라고 제안했다.

• 자극 - 반응 연합의 한계를 극복하고자 하였다.

• 톨만은 유전의 역할을 고려하였다.

• 학습은 점진적이 아니라 갑자기 이루어진다. → 톨만의 잠재학습은 이미 학습은 되었으나 보상이 주어질 때까지 학습한 것이 나타나지 않고 잠재해 있는 것이라고 제안했다. 강화물에 의해 동기화 될 때 인지도가 수행으로 전환된다.

• 보상은 수행과정보다 학습과정에 영향을 미친다. → 톨만의 잠재학습은 강화물(보상)에 의해 동기화 될 때 인지도로 수행으로 전환된다.

• 유전의 역할을 고려하지 않았다. → 톨만은 유전의 역할을 고려하였다.

08 쾰러(W. Köhler)의 통찰 학습

1 통찰학습

- 형태주의 심리학과 쾰러(Köhler)의 통찰 학습은 모두 인지주의 심리학의 발전에 중요한 기여를 하였다.
- 형태주의 심리학은 지각과 인지가 개별 요소의 단순한 합이 아닌 전체적인 구조와 맥락에 의해 이루어진다고 보았다.
- 기존 지식과 경험을 바탕으로 한 창의적 사고 과정을 강조한다.
- 학습이 단순한 자극-반응의 결과가 아니라 기존 지식과 경험을 바탕으로 한 창의적 사고 과정이라고 주장하였다.
- 형태주의 심리학은 지각의 능동성과 맥락 의존성을 강조한 반면, 통찰 학습은 학습의 능동성과 창의성을 강조한다.
- 통찰(insight)이란 전체와 부분 사이의 구조적 관계를 파악하여 문제를 해결하는 과정이라 생각했다.
- 인간의 내적 정신 과정을 강조한다.
- 문제해결에서 정신적 숙고의 과정을 거친다.
- 급진적 학습과정에 의해 문제해결 상태로 이행된다.
- 미해결에서 해결 상태로의 이행이 갑작스럽다.
- 여러 번의 시도로 인해 수행시간이 짧아지는 통찰의 학습곡선이다.
- 순간적인 통찰 뒤에는 '아하 경험'이 수반된다.
  - ✓ 아하 현상 (Aha Experience): 통찰학습의 가장 큰 특징은 해결책이 단계적으로 나타나는 것이 아니라, 어느 순간 '갑자기' 떠오른다.

- 문제해결에서 숙고 과정을 거치면서 학습자가 갑자기 문제를 해결한다.
- 통찰을 통한 문제해결의 원리를 구조적으로 유사한 문제에 쉽게 적용할 수 있다.
- 통찰로 얻은 해결책은 상당한 시간 동안 유지된다.
- 통찰로 얻은 해결책에 기초한 수행은 대개 부드럽고 오류가 없다.
- '전체는 부분의 합 이상' 이라는 게슈탈트 심리학에 근거한다.
- '전체는 부분의 합 이상이다'라는 형태주의에 기반을 둔다.
- 학습자는 문제해결에서 구조화하고 조직화하는 과정을 거친다.

- 형태주의 관점에서 살펴보았을 때, 유기체는 시행착오 없이도 완전한 형태로 문제를 해결할 수 있었으며, 강화가 없더라도 문제를 해결할 수 있다고 보았다.
- 행동주의에서의 시행착오 학습은 보상을 위해 무작위적인 행동을 반복하며 시간이 지남에 따라 점진적으로 오류를 줄여나가는 과정이다. 반면, 통찰학습은 문제의 핵심 원리를 파악하는 지적 과정이 핵심이며 해결 속도가 매우 급격하게 일어난다.

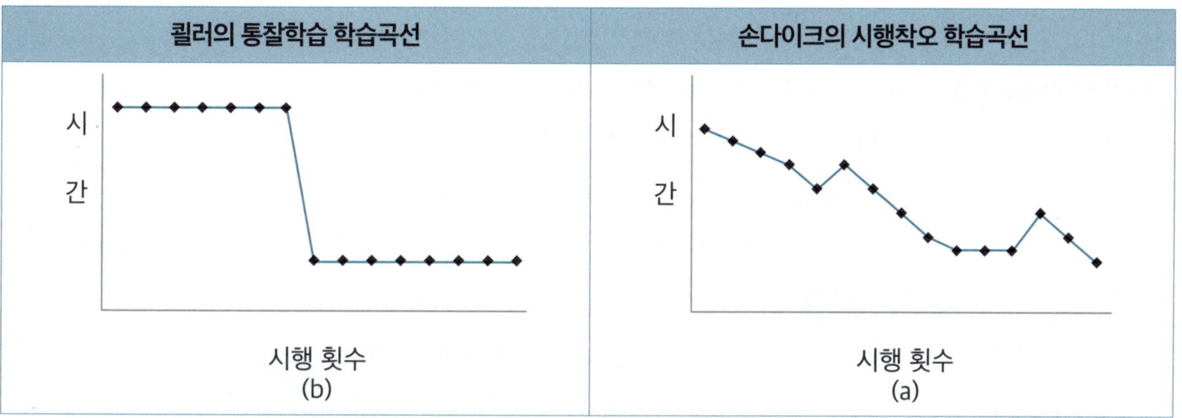

🖎 쾰러의 침팬지 실험

침팬지의 문제 해결능력을 알아보는 일명 '침팬지 실험'을 행하였다. 침팬지 우리에 막대기와 상자 등을 넣어놓은 뒤, 손이 닿지 않는 높은 곳에 바나나를 매달아 두었을 때, 침팬지(술탄)는 처음에는 점프를 하며 시행착오를 겪는다. 하지만 잠시 행동을 멈추고 주변을 탐색하더니, 구석에 있던 상자들을 쌓아 그 위에 올라가 바나나를 따먹었다. 이는 단순한 우연이 아니라 상자와 바나나의 관계를 통찰한 결과로 해석한다.

🔍 틀린 문장

- 미해결에서 해결로의 전환은 서서히 단계적으로 나타난다. → 통찰학습은 미해결에서 해결 상태로의 이행이 갑작스럽다.
- 보상을 기대하기보다는 경험 그 자체를 추구한다. → 보상을 기대하여 학습한다.

09 마이켄바움과 굿맨(Meichenbaum & Goodman)의 자기조절행동(자기교수훈련)(self - instruction)

1 마이켄바움과 굿맨의 자기조절행동(자기교수훈련)

- 내적 언어에 강조를 둔 마이켄바움의 자기교수 모델에 기초를 두고 있다.
- 교사가 먼저 과제의 각 단계를 말로 하면서 수행하는 시범을 보인다.
- 교사가 같은 과제를 하면서 학생에게 각 단계를 말로 하도록 한다.
- 다음으로는 학생이 각 단계를 말로 하면서 수행하도록 하는데 이때 필요하다면 교사가 즉각적인 도움을 줄 수 있으므로 아동이 자신감을 얻게 된다.
- 마지막으로 학생이 각 단계를 작은 소리로 말하거나, 속으로 생각하면서 수행하도록 한다.

인지적 모델링	교사는 과제를 수행하면서 해야 할 행동을 큰 소리로 학생에게 말해주고 학생은 관찰한다
외현적 안내	학생은 교사의 지도를 받는 상태에서 큰 소리로 따라 말하면서 과제를 수행한다
외현적 자기안내	학생은 자신에게 큰 소리로 말하면서 과제를 수행한다
외현적 자기안내의 축소	학생은 속삭이면서 과제를 수행한다
내재적 자기안내	학생은 내적 언어를 사용하면서 과제를 수행한다

> 📝 **외현적 자기안내 예시**
>
> 교사가 충동성이 높은 학생에게 문제해결법을 가르치기 위하여 큰 소리로 문제해결과정을 진행하는 시범을 보여주었고, 그러한 교사의 언어와 행동을 관찰한 학생이 교사의 도움 없이 혼자서 소리 내어 말하면서 문제를 풀어가는 과정

2 공동조절학습(co - regulated learning)

> 🔗 아동의 학습장면에서 성인과 아동이 여러 측면에서 학습과정의 주도권을 공유하는 것을 흔히 볼 수 있다. 예를 들면, 성인과 아동은 한 학습과제에 대한 특정 목표를 같이 설정할 수 있고, 성공적인 학습에 대한 준거를 성인이 결정하고 그에 맞추어 아동이 자신의 수행을 평가해 보게 할 수도 있다. 아동의 학습이 진전되면서 성인의 도움(scaffolding)은 점차 사라지는 것이 좋다.

비고츠키(L. Vygotsky)의 사회적 구성주의와 피아제(J. Piaget)의 인지적 구성주의

1 비고츠키의 사회적 구성주의

- 언어나 상징과 같은 문화적 도구의 중요성을 강조한다.
- 근접발달영역(ZPD)에서 학습이 이루어진다.
- 지식은 혼자 발견하기보다 타인과의 상호작용을 통해 전수된다.
- 사회와 문화적 맥락에서의 학습에 초점을 둔다.
- 학습에 있어 물리적 환경은 하나의 도구에 불과하다.
- 비고츠키는 학습을 준비가 될 때까지 기다릴 필요가 없는 능동적 과정으로 보았다.
- 학습이 발달을 주도한다고 정의한다.
- 발달의 개인차에 관심이 있다.
- 언어습득을 아동발달의 중요 변인으로 강조한다.

🔍 틀린 문장

- 동화와 조절을 통해 인지구조의 성장이 일어난다. → 피아제에 대한 설명이다.

2 피아제의 인지적 구성주의

- 발달의 개인차에 관심이 없다.
- 사고가 언어에 반영된다.
- 아동 스스로 환경에 적응한다.

3 인지과정

- 새로운 과제를 수행할 때 주의가 더 많이 요구된다.
- 과제가 경쟁관계에 있을 때 선택적 주의가 발생한다.
- 과잉 학습된 과제나 반복적인 정보를 처리할 때 자동성이 발생한다.

🔍 틀린 문장

- 계열처리는 무의식적으로, 병렬처리는 의식적으로 발생한다. → 계열처리는 의식적으로, 병렬처리는 무의식적으로 발생한다.

11 기억에 대한 정보처리이론

1 기억에 대한 정보처리이론

- 컴퓨터를 모델로 삼고 설명한다.
- 기억의 주요 과정은 부호화, 저장, 인출이다.
  - ✓ 부호화: 학습할 내용을 잘 이해하고 오래 기억하며 인출을 용이하게 하는 정보처리를 의미한다.
- 감각기억, 단기기억, 장기기억의 방향으로 정보가 부호화된다.
- 단기기억 단계에서 새롭게 학습해야 하는 정보는 유지시연보다 정교화 시연을 할 때 더 효과적이다.

1 정보를 처리하는 방법

1 상향처리(Bottom - Up Processing)

- 외부의 자극(대상)에 대한 정보가 없는 상태에서 이를 처리하는 과정으로, 정보의 흐름이 감각기억에서 장기기억으로 진행되는 과정을 말한다.
- 감각수용기에 등록된 자극들로부터 나온 정보의 중요성을 강조하며, 눈을 통해 받아들인 외부의 자극을 처리하는 자극 주도적인 정보처리이론이다.
- 자극에 대한 기본 요소·특징 등의 세부 단위를 분석한 후 더 큰 단위로 구성하는 처리 방법이다.

2 하향처리(Top - Down Processing)

- 사전에 가지고 있던 정보나 지식을 이용해서 자극을 점검하기도 전에 먼저 처리하는 과정으로, 정보의 흐름이 장기기억에서 감각기억으로 진행되는 과정을 말한다.
- 사전에 경험했던 정보(사전기대)가 무언가를 자각하는 데 영향을 미치는 경험 주도적인 정보처리이론이다.
- 이미 알고 있던 개인의 선수 지식·개념·기대·기억 등의 자극이 인지과정에 미치는 영향을 강조하는 고차원적 인지과정이다.

> 🔍 **틀린 문장**
> - 상향처리(bottom - up processing)는 부호화 전략이다. → 감각수용기에 등록된 자극들로부터 나온 정보의 중요성을 강조하며, 눈을 통해 받아들인 외부의 자극을 처리하는 자극 주도적인 정보처리이론이다.

2 앳킨슨과 쉬프린의 이중기억 모형 (Atkinson & Shiffrin multi - store model)(1968)

1 감각기억(sensory memory)(감각등록기)

• 앳킨슨 - 쉬프린(Atkinson - Shiffrin)의 기억모형은 감각등록기, 단기기억, 그리고 장기기억 간의 체계를 설명한다.

1 감각등록기(sensory register)

- 감각등록기는 외부로부터의 정보를 수용하며, 매우 짧은 기간 유지되는 기억체계의 요소이다.
- 감각등록기는 매우 짧은 시간동안 많은 정보를 저장한다.
- 감각기관(눈이나 귀 같은 감각수용기관)을 통해 들어온 정보를 약 2~3초 내외의 극히 짧은 시간 동안 감각기억에 저장되다가 순간적으로 사라진다.
- 감각기억은 매우 짧은 시간 동안 자극을 아주 정확하게 저장한다(시각은 1초, 청각은 4초).
- 정보를 단기기억(작동/작업기억)으로 넘기려면 주의를 기울여야 한다.

2 단기기억(short term memory)

- 정보의 양과 지속시간에 제한이 있다. 용량이 제한되어 있다. 정보를 유지하는 시간이 제한되어 있다.
- 감각기억에 머무르고 있는 정보를 부호화하여 기억하는 작업이 이루어지는데, 30초까지 정보를 보유한다.
- 정보를 20 - 30초 동안 유지할 수 있으나, 저장용량이 비교적 제한되어 있다.
- 단기기억의 정보도 시연(rehearsal)을 하면 그 이상을 유지할 수 있다.
- 암송(rehearsal)은 정보를 단기기억에서 장기기억으로 저장하는 방법이다. 어떤 정보를 반복적으로 되새기는 과정이다.
- 시연에는 유지형 시연이 있으며, 장기기억으로의 정보 전이 가능성은 매우 낮다.
- 정교화시연(elaborative rehearsal)은 성공적으로 정보의 전이를 이루게 된다.
- 성인의 경우 보통 5 ~ 9개의 정보가 약 20초 동안 저장될 수 있다.

✓ 청킹(chunking)
- 정보를 서로 의미 있게 연결시키거나 묶는 인지과정이다. 단기기억의 용량을 확대시킬 수 있다. 매직 넘버 7±2로 밀러가 제안했다.
- 새로운 정보는 단기기억을 거친 다음에 장기기억으로 이동한다.
- 음향부호(acoustic code)가 어문적 정보 유지에 이용된다.

✓ 음향부호(acoustic code)
- 청각자극을 기억하는 과정으로 단기기억에 속한다.
- 감각기억, 단기기억, 장기기억의 방향으로 정보가 부호화된다.
- 부호화는 내용을 잘 이해하고 오래 기억하며 인출을 용이하게 하는 정보처리를 의미한다.
- 장기기억으로 정보를 저장할 때 정교화(elaboration), 조직화(organization), 맥락(context)이 중요한 역할을 한다.
- 새로운 정보를 기존의 지식과 연결하여 의미를 부여하는 것을 정교화(elaboration)라 한다.

√ 정교화(elaboration) 전략

기존 지식에 새로운 정보를 연결하거나, 학습해야 할 정보들 간에 추가적인 연결을 형성하도록 함으로써 새로운 정보의 유의미한 학습을 증가시키는 부호화 전략이다.

> C학생은 노트필기를 할 때 수업내용을 그대로 옮겨 적지 않고 가급적 앞서 배운 내용과 관련지어 정리하는 습관이 있다. 공부한 내용을 관련 내용과 유의미하게 통합·정리함으로써 기억이 더 잘되기 때문이다.

- 두문자법, 장소법, 패그워드법, 연결법, 핵심어법 등이 있다.

① 부호화의 유형

ㄱ. 조직화(organization) 전략

- 정보집합을 관계성에 기초하여 하위 집단으로 분류하는 것이다.
- 윤곽잡기(outlining), 도식화하기, 그룹화하기 등이 있다.
- 예를 들면 테이블, 버스, 모자, 트럭, 책상, 구두의 순으로 제시된 정보를 테이블과 책상, 버스와 트럭, 모자와 구두 등으로 범주화하는 것이다.

ㄴ. 두문자어법(acronyms)

- 첫 자만 따서 외우는 것과 같이 원래의 어형보다 간략히 만들어 기억하는 방법이다.
- 예시로는 수금지화목토천해 (태양으로부터의 순서대로 행성 이름 외우기)

ㄷ. 장소법(loci method)

- 학습할 항목들을 일련의 물리적 장소나 물리적 장소에 놓인 대상들의 배열과 연합시켜 기억하는 방법이다. 어떤 목록을 암기할 때 장소법을 사용하기 위해서는 자신이 친숙하여 쉽게 회상할 수 있는 장소를 먼저 선택해서 학습한다.

ㄹ. 페그워드법(peg word method)

- 규격화된 단어 목록을 일종의 못(Peg), 즉 기준어로 사용하여 각 기준어에 기억해야 할 사물을 심상으로 연결시켜 기억하는 방법이다.

ㅁ. 연쇄기억술(chain mnemonics)

- 목록의 암기해야 할 요소들 사이를 연관지어 기억하는 방법이다.

ㅂ. 핵심단어법(keyword method)

> 책을 의미하는 스페인어인 'libro'라는 단어를 외우기 위해 소리와 형태가 유사한 영어 단어의 'liberty'를 연상한 다음에 자유의 여신상이 횃불대신 큰 책을 높이 쳐들고 있는 모습을 상상한다.

ㅅ. 심상화

- 학습 내용에 대한 그림, 이미지, 사진, 다이어그램, 모형, 순서도 등과 같은 시각자료를 제시하거나, 학습 내용에 대한 시각 자료를 만들어 보게 하는 방법 등을 활용할 수 있다.

ㅇ. 맥락화

  • 정보를 학습할 때 물리적 맥락(장소)과 정서적 맥락(감정) 등 여러 측면과 정보가 함께 학습된다.

  • 시험 칠 장소에서 공부하는 방법이 해당된다.

3 장기기억(long term memory)

• 정보가 비교적 오랫동안 유지되고 기억용량도 거의 제한이 없다.

• 감각기억이나 단기기억과 달리, 장기기억은 정보를 무한정으로 저장할 수 있다.

• 장기기억은 지속적이다.

• 기억훑기(memory scanning)는 작업기억에서의 기억 인출과정에 사용된다.

• 활성화 확산(spreading activation)은 장기기억을 일깨우는 과정이다.

• 과잉학습(overlearning)의 양이 많을수록 기억하기 쉽다.

① 장기기억의 유형

ㄱ. 외현기억(explicit memory) = 명시적 기억, 서술적 기억(declarative memory),

선언적 지식(declarative knowledge)

  • 기억은 재인 기억과 회상 기억으로 나눌 수 있다.

  • 사실적 정보에 대한 지식으로 이전의 기억을 의도적으로 회상하는 기억이다. 의식적인 기억이라서
    회상검사나 재인검사로 직접 측정할 수 있다.
    ✓ 회상과 재인: 회상은 단서 없이 기억에서 인출해내는 것이고, 재인은 단서 즉 선택지 중에서 답을 인출해내는
      것이다.

  a. 의미 기억(semantic memory)

    • 처음에는 일화적 지식이었으나 새로운 사실이나 개념을 학습해 나감에 따라 의미론적 지식으로
      바뀌기도 한다.

    • 세상에 대한 일반적인 지식으로, 직접적인 시간이나 장소에 대한 정보의 인식없이 형성되며
      오랜기간에 걸쳐 축적된다.

    • 예시로는 삼각형 내부의 합은 180도이다. 크리스마스는 12월 25일, 정부의 세 구성요소는 입법,
      사법, 행정이다.

  b. 일화 기억(episodic memory)

    • 자신의 경험에 대한 기억으로서 개인적인 사실을 포함하고 있다.

    • 특정 시간과 장소에 있었던 사상에 대한 정보로 이루어져 있다. 보고 듣고 행동한 것의 기록이다.

    • 언제, 무엇을 보고, 듣고, 행동했는지에 관한 정보를 포함하고 있다.

ㄴ. 암묵기억(implicit memory) = 비서술 기억 = 내현기억

- 절차기억은 암묵기억이다.

- 비선언적 기억(nondeclarative memory) 이라고도 한다.

- 자전거를 타는 것은 암묵기억이다.

- 말로 표현되는 것이 아니다.

- 의도적인 기억을 요구하지 않는 과제에서 파지가 나타날 때의 기억이다.

- 우연히 혹은 자동적으로 정보를 기억하는 것이다.

- 자신이 의도적으로 저장하지 않은 것도 기억한다.

a. 절차적 기억(procedural memory)

- 절차기억의 예로는 자전거 타기, 수영하기, 타이핑하기 등이 있다.

- 어떤 일을 '어떻게 하는지 아는' 것으로, 이 기억은 서술적 기억보다 먼저 형성된다. 행위, 기술 및 조작에 관한 기억을 포함하고 있다.

- 절차적 지식을 습득하는 사례, 습관화 과정에서 시연의 역할이 중요, 인출속도가 비교적 빠른 지식, 부호화와 관련이 있다.

ㄷ. 조건적 지식(conditional knowledge)(서술적 지식 + 절차적 지식)

- 서술적 지식과 절차적 지식을 언제, 어떻게, 왜 활용할 것인지에 관한 지식으로 학습자는 언제, 어디서, 어떻게 특정한 지식을 습득하고 사용할 것인지를 파악한다.

ㄹ. 정서와 인출과의 기억

  a. 섬광기억(flashbulb memory)

- 삶에서 극적이거나 감동적인 순간들에 대한 기억을 섬광기억이라 한다.
- 심각한 스트레스를 초래하는 사건들은 거의 항상 지워지지 않는 기억을 형성한다.
- 너무 감동받은 사건이나 충격적인 사건을 경험한 사람들은 그 사건에 관한 생생한 일화적 기억을 지니고 있다.

🔍 틀린 문장

- 감각수용기관을 통해 정보를 최초로 저장하는 곳은 단기기억이다. → 감각수용기관을 통해 정보를 최초로 저장하는 곳은 감각기억이다.
- 단기기억은 매우 짧은 시간동안 매우 많은 정보를 저장한다. → 감각기억(감각등록기)에 대한 설명이다.
- 반향기억(echoic memory)은 장기기억에서 나타나는 현상이다. → 반향기억(echoic memory)은 최대 4초 동안 기억이 저장되며 감각기억에서 나타나는 현상이다.
- 감각등록기(sensory register)는 주의를 기울이는 동안만 유지된다. → 단기기억(작업기억)에 대한 설명이다.
- 심상은 어떤 정보를 반복적으로 연습하는 것으로 정보 유지의 기본적인 방법이다. → 시연(암송)(maintenance rehearsal)은 어떤 정보를 반복적으로 연습하는 것으로 정보 유지의 기본적인 방법이다.
- 기억향상을 위한 청킹(chunking)은 감각기억에서 시작된다. → 청킹(chunking)은 단기기억(작업기억)에서 시작된다.
- 기억하고자 하는 정보를 이미 알고 있는 정보와 연관 짓는 것을 유지시연(maintenance rehearsal)이라 한다. → 부호화에 대한 설명으로 부호화는 새로운 정보를 기억하기 위해 그 정보를 유의미하게 만들거나 장기기억 정보와 관련짓는 것을 의미한다.
- 장기기억의 지식은 인출되어 감각기억에서부터 새로운 정보와 연결된다. → 부호화에 대한 설명으로 부호화는 새로운 정보를 기억하기 위해 그 정보를 유의미하게 만들거나 장기기억 정보와 관련짓는 것을 의미한다.
- 단기기억에는 절차기억이 저장되어 있다. → 절차기억은 장기기억의 유형이다.
- 습관은 암묵기억이 아니다. → 습관은 암묵기억이다.
- 장기기억의 인출 사례로 처음 듣는 영어단어의 발음을 들은 직후 마음속으로 그 소리를 시연한다. → 단기기억을 장기기억으로 부호화시키고 있는 내용이다.
- 의미기억(semantic memory)은 개인적 경험에 관한 심상을 처리하는 단기기억의 유형이다. → 의미기억(semantic memory)은 세상에 대한 일반적인 지식으로, 직접적인 시간이나 장소에 대한 정보의 인식없이 형성되며 오랜기간에 걸쳐 축적되는 장기기억의 유형이다.
- 일화기억(episodic memory)은 개인적 경험을 담은 단기기억이다. → 일화기억(episodic memory)은 개인적 경험을 담은 장기기억이다.
- 장기기억의 저장용량은 기존에 저장된 정보가 많을수록 줄어든다. → 장기기억의 저장용량은 무한대이다.
- 운율법(rhyming method)의 예시로 gloom (어둠)은 구름이 끼어 어두움 → 핵심단어법의 예시이다. 운율법은 노래나 리듬을 활용하는 것이다.
- 연상법(mental imaging): HOMES(5대호: Huron, Ontario, Michigan, Erie, Superior) → 두문자법으로 미국과 캐나다의 사이에 위치한 5대 호수(Huron호, Ontario호, Michigan호, Erie호, Superior호)를 쉽게 외우기 위해 그 첫 글자들을 차례대로 순서화하여 'HOMES'라는 유의미한 단어로 조합시키는 것 등이 이에 해당한다.
- 핵심단어법(keyword method)의 예시로 현관 - 사과, 거실 - 감자, 침실 - 배추 (익숙한 장면과 동선의 순서에 따라 단어 배치하기) → 장소법에 대한 예시이다.

- 작업기억(working memory)은 정보를 조직하고 다른 정보들과 관련짓는 기억체계의 요소이다.
- 단순한 기억이 아닌 머릿속으로 숫자를 계산하거나, 누군가의 말을 이해하면서 동시에 답변을 고민할 때, 작업기억이 활발히 작동한다.
- 정보를 저장하고 동시에 처리하는 시스템이라 설명했다.
- 중앙집행기(Central Executive)는 전체를 조율하고 주의를 관리하는 지휘자이다.
- 음운루프(Phonological Loop)는 말소리 정보를 반복해 기억한다.
- 시공간 스케치패드(Visuo - Spatial Sketchpad)는 시각 및 공간 정보를 처리한다.
- 에피소드 버퍼(Episodic Buffer)는 여러 정보를 하나의 이야기로 통합한다.
- 위 네 가지를 통합하며 말하기, 듣기, 읽기, 계획하기 등의 복잡한 사고를 할 수 있다.
- 베들리의 작업기억 모형은 상징적 기억(iconic memory)과 관련된 시공간 스케치패드와 청각 정보 처리를 두 가지 방식으로 처리하는 음운루프로 구성된다고 제안했다.

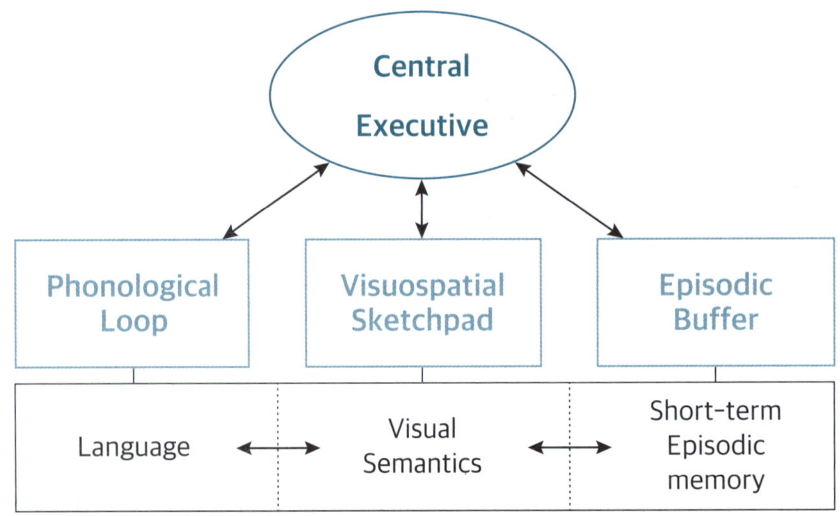

4 계열 위치 효과

1 초두효과

- 정보를 연속적으로 접할 때, 처음에 제시된 정보가 더 강하게 기억에 남는 현상이다.
- 수업에서 가장 중요한 개념을 먼저 소개하는 것은 초두효과 때문이다.
- 초두효과는 처음 접한 정보에 더 많은 주의와 반복이 집중되고, 장기기억으로 전이될 가능성이 높기 때문이다.
- 예시로는 단어목록을 외웠는데 제일 앞 단어만 기억난다. A의 첫인상은 뚜렷한데 가장 마지막 인상은 희미하다.

2 최신효과

- 가장 마지막에 제시된 정보가 더 잘 기억되는 현상이다.
- 최신효과는 가장 최근에 받은 정보가 단기기억에 남아있기 때문이다.

> 🔍 **틀린 문장**
>
> - 최신효과는 기억 목록 첫 부분의 항목이 많이 회상되는 것이다. → 초두효과는 기억 목록 첫 부분의 항목이 많이 회상되는 것이다.

12 정보처리의 새로운 접근

1 파이비오(A. Paivio)의 이중부호이론(dual-coding theory)

- 정보가 장기기억에 저장되는 방식에 대한 이론이다.

- 단어보다 그림을 더 잘 기억한다.

- 정보는 시각적 부호와 언어적 부호로 입력된다.

- 언어 정보는 계열적으로 부호화되고, 시각 정보는 공간적으로 부호화된다는 것이다.

- 장기기억 속의 정보는 언어적 형태와 비언어적·심상적 형태로 저장된다고 주장한다.

- 언어 정보와 시각 정보는 각각 분리된 인지체제에 저장된다고 본다.

- 언어 재료와 일치하는 시각 심상을 만들 경우 그 언어 재료에 대한 기억이 상당히 증가됨을 발견하였다.

- 그림 재료에 대한 기억이 언어 재료보다 우수한 경우이다.

- 시청각 교재가 학습효과를 촉진한다.

- 책을 눈으로만 읽었을 때보다 소리 내어 읽었을 때 기억에 잘 남는다.

- 언어정보와 시각정보를 별도로 제시하는 것보다는 함께 제시하는 것이 효과적이며, 멀티미디어가 단일매체보다 학습에 효과적이다.

🔍 틀린 문장

- 추상적인 단어를 구체적인 단어보다 더 잘 기억한다. → 구체적인 단어를 추상적인 단어보다 더 잘 기억한다.
- 이중부호이론에서 정보는 언어부호와 의미부호로 약호화되어 저장된다. → 정보는 시각적 부호와 언어적 부호로 입력된다.
- 언어정보는 언어기억만 방해한다. → 장기기억 속의 정보는 언어적 형태와 비언어적·심상적 형태로 저장된다고 주장한다.

2   크레이그와 록하트(F. Craik & R. Lockhart)의 처리수준이론(level of processing theory)

> 🔗 A는 내일 치를 역사 시험을 위해 시험범위에 있는 사건과 연도를 소리 내어 읽어가며 열심히 외웠다. 다음 날, 시험에서 A가 외웠던 문제가 나왔다. 그러나 A의 머릿속에 떠오른 건 그 연도를 외우면서 들었던, A가 좋아하는 아이돌 그룹의 노래가사에 담긴 숫자였다. A는 결국 그 문제의 답을 틀렸다.

- 이중저장모델에 대한 이론적 대안이다.
- 학습의도 자체보다는 처리의 깊이가 중요하다.
- 심층처리가 되면 우연학습도 의도학습만큼이나 효과적이다.
- 주어진 학습재료가 어떻게 부호화되느냐에 따라 기억의 지속성이 결정된다.
- 학습의도 자체보다는 처리의 깊이가 학습 성공에 영향을 미친다고 주장한다.
- 정보처리수준 모형은 처리되는 수준이 깊을수록 기억을 잘 한다.
- 처음 정보를 기억할 때 정보 처리 수준이 깊은 수준으로 처리된 정보는 기억경로가 많아 인출이 쉽다.
- 정보처리수준 이론은 우수한 학습자가 주로 심층처리를 한다고 주장한다.
- 표층처리는 심층처리만큼 중요하지 않다.
- 정보처리의 수준모형은 순서를 가정하지 않는다.

> 🔗 철학에 대해 잘 몰랐는데, 철학과 친구와 논쟁적인 철학적 질문들을 찾아 토론하다 보니 철학에 대해 더 많이 알게 되었다. 엊그제 남자친구와 수목원을 다녀왔는데, 사랑나무만 기억에 남는다.

🔍 **틀린 문장**

- 구조처리를 하는 조건이 어의처리를 하는 조건보다 재생률이 높다. → X

3   병렬분산처리모형(parallel distributed processing model)

- 정보는 동일한 시간에 기억체계의 세 부분 즉 감각등록기, 작업기억 및 장기기억에서 동시에 처리된다는 아이디어에 기초한 병렬분산처리모형을 기술하였다.
- 장기기억은 감각등록기와 단기기억과 동일한 시간에 조작되고 있음을 의미한다.
- 단락을 읽을 때 개개 글자를 보고, 개개 글자를 단어의 의미로 형성하고, 그 다음 장기기억에 보존하기 위해 단기기억에서 작업하고 있지 않고, 그 대신 단어의 의미를 해석하기 위해 장기기억에 있는 정보를 즉시 사용하고 있다.
- 예시로는 모자와 마스크를 쓴 친구를 알아볼 수 있다.

🔍 **틀린 문장**

- 기억의 이중구조 모형에 따르면 정보는 병렬적으로 처리된다. → 병렬분산처리모형에 대한 설명이다.

13 망각

- 망각은 인출실패를 포함한다.

1 간섭이론(interference theory)

- 망각의 일차적 원인은 간섭(interference)이다.
- 간섭(interference)이론에 따르면, 정보가 다른 정보와 섞이거나 다른 정보에 의해 대체되기 때문에 망각이 일어난다.

1 순행간섭

- 순행간섭에 의한 망각은 선행 학습량이 많을수록 증가한다.
- 개명한 친구의 새 이름이 기억나지 않고 예전 이름만 떠오르는 것은 순행간섭의 예이다.

2 역행간섭(retroactive interference)

- 나중에 학습한 정보가 앞서 학습한 정보의 회상을 방해하는 것을 역행간섭(역행제지)이라고 한다.
- 알파벳 'd'를 배우게 되면서, 앞서 배웠던 'b'를 혼동하는 것은 역행간섭의 예이다.
- 예시로는 전화번호를 바꾼 후 예전 전화번호가 기억나지 않는다. 집 주소가 바뀌면 예전 집 주소가 생각이 안 난다.
  - ✓ 영어가 모국어인 학생이 라틴어를 배우면 라틴어가 영어 이해에 도움이 되는데 이를 역행촉진이라 한다.

2 쇠퇴이론

- 시간의 경과에 따라 기억흔적이 쇠퇴하기 때문에 망각이 일어난다는 것이다.
- 사용되지 않는 정보가 시간이 경과함에 따라 점차 사라져서 망각되는 것을 말한다. 그러므로 오래전에 학습한 기억이 오래된 정보일수록 기억하기 어려운 경향이 있다. 그래서 인출단서가 주어지더라도 기억이 나지 않는다.
- 예시로는 소꿉친구를 20년 만에 만났더니 이름이 생각나지 않았다. 통장의 비밀번호를 오랫동안 사용하지 않아서 잊어버렸다.

3 단서의존이론

- 기억에 저장된 정보와 부합되는 인출 단서를 찾지 못할 때 망각이 일어나는 것이다.
- 저장된 정보에 접근하는 적절한 수단, 즉 인출 단서가 부족하기 때문이라고 본다.
- 결국 단서 의존 망각에 따르면, 망각은 부호화나 저장 단계에서 일어나는 것이 아니라 인출 단계에서 일어난다.

4 억압(repression)

- 정서적인 아픔이 너무 커서 그 일이 전혀 기억이 나지 않거나 그 일의 일부 조각들만이 기억되는 현상을 말한다.
- 예시로는 어릴 적 학대 경험이 전혀 기억나지 않는다.

🔍 틀린 문장

- 일주일 전 먹었던 저녁메뉴를 기억하지 못하는 것은 순행간섭 때문이다. → 일주일 전 먹었던 저녁메뉴를 기억하지 못하는 것은 역행간섭이다.
- 친구가 이름을 개명했는데 예전 이름만 떠오르는 것은 역행간섭 때문이다. → 친구가 이름을 개명했는데 예전 이름만 떠오르는 것은 순행간섭이다.
- 새로운 학습이 이전 학습을 방해하거나 교란하는 것을 순행간섭(proactive interference)이라 한다. → 새로운 학습이 이전 학습을 방해하거나 교란하는 것을 역행간섭이라 한다.
- 망각의 유일한 원인은 부호화(encoding) 실패이다. → 단서 의존 망각에 따르면, 망각은 부호화나 저장 단계에서 일어나는 것이 아니라 인출 단계에서 일어난다.
- 쇠퇴 이론이 간섭 이론에 비해서 망각의 원인을 더 잘 설명한다. → X
- 망각은 소거와 동일한 의미를 지닌다. → X
- 기억의 왜곡이론은 억압을 망각의 주된 원인으로 본다. → X
- 역행간섭은 망각을 지연시키는 기능을 수행한다. → X
- 단서의존망각은 소멸에 의한 망각을 설명하는 개념이다. → X
- 간섭(interference)이론보다는 쇠퇴(decay)이론에 의해 더 잘 설명된다. → X
- 역행간섭보다는 순행간섭이 망각에 더 큰 역할을 한다. → X

14 | 학습전이(transfer)

- 전이는 습득된 지식과 기능이 새로운 맥락이나 상황에 새로운 방식으로 적용되는 것이다.
- 전이는 의식적으로 노력하지 않아도 나타날 수 있다.
- 구체적 사실보다 일반적인 원리를 학습할 때 전이가 촉진된다.
- 선행학습이 후행학습을 어렵게 하거나 방해하는 경우도 전이에 포함된다.
- 전이는 이미 학습한 내용보다 높은 수준의 과제를 학습할 때에도 나타난다.

1 학습전이의 유형

근접 전이(near transfer)	• 학습 활동 시의 맥락과 전이 상황의 맥락이 유사할 때 일어난다
정적(positive)전이	• 선행학습이 후행학습을 촉진할 때 일어나는 것이다. 예를 들어 독립운동사 지식을 일제시대 저항시를 배우면서 적용한다
부적 전이 (negative transfer)	• 하나의 학습 또는 경험이 다른 학습을 이행하는 데 있어서 학습을 방해하거나, 금지 또는 자제하게 하는 경우에 해당한다. 선행학습이 후행학습을 더 어렵게 만들 때 일어난다
도해적 전이 (figural transfer)	• 비교, 은유, 유추 등과 같이 학습활동 시 일반적인 지식의 몇 가지 측면들을 특별한 문제에 비추어 생각하거나 사용하는 경우에 해당한다
축어적 전이 (literal transfer)	• 원래의 기능이나 지식이 새로운 과제에 전이되는 것이다
특수(specific)전이	• 선행학습과 후행학습 간의 구체적 요인에서만 일어나는 것이다. 예를 들어 수학과목에서 배운 지식을 물리과목에 적용한다
무(zero)전이	• 어떤 형태의 학습이 후행학습에 별다른 영향을 주지 않는 것을 말한다
원격(far)전이	• 원래의 맥락과 전이 맥락이 상이한 경우로서, 학습한 내용의 원리나 개념을 응용하여 광범위한 상황에 일반화하여 적용하는 것이다 • 상황들 간에 중첩이 적으며, 원래의 맥락과 전이 맥락이 유사하지 않다 • 일반 전이는 일반적인 원리의 이해가 전이를 일으키는 현상이다
수평 전이	• 한 상황에서 학습한 것이 다른 분야에 적용되는 현상이다
수직 전이	• 기본 지식에 대한 학습이 고차원적인 학습에 적용되는 현상이다 • 예를 들어 1차 방정식을 배운 후 2차 방정식을 배운다
의식 전이	• 선행학습에서 학습한 것을 새로운 학습에 의식적으로 적용할 때 일어나는 현상이다 • 무의식 전이는 선행학습에서 학습한 것이 매우 유사한 학습에 무의식적으로 나타나는 현상이다

🔍 **틀린 문장**

- 전이는 학습자의 학습태도와 수업방법에 따라 다르지만, 연령과는 무관하다. → 연령에 따라 다르게 적용한다.
- 원격 전이(far transfer)는 선행학습이 후행학습을 더 어렵게 만들 때 일어난다. → 부적 전이에 대한 설명이다.
- 새로운 학습에 직면하여 자신이 이전에 숙달학습을 위해 사용했던 것과 동일한 학습전략을 사용할 때 일어난다. → 의식적 전이는 선행 학습에서 학습한 것을 새로운 학습에 의식적으로 적용할 때 일어나는 현상이다.
- 학습한 맥락과 상이한 맥락에서 회상할 때 기억하기 쉽다. → 학습한 맥락과 유사한 맥락에서 회상할 때 기억하기 쉽다.
- 부적 전이(negative transfer)는 선행학습과 후속 학습간의 구체적 특수요인에 의해서만 전이가 일어난다. → 특수전이에 대한 설명이다.
- 도해적 전이(figural transfer)는 원래대로의 기능 또는 지식을 새로운 과제에 적용할 때 일어난다. → 축어적 전이에 대한 설명이다.
- 축어적 전이(literal transfer)는 새로운 학습에 직면하여 자신이 이전에 숙달학습을 위해 사용했던 것과 동일한 학습전략을 사용할 때 일어난다. → 축어적 전이는 원래의 기능이나 지식이 새로운 과제에 전이되는 것이다.
- 원격 전이(far transfer)는 선행학습이 후행학습을 더 어렵게 만들 때 일어난다. → 원격(far)전이는 상황들 간에 중첩이 적으며, 원래의 맥락과 전이 맥락이 유사하지 않다.
- 부적 전이(negative transfer)는 선행학습이 후행학습을 촉진하는 것이며, 그 역도 성립한다. → 부적 전이(negative transfer)는 선행학습이 후행학습을 더 어렵게 만들 때 일어난다.
- 도해적 전이(figural transfer)는 원래대로의 지식이 새로운 과제에 전이되는 것이다. → 도해적 전이(figural transfer)는 비교, 은유, 유추 등과 같이 학습활동 시 일반적인 지식의 몇 가지 측면들을 특별한 문제에 비추어 생각하거나 사용하는 경우에 해당한다.
- 근접(near) 전이 상황들 간에 중첩이 많으나, 원래의 맥락과 전이 맥락은 다르다. → 근접 전이(near transfer)는 학습활동 시의 맥락과 전이 상황의 맥락이 유사할 때 일어난다.

2 학습전이에 관한 이론

형식도야설(formal discipline)	• 연습과 훈련을 통해 주의력, 기억력, 판단력을 향상시킬 수 있다
동일요소설(identical elements)	• 학습과제 사이에 유사성의 정도가 높을수록 전이가 많이 일어난다
일반화설(generalization)	• 선행학습에서 획득한 원리나 법칙을 후속학습에 활용할 수 있다
형태이조설(transposition theory)	• 선행과 후속학습 간의 관계적 통찰이 전이를 일으킨다 • 선행학습 장면에서 발견한 관계성(형태)을 후행 학습 장면에 사용하기 때문에 전이가 일어난다는 주장이다

✓ 손다이크(E. Thorndike)는 상황이 동일한 요소(자극)를 가지고 있으며 유사한 반응을 요구할 때 전이가 일어난다고 주장하였다.

🔍 **틀린 문장**

- 상황학습이론(situated learning)은 대부분의 학습은 맥락의존적이어서 서로 다른 상황에서 전이가 더 잘 일어난다. → 유사한 상황에서 전이가 더 잘 일어난다.

15 메타인지(meta-cognition)

1 메타인지

- '내가 무엇을 모르고 무엇을 아는가를 아는 인지'이다.

- 플라벨(J. Flavell)은 초인지적 지식과 초인지적 경험으로 구분했다.

- 초인지 전략으로 자기조절학습이 있다.

- 메타인지에 영향을 주는 변인으로 학습자 변인, 과제변인, 전략변인 등이 있다.

- 학습과 기억을 증진시키기 위해 자신의 학습과 인지 과정을 조절하는 것이다.

- 자신의 현재 지식수준을 점검하는 것은 메타인지 기술이다.

- 집중이 잘 되는 장소를 찾는 것은 메타인지 기술이다.

- 자신이 읽은 내용에 대해 질문하는 것은 메타인지 기술이다.

- 자신의 사고 내용과 과정을 대상으로 하는 정신적 활동을 의미하는 것이다.

- 메타인지 전략으로는 계획하기, 평가하기, 점검하기 등이 있다.

- 메타인지 전략의 예시로는 계획하기, 점검하기, 수정하기, 평가하기, 예견하기 등이 있다.

- 자신의 인지과정에 대한 지식을 통해 정보를 선택하고, 분류하고, 정보에 맞는 학습 방법을 동원할 수 있는 능력을 의미한다. 즉, 인지적 처리 과정(학습)에서 스스로를 통제하고 조정하는 것을 말한다.

- 자신의 사고과정에 대한 지식으로 초인지 또는 상위인지라고도 불린다.

  ✓ 정보처리이론적 관점에서 자기조절(self - regulation)에서는 메타인지적 인식을 강조하며 시연, 정교화, 조직화와 같은 학습 전략을 강조한다.

> 🔍 **틀린 문장**
>
> - 15 ~ 17세경에 발달하기 시작한다. → X
> - 메타인지가 활성화되면 학습방해가 일어나지 않는다. → X

16 신경생리학적 뇌

1 뉴런(Neuron)

- 뉴런은 신경계의 기본 단위이다.
- 뉴런(neuron)은 신경계 내의 전기 신호를 통해 정보를 처리하는 신경세포이다.
- 뉴런의 한쪽 끝에는 수상돌기(dendrite)라는 돌기들이 있는데, 수상돌기는 다른 뉴런으로부터 정보를 받아들이는 역할을 한다.
- 반대쪽 끝을 축색(axon)이라고 하며, 축색(axon)은 다른 뉴런으로 정보를 전달하는 역할을 한다.
- 축색의 끝 부분은 약간 부풀어 있는데, 종말단추(terminal button)라 하고, 여기서 다른 뉴런에게 정보가 전달된다.
- 학습과정은 새로운 신경 연결을 형성하는 것과 관련 있다.

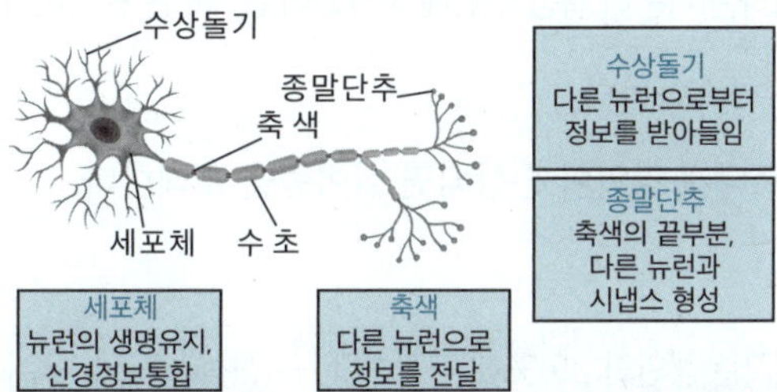

🔍 틀린 문장

- 시냅스(synapse)는 과다분비된 신경전달물질을 없애주는 청소부 역할을 한다. → 방출된 신경전달물질은 시냅스 후 뉴런에 있는 수용기와 아주 짧은 시간 동안 결합하게 되는데, 이것은 마치 열쇠와 자물쇠의 관계와 같이 다음 뉴런에 결합되거나 시냅스 전 뉴런에 다시 재흡수함으로써 종료된다.

1 거울 뉴런(mirror neurons)

- 타인의 행동을 마치 자신의 행동을 보는 것처럼 느끼게 하는 뉴런이다.
- 상호작용하는 상대방의 표정, 자세 등을 무의식적으로 흉내 내는 것을 가능하게 한다.
- 거울 뉴런은 인간이 아닌 다른 동물들에게도 발견된다.
- 모방과 학습을 가능하게 한다.
- 다른 대상의 행동을 부호화함으로써 같은 행동의 실행을 촉진한다.
- 카멜레온 효과(chameleon effect)를 가능하게 한다.
- 관찰 혹은 다른 간접경험만으로도 마치 그 일을 직접 하고 있는 것처럼 반응한다는 것이다.
- 공감능력과 언어능력 발달과도 관련이 있다.

- 개개의 뉴런 간의 정보전달을 시냅스(synapse)라고 한다.
- 축색 종말단추에서 신경전달물질이라는 화학물질이 방출되어 다음 뉴런에 전달되는데 이를 시냅스라고 한다.

3　　뇌 발달

- 3세 아동의 시냅스 수가 성인의 시냅스 수보다 많다.
- 성인기 이후에도 신경생성(neurogenesis)은 계속된다.
- 전두엽 발달은 유아기 때 빠르며, 사춘기 이후에도 계속된다.
- 뉴런의 두께가 두꺼워지는 과정을 수초화라고 하며, 수초화가 된 뉴런은 정보를 더 빨리 전달한다.
- 신경망 가지치기 시기는 각 대뇌 피질 영역에 따라 다르다.
- 뇌의 국소화(localization)는 출생 후 2~3년에 걸쳐 이루어진다.
  ✓ 뇌의 국소화 : 대뇌피질에서 담당하는 기능이 특정 부위에 국한되어 존재하는 현상이다.
- 풍부한 환경은 시냅스의 연결을 가속화한다.
- 대뇌 피질 영역 중 브로카와 베르니케 영역이 손상되면 실어증을 초래한다.

> **🔍 틀린 문장**
>
> - 신생아의 뇌를 구성하는 뉴런의 숫자는 성인의 25 %에 불과하다. → 신생아의 뇌 '무게'는 성인의 약 25%이지만, '뉴런의 수'는 출생 시 이미 평생 사용할 뉴런의 대부분(약 1000억 개)을 가지고 태어난다.
> - 대뇌 피질 영역 중 전두엽의 발달은 영유아 시기에 완성된다. → 전두엽 발달은 유아기 때 빠르며, 사춘기 이후에도 계속된다.

4　　뇌의 가소성(plasticity)

- 신경가소성은 경험의 결과로서 뇌가 연결을 재조직하거나 수정하는 능력을 말한다.
- 학습 경험은 뉴런 간의 새로운 시냅스를 발달시킬 수 있다.
- 신경생성(neurogenesis)은 성인기에도 진행된다.
- 신경생성은 뇌의 특정 부위 손상 시, 그 영역의 기능 회복에 도움이 된다.
- 영아의 뇌는 성인의 뇌보다 가소성이 뛰어나다.
- 뇌세포와 뇌 부위가 유동적으로 변하는 것을 뇌가소성이라고 한다.
- 인간의 가소성은 전생애를 통해 발달한다.
- 신경가소성(neuroplasticity)은 뇌가 경험한 결과들을 재조직하거나 수정하는 능력이다.
- 신경가소성(neuroplasticity)은 뇌가 신경연결을 재조직하거나 수정하는 능력이다.

- 뇌, 신경가소성은 뇌가 경험에 따라 구조와 기능을 변화시킬 수 있는 능력으로, 초기 발달단계에 해당하는 영유아기부터 아동청소년기에 특히 발달한다.

> 🔍 **틀린 문장**
>
> - 신경가소성은 환경 자극이 부족할 때 더 활발하게 일어난다. → 신경가소성은 환경 자극이 풍부할 때 더 활발하게 일어난다.
> - 신경생성(neurogenesis)은 청소년기 이후에 중단된다. → 신경생성(neurogenesis)은 성인기에도 진행된다.
> - 시냅스 수의 과밀 현상은 8세 전후에 가장 높게 나타난다. → 전두엽에서 사용되지 않는 시냅스가 계속해서 제거된다.
>   시냅스 가지치기 현상 - 지나치게 많이 만들어진 시냅스에서 필요한 만큼 뉴런과 시냅스만 남긴 후 불필요한 것은 버리는 과정이다. 이는 뇌의 효율성을 높이는 것이다.

5 뇌의 각 부위와 주요 기능

1 전두엽(frontal lobe)

- 뇌의 가장 앞부분으로 전전두피질(prefrontal cortex)이라고 하며, 대뇌피질의 다른 영역으로부터 모든 감각과 운동에 관한 정보를 받으며, 이러한 정보를 바탕으로 현재의 상황을 판단하고, 상황에 적절하게 행동을 계획하고, 부적절한 행동을 억제하는 등 전반적으로 행동을 관리하는 역할을 한다.
- 추론, 계획세우기 등의 고차원적 사고 과정을 조절한다.
- 전두엽은 계획 세우기와 추론 등 고차원적 사고과정을 조절한다.
- 학습전략, 주의 집중 등 의식적인 사고를 담당한다.
- 만일 전두엽이 손상되면 억제하지 못하는 성격으로 변화하게 된다.

2 두정엽(parietal lobe)

- 일차체감각피질과 연합피질로 구성되어 있다.
- 온도와 통증 등 체감각을 처리한다.
- 공간적 특성에 대한 사고를 담당한다.
- 단순한 체감각뿐만 아니라 공간 내에서 신체의 위치판단이나 운동지각 등의 중요한 역할을 한다.

3 측두엽(temporal lobe)

- 청각정보의 해석과 기억에 중요한 역할을 한다.
- 일차청각피질로서 청각정보를 받아 분석하고 정보들을 연합피질로 보낸다.

1 브로카 영역(Broca's area)

- 좌반구 전두엽에 존재하는 뇌의 특정 부위로 언어 생성을 제어하고 말을 하는 기능을 담당하고 있다.
- 좌측 전두엽의 특정 영역이 손상된 후에 다른 사람의 말을 이해할 수 있는데, 말을 하는 데는 어려움을 겪는 환자가 생겼다.

2 베르니케 영역(Wernicke's area)

- 베르니케 영역은 언어의 의미를 이해하는 데 중요한 기능을 한다.
- 좌측 측두엽의 특정 영역이 손상되면 의미 없는 말만을 해댈 수 있다는 사실을 발견하였다.

4 후두엽(occipital lobe)

- 망막에서 들어오는 시각정보를 받아 분석하는 일차시각피질과 시각정보에 대한 추가적인 분석을 하는 시각연합피질로 구성되어 있다.

5 변연계(limbic system)

- 변연계는 대상회(cingulate gyrus), 해마(hippocampus), 중격(septum), 편도체(amygdala) 등이 포함된다.
- 정서반응의 조절과 학습, 기억, 동기 등의 중요한 기능에 관여한다.
- 감정, 성욕, 식욕 등의 감정과 본능적 욕구를 조절한다.
- 변연계는 15개월부터 4세까지 가장 활발하게 발달한다.

1 해마(hippocampus)

- 해마는 학습에서 중요한 역할을 수행한다.
- 새로운 기억을 저장한다. 새로운 기억은 해마에서 임시 저장되었다가 대뇌피질로 이동하여 장기기억이 된다.
- 외현기억에 중요한 기능을 한다.
- 자서전적 사건들의 기억을 담당한다.
- 공간기억에 중요한 역할을 한다.
- 해마가 일부 손상되어도 학습은 가능하다.
- 손상되면 부신호르몬 분비가 증가한다.
- 해마가 손상되더라도 절차기억에 의한 학습은 가능하다.
- 장기기억 전환에 중요한 역할을 하는 기관이다.
- 장기기억은 응고화되면 해마보다는 대뇌피질에 의존한다.
  - ✓ 공고화(응고화)(consolidation): 신규 정보를 이미 저장된 정보의 틀 안에 통합시키는 과정을 공고화라고 한다. 공고화 과정은 수년이 지난 후까지도 지속된다. 공고화 과정은 기억의 통합을 유지, 다양한 상위기억 책략에 사용된다.

🔗 새롭게 학습된 정보가 대뇌피질에 입력된 후 나중에 회상될 수 있도록 신경연결이 안정되고 강화되는 과정으로 해마가 중심적인 역할을 한다.

> 📝 **장기상승작용(long-term potentiation)**
>
> • 해마에서 일어나며 신호자극이 짧은 시간에 고빈도로 전달될때 발생한다.
> • 해마가 아닌 다른 뇌 영역에서도 일어날 수 있다.
> • 이로 인해 정보가 오래 저장되는 장기상승작용이 일어난다.
> • 장기기억은 해마에서 장기기억상승작용을 통해 대뇌피질로 저장된다.
> • 몇 주간 지속되기도 한다.
> • 시냅스 후막이 탈분극 되어야 발생한다.

2 편도체(amygdala)

- 측두엽 전방, 즉 해마 앞쪽에 위치한다. 해마와 밀접하게 연결되어 끊임없이 소통하며 감정이 개입된 사건에 대한 기억을 형성하는 데 중요한 역할을 담당한다.
- 공포 및 불안과 같은 정서 기억 형성에 중요한 역할을 하는 변연계의 한 부분이다.
- 비정서적 사건에 비해서 정서적 사건의 기억에 더 밀접하게 관여하는 뇌 부위다.
- 어떤 사건이나 정보를 기억할 때 그 기억에 감정을 결합시키는 역할을 한다.
- 정서와 공격성의 통제를 담당한다.

> 🔍 **틀린 문장**
>
> • 전두엽의 발달은 15세 이전에 완성된다. → 성인기 25세 전후에 전두엽이 완전히 발달하게 되며 대략 25세까지 뇌의 구조적 변화가 계속 일어난다.
> • 후두엽은 정서와 관련된 기억에 관여한다. → 후두엽은 시각정보를 담당한다. 정서와 관련된 기억은 편도체가 담당한다.
> • 후두엽은 온도, 압력, 질감 등 체감각에 관한 정보를 주로 처리하는 부위이다. → 온도, 압력, 질감 등 체감각에 관한 정보를 주로 처리하는 부위는 두정엽이다.
> • 해마의 손상은 절차적 기억의 응고화를 방해할 수 있다. → 해마가 일부 손상되어도 학습은 가능하다. 장기기억은 응고화되면 해마보다는 대뇌피질에 의존한다.
> • 해마는 손상되면 학습이 불가능하다. → 해마가 일부 손상되어도 학습은 가능하다.
> • 편도체는 시각정보의 해석과 기억을 주로 담당한다. → 시각정보 담당은 후두엽이다.
> • 기저핵은 서술적 기억을 담당한다. → 기저핵(basal ganglia)은 대뇌피질 아래쪽에 있는 핵으로서, 운동통제에 관여한다. 기저핵은 걷기와 같은 느리고 순차적인 운동이나 운동의 개시 등에 관여한다.

뇌의 편재화(lateralization)

1 좌반구

- 언어를 빠르게 문자형태로 해석한다.
- 이성적, 논리적, 합리적인 영역을 담당한다.
- 언어, 문자, 숫자, 기호를 분석하는 능력을 담당한다.
- 신체의 오른쪽을 통제한다.

2 우반구

- 감정적, 직관적, 창의적인 영역을 담당한다.
- 공간인식 능력, 공감능력, 그림, 음악, 운동 분야의 능력을 담당한다.
- 우반구는 말의 의미가 분명하도록 만들어 주는 데 도움을 준다.
- 우반구는 말에서 기쁨, 슬픔, 열정, 실망 등을 알아차린다.
- 미묘한 추론을 하는 데 뛰어난 역할을 담당한다.
- 신체의 왼쪽을 통제한다. 뇌의 우반구가 손상되면 신체의 왼쪽 부분이 영향을 받는다.

3 분리 뇌(split brain)

- 편재화 정도에 대한 신경과학자들의 의견은 일치하지 않는다.
- 어느 한쪽 반구에 기능적인 전문화가 이루어지는 현상이다.
- 스페리(R. Sperry)는 양쪽 반구가 독립된 뇌인 것처럼 활동한다고 주장하였다.
- 레비는 우반구는 정보를 동시적 · 종합적 · 전체적으로 처리하며, 좌반구는 순차적 · 분석적인 방식으로 처리한다고 하였다.
- 우반구의 손상은 신체 왼쪽의 움직임에 영향을 주는 반면에 좌반구의 손상은 오른쪽에 영향을 주게 된다.
- 병렬적 분산처리 관점에 의하면 지식은 특정한 위치에 부호화되는 것이 아니라 여러 기억 네트워크에 걸쳐 부호화된다.
- 뇌량(corpus callosum)은 정보를 다른 쪽 반구로 전달하여 양쪽 반구의 정보를 교환한다.

> 🔍 **틀린 문장**
>
> - 대뇌피질은 출생 시 가장 발달된 영역이다. → 출생 전후에 가장 많은 뉴런을 가지고 있다. 고등수준 사고와 자기통제를 담당하는 전두엽 피질은 생후 1년경 가장 많이 발달한다.
> - 레비(J. Levy)는 우반구가 정보를 분석적, 순차적으로 처리하는데 비해 좌반구는 전체적으로 처리함을 발견하였다. → 레비는 우반구는 정보를 동시적 · 종합적 · 전체적으로 처리하며, 좌반구는 순차적 · 분석적인 방식으로 처리한다고 하였다.

🔗 1954년, 미국 캘리포니아 공과대학의 생물심리학자 제임스 올즈(James Olds)는 캐나다의 맥길대학의 심리학자 도널드 O. 헵(D. O. Hebb) 연구실에서 대학원생 선배의 지도하에 쥐의 뇌에 전극을 심어 넣고 약한 전류를 흘려 뇌를 자극했을 때 어떻게 행동하는가를 조사하였다. 그런데 한 마리가 어떠한 이유인지 전기자극을 받은 장소에 돌아오는 경향이 있다는 사실을 알았다. 그는 이 우연한 발견을 놓치지 않고, 이것은 쥐에게 기분 좋은 자극이라고 생각했다. 그리고 계통적인 실험을 하여 쥐가 뇌의 특정한 장소(내측 전뇌 속)에 전기자극을 받으면 쾌감을 느낀다는 것을 밝혀내고, 뇌 안의 이러한 부위를 '쾌감중추(쾌락중추)'라고 명명했다.

이 발견에는 한 가지의 에피소드가 있다. 쥐의 머리는 작고, 게다가 그 얇은 두개골에 전극을 꽂는 것이 어렵기 때문에, 전극은 목적했던 각성중추보다 약 4㎜나 앞에 꽂혀 있었다. 결국 꽂힌 전극의 위치 때문에 쾌감중추가 발견된 것이다.

1955년 북유럽의 연구자들은 신경섬유의 말단부 시냅스에서 활동하는 신경호르몬분자 중에서 '도파민'이라는 신경호르몬과 그 중간을 녹색과 황색의 아름다운 형광물질로 바꾸어 관측하는 데 성공했다. 이 형광물질은 적외선이 닿으면 강하게 발광하고, 1㎤ 안에 10억 분의 1g의 신경호르몬의 존재만으로도 확인할 수 있었다. 기분이 좋다, 마음이 편안하다는 쾌감은 인간뿐만 아니라 동물도 좋아하는 것이며, 바라는 것이다. 이와 같이 누구든지 좋아하는 쾌감을 느끼는 장소는 오래전부터 인간의 뇌 속에 있다고 여겨졌으며, '쾌감중추' 혹은 '쾌락중추'로 불렸다.

쥐의 뇌, 쾌락중추에 전극을 연결한다. 그리고 전기를 통하게 하는 버튼과 함께 쥐를 둔다. 쥐는 돌아다니다가 우연찮게 버튼을 누르게 되고, 기쁨에 당황한다. 그러나 당황은 오래가지 않는다. 머지 않아 쥐는 배고픔으로 죽기 전까지 버튼만을 누르게 된다.

✓ 뇌 쾌락중추에 강화물로 직접적인 전기 자극을 주는 것에 관한 설명: 훈련 이전의 박탈은 필요 없다.

🔍 틀린 문장

- 뇌의 쾌락중추에 직접적으로 전기자극을 가하는 강화 절차를 실시하면, 자극이 종료되어도 소거가 급격히 일어나지 않는다.
  → 도파민은 적은 양으로 만족할 수 있으나 지속적으로 같은 양을 사용하면 머지 않아 금단증세가 나타난다.
- 포만 상태가 발생한다. → X
- 인간에게만 작용한다. → X
- 급격히 소거되지 않는다. → X
- 대부분의 강화 계획(schedule)에 작용한다. → X

CHAPTER 17 기억·학습에 관련된 뇌의 신경전달 물질

1 신경전달물질

1 아세틸콜린(acetylcholine)

- 기억과 관련된 신경전달 물질이다.
- 주로 뇌간 생산되는 뇌 화학물질로 언어의 이해, 지능, 주의력 같은 사고 기능과 연관되어 있다.
- 주로 감각적이고 창조적인 사람들에게서 다량 검출되는 전달물질이기도 하다.
- 장기기억 형성에 직접적으로 영향을 미치며, 깨어있을 때, 램수면 상태일 때 많이 분비된다.
- 알츠하이머병은 아세틸콜린 분비량의 저하와 관련있다.
- 주로 뇌의 각성, 활성과 관련이 있다.

2 노르에피네프린(norepinephrine)

- 정서적 각성, 공포, 불안 관련(메틸페니데이트, 암페타민)이 있다.
- 투쟁도피 반응 조절과 관련이 있다.
- 심박동 수 촉진, 위협받는다고 느끼거나 매우 감정적 반응 경험 시 보통 올라간다.

3 세로토닌(serotonin)(우울증, 불안)

- 기억과 관련된 신경전달 물질이다.
- 기분, 감정, 불안 수준을 조절하는 신경 전달 물질이다.
- 수치의 불균형은 종종 공황 장애를 포함한 불안 장애와 관련이 있다.
- 주로 뇌의 후두부에서 분비되는 세로토닌은 뇌의 전반적인 균형과 동시성을 유지하는데 도움을 준다.
- 기분조절, 수면, 음식섭취, 공격성, 통증에 영향을 준다.
- 세로토닌 수치가 낮으면 불안이 증가한다.
- 즐거움과 관련이 있고 좌우뇌의 균형도를 평가하여 산출해낸다.

4 도파민(dopamine)

- 정적강화와 관련된 신경전달 물질이다.
- 강화중추와 관련 있는 호르몬이다.

- 정적 강화가 일어날 때 뇌의 보상중추에서 주로 분비되는 신경전달물질이다.
- 주로 뇌의 각성, 활성과 관련이 있다.
- 보상, 즐거움, 동기부여에 관여하는 신경전달 물질이다.
- 조현병과 관련이 있으며 피해망상, 환청의 원인이다.
- 알코올, 니코틴 중독 등도 도파민 과활성화와 관련된다.

5 코티솔(cortisol)

- 스트레스 호르몬으로 스트레스 받으면 분비량이 증가한다.
- 만성 스트레스 중에 발생할 수 있는 코티솔 수치의 상승은 불안을 높인다.

6 GABA(억제성 신경전달 물질)(감마-아미노부티르산)

- 과도한 자극으로부터 뇌 보호하는 일종의 정보필터 역할을 한다.
- GABA가 불균형하면 양극성 장애, 정신분열증, 불안 장애와 관련이 있다.
- 항불안제로서 신체를 '안정시키는' 기능에서 중요한 역할 담당한다.
- GABA는 신경계를 진정시키고 뇌의 흥분성을 줄이는데 도움이 되는 억제성 신경전달물질이다.
- GABA 수치가 낮거나 기능이 손상되면 불안이 증가하고 잠재적으로 공황 장애의 발병 또는 심각도에 영향을 끼칠 수 있다.

7 글루타메이트(흥분성 아미노산)(glutamate)

- 신경 전달 및 뇌의 스트레스 반응에 역할을 하는 흥분성 신경 전달 물질이다.
- 과다하면 뉴런이 과하게 흥분하여 죽게 된다.
- 자폐증 환자의 경우 정상 대비 글루타메이트가 더 많다.

8 엔돌핀(endorphin)

- 뇌에서 분비되어 진통 작용하는 호르몬이다.

9 에피네프린(epinephrine) 아드레날린(adrenaline)

- 신체의 스트레스 반응 중에 에피네프린이 방출되어 심장을 자극하고 근육으로의 혈류를 증가시킨다.
- 아드레날린 수치가 높아지면 심장 박동이 빨라지고 숨이 가빠지는 등 공황 장애와 관련된 신체적 증상이 나타날 수 있다.

🔍 틀린 문장

- 세로토닌(serotonin)은 뇌를 손상되기 쉬운 구조로 만든다. → X

18 학습에 관한 헵(D. Hebb)의 신경학적 법칙

1 헵(D. Hebb)의 법칙

- 세포 집합체는 역동적 뉴런 체계로서, 유전적 영향보다는 경험적 영향을 더 많이 받는다.

- 뉴런이 함께 활성화될수록 연결이 강화된다.

- 헵의 법칙은 함께 활성화되는 뉴런은 함께 연결된다.

- 세포 집합체(Cell Assembly)는 특정 경험을 반복하면 관련 뉴런들이 함께 활성화되며 하나의 네트워크를 형성한다.

- 반복적인 학습은 뉴런 간의 연결을 강화하여 기억과 학습을 더욱 효과적으로 만든다는 것이다.

- 학습 기회가 제한된 환경은 뉴런 간의 연결이 약해지고 학습 능력이 저하된다.

- 다양한 자극과 경험이 제공되는 환경은 뉴런 간의 연결이 활발해지며 학습 능력이 향상된다.

> 🔗 혼자 공부할 때는 책의 내용이 머리에 잘 들어오지 않고 졸리기만 한데 사람이 적당히 많은 스터디카페에서는 정신도 맑아지고 공부가 훨씬 잘된다.

2 헵(D. Hebb)의 최적각성수준(optimal level of arousal)

> 🔗 A는 학교 장기자랑을 위해 집에서 문제없이 연주했던 기타 연주곡을 준비했다. 그러나 실제로 많은 관중이 지켜보는 무대에 오르자 A는 실수를 연발하며 연주를 망쳤다.

- 헵은 학습을 최적화하려면 적절한 각성 수준(Arousal Level)이 필요하다고 주장한다.

- 적절한 각성 상태는 집중력이 높아지고 학습 효과가 극대화된다.

- 너무 낮은 각성 상태는 졸음이 오거나 집중이 어렵다.

- 너무 높은 각성 상태는 불안감이 커져 학습에 방해된다.

🔍 틀린 문장

- 아동기의 경험보다는 성인기의 경험을 중요시했다. → 뉴런이 함께 활성화될수록 연결이 강화되므로 아동기의 다양한 자극과 경험이 학습 능력을 향상시킨다.
- 자극 패턴은 반응과 처음 결합되는 순간 완전한 연합 강도를 획득한다. → 뉴런이 함께 활성화될수록 연결이 강화된다.
- 너무 높지도 너무 낮지도 않은 각성수준은 모든 과제수행을 방해한다. → 적절한 각성 상태는 집중력이 높아지고 학습 효과가 극대화된다.
- 감각박탈은 적절한 신경생리학적 발달을 촉진한다. → X

19 | 매슬로우(A. Maslow)의 욕구위계이론

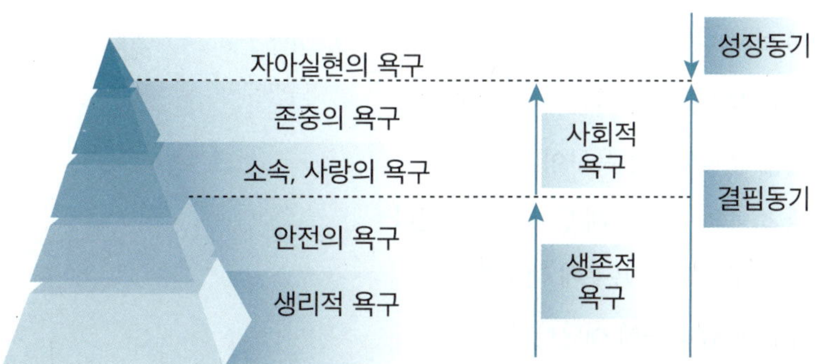

매슬로우 욕구 위계 8단계

- 다양한 욕구 사이에 위계가 존재한다.
- 낮은 단계일수록 욕구 강도가 강하다.
- 하위 단계의 욕구가 충족된 다음에 상위 단계 욕구가 나타난다.
- 아래 단계의 욕구가 어느 정도 충족된 후에 위 단계의 욕구가 나타나는 것이 일반적이다.
- 결핍 욕구는 만족되면 다음 단계로 넘어갈 수 있다.
- 생존에 필수적인 욕구와 성장을 추구하는 욕구가 있다.
- 생리적인 욕구는 평형을 유지하려는 욕구이다.
- 안전의 욕구는 사랑과 소속의 욕구 아래 단계에 위치한다.
- 소속감과 애정에 대한 욕구는 결핍 욕구에 해당한다.
- 자아존중에 대한 욕구는 결핍 욕구에 해당한다.
- 자아실현의 욕구는 욕구 위계 중 가장 높은 단계에 해당한다.
- 자아실현에 대한 욕구는 성장 욕구에 해당한다.
- 자아실현 욕구는 모든 인간에게 내재되어 있다.
- 자아실현 욕구는 완전히 만족되지 않는다.

1 욕구 위계

1 결핍욕구

- 생리적 욕구, 안전 욕구, 소속감과 사랑의 욕구, 존중 욕구가 이에 해당된다.
- 결핍동기는 유기체 내에 있는 부족한 어떤 것을 충족시키려는 욕구를 말한다.
- 결핍욕구는 긴장을 유발하고, 원하지 않는 긴장의 감소가 목표이다.

  ① 생리적 욕구
  - 인간의 욕구 중에서 가장 기본적이고 강력한 욕구이다.
  - 유기체의 생존과 관련된 욕구로써, 음식, 물, 공기, 수면, 성 등에 관한 욕구이다.

  ② 안전 욕구
  - 신체적인 안전감과 심리적인 안정감을 모두 포함한다.
  - 안전한 장소, 공포와 불안, 안정성, 질서, 보호 등으로부터의 자유 등이다.
  - 아이들에게는 가정 내에서 부모 간의 잦은 부부싸움, 별거, 이혼, 죽음 등도 안전의 욕구를 위협하는 것이다.

  ③ 사랑과 소속감의 욕구
  - 우정, 사랑, 친교 등 남들과의 애정적인 관계, 가족 내에서의 위치, 준거집단 등을 갈망하는 것을 말한다.
  - 다른 사람과 긴밀하고 따뜻한 관계 속에서 충족될 수 있다.

④ 존중 욕구

- 가치존중은 명성, 존경, 지위, 평판, 위신 등에 대한 욕구이다.

- 다른 사람들은 자신을 어떻게 생각하고 어떻게 반응하는가의 총체이다.

2 성장욕구(growth needs)=(meta needs)

- 인지적 욕구, 심미적 욕구, 자아실현 욕구다.

- 성장욕구는 결핍욕구와 반대로 긴장의 감소보다 긴장을 추구하며, 결핍욕구가 만족된 후에 생겨난다.

- 성장욕구는 추구함으로써 충족시키려 하며, 즐거운 형태의 긴장을 유지하려 하는 것이다.

- 성장 욕구는 성장에 대한 단순한 개인적 욕구를 넘어선 사회적 욕구에 의해 동기화되며, 영원히 충족되지 않는 욕구이다.

① 인지적 욕구

- 자연적 호기심, 자발적 호기심이며 알고 이해할 지적 욕구이다.

② 심미적 욕구

- 아름다움을 추구하는 욕구이며, 균형, 질서, 미를 추구하는 것이다.

③ 자아실현 욕구

- 자신의 잠재력을 최고로 발휘하고자 하는 욕구이다.

- 자기실현이란 자신의 능력과 잠재력을 최대한 발휘하여 최고조에 이르는 상태를 의미한다.

- 심리적으로 건강한 자기실현인은 경외롭고 신비로운 강렬한 감정인 절정경험을 경험한다.

🔎 틀린 문장

- 결핍 욕구는 그 욕구에 대한 개인의 주관적 만족감에 의해 충족되므로 해소되지 않는다. → 충족되고 해소되기 때문에 상위욕구로 욕구가 이동할 수 있다.
- 소속과 애정이 욕구는 성장 욕구에 해당하다. → 소속과 애정의 욕구는 결핍 욕구에 해당한다.
- 자존감 욕구는 성장욕구에 해당한다. → 자존감 욕구는 결핍욕구에 해당한다.
- 사랑과 소속의 욕구, 자존의 욕구, 자아실현의 욕구는 성장욕구에 속한다. → 인지적 욕구, 심미적 욕구, 자아실현 욕구가 성장욕구에 속한다.
- 성장 욕구가 완전히 만족되었을 때 성장이 시작된다. 성장 욕구는 성장에 대한 개인적 욕구에 의해 동기화되며, 목표수준에 도달하면 충족된다. → 결핍욕구와 반대로 긴장의 감소보다 긴장을 추구하며, 즐거운 형태의 긴장을 유지하려 하는 것이다. 자기실현인은 절정경험을 경험한다.
- 로저스(C. Rogers)는 실현경향성(actualizing tendency)을 후천적인 것으로 보았다. → 로저스(C. Rogers)는 실현경향성(actualizing tendency)을 선천적인 것으로 보았다.
- 자아실현의 욕구는 청소년기가 되면서 나타나기 시작한다. → 선천적이다.
- 상위 단계의 욕구는 개인의 생존에 중요한 역할을 한다. → 하위 단계의 욕구는 개인의 생존에 중요한 역할을 한다.
- 대부분의 사람들이 자아실현의 욕구를 달성한다. → 소수의 사람들이 자아실현의 욕구를 달성한다.
- 인간의 욕구를 4단계로 설명하고 있다. → 인간의 욕구를 5단계로 설명하고 있다.

20 | 내재적 동기와 외재적 동기

1 내재적 동기와 외재적 동기

1 내재적(intrinsic) 동기

- 행동 자체에 대한 흥미, 즐거움, 자기표현 욕구 등 내적 요인에 의해 동기부여되는 것을 의미한다.
- 외부 보상이나 처벌과 무관하게 활동 자체에서 만족감을 얻는 특징이 있다.
- 몰입(flow)은 내재적 동기에 해당된다.
- 내재적 동기는 시간이 경과함에 따라 달라질 수 있다.
- 예를 들어 부모님 몰래 만화책을 보는 것, 시험기간에도 취미로 드럼 연습을 하는 것, 용돈을 모아 안나푸르나 등반을 계획하는 것, 공부하면서 틈틈이 소설을 쓰는 것 등이다.
- 통합된 조절(integrated regulation)보다 내적 조절(intrinsic regulation)의 자율성 정도가 더 높다.

2 외재적 동기(extrinsic motivation)

- 외적 보상에 기반한 수행 욕구를 말한다.
- 외부적 보상이나 처벌과 같이 외부요인들에 의해서 유발되는 동기를 의미한다.
- 예를 들면 태블릿을 받기 위해 학습지를 열심히 푸는 것이다.

2 라이언과 데시(R. Ryan & E. Deci)의 자기결정성 이론(self-determination theory)

- 환경과의 관계에서 자기결정적이고자 하는 욕구를 말한다.
- 사람들은 행동의 주체가 자신이라고 느끼기를 원한다.
- 스스로 목표를 세우고 행동하는 조절자라고 믿는다.
- 적절한 수준의 도전적 과제는 내재적 동기를 높인다.

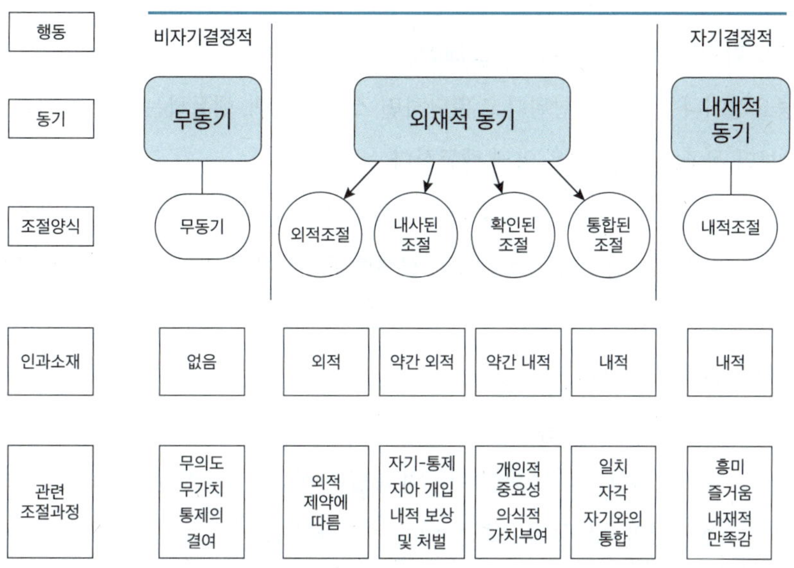

자기결정성 연속선(Ryan & Deci, 2000)

1 데시와 라이언의 자기결정성 이론

1 무동기(amotivation)

- 무동기는 행동의 의지가 결핍된 상태로 행동을 전혀 하지 않거나 의도 없이 수동적으로 움직이는 것이다.

2 외재적 동기

① 외부적 조절(외적 조절)(external regulation)

- 외재적 동기 중 자율성이 가장 낮으며 외부의 압력, 강요가 주된 이유가 된다.
- 보상에 의해 움직이거나 처벌을 피하려 하는 차원이다.
- 예를 들어 "공부를 하면 부모님이 상을 주시기 때문에 공부한다", "부모님에게 야단맞지 않기 위해서 시험공부를 한다", "선생님이나 부모님이 시켜서 명령이나 강요에 의해 공부한다" 등이다.

② 내사된 조절(introjected regulation)

- 어떤 일을 열심히 수행하지 않았을 때 느끼는 죄책감, 실패에 대한 불안감, 수치심을 피하기 위해 동기화되기도 한다.
- 다른 사람들의 인정을 받거나, 비판을 회피하기 위해 행동하거나, 자존감에 대한 압력, 죄의식, 수치심을 통해서 형성된다.
- 보상이나 압력이 자신에 의해 부과된다.
- 예를 들어 "부모님의 인정과 존중을 얻기 위해 시험공부를 한다", "부모님을 기쁘게 해드리기 위해 공부한다", "선생님에게 인정받기를 원하기 때문에 공부한다" 등이다.

> 🔗 A의 어머니는 A가 의대를 가기를 바라고 있다. A는 몸이 아프신 어머니의 기대를 저버리지 않기 위해 의대 진학을 목표로 공부를 하고 있다. 의대 진학에 실패하면 어머니가 실망하실 것 같아서 마음이 불안하다.

③ 동일시된 조절(확인된 조절)(identified regulation)

- 개인의 중요성이나 목표에 부합된다고 판단하면 스스로 선택, 행동하는 것으로 과제 자체의 기쁨이나 자기만족보다 목표, 목적 달성을 위해 행동한다.
- 예를 들어 "시험 성적이 높으면 내 목표를 달성할 가능성이 높아지기 때문에 시험공부를 한다", "모르는 것을 알기 위해 공부하는 것이다", "실생활에서 유용하게 사용할 수 있기 때문에 공부한다" 등이다.

④ 통합된 조절(integrated regulation)

- 외재적동기 중 자율성이 가장 높다.
- 자신의 가치, 욕구, 정체성 등과 조화를 이루며 통합(동화)될 때 발생한다.
- 자신의 가치나 정체성의 측면들과 조화를 이루는 조절이다.
- 내재적 동기와 특성이 비슷하지만 과제 자체의 즐거움보다 개인적으로 중요한 결과를 얻고자 행해지기에 외재적인 부분이 있다.
- 예를 들어 "공부하는 것이 나에게 가치있는 일이라고 믿기 때문에 공부한다", "사회에 필요한 사람이 되고 싶어서 공부한다", "개인적 성장을 위해 공부한다", "성취감을 위해 공부한다" 등이다.

3 내재적 조절(내재적 동기)(intrinsic regulation)

- 내재적 동기는 활동에 참여하는 과정에서의 즐거움과 재미, 만족을 얻으려는 것으로 자율적이고 자기결정적인 행동의 원형이다.
- 예를 들어 "궁금증을 풀어보고자, 공부가 재밌어서 하는 경우다", "어려운 도전들로부터 기쁨을 얻기 때문에 공부한다", "공부하는 것을 즐기므로 공부한다" 등이다.

3 내재적 동기 이론의 4가지 미니이론

1. 기본심리욕구 이론(basic psychological need theory)

- 자기결정이론에 따르면 기본적이고 보편적인 심리적 욕구 세 가지는 자율성, 유능성, 관계성이다.

1 자율성(autonomy)

- 자기에게 중요하고 가치 있는 것이 무엇인지 결정할 수 있는 자유를 원한다.
- 과제를 선택할 수 있는 자율성이 주어지면 내재적 동기가 높아지는 경향이 있다.

2 유능성(competence)

- 욕구는 과제를 효과적으로 통제하며 성공적으로 수행하는 능력에 대한 것이다.
- 적절한 수준의 도전적 과제를 제시하고, 긍정적인 피드백을 부여하며, 통제적인 평가를 하지 않을 때 내재적 동기가 촉진된다.

3 관계성(relatedness)

- 사람들은 타인과 연결되어 있다고 느끼기를 원한다.

2 외재적 보상의 효과에 관한 인지평가이론(cognitive evaluation theory)

- 인지평가이론에서는 외재적 보상이 정보적 측면과 통제적 측면을 동시에 갖고 있다고 본다.

1 정보적 기능

- 보상을 받는 사람에게 자기결정성에 대한 정보를 제공할 수 있다.
- 보상을 정보로 받아들이면 유능감에 변화가 생기기 시작한다.
- 보상이 실제 행동 또는 발전과 연관될 때 개인에게 자신의 기술 또는 능력에 대한 정보를 줄 수 있다.
- 보상의 정보적 기능은 보상의 주요 목적이 과제수행의 질이나 학습자의 능력이 향상되었다는 정보를 제공하는 데 있다. 정보적 기능이 강조된 보상은 학습자의 유능감 지각에 긍정적 영향을 미친다.
- 보상이 성취에 대한 정보적 기능을 가지면 내재적 동기를 증가시킬 수 있다.
- 행동에 대한 인정을 의미할 때는 정보적 측면이 강하다.
- 정보적 측면이 강한 외재적 보상을 사용하면 내재적 동기를 손상시키지 않을 수 있다.

2 통제적 기능

- 보상을 통제로 받아들이면 내재적 동기를 감소시킬 가능성이 커진다.
- 수행 수준과 관계없이 과제 참여 자체를 보상하는 것은 내재적 동기를 감소시킨다.
- 보상의 통제적 기능은 과제수행의 질과 상관없이 학습자가 단순히 과제에 참여했는지 여부, 과제를 완료했는지 여부에 따라 보상을 제공함으로써 개인의 행동을 통제하는 데 목적이 있다.
- 외재적 보상이 행동을 조성하기 위해 제공되면 통제적 측면이 강하다.

🔍 틀린 문장

- 수행수준에 관계없이 과제 수행 자체에 대해 보상을 주는 경우 내재적 동기는 손상되지 않으며 오히려 증가한다. → 정보적 측면이 강한 외재적 보상을 사용하면 내재적 동기를 손상시키지 않을 수 있다.

3 과잉정당화 이론(overjustification)

- 외적보상이 내재동기에 미치는 유해한 효과를 설명하기 위해 과잉정당화 이론을 제안하였다.
- 내재적으로 동기화된 과제를 수행할 때 외적 보상을 받게 되면, 자신의 과제수행 이유를 외적 보상으로
  귀인하여 내재 동기가 감소하는 현상이다.
- 내재적으로 동기화된 학습자에게는 외적 보상 없이도 과제를 수행해야 할 이유가 충분한데, 여기에 외적 보상이
  더해지면 과제를 수행해야 할 이유가 불필요하게 많아져서 과잉정당화 현상이 발생한다.
- 내재적으로 동기화된 과제에 외적 보상이 더해지면 내재적 동기가 감소될 수 있다.
- 행위자에게는 보상을 얻는 것이 주목적이 되고, 과제는 보상을 얻기 위한 수단으로 전환된다.

4 유기적 통합이론(organismic integration theory)

- 내재동기 이론가들은 동기를 내재, 외재동기로 구분하고 두 유형 간 상호 대립적인 관계에 있음을 주장한다.
- 행동 강화 이론가들은 내적 흥미와 함께 외적보상이 주어지면 동기가 증가된다는 증대원리를 제시했다.
- 또 다른 집단의 연구자들 역시 내재, 외재동기에 대해 상호 보완적인 견해를 제시했다.

> **🔍 틀린 문장**
>
> - 자신이 좋아하는 일을 하는 대가로 보상을 받다가 보상이 사라지면 내재적 동기가 더욱 높아진다. → 과잉정당화 이론에 대한 내용으로 내재적으로 동기화된 과제를 수행할 때 외적 보상을 받게 되면, 자신의 과제수행 이유를 외적 보상으로 귀인하여 내재 동기가 감소한다.
> - 인간은 후천적으로 유능감(competence), 관계성(relatedness), 자율성(autonomy)에 대한 욕구를 가진다. → 선천적으로 유능감, 관계성, 자율성의 욕구를 가진다.
> - 라이언과 데시의 자기결정성 이론에서는 외적 동기와 내적 동기는 상호 대립개념이다. → 유기적 통합이론을 주장하는 학자들의 주장이다.
> - 내적 동기는 사회화 과정에서 주어지는 통제, 보상 등에 의해 내면화되어 점차 자기조절과정의 일부가 된다. → 내적동기는 사회화 과정에서 통제, 보상 등에 의해 내면화 된다.
> - 내재적 동기가 높아질수록 외재적 동기는 낮아진다. → 내재적 동기와 외재적 동기는 독립적인 차원으로, 한 과제에 대해 두 동기가 동시에 공존할 수 있다.
> - 무동기(amotivation)는 적정 수준의 동기 상태이다. → X

4 레퍼와 호델(Lepper & Hodell)의 내재적 동기

- 내재적 동기는 도전, 호기심, 통제, 상상이라고 4가지를 제안했다.

1 호기심

- 호기심은 현재 지식 또는 믿음과 일치하지 않거나, 놀라워 보이거나 모순되어 보이는 정보 또는 생각을 제시되는 활동 제공하며, 적당한 수준의 불일치성이 가장 효과적이다. 그러나 호기심도 기존 배경지식이 있어야 가능하다.

> 🔗 학습자의 기존 지식에 일치하지 않는 정보를 먼저 보여주고 학습을 시작하는 것은 학습의 내재적 동기 중 (　　　)요소에 해당한다.

2 도전

- 도전은 난이도가 중간 수준, 난이도는 지속적으로 높아지도록 하며, 도전적 목표의 달성으로 학습자는 점점 자신이 유능해지고 있다는 정보를 얻게 된다. 이는 효능감과 결과에 대한 지각된 통제를 높일 수 있다고 제안했다.

3 통제

- 통제는 활동에 선택권을 주고 규칙과 절차를 확립하는데도 일정한 역할이 부여되면 통제의 지각을 형성할 수 있다.

4 상상

- 상상은 학습자에게 시뮬레이션이나 게임을 통해 가상세계에 참여하게 하면, 내재적 동기를 활성화시킬 수 있다. 상상은 주의를 집중시키고 인지적 노력을 증가시킨다. 학습 시 배울자료를 의인화하고 의미있는 맥락을 상황으로 제시, 학생에게 선택권을 일부 제공하면 인지적 개입, 지각된 유능감, 내재적 동기가 향상된다.

> 🔗 고려시대 역사를 공부하는 학생들에게 그 시대 청소년들의 평범한 하루가 어떠했을지 생각해보게 한다.

> 🔗 최교사는 역사수업에서 역대 대통령의 복장과 목소리를 흉내 낸다. 그는 자신이 묘사 하고자 하는 사람을 현실감 있게 표현하면 학생들이 그 인물에 관심을 가지고 학습할 수 있다고 생각한다.

21 | 캐롤 드웩(C. Dweck)의 마인드셋(mindset)

숙달목표(mastery goal)지향 지능에 대한 증가 신념(incremental beliefs)	수행목표(performance goal) 지향 지능에 대한 고정 신념(entity beliefs)
• 능력은 연습과 노력에 따라 발달한다고 믿는다.	• 지능에 대한 실체적 견해(entity view of intelligence)를 가지고 있어서 지능은 정해져 있다고 믿는다. • 지능이 안정적이며, 통제 불가능한 특성이라 본다.
• 남들과 비교하기보다는 자신이 전보다 더 유능해졌는지가 중요하다. • 스스로 더 유능한 사람이 되려는 것에 해당한다. • 타인과의 비교 보다는 자신이 얼마나 더 나아졌는지의 관점에서 수행을 평가한다.	• 다른 학생과 비교해서 자신의 능력이 어느 정도인지에 초점을 둔다. • 타인과의 비교를 통하여 자신의 성공여부를 판단한다. • 자신이 어떻게 평가되는지가 주된 관심사이다.
• 도전적 과제를 선호한다.	• 위험과 도전을 회피하고 목표도달에 실패하면 쉽게 포기하는 경향이 있다.
• 학습과 행동을 스스로 조절하는 자기조절적인 학습을 한다. • 자신의 학습과 이해 향상에 초점을 둔다.	• 도전적인 과제보다는 실패가능성이 낮은 과제를 선호한다. • 쉬운 과제에서 성공할 때, 자부심이나 안도감으로 반응한다.
• 남들 앞에서 실패를 해도 수행에 만족할 수 있다. • 학생보다 시험에서 덜 불안해 한다.	• 과제 실패 시 불안감을 많이 경험한다. • 남의 눈에 유능하게 보이는 것에 해당한다.
• 어려움에 직면할 때 숙달목표지향 학생은 수행목표지향 학생보다 더 끈기 있게 학습한다. • 선생님을 조언자로 여긴다.	• 자기불능화(self-handicapping) 전략을 사용하는 경우가 상대적으로 더 많다. • 자기 보호적 전략을 사용한다. • 피상적인 학습전략을 선호한다.
• 규준지향평가는 숙달목표지향성 발달에 부정적 영향을 미친다. • 숙달목표지향성 학습자들은 준거지향평가를 지향한다.	• 시험과 같은 평가 상황에서 특히 더 불안감을 느낀다. • 시험과 같은 평가 상황에서 지나치게 불안해한다.

숙달목표지향		수행목표지향
증가신념	지능에 대한 신념	고정신념
진보, 완숙, 학습	학습의 목표	증명, 인정, 비교
내재적 동기	학습 동기	외재적 동기
도전적인 과제 선호	선호 과제	성취가능한 과제 선호, 도전적인 과제 회피
자기참조적 기준에 기초한 숙달	학습 자체	목표달성 위한 수단
도전적 과제 선호, 적극적 전략	학습행동	쉬운 과제 선호, 피상적 전략
메타인지, 정교화전략, 조직화전략	학습전략	시연, 암기
과정지향, 지식획득, 기술숙달	평가기준	결과지향, 규준, 사회적 비교
타인의 평가보다 과제의 완숙에 관심	학습 결과 인식	타인과의 비교를 통해 자신의 높은 능력 증명
노력 부족	실패원인	능력 결여
성공에 대한 자부심	정서	실패 후의 부정적 정서

엘리엇과 하락키위즈(Elliot & Harackiewicz)의 성취목표 지향성

Elliot & Harackiewicz			
		능력을 정의하는 방식	
		절대적/개인내적(숙달)	규준적(수행)
능력에 대한 유인가치	긍정적(성공에 대한 접근)	숙달접근목표	수행접근목표
	부정적(실패에 대한 회피)	숙달회피목표	수행회피목표

Elliot & Harackiewicz	
수행접근 목표	수행회피 목표
• 성공에 대한 접근에 초점 • 다른 사람들과의 경쟁에서 이기고 자신의 유능성을 보여주기 위하여 동기화되어 높은 성적을 얻는 적응적인 결과 • 다른 학생들보다 더 좋은 결과를 얻는 것이 목표	• 실패에 대한 회피에 초점 • 자신의 무능함을 드러내지 않고 자기가치감을 보호하기 위해서 평가상황을 회피하는 부적응적인 결과 • 다른 학생들보다 더 나쁜 결과를 얻지 않는 것이 목표

1 성취목표지향성

1 수행 목표 접근

• 수행접근목표지향성이 높은 경우 과제 실패의 원인을 자신의 능력에 귀인하는 경향이 높다.

2 수행 목표 회피

• 수행회피목표지향성이 높은 경우 지능에 대한 고정적 관점을 가진다.

> 🔍 틀린 문장
>
> • 수행회피 목표지향성이 높은 경우 타인과 비교하여 자신이 유능하게 평가받는 것에 초점을 둔다. → 실패에 대한 회피에 초점이 있으므로 자신의 무능함을 드러내지 않는 것에 초점을 둔다.
> • 숙달목표지향성이 낮은 학생은 도전적 과제를 선호한다. → 숙달목표지향성이 높은 학생은 도전적 과제를 선호한다.
> • 수행접근 목표 지향성이 숙달목표 지향성보다 높은 경우 도전적 과제를 선호한다. → 수행접근 목표 지향성이 숙달목표 지향성보다 높은 경우 도전적 과제를 회피하는 경향이 있다.

23 와이너(B. Weiner)의 귀인이론

- 귀인은 학습결과의 원인에 대한 학습자의 믿음을 말한다.
- 귀인 성향은 과거 성공, 실패 상황에서의 반복적인 원인 탐색 경험에 의해 형성된다.
- 학습자가 노력 유무에서 원인을 찾을 때 학습자의 학습동기는 높아진다.
- 귀인의 차원에 따라 경험하는 정서가 달라진다.
- 소재차원은 자기존중감과 관련이 있다.
- 안정성 차원은 성공에 대한 주관적 기대와 관련이 있다.
- 통제가능성은 분노, 감사와 같은 정서반응에 영향을 준다.
- 인과 소재, 안정성, 통제성 등의 차원으로 귀인 유형을 구분하였다.

	원인의 소재	(시간) 안정성	통제가능성
능력	내부	안정	불가
노력	내부	불안정	가능
운	외부	불안정	불가
과제난이도	외부	안정	불가

	내적		외적	
	안정	불안정	안정	불안정
통제가능	평소노력	즉시적 노력	교사의 편견	타인의 도움
통제 불가능	고정된 능력	기분	과제난이도	행운

차원분류			실패에 대한 이유
내부	**안정**	통제 불가능	낮은 적성, "적성에 맞지 않아서"
		통제 가능	절대 공부를 안한다
	불안정	통제 불가능	시험 당일에 아팠다, "시험 볼 때 기분이 좋지 않아서"
		통제 가능	노력, 그 시험을 위해 공부하지 않았다
외부	**안정**	통제 불가능	과목특성, 학교의 요구사항이 너무 높다
		통제 가능	교사가 편파적이다
	불안정	통제 불가능	운이 나빴다, "운이 나빠서"
		통제 가능	친구들이 도와주지 않았다

인과소재 차원	원인의 안정성 차원	통제성 차원
자부심, 감사함, 분노감	희망 혹은 무기력, 절망감 (미래 성공에 대한 기대)	자신감, 죄책감, 수치심(사회적 맥락)

New version

	소재	
	내적	외적
안정	능력	과제난이도
불안정	노력	운

→

	소재	
	내적	외적
안정	적성 장기간의 노력	객관적인 과제 특성
불안정	기술/지식 일시적/상황적 노력	기회

	통제의 소재			
	내적		외적	
	통제 가능	통제 불가능	통제 가능	통제 불가능
안정성	장기간의 노력	적성	교사의 편견/편애	학교나 수업의 요구 수준 정도(난이도)
불안정성	기술/지식 시험을 위한 일시적 노력	시험 당일 건강,기분	교사나 친구의 도움	기회

- 성공 상황에서 노력 요인으로 귀인할 경우 학습 행동을 동기화할 수 있다.
- 학습자가 낮은 시험점수의 이유를 시험난이도에서 찾으면 외적이고 통제 불가능한 요인으로 귀인하는 것이다.
- 실패에 대한 원인을 내적이고 통제 불가능하며 안정적인 요인으로 귀인하면 내재적 동기는 낮아진다.
- 실패를 안정적이며 통제 불가능한 요인에 귀인하면 우울과 무기력에 빠진다.
- 귀인의 결과에 따라 자부심, 죄책감, 수치심 등의 정서가 유발되기도 한다.

틀린 문장

- 외적원인 중 과제난이도는 불안정적 요인으로 보았다. → 외적원인 중 과제난이도는 안정적 요인으로 보았다.
- 능력 귀인은 내적, 안정적, 통제 가능한 귀인 유형으로 분류된다. → 능력 귀인은 내적, 안정적, 통제 불가능한 귀인 유형으로 분류된다.
- 안정성 차원은 학습자의 심리 상태가 안정적인지를 가리킨다. → 안정성 차원은 시간의 안정성을 가리킨다. 즉 시간의 변함에 따라 안정적이냐, 불안정적이냐이다.
- 시험 보는 날 몸이 아파서 - 내부, 안정, 통제가능 → 내부, 불안정, 통제불가능
- 과제 난이도 - 외적, 불안정적, 통제 가능 → 외부, 안정, 통제불가능
- 운이나 우연한 기회 - 외적, 안정적, 통제 불가능 → 외부, 불안정, 통제불가능
- 시험 당일 기분 상태 - 외적, 안정적, 통제 가능 → 내부, 불안정, 통제불가능
- 꾸준한 장기적인 노력 - 내적, 불안정적, 통제 불가능 → 내부, 안정, 통제가능

칙센트미하이(M. Csikszentmihalyi)의 몰입(flow)

1 몰입(flow)

- 개인이 흥미를 느끼는 과제수행에 몰입하여 '최적경험'을 하는 상태다.
- 활동에 완벽하게 몰두하는 상태를 말한다.
- 보상을 기대하기보다는 경험 그 자체를 추구한다.
- 행동의 근원이 완전히 내재적 동기화되어 있다.
- 과제 도전정도와 학습자 기술수준의 균형이 맞을 때 나타난다.
- 활동의 도전정도와 개인의 역량 사이의 균형 상태를 나타낸다.
- 도전정도가 자신이 지각하는 기술수준을 초과하면 불안해진다.
- 도전정도가 기술수준보다 너무 높으면 불안해진다.
- 자신이 지각하는 기술수준이 도전정도를 초과하면 지루함을 느낀다.
- 기술수준이 도전정도보다 너무 높으면 지루해진다.
- 몇 시간이 몇 분처럼 느껴지는 것과 같이 시간이 빨리 지나간 것 같은 느낌이 일어난다.

> 🔍 **틀린 문장**
> - 내적 동기보다는 외적 동기에 의해 유도된다. → 행동의 근원이 완전히 내재적 동기화되어 있다.
> - 개인 간의 과정이며 개방된 체계의 목표를 반영한다. → 개인 내의 과정이다.

2 각성

- 유기체가 현재 경험하는 내적 에너지 수준을 말한다.
- 각성수준이 지나치게 높으면 공황상태를 경험할 수 있다.
- 역도나 달리기처럼 많은 에너지가 소비되는 과제는 높은 각성 수준에서 최적으로 수행된다.
- 단순한 과제는 광범위한 각성 수준에서 최적으로 이루어진다.
- 망상활성계(reticular activation system)와 관련이 있다.
  - ✓ 망상활성계: 뇌간에 집중되어 기반한 시스템으로 이는 뇌 전체 영역으로 널리 퍼지는 작용 및 기능에서 뇌의 각성, 흥분, 집중 등에 관여한다.

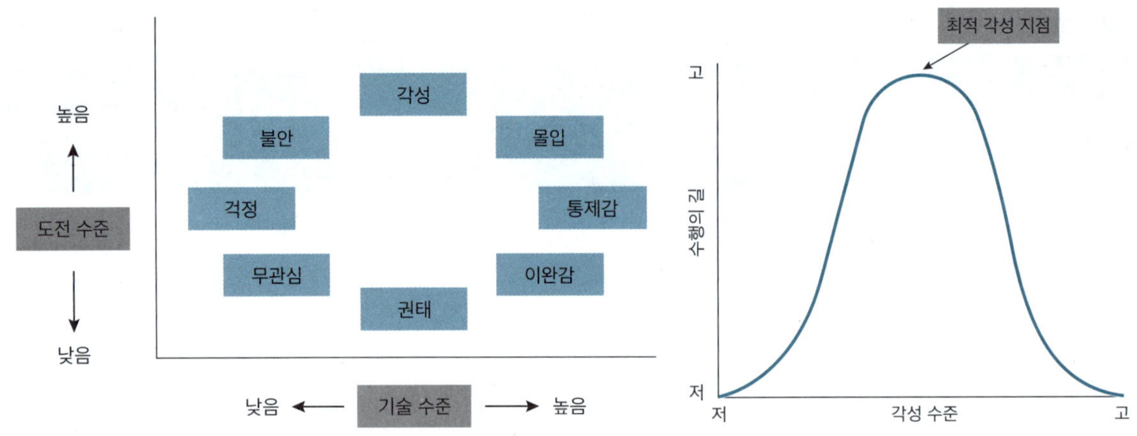

[역U자형 함수, Yerkes·Dodson]

도전 \ 기술	하	중	상
하	무관심	이완	지루함
중	걱정	적절 각성	통제감
상	불안	각성	몰입(플로우)

🔍 틀린 문장

- 일반적으로 각성 수준이 높을수록 최적의 수행이 이루어진다. → 일반적으로 도전과 기술이 모두 높은 수준에서 균형을 이룰 때 최적의 수행이 이루어진다.
- 각성수준과 수행수준 간의 관계는 U형 함수관계로 나타낼 수 있다. → 각성수준과 수행수준 간의 관계는 역U형 함수관계로 나타낼 수 있다.
- 여키스 - 도슨의 법칙(Yerkes - Dodson Law)에 의하면 어려운 과제는 높은 각성 수준에서 가장 잘 성취된다. → 어려운 과제는 낮은 각성 수준에서, 쉬운 과제는 높은 각성 수준에서 수행 효율이 높다.
- 불안 수준이 높을수록 학습몰입도 높아진다. → 과제를 학생 수준이나 그보다 약간 높은 수준으로 제시하여 학습자로 하여금 지루함이나 불안함이 아닌 긍정적 정서를 경험하고 즐거움을 느끼게 해주어야 한다.

25 에클스와 윅필드(J. Eccles & A. Wigfield)의 기대×가치 이론(expectancy-value theory)

1 기대 × 가치 이론

1 성공에 대한 기대

1 과제난이도(과제곤란도) 인식

- 과제가 쉽다고 느낄 때보다 어려운 것으로 생각될 때 성공에 대한 기대를 별로 하지 않는다.
- 과제 곤란도에 대한 지각은 기대지각과 부적 관계를 가진다.

2 자기도식

자신에 대한 정보의 망 조직이며, 자아개념과 사람들에 대한 믿음 등을 포함한다.

> 🔗 나는 남들보다 뛰어난 사람이라고 믿기 때문에 남들보다 더 어려운 과제를 골라서 도전한다.

3 높은 성공 기대

과제를 할 때 더 끈질기고, 좀 더 도전적인 활동을 선택한다.

2 과제가치

1 내재적 흥미 또는 내재적 가치

- 특정과제를 수행할 때 느끼는 즐거움이다.
- 내재가치는 과제를 수행할 때 경험하는 흥미이다.
- 과제에 대한 개인의 정서적 경험은 과제가치에 영향을 준다.

2 중요성 또는 획득가치

- 획득가치는 과제를 잘하는 것에 대한 중요성이다.
- 특정한 과제를 잘 수행하는 것이 자신에게 얼마나 중요한가를 의미한다.

- 미용사가 되고 싶은 어느 고등학생에게는 수학을 잘하는 것이 자신에게 얼마나 중요한지를 생각해 볼 것이다. 상식적으로 볼 때 이 학생에게 수학은 획득가치가 낮은 과목이다. 그러나 염색약이나 파마약은 모두 화학물이기 때문에 이 학생에게 화학은 획득가치가 높을 수 있다. 따라서 미용사가 되고 싶은 학생에게 학습컨설팅을 할 때는 획득가치가 높은 과목에 대해 동기를 부여하는 것이 요구된다.

3 효용가치

- 미래 목표 측면에서 개인이 과제에 가지는 유용성이다.
- 직업이나 미래의 목표를 충족시킨다는 인식이다.
- 과학자가 되기를 원하는 학생은 수학을 공부하는 것이 훌륭한 과학자가 되는 데 필요하며 중요하다는 생각을 하면서 공부의 유용성을 높게 지각할 수 있다.

4 지각된 비용

- 한 과제를 수행하면서 투입하는 노력과 시간으로 인해 다른 과제를 수행할 기회를 잃게 되는 것과 관련이 있다.

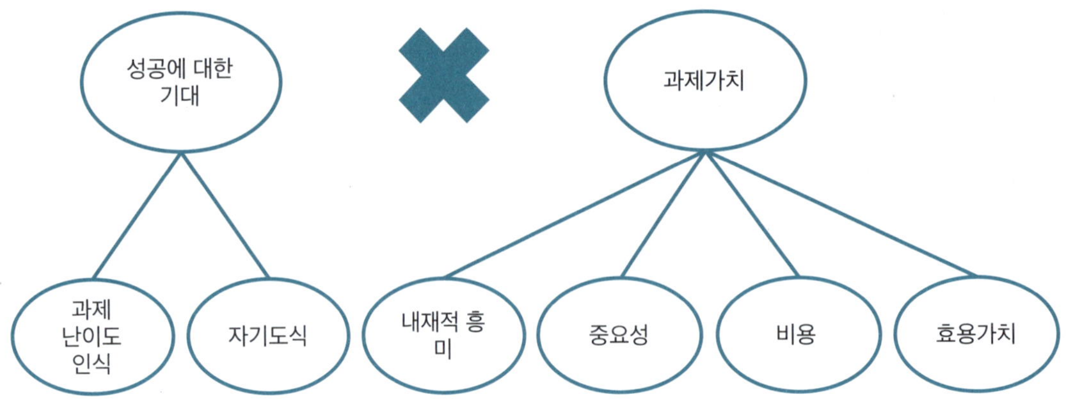

- 비용신념은 성취행동에 정적 영향을 준다. → 비용신념은 성취행동에 부적 영향을 준다.
- 자기효능감은 기대보다 가치 요인과 정적 관계를 가진다. → 자기효능감은 기대 요인에 자기도식과 관련이 있다.
- 과제 흥미는 기대 요인에 포함된다. → 과제흥미는 가치 요인에 포함된다.
- 기대×가치 이론은 정서적 기억의 영향을 고려하지 않는다. → 과제에 대한 개인의 정서적 경험은 과제가치에 영향을 준다.
- 과제가치의 비용신념은 과제에 관여하는 것에 대한 긍정적 측면이다. → 비용신념은 과제에 관여하는 것에 대한 부정적 측면이다.

2 앳킨슨(Atkinson)의 기대-가치 이론(Expectancy-Value theory)

동기(M) = 인식된 성공가능성(P_S) × 성공의 유인가(I_S)
동기 = 지각된 성공 가능성 × 성공의 가치

- 동기는 자신의 행동의 결과로 그 결과를 성취할 것이라고 기대하는 것과 결과에 대해 개인이 느끼는 가치의 곱이다.
- 성공 가능성이나 성공가치 중 하나라도 0%라면 이들의 동기는 0%가 된다.
- 성취 동기가 높은 학생은 중간 정도의 난이도 과제를, 성취동기가 낮은 학생은 아주 쉬운 과제와 아주 어려운 과제를 선택하게 된다.
- 성공할 가능성이 전혀 없다고 생각되면 동기화되지 않는다.
- 쉬운 과제 보다는 적당히 어려우나 불가능한 수준이 아니면서 학습자에게 유의미한 과제들이 학습동기유발에 더 좋다.
- 쉬운 과제여서 성공할 가능성이 높다 해도 개인적 관심과 흥미가 없는 과제라면 학습 동기는 최대화되지 않는다.

🔍 틀린 문장

- 다른 참여자의 능력과 경쟁률이 매우 높다는 것을 알아도, 상금의 액수나 보상의 매력도가 높을수록 동기가 최대화 된다.
  → 동기는 자신의 행동의 결과로 그 결과를 성취할 것이라고 기대하는 것과 결과에 대해 개인이 느끼는 가치의 곱이다.

26 구조주의, 기능주의, 형태주의, 구성주의, 진화심리

1 구조주의(structuralism)

- 빌헬름 분트가 창시한 심리학 이론이다.

- 티치너가 대표학자이다.

- 최초의 실험실 심리학을 설립했다.

- 과학적, 유물론적 전통을 이어받았다.

- 구조주의란 의식의 요소를 분석하는 것이다.

- 의식의 요소를 분석하는 방법으로 내성법을 강조했다.

- 의식 속에 있는 구성요소들은 의식을 하는 자기 스스로 관찰할 때만 알 수 있다는 내성법을 강조하였다.

- 연구대상자가 자신의 경험을 언어적으로 보고한 것을 관찰하는 방식으로 연구를 진행하였다.

- 대상을 지각할 때 즉각적인 경험만 보고하고 그 대상에 대한 해석은 배제했다.

- 예를 들어 사과를 붉은색, 동그란 이미지, 새콤달콤의 감각 요소를 나누어 분석한다.

- 심리학을 객관적이고 측정 가능한 학문으로 발전시켰다.

- 티치너는 심리학을 자연과학이라고 보았고 인간의 정신작용에 대해 수동적 마음을 가정하였다.

🔎 틀린 문장

- 구조주의는 기능주의 입장의 이론적 기반이 되었다. → 기능주의는 구조주의를 반대하며 대안으로 등장하였고, 기능주의가 행동주의, 인지주의에 영향을 미쳤다.
- 제임스의 학술적 성과로부터 영향을 받았다. → 윌리엄 제임스는 구조주의 반대파인 기능주의의 창시자이다.
- 의식의 개별 요소에 대한 분석보다 연속적 흐름에 대한 이해를 강조하였다. → 의식의 개별 요소 분석이 구조주의이고, 인식의 연속적 흐름에 대한 이해를 강조한 학파가 기능주의 학파이다.
- 행동주의가 심리학 연구의 주류로 자리를 잡는 데 중요한 역할을 하였다. → 행동주의가 심리학 연구의 주류로 자리를 잡는 데 중요한 역할을 한 학파는 기능주의 학파이다.

2 기능주의(functionalism)

- 윌리엄 제임스(W. James)가 창시하였다.

- 윌리엄 제임스는 개인이 자신의 환경에 적응하도록 돕는 것이 의식의 목적이라고 하였다.

- 듀이(J. Dewey)는 심리학적 실험의 결과가 교육과 일상의 삶에 활용될 수 있어야 한다고 주장하였다.

- 다윈(C. Darwin)의 진화론에서 영향을 받았다.

- 의식이 요소로 환원될 수 없다고 주장하였다.

- 의식의 구조보다 기능과 역할에 초점을 두었다.

- 유기체의 정신과정과 행동이 유기체가 환경에 적응하도록 도와준다.

- 인간이 환경에 적응하기 위해 의식을 어떻게 사용하는지를 탐구하였다.

- 행동과 의식은 환경과의 관계에서 끊임없이 변화한다.

- 예를 들어 사과를 먹는 것은 배고파서 생존하려고 먹는 것으로 분석한다.

- 실험, 관찰, 인터뷰 등 다양한 방법을 활용하였다.

- 현대 행동주의와 응용 심리학의 기초를 제공하였다.

- 내성법에 반대하였다.

- 손다이크, 스키너, 헐 등은 행동주의 학파로서 기능주의에 영향을 받았다.

🔍 틀린 문장

- 유기체의 신체적 적응 기능만을 강조하였다. → 기능주의는 인간의 의식과 정신과정에 관심이 있다.

- 전체·형상·형태·모습을 뜻하는 독일어이다.
- 전체는 부분의 합 이상이다.(전체주의)
- 인간은 전체적, 현재중심적, 선택의 자유에 의해 잠재력을 각성할 수 있는 존재이다.
- 여러 부분이 서로 긴밀히 연결되어 하나의 의미 있는 전체를 형성한다는 의미이다.
- 현상학과 실존주의의 영향을 많이 받았다.

1 형태주의 개념들

1 폐쇄성(완결성)(closure)

- 불완전한 형이나 벌어진 도형들의 그룹들을 완전한 형이나 그룹으로 지각하려는 경향이다.

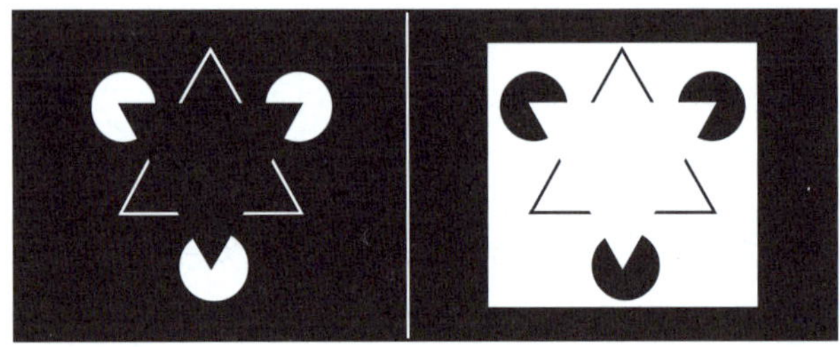

2 유사성(similarity)

- 색, 크기, 질감 등 어떤 성격이나 개성이 유사한 것끼리 무리를 이루어 하나의 그룹으로 보는 경향이다.

3 연속성(계속성)(continuation)

- 물체나 선이 끊어져 있어도 원래의 진행 방향에 따라 가능한 부드럽게 연속된 것으로 보인다.

4 근접성(proximity)

- 멀리 떨어져 있는 것보다 거리가 가까운 것끼리 연관시켜 시각적으로 집단화되어 그룹으로 보는 경향이다.

5 대칭성(symmerty)

- 대상이 중심을 축으로 거울상을 형성하는 것으로 지각하는 경향이다.

6 좋은 형태 법칙(law of Pragnanz)

- 시각 배열을 가장 단순한 형태로 지각하는 경향이자 게슈탈트 주도하는 법칙이다.

4 구성주의

- 지식은 능동적 구성의 산물이다.
- 학습자의 능동적 지식 구성을 강조한다.
- 학습에 대한 상대주의적 접근을 강조한다.
- 학습자가 어떻게 지식을 구성하는지에 일차적 관심이 있다.
- 학습자와 환경 간의 상호작용으로 지식이 형성된다.
- 개인의 내적 이해에 초점을 맞추어 학습에서 개인차를 인정한다.
- 개인 내면의 지식과 신념 구성에 초점을 둔다.
- 개인이 경험하는 세계는 자신에 의해 의미가 부여되고 구성된다.
- 사회적 구성주의는 학습에 있어서 문화적 맥락과 상황을 중시한다.
- 학습자가 정보를 내면화하는 과정에서 지식을 능동적으로 재조직한다.
- 반성적 수업(reflective instruction)을 강조한다. 반성적 사고를 유도함으로써 창조적 사고 학습, 문제해결 학습, 또는 고등 사고학습 등이 이루어질 수 있게 한다.
- 일정한 교육목표를 규정하여 학습자들에게 일방적으로 제시하는 것을 거부한다.
- 피아제의 인지적 구성주의는 개인 내면의 지식과 신념 구성에 초점을 둔다.
- 비고츠키(L. Vygotsky)의 사회적 구성주의는 근접발달영역 안의 학습활동을 할 때 의미있는 학습이 이루어진다고 본다.

🔍 틀린 문장

- 피아제(J. Piaget)의 인지적 구성주의에서는 정보의 정확한 표상을 중시한다. → 브루너(J. Bruner)의 표상이론에서는 작동적 표상, 영상적 표상, 상징적 표상이 있다. 브루너는 인지주의 관점의 학자이다.
- 구성주의는 상대주의(relativism)를 비판한다. → 구성주의는 상대주의적 접근을 강조한다.
- 지식은 학습자가 스스로 구성하는 것이므로 교사나 또래와의 상호작용은 중요하지 않다. → 교사나 또래와의 상호작용을 바탕한 지식으로 학습자가 스스로 구성한다.
- 외부에서 제공되는 정보에 집중하고 기존 정보와 연결하여 그대로 저장한다. → 외부에서 제공되는 정보에 집중하여 학습자가 정보를 내면화하는 과정에서 지식을 능동적으로 재조직한다.

🔍 이론 틀린 문장

- 구조주의에서 정신의 구조, 작용과정에 대한 연구는 무의미하다. → 구조주의에서 정신의 구조 요소를 분석한다.
- 행동주의에서 학습은 관찰 가능한 현상에 국한되지 않는다. → 행동주의에서 학습은 관찰 가능한 현상에만 국한한다.
- 행동주의에서 학습은 내적 정신과정을 포함한다. → 행동주의에서 학습은 내적 정신과정을 포함하지 않는다.
- 합리주의에서 경험이 지식의 유일한 근원이다. → X
- 연합주의에서 학습은 인지와 정서의 집합이다. → X

- 자연선택을 통해 적응이 이루어진다.
- 유기체 속성과 환경적 요구의 상호작용으로 자연선택이 이루어진다.
- 개인차 중 일부는 유전으로 전달된다.
- 동일한 종 내에서 자연적인 변이성이 발생한다.
- 학습은 생존과 큰 관련이 있으며 학습된 행동뿐만 아니라 생존을 위한 해당 종 특유의 학습되지 않은 행동도 있다.
- 하나의 종 내에는 개체마다 자연적인 변이성이 있으며, 이런 개인의 차이는 진화 과정의 토대가 된다.
- 개인차 중 일부만이 유전되며, 환경적 사건으로 인한 변이 등은 유전되지 않는다.
- 행동에서 학습된 변이는 학습을 통해 다음세대로 전달되나 유전되지는 않는다.

1   볼스(R. Bolles)의 진화심리학적 학습이론

1 본능 표류(instinctive drift)

- 특정한 방식으로 행동하는 동물의 선험적인 소인을 활용하는 학습 과제는 성공할 가능성이 크다.

2 타고난 소인

- 경험을 통한 학습능력이 아닌 유전적으로 프로그램된 학습된 능력을 말한다.

3 적소 논증(niche argument)

- 적소 논증은 학습이 일반적이기보다는, 특정 환경적 요구에 맞게 특화되었다는 점을 강조하였다.
- 학습 능력은 모든 상황에서 동일하게 작동하는 범용적 메커니즘이 아니라, 생존과 번식을 위해 진화적으로 유리했던 특정 과제를 해결하기 위해 설계된 도구적 메커니즘이다.
- 적소 논증은 종마다 서로 다른 학습 능력이 존재한다고 설명한다. 이는 각 종이 진화적으로 적응한 환경에 따라 학습의 내용과 방식이 달라지기 때문이다.
- 다른 진화심리학자들은 진화적 적응의 환경을 주장하며 볼스의 적소 논증을 확장했다. 이는 특정한 적응이 나타났던 사회적 물리적 환경 모두를 말하는데 해당 적응이 나타났던 것은 환경적 요인과 사회적 요인의 조합이라 주장한다.

> 🔍 **틀린 문장**
>
> - 진화론적 관점에서 학습된 행동 특성은 모두 유전된다. → X

27 자기와 관련된 동기

1 코빙튼(M. Covington)의 자아가치이론(self-worth theory)

- 인간은 누구나 자기 자신을 가치 있는 유능한 존재로 인식하기를 원하며, 이러한 자기 가치를 보호하려는 욕구가 인간의 행동을 결정한다는 이론이다.
- 자기 가치는 자신에 대한 평가, 자기 자신에 대한 감정이나 정서적 반응이다.

> 🔗 내가 지난 시험 성적이 나빴던 이유는 하필 그날 배탈이 났기 때문이다.

유형	
숙달 지향형	자기 효능감이 높은 학습자로 성취에 가치를 부여하고 능력은 증가할 수 있는 것으로 본다
실패 회피형	능력에 대한 고정적인 견해를 가지고 수행 목표를 세운다
실패 수용형	실패가 계속되면 자신이 무능하다고 인식하게 되며 자신의 실패가 낮은 능력 때문이라고 생각한다

2 코빙튼(M. Covington)의 성취동기 유형

1 성공지향자 : 높은 성공지향과 낮은 실패회피
2 과잉노력자 : 높은 성공지향과 높은 실패회피

> 🔗 학생 A는 공부를 매우 열심히 하지만 항상 불안해하고 스트레스를 받는다. 선생님께 수시로 자신의 성적을 확인하고 친구들에게도 걱정을 토로한다.

3 실패회피자 : 낮은 성공지향과 높은 실패회피
4 실패수용자 : 낮은 성공지향과 낮은 실패회피

3 코빙튼(Covington, 1984)의 자기가치 이론(Self-Worth Theory)

- 자기불구화는 자기가치를 보호하기 위한 방어적 기제로 작동한다.
- 실패했을 때 노력 부족과 같은 내부 요인으로 인해 자존감이 손상되지 않도록 한다.
- 불가능한 목표설정은 자기불구화(self - handicapping)전략의 예로 자기가치 보호가 목적이다.

- 숙달목표지향성보다 수행목표지향성이 높은 학생들은 자기손상전략을 사용하는 경우가 많다.
  - ✓ 자기손상전략(자기불구화전략)(Self-Handicapping): 자기손상전략은 개인이 실패의 가능성이 있는 상황에서 자신의 실패를 정당화하거나 실패에 대한 책임을 회피하기 위해 의도적으로 불리한 조건을 만들어내는 심리적 전략이다. 이는 실패했을 때 자존감을 보호하고, 성공했을 때 자신의 능력을 과장하여 인정받으려는 동기에서 비롯된다.
  - ✓ 자기불구화 전략의 유형: 행동적 자기불구화: 실제로 행동을 통해 장애물을 만드는 전략이다.
  - ✓ 주장적 자기불구화: 구체적인 행동 대신, 핑계나 변명을 주장하여 불리한 조건을 강조하는 전략이다.

> 🔍 **틀린 문장**
>
> - 자기가치(self - worth)는 자신에 대한 구체적인 인지적 평가이다. → 자신의 가치에 대한 평가이다.

4 기본귀인오류(fundamental attribution error)

- 다른 사람의 행동을 평가할 때 성향적 요인을 과대평가하여 반대로 상황적인 요인은 과소평가하는 경향성이다.

> 🔗 정수가 집안 사정으로 수학시간에 결석이 많았으나, A교사는 시험 채점 후 "정수는 수학에 소질이 없어서 성적이 나쁜거야"라고 생각한다.

5 자기접대편향(자기고양편향)(self-serving bias)

- 자신이 초래한 긍정적인 결과에 대해서는 과대평가하는 반면, 부정적인 결과에 대해서는 과소평가하는 경향으로, 유쾌한 정서와 결합되면 더욱 증가한다.

> 🔗 A교사는 기말고사 후 "지난 중간고사 때 내가 잘 가르쳐서 우리 반 아이들 성적이 좋았는데, 이번에는 아이들이 내 수업에 집중하지 않아서 성적이 떨어진 것 같아"라고 생각한다.

28 정서

1 정서와 학습

- 학생의 삶과 연결하여 설명하면 학생의 흥미와 동기가 증진된다.

- 학습자 흥미를 유발하도록 환경을 만들어 주면 학습동기가 높아진다.

- 정서는 학습결과를 어떻게 귀인하는가에 따라 달라진다.

- 학생들이 느끼는 정서는 이들의 학습동기와 연관이 있다.

- 일반적으로 비정서적인 정보보다 정서적인 정보를 쉽게 인출한다.

- 정서 - 상태 의존 인출은 정보인출 시의 기분과 정보부호화 시의 기분이 일치할 때 기억이 향상되는 현상이다.

- 상황적 흥미는 맥락 의존적이며 일시적으로 지속된다.

- 불안과 걱정은 작업기억의 용량을 차지하여 효율적인 정보처리를 방해한다.

- 부정적 정서는 내재 동기를 떨어뜨린다.

📝 **흥미의 세가지 종류**

- 개인적 흥미(개인적 성향, 안정적), 흥미로움(맥락적 차원, 신기함, 놀라움, 복잡성), 심리적 상태로서의 흥미(상황적 흥미=맥락적 차원에서 신기함과 놀라움에서 시작되어서 개인적 흥미로 발전가능함)

🔍 **틀린 문장**

- 교수자는 학생의 상황적 흥미보다 개인적 흥미를 더 잘 변화시킬 수 있다. → 개인적 흥미는 개인의 비교적 안정적이고 영구적인 기질, 성격적 특질로 간주된다. 그러므로 교수자는 상황적 흥미로움을 개인적 흥미로 변화시킬 수 있다.

29 | 레빈(K. Lewin)의 장(Field)이론

1 레빈의 장이론의 주요개념

1 생활공간(Life Space)

- 개인의 행동을 결정하는 심리적 요소의 복합체로, 물리적 공간이 아닌 주관적 인지 범위이다. 개인과 심리적 환경이 포함되며, 동심원 구조로 표현된다.
- 생활공간은 환경과 개인으로 구성된다.
- 생활공간 내에서 개인과 심리적 환경과의 관계는 상호의존적이다.

2 벡터(vector)

- 목표 달성을 위한 추진력과 장애물을 의미하며, 심리적 운동의 방향과 강도를 설명한다.
- 예를 들어, 목표에 가까워질수록 동기 수준이 높아진다.
- 현실에서 어떤 방향으로 얼마나 강한 행동이 일어나는가를 연구하는 것이다.

3 위상(topology)

- 어떤 순간에 처해 있는 생활공간의 구조에서 어떤 행동이 일어날 수 있으며 어떤 행동이 일어날 수 없는가를 연구하는 것이다.
- 어느 순간에 어느 곳에 위치하고 있는가를 나타내는 순간적인 상태이다.
- 개인이 관심을 두고 의미를 부여함으로써 스스로 위치해 있는 공간이다.

4 행동 방정식(B = f(P, E))

- 행동(B)은 개인(P)과 환경(E)의 상호작용 결과로 이루어진다.
- 학습은 의식적 개인과 심리적 환경의 상호관계에 의하여 이루어진다.
- 심리적 거리(e)와 목표 속성(G)에 따라 달라진다.
- 행동이 단순한 관찰 대상이 아닌 의식적 경험임을 강조한다.

30 학습과 관련된 이론들

1 하이더(F. Heider)의 균형이론

- 인지 일관성 관련 이론에 의하면 어느 한 대상에 대한 개인의 생각, 행동, 태도 등이 비일관적인 상태에 있으면 불균형을 경험하게 되는데 부조화는 평온한 상태에 반대되는 불쾌한 상태이므로 조화로운 상태를 회복하기 위해 일관성을 유지하려는 방향으로 움직인다는 것이다.

> 🔗 새 학기를 시작하기 전에 A는 화학 과목을 별로 좋아하지 않았다. 그러나 새로운 화학 선생님에게 호감을 느낀 A는 학기가 끝날 때쯤에는 화학 과목을 좋아하는 학생이 되었다.

2 학습에 대한 교사의 기대

기대유지효과	교사의 기대가 바뀌지 않아 학생의 성취수준이 그 기대수준에 계속 머물게 되는 현상을 말한다
골렘 효과(Golem effect)	교사의 부정적인 기대가 실제로 실현되는 현상을 말한다
피그말리온 효과	교사의 긍정적 기대는 학생의 긍정적인 자기충족의 예언을 실현하는데 도움을 준다

- 학생의 신체적 매력도 교사의 기대에 영향을 미칠 수 있다.
- 교사 자신의 능력과 학생의 학습을 어느 정도 통제할 수 있다는 교사의 신념노 교사의 기대에 영향을 미치는 요인이다.

- 행동수정(Behavior Modification)은 특정한 행동을 증가시키거나 감소시키기 위해 강화(reinforcement), 처벌(punishment), 소거(extinction) 등의 행동 원리를 적용하는 기법이다.
- 기초선(baseline) 측정을 위해서는 2명 이상의 관찰자가 동일한 상황에서 표적 행동을 관찰하는 것이 바람직하다.
- 목표 행동을 유발하거나 강화할만한 구체적인 사건을 찾기 위한 기능적 행동 평가를 해야한다.
- 행동 수정의 효과를 평가하기 위해서는 개입 전·후 뿐만 아니라 중간 과정에서도 행동 측정을 반복하는 것이 좋다.

🔍 틀린 문장

- 행동 수정의 전(全) 과정에서 학습자가 행동 수정의 과정을 눈치 채지 못하도록 신중을 기해야 한다. → 행동수정은 내담자에게 바람직한 행동에는 강화를, 수정해야 하는 행동에는 처벌이 가해지는 것을 적용하는 것이다.

4   학습 동기

- 화이트(R. White)는 탐색행동의 근원이 환경을 다루고 싶어하는 내적 욕구에 있다고 하였다.
- 유기체는 새로운 것이나 신기한 것과 상호작용하고 싶어하며 그 과정에서 학습한다.
- 진화론적 관점에서 볼 때 동물은 자신의 생존을 보장받기 위하여 탐색을 한다.
- 벌린(D. Berlyne)은 탐색과 놀이행동에 깔려 있는 기본 기제를 각성 수준이라고 하였다.
- 벌린(D. Berlyne)은 신기함, 모호함, 불일치성, 놀라움 등과 관련된 자극의 속성이 각성에 영향을 미치고 사람들로 하여금 그 대상을 탐구하고자 하는 동기를 갖게 한다고 주장하였다.

🔍 틀린 문장

- 뎀버와 얼(Dember & Earl)은 아동이 이미 적응된 자극보다 약간 덜 복잡한 자극을 탐색하려는 동기가 있다고 하였다. → 약간 더 복잡한 자극을 탐색하려는 동기가 있다고 하였다.

5 학습목표

1 목표의 속성과 효과

- 목표 난이도와 수행의 관계는 학습자가 목표에 도달할 수 있는 능력에 따라 달라진다.

- 수행에 대한 구체적인 기준을 함께 제시한 목표는 동기를 낮춘다. → 수행에 대한 구체적인 기준을 함께 제시한 목표는 동기를 높인다.
- 아동에게 단기목표는 중요하지 않다. → 아동에게 단기목표는 중요하다.
- 자신에 대한 믿을 만한 정보가 없을 때 목표 진척에 대한 피드백을 제공하는 것은 효과적이지 않다. → 자신에 대한 믿을 만한 정보가 없을 때 목표 진척에 대한 피드백을 제공하는 것은 효과적이다.
- 스스로 설정한 목표는 성취동기가 높은 학습자에게는 효과적이지 않다. → 스스로 설정한 목표는 성취동기가 높은 학습자에게는 효과적이다.

6 가네(R. Gagné)의 학습이론

- 학습의 인지과정으로 학습을 위한 준비, 획득과 수행, 학습의 전이 과정을 제안한다.
- 새로운 기능을 습득하기 위한 내적 조건과 내적 과정을 지원하는 환경적 자극을 강조한다.
- 선수학습능력은 학습이 성공적으로 일어나기 위하여 학습자가 사전에 습득해야 하는 능력을 말한다.
- 하위요소를 먼저 학습하지 않고는 상위요소를 학습할 수 없다는 학습위계를 제안한다.
- 하나의 학습이론에서 제시하는 학습의 본질을 모든 학습에 적용할 수는 없다고 가정한다.

- 학습의 결과 영역을 지적 기능과 운동 기능의 2가지로 구분한다. → 가네는 목표에 띠리 수업방법을 다르게 설계해야 하는데 언어정보, 지적기능, 인지전략, 태도, 운동기능 5가지로 구분하였다.

청소년상담사 3급

06

PART

청소년이해론

01 청소년기의 다양한 관점

1 스탠리 홀(G. Stanley Hall)의 재현이론(recapitulation theory)

- 1904년 『Adolescence(청소년기)』라는 책을 출간함으로써, 청소년기를 독립된 발달단계로 규정하였다.
- 스탠리 홀(G. Hall)은 청소년기를 질풍노도의 시기로 규정하였다.
- 청소년기에는 갈등과 정서의 혼란을 경험한다.
- 홀은 청소년이 아동도 성인도 아닌 위치에서 정체성 혼란을 겪으며, 갈등과 혼돈의 중심에서 극단적인 정서를 체험한다는 의미에서, 이 시기를 '질풍노도의 시기'로 묘사하였다.
- 청소년기는 아동에서 성인으로 발달해 나가는 과도기적 발달 시기이다.
- 청소년기를 생물학적 측면에서 정의한다면 성적 성숙이 시작되는 시점부터 성적 성숙이 완성될 때까지의 기간을 의미한다.
- 청소년기의 생물학적 변화로 인한 적응 과정을 최초로 이론화한 사람은 스탠리 홀이다.
- 홀은 '개체발생은 계통발생을 되풀이한다'는 반복설을 주장했다.
- 다윈의 진화론에 영향을 받아 인간발달이 예정된 순서에 따라 진행된다고 보았다.
- 아동발달이 유전적인 특성과 연관된다고 보았다.
- 아동행동에 대한 주관적인 내성법적 방법에서 탈피하여, 과학적이고 객관적인 관찰법, 질문지법, 일화기록법 등을 통해 아동행동을 연구하였다.
- 다윈, 헤겔, 루소, 라마르크에게서 영향을 받았으며, 루소와 마찬가지로 인간발달을 유아기, 아동기, 전청소년기, 청소년기 등으로 구분하였다.
- 플라톤은 청소년기의 특징으로 이성의 발달을 주장하였다.
- 플라톤은 청소년기에는 합리적인 사고를 할 수 있기 때문에 과학이나 수학을 교육할 수 있다고 하였다.

🔍 틀린 문장

- 사회문화적 특성이 청소년 발달에 결정적인 영향을 미친다. → 아동발달이 유전적인 특성과 생물학적 측면의 발달 특징을 설명하였다.
- 인간의 생애발달은 3단계를 거쳐 이루어진다. → 다윈의 진화론에 영향을 받아 인간발달이 예정된 순서에 따라 진행된다고 보는 연속적 단계를 주장한다.
- 다윈(C. Darwin)의 이론을 거부하고 새로운 청소년발달 이론을 제시하였다. → 다윈의 진화론에 영향을 받아 인간발달이 예정된 순서에 따라 진행된다고 보았다.
- 인간의 발달을 자극과 반응으로 설명한다. → 행동주의자에 대한 설명이다.

02 청소년기 특성

1 청소년기 신체적 발달의 특징

- 청소년기는 신체적 성장급등이 이루어지는 시기이다.
- 급격한 신체변화로 인해 자신의 체형에 대한 불만족을 느끼는 경우 청소년의 정신건강에 부정적인 영향을 미칠 수 있다.
- 또래에 비해 신체적 발달이 빨리 이루어지는 경우는 신체적 조숙에 해당한다.
- 일반적으로 여성이 남성보다 더 부정적인 신체상을 가질 수 있고 신체상은 자아존중감과 정적인 상관이 있다.
- 성장호르몬과 성호르몬의 분비가 활발해진다.
- 이차 성징이 뚜렷해지는 것과 관련 깊은 내분비선으로는 뇌하수체와 생식선을 들 수 있다.
- 사춘기 변화의 주요인은 호르몬(안드로겐, 에스트로겐)이며, 뇌와 내분비계에서 일어나는 일련의 복잡한 작용에 의해 성적 발달이 이루어지는데 남자는 10 - 18세 사이, 여자는 9 - 16세 사이 성적 성숙이 이루어진다.
- 남녀 모두 안드로겐을 생성하지만 남성이 더 많이 생성한다. 테스토스테론은 가장 흔한 안드로겐이다.
- 남성 생식 기관의 고환과 여성 생식 기관의 난소는 안드로겐을 생성한다.
- 사춘기에는 2차 성징이 나타나면서 성적 호기심이 증가한다.
- 남자 청소년은 에스트로겐보다 안드로겐이 더 많이 분비된다.
- 에스트로겐은 여아의 사춘기 발달에 중요하다.
- 에스트로겐은 여자 청소년의 유방발달에 영향을 미친다.
- 에스트로겐은 유방의 발달이나 음모의 성장 등을 자극한다.
- 프로게스테론은 자궁이 임신을 준비하게 하고, 임신을 유지하게 해준다.
- 뇌하수체는 시상하부에 의해 통제된다.

🔍 틀린 문장

- 여자 청소년들이 임신 가능한 신체로 형성되어 가는 것은 성호르몬인 테스토스테론의 영향에 의한 것이다. → 여자 청소년들이 임신 가능한 신체로 형성되어 가는 것은 성호르몬인 에스트로겐의 영향에 의한 것이다.
- 사춘기에는 신장과 체중의 증가 속도가 대체로 느리다. → 사춘기에는 신장과 체중의 증가 속도가 대체로 빠르다.
- 테스토스테론은 임신이 가능하도록 자궁의 내벽을 준비하는 역할을 한다. → 자궁 내벽을 준비하는 역할을 하는 호르몬은 에스트로겐과 프로게스테론이다.
- 성적 성숙이 이루어지지 않아 생식능력이 없다. → 초경과 사정으로 생식 능력을 획득한다.
- 에스트라디올은 남자 청소년의 성적 발달을 주도한다. → 에스트라디올은 여자 청소년의 성적 발달과 관련이 있다.
- 사춘기는 남아가 여아보다 더 빨리 시작된다. → 사춘기는 여아가 남아보다 더 빨리 시작된다.

- 추상적 사고가 가능해지는 시기이다.

- 또래집단의 영향이 중요해지는 시기이다.

- 오늘날 청소년기는 더 연장되는 추세이다.

- 청소년기는 사춘기의 시작과 함께 시작한다.

> **🔍 틀린 문장**
>
> - 청소년 초기보다 후기에 성역할 고정관념이 강화된다. → 청소년 후기보다 초기에 성역할 고정관념이 강화된다.
> - 동조행동에 대한 또래집단의 압력은 약화된다. → 동조행동에 대한 또래집단의 압력은 강화된다.

3　청소년기 정서적 특성

- 격렬하고 쉽게 동요한다.

- 아동기에 비해 정조(sentiment)가 발달한다.

  ✓ 정조: 복합적이고 고차원적인 감정을 말한다.
  - 청소년의 충동적 행동은 전전두엽과 변연계의 상호작용이 원활하지 않기 때문이다.
  - 청소년기 전전두엽피질의 미성숙으로 효과적인 정서통제는 이루어지기 어렵다.
  - 부모와 심리적 이유(psychological weaning)를 원한다.

  ✓ 이유
  - 젖떼기
  - 자의식 증가와 관련이 깊다.
  - 자아정체감이 형성되는 시기이다.

> **🔍 틀린 문장**
>
> - 정서표현이 아동기보다 더 직접적이고 일시적이다. → 청소년기 정서표현이 아동기보다 덜 직접적이고 일시적이다.
> - 청소년기 정서적 특징은 보존개념 획득과 관련이 깊다. → 청소년기 인지적 특징이 보존개념 획득과 관련이 깊다.

03 | 청소년기 법적 나이

법률	호칭	연령 구분
청소년 보호법	청소년	만 19세 미만인 사람
청소년 기본법		9세 이상 24세 이하인 사람
청소년활동 진흥법		9세 이상 24세 이하인 사람
청소년복지 지원법		9세 이상 24세 이하인 사람
학교 밖 청소년 지원에 관한 법률		9세 이상 24세 이하인 사람
아동복지법	아동	18세 미만인 사람
아동청소년의 성보호에 관한 법률	아동청소년	19세 미만인 사람
민법	미성년자	19세 미만인 사람
형법		14세 미만인 사람
근로기준법	연소자	15세 이상의 자(중학교 재학 중인 18세 미만의 자)
소년법	소년	19세 미만인 사람
한부모가족지원법	아동	18세 미만의 자(취학 중인 경우 22세 미만의 자)
	청소년 한부모	24세 이하의 모 또는 부
공직선거법	선거권자	18세 이상 (대통령, 국회의원 선거권)

- 우리나라 청소년은 공직선거법상 18세 이상부터 대통령 및 국회의원 선거권이 있다.

- 청소년과 관련된 연령은 법령에 따라 다르다.

- 최근 사회변화에 따라 청소년기가 연장되는 추세에 있다.

🔍 틀린 문장

- 우리나라의 청소년관련법에서는 청소년의 연령범위가 하나로 통일되어 있다. → 청소년과 관련된 연령은 법령에 따라 다르다.
- 청소년복지 지원법: 19세 미만 → 9세 이상 24세 이하인 사람
- 청소년 보호법: 9세 이상 19세 미만 → 만 19세 미만인 사람
- 아동·청소년의 성보호에 관한 법률: 9세 이상 24세 미만 → 19세 미만인 사람
- 아동·청소년의 성보호에 관한 법률: 18세 미만 → 19세 미만인 사람
- 학교 밖 청소년 지원에 관한 법률: 19세 미만 → 9세 이상 24세 이하인 사람
- 청소년 보호법: 18세 미만 → 만 19세 미만인 사람

04 청소년 기본법

- 청소년복지란 청소년이 정상적인 삶을 누릴 수 있는 기본적인 여건을 조성하고 조화롭게 성장·발달할 수 있도록 제공되는 (사회적), (경제적) 자원을 말한다.
- 청소년의 기본적 인권은 청소년활동·청소년복지·청소년보호 등 청소년육성의 모든 영역에서 존중되어야 한다.
- 청소년 기본법상 청소년특별회의는 1년마다 개최한다.
- 청소년 기본법의 제정목적은 청소년의 권리 및 책임과 (가정)·(사회)·(지방자치단체)·(국가)의 청소년에 대한 책임을 정하고 청소년정책에 관한 기본적인 사항을 규정함을 목적으로 한다.

 **청소년 기본법상 청소년정책위원회의 주요 기능**

- 청소년육성에 관한 기본계획의 수립에 관한 사항을 심의·조정한다.
- 청소년정책의 분야별 주요시책에 관한 사항을 심의·조정한다.
- 청소년정책의 제도개선에 관한 사항을 심의·조정한다.
- 둘 이상의 행정기관에 관련된 청소년정책의 조정에 관한 사항을 심의·조정한다.

05 청소년복지 지원법

📝 청소년복지 지원법의 내용

- 국가는 지역사회 청소년통합지원체계의 구축·운영을 지원하여야 한다.
- 청소년복지시설의 종류에는 청소년쉼터, 청소년자립지원관, 청소년치료재활센터가 있다.
- 보호자란 친권자, 법정대리인 또는 사실상 청소년을 양육하는 사람을 말한다.
- 국가는 위기청소년의 가족에 대한 상담 및 교육을 실시할 수 있다.
- 여성가족부장관은 청소년복지정책수립을 위해 청소년의 의식·태도·생활 등에 관한 실태조사를 (3)년마다 실시한다.

📝 청소년쉼터

- 「청소년복지 지원법」에서 규정하고 있는 청소년복지시설이다.
- 가정 밖 청소년에 대하여 가정·학교·사회로 복귀하여 생활할 수 있도록 일정 기간 보호하면서
  상담·주거·학업·자립 등을 지원하는 청소년복지시설이다.
- 국가나 지방자치단체에서 직영하거나 민간단체에 위탁하여 운영하기도 한다.
- 의·식·주 등 생활보호를 지원한다.
- 건강검진, 의료비 지원, 생활법률 자문 등 실생활을 지원한다.
- 심리상담, 심리검사, 부모.가족과의 집단상담을 지원한다.
- 검정고시, 개인 및 집단학습지도, 학업 상담 등을 지원한다.
- 경제적 자립지원 도움(자산관리, 진로탐색, 적성검사, 직업.자격취득 훈련지원, 취업상담 등)을 지원한다.
- 다양한 체험학습 및 문화여가활동을 지원한다.
- 이용대상은 만 9세에서 24세의 가정 내 갈등·학대·폭력·방임, 가정해체, 가출 등의 사유로 가정의 보호를 받지
  못하고 있는 가정 밖 청소년이다.
- 연중무휴 24시간 365일 이용가능하다.
- 일시쉼터는 가출청소년을 일시적으로(24시간 ~ 7일 이내) 보호하는 곳이다.
- 일시쉼터는 조기발견과 초기개입을 목적으로 한다.
- 단기쉼터는 가출청소년을 3개월 내외 보호하는 곳으로 가정 및 사회복귀를 목적으로 한다.
- 중장기쉼터는 가출청소년의 자립지원을 목적으로 한다.
- 중장기쉼터는 주택가에 위치하며 청소년의 자립지원을 지향한다.

구분	일시쉼터	단기쉼터	중장기쉼터
입소 기간	24시간~ 7일 이내	3개월 이내 3개월씩 2회 연장 후, 특별한 사정이 인정되는 경우 15개월 한도 내에서 추가 연장 가능(최장 24개월)	3년 이내 1년 연장가능(최장4년)

 ## 청소년복지 지원법상 가정 밖 청소년의 청소년쉼터 계속 이용

- 청소년쉼터(가정 밖 청소년을 7일의 범위에서 일시적으로 보호하는 청소년쉼터는 제외한다)를 설치·운영하는 자는 해당 청소년쉼터에 입소한 가정 밖 청소년이 가정폭력, 친족에 의한 성폭력, 그 밖에 가정으로 복귀하여 생활하기 어려운 사유로서 대통령령으로 정하는 사유가 원인이 되어 입소한 경우에는 그 가정 밖 청소년 본인의 의사에 반하여 퇴소시켜서는 아니 된다.
- 청소년쉼터를 설치·운영하는 자는 가정 밖 청소년을 퇴소시키는 경우에는 여성가족부령으로 정하는 바에 따라 다른 청소년복지시설로의 입소 등 보호에 필요한 조치를 하도록 노력하여야 한다.

 ## 가정 밖 청소년의 퇴소에 해당하는 경우

1. 거짓 또는 부정한 방법으로 청소년쉼터에 입소한 경우
2. 청소년쉼터 안에서 현저한 질서문란 행위를 한 경우

🔍 청소년쉼터 틀린 문장

- 보호기간을 기준으로 단기쉼터와 중장기쉼터의 2가지 유형으로 구분되고 있다. → 일시쉼터, 단기쉼터, 중장기쉼터 3가지 유형으로 구분되고 있다.
- 일시쉼터는 24시간 이내 일시보호가 가능하며 최장 3일까지 연장이 가능하다. → 일시쉼터는 24시간~7일 이내이다.
- 단기쉼터는 일반청소년의 가출예방과 가출청소년의 조기발견 및 초기개입을 지향한다. → 일시쉼터는 조기발견과 초기개입을 목적으로 한다.
- 단기쉼터는 6개월 이내 단기보호가 가능하며 최장 12개월까지 연장이 가능하다. → 단기쉼터는 3개월 이내 최장 24개월까지 연장이 가능하다.
- 중장기쉼터는 가정복귀가 어려운 가출청소년을 1년 이내로 보호하는 곳이다. → 단기쉼터에 대한 설명이다.
- 중장기쉼터는 보호기간이 2년 이내이며 2회 최장 2년에 한하여 연장가능하다. → 중장기쉼터는 보호기간이 3년 이내이며 1년 연장가능(최장4년)하다.
- 중장기쉼터는 1년 이내 중장기보호가 가능하며 최장 2년까지 연장이 가능하다. → 중장기쉼터는 보호기간이 3년 이내이며 1년 연장가능(최장4년)하다.

 ## 청소년자립지원관

- 청소년복지 지원법상 일정기간 지원(청소년쉼터 또는 청소년회복지원시설)을 받았는데도 가정·학교·사회로 복귀하여 생활할 수 없는 청소년에게 자립하여 생활할 수 있는 능력과 여건을 갖추도록 지원하는 시설이다.

청소년치료재활센터

- 학습·정서·행동상의 장애를 가진 청소년을 대상으로 정상적인 성장과 생활을 할 수 있도록 해당 청소년에게 적합한 치료·교육 및 재활을 종합적으로 지원하는 거주형 시설이다.

청소년복지 지원법령상 청소년 우대 대상

- (9)세 이상 (18)세 이하인 청소년
- 초·중등교육법 제2조에 따른 학교에 재학 중인 (18)세 초과 (24)세 이하인 청소년이 해당한다.

지역사회 청소년통합지원체계

- 국가는 지역사회 청소년통합지원체계의 구축·운영을 지원하여야 한다.
- 청소년복지 지원법상 지역사회 내 청소년 필수연계기관과 연계하여 위기청소년의 상담, 보호, 교육, 자립 등 맞춤형 서비스를 제공한다.
- 지방자치단체는 필수연계기관 간의 상호연계·협력 촉진을 위한 조치를 추진하여야 한다.
- 광역시는 전담기구를 설치할 수 있다.
- 교육청은 필수연계기관이다.
- 관할구역의 위기청소년을 조기에 발견하여 보호하고, 청소년복지 및 청소년보호를 효율적으로 수행함을 목적으로 한다.
- 통합지원체계에 반드시 포함되어야 하는 기관 또는 단체 등 통합지원체계의 구성 등에 필요한 사항은 대통령령으로 정한다.
- 특별시·광역시·특별자치시·도·특별자치도 및 시·군·구는 통합지원체계에 관한 업무를 효율적으로 추진하기 위하여 통합지원체계 전담기구를 설치할 수 있다.
- 통합지원체계 전담기구에 여성가족부령으로 정하는 바에 따라 전담공무원 및 민간 전문인력을 배치할 수 있다.
- 국가 및 지방자치단체는 지역 주민들이 자발적으로 단체를 구성하여 위기청소년의 발견·보호 및 지원을 위한 활동을 하는 경우에는 그 단체의 활동을 지원할 수 있다.
- 청소년에 대한 상담, 긴급구조, 보호, 의료지원, 학업지원 및 자활지원 등의 서비스 제공한다.
- 각급 학교는 해당 학교의 학생이 학교폭력 등 위기상황, 학교부적응 등의 사유로 결석하거나 자퇴를 희망하는 경우 또는 그 밖에 전문적인 상담서비스의 제공이 필요하다고 판단되는 경우 상담지원을 의뢰한다.
- 청소년비행예방센터는 위기청소년에 대한 비행예방교육 및 상담활동에 협조한다.
- 지방고용노동관서는 위기청소년에 대하여 직업훈련 또는 취업지원을 요청하는 경우 이에 대하여 협조한다.

- 공공보건의료기관 및 보건소는 위기청소년에 대하여 진료 또는 치료지원을 요청하는 경우 이에 협조한다.
- 청소년복지시설 및 청소년지원시설은 청소년에 대한 일시·단기 또는 중장기적 보호에 협조한다.
- 보호관찰소는 보호관찰 대상 청소년에 대하여 전문적인 상담·복지서비스의 제공이 필요하다고 판단되는 경우 상담·복지지원 등을 의뢰한다.
- 지역사회 청소년통합지원체계 운영위원회는 위기청소년의 발견 및 보호와 관련된 조례·규칙의 제·개정 제안에 관한 사항을 심의한다.

📝 청소년복지 지원법령상 청소년의 건강보장

- 차상위계층에 해당하는 사람의 가구원인 여성청소년은 국가 및 지방자치단체의 생리용품 지원대상이다.
- 여성가족부장관은 청소년의 성장 환경을 고려하여 (5)년 이내의 기간마다 청소년의 건강·체력 기준을 새로 설정하여야 한다.
- 국가 및 지방자치단체는 청소년의 건강 증진과 체력 향상을 위한 시책으로서 청소년이 참가하는 체육대회를 장려하고, 예산의 범위에서 체육대회 개최에 필요한 경비를 지원할 수 있다.
- 국가 및 지방자치단체는 청소년의 체력검사와 건강진단을 실시할 수 있다.
- 국가 및 지방자치단체는 관련 기관과 협의하여 성별 특성을 반영한 청소년의 건강·체력 기준을 설정하여 보급할 수 있다.
- 국가 및 지방자치단체는 체력검사 및 건강진단의 결과를 청소년 본인에게 알려주어야 한다.
- 국가 및 지방자치단체는 체력검사·건강진단의 실시와 그 결과 통보를 전문기관 또는 단체에 위탁할 수 있다.
- 체력검사·건강진단의 실시와 그 결과 통보에 필요한 사항은 여성가족부령으로 정한다.
- 국가 및 지방자치단체는 여성청소년의 건강한 성장을 위하여 여성청소년이 생리용품을 신청하는 경우 이를 지원한다.

청소년복지 지원법령상 생리용품 지원을 받을 수 있는 여성청소년

- 부모가 국민기초생활 보장법에 따른 차상위계층에 해당하는 사람
- 국민기초생활 보장법에 따른 교육급여 수급자
- 조모가 한부모가족지원법에 따른 지원대상자

> 청소년복지 지원법령상 생리용품 지원을 받을 수 있는 여성청소년이 아닌 사람

- 학교 밖 청소년 지원에 관한 법률에 따른 학교 밖 청소년

청소년복지 지원법상 자립지원

- 국가 및 지방자치단체는 가정 밖 청소년이 청소년복지시설 퇴소 이후 자립할 수 있도록 조치를 할 수 있다.
- 자립에 필요한 주거·생활·교육·취업 등의 지원을 할 수 있다.
- 자립에 필요한 자립정착금 및 자립수당 지급을 할 수 있다.
- 자립에 필요한 자산의 형성 및 관리 지원을 할 수 있다.
- 사후관리체계 구축 및 운영할 수 있다.
- 자립지원의 절차와 방법, 자립지원이 필요한 가정 밖 청소년의 범위 등 그 밖에 필요한 사항은 대통령령으로 정한다.

청소년복지 지원법상 위기청소년 특별지원

- 위기청소년의 지원에 반드시 필요하다고 인정되는 경우에는 금전의 형태로 제공할 수 있다.
- 지원 기간은 3년 이내로 하되, 필요한 경우 그 기간을 연장할 수 있다.
- 특별자치시장·특별자치도지사 또는 시장·군수·구청장이 위기청소년 특별지원 여부를 결정하였을 때에는 그 내용을 청소년 본인, 보호자 및 신청인에게 서면으로 통보하여야 한다.
- 특별지원은 (생활지원), (학업지원), (의료지원), (직업훈련지원), (청소년활동지원) 등 대통령령으로 정하는 내용에 따라 물품 또는 서비스의 형태로 제공한다. 다만, 위기청소년의 지원에 반드시 필요하다고 인정되는 경우에는 금전의 형태로 제공할 수 있다.
- 국가 및 지방자치단체는 대통령령으로 정하는 바에 따라 위기청소년에게 필요한 사회적·경제적 지원을 할 수 있다.
- 여성가족부장관은 위기청소년 관련 정보의 효율적 처리, 정보 공유 및 기관 간 서비스 연계 등 통합지원체계를 효율적으로 운영하기 위하여 대통령령으로 정하는 바에 따라 위기청소년통합지원정보시스템을 구축·운영할 수 있다.
- 국가 및 지방자치단체는 모든 청소년이 필요한 사항에 관하여 전문가의 상담을 받을 수 있도록 하여야 한다.

- 국가 및 지방자치단체는 상담을 위하여 전화를 설치·운영하거나 정보통신망을 운영하여야 한다.
- 국가 및 지방자치단체는 위기청소년에게 효율적이고 적합한 지원을 하기 위하여 위기청소년의 가족 및 보호자에 대한 상담 및 교육을 실시할 수 있다.
- 국가 및 지방자치단체는 여성가족부령으로 정하는 일정 소득 이하의 가족 및 보호자가 상담 및 교육을 받은 경우에는 예산의 범위에서 여비 등 실비(實費)를 지급할 수 있다.

📝 청소년복지 지원법상 위기청소년 특별지원 대상

- 9세 이상 24세 이하 위기청소년이다.
- 비행·일탈 예방을 위하여 지원이 필요한 청소년이다.
- 보호자가 없거나 실질적으로 보호자의 보호를 받지 못하는 청소년이다.
- 일정 기간 이상 집이나 한정된 공간에서 외부와 단절된 상태로 생활하여 정상적인 생활이 현저히 곤란한 청소년(은둔형 청소년)이다.
- 선정기준은 청소년이 속한 가구의 소득이 중위소득 100% 이하이다.
- 생활지원은 일상적인 의·식·주 등 기초생활을 유지하는 데에 필요한 기초생계비와 숙식 제공 등을 지원, 기타 일상생활에 필요한 기초 생계비이며, 숙식제공도 가능하며, 지원금액은 월 65만원 이하이다.
- 건강지원은 진찰·검사, 약제·치료재료의 지급, 처치·수술, 예방·재활, 입원, 간호, 신체적·정신적으로 건강하게 성장하기 위하여 요구되는 건강검진 및 치료 등을 위한 비용의 지원 등 기타 조치사항이며 지원금액은 연 200만원 이하이다.
- 학업지원은 (초·중등교육법 제2조에 의한 학교 입학금) 및 수업료, 교과서대금, (초·중등교육법 제2조에 따른 고등학교입학자격 검정고시 및 고등학교 졸업학력 검정고시의 준비에 필요한 (교과목 관련)학원비)가 지원되며, 지원금액은 월 15만원(수업료, 학교운영비), 월 30만원 이하(검정고시, 교과목 관련 학원비)이다.
- 자립지원은 기술 및 기능 습득을 위한 비용, 진로상담 비용 및 직업체험 비용(취업준비를 위한 미용기술 학원비), 취업을 위한 지식·기술·기능 등 능력을 향상시키기 위하여 필요한 훈련비의 지원, 취업알선 및 사후지도 비용이 지원되며, 지원금액은 월 36만원 이하이다.
- 상담지원은 정신적·심리적 치료를 위한 청소년 본인 및 가족의 상담비, 심리검사비, 프로그램 참가비가 지원되며, 지원금액은 월 30만원 이하, 심리검사비(연 40만원) 별도이다.
- 법률 지원은 폭력이나 학대 등 위기상황에 있는 청소년에게 필요한 법률상담 및 소송비용의 지원, 소송비용, 법률상담비용이 지원되며, 지원금액은 연 350만원 이하이다.
- 활동 지원은 수련활동비, 문화활동비(문화체험비), 교류활동비 등이 지원되며, 지원금액은 월 30만원 이하이다.
- 기타 지원은 운영위원회가 예산의 범위 안에서 필요하다고 인정한 지원(청소년이 수치심을 느낄 수 있는 외모 및 흉터 등의 교정, 교복 지원, 체육복, 학용품비, 수업준비물 등)이 된다.

특별지원 대상 청소년 선정기준

- 보호지원 대상자 중 비행·일탈 예방을 위하여 지원이 필요한 청소년이 해당된다.
- 「학교 밖 청소년 지원에 관한 법률」에 따른 학교 밖 청소년이 해당된다.
- 보호자가 없거나 실질적으로 보호자의 보호를 받지 못하는 청소년이 해당된다.
- 사회적·경제적 요인 등으로 일정 기간 이상 집이나 한정된 공간에서 외부와 단절된 상태로 생활하여 정상적인 생활이 현저히 곤란한 청소년
- 해당 청소년이 속한 가구의 소득 산정방법과 기준금액에 대해서는 가구원의 소득활동 유형, 가구원 수 및 예산사정 등을 고려하여 여성가족부장관이 정하여 고시한다.
- 선정신청을 받은 경우에는 심의위원회의 심의를 거쳐 신청일부터 30일 이내에 그 선정 여부와 지원 내용 등을 결정해야 한다. 다만, 대상자 선정기준에 적합한지를 조사하기 위하여 필요한 경우에는 14일의 범위에서 그 기간을 연장할 수 있다.
- 특별자치시장·특별자치도지사 또는 시장·군수·구청장은 보호자의 유무 및 보호정도 등 보호자에 관한 사항, 청소년의 생계, 학업 및 건강상태 등 생활실태에 관한 사항, 청소년이 속한 가구의 소득 및 재산에 관한 사항, 「국민기초생활 보장법」 등 다른 법령에 따른 지원에 관한 사항을 조사하여야 한다.
- 특별자치시장·특별자치도지사 또는 시장·군수·구청장이 위기청소년에 대하여 특별지원 여부를 결정하였을 때에는 그 결정의 요지(특별지원을 하기로 결정한 경우에는 지원 내용·금액 및 기간을 포함한다)를 청소년 본인, 보호자 및 신청인에게 서면으로 통보하여야 한다.

청소년부모에 대한 가족지원서비스 및 복지지원

- 생활지원, 의료지원, 주거지원, 청소년활동지원 등 대통령령으로 정한다.
- 청소년부모와 그 자녀의 의식주 등 기초생활을 유지하는 데에 필요한 지원이다.
- 청소년부모와 그 자녀의 건강관리를 위한 의료기관 연계 및 상담서비스 지원이다.
- 청소년부모에게 필요한 법률상담, 소송대리 등 법률구조서비스 연계 지원이다.
- 중위소득의 일정 비율 이하인 사람 중에서 재산정도 및 취업상태 등을 고려하여 선정한다. 이 경우 해당 비율은 여성가족부장관이 정하여 고시한다.
- 복지지원 기간은 1년으로 하며, 필요한 경우 여성가족부장관이 정하여 고시하는 바에 따라 연장할 수 있다. 다만, 지원 대상자가 지원 기간 중에 24세에 도달하는 경우 지원 기간은 해당 연도의 마지막 날까지로 한다.

📝 청소년복지 지원법령상 지역사회 청소년통합지원체계에 반드시 포함되어야 하는 필수연계기관

- 청소년상담복지센터
- 청소년단체
- 청소년쉼터
- 지방자치단체
- 학교
- 경찰관서
- 공공보건의료기관, 국공립의료기관(병원)
- 보건소
- 청소년 비행예방센터
- 지방고용노동청
- 청소년지원시설(학교밖청소년지원센터 등)
- 교육청
- 보호관찰소

📝 청소년복지 지원법상 청소년복지시설

- 국가 또는 지방자치단체는 「청소년복지 지원법」에 따라 청소년복지시설을 설치·운영하여야 한다.
- 청소년복지시설의 설치·운영에 필요한 사항은 대통령령으로 정하고, 신고의 방법·절차에 관하여 필요한 사항은 여성가족부령으로 정한다.
- 학습·정서·행동상의 장애를 가진 청소년을 대상으로 한다.
- 정상적인 성장과 생활을 할 수 있도록 지원한다.
- 청소년에게 적합한 치료, 교육 및 재활을 종합적으로 지원하는 거주형 시설 등이 있다.

📝 청소년복지시설의 종류

≫ 청소년쉼터

- 가정 밖 청소년에 대하여 가정·학교·사회로 복귀하여 생활할 수 있도록 일정 기간 보호하면서
  상담·주거·학업·자립 등을 지원하는 시설이다.

≫ 청소년자립지원관

- 일정 기간 청소년쉼터 또는 청소년회복지원시설의 지원을 받았는데도 가정·학교·사회로 복귀하여 생활할 수
  없는 청소년에게 자립하여 생활할 수 있는 능력과 여건을 갖추도록 지원하는 시설이다.

≫ 청소년치료재활센터

- 학습·정서·행동상의 장애를 가진 청소년을 대상으로 정상적인 성장과 생활을 할 수 있도록 해당 청소년에게
  적합한 치료·교육 및 재활을 종합적으로 지원하는 거주형 시설이다.

≫ 청소년회복지원시설

- 「소년법」에 따른 감호 위탁 처분을 받은 청소년에 대하여 보호자를 대신하여 그 청소년을 보호할 수 있는 자가
  상담·주거·학업·자립 등 서비스를 제공하는 시설이다.

📝 청소년복지 지원법상 청소년복지지원기관

≫ 한국청소년상담복지개발원

- 한국청소년상담복지개발원(이하 "청소년상담원"이라 한다)은 사업의 목표, 사업의 수행 방침, 주요 사업의 내용
  등 사업의 개요, 사업 수행에 필요한 예산 및 재원(財源)의 구성, 정부의 보조를 받으려는 경우에는 그 액수 및
  사용계획, 사업 수행의 기대효과를 여성가족부장관에게 사업계획서 목록으로 제출하여야 한다.

📝 청소년상담복지센터 주요업무

- 청소년과 부모에 대한 상담·복지지원
- 상담·복지 프로그램의 개발 및 운영
- 상담 자원봉사자와 「청소년기본법」 제3조 제7호에 따른 청소년지도자에 대한 교육 및 연수
- 청소년 상담 또는 긴급구조를 위한 전화 운영
- 청소년 폭력·학대 등으로 피해를 입은 청소년의 긴급구조, 법률 및 의료 지원, 일시 보호 지원
- 청소년의 자립능력 향상을 위한 자활(自活) 및 재활(再活) 지원
- 시·도 청소년상담복지센터에는 장 1명을 두고, 관리업무, 청소년 대상 실무업무, 일반 행정업무를 수행하는 직원을 두며, 일시보호시설이 설치된 경우에는 생활지도를 하는 직원을 둔다.
- 시·군·구 청소년상담복지센터에는 장 1명을 두고, 관리업무, 청소년 대상 실무업무를 수행하는 직원을 둔다.

📝 이주배경청소년지원센터 ∈ 청소년복지 지원법

- 다문화가족의 청소년 지원을 위한 이주배경청소년지원센터 설치·운영을 규정하고 있는 법이다.
- 청소년복지 지원법상 다문화가족의 청소년을 지원할 목적으로 설치·운영할 수 있는 기관이다.
- 이주배경청소년 복지에 관한 종합적으로 안내한다.
- 이주배경청소년과 그 부모에 대한 상담 및 교육한다.
- 이주배경청소년의 지원을 위한 인력의 양성 및 연수한다.
- 이주배경청소년에 대한 국민의 올바른 이해를 돕기 위한 사업이다.
- 이주배경청소년의 실태에 관한 조사·연구한다.
- 이주배경청소년의 사회 적응을 위한 프로그램 개발 및 보급한다.

📝 한국청소년상담복지개발원 ∈ 청소년복지지원법

- 청소년상담기관을 총괄하는 여성가족부 유관 기관으로서, 청소년복지지원법에 근거하여, 청소년 복지 정책을 수립하기 위해 설립된 특수법인이자 위탁집행형 준정부기관이다.

📝 한국청소년상담복지개발원 주요 업무

- 청소년 상담 및 복지와 관련된 정책의 연구
- 청소년 상담·복지 사업의 개발 및 운영·지원
- 청소년 상담기법의 개발 및 상담자료의 제작·보급
- 청소년 상담·복지 인력의 양성 및 교육
- 청소년 상담·복지 관련 기관 간의 연계 및 지원
- 지방자치단체 청소년복지지원기관의 청소년 상담·복지 관련 사항에 대한 지도 및 지원
- 청소년 가족에 대한 상담·교육
- 청소년에 관한 상담·복지 정보체계의 구축·운영
- 그 밖에 청소년상담원의 목적을 수행하기 위하여 필요한 부수사업

📝 청소년증

- 9세 이상 18세 이하의 청소년에게 발급한다.
- 다른 사람에게 양도하거나 빌려주어서는 아니 된다.
- 여성가족부가 청소년증의 발급에 필요한 사항을 정한다.
- 특별자치시장·특별자치도지사 또는 시장·군수·구청장이 발급할 수 있다.
- 청소년증 발급의 근거 법령은 청소년복지 지원법이다.
- 특별자치시장·특별자치도지사 또는 시장·군수·구청장(자치구의 구청장을 말한다.)은 9세 이상 18세 이하의 청소년에게 청소년증을 발급할 수 있다.
- 지방자치단체가 운영하는 문화시설 등의 시설 이용료 할인에 사용할 수 있다.
- 누구든지 청소년증 외에 청소년증과 동일한 명칭 또는 표시의 증표를 제작·사용하여서는 아니 된다.
- 청소년증의 발급에 필요한 사항은 여성가족부령으로 정한다.

🔍 청소년증 틀린 문장

- 청소년증은 9세 이상 24세 이하의 청소년에게 발급할 수 있다. → 9세 이상 18세 이하의 청소년에게 청소년증을 발급할 수 있다.
- 누구든지 청소년증 외에 청소년증과 동일한 명칭의 증표를 사용할 수 있다. → 누구든지 청소년증 외에 청소년증과 동일한 명칭 또는 표시의 증표를 제작·사용하여서는 아니 된다.
- 재발급 신청은 청소년의 주소지 이외의 읍·면·동 주민센터에서는 불가능하다. → 청소년증 재발급은 만 9세 이상 18세 이하 청소년이 분실·훼손 시 주소지 관계없이 가까운 주민센터에서 신청 가능하다.

- 교육·상담 등 가족 관계 증진 서비스이다.
- 아동의 양육 및 교육서비스이다.
- 지역보건법에 따른 방문건강관리사업 서비스이다.
- 청소년부모에게 필요한 법률상담, 소송대리 등 법률구조서비스 연계 지원이다.
- 청소년부모에 필요한 서비스 연계 등을 통한 통합지원관리 서비스이다.
- 자녀양육 지도, 정서지원 등의 생활도움 서비스이다.
- 복지지원 기간은 1년으로 하며, 필요한 경우 여성가족부장관이 정하여 고시하는 바에 따라 연장할 수 있다. 다만, 지원 대상자가 지원 기간 중에 24세에 도달하는 경우 지원 기간은 해당 연도의 마지막 날까지로 한다.

청소년부모에 대한 교육지원

- 교육비 지원 및 검정고시 지원 대상자는 가구소득이 「국민기초생활 보장법」에 따른 기준 중위소득의 일정 비율 이하인 사람 중에서 재산정도 및 취업상태 등을 고려하여 선정한다.

청소년복지심의위원회

- 위기청소년의 가족 및 보호자에 대한 여비 등 실비를 지급한다.
- 예방적·회복적 보호를 지원한다.
- 통합지원체계 운영 실태점검 및 활성화 방안을 조사한다.
- 위기청소년의 발견 및 보호와 관련된 정책, 조례·규칙의 제정·개정의 제안을 한다.

청소년복지 지원법령상 청소년부모에 대한 가족지원서비스 및 복지지원 틀린 문장

- 청소년활동 진흥법에 따른 청소년출입제한지역알림서비스

📝 그 외 다른 보기들

≫ 청소년특화시설 ∈ 청소년수련시설유형

- 청소년 특화시설이란 청소년 직업체험, 문화예술, 과학정보, 환경 등 특정 목적의 청소년 활동을 전문적으로 실시할 수 있는 시설과 설비를 갖춘 수련시설을 일컫는 단어이다.

≫ 지역아동센터 ∈ 보건복지부 아동복지시설

- 보건복지부가 지원하는 아동복지시설이다. 사회적 돌봄이 필요한 아동 청소년에게 지역사회 안에서 사회복지통합서비스를, 방과 후 돌봄이 필요한 아동청소년에게 다양한 프로그램을 통해 정서적인 안정 및 건강한 신체 발달과 인지 발달, 사회성 발달의 기회를 제공한다.

≫ 청소년꿈키움센터 = 비행예방센터

- 학교 부적응학생 등 위기청소년과 기소유예 대상자 등 비행초기단계에 있는 청소년의 비행예방교육을 맡고 있다. 내방 학생과 보호자에게 비행이라는 용어로 인한 거부감을 줄이기 위해서 청소년비행예방센터의 대외적인 명칭은 청소년꿈키움센터로 사용하고 있다.

≫ 청소년보호·재활센터 ∈ 청소년 보호법

- 학습·정서·행동상의 장애를 가진 청소년에 대한 보호·상담 및 치료·재활 지원한다.
- 약물 또는 인터넷 중독 청소년에 대한 보호·상담 및 치료·재활 지원한다.
- 청소년유해환경으로 인한 피해 청소년 실태 파악 및 지원을 위한 조사·연구, 치료 프로그램 개발 및 자료 구축·관리한다.
- 그 밖에 청소년유해환경으로 인한 피해 예방, 상담 및 치료·재활을 위해 필요하다고 여성가족부장관이 인정하는 사항이다.

≫ 지방청소년활동진흥센터 ∈ 청소년활동진흥법

- 지역의 청소년활동을 진흥시켜 청소년의 잠재역량 계발과 인격형성을 도모하고 수련 · 참여 · 교류 · 권리증진 활동 등 청소년정책을 종합적으로 지원 하고자 한다.

 **청소년우대정책**

- 청소년우대정책은 청소년의 건강한 성장과 복지 증진을 위해 다양한 혜택을 제공하는 제도이다.
- 만 9~18세 청소년에게 청소년증을 무료로 발급하며, 신분 확인 및 할인·우대 혜택을 제공한다.
- 교통시설(버스·지하철), 문화시설(박물관·공연장), 여가시설(체육관·공원) 등에서 이용료 면제 또는 할인 혜택이 있다.

➤ 청소년복지바우처

- 정부가 청소년의 건강, 교육, 여가활동 등을 지원하기 위해 제공하는 복지 서비스이다. 주로 저소득층 가정의 청소년을 대상으로 하며, 다양한 사용처에서 활용할 수 있다.
- 만 9세~18세 청소년이 대상이며, 소득 기준은 가구 소득이 중위소득 50% 이하여야 한다.
- 한부모 가정 또는 조손 가정, 장애가 있는 청소년도 해당된다.
- 교육 지원에는 학원비, 교재비 등 교육 관련 비용, 문화·여가 활동에는 영화관, 공연장, 스포츠 센터 등 이용 가능하며,
- 건강 지원에는 심리 상담, 건강 관리 프로그램 참여 지원이 가능하다.

➤ 청소년어울림마당 ∈ 청소년활동진흥법

- 지역내 청소년들의 문화예술, 스포츠 등을 소재로 공연, 경연, 페스티벌, 체험 등의 다양한 문화예술역량을 발휘할 수 있는 장으로 건전한 청소년 문화형성을 도모하고 지역사회와 교류 및 소통할 수 있는 청소년활동이다.

➤ 청소년유해환경감시단 ∈ 청소년보호법

- 청소년의 건전한 성장을 위해 유해환경을 감시·계도하는 민간단체로, 지자체에서 지정해 운영된다. 주요 활동은 청소년보호법 위반 행위 신고·고발, 유해환경 정화 캠페인, 청소년 보호·선도 활동 등이다.
- 청소년행복지원센터는 청소년복지 지원법상 청소년복지지원기관이나 청소년복지시설이 아니어도 사용할 수 있는 명칭이다.

06 | 청소년 보호법

- 유해매체물, 유해약물, 유해업소 등의 유해환경을 규제하여 청소년이 건전한 인격체로 성장하게 함이 목적인 법령이다.
- 시장·군수·구청장은 법령에 따라 청소년유해환경 개선활동을 수행하는 시민단체를 청소년유해환경감시단 운영기관으로 지정할 수 있다.
- '청소년'이란 19세 미만인 사람을 말한다. 다만, 19세가 되는 해의 1월 1일을 맞이한 사람은 제외한다.

 청소년 보호법

- 18세 미만 청소년 본인이나 법정대리인이 요청할 경우, 원하는 시간대로 인터넷게임 이용 시간을 조절할 수 있는 '게임시간 선택제'가 시행되고 있다.
- 인터넷게임 중독·과몰입 예방을 위한 교육·상담 및 프로그램 개발·운영한다.
- 인터넷게임 중독·과몰입 청소년과 그 가족의 치료·재활을 위한 프로그램의 개발·운영한다.
- 인터넷게임 중독·과몰입 청소년과 그 가족의 치료·재활을 위하여 협력하는 병원을 지정한다.
- 청소년상담사 등에 대한 인터넷게임 중독·과몰입 전문상담을 교육한다.

> **청소년 보호법령상 인터넷게임 중독·과몰입 등의 예방 및 피해 청소년 지원에 해당하는 틀린 문장**
>
> · 청소년과 그 가족의 인터넷게임 중독·과몰입 여부 진단한다. → 청소년이 대상이다.

청소년유해매체물

- 영화 및 비디오물, 게임물, 음반, 음악파일, 음악영상물 및 음악영상파일, 공연, 음향 또는 영상정보, 방송프로그램, 일반일간신문, 인터넷신문, 인터넷뉴스서비스, 정보간행물, 전자간행물, 전자출판물 및 외국간행물, 상업적 광고선전물 등이 청소년에게 유해한 것으로 심의, 결정하거나 확인한다.

📝 청소년유해매체물 심의기준

- 청소년에게 성적인 욕구를 자극하는 선정적인 것이거나 음란한 것
- 청소년에게 포악성이나 범죄의 충동을 일으킬 수 있는 것
- 성폭력을 포함한 각종 형태의 폭력 행위와 약물의 남용을 자극하거나 미화하는 것
- 도박과 사행심을 조장하는 등 청소년의 건전한 생활을 현저히 해칠 우려가 있는 것
- 청소년의 건전한 인격과 시민의식의 형성을 저해(沮害)하는 반사회적·비윤리적인 것
- 그 밖에 청소년의 정신적·신체적 건강에 명백히 해를 끼칠 우려가 있는 것

📝 청소년유해약물

- 주류, 담배, 마약류, 환각물질 등 중추신경에 작용하여 습관성, 중독성, 내성 등을 유발하여 인체에 유해하게 작용할 수 있는 약물 등 청소년의 사용을 제한하지 아니하면 청소년의 심신을 심각하게 손상시킬 우려가 있는 약물로서 대통령령으로 정하는 기준에 따라 청소년보호위원회가 결정, 인정한다.

📝 청소년 보호법상 청소년 유해약물 분류

- 「주세법」에 따른 주류
- 「담배사업법」에 따른 담배
- 「마약류 관리에 관한 법률」에 따른 마약류
- 「화학물질관리법」에 따른 환각물질

> 🔍 청소년 보호법상 청소년 유해약물분류 틀린 문장
>
> - 「약물남용법」에 따른 유해물질

📝 청소년유해물건

- 음란한 행위를 조장하는 성기구, 음란성·포악성·잔인성·사행성 등을 조장하는 완구류 등, 청소년유해약물 이용습관을 심각하게 조장할 우려가 있는 물건, 청소년의 심신을 심각하게 손상시킬 우려가 있는 성 관련 물건 등을 청소년보호위원회가 결정, 고시한다.

📝 청소년유해업소

- 일반게임제공업 및 복합유통게임제공업, 사행행위영업, 식품접객업,
  비디오물감상실업·제한관람가비디오물소극장, 노래연습장업, 무도학원업 및 무도장업, 불특정한 사람들
  사이의 음성대화 또는 화상대화를 매개하는 것을 주된 목적으로 하는 영업, 불특정한 사람 사이의 신체적인
  접촉 또는 은밀한 부분의 노출 등 성적 행위가 이루어지거나 이와 유사한 행위가 이루어질 우려가 있는
  서비스를 제공하는 영업, 청소년유해매체물 및 청소년유해약물 등을 제작·생산·유통하는 영업 등 청소년의
  출입과 고용이 청소년에게 유해하다고 인정되는 영업, 한국마사회 장외발매소, 경륜·경정 장외매장 등을
  청소년보호위원회가 결정, 고시한다.

📝 청소년고용금지업소

- 청소년게임제공업 및 인터넷컴퓨터게임시설제공업, 숙박업, 목욕장업, 식품접객업, 비디오물소극장업,
  유해화학물질 영업, 회비 등을 받거나 유료로 만화를 빌려 주는 만화대여업 등 청소년에게 유해하다고 인정되는
  영업으로서 대통령령으로 정하는 기준에 따라 청소년보호위원회가 결정, 고시한다.

📝 청소년폭력·학대

- 폭력이나 학대를 통하여 청소년에게 신체적·정신적 피해를 발생하게 하는 행위를 말한다.

📝 청소년유해환경

- 청소년유해매체물, 청소년유해약물, 청소년유해업소 및 청소년폭력·학대를 말한다.

 **청소년 보호법상 청소년 출입·고용금지업소에 해당**

- 「게임산업진흥에 관한 법률」에 따른 일반게임제공업
- 「사행행위 등 규제 및 처벌 특례법」에 따른 사행행위영업
- 「체육시설의 설치·이용에 관한 법률」에 따른 무도학원업
- 「한국마사회법」에 따른 장외발매소
- 「식품위생법」에 따른 식품접객업 중 대통령령으로 정하는 것
- 「영화 및 비디오물의 진흥에 관한 법률」에 따른 비디오물감상실업·제한관람가비디오물소극장업 및 복합영상물제공업
- 「음악산업진흥에 관한 법률」에 따른 노래연습장업 중 대통령령으로 정하는 것
- 전기통신설비를 갖추고 불특정한 사람들 사이의 음성대화 또는 화상대화를 매개하는 것을 주된 목적으로 하는 영업
- 불특정한 사람 사이의 신체적인 접촉 또는 은밀한 부분의 노출 등 성적 행위가 이루어지거나 이와 유사한 행위가 이루어질 우려가 있는 서비스를 제공하는 영업
- 청소년유해매체물 및 청소년유해약물 등을 제작·생산·유통하는 영업 등 청소년의 출입과 고용이 청소년에게 유해하다고 인정되는 영업
- 「경륜·경정법」 제9조제2항에 따른 장외매장

- 「게임산업진흥에 관한 법률」에 따른 인터넷컴퓨터게임시설제공업 → X

 **청소년고용금지업소**

- 「게임산업진흥에 관한 법률」에 따른 청소년게임제공업 및 인터넷컴퓨터게임시설제공업
- 「공중위생관리법」에 따른 숙박업, 목욕장업, 이용업 중 대통령령으로 정하는 것
- 「식품위생법」에 따른 식품접객업 중 대통령령으로 정하는 것
- 「영화 및 비디오물의 진흥에 관한 법률」에 따른 비디오물소극장업
- 「화학물질관리법」에 따른 유해화학물질 영업. 다만, 유해화학물질 사용과 직접 관련이 없는 영업으로서 대통령령으로 정하는 영업은 제외
- 회비 등을 받거나 유료로 만화를 빌려 주는 만화대여업

 그 외 청소년보호법

》 인터넷게임 이용자의 친권자의 동의

- 「게임산업진흥에 관한 법률」에 따른 정보통신망을 통하여 실시간으로 제공되는 게임물(이하 "인터넷게임"이라 한다)의 제공자는 회원으로 가입하려는 사람이 16세 미만의 청소년일 경우에는 친권자등의 동의를 받아야 한다.

》 인터넷게임 제공자의 고지 의무

- 인터넷게임의 제공자는 16세 미만의 청소년 회원가입자의 친권자등에게 제공되는 게임의 특성·등급(「게임산업진흥에 관한 법률」 제21조에 따른 게임물의 등급을 말한다)·유료화정책 등에 관한 기본적인 사항, 인터넷게임 이용 등에 따른 결제정보 등의 사항을 알려야 한다.

》 인터넷게임 중독·과몰입 등의 예방 및 피해 청소년 지원

- 여성가족부장관은 인터넷게임 중독·과몰입(인터넷게임의 지나친 이용으로 인하여 인터넷게임 이용자가 일상생활에서 쉽게 회복할 수 없는 신체적·정신적·사회적 기능 손상을 입은 것을 말한다) 등 매체물의 오용·남용을 예방하고 신체적·정신적·사회적 피해를 입은 청소년과 그 가족에 대하여 상담·교육 및 치료와 재활 등의 서비스를 지원할 수 있다.

》 인터넷게임 중독·과몰입 등의 예방 및 피해 청소년 지원 사업

- 청소년의 인터넷게임 중독·과몰입 여부 진단
- 청소년의 인터넷게임 중독·과몰입 예방을 위한 교육·상담 및 프로그램 개발·운영
- 인터넷게임 중독·과몰입 청소년과 그 가족의 치료·재활을 위한 프로그램의 개발·운영
- 인터넷게임 중독·과몰입 청소년과 그 가족의 치료·재활을 위하여 협력하는 병원의 지정
- 「청소년기본법」 제22조에 따른 청소년상담사 등에 대한 인터넷게임 중독·과몰입 전문상담 교육
- 여성가족부장관은 제1항 각 호의 사업을 수행하기 위하여 관련 기관 및 단체의 장에게 자료의 제출 등 협조를 요청할 수 있다.
- 여성가족부장관은 제1항 각 호의 사업을 「청소년기본법」 제3조제8호에 따른 청소년단체 중 청소년 보호를 주된 사업으로 하는 단체에 위탁할 수 있다.

≫ 광고선전 제한

- 청소년유해매체물로서 매체물 중 「옥외광고물 등의 관리와 옥외광고산업 진흥에 관한 법률」에 따른
  옥외광고물을 청소년 출입·고용금지업소 외의 업소, 일반인들이 통행하는 장소 등 공공연하게 설치·부착 또는
  배포하여서는 아니 되며, 상업적 광고선전물을 청소년의 접근을 제한하는 기능이 없는 컴퓨터 통신을 통하여
  설치·부착 또는 배포하여서도 아니 된다.

≫ 정보통신망을 통한 청소년유해매체물 제공자 등의 공표

- 여성가족부장관은 「정보통신망 이용촉진 및 정보보호 등에 관한 법률」에 따른 정보통신망을 이용하여
  청소년유해매체물을 제작·발행하거나 유통하는 자가 청소년유해매체물임을 표시하지 아니하고
  청소년유해매체물을 청소년에게 제공한 경우, 청소년유해매체물의 광고를 청소년에게 전송하거나 청소년
  접근을 제한하는 조치 없이 공개적으로 전시한 경우 청소년유해매체물의 제작자·발행자나 유통행위자 등의
  업체명·대표자명·위반행위의 내용 등을 공표할 수 있다.

≫ 청소년유해약물 등의 판매·대여 금지

- 누구든지 청소년을 대상으로 청소년유해약물 등을 판매·대여·배포(자동기계장치·무인판매장치·통신장치를
  통하여 판매·대여·배포하는 경우를 포함한다)하거나 무상으로 제공하여서는 아니 된다. 다만, 교육·실험 또는
  치료를 위한 경우로서 대통령령으로 정하는 경우는 예외로 한다. 누구든지 청소년의 의뢰를 받아
  청소년유해약물 등을 구입하여 청소년에게 제공하여서는 아니 된다. 누구든지 청소년에게 권유·유인·강요하여
  청소년유해약물 등을 구매하게 하여서는 아니 된다. 청소년유해약물 등을 판매·대여·배포하고자 하는 자는 그
  상대방의 나이 및 본인 여부를 확인하여야 한다. 주류나 담배를 판매·대여·배포하는 경우 그 업소에 청소년을
  대상으로 주류등의 판매·대여·배포를 금지하는 내용을 표시하여야 한다.

≫ 청소년유해행위 금지

- 누구든지 청소년에게 영리를 목적으로 청소년으로 하여금 신체적인 접촉 또는 은밀한 부분의 노출 등 성적
  접대행위를 하게 하거나 이러한 행위를 알선·매개하는 행위, 영리를 목적으로 청소년으로 하여금 손님과 함께
  술을 마시거나 노래 또는 춤 등으로 손님의 유흥을 돋우는 접객행위를 하게 하거나 이러한 행위를 알선·매개하는
  행위, 영리나 흥행을 목적으로 청소년에게 음란한 행위를 하게 하는 행위, 영리나 흥행을 목적으로 청소년의
  장애나 기형 등의 모습을 일반인들에게 관람시키는 행위, 청소년에게 구걸을 시키거나 청소년을 이용하여
  구걸하는 행위, 청소년을 학대하는 행위, 영리를 목적으로 청소년으로 하여금 거리에서 손님을 유인하는 행위를
  하게 하는 행위, 청소년을 남녀 혼숙하게 하는 등 풍기를 문란하게 하는 영업행위를 하거나 이를 목적으로 장소를
  제공하는 행위, 주로 차 종류를 조리·판매하는 업소에서 청소년으로 하여금 영업장을 벗어나 차 종류를 배달하는
  행위를 하게 하거나 이를 조장하거나 묵인하는 행위를 하여서는 아니 된다.

≫ 청소년보호종합대책 수립

- 여성가족부장관은 3년마다 관계 중앙행정기관의 장 및 지방자치단체의 장과 협의하여 청소년유해환경으로부터 청소년을 보호하기 위한 종합대책을 수립·시행하여야 한다.

≫ 환각물질 중독치료

- 여성가족부장관은 환각물질 흡입 청소년의 중독 여부 판별 검사, 환각물질 중독으로 판명된 청소년에 대한 치료와 재활 등을 중독정신의학 또는 청소년정신의학 전문의 등의 인력과 관련 장비를 갖춘 시설 또는 기관을 청소년 환각물질 중독 전문 치료기관(이하 "청소년 전문 치료기관"이라 한다)으로 지정·운영할 수 있다. 이 경우 판별 검사, 치료와 재활에 필요한 비용의 전부 또는 일부를 지원할 수 있다.
- 여성가족부장관은 환각물질 흡입 청소년에 대하여 본인, 친권자 등 대통령령으로 정하는 사람의 신청, 「소년법」에 따른 법원의 보호처분결정 또는 검사의 조건부기소유예처분 등이 있는 경우 청소년 전문 치료기관에서 중독 여부를 판별하기 위한 검사를 받도록 지원할 수 있다. 이 경우 검사 기간은 1개월 이내로 한다.
- 여성가족부장관은 환각물질 중독자로 판명된 청소년에 대하여 본인, 친권자 등 대통령령으로 정하는 사람의 신청, 「소년법」에 따른 법원의 보호처분결정 또는 검사의 조건부기소유예처분 등이 있는 경우 청소년 전문 치료기관에서 치료와 재활을 받도록 지원할 수 있다. 이 경우 치료 및 재활 기간은 6개월 이내로 하되, 3개월의 범위에서 연장할 수 있다.
- 청소년 전문 치료기관의 장과 그 종사자 또는 그 직에 있었던 사람은 직무상 알게 된 비밀을 누설하여서는 아니 된다.

≫ 청소년보호·재활센터 설치·운영

- 여성가족부장관은 청소년유해환경으로부터 청소년을 보호하고 피해 청소년의 치료와 재활을 지원하기 위하여 청소년 보호·재활센터를 설치·운영할 수 있다. 법인 또는 단체에 위탁할 수 있다. 이 경우 청소년 보호·재활센터의 설치·운영에 필요한 경비의 전부 또는 일부를 지원할 수 있다.

≫ 청소년보호위원회

- 위원회는 위원장 1명을 포함한 11명 이내의 위원으로 구성하되, 고위공무원단에 속하는 공무원 중 여성가족부장관이 지명하는 청소년 업무 담당 공무원 1명을 당연직 위원으로 한다.
- 판사, 검사 또는 변호사로 5년 이상 재직한 사람
- 대학이나 공인된 연구기관에서 부교수 이상 또는 이에 상당하는 직에 있거나 있었던 사람으로서 청소년 관련 분야를 전공한 사람
- 3급 또는 3급 상당 이상의 공무원이나 고위공무원단에 속하는 공무원 또는 공공기관에서 이에 상당하는 직에 있거나 있었던 사람으로서 청소년 관련 업무에 실무 경험이 있는 사람
- 청소년 시설·단체 및 각급 교육기관 등에서 청소년 관련 업무를 10년 이상 담당한 사람

>> 나이, 본인 여부 확인방법

- 대면(對面)을 통한 신분증 확인이나 팩스 또는 우편으로 수신한 신분증 사본 확인
- 신용카드를 통한 인증
- 휴대전화를 통한 인증. 이 경우 휴대전화를 통한 문자전송, 음성 자동응답 등의 방법을 추가하여 나이 및 본인 여부를 확인하여야 한다.
- 정보통신망(「정보통신망 이용촉진 및 정보보호 등에 관한 법률」 제2조제1항제1호에 따른 정보통신망을 말한다)을 통하여 전자적 형태의 청소년유해매체물을 판매 등에 제공하는 인터넷 사이트 등에 회원으로 가입한 상대방에 대하여 그 상대방의 나이 및 본인 여부를 확인한 경우에는 그 확인 후 1년까지는 해당 인터넷 사이트 등에 가입된 회원임을 확인하는 방법으로 제1항에 따른 확인을 갈음할 수 있다.

>> 친권자 등을 동반한 청소년 출입 허용 등

- 「주민등록법」에 따른 주민등록증(모바일 주민등록증을 포함한다)
- 「도로교통법」에 따른 자동차 운전면허증
- 「여권법」에 따른 여권
- 「출입국관리법」에 따른 외국인등록증
- 「장애인복지법」에 따른 장애인등록증
- 청소년이 청소년에 대하여 친권을 행사하는 사람 또는 친권자를 대신하여 청소년을 보호하는 사람(이하 "친권자등"이라 한다)을 동반한 경우에는 청소년 출입·고용금지업소의 업주 및 종사자는 청소년과 친권자등과의 관계를 확인하여야 한다.

>> 청소년 시청 보호시간대

- 청소년유해매체물을 방송해서는 아니 되는 방송시간은 평일은 오전 7시부터 오전 9시까지와 오후 1시부터 오후 10시까지로 하고, 토요일과 공휴일 및 여성가족부장관이 정하여 고시하는 「초·중등교육법」 제2조에 따른 초등학교·중학교·고등학교의 방학기간에는 오전 7시부터 오후 10시까지로 한다. 다만, 「방송법」에 따른 방송 중 시청자와의 계약에 의하여 채널별로 대가를 받고 제공하는 방송의 경우에는 오후 6시부터 오후 10시까지로 한다.

>> 청소년보호종합대책

- 청소년유해매체물·청소년유해약물 등의 규제, 청소년유해업소로부터 청소년의 보호 등 청소년유해환경의 개선에 관한 사항
- 인터넷의 건전성 확보 및 인터넷 중독 예방·치료와 재활에 관한 사항
- 청소년폭력·학대 등 청소년을 대상으로 한 유해행위 예방에 관한 사항

- 청소년유해환경에 대한 점검·단속에 관한 사항
- 여성가족부장관은 종합대책을 효과적으로 추진하고 관계 기관 간의 협력을 도모하기 위하여 매년 1회 이상 점검회의를 소집한다.

>> 청소년전문치료기관 지정

- 중독정신의학 전문의 또는 청소년정신의학 전문의, 심리검사에 필요한 인력, 혈청분석기 및 뇌파검사기를 갖춰야 한다.
- 지정 기관의 유효기간은 3년으로 한다.

>> 환각물질 중독 판별 검사

- 본인, 친권자, 직계존속, 미성년후견인은 환각물질 중독 여부 판별 검사를 신청하려는 경우에는 여성가족부령으로 정하는 판별 검사 신청서를 여성가족부장관에게 제출하여야 한다.
- 「소년법」에 따른 법원의 보호처분결정 또는 검사의 조건부기소유예처분 등을 받은 청소년에 대하여 필요하다고 인정되는 경우에는 여성가족부장관에게 환각물질 중독 여부 판별 검사를 의뢰할 수 있다.
  여성가족부장관은 신청을 받거나 의뢰를 받은 경우에는 판별 검사 실시 여부를 결정하고, 그 결과를 신청인 또는 의뢰인에게 알려야 한다.
- 청소년 전문 치료기관의 장은 해당 청소년에 대한 환각물질 중독 여부 판별 검사를 실시하여야 하며, 그 결과를 판별 검사 완료일부터 7일 이내에 여성가족부장관에게 보고하고 신청인 또는 의뢰인에게 알려야 한다.
- 치료 및 재활을 실시하기로 결정한 경우에는 청소년 전문 치료기관의 장에게 해당 청소년에 대한 치료 및 재활을 실시하여 줄 것을 요청하여야 한다.
- 청소년 전문 치료기관의 장은 제5항의 요청에 따라 환각물질 중독 청소년에 대하여 치료 및 재활을 실시한 경우에는 그 결과를 치료 및 재활 기간이 끝나기 10일 전까지 여성가족부장관에게 보고하고 신청인 또는 의뢰인에게 알려야 한다.
- 청소년 전문 치료기관의 장은 치료 및 재활 기간이 끝나기 전에 해당 청소년이 완치되었다고 인정하는 경우에는 그 결과를 치료 및 재활이 종료된 날부터 10일 이내에 여성가족부장관에게 보고하고 신청인 또는 의뢰인에게 알려야 한다.
- 청소년 전문 치료기관의 장은 치료 및 재활 기간을 연장할 필요가 있는 경우에는 그 기간이 끝나기 10일 전까지 여성가족부령으로 정하는 치료 및 재활 기간 연장 요청서를 여성가족부장관에게 제출하여야 한다.
  여성가족부장관은 제8항에 따른 요청서를 제출받은 경우에는 치료 및 재활 기간 연장 여부를 결정하고, 그 결과를 청소년 전문 치료기관의 장과 신청인 또는 의뢰인에게 알려야 한다.

>> 청소년 보호·재활센터 사업

- 학습·정서·행동상의 장애를 가진 청소년에 대한 보호·상담 및 치료·재활 지원
- 약물 또는 인터넷 중독 청소년에 대한 보호·상담 및 치료·재활 지원
- 청소년유해환경으로 인한 피해 청소년 실태 파악 및 지원을 위한 조사·연구, 치료 프로그램 개발 및 자료
  구축·관리

>> 선도·보호조치 대상 청소년의 통보 등

- 여성가족부장관, 시장·군수·구청장 및 관할 경찰서장이 법 위반사실을 친권자등에게 통보하여야 하는 청소년은
  다음과 같다.
  - 1 청소년유해업소의 업주 또는 종사자 등 법 준수 의무자를 강박(强迫)하는 방법으로 위반행위의 원인을 제공한
    청소년
  - 2 신분증 위조·변조 등의 방법으로 나이를 속이는 등 적극적인 방법으로 위반행위의 원인을 제공한 청소년
- 여성가족부장관, 시장·군수·구청장 및 관할 경찰서장은 선도·보호조치가 필요하다고 인정되는 청소년을
  결정하는 경우 청소년지도자, 청소년상담가, 의사, 변호사 등 청소년 관련 전문가의 의견을 들을 수 있다.
- 여성가족부장관, 시장·군수·구청장 및 관할 경찰서장이 위반행위의 원인을 제공한 청소년 또는 선도·보호조치
  대상 청소년을 친권자등이나 소속 학교의 장(학생인 경우만 해당한다)에게 통보하는 경우에는 다음 각 호의
  사항을 포함하여야 한다.
  - 1 통보대상 청소년의 성명·주소와 전화번호
  - 2 통보대상 청소년이 법 위반행위의 원인을 제공한 사실을 증명할 수 있는 사항
  - 3 선도·보호조치 대상 청소년의 경우에는 선도·보호조치가 필요하다고 인정된 사실
- 통보를 받은 친권자등 또는 소속 학교의 장은 통보대상 청소년의 인권을 침해할 수 있는 조치를 하여서는 아니
  된다.
- 통보대상 청소년을 통보한 여성가족부장관, 시장·군수·구청장 및 관할 경찰서장, 통보를 받은 친권자등 또는
  소속 학교의 장은 통보대상 청소년의 인적 사항이 외부에 공개되지 아니하도록 하여야 한다.

학교 밖 청소년 지원에 관한 법률

 ## 학교 밖 청소년

- 초등학교, 중학교 또는 이와 동일한 과정을 교육하는 학교에 입학한 후 3개월 이상 결석하거나 취학의무를 유예한 청소년
- 고등학교 또는 이와 동일한 과정을 교육하는 학교에서 제적, 퇴학처분을 받거나 자퇴한 청소년
- 고등학교 또는 이와 동일한 과정을 교육하는 학교에 진학하지 아니한 청소년

 ## 학교 밖 청소년 지원에 관한 법률상 '학교 밖 청소년'에 해당 예시

- 초등학교 취학의무를 유예한 11세 청소년
- 질병으로 초등학교 취학의무를 유예한 11세 청소년
- 중학교에서 질병으로 6개월째 취학을 유예한 청소년
- 중학교 졸업 후 고등학교에 진학하지 않은 청소년
- 중학교 졸업 후 고등학교에 진학하지 않은 17세 청소년
- 고등학교에서 제적 처분된 청소년
- 고등학교에서 제적처분을 받은 17세 청소년
- 고등학교를 자퇴한 청소년
- 고등학교에서 자퇴한 17세 청소년

> ### 학교 밖 청소년 지원에 관한 법률상 '학교 밖 청소년'에 해당하지 않는 자
>
> - 중학교에서 2개월 동안 무단결석한 청소년 → 3개월 이상이어야 해당된다.
> - 중학교 입학 후 2개월째 결석한 14세 청소년 → 3개월 이상이어야 해당된다.
> - 중학교에 입학한 후 2개월 동안 무단결석했던 15세 청소년 → 3개월 이상이어야 해당된다.
> - 고등학교를 졸업하고 대학에 진학하지 않은 21세 청소년 → 고졸은 일반 성인이다.

- 9세 이상 24세 이하 청소년 중 아래 대상자를 지원한다.
- 비행예방을 위하여 지원이 필요한 청소년이다.
- 「학교 밖 청소년 지원에 관한 법률」에 따른 학교 밖 청소년이다.
- 보호자가 없거나, 실질적으로 보호자의 보호를 받지 못하는 청소년이다.
- 일정기간 이상을 한정된 공간에서 외부와 단절된 상태로 생활하여 정상적 생활이 현저히 곤란한 청소년이다.
- 선정기준은 청소년이 속한 가구의 소득이 중위소득 100% 이하이다.
- 지역사회 청소년통합지원체계에 포함된 기관의 장은 지원이 필요한 학교 밖 청소년을 발견한 경우 지체 없이 학교 밖 청소년 지원센터에 연계하여야 한다.
- 생활지원은 청소년이 일상생활을 유지하기 위하여 필요한 의식주 등 기초생계비와 숙식 제공 등의 서비스를 지원한다. 의복/음식물 및 연료비 기타 일상 생활에 필요한 기초생계비, 숙식 제공이며, 월 65만원 이내이다.
- 건강지원은 청소년이 신체/정신적으로 건강하게 성장하기 위해 요구되는 요양 급여 비용 및 서비스를 지원한다. 진찰/검사, 약제/치료재료의 지급, 처치/수술, 그 밖의 치료, 예방/재활, 입원/간호, 이송 등 의료목적 달성을 위한 기타 조치사항이며, 비급여 제외, 본인부담액을 지원하며, 연 200만원 이내이다.
- 학업지원은 청소년이 계속적인 학업을 수행하기 위하여 필요한 교육비용 및 건전육성을 위한 서비스를 지원한다. 초/중등교육법 제2조에 의한 학교 입학금 및 수업료, 교과서대, 중고등학교 졸업학력 검정고시 준비에 필요한 학원비, 교과 학원비, 수업료, 학교운영비 월 15만원 이내이며, 그 외 월 30만원 이내이다.
- 자립지원은 청소년이 지식/기술/기능이나 능력을 함양하여 사회의 한 구성원으로서 자립하는 데 필요한 비용 및 서비스를 지원한다. 지식, 기술 및 기능 습득을 위한 비용, 진로상담 비용(적성/흥미 검사 및 상담 비용 포함) 및 직업체험 비용, 취업 알선 및 사후지도 비용이며, 월 36만원 이내이다. 국가와 지방자치단체는 학교 밖 청소년에게 생활지원, 문화공간지원, 의료지원, 정서 지원 등을 제공할 수 있다.
- 자립에 필요한 주거·생활·교육·취업 등을 지원한다.
- 자립에 필요한 자립정착금 및 자립수당을 지급한다.
- 자립에 필요한 자산의 형성 및 관리를 지원한다.
- 사후관리체계를 구축 및 운영한다.
- 대통령령으로 가정 밖 청소년의 자립 역량 강화를 위한 교육·훈련 등 프로그램의 개발·운영한다.
- 청소년복지시설(청소년치료재활센터는 제외한다) 종사자에 대한 가정 밖 청소년의 자립지원 관련 교육·훈련을 실시한다.
- 자립지원이 필요한 가정 밖 청소년의 범위는 청소년복지시설에 입소하여 이용하고 있거나 퇴소한 사람으로 한다.
- 국가와 지방자치단체는 경제교육, 법률교육, 문화교육 등 학교 밖 청소년의 자립에 필요한 교육을 지원할 수 있다.

- 상담지원은 청소년의 건강한 발달을 도모하기 위한 심리 및 사회적 측면의 상담을 지원하는데 필요한 비용 및 서비스를 지원한다. 정신적,심리적 치료를 위한 청소년 본인이나 그 가족의 상담비 및 심리검사비, 상담관련 프로그램(집단상담, 특수치료 등) 참가비이며, 월 30만원 이내, 심리검사비(연 40만원) 별도이다. 단 청소년상담복지센터 상담지원비는 지원대상이 아니다.
- 법률지원은 폭력이나 학대 등으로 위기상황에 있는 피해청소년의 위기극복 등에 필요한 소송비용 및 법률적 서비스를 지원한다. 소송 비용, 법률 상담 비용이며, 연 350만원 이내이다.
- 활동지원은 청소년심의위원회가 청소년의 건전한 성장을 위하여 필요하다고 인정하는 청소년활동 비용 및 서비스를 지원한다. 수련활동비, 문화활동비, 문화체험비, 교류활동비, 특기활동비 등이며, 월 30만원 이내이다.
- 기타지원은 운영위원회가 예산의 범위 안에서 필요하다고 인정한 지원을 지원한다. 청소년이 수치심을 느낄 수 있는 외모 및 흉터 등의 교정, 위기청소년의 교복, 체육복, 학용품, 수업재료 지원 등이다.

학교 밖 청소년 교육지원

- 초·중등교육법 제2조의 초등학교·중학교로의 재취학
- 초·중등교육법 제2조의 고등학교로의 재입학
- 초·중등교육법 제60조의3의 대안학교로의 진학
- 초등학교·중학교 또는 고등학교를 졸업한 사람과 동등한 학력이 인정되는 시험의 준비
- 직업체험 및 취업지원은 직업적성 검사 및 진로상담프로그램, 직업체험 및 훈련프로그램, 직업소개 및 관리, 그 밖에 학교 밖 청소년의 직업체험 및 훈련에 필요한 사항 등이다.
- 국가와 지방자치단체는 학교 밖 청소년을 대상으로 취업 및 직무수행에 필요한 지식·기술 및 태도를 습득·향상시키기 위하여 직업교육 훈련을 실시할 수 있다.

학교 밖 청소년 지원에 관한 법령상 학교 밖 청소년 실태조사에 포함되어야 할 사항

- 학교 밖 청소년의 경제상태, 친구관계, 학업중단 시기와 원인, 학교 밖 청소년 지원 프로그램 활용 현황 등이다.
- 여성가족부장관은 학교 밖 청소년의 현황 및 실태 파악과 학교 밖 청소년 지원 정책수립을 위한 기초자료로 활용하기 위하여 2년마다 학교 밖 청소년에 대한 실태조사를 실시하고, 그 결과를 공표하여야 한다.
- 여성가족부장관은 실태조사 중 학업중단 현황에 관한 조사는 교육부장관과 협의하여 실시한다.
- 실태조사의 내용과 방법 등에 필요한 사항은 여성가족부령으로 정한다.

08 학교폭력예방 및 대책에 관한 법률

 ## 학교폭력예방 및 대책에 관한 법률상 용어의 정의

- "학교폭력"이란 학교 내외에서 학생을 대상으로 발생한 상해, 폭행, 감금, 협박, 약취·유인, 명예훼손·모욕, 공갈, 강요·강제적인 심부름 및 성폭력, 따돌림, 사이버폭력 등에 의하여 신체·정신 또는 재산상의 피해를 수반하는 행위를 말한다.
- "따돌림"이란 학교 내외에서 2명 이상의 학생들이 특정인이나 특정집단의 학생들을 대상으로 지속적이거나 반복적으로 신체적 또는 심리적 공격을 가하여 상대방이 고통을 느끼도록 하는 모든 행위를 말한다.
- "피해학생"이란 학교폭력으로 인하여 피해를 입은 학생을 말한다.
- "가해학생"이란 가해자 중에서 학교폭력을 행사하거나 그 행위에 가담한 학생을 말한다.
- "사이버폭력"이란 정보통신망(「정보통신망 이용촉진 및 정보보호 등에 관한 법률」 제2조제1항제1호의 정보통신망을 말한다)을 이용하여 학생을 대상으로 발생한 따돌림, 딥페이크 영상 등(인공지능 기술 등을 이용하여 학생의 얼굴·신체 또는 음성을 대상으로 성적 욕망 또는 불쾌감을 유발할 수 있는 형태로 편집·합성·가공한 촬영물·영상물 또는 음성물을 말한다)을 제작·반포하는 행위 및 그 밖에 신체·정신 또는 재산상의 피해를 수반하는 행위를 말한다.
- "장애학생"이란 신체적·정신적·지적 장애 등으로 「장애인 등에 대한 특수교육법」 제15조에서 규정하는 특수교육을 필요로 하는 학생을 말한다.

학교폭력예방 및 대책에 관한 법률상 학교폭력

- 신체·언어·성·사이버 폭력, 따돌림, 금품갈취 등이 포함된다.
- 학교 내외에서 학생을 대상으로 발생한 폭력이다.
- 학교폭력 관련 사항을 심의하는 교내 기구는 학교폭력대책심의위원회이다.
- 학교장은 학생, 교직원 및 학부모 대상 학교폭력 예방교육을 학기별 1회 이상 실시해야 한다.
- 학교의 장은 학교폭력의 예방 및 대책 등을 위한 교직원 및 학부모에 대한 교육을 학기별로 1회 이상 실시하여야 한다.
- 학교의 장은 학생의 육체적·정신적 보호와 학교폭력의 예방을 위한 학생들에 대한 교육(학교폭력의 개념·실태 및 대처방안 등을 포함하여야 한다)을 학기별로 1회 이상 실시하여야 한다.

> 🔍 **학교폭력예방 및 대책에 관한 법률상 학교폭력에 관한 설명 틀린 문장**
>
> • 학교폭력대책심의위원회는 피해학생 보호 조치로 학교장에게 피해학생의 전학을 요청할 수 있다. → "가해학생"의 전학을 요청할 수 있다.
> • "따돌림"이란 학교 내에서 3명 이상의 학생들이 특정인이나 특정집단의 학생들을 대상으로 심리적 공격을 가하여 상대방이 고통을 느끼도록 하는 모든 행위를 말한다. → "따돌림"이란 학교 내외에서 2명 이상의 학생들이 특정인이나 특정집단의 학생들을 대상으로 지속적이거나 반복적으로 신체적 또는 심리적 공격을 가하여 상대방이 고통을 느끼도록 하는 일체의 행위를 말한다.

📝 학교폭력예방 및 대책에 관한 법률 기본계획 수립

• 교육부장관은 이 법의 목적을 효율적으로 달성하기 위하여 학교폭력의 예방 및 대책에 관한 정책 목표·방향을 설정하고, 이에 따른 학교폭력의 예방 및 대책에 관한 기본계획을 제7조에 따른 학교폭력대책위원회의 심의를 거쳐 수립·시행하여야 한다. 기본계획은 다음 각 호의 사항을 포함하여 5년마다 수립하여야 한다.

📝 기본계획 수립 사항

• 학교폭력의 근절을 위한 조사·연구·교육 및 계도
• 피해학생에 대한 치료·재활 등의 지원
• 학교폭력 관련 행정기관 및 교육기관 상호 간의 협조·지원
• 전문상담교사의 배치 및 이에 대한 행정적·재정적 지원
• 학교폭력의 예방과 피해학생 및 가해학생의 치료·교육을 수행하는 청소년 관련 단체 또는 전문가에 대한 행정적·재정적 지원

📝 그 밖에 학교폭력의 예방 및 대책을 위하여 필요한 사항

• 교육감은 기본계획의 내용과 학교폭력 실태조사 결과 등 해당 지역의 여건을 고려하여 매년 시·도 학교폭력의 예방 및 대책에 관한 시행계획을 수립·시행하여야 한다.
• 교육감은 전년도 시행계획에 따른 추진실적과 다음 연도 시행계획을 대통령령으로 정하는 바에 따라 매년 공표하여야 한다.
• 교육부장관은 학교에서 학교폭력에 효과적으로 대응할 수 있도록 학교폭력 사안처리 및 예방교육 등에 관한 안내서를 개발·보급하여야 한다.
• 교육부장관은 대통령령으로 정하는 바에 따라 시·도교육청의 학교폭력 예방 및 대책과 그에 대한 성과를 평가하고, 이를 공표하여야 한다.
• 국가는 학생 치유·회복을 위한 보호시설 운영, 연구 및 교육 등을 수행하는 전문교육기관을 설치·운영할 수 있다.
• 국가는 학교폭력의 효과적인 예방 및 대응을 위한 센터(이하 "학교폭력 예방센터"라 한다)를 지정·운영할 수 있다.

 ## 학교폭력대책위원회 설치·기능

- 학교폭력의 예방 및 대책에 관한 다음 각 호의 사항을 심의하기 위하여 국무총리 소속으로 학교폭력대책위원회를 둔다.
- 학교폭력대책심의위원회는 학교폭력의 예방 및 대책에 관련된 사항을 심의하기 위하여 학교에 설치하는 기구이다.

- 교육부장관은 학교폭력의 예방 및 대책에 관한 기본계획을 매년 수립하여야 한다. → 교육부장관은 학교폭력의 예방 및 대책에 관한 기본계획을 5년마다 수립하여야 한다.
- 교육부장관은 시·도교육청에 학교폭력의 예방과 대책을 담당하는 전담부서를 설치·운영하여야 한다. → 교육부장관은 이 법의 목적을 효율적으로 달성하기 위하여 학교폭력의 예방 및 대책에 관한 정책 목표·방향을 설정하고, 이에 따른 학교폭력의 예방 및 대책에 관한 기본계획을 제7조에 따른 학교폭력대책위원회의 심의를 거쳐 수립·시행하여야 한다. 기본계획은 다음 각 호의 사항을 포함하여 5년마다 수립하여야 한다.
- 학교폭력의 예방 및 대책에 관련된 사항을 심의하기 위하여 교육청에 학교폭력 대책자치위원회를 둔다. → 학교폭력대책심의위원회는 학교폭력의 예방 및 대책에 관련된 사항을 심의하기 위하여 학교에 설치하는 기구이다.
- 여성가족부장관은 법령에 따라 학교폭력의 예방 및 대책에 관한 기본계획을 5년마다 수립해야 한다. → 교육부장관은 학교폭력의 예방 및 대책에 관한 기본계획을 5년마다 수립하여야 한다.

학교폭력대책심의위원회의 기능

- 학교폭력의 예방 및 대책
- 피해학생의 보호
- 가해학생에 대한 교육, 선도 및 징계
- 피해학생과 가해학생 간의 분쟁조정

- 피해학생의 전학 → X

 ## 학교폭력대책심의위원회 구성 및 운영

- 심의위원회는 10명 이상 50명 이내의 위원으로 구성하되, 전체위원의 3분의 1 이상을 해당 교육지원청 관할 구역 내 학교에 소속된 학생의 학부모로 위촉하여야 한다.

📝 심의위원회 소집 사항

- 심의위원회 재적위원 4분의 1 이상이 요청하는 경우
- 학교의 장이 요청하는 경우
- 피해학생 또는 그 보호자가 요청하는 경우
- 학교폭력이 발생한 사실을 신고받거나 보고받은 경우
- 가해학생이 협박 또는 보복한 사실을 신고받거나 보고받은 경우
- 심의위원회는 회의의 일시, 장소, 출석위원, 토의내용 및 의결사항 등이 기록된 회의록을 작성·보존하여야 한다.
- 심의위원회는 심의 과정에서 소아청소년과 의사, 정신건강의학과 의사, 심리학자, 그 밖의 아동심리와 관련된 전문가를 출석하게 하거나 서면 등의 방법으로 의견을 청취할 수 있고, 피해학생이 상담·치료 등을 받은 경우 해당 전문가 또는 전문의 등으로부터 의견을 청취할 수 있다. 다만, 심의위원회는 피해학생 또는 그 보호자의 의사를 확인하여 피해학생 또는 그 보호자의 요청이 있는 경우에는 반드시 의견을 청취하여야 한다.

📝 학교폭력예방 및 대책에 관한 법률상 피해학생의 보호 내용

① 일시보호
② 학급교체
③ 치료 및 치료를 위한 요양
④ 학내외 전문가에 의한 심리상담 및 조언
⑤ 심의위원회는 제1항에 따른 조치를 요청하기 전에 피해학생 및 그 보호자에게 의견진술의 기회를 부여하는 등 적정한 절차를 거쳐야 한다.
⑥ 교육장은 피해학생의 보호자의 동의를 받아 7일 이내에 해당 조치를 하여야 한다.
⑦ 보호가 필요한 학생에 대하여 학교의 장이 인정하는 경우 그 조치에 필요한 결석을 출석일수에 포함하여 계산할 수 있다.
⑧ 피해학생이 전문단체나 전문가로부터 상담 등을 받는 데에 사용되는 비용은 가해학생의 보호자가 부담하여야 한다. 다만, 피해학생의 신속한 치료를 위하여 학교의 장 또는 피해학생의 보호자가 원하는 경우에는 「학교안전사고 예방 및 보상에 관한 법률」제15조에 따른 학교안전공제회 또는 시·도교육청이 부담하고 이에 대한 상환청구권을 행사할 수 있다.

 # 학교폭력예방 및 대책에 관한 법률상 가해학생에 대한 조치

① 피해학생에 대한 서면 사과

② 피해학생 및 신고·고발 학생에 대한 접촉, 협박 및 보복행위(정보통신망을 이용한 행위를 포함한다)의 금지

③ 학교에서의 봉사

④ 사회봉사

⑤ 학내외 전문가, 교육감이 정한 기관에 의한 특별교육 이수 또는 심리치료

⑥ 출석정지

⑦ 학급교체

⑧ 전학

⑨ 퇴학처분

학교폭력예방 및 대책에 관한 법률상 가해학생에 대한 조치 틀린 문장

· 일시보호 → 피해학생 조치이다.

학교의 장의 자체해결

· 경미한 학교폭력 사건일 경우 학교 폭력 피해학생과 보호자가 심의위원회 개최를 원하지 않을 때 학교폭력예방 및 대책에 관한 법률상 학교의 장이 자체적으로 해결할 수 있다. 이 경우 학교의 장은 지체 없이 이를 심의위원회에 보고하여야 한다.

· 2주 이상의 신체적 치료가 필요한 진단서를 발급받지 않은 경우

· 재산상 피해가 없거나 즉각 복구된 경우나 복구 약속이 있는 경우

· 학교폭력이 지속되지 않은 경우

· 학교폭력에 대한 신고, 진술, 자료제공 등에 대한 보복행위(정보통신망을 이용한 행위를 포함한다)가 아닌 경우

· 학교의 장의 자체해결 절차

· 피해학생과 그 보호자의 심의위원회 개최 요구 의사의 서면 확인

· 학교폭력의 경중에 대한 전담기구의 서면 확인 및 심의

· 학교의 장은 제1항에 따른 경미한 학교폭력에 대하여 피해학생 및 그 보호자가 심의위원회의 개최를 원하는 경우 피해학생과 가해학생 사이의 관계회복을 위한 프로그램을 권유할 수 있다.

학교의 장이 자체적으로 해결 틀린 문장

· 학교폭력 사건에 대한 보복행위인 경우

 그 외 학교폭력예방 및 대책에 관한 법률

≫ 교육감의 의무

- 교육감은 시·도교육청에 학교폭력의 예방·대책 및 법률지원을 포함한 통합지원을 담당하는 전담부서를 설치·운영하여야 한다.
- 교육감은 학교의 장으로 하여금 학교폭력의 예방 및 대책에 관한 실시계획을 수립·시행하도록 하여야 한다.
- 교육감은 학교폭력의 실태를 파악하고 학교폭력에 대한 효율적인 예방대책을 수립하기 위하여 학교폭력 실태조사를 연 2회 이상 실시하고 그 결과를 공표하여야 한다.
- 교육감은 학교폭력 등에 관한 조사, 상담, 치유프로그램 운영, 학생 치유·회복을 위한 보호시설 운영, 법률지원을 포함한 통합지원 등을 위한 전문기관을 설치·운영하여야 한다.
- 교육감은 학교의 장 및 교감을 대상으로 학교폭력 예방 및 대책 등에 관한 교육을 매년 1회 이상 실시하여야 한다.

≫ 교육감의 학교폭력 조사 상담 사항

- 학교폭력 피해학생 상담 및 가해학생 조사
- 필요한 경우 가해학생 학부모 조사
- 학교폭력 예방 및 대책에 관한 계획의 이행 지도
- 관할 구역 학교폭력서클 단속
- 학교폭력 예방을 위하여 민간 기관 및 업소 출입·검사

≫ 사이버폭력의 피해자 지원

- 국가는 사이버폭력에 해당하는 촬영물, 영상물, 음성물, 복제물, 편집물, 합성물, 가공물, 개인정보, 허위사실 등(이하 이 조에서 "촬영물등"이라 한다)이 정보통신망에 유포되어 피해(촬영물등의 대상자가 되어 입은 피해를 말한다)를 입은 학생에 대하여 촬영물등의 삭제를 위한 지원을 할 수 있다.
- 피해학생, 그 보호자 또는 피해학생이나 보호자가 지정하는 대리인은 국가에 촬영물등의 삭제를 위한 지원을 요청할 수 있다. 이 경우 피해학생이나 그 보호자가 지정하는 대리인은 대통령령으로 정하는 요건을 갖추어 삭제지원을 요청하여야 한다.
- 촬영물등 삭제지원에 소요되는 비용은 사이버폭력의 가해학생 또는 그 보호자가 부담한다.
- 국가가 촬영물등 삭제지원에 소요되는 비용을 지출한 경우 사이버폭력의 가해학생 또는 그 보호자에게 상환청구권을 행사할 수 있다.
- 촬영물등 삭제지원의 내용·방법, 상환청구권 행사의 절차·방법 등에 필요한 사항은 대통령령으로 정한다.

- 위원장 1인을 포함한 11인 이내의 위원으로 구성되며, 여성가족부장관이 지명하는 고위공무원이 당연직 위원으로 참여한다. 위원은 판사·검사·변호사, 대학 교수, 공무원, 청소년 관련 업무 경력자 등으로 구성된다.

- 청소년정책위원회는 청소년 관련 정책 수립·조정·평가를 위한 정부 기구로, 여성가족부 장관을 위원장으로 하며 정부위원과 민간위원으로 구성된다. 위원 중 5분의 1 이상은 청소년위원으로 구성되며, 17개 광역자치단체와 청소년 유관기관이 추천한 후보자 중 서류·면접 평가를 통해 위촉된다.
- 청소년정책위원회는 위원장 1명을 포함하여 30명 이내의 위원으로 구성한다. 이 경우 위촉되는 위원이 각각 전체 위원의 5분의 1 이상이어야 한다.
- 청소년정책에 관한 주요 사항을 심의·조정하기 위하여 여성가족부에 청소년정책위원회를 둔다.
- 청소년정책위원회는 다음 각 호의 사항을 심의·조정한다.
- 청소년육성에 관한 기본계획의 수립에 관한 사항
- 청소년정책의 분야별 주요 시책에 관한 사항
- 청소년정책의 제도개선에 관한 사항
- 청소년정책의 분석·평가에 관한 사항
- 둘 이상의 행정기관에 관련되는 청소년정책의 조정에 관한 사항
- 위원장은 여성가족부장관이 된다. 위원은 기획재정부차관, 교육부차관, 과학기술정보통신부차관, 통일부차관, 법무부차관, 행정안전부차관, 문화체육관광부차관, 산업통상자원부차관, 보건복지부차관, 고용노동부차관, 중소벤처기업부차관, 방송통신위원회부위원장, 경찰청장, 그 밖에 대통령령으로 정하는 관계 중앙행정기관의 차관 또는 차관급 공무원, 청소년정책에 관하여 학식과 경험이 풍부한 사람 중에서 여성가족부장관이 위촉하는 사람, 청소년정책과 관련된 활동실적 등이 풍부한 청소년 중에서 여성가족부장관이 위촉하는 청소년이 된다.
- 위원의 임기는 2년으로 한다.
- 청소년정책위원회에서 심의·조정할 사항을 미리 검토하거나 위임된 사항을 처리하는 등 청소년정책위원회의 운영을 지원하기 위하여 청소년정책위원회에 청소년정책실무위원회를 둔다.
- 청소년정책위원회 및 청소년정책실무위원회의 구성, 운영 및 위촉기준 등에 필요한 사항은 대통령령으로 정한다.

범죄 소년법

- 소년법상 형벌 법령에 저촉되는 행위를 한 (10)세 이상 (14)세 미만인 소년은 소년부의 보호사건으로 심리한다.
- 10세 이상 14세 미만의 범죄를 저지른 소년을 일명 "촉법소년(觸法少年)"이라 한다. 아무런 '처벌'을 받지 않는 것은 사실이나, 보호처분을 통해 최대 2년간 소년원에 있게 할 수는 있다.
- 미성년자가 범죄를 저지르게 되면 소년법의 적용을 받게 된다. 사건이 가정법원 소년부로 송치되고 나면 소년보호재판이 열리게 되고, 이후 결과에 따라 소년보호처분이라는 것이 내려진다.

 소년법상 보호처분

- 소년의 보호처분은 그 소년의 장래 신상에 어떠한 영향도 미치지 아니한다.
- 소년분류심사원은 위탁소년의 자질과 비행행동을 과학적으로 진단하여 적합한 처우지침을 수립하고, 그 결과를 가정법원 소년부에 송부하여 심판의 자료로 사용토록 하는 기관이다.
- 아동·청소년의 성보호에 관한 법률상 아동·청소년대상 성범죄로 유죄판결이 확정된 자의 신상정보를 공개하는 경우, 공개하도록 제공되는 등록정보에 해당되는 것으로 사진, 등록대상, 성범죄 요지, 신체정보(키와 몸무게), 성폭력범죄 전과사실(죄명 및 횟수)이 있다.

 소년법상 소년에 대한 보호처분 결정

1호	보호자 감호위탁
2호	수강 명령
3호	사회봉사
4호	단기 보호관찰
5호	장기 보호관찰
6호	소년보호시설 감호위탁
7호	소년의료보호시설 감호위탁
8호	1개월 내 소년원 송치
9호	단기 소년원 송치
10호	장기 소년원 송치

보호처분 1호 (10세 이상 / 6개월)	• 보호자 또는 보호자를 대신하여 소년을 보호할 수 있는 자에게 감호 위탁이다. √ 감호 : 보호하고 보살피는 것을 뜻한다.
보호처분 2호 (12세 이상 / 100시간 이내)	• 2호는 소년에게 강의를 듣도록 명령하는 처분이다. • 수강명령은 100시간을 초과할 수 없다. • 12세 이상의 소년에게만 가능하다.
보호처분 3호 (14세 이상 / 200시간 이내)	• 3호는 사회봉사 명령에 해당하는 처분이라고 보면 된다. • 사회봉사명령 처분은 14세 이상의 소년에게만 할 수 있다. • 사회봉사명령은 200시간을 초과할 수 없다.
보호처분 4호 (10세 이상 / 1년)	• 보호관찰관의 단기 보호관찰기간은 1년으로 한다. • 거주지 관할 보호관찰소 소속 보호관찰관의 지도 아래 감독, 원호 등을 받게 된다.
보호처분 5호 (10세 이상 / 2년)	• 2년 장기 보호관찰 처분이다. • 보호관찰 처분 내용 자체는 4호와 다르지 않으며, 기간만 다른 처분이라고 보면 된다. • 5호 처분 같은 경우, 1년 추가 연장이 가능하다.
보호처분 6호 (10세 이상 / 6개월)	• 아동복지시설 또는 이외 소년보호시설에 범죄 소년을 감호 위탁하는 처분이다. • 6호 처분부터는 특정 시설에 수용되는 단계이기 때문에 5호 이하의 처분과는 확연한 차이를 보인다.
보호처분 7호 (10세 이상 / 6개월)	• 소년에게 정신 질환이 있을 경우 (혹은 약물 남용에 관한 정보가 있을 경우) 의학적 치료를 목적으로 내려지는 처분이다. • 병원, 요양소 또는 소년의료보호시설에 위탁한다.
보호처분 8호 (10세 이상 / 1개월 이내)	• 8호부터는 소년원 송치가 결정되는 처분이다. • 입교일이 별도로 정해지지 않을 경우에는 보호처분 결정과 동시에 소년원에 입소하게 된다. 1개월 이내의 소년원 송치이다.
보호처분 9호 (10세 이상 / 6개월 이내)	• 6개월 이내의 기간 동안 소년원에 송치되는 처분이다. 소년원 송치가 이루어지고 나면, 소년은 그곳에서 교육 또는 직업에 관한 훈련을 받게 된다.
보호처분 10호 (12세 이상 / 2년 이내)	• 소년법10호에 해당하는, 가장 높은 보호처분이다. • 최대 2년까지 소년원 송치 결정이 내려질 수 있고 구체적인 내용은 9호와 동일하다. 12세 이상의 소년에게만 가능하다.

• 처분 상호 간에는 그 전부 또는 일부를 병합할 수 있다.

• 제1항제1호·제2호·제3호·제4호 처분

• 제1항제1호·제2호·제3호·제5호 처분

• 제1항제4호·제6호 처분

• 제1항제5호·제6호 처분

• 제1항제5호·제8호 처분

> **🔍 소년법상 소년에 대한 보호처분 결정 틀린 문장**
>
> • 수강명령은 14세 이상의 소년에게만 할 수 있다. → 수강명령은 12세 이상의 소년에게만 할 수 있다.
> • 장기 소년원 송치는 14세 이상의 소년에게만 할 수 있다. → 장기 소년원 송치는 12세 이상의 소년에게만 할 수 있다.
> • 단기 보호관찰기간은 6개월로 한다. → 보호관찰관의 단기 보호관찰기간은 1년으로 한다.
> • 장기 보호관찰기간은 2년이며, 3년의 범위에서 한 번에 한하여 그 기간을 연장할 수 있다. → 2년 장기 보호관찰 처분이다. 보호관찰 처분 내용 자체는 4호와 다르지 않으며, 기간만 다른 처분이라고 보면 된다. 5호 처분 같은 경우, 1년 추가 연장이 가능하다.
> • 단기로 소년원에 송치된 소년의 보호기간은 3개월을 초과하지 못한다. → 8호부터는 소년원 송치가 결정되는 처분이다. 1개월 이내의 소년원 송치이다.
> • 3호 - 단기보호 관찰 → 4호 - 단기보호 관찰
> • 10호 - 소년교도소 송치 → 8호 - 1개월 내 소년원 송치

📝 청소년회복지원시설

• 소년법에 따라 감호 위탁 처분을 받은 청소년을 보호자 대신 보호할 수 있는 자가 상담·주거·학업·자립 등의 서비스를 제공하는 청소년복지 지원법상의 시설이다.

📝 소년교도소

• 미성년자를 수감하는 교도소. 구치소와 같은 교정시설이다. 금고 이상의 형에 해당하는 범죄 사실이 발견된 경우 그 동기와 죄질이 형사처분을 할 필요가 있다고 인정되어(소년법 제7조) 소년부에서 형사부로 이송되어 형벌을 받게 된 사람을 수용한다.

📝 보호관찰소

• 보호관찰은 범죄자를 교도소에 수용하지 않고 사회 내에서 감독과 지도를 통해 재범을 방지하고 사회복귀를 촉진하는 제도이다.

📝 청소년의 근로시간과 관련된 근로기준법

• (15)세 이상 (18)세 미만인 사람의 근로시간은 1일에 7시간, 1주에 35시간을 초과하지 못한다. 다만, 당사자 사이의 합의에 따라 1일에 1시간, 1주에 5시간을 한도로 연장할 수 있다.

10 그 외 청소년 시행령

 청소년참여위원회 ∈ 청소년기본법

- 정기·임시회의를 통한 청소년 관련 정책의 모니터링, 청소년 의견 제안과 정책자문, 각종 토론회·워크숍 개최 등 다양한 활동을 위해 여성가족부 및 지방자치단체에서 설치·운영 중인 청소년 기구이다.

청소년특별회의 ∈ 청소년 기본법

- 청소년 기본법에 규정되어 매년 개최한다. 청소년 분야의 전문가와 청소년이 참여한다. 범정부적 차원의 청소년정책과제를 설정·추진 및 점검한다.

국립중앙청소년디딤센터 ∈ 청소년복지 지원법 청소년복지시설

- 디딤센터는 정서·행동에 어려움을 겪는 청소년에게 상담·치료·보호·교육 등 종합적·전문적 서비스를 제공하는 거주형 시설로 청소년의 일상생활 영위 및 건강한 성장을 지원하기 위해 설립되었다. 불안, 우울 등 심리 정서 문제, 학대 및 학교폭력 피해, 학교 부적응, 주의력결핍과잉행동장애(ADHD) 등 정서·행동에 어려움을 겪는 청소년(만 9세 ~ 만 18세)이 이용할 수 있다. 국립대구청소년디딤센터는 인터넷·스마트폰 과의존으로 어려움을 겪는 청소년(만 13세 ~ 만 18세)도 이용할 수 있다.

 국립청소년인터넷드림마을 ∈ 여성가족부 국립청소년수련시설, 한국청소년상담복지개발원 위탁운영

- 전라북도 무주군 안성면 공진리에 있는 인터넷 및 스마트폰 중독 치료 기관으로 기숙 생활을 할 수 있는 숙박 시설과 강의실, 상담실, 특성화 활동실 등을 갖추고 있다. 또한 시도 교육청에서 지정하는 대안 교육 위탁 기관으로, 입소를 원하는 학생은 수업 일수에 상관없이 학기 중에도 출석 인정을 받으며 참여할 수 있고, 학교생활 기록부[NEIS]에 입소 기록도 남지 않는다.

📝 꿈드림센터 ∈ 학교 밖 청소년 지원 복지 시설

- 초등학교나 중학교에서 취학의무를 유예 또는 면제받았거나 수업일수의 1/3 이상 결석하여 정원 외 관리된 경우, 고등학교에 진학하지 않았거나 중퇴한 만 9~24세 청소년을 지원한다. 여성가족부와 한국청소년상담복지개발원에서 지원하고 있다.

📝 청소년 특별지원 사업 ∈ 청소년복지지원법

- 보호자가 없거나 실질적으로 보호자의 보호를 받지 못하는 사회·경제적으로 어려움이 있는 위기청소년에게 생활비·학업지원비 등 현금급여 또는 관련 서비스를 지원한다.

📝 청소년활동 진흥법상 국가 및 지방자치단체의 청소년문화활동 지원 규정에 명시된 것

- 전통문화의 계승
- 청소년축제의 발굴지원
- 청소년동아리활동의 활성화
- 청소년의 자원봉사활동의 활성화

📝 청소년특화시설 ∈ 한국청소년활동진흥원

≫ 청소년의회

- 유엔아동권리협약과 대한민국청소년헌장 등의 청소년 사회참여 근거를 바탕으로 청소년의 인권보호 및 권익신장을 위해 다양한 활동을 하고 있다.

≫ 청소년방과후아카데미 ∈ 여성가족부 + 지방자치단체

- 여성가족부와 지방자치단체가 공동으로 운영하고 있다.
- 이용대상은 초등4학년부터 중등3학년까지로 방과후 돌봄이 필요한 청소년에게 체험활동, 학습지원, 급식, 상담 등 종합서비스를 제공하여 청소년의 전인적 성장을 지원한다.
  - √ 청소년방과후아카데미 사업의 대상에 해당하지 않는 청소년: 고등학교 1학년까지이다. → 중등3학년까지이다.

청소년동반자 ∈ 지방자치단체 상담복지센터

- 참여대상은 초등학교 4학년 ~ 중학교 3학년이다. 종합적인 교육·복지·보호 서비스를 제공한다. 취약계층
  청소년의 학습 및 체험활동 기회의 불균형을 완화하고, 가정의 사교육비 및 양육부담 경감에 기여하고 있다.
- 여성가족부의 청소년정책 사업이다. 자격과 경험을 갖춘 청소년상담전문가가 위기청소년의 삶의 현장을 직접
  찾아가 심리적·정서적 지지와 함께 지역사회 자원 연계서비스를 제공한다. 중·고위험군 청소년에 대한 1:1
  찾아가는 상담지원 서비스를 통해 문제해결에 도움을 제공하고 위기요인을 개선시킨다. 위기청소년을 위해
  지역사회의 청소년 협력자원을 발굴·연계하며, 그들과 지속적인 관계를 형성하여 지원한다.

스마트쉼센터 ∈ 한국지능정보사회진흥원

- 한국지능정보사회진흥원 소속으로 스마트폰과 인터넷 과의존으로 인한 각종 생활 장애를 해결하는데 목적을
  두고 있다.
- 스마트폰 과의존 실태조사 업무를 담당하고 있다.

청소년 흡연예방과 관련된 정부 부처별 정책

- 여성가족부 : 청소년보호종합대책 추진

🔍 청소년 흡연예방과 관련된 정부 부처별 정책 틀린 문장

- 교육부: 건강증진법 제정·운영 → 보건복지부와 한국건강증진개발원에서 학교흡연예방사업
- 보건복지부: 담배사업법 제정·운영 → 기획재정부 - 담배사업법 제정 및 운영
- 문화체육관광부: 인터넷상의 청소년 유해약물 유통 규제 → 여성가족부 - 인터넷상의 청소년 유해약물 유통 규제
- 경찰청: 흡연관련 영상물 등급 분류 소위원회 운영 → 문화체육관광부 - 흡연관련 영상물 등급 분류 소위원회 운영

탈북학생 맞춤형 교육 ∈ 여성가족부 제4차 청소년정책기본계획

- 초등학생에 해당하는 탈북학생은 '입국 초기'에는 하나원에서 생활하며 삼죽초등학교에서 학업과 사회적응을 지원받는다.
- '전환기'를 맞는 탈북학생들을 위해 한겨레 중 고등학교를 운영하고 있으며 일반 학교와의 협력사업도 실시하고 있다.
- '정착기'의 학교 맞춤형 교육 사업에서는 정규학교를 중심으로 탈북학생이 정착지 학교에서 생활하는 데 필요한 종합적 지원을 제공한다.
- 탈북학생 맞춤형 교육은 개인특성에 따른 교육 수요를 반영한 맞춤형 교육 강화를 중점 추진 방향으로 삼는다.

탈북학생 맞춤형 교육에 관한 설명 틀린 문장

- 여성가족부는 탈북학생의 학교 및 사회적응력을 높이기 위해 교육경로를 단계별로 체계화하여 교육지원을 하고 있다. → 한국교육개발원은 탈북학생의 학교 및 사회적응력을 높이기 위해 교육경로를 단계별로 체계화하여 교육지원을 하고 있다.

꿈키움센터 ∈ 청소년비행예방센터

▶▶ 비행예방센터

- 법원 소년부 판사로부터 교육명령을 받은 소년, 검사가 기소유예의 조건으로 교육을 의뢰한 소년, 초·중등교육법 제18조에 따른 징계대상인 학생으로서 각급 학교의 장이 의뢰한 소년, 가해학생을 대상으로 비행예방 및 재범방지 또는 사회적응을 위한 체험과 인성위주의 교육과정을 운영한다.
- 학교·검찰·법원 등에서 의뢰한 위기청소년에 대한 대안교육
- 소년부 판사가 의뢰한 비행청소년의 상담조사
- 청소년 심리검사 및 상담
- 학교폭력가해학생·대안교육생 보호자교육
- 법교육·법체험(학교폭력예방교육·진로체험)

청소년보호위원회 ∈ 여성가족부

- 청소년보호위원회는 청소년의 유해환경으로부터 보호하기 위해 설치된 여성가족부 소속 행정위원회로, 청소년보호법에 근거한다. 주요 역할은 청소년 유해매체물, 유해약물, 유해물건, 유해업소 등의 심의·결정, 과징금 부과 심의, 청소년보호 관련 정책 수립 등이다.

• 취약계층 아동에게 맞춤형 통합서비스를 제공한다.

>> Wee프로젝트

• 학교, 교육청, 지역사회가 연계하는 다중의 통합지원 서비스망이다.
• 교육청에는 위(Wee) 스쿨, 가정형 위(Wee)센터, 병원형 위(Wee)센터, 학교폭력 피해학생 전담지원기관, 학교폭력 가해학생 특별교육이수기관, 117신고센터 등이 개설되어 있다.

>> Wee센터(교육지원청)

• 교육지원청 차원의 통합지원 서비스 망이다.

>> Wee클래스(학교차원)

• 학교, 교육청, 지역사회가 연계하여 학생의 건강하고 즐거운 학교생활을 지원하는 다중의 통합지원 서비스인 Wee 프로젝트의 1차 Safe - net이다.

>> 다문화가족지원법 ∈ 다문화가족지원법

• 다문화가족 구성원이 안정적인 가족생활을 영위하고 사회구성원으로서의 역할과 책임을 다할 수 있도록 함으로써 이들의 삶의 질 향상과 사회통합에 이바지함을 목적으로 한다.

1 비행문화

- 성인의 입장에서 볼 때 청소년들이 규범에서 벗어나 문제아의 소행을 지향한다고 보는 관점이다.
- 사회적 규범을 깨뜨리는 것에서 쾌감을 느끼고, 규범적 질서에 따르지 않음으로써 청소년문화의 정체성을 찾는다.
- '청소년들은 사회적 규범을 깨뜨리는 것에서 쾌감을 느끼며, 이를 통해 자신들의 문화정체성을 찾는다'는 관점의 청소년문화

2 청소년 비행

- 충동성이 높은 청소년은 비행을 저지를 가능성이 높다.
- 타인에게 인정받기 위해 비행을 저지르기도 한다.
- 가정, 학교, 지역사회는 청소년 비행에 영향을 미친다.
- 갈등과 긴장이 계속되는 가족 관계는 청소년의 비행을 유발할 가능성이 높다.
- 신체적, 심리적, 법적, 경제적 부담을 감수하는 행위일 가능성이 높다.
- 청소년기 비행은 일반적으로 사회적 규범에 반대되는 행동일 수 있다.
- 비행은 한 가지만 단독으로 행해지는 것이 아니라 예측 가능한 방향으로 다른 행동과 동시에 행해진다.

3 청소년 비행의 원인

- 생물학적 이론에서는 호르몬, 불균형적인 사춘기 시기라고 설명한다.
- 심리학적, 인지적 이론에서는 자존감 결여, 인지적 미성숙, 정서적 불평형, 높은 감각 추구 성향 등으로 설명한다.
- 사회적, 환경적 이론에서는 매스미디어, 사회적 규범, 또래 집단의 영향력 때문이라고 설명한다.
- 통합적인 모형에서는 위 세 가지 이론을 조합하여 설명한다.

- 지위비행은 성인에게는 용납되는 행동이 청소년이라는 지위로 인해 비행으로 분류되는 행동을 말한다.
- 예를 들어 음주는 성인에게는 용납되지만 청소년의 지위에는 맞지 않기 때문에 지위비행이 된다.
- 다른 예시로는 흡연, 가출, 유흥업소 출입, 관람불가 영화보기 등이 있다.

> 🔍 **틀린 문장**
>
> - 절도, 주거침입, 폭행, 친구협박 → 성인의 지위에도 용납되지 않는 행동이다.
> - 청소년의 상해, 절도, 폭행은 지위비행이다. → 청소년 비행에 해당한다. 지위비행이 아니다.

5   청소년 비행에 관한 학자별 이론

1   뒤르켐(E. Durkheim)의 아노미이론

- 문화적으로 규정된 목표와 자신이 갖고 있는 제도화된 수단의 불일치가 비행을 야기한다.
- 사회규범이 약화되었거나 부재할 때 또는 두 가지 이상 상반된 규범이 동시 존재할 때 개인이 행동지침을 잃게 된다고 주장하였다.

2   머튼(R. Merton)의 아노미 이론

- 일탈행위는 문화적으로 규정된 목표와 그 목표를 달성하기 위하여 사회적으로 구조화된 제도적 수단이 조화적으로 작용하지 않는 경우에 생긴다.
- 일탈행위는 부, 성공, 권력 등과 같은 문화적으로 규정된 목표와 그 목표를 달성하기 위하여 사회적으로 허용된 수단이 조화롭게 작용하지 않는 경우에 생긴다고 보았다.
- 많은 사람들의 공통적인 목표가 한결 같은 데 비해, 그 목표를 달성하기 위한 합법적인 수단을 얻는 기회는 계층과 지위에 따라 차이를 보인다는 것이다.
- 이 때문에 기회의 제한을 받는 사람들은 규범에 대한 정서적 공감이나 지지를 하지 않고, 분노, 좌절, 아노미를 경험하게 된다.
- 그 결과 아노미는 목적의 달성을 위해, 비행을 선택하거나 목적을 거부하고 혹은 일탈적 목표로의 대치로 연결된다.

1 아노미적 사회구조에 대한 적응유형

① 동조형(conformity)
- 문화적 목표와 제도화된 수단을 수용하는 유형이다.
- 정상적인 방법으로 목표를 달성하고자 노력하며 반사회적인 것이 아니다.

② 의례형(ritual)

- 개인이 문화적 목표는 거부하지만 제도화된 수단은 수용하는 유형이다.

- 조직의 목표보다는 절차적 규칙만 준수, 무사안일의 관료 등이 예시이다.

③ 혁신형(innovation)

- 기존의 문화적 목표는 추구하지만 합법적인 수단이 없어 부당하게 목표를 추구하는 유형이다.

- 비합법적인 수단으로 목표달성, 대부분의 범죄, 횡령, 탈세, 절도 등이다.

④ 도피형(retreatism)

- 문화적 목표와 제도화된 수단 모두 거부하는 유형이다.

- 사회로부터 도피하는 유형으로 예시로는 알코올중독, 마약중독 등이 있다.

⑤ 반역형(반항형, rebellion)

- 기존의 문화적 목표와 제도화된 수단 모두 거부하는 유형이다.

- 새로운 목표와 제도로 대체하고자 하며 예시로는 사회운동가, 혁명집단, 히피족을 들 수 있다.

유형	문화적 목표	제도화된 수단
동조형	수용	수용
혁신형	수용	거부
의례형	거부	수용
도피형	거부	거부
반역형	대체	대체

3 허쉬(T. Hirschi)의 사회유대이론(사회통제이론)

- 허쉬(T. Hirschi)가 주장하였다.

- 인간은 선천적으로 비행 성향이 있다.

- 비행을 예방하는 요인으로 사회적 유대감을 중시한다.

- 사회에서 용인된 전통적 목표를 수용하면 비행의 가능성이 낮아진다.

- 사회와의 유대관계가 청소년의 비행가능성을 낮추거나 비행동기를 통제할 수 있다고 보았다.

- 친구, 이웃, 학교 등 사회와의 결속이 약한 사람이 비행을 쉽게 저지른다는 비행이론이다.

- 허쉬(T. Hirschi)가 사회유대의 하위차원을 4가지로 제안하였다.

- 허쉬는 개인의 비행을 막는 요인으로서 사회결속 4가지 요소를 제시하고 있다.

- 4가지의 사회유대요인은 애착(attachment), 헌신(commitment), 참여(involvement), 신념(belief)이다.

- 다시 말하면 비행을 저지르지 않는 이유를 4가지로 규명하면 애착, 헌신(관여), 참여, 신념이다.

- 애착(attachment)은 애정의 결속 정도를 뜻한다.
- 헌신=관여(commitment)는 사회활동에 투자하는 정도를 뜻한다.
- 참여(involvement)는 사회활동에 실제 참여하는 정도를 뜻한다.
- 신념(belief)은 법과 사회규범을 받아들이는 정도를 뜻한다.
- 4가지 하위차원이 상호 연관될수록 사회유대가 높아지고, 비행 확률은 낮아진다.

- 관습적 신념이 높아지면 비행의 가능성이 높아진다. → 관습적 신념이 높아지면 비행의 가능성이 낮아진다.
- 열정(passion), 긴장(strain) → 애착, 헌신=관여, 참여, 신념이다.

4　코헨의 비행하위문화이론

- 하층 청소년들의 태도·행위가 중간계층의 기준과 맞지 않아 나타난 지위좌절이 비행을 야기한다.
- 코헨은 비행소년집단의 문화는 주류 중산층문화에 대한 대항적인 성격을 가지고 있다고 본다.
- 비행을 주류문화와 대비되는 문화로서의 하위문화로 이해하려는 입장을 취한다.
- 부정적, 악의적 특징이 있으며 기존의 규범을 무시하고 비행을 저지르기 쉽다.

- 코헨(A. Cohen)은 하층지역에는 본래부터 비행 가치와 문화가 존재하기 때문에 청소년들이 비행을 저지른다고 보았다. → 하층 청소년들의 태도·행위가 중간계층의 기준과 맞지 않아 나타난 지위좌절이 비행을 야기한다.

5　밀러의 하층계급문화이론(사회화 과정이론)

- 밀러는 하층계급 사회에서는 그들만의 가치와 생활방식이 존재, 비행 확률이 높아진다고 본다.
- 관심을 끌고 인정을 받기 위해 비행을 저지른다고 본다.
- 하층계급지역은 오랜 기간동안 안정적이고 독특한 문화적 환경을 가지고 있음을 보고하였다.
- 하층계급에 특징적인 가치, 생활양식이 존재하고 청소년 조직범죄집단의 형성과 활동은 하층계급문화의 전통에 따른 것이라 보았다.
- 하층계급청소년들에게 조직범죄집단은 소속감과 더 높은 지위를 획득할 수 있다는 가능성을 제공한다는 것이다.

- 밀러(W. Miller)는 하층 청소년들이 중산층 기준에 맞추는 과정에서 지위좌절을 경험하게 되고 이런 좌절이 비행하위문화를 형성한다고 보았다. → 밀러의 하층계급문화이론(사회화 과정이론)은 하류층의 하위문화를 그들의 전통으로 이해하고 독자적인 가치에 따라 행동하는 모습을 보인다.

6 마짜(D. Matza)와 사이크스(G. Sykes)의 중화이론(neutralization theory)

- 대표적인 학자로는 마짜(D. Matza)와 사이크스(G. Sykes) 등이 있다.

- 잘못된 것인지를 알면서도 중화기술을 적용하여 자신의 행위를 합리화한다.

- '잠재적 숨은 가치(subterranean value)'는 중화의 형태로 비행에 작동할 수 있다.

- 자신의 비행행위를 정당화하는 잠재적 가치가 비행을 야기한다.

- 중화 이론은 일탈이 청소년의 내적. 외적 통제가 약화되는 경우 나타난다고 본 것이다.

- 청소년은 자신의 부적절한 행위를 보편적으로 나쁜 행위로서 인정하지만, 정당화함으로써 사회적 규범이나 전통을 중화시킨다.

자기책임 부정	주위 환경 때문이다
가해 부정	자신의 행위로 손상을 입거나 재산상 피해를 당한 사람이 없음을 이유로 자신의 행위를 합리화한다 자신은 가해를 입히지 않았다. 예를 들어 기물파손은 장난, 절도는 빌린 것이며 소실된 물건은 보험회사에서 보상해주므로 나는 아무런 피해도 주지 않았다
피해자 부정	나쁜 것은 피해자 쪽이다. 예를 들어 휴대폰 신형을 카페 책상에 두고 간 사람이 범죄를 조장한거다
비난자 비난	비난자부정, 통제기관 비난, 부패한 집단, 자신을 심판할 자격이 없다 등의 이유를 든다
고도의 충성심 호소	자기 소속집단의 충성심에 의해 비행하였다고 한다

🔍 **틀린 문장**

- 애착, 관여, 참여, 신념의 4가지 중화기술이 있다. → 허쉬의 사회유대이론에 대한 설명이다.
- 비난자의 부정 → 피해자 부정과 비난자 비난이 있다.

7 서덜랜드(E. Sutherland)의 차별적 접촉이론

- 서덜랜드(E. Sutherland)가 대표적인 학자이다.

- 비행을 체계적인 학습의 결과로 본다.

- 또래집단의 중요성을 부각시켰다.

- 기본적으로 범죄 행위는 학습되므로 주로 친밀한 사람과의 상호작용을 통해 이루어진다.

- 청소년들이 문제행동을 직·간접으로 자주 접하게 되면 문제청소년이 될 수 있다고 본다.

- 라디오, 신문, 잡지 등 비인격적 매체는 범죄행위의 학습과 관련이 없다.

🔍 **틀린 문장**

- 서덜랜드(E. Sutherland)는 청소년이 자기 문제행동을 정당화함으로써 내적 통제가 약화되어 비행으로 이어진다고 보았다. → 자기 문제행동 정당화는 중화이론에 대한 설명이다. 서덜랜드는 차별적 접촉이론으로 청소년들이 문제행동을 직·간접으로 자주 접하게 되면 문제청소년이 될 수 있다고 본다.
- 차별접촉이론은 개인마다 다른 신체적 특징, 체격, 유전적 요인이 비행의 차이를 야기한다고 본다. → 청소년 문제행동의 원인의 생물학적 관점이다. 차별접촉이론은 비행을 체계적인 학습의 결과로 본다. 청소년들이 문제행동을 직·간접으로 자주 접하게 되면 문제청소년이 될 수 있다고 본다.

- 비행 하위문화를 범죄(criminal) 하위문화, 갈등(conflict) 하위문화, 도피=은둔(retreatist) 하위문화로 분류하였다.

1 범죄(criminal) 하위문화

- 청소년 범죄자에게 성공적인 역할모형이 될 수 있는 조직화된 성인범죄자들의 활동이 존재하는 지역에서 나타나는 것으로 성공목표에 대한 대안적인 접근수단을 제공하는 새로운 기회구조를 만들어낸다.

2 갈등(conflict) 하위문화

- 안정적이고 조직화된 형태의 성인범죄자 활동이 발전되지 못하고 관습적 또는 범죄적인 청소년들을 위한 성인역할모형이 발전되지 못한 지역에서 나타나는 폭력지향적 비행행위이다.

3 도피=은둔(retreatist) 하위문화

- 주로 마약과 음주 등을 통하여 즐거움과 쾌락을 지나치게 강조하는 사람들로 구성되는데, 이들은 관습적, 비관습적 세계 어디에도 성공할 수 없기 때문에 이중실패자라고도 한다.

> 🔍 **틀린 문장**
>
> - 클로워드(R. Cloward)와 올린(L. E. Ohlin) : 비행하위문화를 범죄하위문화, 동조하위문화, 도피(은둔)하위문화로 분류하였다. → 클로워드(R. Cloward)와 올린(L. E. Ohlin)은 비행 하위문화를 범죄 하위문화, 갈등 하위문화, 도피 하위문화로 분류하였다.

9 낙인이론

- 베커(S. Becker)는 규칙위반에 낙인이 주어지면 일탈자가 된다고 주장하였다.
- 일탈자는 처음에는 낙인을 거부하지만, 계속적인 사회적 반응이 그로 하여금 스스로 일탈자라는 자아개념을 갖도록 만든다고 주장하였다.
- 레머트(Lemert)는 비행(1차적 일탈)에 낙인이 주어지면 심각한 일탈(2차적 일탈)을 저지른다고 주장하였다.
- 레머트는 일시적이거나 우연적인 일차적 일탈의 낙인으로 인해 상습적, 직업적 이차적 일탈로 자리잡게 된다고 주장하였다.
- 낙인과정은 모색단계, 명료화단계, 공고화단계 세 가지 단계로 이루어진다.

12 | 학교 부적응

1 학교 부적응 요인

- 낮은 학업 성취도, 입시위주의 교육, 또래관계에서의 소외감, 경쟁 지향적인 학교 운영 등이다.

개인적 요인	신체장애, 지적 능력결핍, 정서적 문제, 사회화 문제
가정적 요인	결손가정, 빈곤가정, 위기가족, 부적절한 양육태도, 가족과의 공유시간 부족
학교적 요인	부적절한 교육제도, 교과과정의 문제, 교사의 부정적 영향, 교우의 부정적 영향
지역 사회의 요인	가치관의 혼란, 비교육적 환경, 사회 계층간의 갈등, 유해한 대중매체

2 학교 부적응 청소년의 행동 특성

- 퇴행적 행동, 공격적 행동, 미성숙 행동, 방어적 행동, 신체적 징후 등이다.

🔍 틀린 문장

- 부모와의 친밀한 유대감, 부모와의 안정적 애착 → 학교 적응 요인들이다.

13 가출

1 청소년 가출위험

개인적 요인	낮은 자존감, 공격성이 높은 기질, 높은 감각 추구 성향, 높은 충동성, 비행경험 등이다.
가족환경적 요인	부모와의 관계, 부모의 학대 및 방임, 가족의 약물중독, 가족상황 등이다.
학교환경 및 친구 요인	학교생활 부적응, 학업에 대한 흥미 부족, 교사의 억압적 태도와 체벌, 학업성적 저하, 가출이나 비행경험이 있는 친구들과 어울릴 경우 등이다.

🔍 틀린 문장

• 학교 부적응 → 개인적 요인이 아니라 학교환경 및 친구 요인에 해당한다.

2 청소년의 가출유형에 관한 설명

시위성 가출	가족구성원들이 자신에게 관심을 갖기를 원하는 목적으로 행하는 경우
추방형 가출	가족이나 주위 환경으로부터 가출을 하도록 떠밀려 나온 경우
방랑성 가출	밖에서 생활하는 것이 좋아 1~2년 정도 밖에서 배회하면서 사는 것이 생활이 된 경우
생존성 가출	가족의 신체적, 심리적 학대로부터 생존을 위해 어쩔 수 없이 도망쳐 나온 경우
유희성 가출	친구들과 어울려서 놀고 싶은 충동에 의한 가출
탈출형	가정문제나 가족갈등으로부터 도망쳐 나온 청소년
도피형	부모의 통제와 처벌을 일시적으로 피하기 위해 가출한 청소년
자아상실형	지속적인 좌절과 정체성 상실로 가출을 선택한 경우
버려진 가출	가정해체 등으로 부모로부터 버려진 청소년

3 가출빈도와 기간에 따른 가출 유형

일회성 가출	가출빈도 1회, 최장가출기간 일주일 이내
반복가출	가출빈도 2회 이상, 최장가출기간 일주일 이내
장기가출	가출빈도 1회, 최장가출기간 일주일 이상
만성가출	가출빈도 2회 이상, 최장가출기간 일주일 이상

🔍 틀린 문장

• 도피성 가출 : 단순히 친구들과 어울려 놀고 싶은 충동에 의해 가출하는 경우 → 유희성 가출에 대한 설명이다.

14 자살

1 청소년기 자살

- 모방자살을 하는 경향이 있다.

- 또래와 동반자살을 시도하는 경향이 있다.

- 판타지 소설류나 인터넷게임 등의 영향으로 죽음에 대한 환상을 갖는 경우가 있다.

- 현실도피적인 수단으로 자살이라는 극단적 행동을 보이기도 한다.

- 청소년의 자살 시도는 계획적인 경우보다 충동적인 경우가 많다.

- 우울증이나 약물남용은 청소년 자살의 원인 중 하나이다.

- 청소년자살은 2007년 이후 청소년 사망원인 중 1위를 기록하고 있다.

- 여자가 남자보다 자살 시도율이 높다.

- 완전한 자살의 경우는 남자가 더 높다.

- 발달 단계적 특성상 자살 시도율이 높은 시기(미성숙, 반항적, 격변의 시기)이다.

🔍 틀린 문장

- 부모와의 유대는 자살을 예방하는 보호요인이 될 수 없다. → 부모와의 유대는 자살을 예방하는 보호요인이 될 수 있다.
- 청소년의 자살 동기는 성인과 동일하게 나타난다. → 성인과 동일하지 않다.

1 아노미적 자살

- 사회의 규제가 너무 약할 때, 법과 규범이 무시되는 혼란스러운 사회 상황, 경기 침체, 대규모 실업사태, 경기가 호황일 때, 입시의 과중한 부담을 느낄 때이다.

2 이기적 자살

- 사회의 통합하는 힘이 약해서 개인주의가 팽배함으로 생겨남, 책임성과 의존성 포기다.

3 숙명론적 자살

- 사회가 자신의 뜻대로 돌아가지 않으리라는 것, 사회의 규제하는 힘이 너무 강할 때, 사회가 개인의 자유를 심하게 통제할 때, 노예의 자살 등이다.

4 이타적 자살

- 자신보다 사회의 공동체에 큰 비중을 두게 되면서 극단적으로 자신의 목숨을 끊음, 사회의 통합하는 힘이 너무 강할 때이다.

	아노미적 자살	이기적 자살	숙명론적 자살	이타적 자살
사회통합	×	↓	×	↑
사회규제	↓	×	↑	×

🔍 **틀린 문장**

- 모방적 자살 → 뒤르껭의 자살 종류에 해당하지 않는다.

15 | 중독

1 인터넷 중독

사회·환경적 요인	익명성, 인터넷 접근가능성, 가상적인 상호작용성, 쌍방향 통신, 가정 및 사회적 요인
개인적 요인	외로움, 현실 도피 성향 등
심리적 요인	충동성, 우울감, 자기통제력 상실, 낮은 자아존중감

✓ 인터넷 레스큐 스쿨은 11박 12일 합숙 프로그램으로 인터넷 중독 고위험군 청소년이 대상이다.

🔍 틀린 문장

• 사회·환경적 요인 : 자아존중감 → 개인적 요인에 해당한다.

2 약물남용

• 내성이란 동일한 효과를 얻기 위해 약물의 양과 횟수가 늘어나는 것을 말한다.

• 실험적이고 순간적이고 일시적이다

• 약물 사용이 다른 문제 행동을 발생시킬 수 있는 가능성이 있다.

• 성인보다 빠른 속도로 약물중독에 이르게 된다.

• 장기적으로 볼 때 정신질환 등 각종 질환을 일으킬 수 있다.

• 낮은 자존감, 심리적 스트레스와 관련성이 높다.

• 한 가지에서 여러 가지 약물을 복합적으로 남용하게 된다.

3 약물오용

• 약물을 의학적인 목적으로 사용하지만, 의사의 처방에 따르지 않고 임의로 사용하거나 처방된 약을 지시대로 사용하지 않는 것이다.

약물중독	아편이나 신경안정제, 알코올과 같은 약물에 대한 신체적인 반응 내성, 금단증상, 습관화
약물남용	의사의 처방 없이 자신의 정신적 쾌락을 위해 약물을 사용하는 것
약물의존	약물에 대한 신체적 정신적 의존상태를 나타내는 용어, 약물남용이나 약물중독이란 용어 대신 많이 사용됨
물질남용	약물이 아닌 화학물질, 시너, 부탄가스 등의 남용현상
약물오용	의학적인 목적으로 사용하지만 의사의 처방에 따르지 않고 임의로 사용, 지시대로 사용하지 않는 것

- 약물의존과 금단증상은 관계가 없다. → 약물중독이 되면 금단증상이 나타난다.
- 약물남용을 하더라도 약물중독에는 이르지 않는다. → 약물중독에 이른다.
- 약물남용은 일시적 현상으로 만성화될 가능성이 낮다. → 만성화 가능성이 높다.
- 담배나 술은 환각을 목적으로 지속하여 사용을 하더라도 약물남용이 아니다. → 약물의존에 대한 설명이다.

4 중추신경 억제제와 중추신경 흥분제

1 중추신경 억제제

- 진정제로 중추신경을 억제 시키며 진통 효과가 있다.
- 알코올(술), 헤로인, 모르핀, 바비트레이트산염, 벤조다이아제핀

2 중추신경 흥분제

- 신경계의 활동을 증가, 신체 활동을 활성화시킨다.
- 니코틴(담배), 카페인(커피), 코카인, 암페타민(필로폰)

- 니코틴(담배), 카페인, 코카인, 필로폰 → 중추신경 흥분제의 종류이다.
- 알코올(술)은 중추신경 흥분제이다. → 알코올(술)은 중추신경 억제제이다.

5 알코올(술)에 관한 설명

- 심장박동과 호흡을 느리게 하여 과다복용 시 치명적일 수 있다.
- 중독 시 신체적 의존과 심리적 의존을 나타낸다.
- 중독 시 갑자기 복용을 중단하면 금단현상이 일어난다.
- 일반적인 금단현상으로는 신경과민, 구토, 손떨림, 초조함, 불안 등이 나타난다.

청소년 발달과 관련된 학자들

1 프로이트(S. Freud)의 심리성적 발달단계의 청소년기 특성

- 동성 부모를 적대시(오이디푸스 콤플렉스, 엘렉트라 콤플렉스)한다.
- 신체를 자기 뜻대로 조절하는 것을 즐긴다.
- 동성과의 우정 관계에 집중한다.
- 외모에 관심이 집중된다.

🔍 틀린 문장

- 이성에 대해 성적 관심이 커진다. → 7 - 12세에 해당하는 잠복기에는 리비도가 휴지기에 접어들기 때문에 성적이고 공격적인 욕구나 충동적 욕구가 외부적으로 표현되지 않고 통제된다.

2 에릭슨(E. Erikson)의 심리사회적 발달단계의 청소년기 특성

- 자기정의(self - definition)와 관련된다.
- 청소년기의 가장 중요한 발달과업이다.
- 성격발달의 각 단계는 연속적이고 유기적인 관계가 있다고 보았다.
- 발달단계별 위기극복을 위한 자아의 역할을 강조했다.
- 심리사회적 유예 상태가 요구된다.
- 심리적 유예기(moratorium) 동안 다양한 역할을 실험한다.
- 정체감 혼미에 빠지면 건강한 성인으로 성장하기 어렵다.
- 친밀하고 의미있는 관계 형성의 기초가 된다.
- 영유아기에 형성된 신뢰를 바탕으로 발달한다.
- 성취하지 못할 경우 자기회의에 빠지게 된다.
- 개인은 자기에 대한 타인의 견해와 자신에 대한 견해를 통합하여 일관된 자아상을 가지며 자아정체감을 형성한다.
- 자아정체감이란 자기의 위치, 능력, 역할 및 책임에 대한 분명한 인식이다.
- 정체감을 성취하는 데 실패하고 정체감 위기를 경험한 사람은 역할 혼돈을 보인다.

연령	적응 대 부적응 방식	덕목	프로이트
0 ~ 1세	신뢰감 대 불신감	희망	구강기
1 ~ 3세	자율성 대 의심,수치심	의지	항문기
3 ~ 5세	주도성 대 죄의식	목적성	남근기
6 ~ 11세(아동기)	근면성 대 열등감	능력	잠복기
12 ~ 18세(청소년기)	자아정체성 대 역할혼돈	충실성	성기기
18 ~ 35세(성인초기)	친밀감 대 고립감	사랑	
35 ~ 55세(중년기)	생산성 대 침체감	돌봄	
55세 이상(노년기)	자아통합 대 절망감	지혜	

🔍 **틀린 문장**

- 위기(crisis)와 보호(protection) 두 개의 요소로 구성된다. → 위기와 적응(극복) 혹은 부적응으로 성격이 발달된다.
- 근면성 성취에 필요한 전제 조건이다. → 근면성 성취는 6 - 11세 사이인 아동기에 해당한다.
- 에릭슨(E.Erikson)의 생태학적 이론 → 브론펜브레너의 생태학적 이론이다.

3 콜버그(L. Kohlberg)의 도덕발달 단계

📝 **도덕적 갈등상황을 담고 있는 '하인츠 딜레마'**

암으로 죽어가고 있는 여성을 구할 수 있는 새로운 약을 최근에 어떤 약사가 개발하였다. 약사는 그 약을 만드는데 들었던 돈의 10배인 2,000달러를 약값으로 요구하였다. 여성의 남편인 하인츠는 약을 구입하기 위해 애써 돈을 구했지만, 1,000달러밖에 모으지 못해, 약사를 찾아가 1,000달러에 약을 팔든지 안 된다면 나중에 갚게 해달라고 사정을 했다. 그러나 약사는 자신이 애써 만든 약이므로 그럴 수 없다고 거절하였다. 절망한 하인츠는 아내를 구하려고 약국 문을 부수고 들어가 약을 훔쳤다. 하인츠는 그렇게 해야만 했는가? 왜 그런가? 아니면 왜 그러면 안 되는가?

도덕적 갈등상황을 담고 있는 하인츠 딜레마를 제시하고 이에 대한 다양한 반응에 포함된 도덕적 사고내용을 분석해 도덕적 발달수준을 제시하였다. 도덕적 발달수준은 도덕적 가치의 내면화 정도에 따라 3가지 수준인 전인습적 수준, 인습적 수준, 그리고 후인습적 수준으로 구분하고, 각 수준을 다시 두 가지 단계로 나누어 모두 6단계로 구분하였다.

1 전인습적(pre-conventional) 수준

1 1단계 : 처벌과 복종(punishment and obedience)의 단계

- 행동의 결과에 의하여 선과 악을 판단하고, 처벌이 두려워 규칙을 따르고 권위 있는 사람에게 순종한다.
- 처벌받는 행동은 나쁘고 보상을 받는 행동은 좋은 것으로 도덕적 추론을 한다.

2 2단계 : 도구적 쾌락주의(instrumental hedonism) 지향 단계 = 도구적 상대주의 지향 단계

- 자신의 흥미와 욕구를 만족시키기 위해 규범을 준수하는 사람이 있다.
- 상을 받거나 개인적인 욕구를 충족시키기 위해 규칙에 복종한다.
- 자신에게 이익이 되는 행위가 옳은 것이며, 자신과 타인을 만족시켜주는 수단으로 행동을 하는 단계이다.

2 인습적(conventional) 수준

1 3단계 : 착한 소년·소녀(good girl - boy) 지향 단계 = 대인관계 조화 단계

- 타인의 눈을 의식하여 친구들에게 좋은 사람으로 인정받기 위해 행동을 결정하는 경우이다.
- 사람들에게 자신이 어떻게 평가받을지에 대해 고민하기 시작하며, 남들에게 칭찬을 받고 비난받지 않기 위해 법을 지키게 된다.

2 4단계 : 법과 질서(law and order) 지향 단계

- 법, 정의, 사회질서, 의무에 근거해 도덕적 판단을 내리게 되며, 법과 질서를 준수하는 것이 옳은 행동이라고 생각한다.
- 법은 사회질서를 보호하기 위해 중요하기 때문에 반드시 지켜야하며, 법을 어긴다는 것은 어떤 이유에서든 정당화될 수 없다.

3 후인습적(post-conventional) 수준

1 5단계 : 사회계약(social contract) 지향 단계

- 법과 사회계약이 '최대 다수의 최대 행복'이라는 사회계약에 의해 의무를 규정하고 타인의 권리를 침해하지 않으며, 공리주의를 증진하기 위한 행동을 하는 단계이다. 규칙이 공정하지 않을 수 있고 공정하지 않은 규칙은 사회합의에 의해 변경될 때까지는 복종해야 한다.
- 법이란 개인의 자유를 규제하기 위해서가 아닌 극대화하기 위해서 공동체가 합의한 것이므로 법이 사람들의 요구를 충족시키지 못할 경우 상호 합의와 민주적인 절차를 통해 변경할 수 있다고 생각한다.

> 🔗 민수는 콜버그(L. Kohlberg)의 하인츠 딜레마 이야기를 듣고 "하인츠가 잘못했다고 말하기 전에 여러 가지 상황을 고려해야 하지 않을까? 약국을 무단침입해서 약을 훔치는 것이 옳은 일은 아니지만 그런 상황에서는 약을 훔칠 수도 있을 것 같아"라고 말했다.

2 6단계 : 보편적, 윤리적 원리 지향 단계

- 양심에 따른 행동을 하는 단계이다.
- 생명의 존엄성이나 평등, 보편적 권리에 근거해 도덕성을 나타낸다.
- 모든 인간의 권리를 동등하게 생각하고 개인의 가치와 권리를 존중한다.

- 현실에서의 도덕성 발달을 반영하는지는 불분명하다. 비현실적 상황에 대한 딜레마를 사용하였기 때문에 현실에서 발생하는 도덕적 갈등에 대해 실제로 개인이 어떻게 판단하는지 불분명한 정보를 준다.
- 서구적이고 남성적이라는 비판을 받고 있다.
- 도덕적 규범에 대한 이해가 항상 도덕적인 행동으로 이어지는 것은 아니다.
- 이 이론은 남성을 대상으로 한 인터뷰 자료에 근거하여 만들어졌기 때문에 배려와 돌봄을 중요시하는 여성의 도덕성을 평가하는 데 적합하지 않다.

4　길리건(C. Gilligan)의 도덕성 발달이론

- 여성의 도덕성을 배려의 도덕성, 남성의 도덕성을 정의의 도덕성이라고 본다.
- 남성과 여성은 사회화 과정의 차이로 인해 도덕적 문제에 서로 다른 관점으로 접근한다.
- 배려 지향적 도덕성 이론을 제시하였다.
- 관심, 배려, 상호의존성을 중심으로 도덕성 발달을 연구하였다.
- 남아는 독립적이고, 성취지향적으로 사회화되므로, 도덕적 갈등상황에서는 다른 사람의 권리나 법과 사회적 관습을 중요시하게 된다.
- 여아는 양육적이고, 동정적이며, 다른 사람의 욕구에 대한 관심을 강조하는 사회화로 인해, 다른 사람과의 관계를 중시하는 도덕적 판단을 하게 된다.
- 여성이 남성적인 정의추론에 입각한 콜버그 척도에 따라 평정될 때 낮은 평정을 받을 수밖에 없다. 따라서 여성의 도덕성은 부당하게 평정되고 있다.

길리건의 여성의 도덕성 발달단계		
수준	특징	내용
제1수준	자기중심적, 자기이익지향	자신의 이익과 관련된 욕구에만 관심, 자기중심적으로 몰두함
제1과도기	이기심에서 책임감으로 변화	자신의 욕구를 억제하고 타인의 요구에 응하려는 시도를 함
제2수준	타인에 대한 책임감과 자기희생 지향	타인에 대한 책임감을 지각하며 타인에 배려와 자기희생이 미덕이라 여김
제2과도기	동조에서 새로운 내적 판단으로 변화	다른 사람의 욕구뿐만 아니라 자기 자신의 욕구도 고려해야 함을 인지함
제3수준	자신 및 타인 배려 조화, 비폭력적 도덕성 지향	자신에 대한 배려와 타인에 대한 배려의 충돌을 해결하는 데 비폭력적 원리를 추구하여 조화를 이룸

콜버그의 정의의 도덕성		길리건의 돌봄의 도덕성	
전인습적 도덕성			
단계		수준	
1	처벌을 피하기 위해 규칙 복종	1	자신과 자신의 생존에 관심
2	보상을 얻기 위해 규칙 복종		(제2수준으로 이동) 다른 사람들의 욕구를 인식하기 시작함
인습적 도덕성			
3	타인들의 인정을 받고 불인정을 피하기 위해 규칙 복종 및 순응	2	사회규준을 따르는 타인들에 대한 관심
4	사회적 규칙 및 법률의 엄격한 이행		(제3수준으로 이동)돌봄의 도덕성은 반드시 타인들뿐 아니라 자신의 돌봄을 포함시켜야 한다는 인식
후인습적 도덕성			
5	규칙은 사회질서를 위해 필요하므로 복종해야 하나 바뀔 수도 있다고 이해함	3	자기와 타인에 대한 책임인식, 그리고 자신과 타인을 상호독립적으로 봄
6	정의에 대한 내적기준의 충족을 위해 사회의 기준은 위반될 수 있음		

🔍 틀린 문장

- 도덕성에서 원초아의 발달을 중요시한다. → 프로이트(S. Freud)는 도덕성 발달이 초자아의 발현을 통해서 이루어진다고 보았다.
- 타율적 도덕성 단계에서는 규칙이 절대적이고 불변의 것이라고 이해한다.
- 행동주의적 발달 모델을 제시하였다. → 배려 지향적 도덕성 이론을 제시하였다.
- 남성과 여성은 도덕적 판단 기준에서 차이가 없다고 보았다. → 여성의 도덕성을 배려의 도덕성, 남성의 도덕성을 정의의 도덕성이라고 본다.
- 도덕성 발달을 4수준으로 구분하였다. → 3수준 2과도기로 구분하였다.
- 전인습적 수준을 도덕성 발달의 최종 단계로 제시하였다. → 후인습적 수준을 도덕성 발달의 최종 단계로 제시하였다.

5 피아제의 도덕성 발달(인지발달적 관점)

📝 피아제의 도덕성 발달단계에 따른 도덕적 사고

이야기A

유리 엄마는 방에 있던 유리에게 저녁을 먹으러 주방으로 오라고 했다. 그런데 주방문 뒤에는 의자가 있었고, 그 의자 위에는 컵 15개가 놓여 있었다. 유리는 문 뒤에 의자와 컵이 있을 것이라고는 전혀 생각하지 못한 채 문을 열었고, 결국 문이 '쾅'하고 컵에 부딪치면서 컵 15개가 깨져버렸다.

이야기B

엄마가 집에 없는 사이 다희는 찬장에 있는 잼을 꺼내려고 했다. 다희는 의자를 찬장 밑에 놓고 올라가 손을 뻗어보았지만, 찬장이 너무 높은 곳에 있어서 잼이 손에 닿지 않았다. 하지만 다희는 잼을 꺼내려고 계속 애를 쓰다가 그만 컵 1개를 깨뜨리고 말았다.

A의 유리와 B의 다희 중에 누가 더 나쁜가? 타율적 도덕성 단계에 해당하는 아동은 어떤 행동의 의도와는 상관없이 행동의 결과에 따라 누가 더 나쁜지를 판단한다. 그러므로 자신의 의도와는 상관없이 컵을 많이 깬 유리가 더 나쁘다고 생각한다. 반면에 자율적 도덕성 단계에 다다른 아동은 사람들이 하는 행동의 의도를 고려해서 유리보다는 다희가 더 나쁘다고 생각한다.

1 전도덕성 단계

- 인지발달이 미성숙해서 규칙을 이해하지 못하며 도덕적 판단을 할 수 없다.

2 타율적 도덕성 단계

1) 인지발달단계에서 전조작기에 속하는 단계이다.

2) 권위자가 일방적으로 부과한 규칙을 절대적으로 받아들이고 변경이 불가능하다고 생각한다.

3) 행동의 옳고 그름을 판단할 때 행동의 의도는 고려하지 못하고 행동으로 인한 결과만을 고려해 판단을 내린다. 또한 타율적 도덕성 단계의 유아는 도덕적 규칙은 변할 수 없고 절대적인 것으로 생각한다.

3 전환기 단계

1) 7 - 10세에 해당하며 또래와 많은 시간을 보내며 놀이활동을 하게 되는데, 놀이규칙이 상황에 따라 유동적으로 변할 수 있다고 생각한다.

2) 타인의 마음을 이해하기 시작하기 때문에 자신의 이익을 앞세우기보다 다른 사람이 어떻게 생각하고 느낄지 고려하여 공정한 규칙을 따르게 된다. 하지만 일관되게 공정한 행동을 보이지 못한다.

4 자율적 도덕성 단계

1) 인지발달단계에서 구체적 조작기에 속하는 단계로 10세 이상에 해당한다.

2) 이 단계의 아동은 규칙이나 법은 사람이 만든 것으로 서로 간의 합의와 동의를 거쳐 변경될 수 있다고 생각하며, 필요에 따라서는 규칙을 위반할 수도 있다고 생각한다.

3) 다른 사람들과 상호작용을 통해 여러 가지 입장을 생각하면서 어떤 행위를 판단할 때 행위의 결과만이 아니라 의도와 동기도 고려해 판단하고, 규칙을 위반해도 항상 처벌받지 않는다는 것을 경험에 의해 깨닫게 된다.

> 🔍 **틀린 문장**
>
> 피아제(J. Piaget)에 따르면 청소년기는 타율적 도덕성 단계에 해당된다. → 피아제에 따르면 청소년기는 자율적 도덕성 단계에 해당한다.

6 피아제(J. Piaget)의 인지발달이론 중 형식적 조작기(청소년기)의 특성

- 추상적 사고

- 논리적 사고

- 조작적 사고

  ✓ 조작적 사고: 조작은 과거의 경험을 바탕으로 실제 상황이 아니더라도 결과를 예측하고 상상하는 능력을 말한다.

- 가설연역적 사고

- 사고과정에 대한 사고

- 이상주의적 사고

- 추상적 사고

- 가능성에 대한 사고

- 체계적인 사고

- 미래가능성에 관한 사고

🔍 틀린 문장

- 물활론적 사고, 직관적 사고 → 물환론적 사고와 직관적 사고는 2 - 7세 사이의 전조작기에 해당한다.

7 비고츠키(L. Vygotsky)의 사회문화적 인지이론

- 언어는 사고발달에 필수적이며 사회적 상호작용의 매개역할을 한다.

- 근접발달영역(ZPD)은 실제적 발달수준과 잠재적 발달수준 사이의 간극을 말한다.

  ✓ 근접발달영역(ZPD)
    - 혼자서 성취하기는 어렵지만 유능한 타인의 도움으로 성취 가능한 것의 범위이다.
    - 스스로 아동이 해결할 수 있는 과제와 성인의 도움을 받아 해결할 수 있는 과제 사이의 영역이다. 이는 잠재적으로 아동이 도달할 수 있는 발달 수준을 나타낸다.

- 비계(scaffolding)는 스스로의 힘으로 문제를 해결할 수 있도록 성인이나 유능한 또래가 도움을 제공하는 것을 말한다.

  ✓ 비계(scaffolding)
    - 더 능력 있는 또래나 교사가 학습 지원을 위해 제공하는 임시적인 도움을 말한다.
    - 초기에는 지원을 많이 해주다가 독립적으로 아동이 과제를 해결할 수 있게 되면 점차 지원을 줄여간다.

🔍 틀린 문장

인지발달의 문화적 보편성을 강조하며, 아동은 동일한 인지발달단계를 거친다. → 인지발달 단계의 순서는 사회문화적 경험에 따라 달라진다.

8 콜버그(L. Kohlberg)의 인지발달적 측면에서 성역할

- 성 역할 발달의 순서는 성정체성 - 성안정성 - 성일관성으로 발달한다.

성 정체성 발달	3세경	남자와 여자를 범주화하는 능력을 가진다.
성 안정성 발달	4세경	남아는 남자어른, 여아는 여자 어른이 된다는 인식을 가진다
성 항상성(일관성) 발달	6세경	성이란 놀이, 복장, 외모의 변화에도 불구하고 변하지 않는다는 인식을 가진다

> 성정체성 : 나는 남자야.
> 성항상성 : 머리 모양이 달라졌다고 해도 남자가 여자가 되지는 않아.
> 성안정성 : 남자는 자라서 남자 어른이 되고, 여자는 자라서 여자 어른이 되는 거야.

9 엘킨드(D. Elkind)의 청소년기 자아중심성(egocentrism)

- 대표적 현상으로 개인적 우화와 상상적 청중이 있다.
- 개인적 우화와 상상적 청중은 후기 청소년기가 되면서 점차 사라진다.

1 개인적 우화(personal fable)

- 자기중심성(egocentrism)의 대표적 현상 중 하나이다.
- 자신의 사고와 감정이 너무나 독특해서 남들이 이해할 수 없을 것이라고 생각하는 것이다.
- 어른들은 청소년의 독특함과 특별함을 절대로 이해하지 못한다고 생각한다.
- 자신의 경험은 독특하고 특이하기 때문에 다른 사람과는 다르다고 생각한다.
- 어떠한 사건을 자신에게 적용시킬 때는 일반적인 확률을 무시하거나 왜곡하는 현상이다.
- 약물을 복용해도 자신의 독특성으로 인해 중독현상이 없을 것이라고 생각하는 것은 개인적 우화의 예이다.
- 엄마는 내 첫사랑을 절대로 이해하지 못한다고 생각한다.
- 예를 들어 성적 조금 떨어졌다고 세상이 자기에게 시련을 준다며 과도하게 미화하는 것이 있다.
- "나의 독특성을 어른들은 이해하지 못해"

🔍 **틀린 문장**

> - 예를 들어, 버스에 타면 앉아 있는 사람이 모두 나를 쳐다볼 것이라고 생각한다. → 엘킨드의 상상적 청중에 대한 예시이다.
> - 다른 사람들이 나를 관심의 초점으로 생각하는 현상이다. → 엘킨드의 상상적 청중에 관한 설명이다.
> - 개인적 우화는 자신의 독특성에 대한 합리적 사고를 지칭한다. → 비합리적인 사고이다.

2 **상상 청중(imaginary audience)**

- 청소년기 자기중심적 사고와 관련이 있다.

- 타인들이 자신을 주시하고 있다고 생각한다.

- 스스로 주인공이 되어 무대 위에 있는 것처럼 행동한다.

- 다른 사람들의 눈에 띄고 싶은 욕망으로부터 나온다.

- 상상적 청중은 다른 사람들이 자기를 관심의 초점으로 생각하는 현상이다.

- 주변 사람에게 신경 쓰느라 자신의 외모와 행동에 관심을 집중한다.

> 🔍 **틀린 문장**
>
> - 다른 사람들을 위한 배려와 희생을 우선시한다. → X

10 마샤(J. Marcia)의 정체감 지위이론

- 마르샤(J. Marcia)는 자아정체감의 지위(status)를 위기와 관여(commitment)에 따라 구분한다.

- 연령이 증가할수록 자아정체감 성취의 비율도 증가한다.

- 청소년기는 선택과 결정의 시기이기 때문에 자아정체감이 중요하다.

- 자아정체감 유예와 성취의 공통점은 위기 경험이다.

정체성 지위	위기(crisis)	전념(commitment=관여)
혼미(diffusion)	X	X
유실(=폐쇄, foreclosure)	X	O
유예(moratorium)	O	X
성취(achievement)	O	O

1 정체감 성취(identity achievement)

- 자아정체감과 관련된 위기를 경험하였으나, 다양한 대안과 선택을 신중하게 고려해 자아정체감을 확립한 상태이다.
- 자신의 신념, 직업, 정치적 견해 등에 대해 스스로 의사결정을 할 수 있다.

2 정체감 유예(identity moratorium)

- 위기에 처해 있으면서 대안을 탐색하지만 아직 의사결정을 내리지 못한 상태다.
- 삶의 목표와 가치에 대해 회의하고 대안을 탐색하나 아직 의사결정을 내리지 못한 상태이다.
- 안정감이 없으나 정체감 성취를 위한 과도기적 단계에 있으므로 시간이 지나면 정체감을 확립하게 되는 경우가 많다.
- 예시로는 고등학교 2학년인 상미는 자존감이 비교적 높고 자율성은 있으나, 대학진학의 필요성에 대해 고민하고 대안을 탐색하면서 방황하고 있다.

3 정체감 유실(identity foreclosure) = 정체성 폐쇄

- 자기탐색을 위한 정체감 위기를 경험하지 않고 자신에 대해 쉽게 의사결정을 한 경우이다.
- 자신에게 중요한 문제에 대해 고민하지 않고 타인의 결정을 그대로 따른다.
- 부모가 제안하는 장래 직업에 대해 탐색하지 않고 바로 수용한다.
- 스스로 심각하게 생각하거나 의문을 갖지 않고 타인의 가치를 받아들이는 상태이다.

4 정체감 혼미(identity diffusion)

- 위기를 경험하지 않고, 삶의 목표와 가치도 탐색하지 않은 상태이다.
- 삶의 목표와 가치를 탐색하려는 시도를 보이지 않았으며, 자신이 생애를 계획하고 설계하려는 욕구가 부족하다.
- 혼돈과 공허감으로 부정적 정체감에 빠질 위험이 있다.
- 미성숙하여 자아존중감이 낮고, 혼동에 빠져 있다.

> 🔍 **틀린 문장**
>
> - 정체감 유실은 위기를 이미 경험한 상태이다. → 자기탐색을 위한 정체감 위기를 경험하지 않고 타인에 의해 쉽게 의사결정을 한 경우이다.
> - 정체감 성취를 이룬 사람은 이후에 정체감 유실이 나타나지 않는다. → 성인 이후에 진로를 변경하려고 할 때 다시 겪을 수도 있다.
> - 마르샤(J. Marcia)가 제시한 자아정체감의 지위(status)에는 통합(integration)이 포함된다. → 위기와 전념 혹은 관여가 포함된다.

11 브론펜브레너(U. Bronfenbrenner)의 생태학적 이론

1 브론펜브레너 생태학적 이론

1 미시체계

- 가정, 친구, 학교 등을 의미하는데, 청소년은 이 체계들과 상호작용하면서 발달하게 된다.

- 학교, 또래집단, 형제자매, 가정 등이다.

- 청소년은 미시체계와 서로 상호작용하며 이는 발달에 영향을 미친다.

- 청소년을 둘러싼 근접환경으로 청소년과 직접 얼굴을 맞대고 상호작용을 하는 관계를 말한다.

- 보육기관, 놀이터, 친척집, 이웃이 포함되며, 집의 크기, 보육기관의 시설, 학교 운동장 등도 포함된다.

2 중간체계

- 미시체계들이 겹쳐지면서 발생되는 환경을 말한다.

- 미시체계들 간의 관계성 또는 맥락 간의 연결을 말한다.

- 가정과 학교, 또래집단 사이의 상호작용으로 이루어지는 체계이다.

- 부모와 교사와의 관계, 부모와 또래와의 관계 등이 이에 속한다.

3 외체계

- 아동이 직접 경험하지 않지만 발달에 영향을 미치는 사회적 환경을 의미한다.

- 대중매체는 청소년이 직접적으로 상호작용하지는 않지만 청소년에게 영향을 미치는 지역 사회 수준에서 기능하고 있는 사회적 환경이라는 점에서 외체계에 해당한다.

- 부모의 근무시간, 직장분위기, 휴기, 전근 등으로 아동의 발달에 영향을 미친다.

- 부모가 속해 있는 직장이 어떠한지에 따라 수입, 근무시간, 복지 등의 환경 영향이 아이에게 영향을 준다.

- 부모가 직장에서 스트레스를 많이 느끼면 자녀에게 정서적으로 편안하게 다가가기 힘들 수 있다.

- 예를 들어 부모의 직장, 부모의 사회적 연결망, 부모의 직업, 부모의 친구, 친척, 교통시설, 여성가족부, 지역사회 기관, 복지서비스, 정부기관, 교육제도, 대중매체 등이 속한다.

4 **거시체계**

- 개인이 현재 살고 있는 문화적 환경을 의미한다.

- 청소년을 둘러싸고 있는 문화적 환경으로 법, 관습이 해당된다.

- 문화, 사상, 관습, 전통, 이념, 법률 등의 환경을 포함한다.

5 **시간체계**

- 시간체계에 따르면 어떤 사건의 효과는 시간적 경과에 따라 변화될 수 있다.

- 전생애 걸쳐 시간의 흐름에 따라 일어나는 환경적 사건 및 변화를 포함한다.

> **🔍 틀린 문장**
>
> - 외체계는 이웃, 학교, 교사와 같이 청소년을 둘러싸고 있는 경험적 환경이다. → 미시체계에 대한 설명이다.
> - 미시체계 : 대중매체 → 외체계 - 대중매체
> - 중간체계 : 부모의 직장 → 외체계 : 부모의 직장
> - 거시체계 : 확대가족 → 외체계 : 확대가족(친척)
> - 시간체계 : 종교단체 → 거시체계 : 종교단체
> - 사회정책 → 거시체계

12 그 외 학자들

1 미드(M. Mead)의 문화인류학적 이론

- 미드는 발달의 단계이론을 거부하고 발달의 연속성을 강조했다.
- 사모아 같은 부족사회에서는 '질풍과 노도'와 같은 청소년기의 특성이 나타나지 않는다.
- 문화적 상대론을 주장하였는데 Samoa섬 청소년들은 서구 청소년들에 비해 평화로운 청소년기를 보내는 것을 관찰하고 문화에 따라 사춘기가 혼란스럽지 않을 수 있다고 제안하였다.
- 청소년기 심리적 특성은 생물학적 요인과 문화적 요인의 상호작용에 의해 결정된다는 통합적 입장을 제시하였다.

2 반두라(A. Bandura)의 도덕성

- 대리강화를 중요한 도덕성의 학습기제로 설명하였다.
- 도덕성도 모방과 강화에 의해 학습되는 행동으로 생각하였다.

3 게젤(A. Gesell)의 성숙이론

- 아동 발달이 생물학적 요인에 의해 결정되며, 발달의 연속성을 중요하게 여겼다.
- 환경 요인은 그다지 큰 영향을 미치지 않는다고 주장하였다.
- 성숙이 보편적인 발달 순서를 따른다고 보았다.
- 유아 내부의 성숙적 요구에서 출발해야 한다.
- '준비도'라는 새로운 경험을 위한 가장 적절한 시기와 효과적인 훈련이 가능한 시점이 있다.
- 행동의 학습은 문화적 관습보다 유아의 내적 요구와 필요에 따라 이루어져야 하며, 개별 유아의 발달 패턴과 속도에 맞춰 반응해야 한다고 주장했다.
- 유아들은 자연스럽게 일정한 성장 단계에 도달하면 그 단계에 적합한 행동을 할 수 있다고 보았다.
- 교육이 적절한 성숙 상태가 갖춰지지 않으면 비효과적이라는 점을 시사했다.
- 연령별 표준 행동 목록을 만들어 유아의 신체적, 정서적, 지적 발달 정도를 객관적으로 파악할 수 있는 기록을 제시했다.
- 최초의 과학적인 관찰 기록표로, 모든 성장 영역과 문화적 배경에서 보편적인 행동 발달 변화와 기본적인 유사성을 나타내는 목록이다.

17 진로 및 직업발달 이론

1 홀랜드(J. Holland)의 성격이론

- 홀랜드는 성격 특성에 적합한 직업을 선택했을 때 성공가능성이 높다고 하였다.
- 홀랜드는 개인의 성격유형과 직업특성이 일치할 때 직업만족도가 가장 높다고 주장하면서 6가지의 성격유형을 제시하였다.
- 6가지 유형은 실재형(=현실형, Realistic), 탐구형(Investigative), 예술형(Artistic), 사회형(Social), 기업형(=진취형, Enterprising), 관습형(Conventional) 중 하나로 분류된다.

2 6가지 성격유형과 육각형 모형

1 실재적(=현실적, R) 유형

- 실재형에 해당하는 사람들은 사물, 기계, 도구, 동물에 관한 체계적인 조작활동을 좋아한다. 질서정연하고, 구체적이고 체계적으로 신체적 기술을 써서 문제를 해결하려고 하는 경향을 보인다. 현실적이고 신중한 성격의 소유자이다.
- 대표적인 직업은 기술자, 정비사, 조종사, 농부, 엔지니어, 전기기계기사, 군인, 경찰, 소방관, 운동선수이다.

2 탐구적(I) 유형

- 탐구형에 해당하는 사람들은 논리적, 분석적이고, 체계적이고, 호기심이 많고 관찰하는 것을 좋아하고 신중하며 정확한 작업을 좋아한다. 분석적이고, 지적이고, 독립적인 성격의 소유자이다.
- 대표적인 직업은 과학자, 의사, 화학자, 생물학자, 물리학자, 컴퓨터 프로그래머, 연구자, 인류학자, 지질학자이다.

3 예술적(A) 유형

- 예술형에 해당하는 사람들은 표현이 풍부하고, 감수성이 강하며, 자유분방하고, 독창적이며 비순응적(=비규범적)이다. 예술적 창조와 표현을 자유롭게 하는 것을 좋아한다. 그래서 예술적 유형은 비구조화된 상담을 선호한다.
- 대표적인 직업은 미술가, 음악가, 작곡가, 무대감독, 작가, 배우, 소설가, 디자이너이다.

4 사회적(S) 유형

- 사회형에 해당하는 사람들은 타인의 문제를 듣고 이해하고 도와주는 봉사활동을 좋아한다. 다른 사람과 함께 일하거나 다른 사람을 돕는 것을 즐긴다.
- 대표적인 직업은 청소년상담사, 유치원 교사, 청소년지도사, 사회복지사, 교육자, 간호사, 교사, 임상치료가이다.

5 기업적(=진취형, E) 유형

- 기업형에 해당하는 사람들은 조직의 목표나 이익을 달성하기 위해 타인을 통제, 관리, 계획하는 활동을 즐긴다. 개인의 위치가 분명하고 권력의 위계가 잘 구조화된 직업 환경을 선호한다. 지배적, 통솔력, 설득적, 지도적, 경쟁적, 야심적, 열성적인 성격특성을 보인다. 대담하고 사교적인 성격의 소유자이다.
- 대표적인 직업은 기업경영인, 정치가, 판사, 변호사, 영업사원, 보험회사원, 판매원, 연출가이다.

6 관습적(C) 유형

- 관습형에 해당하는 사람들은 정해진 원칙과 계획에 따라 자료들을 정리하고 조직하는 일을 좋아한다. 체계적인 작업환경에서 사무적, 계산적인 활동을 하는 것을 좋아한다. 현실적이고 성실한 성격의 소유자이다.
- 대표적인 직업은 경리사원, 사서, 공인회계사, 은행원, 세무사, 안전관리사, 법무사 등이다.

> 🔍 **틀린 문장**
>
> - 생애역할에 따른 6개의 흥미유형을 기초로 자신의 흥미를 파악한다. → '생애역할'이라는 개념은 수퍼가 제안한 개념이고, 홀랜드는 6개의 흥미유형을 기초로 자신의 직업을 선택한다.
> - 홀랜드의 직업발달이론에서 청소년상담사는 탐구적 유형에 해당한다. → 홀랜드의 직업발달이론에서 청소년상담사는 사회적 유형에 해당한다.

3 긴즈버그의 진로선택 발달이론

- 긴즈버그(E. Ginzberg)는 진로발달이론에서 욕구와 현실 간의 절충으로 직업발달을 완성해 나간다고 주장하였다.
- 긴즈버그(E. Ginzberg) - 직업선택의 과정을 환상기, 잠정기, 현실기의 3단계로 구분하였다.

1 환상기(fantasy stage, 유아-10세)

- 욕구, 환상에 근거한 판단, 상상적 역할놀이로 일과 관련된 역할을 인식한다.

2 **잠정기(=시험적 단계, 11-17세, tentative phase)**

- 잠정적 단계(tentative period)는 흥미기(interest stage), 능력기(capacity stage), 가치기(value stage), 전환기(transition stage)로 나눈다.

1 **흥미기(interest phase, 11-12세)**

  - 흥미에 따라 선호 결정, 관심 직업 선택한다. 특히 부모를 비롯하여 선생님 등 주변의 의미 있는 타자들의 직업이 흥미에 많은 영향을 미친다.

2 **능력기(ability phase, 13-14세)**

  - 자신이 미래에 하고 싶은 직업 분야에서 구체적으로 어떤 능력이 요구되는지 그리고 자신이 그 능력을 가지고 있는지에 대하여 보다 잘 이해하게 된다.

3 **가치기(value phase, 15-16세)**

  - 직업선호를 자신의 가치관 및 생애목표에 부합하는지 평가해본다.

4 **전환기(transition phase, 17-18세)**

  - 요인들을 보다 객관적이고 현실적으로 이해하면서 자신의 진로를 선택한다.

3 **현실기(realistic phase, 18세-성인초기)**

- 현실기(realistic phase)는 잠정기=시험기(tentative period) 다음에 경험한다.

1 **탐색단계(exploration phase)**

  구체적인 비교를 통해 2-3개의 대안을 선정하고 흥미, 능력, 가치, 교육수준, 현실제약 등 고려한다.

2 **구체화단계(crystallization phase)**

  자신의 진로목표를 좀 더 분명히 하는 단계이며 이 시기에서는 타협이 중요한 요인이 된다.

3 **특수화단계(specification phase)**

  세밀한 계획을 세우고 고도로 세분화, 전문화된 의사결정을 하게 된다.

- 현실기는 아동기에 경험한다. → 아동기는 환상기에 해당한다.
- 현실기는 주로 자신의 기호와 흥미에 기초한 선택을 한다. → 잠정기의 흥미기에 해당하는 설명이다.
- 현실기는 현실적 고려 없이 자신의 직업을 선택한다. → 현실기는 현실제약 등을 고려한다.
- 현실기는 눈에 잡히는 특성만으로 세상을 이해한다. → 현실기는 흥미, 능력, 가치 등 추상적인 요인들로 진로의사결정을 하게 된다.
- 현실에서 실제 직업선택을 하기 전에 가치, 능력, 흥미 순으로 시험적인 직업선택 과정을 진행한다. → 현실에서 실제 직업선택을 하기 전에 흥미, 능력, 가치 순으로 시험적인 직업선택 과정을 진행한다.
- 현실적 시기는 환상적 시기 다음에 경험하는 과정이다. → 환상적 시기 다음인 잠정기 시기 다음에 현실기를 경험한다.
- 직업선택이론에서 현실적 시기(realistic period)는 11세 부터 17세에 해당된다. → 현실기는 18세이상부터 성인초기에 해당한다.

4 수퍼(D. Super)의 생애진로 발달이론

- 수퍼의 직업발달 5단계는 성장기, 탐색기, 확립기, 유지기, 쇠퇴기이다.

- 진로 자기개념의 발달과 진로의식 성숙이 전 생애를 통해 진행된다고 보았다.

- 직업선택은 자아개념 발달과 밀접한 관련이 있다.

1 성장기(growth stage, ~14세)

- 주로 13세 이전의 초등학생 시기이며, '나는 무엇을 잘한다', '나는 어떤 일을 좋아한다'와 같이 일과 관련된 자기이해가 발달한다.

1 환상기(fantasy substage, 4-10세)

- 욕구가 지배적이며, 호기심을 통해 직업세계를 접하고, 환상 속에 직업이 존재한다.

2 흥미기(interest substage, 11-12세)

- 흥미와 관련된 관심직업을 보다 구체적인 정보를 수집한다.

3 능력기(capacity substage, 13-14세)

- 일의 세계에 대한 현실적 지각과 정보를 축적하고 직업 성공의 요건으로 능력의 중요성을 인식한다.

2 **탐색기(exploration stage, 14~24세)**

1 잠정기(tentative substage, 15-17세)

- 아동기의 욕구와 흥미 중심의 직업 선호가 점차 욕구, 흥미, 능력, 가치, 직업의 현실적 요건 등을 종합하는 방식으로 변화한다.

2 전환기(transition substage, 18-21세)

- 몇 가지 선호하는 직업 가운데 특정한 직업을 구체적으로 선호를 드러낸다.
- 자아개념이 직업적 자아개념으로 전환한다.

3 시행기(trial substage, 22-24세)

- 어떤 교육이나 훈련이 필요한지, 현실적인 가능성 등을 고려하여 노력한다.

3 **확립기(establishment stage)**

- 25세부터 45세까지 정착(안정화, stabilizing substage), 공고화(consolidating substage), 발전(advancing substage)의 단계를 거친다.

4 **유지기(maintenance stage)**

- 직업세계에서의 확고한 위치가 확립되고 이를 유지하려고 노력한다.
- 45세부터 65세까지 중년기로 보유(holding substage), 갱신(updating substage), 혁신(innovating substage)의 단계를 거친다.

5 **쇠퇴기(disengagement)**

- 은퇴 이후 삶으로 감속(decelerating), 은퇴계획(retirement planning), 은퇴생활(retirement living)의 단계를 거친다.

> **🔍 틀린 문장**
>
> - 개인의 성격에 적합한 직업을 선택하는 것이 바람직하다는 '성격 유형이론'이다. → 홀랜드 성격이론에 대한 설명이다.
> - 청소년기 자아정체감이 생겨나기 시작하면서 직업에 관해 막연하고 일반적인 생각을 가지게 되는 단계를 '실행' 단계라 하였다. → 실행 단계는 타이드만과 오하라의 진로발달이론 단계이며 개인의 목표와 집단의 목표가 유사해지는 단계이다.
> - 진로발달은 아동기부터 성인초기까지로 국한된다. → 수퍼는 전생애 진로발달이론으로 은퇴 이후까지 설명하였다.
> - 안정기(stabilization stage)에는 토론, 경험 등을 통해 직업을 탐색한다. → 안정기에는 조직문화에 적응하고, 조직에서 요구하는 일을 수행하며, 직업의 지위를 안정화시킨다.
> - 성장기(growth stage)는 잠정기, 전환기, 시행기로 나뉜다. → 탐색기는 잠정기, 전환기, 시행기도 나뉜다.
> - 확립기(establishment stage)에는 정신적·육체적으로 기능이 쇠퇴함에 따라 다른 활동을 찾게 된다. → 확립기는 25세부터 45세 사이로 직업적 숙련도나 전문성을 향상시키는 시기이다.

5　로우(A. Roe)의 욕구이론(= 관계적 진로이론)

• 부모의 양육방식과 직업선택의 관계가 직업선택에 영향을 미친다고 보았다.

• 생애 초기 부모와의 관계에서 형성된 직업 욕구에 따라 직업을 선택한다고 보았다.

• 개인의 흥미와 직업의 책무성을 고려하여 새로운 직업분류체계를 개발하였다.

1　로우의 욕구이론 유형

자녀 정서 집중형	과보호형	아이의 행동이나 생각에 대해 지나치게 보호함으로써 부모가 모든 것을 해주거나 제약을 가함으로써 아이가 부모에게 의존하게 만드는 결과를 낳는다
	과요구형	아이에게 많은 것을 요구하여 부담을 갖게 하는 유형을 말하며 주로 부모가 이루지 못한 꿈을 자녀가 대신 이루게 하도록 모든 것을 자녀에게 집중하는 태도이다
자녀 수용형	애정형	가장 이상적인 부모 유형으로 아이의 요구를 따뜻하게 받아들이나 이성적으로 왜 그런 것인지 판단하고 아이에게 긍정적인 능력이나 독립심을 가질 수 있도록 노력하는 부모를 말한다
	일상적 수용 (무관심형)	자녀가 요구하는 것을 대부분 받아들이지만 관심을 갖지 않고 최소한의 애정, 절제 태도를 보인다
자녀 회피형	방임형 (=정서적 무시형)	아이가 무엇을 하든지 관심을 갖지 않으며, 부모로서의 책임을 다하려고 하지 않는다
	정서적 거부형	자녀가 요구하는 것을 무시하고 화를 내며 아이의 행동에 대해 부정적으로 비난, 처벌을 자주 한다

자녀 정서집중형, 자녀 수용형(사람 지향적인 직업군 선택)	→ 서비스직, 비즈니스직, 단체직, 예능직, 일반문화직
자녀 회피형(사람 회피적 직업군 선택)	→ 기술직, 옥외활동직, 과학직

- 직업을 8개의 군집으로 나누었다.
- (흥미로 나눈) 곤란도와 책무성을 6단계로 구분하여 고급전문관리, 중급전문관리, 준전문관리, 숙련직, 반숙련직, 비숙련직으로 나누었다.

서비스직	다른 사람 욕구, 복지에 관심, 타인에 대한 봉사, 사회사업, 가이던스 등 다른 사람을 위해서 무엇인가를 하고 있는 환경에 해당한다.
비즈니스직	일대일 만남을 통해 공산품, 투자상품 등 물품을 판매, 대인관계 요소가 있으나 타인을 도와주는 것이기 보다는 타인을 설득하여 어떠한 행동을 하게 한다.
단체직	사업, 기업체, 정부기관 등에서 일하는 화이트칼라 관리직, 기업과 조직의 효율적인 기능을 위한 형식적인 인간관계의 특성을 가진다.
일반문화직	문화유산의 보존과 전수, 초중등 교사, 교육, 언론, 법률, 언어학, 인문학이라 불리는 과목들이 군집에 해당한다.
예능직	창조적인 예술과 연예활동에 관련된 직업군에 해당한다.
기술직	제품의 생산, 운송과 관련된 직업, 공학, 기계, 정보통신과 관련된 직업군, 사물을 주로 다루며 대인관계는 상대적으로 덜 중요시 여긴다.
옥외활동직	농산물, 수산물, 임산물, 천연자원, 축산물 보존 및 수확하는 것과 관련된 직업군, 대인관계와는 관련이 적다.
과학직	과학이론, 심리학, 인류학, 물리학 등 과학적 연구 분야 직업군이 해당한다.

🔍 **틀린 문장**

- 로우(A. Roe)는 진로선택의 특성-요인 이론을 제안하였다. → 특성요인 이론은 파슨스가 제안하였다.

18 바움린드(D. Baumrind)의 부모양육 유형

1 바움린드의 부모양육 유형

• 바움린드가 부모의 양육방식을 허용적 - 익애적(permissive-indulgent)유형, 독재적(authoritarian)유형, 권위(authoritative) 3가지 유형으로 나눴다.

부모의 양육방식	아동의 행동
허용적 - 익애적 부모	**충동적이며 공격적인 아동**
• 규칙, 규율 없음 • 아동의 울음이나 고집에 굴복함 • 훈육에 일관성이 없음 • 충동이나 욕구의 자유로운 표현을 강조함	• 미숙하고 사회적 책임감 낮음 • 어른에게 저항하며 불복종적임 • 충동적이며 자기통제력이 낮음 • 지배적이고 공격적임 • 목적이 없거나 목표지향적 활동이 적음
독재적(권위주의적) 부모	**불안하고 억제적인 아동**
• 규칙, 규율을 맹목적으로 강요함 • 무조건 복종 강요 • 나쁜 행동을 즉각 지적하고 처벌함 • 심한 처벌과 훈육을 가함 • 애정과 긍정적 관여가 낮음	• 공포와 두려움이 많음 • 주도권 없음 • 우울하고 불행함 • 쉽게 초조해짐 • 표출하지는 않으나 적대적이고 배타적임
권위 있는 부모	**활기차고 다정한 아동**
• 규율을 명확하게 전달함 • 아동의 욕구를 고려하여 의견을 듣고 조정함 • 애정적이고 관여적이며 반응적임 • 아동에게 자율성, 독립성 허용	• 자기신뢰적임 • 자기통제적임 • 활동수준이 높음 • 새로운 상황에 흥미와 호기심을 보임 성취지향적임
무관심한(방임적인) 부모	
• 애정과 통제가 모두 낮음 • 부모 자신의 요구에 초점 • 자녀와의 상호작용 시간과 노력 최소화 • 아동학대 수준으로 방임	

맥코비와 마틴(Maccoby & Martin)의 부모양육 유형

- 맥코비와 마틴(Maccoby & Martin)이 바움린드의 부모양육 유형을 애정과 훈육정도(통제)를 기준으로 4가지 유형으로 나누었다.
- 권위적 유형은 애정과 통제가 모두 높다.
- 권위있는(authoritative)부모는 애정과 통제 수준이 모두 높다.
- 권위있는(authoritative) 부모는 자녀의 독립심을 격려한다.
- 권위적(authoritative) 부모는 독립적 자녀로 양육한다.
- 권위있는(authoritative) 부모는 훈육 시 논리적으로 설명한다.
- 허용적(permissive) 부모는 애정 수준은 높으나 통제수준은 낮다.
- 허용적(indulgent) 부모는 자녀에 대한 통제가 거의 없다.
- 허용적(indulgent) 부모는 일관성 없는 훈육을 한다.

높음(지지적임)	부모의 관여도(= 애정)			
	낮음(비지지적임)			
훈육정도(통제)	강함(요구적)	**권위 있는 유형**		**독재적 유형**
		• 관계가 상호적이고 반응적임 • 아동중심적이고 수용적임 • 따뜻하고 지지적임 • 의사소통이 양방향적임		• 관계가 통제적이고 강압적임 • 부모중심적이고 지배적임 • 냉담하여 처벌적임 • 의사소통이 일방적임
	약함(비요구적)	**허용적 유형**		**방임적 유형**
		• 관계가 자유롭지만 익애적임 • 아동중심적이지만 통제노력이 낮음 • 따뜻하지만 비훈육적임		• 관계가 자유롭지만 비관여적임 • 거부적이며 통제노력이 낮음 • 무관심하며 비훈육적임

		통제	
		높음	낮음
애정	높음	권위 있는 부모	허용적 부모
	낮음	권위주의적 부모	무관심한 부모

- 권위주의적(authoritarian) 부모는 애정적, 반응적이고 자녀와 항상 대화를 갖는다. → 권위적인 부모 혹은 권위있는 부모가 애정적, 반응적이고 자녀와 항상 대화를 갖는다.

19 설리번/설리반(H. Sullivan) 대인관계 발달이론

1 설리번/설리반의 대인관계 발달이론

- 편안하고 성공적인 대인관계가 인생에서 가장 중요하다.
- 대인관계의 형태와 욕구의 변화에 따라 인간발달단계를 6단계로 구분하였다.

기간	연령	관련 대인관계 경험
유아기	0-18개월	• 선,악 양면을 지닌 엄마에 대한 두려움을 가진다 • 부모의 돌봄에 완전히 의존적이다
아동기	18개월-6세	• 아동기에는 부모의 관심을 얻으려는 욕구가 강하다 • 아동의 놀이에 성인이 참여해 주기를 원한다 • 부모가 지나치게 자신의 행동을 인정하지 않는다고 지각하면 악의적 변형, 부정적, 적의적으로 세계를 보기 시작한다
소년·소녀기	6세-9세	• 또래 놀이친구를 얻고자 하는 욕구가 커진다 • 사회화, 협동과 경쟁, 통제를 배우며, 의존적이다
청소년 전기	9-12세	• 동성 또래에 강한 욕구를 가진다 • 친밀한 동성 친구를 갖고 싶은 욕구를 느낀다 • 단짝 친구 관계를 형성하려는 욕구가 강하다
청소년 중기 (청소년 초기)	12-17세	• 이성과의 친밀함을 형성하려는 욕구가 강하다 • 이성에 대한 관심이 증가하며, 이성과 친밀한 관계를 형성하려는 욕구가 생긴다 • 강한 성욕을 가진다 • 이중사회성 욕구(또래에 성욕과 친근감)를 가진다
청소년 후기	18-23세	• 성인시회에 통합하려는 욕구가 커진다 • 불안에 대한 강한 안전 욕구가 생긴다 • 완전히 독립적이다
성인기	24세 이후	• 사회화가 완전히 이루어진다 • 부모의 통제로부터 완전히 독립한다

🔍 틀린 문장

- 아동기에는 안정감의 욕구가 강하게 나타난다. → 청소년 후기에 불안에 대한 강한 안전 욕구가 생긴다
- 소년·소녀기에는 단짝 친구관계를 형성하려는 욕구가 나타난다. → 전(前)청소년기에는 단짝 친구 관계를 형성하려는 욕구가 강하다.
- 전청소년기에는 성적 접촉의 욕구가 강하다. → 전청소년기에는 또래 놀이친구를 얻고자 하는 욕구가 커진다.
- 청소년 후기에는 성적 접촉의 욕구를 느낀다. → 청소년 중기(기출에서는 청소년 초기)에 해당하는 설명이다.
- 인간은 자신 속에 없는 것도 타인에게서 발견할 수 있다. → X

CHAPTER 20 스턴버그(R. Sternberg)의 사랑의 삼각형 이론

1 스턴버그의 사랑의 삼각형 이론

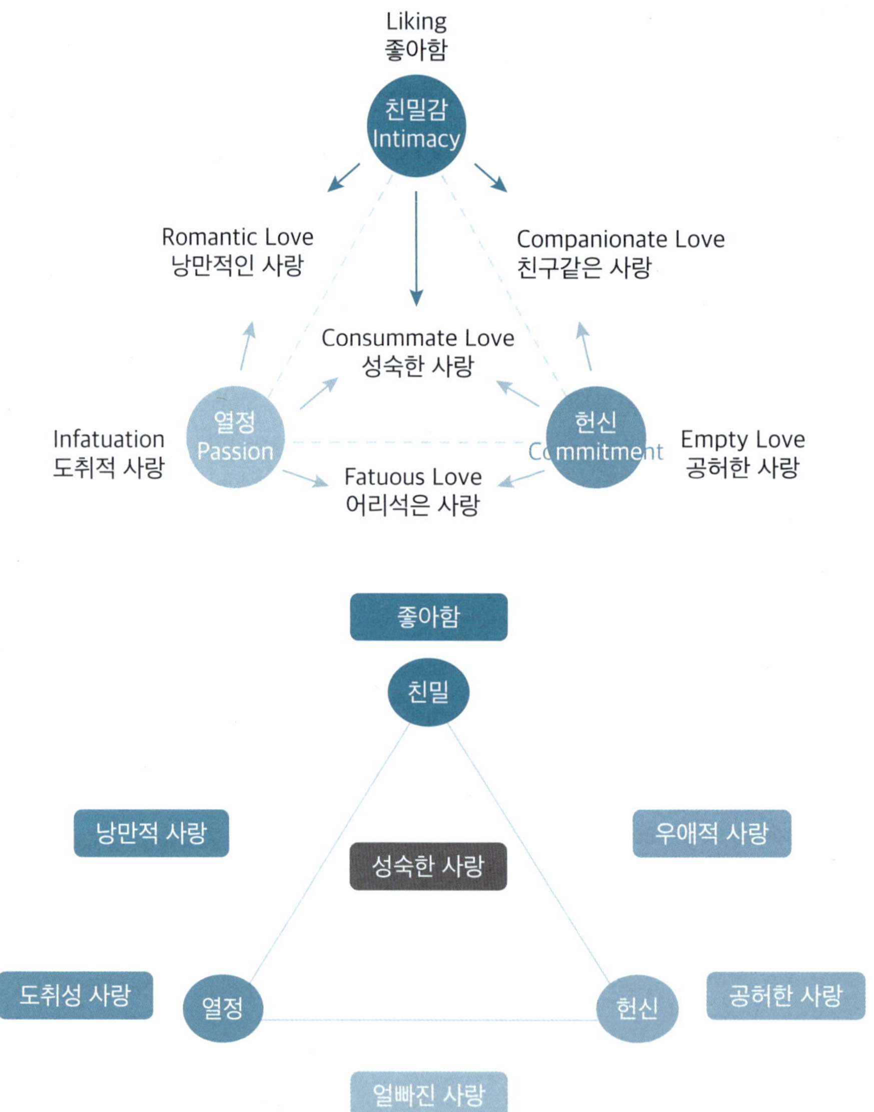

- 사랑의 유형을 8가지로 분류하고 있다.

- 친밀감, 열정, 책임은 사랑의 3요소이다.

- 친밀감(intimacy)은 사랑의 정서적 측면을 반영한다. 친밀감은 마음을 열고 유대감을 느끼는 것이다.

- 열정(passion)은 사랑의 동기적 측면을 이루는 구성요소이다. 상대방에 대한 강렬한 매력과 끌림을 느끼는
  것이다.

- 헌신(commitment)은 사랑의 인지적 측면을 이루는 구성요소이다. 서로의 관계를 유지하고 발전시키기 위해
  노력하는 것이다.

- 책임은 사랑의 인지적 측면을 나타낸다.

- 우애적 사랑(companionate love)은 사랑의 3요소 중 열정(passion)만 제외된 사랑의 형태이다. 신뢰와 정서적
  유대감이 강하지만 열정이 부족해 설렘보다는 안정적인 느낌을 준다. 오랜 연애 후의 커플, 깊은 유대감을 가진
  부부, 우정이 깊은 커플을 의미한다.

- 도취성 사랑(infatuation)은 첫눈에 빠진다는 느낌, 욕망을 불러일으키며, 정신적, 육체적 흥분이 나타난다.
  친밀감과 헌신이 없어 쉽게 사라질 수 있다.

- 공허한 사랑(empty love)은 누군가를 사랑하겠다는 인지적인 속성이며, 감정몰입이나 신체적 매력을 느끼지
  못하는 오래된 부부나 커플에게서 발견되는 사랑의 유형이다. 감정없이 유지되는 결혼, 가족 내 의무적인 관계를
  의미한다.

- 낭만적 사랑(romantic love)은 신체적, 감정적으로 서로에게 끌리고 있으나 헌신은 필수요소가 아니다.
  지속적인 만남을 고려하기 보다 즉흥적인 면이 강하지만 다른 유형의 사랑으로 발전한다.

- 얼빠진 사랑(fatuous love)은 결혼 생활에서 자주 발견할 수 있으며 친밀감이 결여되어 있는 사랑, 몰입이
  없지만 이전 열정에 근거하여 헌신이 나타나지만 이 헌신이 성숙된 헌신이 아닌 얕은 수준의 헌신으로
  나타난다.

- 무애정(non-love)은 친밀감, 열정, 헌신이 모두 없는 상태이다.

- 좋아함(liking)은 상대방과 깊은 신뢰를 쌓고 감정적으로 가까운 관계를 유지하지만 열정과 헌신이 부족하여
  연애보다는 우정에 가까운 형태를 띤다.

- 성숙한 사랑(consummate love)은 친밀감, 열정, 헌신이 다 있는 사랑이다. 감정적으로 가깝고 신체적 끌림도
  있으며, 관계를 지속하려는 의지가 강한 형태이다.

🔍 틀린 문장

- 사랑의 유형은 9가지이다. → 사랑의 유형은 8가지이다.
- 낭만적 사랑(romantic love)은 인지적 요소의 사랑이다. → 공허한 사랑이 인지적 요소의 사랑이다.

21 성역할

성(sex)	생물학적으로 구분되는 남성과 여성을 의미하며 남녀의 차이를 가져오는 염색체, 호르몬 그리고 해부학적 특성을 포함한다
성별(gender)	남성과 여성이 지니는 사회적, 문화적 그리고 심리적 측면을 의미한다

1 성별이론

- 1980년대에 제안된 성별이론에 의하면 실제로 우리가 가족 속에서 경험하는 거의 모든 일들은 사회가 규정한 성별 규정을 학습한 결과로서 어린 아동들은 일찍부터 문화적 기대에 따라 남녀의 역할을 학습한다는 것이 성별이론의 핵심이다.

2 성별불평등(gender inequality)

- 남성과 여성이 정반대의 속성을 갖는다는 소위 성별 양극화(gender polarization)에 기원한다(Bem,1996).

3 학습이론에서의 성역할

- 학습이론에 의하면, 아동과 청소년들은 칭찬이나 보상과 같은 긍정적 강화에 의해 동성의 성역할을 학습하고 처벌이나 부정적 강화에 의해 이성의 성역할을 억제한다.
- 반두라(Bandura,1977)같은 사회학습이론가들은 개인의 성역할은 타인의 행동을 관찰함으로써 획득된다고 주장한다.

4　인지발달이론에서의 성역할

- 피아제(Jean Piaget, 1950)에 의해 제안되고 콜버그(Kohlberg, 1966)에 의해 성역할에 적용된 인지발달이론은 개인의 성역할 학습은 그의 사고발달과 병행한다고 가정한다.
- 2세 아동은 머리카락이나 옷과 같은 피상적 특성을 기초로 남녀를 구별한다.
- 6-7세 아동은 성별은 외모의 변화에 의해서 변화될 수 없는 것이라는 것을 알게 된다.
- 청년기 후엔 남성과 여성이 생물학적 혹은 해부학적으로 차이가 있지만, 성역할 그 자체는 고정된 것이 아니라는 것을 이해하기 시작한다.

5　벰(S. Bem)의 성역할

- 성역할 개념의 습득과정을 설명하는 정보처리이론이다.
- 아동은 성도식(gender schema)을 구성하고 그에 맞는 성역할을 발달시킨다.
- 성에 따라 조직되는 행동양식을 설명한다.
- 정상 성인은 전적으로 남성적 성향이나 여성적 성향만을 갖는 것은 아니며 유능한 성인일수록 그 양자를 조합해서 지니고 있다고 주장하였다.

6　성역할 집중화

- 청소년기 성역할 고정관념의 증가현상이다.
- 자신의 고유한 성에 집중하여, 성역할 측면에 집중하는 이론이다.
- 주로 청소년 전기에 나타난다.
- 청소년 후기로 갈수록 성 집중화는 감소되고, 양성성이 나타나면서, 두 가지 성역할이 공존한다.

7　성 유형화

- 아동이 자신이 속한 사회나 문화적 풍토에 적합한 성역할 특성을 발달시켜가는 과정을 말한다.

8 **성역할 초월**

- 양극적 개념의 성역할로 남자를 남성적, 여자를 여성적이라 표현하며, 양극적 사고 초월을 성역할 초월로 인식하여, 보다 개성적이고 적응적이게 된다고 주장했다.

9 **콜버그(Kohlberg)의 성역할 인지발달론적 관점**

- 콜버그는 유아가 자신을 남성이나 여성으로 자아개념을 인식하는 것을 성역할 발달의 가장 중요한 과정으로 보았다.
- 성역할 동일시에 선행된다고 주장하였다.

1 동일시 단계(2~4세)이다.

- 유아는 자신의 성별에 대해 깨닫게 되는 성 정체성을 갖게 된다.

2 성 유형화(3세)

- 3세가 되면 자신의 성을 정확하게 인식하고 성 명칭을 사용한다. 이때 성 유형화를 통해 선호하는 장난감이 달라지고, 머리 모양이나 옷차림 등의 외형적인 모습으로 성별을 구분해 낸다.

3 성 안정성 단계(5~6세)

- 성 안정성이란 성 정체감이 확고히 자리 잡아 안정적으로 자신의 성을 인식하는 것이다. 이러한 개념 획득으로 유아는 자신의 성이 성인이 되어서도 변하지 않는다는 것을 깨닫게 된다.

4 성 항상성 단계(7~8세)

- 성 항상성은 겉모습과 상관없이 자신의 성이 일정하게 유지된다는 개념으로 타고난 성이 평생 지속된다는 것을 깨닫게 된다. 7세경의 유아는 외형이 달라져도 자신의 성이 동일하다는 것을 알게 된다.
- 그동안 형성된 성 역할 개념들이 성 역할 고정관념으로 확고해져 가기 시작한다.

22 또래관계

1 또래관계

- 부모와 가족으로부터 자율성을 추구한다.
- 또래관계는 자아정체감 형성의 기회를 제공한다.
- 아동기보다 친구들과 많은 시간을 보낸다.
- 아동기보다 또래집단에 대한 동조성이 높게 나타난다.
- 또래집단은 중요한 준거집단이 되고 정보교환의 중요한 통로가 된다.
- 성지식 등 부모나 학교에서 가르치지 않는 정보를 습득하고 교환하는 중요한 통로가 되기도 한다.

2 청소년기 동조성(conformity)의 특징

- 아동기보다 동년배 압력에 더 민감하게 반응한다.
- 동년배와의 우정이 주요 의사결정요인이 된다.
- 부모와의 정서적 독립이 영향을 준다.
- 동년배 집단에 대한 동조성은 일반적으로 청소년 초기에 비해 후기에 약화된다.
- 청소년기에 집단의 규범에 동조하는 이유는 자신의 생각에 대한 확신의 결여 때문만이 아니라 자신이 속해 있는 집단과 자신과의 관계 때문이기도 하다.
- 청소년들은 모호한 상황에서 정보를 얻고 집단의 수용과 안정을 얻기 위해 그들의 행동 양식에 일치하고 조화시켜 가려고 하는 특성이 있다.

🔍 틀린 문장

- 자율성이 증가하면 동조성이 증가한다. → 자율성이 증가하면 동조성이 감소한다.

- 자아정체감 형성의 기회 제공
- 준거집단으로의 역할 제공과 기능
- 심리적 지원과 안정감 제공
- 또래문화에 대한 정보 제공의 기능
- 문화학습 및 전승의 기능
- 자아지지 및 자아존중감의 근원으로서의 기능
- 사회적 성취와 사회적 기술의 획득
- 갈등해결 능력 획득
- 모델링과 행동 표준의 근원으로서의 기능
- 역할수행의 기회와 피드백의 제공
- 정보교환 기능
- 동료의식 획득

🔍 틀린 문장

- 이성에 대한 관심과 흥미가 낮은 편이다. → 이성에 대한 관심과 흥미가 높은 편이다.
- 동성애발달의 기초를 제공한다. → 이성애발달의 기초를 제공한다.

23 청소년 문화

1 학자별 청소년문화

1 아비투스(habitus)

- 부르디외(P. Bourdieu)에 의해 도입된 개념이다.
- 사회계급이나 학력수준 등에 따라 문화향유 방식이나 취향 차이를 드러나게 한다.
- 일상적 실천에서 자신의 계급과 다른 계급을 구분 짓는 역할을 한다.
- 사회문화적 환경에 의해 형성된 무의식적 성향과 습관을 의미한다. 이는 개인의 행동, 사고, 취향, 언어, 신체적 표현 등을 결정하며 계층 이동의 한계를 설명한다.

2 프랑크푸르트학파

- 대중문화를 이데올로기와 자본주의 사회의 상업성을 결합한 문화산업의 산물로 비판하였다.
- 대표적인 학자는 아도르노(T. Adorno), 호르크하이머(M. Horkheimer), 마르쿠제 (H. Marcuse), 벤야민(W. Benjamin) 등이다.
- 초기의 경쟁적 자본주의에서 독점자본주의로 변화하고 있다는 점을 지적한다.
- 조직화된 자본주의의 발전을 프랑크푸르트 학파는 관료적 지배의 확대로 본다.
- 목적의 가치보다 수단의 효율성을 중시하는 태도가 지배하게 된다는 것이다.
- 노동과정이 점차 분업화/기계화되어 인간사회에서 지배는 더욱 비인격화해간다.

3 윌리스(P. Willis)

- 버밍엄(Birmingham) 학파의 일원으로 청소년문화를 하위문화로 개념 짓고, 이를 계급과의 관련 하에 본격적으로 연구하였다.
- 영국의 노동계급 청소년들을 대상으로 민속지적 방법을 통해 청소년들의 문화를 생생하게 연구하였다.
- '학교와 계급 재생산(Learning to Labour)'을 발간하였다.

4 **콜만의 초점이론**

- 청소년들이 주변 인물에 의존하는 경향성의 변화를 설명한다.
- 청소년들의 행동에 미치는 부모와 또래의 영향(초점)은 연령, 해결과제에 따라 달라진다.
- 연령에 따른 차이에서 또래의 영향력은 다른 어떤 시기보다 청소년기에 최고조에 달한다.
- 아동기까지 유지되던 부모 애착이 청소년 초기에 들어서면서는 약해지는 경향이 있음을 보여준다.
- '청소년 세계'의 존재, 즉 교사나 부모의 기대와는 다른 청소년 집단 특유의 가치패턴을 확인하였다.
- 학생들은 학교가 기대하는 학업성취보다도 축구를 비롯한 운동경기에 열중하고 있으며, 동년배로부터의 수용과
  인정을 희구하고, 육체적인 탁월성과 '인기 있는' 것에 높은 가치를 두고 있다는 사실을 밝혀냈다.

> 🔍 **청소년문화에 관한 학자와 이론 내용 틀린 문장**
>
> - 콜만(J. Coleman)은 청소년문화의 특징을 주류문화의 개념으로 설명하였다. → 아동기까지는 부모의 영향을 받고 청소년
>   기에는 또래의 영향을 크게 받는다. 청소년 집단의 가치에 초점을 맞춘다.

2 청소년 문화

1 **동질성과 다양성**

- 청소년 문화는 동질성과 다양성을 동시에 가지고 있다.

2 **흥미와 유행**

- 음악, 패션, 영화, 게임 등의 트렌드를 따라가거나 영향을 받을 수 있으며, 이러한 요소들은 청소년들의 생활
  방식과 소비 패턴에 큰 영향을 미친다.
- 또래집단의 언어, 행동, 패션 등을 따르는 현상은 관찰학습, 대상화, 강화, 동조의 영향을 받는다.

> 🔍 **틀린 문장**
>
> - 또래집단의 언어, 행동, 패션 등을 따르는 현상은 사회적 비교이다. → 또래집단의 언어, 행동, 패션 등을 따르는 현상은 관찰
>   학습, 대상화, 강화, 동조의 영향을 받는다.
> - 또래집단과 유사한 언어표현, 행동, 옷차림 등을 하는 현상은 주지화의 영향이다. → X

3 **동료 관계의 중요성**

- 청소년 문화는 동료 관계의 중요성을 강조한다.

4 **디지털 기술의 활용**

- 스마트폰, 소셜 미디어, 온라인 게임 등을 통해 청소년들은 소통하고 정보를 공유하며, 자신의 관심사를 탐구한다.

5 **자율성과 독립성**

- 청소년들은 자신의 선택과 의견을 존중받고, 자신만의 삶을 살아가는 것을 중요시한다.

6 **사회적 참여와 활동**

- 청소년들은 주체적으로 사회적 참여와 활동을 통해 자신의 목소리를 내고 사회적 변화를 이끌어내는데 관심을 가진다.

3 청소년문화의 성격 규정

1 **미숙한 문화**

- 청소년기를 성인으로서의 성장 과정 중 과도기 혹은 준비기로 바라봄으로써 청소년문화도 덜 성숙한 문화로 간주하는 것이다.

2 **비행문화**

- 성인들의 입장에서 청소년들의 삶이 규범에서 벗어나, 문제아의 소행을 지향한다고 보는 관점이다.
- 청소년들은 공부나 일을 하기 보다는 놀기를 좋아하고 사회적 규범을 깨뜨리는 것에서 쾌감을 느끼고, 규범적 질서에 따르지 않음으로써 청소년문화의 정체성을 찾는다고 본다.

3 **하위문화**

- 청소년 문화를 사회 전체 문화 중 한 부분을 이루는 문화로 보는 입장이다.
- 청소년들이 사회 전체를 구성하는한 하위집단으로서 그들의 문화도 전체 문화 가운데 하나의 문화를 이룬다는 입장이다.

4 **대항문화 혹은 반문화**

- 기성세대의 생활양식을 거부하고 저항적 실천으로 새로운 문화를 추구하고자 하는 청소년 문화의 특징이다.
- 기성세대와는 다른 경험을 해왔고, 그들과 다른 인생관을 가지고 있어서 부모 세대와는 다른 삶의 방식을 추구하기 때문이라고 본다.

5 **새로운 문화**

- 새로운 기기나 매체를 다루는데 기성세대에 비해 더 유연하고, 새로운 스타일의 유행 문화를 이끌어 내기도 한다.

CHAPTER 24 | 문화

1 문화의 일반적 속성

1 축적성

- 문화는 다양한 상징적 수단을 통해 세대와 세대를 이어 간다.

2 공유성

- 개개인의 독특한 취향과 성격, 버릇, 기질 등은 문화로 보기 어렵다.
- 사회구성원들은 모두 유사한 생활습관을 보인다.
- 규칙에 위배되는 언어나 행위를 사용했을 때는 사회적 제재가 가해지기도 한다.

3 가변성

- 문화는 정체된 것이 아니라 변화한다.
- 문화는 사회 외부에서 들어온 요소에 의하여 변화가 일어난다.
- 문화는 연속적으로 계승되지만 그 과정에서 항상 변화를 수반한다.

4 학습성

- 문화는 유전적인 특질이 아닌, 후천적으로 습득되는 성질의 것이다.

5 총체성

- 문화란 인간이 획득한 지식, 도덕, 법, 관습 등을 포함하는 복합체이다.

6 미래예측성

- 한 사회의 문화는 구성원의 행동양식, 사고방식, 심미적 취향마저 결정할 수 있다. 즉, 문화는 구성원의 행동양식과 생활양식의 구체적인 방향까지 결정하는 힘을 가진다.

7 상징성

- 외형으로 드러나는 것 외에 내적인 의미로도 파악할 수 있다.

8 보편성

- 모든 사회에는 공통적인 문화형태가 존재한다.

9 다양성

- 국가나 지역에 따라 구조적인 유사성을 보이는 동시에 다양한 양상으로 나타난다.

2 문화변동의 양상

1 문화접변

- 특정 문화유형이 다른 문화유형과 상호작용을 거쳐 또 다른 제3의 문화유형을 만들어 내는 문화변동의 현상이다.

2 문화변용(cultural acculturation)

- 문화 변용 또는 문화 접변은 이질적인 문화를 가진 두 사회가 지속적이고 직접적인 접촉을 통해 서로가 갖고 있는 문화에 변화를 일으키는 현상이다.

3 문화지체(cultural lag)

- 비물질문화가 물질문화를 따라가는 속도가 느려 시간이 경과함에 따라 두 문화요소간의 간격이 점점 더 벌어지는 현상이다.
- 시간이 경과함에 따라 물질문화와 정신문화 간의 간격이 점점 더 벌어지는 현상이다.

4 문화전계(cultural transmission)

- 지도와 학습을 통해 특정 문화가 세대와 세대에 걸쳐 전달, 전수되는 현상이다.

5 문화이식(cultural transplantation)

- 특정 지역 혹은 특정 집단의 지배문화가 다른 지역 혹은 집단에게 급속하게 전파되는 현상을 말한다. 대개의 경우 이는 강제적인 방법이 동원되어 일어나는 현상이기도 하다.

6 문화결핍(cultural deprivation)

- 사회 구성원들이 기본적인 문화적 자원이나 기회를 갖지 못하는 상태를 뜻한다.

베이붐 세대 (1955~1963)	386세대 (1963~1969)	X세대 (1970~1979)	N세대 (1977~1997)		Z세대 (1995~2009)	α세대 (2010~현재)
			Y세대 (1980~1994)			
			M세대 (1980~1994)			
	P세대 (1963~1979)		MZ세대 (1980~2009)			

1 베이비붐 세대

- 6·25 전쟁 이후 신생아 출생률이 급격하게 증가한 1955년부터 1963년 사이에 태어난 세대를 베이비붐 세대(Baby boom generation)라 지칭한다.

2 P세대

- 1963년부터 1979년 사이에 태어난 세대로 1980년대의 386세대, 1990년대의 X세대를 아우르는 말이다.

3 X세대

- 1970년에서 1979년 사이에 출생한 연령층을 일컫는다.

4 N세대

- 1977년부터 1997년 사이에 태어난 세대로 디지털 기술과 함께 성장해서 디지털 기기를 능숙하게 다룰 줄 아는 디지털 문명 세대를 말한다. N세대는 M세대, Y세대를 포함한다.
- N세대(Net Generation)란 말은 미국의 사회학자 돈 탭스콧이 <N세대의 무서운 아이들>이란 책에서 처음 사용했다.
- 탭스콧(D. Tapscott)이 제시한 용어로 디지털혁명이 가속화되는 가운데 인터넷을 일상생활의 동반자처럼 활용하는 세대를 지칭하는 용어이다.
- 인터넷을 일상생활의 동반자처럼 활용하는 세대를 지칭한다.

5 Y세대

- 베이비붐 세대가 낳은 2세들로, 컴퓨터를 자유자재로 다루는 1980년에서 1995년 사이에 태어난 세대를 일컫는 말이다.

6 M세대

• 1980년에서 1995년 사이에 태어난 세대를 일컫는 말이다. 밀레니얼(Millennial)세대 혹은 모바일(Mobile)
  세대라고도 한다.

7 Z세대

• 1990년대 말과 21세기 초 사이에 태어난 세대로 밀레니얼(Millennial) 세대와 알파 세대 사이의 세대를
  의미한다.

8 MZ세대

• 1980년부터 1994년생까지를 일컫는 밀레니얼(Millennial) 세대와 1995년부터 2000년 출생자를 뜻하는
  Z세대를 합쳐 일컫는 말이다.

9 α 세대

• 2011년부터 2015년 사이에 태어나 인공지능(AI), 로봇 등의 진보적인 기술에 익숙한 세대를 뜻한다.

10 G세대

• 푸른색을 뜻하는 그린(Green)과 세계화를 뜻하는 글로벌(Global)의 영어 첫 문자에서 따온 G세대는 건강하고
  적극적이며 세계화한 젊은 세대를 일컫는 용어이다.

4 문화정의

1 총체론적 문화정의

• 문화를 "한 인간집단의 생활양식의 총체(totality)"로 정의한다.
• 테일러(Tylor)(1871)는 특정 사회의 구성원들에 의해 공유되고 전승되는 지식, 태도, 그리고, 습관적 행위유형,
  생활방식의 총체가 문화라고 하였다.
• 총체론적인 관점에서는 적응 메커니즘으로서의 기능적 특성을 강조한다.
• 인간은 문화를 활용하여 생태적 환경에 적응하면서 살아가게 된다. 그리고, 여러 세대를 거치면서 새로운 지식들이
  축적되게 된다. 이처럼 환경에 적응하는 과정에서 축적된 지식, 태도, 행위유형, 생활방식의 총체가 바로 문화이다.
• 총체론적 관점에서 청소년문화를 정의해 본다면 청소년문화란 청소년들에 의해 공유되는 생활양식의 총체이며,
  청소년들의 환경에 대한 적응메커니즘으로서 기능하고, 세대변화를 거치면서 지속적으로 학습되고 축적되는 것이다.

- 관념론적인 관점에서는 총체론적인 관점과는 다르게, 관념적인 영역만을 문화로 간주한다. 즉, 구체적으로 관찰된 행위 그 자체(patterns of behavior)가 아니라, 그런 행위를 규제하는 규칙의 체계(patterns for behavior)가 곧 문화이다.
- 청소년문화는 청소년들의 행위를 규제하는 규칙의 체계이다.
- 청소년들의 생활양식이 기초하고 있는 관념체계를 청소년문화로 간주한다.
- 문화는 인간행동의 잠재적 지침으로써, 구체적인 행동뿐만 아니라, 삶의 방향과 방식을 지시하고, 규제하는 속성을 지니고 있다고 할 수 있다.
- 실제로 한 사회의 문화는 구성원들의 행동방식, 사고방식, 심미적 취향, 심지어 독특한 식성과 몸짓까지도 결정하는 힘을 가지고 있다.
- 관념론적 관점에서 청소년문화를 정의해 본다면 청소년문화란 청소년들의 행위를 규제하는 관념체계이며, 청소년들의 행동방식과 사고방식에 결정적인 영향을 미친다.

🔎 **틀린 문장**

- 청소년문화는 청소년집단의 생활양식의 총체이다. → 총체론적 정의에 대한 설명이다.
- 구체적으로 관찰된 행동 그 자체가 청소년문화이다. → 구체적으로 관찰된 행위 그 자체(patterns of behavior)가 아니라, 그런 행위를 규제하는 규칙의 체계(patterns for behavior)가 곧 문화이다.

3 **상징과 의미체계로서의 문화정의**

- 집단구성원이 공유하고 있는 의미체계를 강조한다.
- 특정상황이나 사건에 참여하고 있는 구성원들이, 일련의 행위나 사건들에 대해 공유하고 있는 의미구조가 곧 문화이다.
- 예컨대, 결혼식이라는 이벤트를 예로 들어보면, 관념론적 관점에서는 결혼식의 진행순서, 행동방식을 규제하는 규칙체계에 초점이고, 의미체계로서의 문화개념에서는 결혼식 참석자들이 부여하는 의미(새로운 출발 축하, 예의상 참석, 사회적 관계유지를 위해 참석)가 초점이다.
- 상징과 의미체계로서의 관점에서, 청소년문화를 정의해 본다면 청소년문화란 청소년들에 의해 공유되는 의미체계이며, 행위의 이면에 함축된 의미를 파악해야만 청소년문화를 이해할 수 있다고 할 수 있다.

25 | 소비문화

1 | 부르디외(P. Bourdieu)의 소비문화 이론

- '취향'에 따른 일상생활의 소비를 통해 계급 정체성이 유지되고 인지된다.
- 문화 자본이란 사회적으로 물려받은 계급적 배경에 의해 자연스럽게 형성된 지속적인 문화적 취향을 의미하는 개념으로 부르디외가 개념화하였다.
- 아비투스(habitus)란 사회계급이나 학력수준 등에 따라 문화향유 방식이나 취향 차이를 드러나게 한다. 일상적 실천에서 자신의 계급과 다른 계급을 구분 짓는 역할을 한다.
- 사회문화적 환경에 의해 형성된 무의식적 성향과 습관을 의미한다. 이는 개인의 행동, 사고, 취향, 언어, 신체적 표현 등을 결정하며 계층 이동의 한계를 설명한다.

🔍 틀린 문장

- 소비는 즐거움에 대한 열망과 체험의 순환경험을 제공한다. → 체험·경험소비에 대한 내용이다.
- 소비욕구는 광고나 판매전략에 의해 인위적으로 창출, 조작되는 것이다. → 소비욕구는 개인적 특성뿐 아니라 사회적·문화적 요인에 의해 창출·조작될 수 있는 현상이다.
- 소비는 '물건에 부여된 기호'를 소비하는 것이다. → 보드리야르는 사람들은 기호 가치를 얻기 위해 소비한다고 말한다. 사람들이 자신이 필요로 하는 것 이상으로 소비한다. 즉, 본래적 가치인 사용가치를 넘어선 기호가치의 소비가 이루어지고 있다는 것이다.
- 소비문화는 '생산영역의 매커니즘'에 의해 형성된다. → 소비문화는 심리적 매커니즘이 바탕이다.
  - ✓ 매커니즘 : 어떤 시스템이나 현상이 어떻게 작동하는지 설명하는 원리, 구조, 과정, 또는 기작을 의미하며, 과학·공학·의학·경제학 등 다양한 분야에서 핵심적으로 사용된다.

2 | 베블렌(T. Veblen)의 과시소비 이론

- 베블렌(T. Veblen)에 의해 주장된 개념이다.
- 사회적 지위나 성공에 대한 상징수단으로 소비행위를 설명한다.
- 소비는 소비자의 사회적 지위나 성공에 대한 과시적 상징수단이다.
- 소비행위는 소비자 자신에 대한 표현이며 그가 속한 사회적 계급을 상징한다.
- 소비는 상품의 효용가치보다 사치나 낭비를 통한 사회적 인정을 목적으로 한다.
- 소비는 상품 사용으로부터 효용을 얻기보다는 사치나 낭비 그 자체로부터 효용을 얻는 것이다.
- 일부의 청소년들은 타인에게 보여주기 위해 유명 상표의 옷을 사는 경향이 있다.
- 가격이 비쌀수록 사람들이 더 많이 소비하려고 하는 경향을 말한다.

3 팬덤(fandom) 문화

• '열광적으로 추종한다'는 의미로 청소년들이 스타와 같은 특정 대상에 몰두하여 자신이 좋아하는 대상을 공유하는 사람들끼리 스타일을 함께함으로써 자신의 정체성을 드러내고 싶어하는 현상이다.

4 청소년기 대중스타 수용 현상

• 대중스타는 청소년 수용자의 정체감 형성에 영향을 미친다.
• 자아정체감 형성에 긍정적인 영향을 미친다.
• 대중스타 수용을 통해 사회참여의 기회를 갖기도 한다.
• 대중스타에 대한 집단적 추구를 통해 또래집단과의 동질성을 확보하기도 한다.
• 청소년기의 긴장과 갈등, 현실세계의 억압된 불만을 해소시키는 기능이 있다.
• 다양한 문화경험을 체득하는 기회 및 공간으로 작용할 수 있다.
• 프로슈머(prosumer)로서의 경험과 지위를 획득한다.
  ✓ 프로슈머(prosumer) 또는 생비자(生費者)는 생산자와 소비자의 역할을 동시에 하는 사람을 나타내는 말이다.

5 대중매체(mass media)의 특징

- 대규모 자본을 필요로 한다.

- 대량 복제기술을 전제로 한다.

- 생산되는 산물들은 시장을 통해 유통된다.

- 결과물(콘텐츠, contents)은 모든 상품적 가치를 지니고 유통된다.

- 대중매체의 정의는 "대량의 의사소통 또는 의사전달수단"이다.

- 의사소통의 대상은 특정부류의 사람이 아닌 불특정 다수이다.

- 사람들이 필요로 하는 정보를 적은 비용으로 신속하게, 널리 공유할 수 있도록 한다.

- 대중 매체의 융합으로 매체 간의 경계가 모호해지고 있다.

- 뉴 미디어의 등장으로 정보를 전달하고 공유하는 방식이 일방향 의사소통에서 쌍방향 의사소통으로
  변화하였다.

🔍 틀린 문장

- 일방적으로 대중문화와 대중스타를 수용하고 소비하는 청소년들을 생비자(prosumer)라고 한다. → 생산자와 소비자의 역할을 동시에 하는 사람을 나타내는 말이다.
- ✓ 생비자 : '생'산자와 '소'비자가 결합되어 만들어진 단어로 소비자이되 생산활동에 관여하는 계층을 나타내는 신조어이다.

6 벤야민(W. Benjamin)

- 문화산업이 등장한 시대에 들어서면서 예술작품의 복제가 가능하게 되었다.

- 예술작품의 복제는 아우라(aura)의 파괴를 가져왔다.

- 문화산업의 등장은 예술 수용방식에 있어 수용자의 능동직인 측면을 부각시켰다.

- 벤야민은 예술 작품이 지닌 아우라의 근원을 '현존성'과 '진품성'에서 찾았다.
  결국 진품은 이 세상에 단 하나만 존재하는데, 바로 이 지점이 예술 작품이 가진 아우라의 근원이라고 할 수 있다.

- 예술 작품의 아우라는 '사진'이 발명되면서 "아우라의 붕괴"에 처해지는데 벤야민은 아우라 상실의 시대를
  부정적으로 보지는 않았다. 과거에 귀족이나 특권층만 보던 예술작품을 일반 대중도 볼 수 있게 되면서 "예술의
  민주화"가 진행되었다고 보았다.

7 호이징아(J. Huizinga)

- 인간을 호모 루덴스(Homo Ludens), 놀이하는 인간으로 명명했다.

26 청소년 여가

1 청소년 여가의 개념

- 학업과 생활 필수시간을 제외한 자유시간을 말한다.(시간적)
- 자유시간에 수행되는 자발적 활동을 말한다.(활동적)
- 바쁜 일상생활로부터 심리적으로 해방된 마음 상태를 말한다.(상태적)
- 학업에서 생기는 피로감, 압박감, 권태감에서 해방되어 에너지를 보충하고, 재생산하기 위한 수단이다.(제도적)
- 사회적 의무로부터 벗어나 기분전환, 자기계발, 사회참여를 위해 활동하는 수단(포괄적)이다.

2 여가의 유형

1 소극적 여가활동

- 청소년 여가활동 중 TV시청 등 미디어 소비나 단순 휴식에 해당하는 것이 해당된다.
- 주로 실내에서 이루어지는 정적인 여가활동, 대체로 TV시청이나 미디어를 이용하는 휴식을 의미한다.

2 적극적 여가

- 신체적 여가활동, 진지한 여가활동, 사회적 여가활동, 구조화된 여가활동을 의미한다.
- 주로 야외에서 이루어지는 동적인 여가활동, 문화예술 활동이나 스포츠 등에 직접 참여하는 활동을 의미한다.

3 구조화된 여가

- 경쟁적인 스포츠, 조직 참여가 포함된다.

4 비구조화된 여가

- 야외활동, 취미, 소극적 여가, 음악과 미술활동, 사회적 활동, 행사 참여, 쇼핑 등이 포함된다.

5 일상적 여가

- 특별한 기술이나 훈련이 요구되지 않는 즐거운 활동을 의미한다.

6 진지한 여가

- 참여하는 분야의 기술 습득을 통하여 전문성을 얻기 위한 활동을 의미한다.

27 아동과 청소년 권리

1 유엔아동권리협약의 4대 아동권리

생존권	• 생명 유지와 기본적인 생활 조건을 보장받을 권리이다
보호권	• 학대, 방임, 착취로부터 보호받을 권리이다
발달권	• 건강, 교육, 여가 등 잠재력을 실현할 수 있는 환경을 제공받을 권리이다 • 초등교육의 무상 의무교육, 중등교육의 장려, 고등교육의 개방이 포함된다
참여권	• 의사표시, 정보 접근, 의사결정 참여 등 아동의 목소리를 반영할 권리이다

🔍 틀린 문장

• 국제인권법의 하나로 20세 이하 아동의 인권을 다룬다. → 18세 미만의 자이다.

• 우리나라에서는 헌법과 동등한 법적 지위를 가지며 국회에서 제정하는 국내법과 동일한 효력을 지닌다. → 협약의 적용 연령은 국제적으로 통일되어 있으나, 각국의 국내법에서는 세부 기준이 다를 수 있다.

• 비준국인 우리나라는 협약 이행사항에 대한 국가보고서를 제출할 의무가 없다. → 비준국인 우리나라는 협약 이행사항에 대한 국가보고서를 제출할 의무가 있다.

• 아동의 학습권, 보호받을 권리, 발달권, 참여권을 규정하고 있다. → 생존권, 보호권, 발달권, 참여권이다.

• 권한제한의 원칙 → X

1 유엔아동권리협약의 기본원칙

1 차별금지 원칙

• 인종, 성별, 종교, 출신지 등 차별을 금지한다.

2 발달권 보장의 원칙

• 건강, 교육, 여가 등 잠재력 실현할 수 있는 환경을 제공받을 권리가 있다.

3 아동 이익 최우선의 원칙

• 모든 결정에서 아동 이익을 최우선으로 고려한다.

4 아동 의견존중 원칙

• 아동의 의사를 존중한다.

5 생명·생존·발달 존중의 원칙

6 참여의 원칙

- 아동은 책임감 있는 어른이 되기 위해 아동 자신의 능력에 맞게 적절한 사회활동에 참여할 기회를 가지고,
  자신의 생활에 영향을 주는 일에 대하여 의견을 말할 수 있어야 하며, 그 의견을 존중받을 수 있어야 한다.

2 콜즈(B. Coles)의 청소년 권리

1 콜즈(B. Coles)가 분류한 청소년권리 영역

- 천부권(entitlements rights), 보호권(protection rights), 의사표명권(representation rights),
  권능부여권(enabling rights)으로 구성되어 있다.

천부권	• 청소년기에 소유하고, 행동하고 알기 위해서 주어지는 법률적, 도덕적, 기본권을 의미 • 지식 추구권, 사회 보장의 권리, 사생활의 권리, 평등 기회의 권리
보호권	• 사회적 착취와 학대로부터 청소년을 보호하기 위한 권리 • 체벌 등 신체적 학대로부터 보호받을 권리 • 성적 학대 및 성추행 등으로 보호받을 권리 • 인종, 장애, 성 등의 이유로 인한 괴롭힘으로부터 보호받을 권리 • 노동 현장에서의 건강과 안전 확보 및 노동시간의 제한 등의 권리
의사표명권	• 모든 청소년들이 자신의 미래와 관련된 의사결정과정에 적극적으로 참여하고 입장을 개진 및 반영할 수 있는 권리 • 자신에 관한 보고 내용을 읽고, 조언하고, 또 자신에 대해 상술할 권리 • 기관 내 처우에 대해 불평하거나 이의를 제기할 권리 • 노동 현장에서 노동 조건, 환경에 대해 의논할 권리 • 노동 현장에서 훈련이나 고용 기간이나 조건에 대하여 의논할 권리
권능부여권	• 청소년들의 법률적, 도덕적 권리 주장들이 실제로 실현 및 행사가 가능할 수 있도록 관련자원 및 비용이 확보되어야 함을 주장하는 권리

🔍 **틀린 문장**

- 복지권(welfare rights) → 프랭클린과 프리먼의 청소년 권리에 해당한다.

3 프랭클린과 프리먼의 아동과 청소년 권리

1 프랭클린과 프리먼(B. Franklin & M. Freeman)이 분류한 가정에서의 아동과 청소년 권리 유형

• 복지권(welfare rights), 보호권(protective rights), 성인권(adult rights), 부모에 대응하는 권리(rights against parents)

복지권	모든 아동 및 청소년들의 생존과 복지를 위한 기본권적 성격의 권리를 의미하며 영양, 의료, 주거, 건강, 교육 등의 권리
보호권	아동이나 청소년이 부적절한 양육, 방임, 착취, 학대, 유해환경으로부터 보호받을 권리
성인권	사회정의 차원에서 아동, 청소년이 성인과 부당하게 차별받지 않을 권리 투표, 노동, 결혼, 운전, 표현의 자유
부모에 대응되는 권리	아동, 청소년이 부모의 과도한 통제를 받지 않고 자신과 관련된 사항에 대한 자율성과 독립적인 자기결정

🔍 틀린 문장

• 천부권(entitlements rights) → 콜즈의 청소년 권리에 해당한다.

하트(R. Hart)의 참여 사다리모델

하트(1997)의 청소년 참여 사다리 8단계 모델		
8단계	청소년 주도로 성인과 의사결정을 공유하는 단계(Child-initiated, shared decisions with adults)	청소년 실질적 참여
7단계	청소년이 시작하고 청소년이 감독하는 단계(Child-initiated and directed)	
6단계	성인 주도의 의사결정 공유(Adult-initiated, shared decisions with children)	성인 주도 참여
5단계	성인들이 협의하고 정보를 제공하는 단계(Consulted and informed)	
4단계	성인들이 정하지만 정보는 제공되는 단계(Assigned but informed)	
3단계	명목상으로 참여(Tokenized)	비참여
2단계	장식처럼 동원(Decoration)	
1단계	성인들이 이용하는 단계(Manipulation)	

그 외 청소년기와 관련된 이론

1 청소년기 방어기제

- 안나 프로이트(A. Freud)가 제안한 청소년기 성적 긴장에 적응하기 위한 방어기제로는 금욕주의와 주지화가 있다.
- 안나 프로이트에 따르면, 청소년기에는 잠복기에 억압되었던 오이디푸스 콤플렉스가 재등장하며, 외부적 요인 (예 거세불안과 그에 따른 동성부모와의 동일시)뿐 아니라 내적으로는 성적 충동(sexual drive)이 증가하면서 동시에 죄책감이나 자존감 상실과 같은 내적 갈등에 의해 성적 충동을 억제하게 된다고 주장하였다.
- 원초아와 자아, 초자아 간의 불균형으로 인해 청소년들은 불안이 증가하는 불안정한 시기를 보내게 되며, 불안의 감소를 통해 원초아 - 자아 - 초자아 간의 균형을 이루기 위하여 방어기제의 필요성이 증대된다고 주장하였다.
- 안나 프로이트는 금욕주의와 지성화(주지화)를 청소년기에 특히 중요한 방어기제로 보았다.

1 금욕주의(asceticism)

- 청소년기 방어기제 중 성적 충동과 같은 본능적 욕구와 연결된 활동에 참여하는 것을 거절하는 자기부정행위이다.
- 성욕에 대한 두려움에서 나오는 것으로 철저한 자기부정을 의미한다. 청소년기의 금욕은 본능적 욕구에 대한 불신에 기인하는 것이며, 이 불신은 성욕뿐만 아니라 모든 욕망을 억제하고 원초아를 완전히 무시한다.

2 주지화(지성화)(intellectualization)

- 종교나 철학, 문학 등의 지적 활동에 몰입함으로써 성적 욕망에서 벗어나고자 하는 방어기제이다.

2 호르몬

에스트로겐	• 여자청소년의 성적(性的) 발달을 유발하는 대표적인 여성 호르몬이다
테스토스테론	• 남성의 주요 성호르몬으로, 고환에서 생성되며 근육·뼈 성장, 성욕 증진, 남성 2차 성징 발현에 관여한다. 여성도 부신과 난소에서 소량 분비되지만, 남성의 1/10 수준이다
안드로겐	• 안드로겐(androgen) 또는 안드로젠 또는 남성호르몬은 남성의 성 호르몬의 작용을 나타내는 모든 물질을 일컫는 말이다 • 남성 생식계의 성장과 발달에 영향을 미치는 호르몬을 모두 총칭하여 남성호르몬이라고 한다
스테로이드	• 부신에서 분비되어 여러 중요한 작용을 하는 호르몬이다
프로스타글란딘	• 지방산 유도체로, 신체 여러 조직에서 염증 반응이나 통증을 유발하는 생리활성 물질이다

알포트(G. Allport)의 특질이론

1 특질의 유형

1 주특질

- 개인의 모든 행동 및 사고양식에 영향을 미치는 지배적인 특질이다.

2 중심특질

- 주특질에 비해 덜 일반적이고, 덜 지배적인 특질로 개인의 행동을 기술하는 5 - 10가지 정도의 두드러진 특징을 의미한다.
- 주위 사람이 쉽게 판별할 수 있으며, 중심특질은 우리가 누군가의 추천서를 쓸 때 언급하는 개인의 특성이다.

3 이차적 특질

- 특정대상과 특정상황에서의 행동과 사고의 특성을 말한다.
- 상황에 따른 특별한 태도, 좋아하는 음식 등 주로 개인의 기호와 관련되어 있다.
- 대상이나 상황에 따라 달라지는 행동특성이다.

4 청소년기 학업

1 청소년기 학업

- 학업스트레스가 높게 나타나는 경향이 있다.
- 과도한 시험불안은 청소년의 학업수행에 부정적인 영향을 미친다.
- 학습장애는 읽기, 쓰기, 셈하기 등의 기초학습영역에서 문제를 보이는 경우를 말한다.
- 학업 성취가 낮은 청소년은 그 원인을 내부 요인보다 외부 요인으로 돌리는 경향이 있다.

🔍 틀린 문장

- 학업능력에 큰 영향을 미치는 요인은 부모의 경제적 지위이다. → 학업능력에 큰 영향을 미치는 요인은 개인의 지적능력이다.

그 외 단어와 개념 정의

1 헐록(E. Hurlock)의 이성애 발달단계

초기성적단계 → 성적대항기 → 성적혐오기 → 성적애착기 → 이성애단계

2 (청소년기에 발달하는 타인에 대한) 인상형성(impression formation)

- 점점 더 조직화된다.
- 점진적으로 분화된다.
- 보다 더 추상적이 된다.
- 추론을 더 많이 사용한다.

> 🔍 틀린 문장
>
> • 점점 더 자기중심적이 된다. → 유아나 아동에 해당하는 내용이다.

3 피그말리온 효과

- 교사의 긍정적 기대는 학생의 긍정적인 자기충족석 예언을 실현하는데 도움을 준디.
- 교사가 학생을 기대하고 믿어주면, 그 기대와 믿음의 결과가 학생에게 나타난다.

4 의제설정 기능

- 미디어의 다양한 기능 중 미디어가 상세히 보도하는 이슈를 대중들도 중요한 이슈로 인식하게 되는 현상을 의미하는 것이다.

5 차브(chav) 패션

- 명품으로 대변되는 상류사회의 규범과 위선에 반격을 가하는 도전적인 젊은이들이 추구하는 청소년 패션 문화를 의미하는 것이다.

6 리셋 신드롬(reset syndrome)

- 게임을 하다가 불리한 상황이 되면 중단하고 처음부터 다시 시작한다.
- SNS를 하다가 언제 어디서나 관계를 끊고 사라졌다가 새로 시작한다.

7 헤게모니(hegemony)

- 사회 안에서 주요한 집단들의 적극적인 합의와 동의를 통해서 얻어진 지도력으로 곧 도덕적이고 철학적인 지도력을 말한다. 자발적으로 따르게 만드는 주도적인 영향력을 의미한다.

8 코스프레(cosplay)

- 만화 속의 캐릭터와 똑같은 패션 스타일과 분위기 및 외모와 개성을 표현하려는 문화 현상을 말한다.

9 루키즘(lookism)

- 외모로 사람을 판단하는 외모지상주의를 의미한다.

10 오타쿠 문화

- 특정 대상에 집착적 관심을 갖는 사람들을 의미하는 일본어로, 주로 일본의 만화 및 애니메이션 팬들을 의미한다.

11 디지털원주민(digital native)

- 디지털 기술과 함께 성장한 세대를 지칭하며, 1980년대 이후 출생한 밀레니얼 세대를 대표한다. 이들은 디지털 기기와 인터넷을 자연스럽게 활용하며, 텍스트보다 이미지와 영상 중심의 정보 소비 방식을 선호한다.

12 이모(emo)

- Emotional 성향의 밴드와 그 팬들에게서 파생된 패션이다. Emo 음악처럼 개인의 불안함과 나약함, 감성적인 면을 표현했다.

13 노마드(nomad)

- 디지털 기기를 들고 다니며 시공간의 제약을 받지 않고 자유롭게 사는 사람들로, 제한된 가치와 삶의 방식에 매달리지 않고 끊임없이 자신을 바꾸어 가는 유목민이다.

14 히끼꼬모리/히키코모리 문화

- 일본에서 1970년대부터 나타나기 시작해 버블경제가 붕괴되고 장기적인 경제불황이 시작된 1990년대부터 사회직 문제로 대두된 '온둔형 외톨이'들을 일컫는 말이다.

15 보보스(BOBOS) 문화

- 미국 기자출신 데이비드 브룩스(David Brooks)가 자신의 저서에서 사용한 단어로 경제적 여유를 가지면서 자유로운 예술적 가치를 중시하는 신엘리트계층을 뜻한다. 자본가 계급을 뜻하는 부르주아(bourgeois)와 자유분방한 예술가를 의미하는 보헤미안(Bohemians)을 합성한 신조어이다.

07

PART

청소년수련활동론

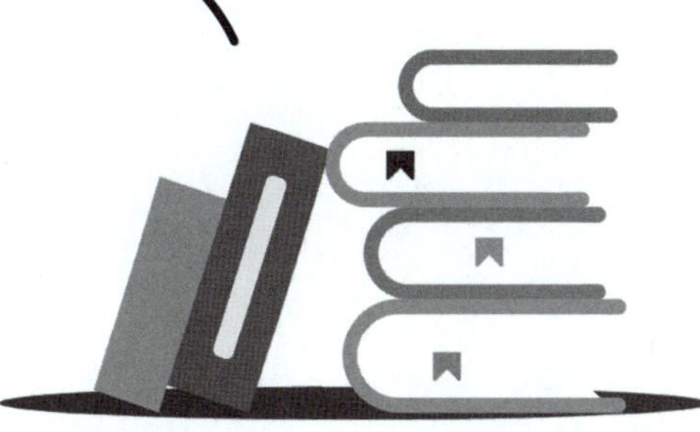

01 청소년활동 진흥법

 ## 청소년활동

청소년의 균형 있는 성장을 위하여 필요한 활동과 이러한 활동을 소재로 하는 수련활동·교류활동·문화활동 등 다양한 형태의 활동을 말한다.

 ## 청소년활동의 지원

국가 및 지방자치단체는 개인·법인 또는 단체가 청소년활동을 지원하려는 경우에는 그에 필요한 행정적·재정적 지원을 할 수 있다.

 ## 청소년수련활동

청소년이 청소년활동에 자발적으로 참여하여 청소년 시기에 필요한 기량과 품성을 함양하는 교육적 활동으로서 청소년지도자와 함께 청소년수련거리에 참여하여 배움을 실천하는 체험활동이다.

 ## 청소년활동시설

- 청소년수련활동, 청소년교류활동, 청소년문화활동 등 청소년활동에 제공되는 시설이다.
  - ✓ 청소년활동시설 ⊇ 청소년수련시설(법적으로 규정된 공간)

> 📝 **실제 시험에서는 이렇게 나온다.**
> - 청소년활동 진흥법령상 청소년수련시설에 해당하는 것은 청소년특화시설이다.
> - 청소년활동 진흥법령상 청소년이용권장시설을 지정할 수 있는 사람은 군수, 구청장, 시장이다.

청소년수련시설 ∈ 청소년활동 진흥법상 청소년활동시설	
청소년수련관	청소년활동 진흥법상 숙박기능을 갖춘 생활관과 다양한 청소년수련거리를 실시할 수 있는 각종 시설과 설비를 갖춘 종합수련시설
청소년수련원	숙박기능을 갖춘 생활관과 다양한 청소년수련거리를 실시할 수 있는 각종 시설과 설비를 갖춘 종합수련시설
청소년문화의 집	간단한 청소년수련활동을 실시할 수 있는 시설 및 설비를 갖춘 정보·문화·예술 중심의 수련시설
청소년특화시설	청소년활동 진흥법상 청소년의 직업체험, 문화예술, 과학정보, 환경 등 특정 목적의 청소년 활동을 전문적으로 실시할 수 있는 시설과 설비를 갖춘 수련시설
청소년야영장	야영에 적합한 시설 및 설비를 갖추고, 청소년수련거리 또는 야영편의를 제공하는 수련시설
유스호스텔	청소년의 숙박 및 체류에 적합한 시설 설비와 부대 편익시설을 갖추고 숙식편의 제공, 여행청소년의 활동지원을 주된 기능으로 하는 시설
청소년이용시설	수련시설이 아닌 시설로서 그 설치 목적의 범위에서 청소년활동의 실시와 청소년의 건전한 이용 등에 제공할 수 있는 시설

📝 실제 시험에서는 이렇게 나온다.

- 청소년활동 진흥법상 청소년수련시설에 해당하는 것
  - 유스호스텔 청소년수련원 청소년야영장 청소년수련관
- 청소년활동 진흥법령상 다음의 입지조건을 갖추어야 하는 수련시설
  - 청소년수련원, 청소년야영장
- 자연경관이 수려한 지역, 국립·도립·군립공원, 그 밖의 지역 중 자연과 더불어 행하는 청소년수련활동 실시에 적합한 곳으로서 청소년이 이용하기에 편리한 지역
- 청소년활동 진흥법상 청소년수련시설이 아닌 것
  - 청소년쉼터, 청소년자립지원관 → X

청소년 활동시설		
청소년 수련시설	**청소년 이용시설**	**기타 청소년 이용시설**
• 청소년 수련관(센터) • 청소년 수련원 • 청소년 문화의 집 • 청소년 특화시설 • 청소년 야영장 • 유스호스텔	• 문화예술시설 • 과학관 • 체육시설 • 평생교육시설 • 자연휴양림 • 수목원	• 청소년휴카페 • 달그락달그락 • 어울누리 • 야호학교

- 청소년활동 진흥법상 청소년활동시설이 아닌 것
  - 청소년회복지원시설
- 청소년활동 진흥법상 청소년수련시설에 해당하지 않는 것
  청소년쉼터, 청소년자립지원관, 청소년회복지원시설, 청소년상담복지센터

 **청소년활동 진흥법령상 청소년수련시설 설치의 개별 기준에 따라 체육활동장을 설치해야 하는 시설**

• 청소년수련관, 청소년수련원, 청소년야영장

청소년운영위원회

• 청소년수련시설을 설치·운영하는 개인·법인·단체 및 제16조제3항에 따른 위탁운영 단체는 청소년활동을 활성화하고 청소년의 참여를 보장하기 위하여 청소년으로 구성되는 (청소년운영위원회)를 운영하여야 한다.

• 청소년운영위원회의 구성·운영 등에 필요한 사항은 대통령령으로 정한다.

• 청소년활동 진흥법에 의해 전국 공공청소년수련시설에 설치·운영된다.

• 청소년수련시설의 환경 개선, 프로그램 모니터링, 각종 행사, 홍보 등의 활동을 한다.

• 국가 및 지방자치단체는 예산의 범위에서 운영위원회의 운영에 필요한 경비를 지원할 수 있다.

• 청소년의 의견을 수련시설 운영에 반영하기 위한 기구이다.

• 청소년의 참여를 보장하기 위한 기구이다.

• 청소년운영위원회는 10명 이상 20명 이하의 청소년으로 구성하여야 한다.

• 수련시설운영단체의 대표자는 운영위원회의 의견을 수련시설 운영에 반영하여야 한다.

• 청소년운영위원회의 위원의 임기는 1년으로 한다.

• 위원장은 필요시 회의를 소집하며, 그 의장이 된다.

• 위원장은 운영위원회를 대표하고, 운영위원회의 직무를 총괄한다.

• 위원장은 위원 중에서 호선(互選)한다.

  ✓ 호선: 어떤 조직의 구성원들이 그 가운데에서 어떠한 사람을 뽑음, 또는 그런 선거를 말한다.

• 청소년수련관에서 운영하는 기구이다.

• 청소년문화의 집에서 운영하는 기구이다.

🔍 청소년운영위원회 틀린 문장

• 여성가족부장관은 청소년운영위원회의 의견을 수련시설 운영에 반영하여야 한다. → 수련시설운영단체의 대표자는 운영위원회의 의견을 수련시설 운영에 반영하여야 한다.

• 청소년운영위원회의 구성 운영 등에 필요한 사항은 조례로 정한다. → 청소년운영위원회의 구성·운영 등에 필요한 사항은 대통령령으로 정한다.

• 청소년참여위원회의 활동을 보조하기 위한 기구이다. → 청소년의 참여를 보장하기 위한 기구이다.

• 청소년운영위원회는 10명 이상 25명 이하의 청소년으로 구성하여야 한다. → 청소년운영위원회는 10명 이상 20명 이하의 청소년으로 구성하여야 한다.

• 위원의 임기는 2년으로 한다. → 위원의 임기는 1년으로 한다.

• 위원장은 위원 중에서 연장자가 한다. → 위원장은 위원 중에서 호선(互選)한다.

📝 숙박형 등 청소년수련활동 계획의 신고

- 숙박형 청소년수련활동 및 비숙박형 청소년수련활동을 주최하려는 자는 여성가족부령으로 정하는 절차와 방법에 따라 특별자치시장·특별자치도지사·시장·군수·구청장에게 그 계획을 신고하여야 한다.

📝 다음의 경우는 제외한다.

- 다른 법률에서 지도·감독 등을 받는 비영리 법인 또는 비영리 단체가 운영하는 경우
- 청소년이 부모 등 보호자와 함께 참여하는 경우
- 종교단체가 운영하는 경우
- 비숙박형 청소년수련활동 중 인증을 받아야하는 활동이 아닌 경우
- 특별자치시장·특별자치도지사·시장·군수·구청장은 숙박형 등 청소년수련활동의 계획을 신고 받은 날부터 (14)일 이내에 신고수리 여부를 신고인에게 통지하여야 한다.

> 🔗 한국청소년수련원의 K 지도사는 2017년 9월 16~17일 양일간 숙박형 수련활동을 실시하고자 한다. 이 경우, 청소년활동 진흥법령상 K지도사는 관할시장, 군수, 구청장 등에게 참가자 모집 (14)일 전까지 숙박형 청소년수련활동 계획신고서를 제출해야 한다.

- 특별자치시장·특별자치도지사·시장·군수·구청장은 다음에 해당하는 사람이 숙박형등 청소년수련활동을 운영 또는 보조하려는 경우에는 신고를 수리하여서는 아니 된다.
- 「아동복지법」 제17조 위반에 따른 같은 법 제71조제1항의 죄, 「성폭력범죄의 처벌 등에 관한 특례법」 제2조에 따른 성폭력범죄 또는 「아동·청소년의 성보호에 관한 법률」 제2조제2호에 따른 아동·청소년대상 성범죄를 범하여 형 또는 치료감호를 선고받고 그 형 또는 치료감호의 전부 또는 일부의 집행이 끝나거나 집행이 유예·면제된 날부터 10년이 지나지 아니한 사람, 「청소년기본법」에 따라 청소년지도사가 될 수 없는 사람 등이다.
- 숙박형 등 청소년수련활동을 주최하려는 자는 신고가 수리되기 전에는 모집활동을 하여서는 아니 된다.

> 🔍 **'숙박형 등 청소년수련활동 계획의 신고'에 관한 내용 틀린 문장**
>
> - 20세 청소년집단을 대상으로 숙박형 등 청소년수련활동을 주최하려는 자는 그 활동계획을 신고하여야 한다. → 19세 미만의 청소년(19세가 되는 해의 1월 1일을 맞이한 사람은 제외한다)을 대상이다.
> - 숙박형 등 청소년수련활동을 주최하려는 자는 그 활동계획의 신고가 수리되기 전이라도 모집 활동을 할 수 있다. → 숙박형 등 청소년수련활동을 주최하려는 자는 1항에 따른 신고가 수리되기 전에는 모집활동을 하여서는 아니 된다.
> - 활동계획의 신고서는 한국청소년활동진흥원에 제출하여야 한다. → 자치구청장·시장·군수는 숙박형 등 청소년수련활동 계획의 신고를 수리한 때에는 그 계획을 여성가족부장관에게 통보하여야 한다.
> - 활동계획을 신고한 자는 신고한 내용의 변경이 필요한 경우, 활동 후 3일 이내에 변경신고서를 제출하여야 한다. → 특별자치시장·특별자치도지사·시장·군수·구청장은 숙박형 등 청소년수련활동 계획의 신고를 수리한 때에는 그 계획을 여성가족부장관에게 통보하여야 한다.

📝 숙박형 청소년수련활동

- 19세 미만의 청소년(19세가 되는 해의 1월 1일을 맞이한 사람은 제외한다)을 대상으로 청소년이 자신의 주거지에서 떠나 청소년수련시설 또는 그 외의 다른 장소에서 숙박·야영하거나 청소년수련시설 또는 그 외의 다른 장소로 이동하면서 숙박·야영하는 청소년수련활동을 말한다.

> **🔍 숙박형 청소년수련활동 틀린 문장**
> - 만 13세인 청소년이 자신의 주거지를 떠나 청소년수련시설이 아닌 장소에서 숙박하는 청소년수련활동 → 가능
> - 만 15세인 청소년이 자신의 주거지를 떠나 청소년수련시설이 아닌 장소에서 야영하는 청소년수련활동 → 가능
> - 만 17세인 청소년이 자신의 주거지를 떠나 청소년수련시설에서 야영하는 청소년 수련활동 → 가능
> - 만 19세인 청소년이 자신의 주거지를 떠나 청소년수련시설에서 숙박하는 청소년 수련활동 → 불가능. 숙박형 청소년수련활동이란 만 18세 미만의 청소년이 대상이다.

📝 비숙박형 청소년수련활동

- 19세 미만의 청소년을 대상으로 제10조제1호의 청소년 수련시설 또는 그 외의 다른 장소에서 실시하는 청소년수련활동으로서 실시하는 날에 끝나거나 숙박 없이 (2)회 이상 (정기적)으로 실시하는 청소년수련활동을 말한다.

📝 청소년활동 진흥법상 청소년문화활동의 정의

- 청소년이 예술활동, (스포츠활동), (동아리활동), (봉사활동) 등을 통하여 문화적 감성과 더불어 살아가는 능력을 함양하는 체험활동을 말한다.

📝 청소년문화활동의 진흥을 위한 국가 및 지방자치단체의 역할

- 청소년문화시설 확충
- 청소년어울림마당 사업 운영
- 청소년문화활동 프로그램 개발
- 청소년문화활동에 대한 청소년의 참여 기반 조성
  - √ 청소년문화활동의 진흥을 위한 국가 및 지방자치단체의 역할 아닌 것: 청소년동아리단체의 수동적 참여 유도 → X

📝 청소년활동 진흥법상 청소년 문화활동의 지원에 해당하는 것

- 전통문화의 계승
- 청소년축제의 발굴지원
- 청소년동아리활동의 활성화
- 청소년의 자원봉사활동의 활성화

  ✓ 청소년활동 진흥법상 청소년 문화활동 지원 규정에 명시된 것이 아닌 것: 교포청소년 교류활동의 지원

📝 한국청소년활동진흥원의 설치

- 청소년활동진흥법 제6조에 따른 청소년육성을 위해 한국청소년활동진흥원을 설치한다.

📝 청소년활동 진흥법상 명시된 한국청소년활동진흥원의 사업

- 청소년육성에 필요한 정보 등의 종합적 관리 및 제공
- 청소년수련활동 인증위원회 등 청소년수련활동 인증제도의 운영
- 국가 및 지방자치단체가 개발한 주요 청소년수련거리의 시범운영
- 숙박형 등 청소년수련활동 계획의 신고 지원에 대한 컨설팅 및 교육
- 청소년 자원봉사활동의 활성화, 청소년활동 프로그램의 개발과 보급
- 국가가 설치하는 수련시설의 유지·관리 및 운영업무의 수탁
- 청소년활동시설이 실시하는 국제교류 및 협력사업에 대한 지원
- 청소년지도자의 연수
- 수련시설 종합 안전·위생점검에 대한 지원
- 수련시설의 안전에 관한 컨설팅 및 홍보
- 안전교육의 지원

  ✓ 청소년활동 진흥법상 명시된 한국청소년활동진흥원의 사업 아닌 것: 청소년의 자립능력 향상을 위한 자활 및 재활 지원

- 국립중앙청소년수련원
- 국립청소년우주센터
- 국립청소년미래환경센터
- 국립청소년해양센터
- 국립평창청소년수련원
- 국립김제청소년농업생명체험센터
- 국립영덕청소년해양환경체험센터
    √ 한국청소년활동진흥원에서 운영하는 국립청소년수련시설에 해당하지 않는 것: 국립중앙청소년디딤센터

 **수련시설의 안전점검 등**

- 여성가족부장관 또는 시장, 군수, 구청장은 수련시설의 종합안전점검을 (2년)마다 1회 이상 실시하여야 한다.
- 특별자치시장은 청소년활동 진흥법상 청소년수련시설 운영대표자가 정기 안전점검 실시 후 그 결과를 제출해야 한다.
- 수련시설의 운영대표자는 시설에 대하여 정기 안전점검 및 수시 안전점검을 실시하여야 한다.
- 수련시설의 운영대표자는 정기 안전점검 및 수시 안전점검을 실시한 후 그 결과를
    특별자치시장·특별자치도지사·시장·군수·구청장에게 제출하여야 한다.
- 특별자치시장·특별자치도지사·시장·군수·구청장은 필요한 경우 수련시설의 운영대표자에게 시설의 보완 또는
    개수·보수를 요구할 수 있다. 이 경우 수련시설의 운영대표자는 그 요구에 따라야 한다.
- 국가 또는 지방자치단체는 예산의 범위에서 안전점검이나 시설의 보완 및 개수·보수에 드는 비용의 전부 또는
    일부를 보조할 수 있다.
- 정기 안전점검 및 수시 안전점검을 받아야 하는 시설의 범위·시기, 안전점검기관, 안전점검 절차 및 안전기준은
    대통령령으로 정한다.
- 수련시설 설치·운영자 또는 위탁운영단체는 수련시설의 이용자에게 여성가족부령으로 정하는 바에 따라 해당
    수련시설의 이용 및 청소년수련활동에 관한 안전교육을 실시하여야 한다.
- 여성가족부장관은 수련시설의 운영대표자 및 종사자의 안전관리 역량을 강화하고 수련시설에서의 안전사고를
    예방하기 위하여 수련시설의 운영대표자와 그 종사자를 대상으로 안전교육을 실시할 수 있다.

청소년활동 진흥법령상 수련시설의 종사자에 관한 안전교육

- 안전교육은 매년 1회 이상 실시하여야 한다.
- 수련시설의 안전점검 및 위생관리에 관한 교육이 포함된다.
- 이러닝과 집합교육을 혼합한 방법으로 실시할 수 있다.
- 청소년수련활동 안전사고 예방 및 관리에 관해 교육한다.
- 청소년수련활동 및 수련시설의 안전관련 법령에 관해 교육한다.
- 수련시설 종사자의 안전관리 역량 강화한다.

🔍 청소년활동 진흥법령상 수련시설의 종사자에 관한 안전교육 틀린 문장

- 이러닝 수강 후 집합교육을 이수하는 것을 원칙으로 한다. → 이러닝과 집합교육을 혼합한 방법으로 실시할 수 있다.
- 안전 관련 보험의 가입 여부 및 보험의 종류와 약관이 포함된다. → X
- 지방자치단체는 안전점검을 받아야 하는 시설의 범위·시기, 안전점검기관, 안전점검 절차 및 안전기준을 정하여야 한다. → 정기 안전점검 및 수시 안전점검을 받아야 하는 시설의 범위·시기, 안전점검기관, 안전점검 절차 및 안전기준은 대통령령으로 정한다.

청소년활동 진흥법령상 청소년수련시설 안전기준

- 여성가족부장관 또는 특별자치시장·특별자치도지사·시장·군수·구청장은 정기적으로 수련시설에 대한 종합 안전점검을 실시하고 그 결과를 공개하여야 한다.
- 수련시설의 종합 안전점검의 주기, 절차, 방법 등 필요한 사항은 대통령령으로 정한다.
- 수련시설의 운영대표자는 (매월 1회)이상 시설물에 대한 안전점검(세부적인 점검사항은 여성가족부령으로 성하는 바에 따른다)을 실시하여야 하며, 점검 결과를 시설물 안전점검기록 대장에 기록·관리하여야 한다.
- 수련시설의 종사자에 대하여 정기적으로 안전교육을 실시하여야 한다.
- 부상자·병자에 대하여 응급처치를 할 수 있는 구호설비·기구를 갖추어야 한다.
- 안전사고·응급환자 발생 등에 대비하여 긴급 후송대책 등의 방안을 마련하여야 한다.
- 비상연락장치를 유지하여야 한다.
- 특별자치시장·특별자치도지사·시장·군수·구청장은 수련시설의 운영 또는 청소년 활동 중에 「성폭력범죄의 처벌 등에 관한 특례법」에 따른 성폭력범죄가 발생한 경우 수련시설 설치·운영자 또는 위탁운영단체, 숙박형 등 청소년수련활동 주최자에게 (3)개월 이내의 기간을 정하여 시설 운영 또는 활동의 중지를 명할 수 있다.

🔍 청소년활동 진흥법령상 청소년수련시설 안전기준 틀린 문장

- 시설물에 대한 안전점검을 매년 2회 실시하여야 한다. → 수련시설의 운영대표자는 (매월 1회)이상 시설물에 대한 안전점검을 실시하여야 한다.
- 정기안전점검 및 수시안전점검을 받아야 하는 시설의 범위 시기, 안전점검 기관, 안전점검절차 및 안전기준은 여성가족부령으로 정한다. → 수련시설의 종합 안전점검의 주기, 절차, 방법 등 필요한 사항은 대통령령으로 정한다.
- 여성가족부장관 또는 특별자치시장·특별자치도지사·시장·군수·구청장은 수련시설에 대한 종합 안전점검을 3년마다 1회 실시할 수 있다. → 여성가족부장관 또는 특별자치시장·특별자치도지사·시장·군수·구청장은 수련시설에 대한 종합 안전점검을 2년마다 1회 실시할 수 있다.

📝 수련시설의 운영기준(기출 외)

- 수련시설의 운영대표자는 그 종사자에 대하여 연 1회 이상 수련시설의 운영·안전·위생 등에 관한 교육을 실시하여야 한다.
- 수련시설의 운영대표자는 교육을 실시한 후 그 결과를 여성가족부장관 및 특별자치시장·특별자치도지사·시장·군수·구청장에게 제출하여야 한다.
- 수련시설의 청소년수련거리 운영, 생활지도, 시설의 관리 및 운영, 종사자교육 등 운영기준은 수련시설 종류별로 여성가족부령으로 정한다.

📝 청소년활동 진흥법령상 수련시설의 종합평가

- 여성가족부장관은 청소년활동 진흥법령상 청소년수련시설 종합평가를 실시하여야 한다.
- 여성가족부장관은 수련시설에 대한 종합평가를 (2년)마다 1회 이상 실시하여야 한다.
- 여성가족부장관은 청소년활동 진흥법상 수련시설의 종합평가를 정기적으로 실시하고 그 결과를 공개하여야 한다.
- 수련시설 종합평가의 주기, 방법, 절차 및 평가결과의 공개 등에 필요한 사항은 (여성가족부)령으로 정한다.
- 여성가족부장관은 수련시설의 전문성 강화와 운영의 개선 등을 위하여 시설 운영 및 관리 체계, 활동프로그램 운영 등 수련시설 전반에 대한 종합평가를 정기적으로 실시하고 그 결과를 공개하여야 한다.
- 여성가족부장관은 종합평가를 실시하려면 미리 수련시설의 운영대표자에게 그 종합평가의 절차, 방법 및 기간을 통보하여야 한다.
- 여성가족부장관은 통보를 할 때 또는 그 통보 후에 수련시설의 운영대표자에게 종합평가에 필요한 자료의 제출을 요구할 수 있다.
- 여성가족부장관은 종합평가의 결과를 교육부장관 등 관계 기관의 장에게 알려야 한다.
- 여성가족부장관은 청소년활동 진흥법상 청소년수련활동 관련 정보 공개를 위하여 온라인 종합정보제공시스템을 구축해야 한다.

- 여성가족부장관은 종합평가 결과를 여성가족부 홈페이지 또는 여성가족부장관이 지정하는 인터넷 홈페이지에 공개하여야 한다.
- 종합평가는 수련시설의 전문성 강화와 운영의 개선 등을 위하여 실시된다.
- 국가 및 지방자치단체는 종합평가의 결과 우수한 수련시설에 대하여 포상을 실시할 수 있다.
- 여성가족부장관은 종합평가 결과에 따라 수련시설 운영대표자에게 미흡사항에 대한 개선이나 그 밖의 필요한 조치를 하도록 요구할 수 있다.
- 종합평가는 필요한 경우 현장평가를 할 수 있다.
- 수련시설의 전문성을 강화하기 위하여 실시한다.
- 수련시설의 운영을 개선하기 위하여 실시한다.
  - ✓ 청소년활동 진흥법령상 수련시설의 종합평가에 관한 내용 아닌 것
    - 여성가족부장관은 수련시설에 대한 종합평가를 3년마다 1회 이상 실시하여야 한다. → 여성가족부장관은 수련시설에 대한 종합평가를 2년마다 1회 이상 실시하여야 한다.
    - 평가 결과는 비공개하여야 한다. → 여성가족부장관은 종합평가 결과를 여성가족부 홈페이지 또는 여성가족부장관이 지정하는 인터넷 홈페이지에 공개하여야 한다.
    - 종합평가의 주기·방법·절차에 필요한 사항은 한국청소년활동진흥원이 정한다. → 수련시설 종합평가의 주기, 방법, 절차 및 평가결과의 공개 등에 필요한 사항은 (여성가족부)령으로 정한다.

📝 청소년활동 진흥법상 청소년수련시설 운영 중지 명령

- 청소년활동 진흥법상 시설붕괴 우려로 안전 확보가 현저히 미흡한 경우 시장·군수·구청장이 청소년수련활동 주최자에게 시설운영 또는 활동의 중지를 명할 수 있는 최대 기간은 3개월이다.
- 시설이 붕괴되거나 붕괴할 우려가 있는 등 안전 확보가 현저히 미흡한 경우
- 숙박형 등 청소년수련활동의 실시 중 참가자 또는 이용자의 생명 또는 신체에 심각한 피해를 입히는 사고가 발생한 경우
- 「성폭력범죄의 처벌 등에 관한 특례법」의 성폭력범죄 또는 「아동·청소년의 성보호에 관한 법률」의 아동·청소년대상 성범죄 및 아동·청소년대상 성폭력범죄가 발생한 경우
  - ✓ 청소년활동 진흥법상 청소년수련시설 운영 중지 명령의 사유에 해당 아닌 것
    - 청소년활동이 아닌 용도로 수련시설을 이용하는 경우 → 금지행위에 해당한다.
    - 정당한 사유 없이 청소년의 수련시설 이용을 제한하는 경우 → 금지행위에 해당한다.
    - 수련시설 종합평가에서 가장 낮은 등급을 연속하여 3회 이상 받은 경우 → 허가 또는 등록의 취소에 해당한다.
    - 청소년단체가 아닌 자에게 수련시설을 위탁하여 운영하게 하는 경우 → 금지행위에 해당한다.

금지행위

수련시설 설치·운영자 또는 위탁운영단체는 다음 각 호의 행위를 하여서는 아니 된다.

- 정당한 사유 없이 청소년의 수련시설 이용을 제한하는 행위
- 청소년활동이 아닌 용도로 수련시설을 이용하는 행위. 다만, 대통령령으로 정하는 용도로 이용하는 경우는 제외한다.
- 청소년단체가 아닌 자에게 수련시설을 위탁하여 운영하게 하는 행위

허가 또는 등록의 취소

- 특별자치시장·특별자치도지사·시장·군수·구청장은 수련시설 설치·운영자가 다음 각 호의 어느 하나에 해당하는 경우에는 그 수련시설의 허가 또는 등록을 취소할 수 있다.
- 거짓이나 그 밖의 부정한 방법으로 허가를 받거나 등록을 한 경우
- 최근 2년 이내에 과태료처분을 2회 이상 받고 다시 같은 호에 따른 위반행위를 한 경우
- 정당한 사유 없이 수련시설의 허가를 받거나 등록을 한 후 1년 이내에 그 수련시설의 설치 착수 또는 운영을 시작하지 아니하거나 특별자치시장·특별자치도지사·시장·군수·구청장이 정하는 기간에 수련시설의 등록을 하지 아니한 경우
- 고의 또는 중대한 과실로 시설이 붕괴되거나 붕괴할 우려가 있는 등 안전 확보가 현저히 미흡한 경우
- 종합평가에서 가장 낮은 등급을 연속하여 3회 이상 받은 경우

지방청소년활동진흥센터의 설치

- 특별시·광역시·특별자치시·도·특별자치도 및 시·군·구는 해당 지역의 청소년활동을 진흥하기 위하여 지방청소년활동진흥센터를 설치·운영할 수 있다.
- 국가 및 지방자치단체는 예산의 범위에서 지방청소년활동진흥센터의 운영을 활동진흥원과 연계·협력한다.

📝 지방청소년활동진흥센터에서 수행하는 사업

- 지역 청소년활동의 요구에 관한 조사
- 지역 청소년 자원봉사활동의 활성화
- 청소년활동 프로그램의 개발과 보급
- 청소년활동에 대한 교육과 홍보
- 청소년수련활동 인증제도의 지원
- 인증받은 청소년수련활동의 홍보와 지원
- 숙박형 등 청소년수련활동 계획의 신고에 대한 지원
- 정보공개에 대한 지원

> ### 📝 지방청소년활동진흥센터
> - 1996년부터 청소년자원봉사센터로 출범하여 2006년에 개편·설치되었다.
> - 청소년의 요구를 수용하여 청소년의 발달단계와 여건에 맞는 프로그램과 정보를 상시 안내하고 제공한다.
> - 지역의 각급 학교 및 평생교육시설에서 필요로 하는 청소년활동 관련사항을 지원 할 수 있다.
> - 국가(중앙)-지방(시·도)-지역(시·군·구)으로 이어지는 청소년정책 전달체계의 기관이다.

✓ 청소년활동 진흥법상 지방청소년활동진흥센터에서 수행하는 사업 아닌 것
  : 청소년수련활동 인증위원회의 설치 및 운영 → 청소년수련활동 인증제도를 지원한다.

📝 청소년수련활동 인증제도의 운영

- 국가는 청소년수련활동이 청소년의 균형 있는 성장에 기여할 수 있도록 그 내용과 수준을 향상시키기 위하여 청소년수련활동 인증제도를 운영하여야 한다.
- 국가는 청소년수련활동 인증제도를 운영하기 위하여 청소년수련활동 인증위원회를 활동진흥원에 설치·운영하여야 한다.
- 청소년수련활동 인증위원회는 위원장과 부위원장 각 1명을 포함한 (15)명 이내의 위원으로 구성한다.
- 인증위원회의 위원은 다음 각 호에 해당하는 사람으로 한다. 이 경우 제3호에 해당하는 사람이 1명 이상 포함되어야 한다. 여성가족부와 교육부의 고위공무원단에 속하는 일반직공무원 또는 이에 상당하는 특정직공무원 중에서 해당 기관의 장이 각각 지명하는 사람, 활동진흥원의 이사장, 청소년활동의 안전에 관한 전문자격이나 전문지식을 가진 사람 중에서 여성가족부장관이 위촉하는 사람, 그 밖에 청소년활동에 관한 지식과 경험이 풍부한 사람 중에서 여성가족부장관이 위촉하는 사람이다.
- 국가는 인증을 받은 청소년수련활동을 공개하여야 하며, 인증수련활동에 참여한 청소년의 활동기록을 유지·관리하고, 청소년이 요청하는 경우에는 이를 제공하여야 한다.
- 인증위원회의 구성·운영, 청소년의 활동기록의 유지 및 관리 등에 필요한 사항은 대통령령으로 정한다.

- 국가와 지방자치단체 또는 개인·법인·단체 등은 청소년수련활동에 필요한 프로그램을 개발하여 실시하려는 경우에는 인증위원회에 그 인증을 신청할 수 있다.
- 참가 인원이 일정 규모 이상이거나 위험도가 높은 청소년수련활동을 주최하려는 자는 그 청소년수련활동에 대하여 미리 인증위원회의 인증을 받아야 한다. 다만, 다음 각 호의 어느 하나에 해당하는 단체가 회원을 대상으로 수련활동을 실시하는 경우에는 그러하지 아니하다. 스카우트주관단체, 걸스카우트주관단체, 한국청소년연맹, 한국해양소년단연맹, 4에이치활동 주관단체, 청소년적십자 등이다.
- 인증을 신청하려는 자는 전문인력을 갖추어야 한다. 여성가족부령으로 정하는 응급처치에 관한 교육을 이수한 사람, 청소년활동의 안전에 필요한 전문자격이나 전문지식을 가진 사람으로서 여성가족부령으로 정하는 사람 등이다.
- 인증을 신청하려는 자는 청소년수련활동에 필요한 프로그램을 진행하는 활동의 장소·시기·목적·대상·내용·진행방법·평가·자원조달·청소년지도자 및 전문인력 등에 관한 사항을 작성하여 인증위원회에 제출하여야 한다.
- 인증위원회는 인증신청의 내용을 확인한 결과 신청사항이 누락되거나 신청사항을 보완할 필요가 있는 경우에는 대통령령으로 정하는 바에 따라 20일 이내의 기간을 정하여 보완을 요구할 수 있다.
- 국가는 인증수련활동에 참여한 청소년의 활동기록을 확인하는 등의 절차를 거쳐 해당 활동이 끝난 후(20)일이 경과한 날부터 그 기록을 제공할 수 있도록 하여야 한다.
- 청소년수련활동 인증의 절차와 방법 등에 관하여 필요한 사항은 대통령령으로 정한다.

> 🔍 **청소년활동 진흥법령상 청소년수련활동 인증위원회 틀린 문장**
>
> - 위원의 임기는 1년으로 한다. → 3년으로 한다.
> - 위원장은 대통령이 지명한다. → 여성가족부와 교육부의 고위공무원단에 속하는 일반직공무원 또는 이에 상당하는 특정직공무원 중에서 해당 기관의 장이 각각 지명한다.
> - 위원 구성은 30명으로 한다. → 인증위원회는 위원장과 부위원장 각 1명을 포함한 15명 이내의 위원으로 구성한다.
> - 구성·운영에 관한 사항은 여성가족부령으로 정한다. → 인증위원회의 구성·운영, 청소년의 활동기록의 유지 및 관리 등에 필요한 사항은 대통령령으로 정한다.

 청소년활동 진흥법령상 인증수련활동의 기록 유지·관리

- 국가는 인증수련활동에 참여한 청소년의 활동기록을 유지·관리하여야 한다.
- 국가는 청소년이 요청하는 경우 청소년 본인의 동의하에 활동기록을 제공하여야 한다.
- 국가는 인증을 받은 청소년수련활동을 공개하여야 한다.
- 시설물안전점검 기록대장을 비치하여야 한다.
- 청소년수련활동 참여자 명단을 기록하여야 한다.
- 일일 청소년수련활동실시 현황부를 기록하여야 한다.
- 재직 중인 청소년지도사 및 직원명부를 관리하여야 한다.
- 인증위원회의 구성·운영 등에 필요한 사항은 대통령령으로 정한다.
- 인증수련활동의 최대 유효기간은 인증 받은 날로부터 4년 이내이다.

> **청소년활동 진흥법령상 인증수련활동의 기록 유지·관리 틀린 문장**
>
> - 보건복지부령에서 정하는 인증기준에 따라 심사하고, 인증을 요청한 자에게 그 결과를 통지하여야 한다. → 청소년수련활동 인증의 절차와 방법 등에 관하여 필요한 사항은 대통령령으로 정한다.
> - 숙박자의 개인 신상정보를 기록·보관하여야 한다. → X

 수련활동 내용 등의 기록 및 통보

- 인증수련활동을 실시한 활동시설 및 개인, 법인·단체는 청소년이 참여한 수련활동에 관하여 개별 청소년의 인적사항, 활동참여 일자·시간, 장소, 주관기관, 수련활동 내용 등을 기록하여야 한다.
- 청소년활동 진흥법상 청소년수련활동 인증 프로그램의 신청 시 작성해야 할 내용은 활동의 장소, 시기, 목적, 내용 등이다.
- 인증수련활동을 실시한 활동시설 및 개인, 법인·단체는 청소년의 활동기록 및 인증수련활동 결과를 해당 인증수련활동이 끝난 후 15일 이내에 인증위원회에 통보하여야 한다.
  ✓ 청소년활동 진흥법상 청소년수련활동인증프로그램의 신청 시 작성해야 할 내용 아닌 것: 인증심사원 개별 청소년 인적사항

 ## 인증심사원의 자격 및 선발

- 청소년수련활동인증위원회는 다음을 선발한다.
- 1급 또는 2급 청소년지도사 자격 소지자
- 청소년활동분야에서 5년 이상의 실무경력이 있는 사람
- 인증심사원이 되려는 사람은 인증위원회에서 실시하는 면접 등 절차를 거쳐 선발한다.
- 인증심사원이 되려는 사람은 인증기준, 인증절차 등 인증심사와 관련된 내용을 중심으로 인증위원회가
  실시하는 직무연수를 (40)시간 이상 받아야 한다.
- 인증심사원은 2년마다 20시간 이상의 직무연수를 이수하여야 한다.

한국청소년수련시설협회

- 수련시설 설치·운영자 및 위탁운영단체는 수련시설의 운영·발전을 위하여 여성가족부장관의 인가를 받아 다음
  각 호의 사업을 하는 한국청소년수련시설협회를 설립할 수 있다.
- 시설협회의 회원인 수련시설 설치·운영자 및 위탁운영단체가 실시하는 사업과 활동에 대한 협력 및 지원
  청소년지도자의 연수·권익증진 및 교류사업
- 청소년수련활동의 활성화 및 수련시설의 안전에 관한 홍보 및 실천운동, 청소년수련활동에 대한
  조사·연구·지원사업
- 지방청소년수련시설협회에 대한 지원

지방청소년수련시설협회

- 특정 지역을 활동범위로 하는 수련시설은 시설의 효율적인 운영·발전을 위하여 그 지역을 관할하는 시·도의
  조례로 정하는 바에 따라 시·도지사의 승인을 받아 지방청소년수련시설협회를 설치할 수 있다.

 청소년활동 진흥법상 청소년수련시설 설치·운영

- 국가 및 지방자치단체는 「청소년기본법」에 따라 다음 각 호와 같은 수련시설을 설치·운영하여야 한다.
- 국가는 둘 이상의 시·도 또는 전국의 청소년이 이용할 수 있는 국립청소년수련시설을 설치·운영하여야 한다.
- 특별시장·광역시장·특별자치시장·도지사·특별자치도지사 및 시장·군수·구청장은 청소년수련관을 1개소 이상 설치·운영하여야 한다.
- 시·도지사 및 시장·군수·구청장은 읍·면·동에 청소년문화의 집을 1개소 이상 설치·운영하여야 한다.
- 시·도지사 및 시장·군수·구청장은 청소년특화시설·청소년야영장 및 유스호스텔을 설치·운영할 수 있다.
- 국가는 수련시설의 설치·운영 경비의 전부 또는 일부를 예산의 범위에서 보조할 수 있다.
- 수련시설을 설치·운영하려는 개인·법인 또는 단체는 특별자치시장·특별자치도지사·시장·군수·구청장의 허가를 받아야 한다.
- 국가 또는 지방자치단체는 수련시설을 설치·운영하는 자에게 예산의 범위에서 그 설치 및 운영에 필요한 경비의 일부를 보조할 수 있다.

 청소년활동 진흥법령상 청소년수련시설의 이용범위

- 여성가족부령으로 정하는 용도로 이용하는 경우란 청소년 외의 자에게 다음 각 호의 용도로 수련시설을 제공하는 경우를 말한다.
- 당일에 한하는 일시적인 집회에의 사용
- 청소년수련원, 청소년야영장 및 유스호스텔에서 생활관 또는 숙박실 외의 부대·편익시설 등의 사용
- 청소년수련관, 청소년문화의 집 및 청소년특화시설에서 청소년의 이용이 적은 시간대의 사용
- 여성가족부령으로 정하는 이용 범위란 해당 수련시설을 이용한 청소년 외의 연간이용자 수가 그 수련시설 연간이용가능인원 수의 100분의 (40)이내인 범위를 말하되, 가족이 청소년과 함께 수련시설을 이용한 경우 그 가족은 청소년 외의 연간이용자 수에 포함시키지 아니한다. 다만, 전년도의 외국인 이용자가 연간 5만명 이상인 유스호스텔의 경우에는 100분의 60 이내인 범위를 말한다.

📝 청소년활동 진흥법령상 청소년수련시설 설치·운영자가 수련시설 이용자에게 실시하여야 하는 안전교육

• 수련시설 이용 시 유의사항 및 비상시 행동요령에 관한 사항
• 청소년수련활동 유형별 안전사고 예방에 관한 사항
• 성폭력·성희롱 예방 및 대처요령에 관한 사항

📝 청소년활동 진흥법상 수련시설의 안전점검

• 수련시설의 운영대표자는 시설에 대하여 정기 및 수시 안전점검을 실시하여야 한다.
• 지방자치단체는 예산의 범위에서 안전점검이나 시설의 보완 및 개수·보수에 드는 비용의 전부를 보조할 수 있다.
• 수련시설의 운영대표자는 안전점검 결과를 특별자치시장·특별자치도지사·시장·군수·구청장에게 제출하여야 한다.
• 특별자치시장·특별자치도지사·시장·군수·구청장은 필요한 경우 시설의 보완을 요구할 수 있으며 수련시설의 운영대표자는 그 요구에 따라야 한다.

📝 청소년활동 진흥법령상 청소년수련시설 종사자를 대상으로 실시하는 안전교육 내용

• 수련시설의 안전점검 및 위생관리
• 청소년수련활동 및 수련시설의 안전관련 법령

청소년활동 진흥법상 청소년 수련시설 설치·운영자에게 금지된 행위

- 정당한 사유 없이 청소년의 수련시설 이용 제한
- 청소년단체가 아닌 자에게 수련시설을 위탁하여 운영하게 하는 행위
- 청소년활동이 아닌 용도로 수련시설을 이용하는 행위. 다만, 대통령령으로 정하는 용도로 이용하는 경우는 제외한다.
  ✓ 청소년활동 진흥법상 청소년 수련시설 설치·운영자에게 금지된 행위 아닌 것: 수련시설에 대한 정기 안전점검 및 수시 안전
  점검 실시 → 금지행위가 아니다.

청소년활동 진흥법상 청소년수련시설의 허가 또는 등록을 취소하는 경우

- (특별자치시장·특별자치도지사·시장·군수·구청장)은 수련시설 설치·운영자가 여성가족부장관이 실시하는
  수련시설의 종합평가에서 가장 낮은 등급을 연속하여 (2)회 이상 받은 경우에는 그 수련시설의 허가 또는
  등록을 취소할 수 있다.

청소년수련지구의 지정

- 특별자치시장·특별자치도지사·시장·군수·구청장은 청소년활동을 지원하기 위하여 필요한 경우 명승고적지,
  역사유적지 또는 자연경관이 수려한 지역으로서 청소년활동에 적합하고 이용이 편리한 지역을
  (청소년수련지구)(으)로 지정할 수 있다.
- 수련지구의 지정 절차, 수련지구에 설치하여야 하는 시설의 종류·범위 및 면적, 수련지구에 설치할 수 없는 시설
  등에 관하여 필요한 사항은 대통령령으로 정한다.

청소년교류활동의 지원

- 국제청소년교류활동
- 지방자치단체의 자매도시협정
- 청소년교류센터의 설치·운영
- 남·북청소년교류활동의 제도적 지원
- 국제청소년교류활동의 지원
- 지방자치단체의 자매도시협정 등
- 교포청소년교류활동의 지원
- 청소년교류활동의 사후지원

 ## 청소년교류활동의 진흥

- 국가 및 지방자치단체는 청소년교류활동 진흥시책을 개발·시행하여야 한다.
- 국가 및 지방자치단체는 청소년활동시설과 청소년단체 등에 대하여 청소년교류활동을 장려하기 위한 다양한 형태의 청소년교류활동 프로그램을 개발하여 운영하게 할 수 있다.
- 국가 및 지방자치단체는 예산의 범위에서 청소년교류활동 프로그램의 개발·운영에 필요한 경비의 전부 또는 일부를 지원할 수 있다.
  - ✓ 청소년활동 진흥법상 국가 또는 지방자치단체의 지원 대상인 청소년교류활동에 해당하지 않는 것
    : 청소년자원봉사활동의 활성화 → 봉사활동에 해당한다.

 ## 청소년문화활동의 지원

>> 청소년동아리활동의 활성화

- 국가 및 지방자치단체는 청소년이 자율적으로 참여하여 조직하고 운영하는 다양한 형태의 동아리활동을 적극 지원하여야 한다.

>> 청소년 동아리 활동

- 청소년수련시설, 미디어센터, 수련관 등에서 다양한 형태로 운영되며, 창의성 개발과 진로 역량 강화에 중요한 역할을 한다. 지역·분야별 특성화로 지역별, 분야별로 특화된 동아리가 운영되며, 전문가 멘토링 등 다양한 지원이 이루어진다.
- 청소년활동 진흥법상 청소년동아리활동에 필요한 장소, 장비 등을 지원할 수 있는 청소년 수련시설은 청소년수련관, 청소년미디어센터, 청소년문화교류센터, 청소년직업체험센터 등이 있다.

>> 청소년수련시설

- 전국적으로 청소년수련관, 문화의집, 수련원 등에서 동아리 활동이 활발히 이루어진다. 예를 들어 댄스, 밴드, 토론, 창업 등 다양한 동아리가 운영된다.

>> 미디어센터

- 미디어센터는 영상, 사진, 방송 등 미디어 관련 동아리를 중심으로 청소년의 창의적 표현과 진로 탐색을 지원한다.

>> 청소년활동진흥센터·진흥원

- 여성가족부 산하 기관으로, 동아리 운영 매뉴얼 제공, 컨설팅, 우수사례 발굴 등 동아리 활성화 정책을 총괄한다.
  ✓ 청소년활동 진흥법상 청소년동아리활동에 필요한 장소, 장비 등을 지원할 수 있는 청소년 수련시설 아닌 것
    : 청소년비행예방센터 → 청소년비행예방센터(청소년꿈키움센터)는 부적응 학생 등 위기청소년과 기소유예자 등 비행초기
      단계의 청소년을 대상으로 대안교육 등을 실시하여 청소년들의 비행을 예방하기 위해 만든 국가기관으로 법무부에 속한다.

📝 청소년의 자원봉사활동의 활성화

- 국가 및 지방자치단체는 청소년의 자원봉사활동을 활성화할 수 있는 기반을 조성하여야 한다.

>> 청소년 자원봉사활동

- 교육적 목적을 가지고 안내되고 조정되는 활동이다.
- 이웃돕기활동, 환경보호활동 등의 구체적 활동이 있다.
- 1995년 '5·31 교육개혁방안'으로 제도적 틀이 마련되었다.
- '자기주도형 봉사활동'은 청소년이 지역사회의 문제나 변화가 필요한 주제를 스스로 조사·분석하고, 참여하는
  봉사활동이다.
- 이타성, 지속성, 공동체성, 자발성, 공익성, 무보상성, 계속성을 포함한다.
  ✓ 청소년 자원봉사활동 아닌 것
    - 최저임금 수준의 보상은 보장된다. → 자원봉사자는 임금을 받지 않고 봉사적으로 일하는 자이다.
    - 영리성, 의존성 → X

>> 청소년자원봉사활동의 준비단계

- 청소년자원봉사활동이 진행될 현장을 답사한다.
- 청소년들에게 교육적으로 적합한 활동인지 파악한다.
- 청소년자원봉사활동이 어떻게 전개될 것인지 검토한다.
- 필요한 물품목록을 확인한다.

🔍 **청소년자원봉사활동의 준비단계 틀린 문장**

- 청소년 봉사활동의 확인서를 발급한다. → 자원봉사활동 준비단계가 아닌 활동 후의 단계에 대한 내용이다.

- 두볼(Dovol)은 "Do Volunteer"(자원봉사하다)의 약자로 국내 유일 청소년을 위한 자원봉사시스템입니다.
- 나이스(학생생활기록부)로 실적 전송이 가능하다.
- 대상은 초, 중, 고, 대, 일반인 개인봉사활동 및 동아리활동을 하고자 하는 모든 사람이다.

> **장점**
>
> - 확인서 출력 · 제출없이 NEIS(나이스, 학생생활기록부)로 봉사 실적 전송
> - 참여한 봉사활동이 기록 · 관리되어, 필요할 때마다 활용
> - 1365 자원봉사포털(행정안전부) 연계를 통한 나이스(NEIS, 교육부) 전송 봉사활동확인서 및 이력확인서 발급
> - 청소년자원봉사자 상해보험 지원 서비스
> - 병무청 군 모집병 1차 서류심사 시 사회봉사가산점 인정(최대 8점)
> - 우수활동 청소년 및 동아리 시상으로 여성가족부장관상, 한국청소년활동진흥원이사장상 등

지방청소년활동진흥협의회

- 지방자치단체의 장은 특별시·광역시·특별자치시·도·특별자치도 교육청 및 교육지원청의 관계 공무원 등이 참석하는 지방청소년활동진흥협의회를 구성하여 운영할 수 있다.

청소년운영위원회의 구성 · 운영

- 법 제4조제1항에 따른 청소년운영위원회는 10명 이상 20명 이하의 청소년으로 구성하여야 한다.

청소년활동 진흥법령상 청소년수련시설의 운영대표자의 자격을 갖춘 사람

- 1급 청소년지도사 자격증 소지자
- 2급 청소년지도사 자격증 취득 후 청소년육성업무에 3년 이상 종사한 사람
- 2급 청소년지도사 자격증 취득 후 청소년육성업무에 5년 이상 종사한 사람
- 3급 청소년지도사 자격증 취득 후 청소년육성업무에 5년 이상 종사한 사람
- 「초·중등교육법」에 따른 정교사 자격증 소지자 중 청소년육성업무에 5년 이상 종사한 사람
- 청소년육성업무에 8년 이상 종사한 사람
- 7급 일반직공무원으로서 청소년육성업무에 3년 이상 종사한 사람
- 7급 이상의 일반직공무원 또는 이에 상당하는 별정직공무원으로서 청소년육성업무에 3년 이상 종사한 사람
- 공무원 중 청소년육성업무에 5년 이상 종사한 사람
- 청소년육성업무에 종사한 경력에 관하여는 여성가족부령으로 정한다.

√ 청소년활동 진흥법령상 청소년수련시설의 운영대표자의 자격을 갖춘 것이 아닌 사람
- 2급 청소년지도사 자격증 취득 후 청소년육성업무에 1년 이상 종사한 사람 → 3년 이상
- 2급 청소년지도사 자격증 취득 후 청소년육성업무에 2년 이상 종사한 사람 → 3년 이상
- 3급 청소년지도사 자격증 취득 후 청소년육성업무에 3년 이상 종사한 사람 → 5년 이상
- 3급 청소년지도사 자격증 취득 후 청소년육성업무에 4년 이상 종사한 사람 → 5년 이상

📝 감독기관의 종합 안전·위생점검 절차 등

- 여성가족부장관 또는 시장, 군수, 구청장은 수련시설의 종합안전·위생점검을 (2년)마다 1회 이상 실시하여야 한다.
- 특별자치시장은 청소년활동 진흥법상 청소년수련시설 운영대표자가 정기 안전점검 실시 후 그 결과를 제출해야 한다.
- 여성가족부장관은 수련시설의 종합 안전·위생점검을 위하여 필요한 경우 시장·군수·구청장과 합동으로 종합 안전·위생점검을 실시할 수 있다.
- 실시한 종합 안전·위생점검의 결과는 해당 기관의 인터넷 홈페이지 및 여성가족부장관이 지정하는 인터넷 홈페이지에 공개하여야 한다.

📝 청소년수련시설 건립심의위원회

- 국가 및 지방자치단체는 심의 과정에 청소년 관련 전문가 및 청소년이 참여할 수 있도록 하기 위하여 소관 수련시설 건립 시 수련시설건립심의위원회를 구성하여 운영하여야 한다.
- 심의위원회의 위원은 5명 이상 10명 이하로 구성하며, 위원 중 청소년 및 청소년 전문가의 참여 비율은 각각 5분의 1 이상으로 한다.
- 심의위원회의 위원은 5명 이상 10명 이하로 구성하며, 위원 중 청소년 및 청소년 전문가의 참여 비율은 각각 (5분의 1) 이상으로 한다.

📝 청소년이용시설의 종류 등

- 청소년이용시설의 종류는 다음 각 호와 같다. 문화시설, 과학관, 「체육시설의 설치·이용에 관한 법률」의 체육시설, 평생교육기관, 자연휴양림, 수목원, 사회복지관, 시민회관·어린이회관·공원·광장·둔치, 그 밖에 이와 유사한 공공용시설로서 청소년활동 또는 청소년들이 이용하기에 적합한 시설 등이다.
- 시장·군수·구청장은 제1항에 따른 청소년이용시설 중 상시 또는 정기적으로 청소년의 이용에 제공할 수 있는 시설로서 청소년지도사를 배치한 시설에 대해서는 그 설치·운영자의 신청을 받아 청소년이용권장시설로 지정할 수 있다.
- 국가 또는 지방자치단체는 지정된 청소년이용권장시설에 대해서는 다른 청소년이용시설에 우선하여 지원을 할 수 있다.
- 청소년이용권장시설의 지정신청·지정절차, 그 밖에 필요한 사항은 여성가족부령으로 정한다.

청소년수련활동의 지원

- 청소년수련활동 인증위원회의 구성·운영 등
- 청소년수련활동 인증위원회의 위원의 임기는 3년으로 한다.

활동기록 유지·관리 등

- 국가는 인증수련활동에 참여한 청소년의 활동기록을 확인하는 등의 절차를 거쳐 해당 활동이 끝난 후 20일이 경과한 날부터 그 기록을 제공할 수 있도록 하여야 한다.
- 국가는 청소년의 기록 자료가 효율적으로 유지·관리·제공될 수 있도록 종합관리체계를 구축하여야 하며, 수련활동 참여기록이 청소년 본인의 동의 없이 공개 또는 유출되지 아니하도록 하는 등의 필요한 조치를 하여야 한다.

수련활동 내용 등의 기록 및 통보

- 인증수련활동을 실시한 활동시설 및 개인, 법인·단체는 수련활동에 관하여 개별 청소년의 인적사항, 활동참여 일자·시간, 장소, 주관기관, 수련활동 내용 등을 기록하여야 한다.
- 인증수련활동을 실시한 활동시설 및 개인, 법인·단체는 개별 청소년의 활동기록 및 인증수련활동 결과를 해당 인증수련활동이 끝난 후 15일 이내에 인증위원회에 통보하여야 한다.

시범수련시설

- 여성가족부장관과 지방자치단체의 장은 수련시설 설치·운영의 활성화 및 청소년수련 거리의 보급·확산을 위하여 관할구역에서 시설·설비내용이 우수하고 청소년수련거리의 운영에 모범이 되는 수련시설을 (시범수련시설)로 지정하여 육성할 수 있다.

시범수련시설의 지정 및 육성

- 여성가족부장관과 지방자치단체의 장은 수련시설 설치·운영의 활성화 및 청소년수련거리의 보급·확산을 위하여 관할구역에서 다음 중 어느 하나에 해당하는 수련시설을 시범수련시설로 지정하여 육성할 수 있다.
- 시설·설비내용이 우수하고 청소년수련거리의 운영에 모범이 되는 수련시설
- 국가 및 지방자치단체 등에서 개발·보급하는 청소년수련거리의 시범적용을 담당할 수련시설
- 국가 및 지방자치단체는 제1항에 따라 지정된 시범수련시설에 대해서는 다른 수련시설에 우선하여 수련시설의 설치·운영경비 등을 지원할 수 있다.
- 여성가족부장관과 지방자치단체의 장은 시범수련시설의 지정 및 육성에 관한 업무를 관련 전문기관에 위탁하여 실시할 수 있다.
- 시범수련시설의 지정 및 육성·지원에 관하여 그 밖에 필요한 사항은 여성가족부장관이 정한다.

수련지구 내 필수시설 및 금지시설

- 수련지구에 설치할 수 없는 시설은 다음과 같다. 단란주점영업 및 유흥주점영업을 하기 위한 시설, 사행행위영업을 하기 위한 시설, 무도학원업 및 무도장업을 하기 위한 시설, 유해화학물질 영업을 하기 위한 시설, 공장, 폐기물처리시설. 다만, 수련지구의 관리 또는 청소년수련활동을 위하여 필요한 시설로서 여성가족부령으로 정하는 것은 제외한다.

청소년활동 진흥법령상 위험도가 높은 청소년 수련활동에 해당하여 인증을 받아야 하는 수련활동

수상활동	래프팅, 모터보트, 동력요트, 수상오토바이, 고무보트, 수중스쿠터, 호버크래프트, 수상스키, 조정, 카약, 카누, 수상자전거, 서프보드, 스킨스쿠버
항공활동	패러글라이딩, 행글라이딩
산악활동	클라이밍(자연암벽, 빙벽), 산악스키, 야간등산(4시간 이상의 경우만 해당한다)
장거리걷기활동	10Km 이상 도보이동
그 밖의 활동	유해성 물질(발화성, 부식성, 독성 또는 환경유해성 등), 집라인(Zip-line), ATV탑승 등 사고위험이 높은 물질·기구·장비 등을 활용하여 이루어지는 청소년수련활동, 하강레포츠

✓ 청소년활동 진흥법령상 위험도가 높은 청소년 수련활동에 해당하지 않는 것
  : 3시간 야간등산, 2시간의 야간등산, 5km 걷기활동, 8km의 도보이동, 청소년 참가인원이 50명 이하인 청소년수련활동

📝 청소년 동아리 활동

- 청소년수련시설, 미디어센터, 수련관 등에서 다양한 형태로 운영되며, 창의성 개발과 진로 역량 강화에 중요한 역할을 한다. 지역·분야별 특성화로 지역별, 분야별로 특화된 동아리가 운영되며, 전문가 멘토링 등 다양한 지원이 이루어진다.
- 청소년활동 진흥법상 청소년동아리활동에 필요한 장소, 장비 등을 지원할 수 있는 청소년 수련시설은 청소년수련관, 청소년미디어센터, 청소년문화교류센터, 청소년직업체험센터 등이 있다.

📝 청소년수련시설

- 전국적으로 청소년수련관, 문화의집, 수련원 등에서 동아리 활동이 활발히 이루어진다. 예를 들어 댄스, 밴드, 토론, 창업 등 다양한 동아리가 운영된다.

📝 미디어센터

- 미디어센터는 영상, 사진, 방송 등 미디어 관련 동아리를 중심으로 청소년의 창의적 표현과 진로 탐색을 지원한다.

📝 청소년활동진흥센터·진흥원

- 여성가족부 산하 기관으로, 동아리 운영 매뉴얼 제공, 컨설팅, 우수사례 발굴 등 동아리 활성화 정책을 총괄한다.
  - ✓ 청소년활동 진흥법상 청소년동아리활동에 필요한 장소, 장비 등을 지원할 수 있는 청소년 수련시설 아닌 것
    : 청소년비행예방센터 → 청소년비행예방센터(청소년꿈키움센터)는 부적응 학생 등 위기청소년과 기소유예자 등 비행초기 단계의 청소년을 대상으로 대안교육 등을 실시하여 청소년들의 비행을 예방하기 위해 만든 국가기관으로 법무부에 속한다.

📝 청소년활동 진흥법령상 청소년수련시설의 이용범위

- "여성가족부령으로 정하는 이용 범위"란 해당 수련시설을 이용한 청소년 외의 연간이용자 수가 그 수련시설 (연간)이용가능인원 수의 100분의 (40)이내인 범위를 말하되, 가족이 청소년과 함께 수련시설을 이용한 경우 그 가족은 청소년 외의 연간이용자 수에 포함시키지 아니한다.

청소년이용권장시설의 지정

- 청소년이용권장시설의 지정을 신청하려는 자는 청소년이용권장시설 지정신청서를 시장·군수·구청장에게
  제출하여야 한다.
- 시장·군수·구청장은 청소년이용권장시설 지정신청을 한 시설부터 반경 (50)미터 이내에 청소년 보호법에 따른
  청소년유해업소 또는 그 밖에 청소년의 이용에 적합하지 아니한 시설이 있는지 여부를 고려하여
  청소년이용권장시설의 지정 여부를 결정하여야 한다.
- 시장·군수·구청장은 청소년이용권장시설의 지정신청을 받은 날부터 7일 이내에 그 지정 여부를 결정하고
  청소년이용권장시설 지정서를 교부하여야 한다.

청소년 기본법

≫ 청소년 기본법상 청소년활동의 정의

1 청소년

- 9세 이상 24세 이하인 사람을 말한다. 다만, 다른 법률에서 청소년에 대한 적용을 다르게 할 필요가 있는
  경우에는 따로 정할 수 있다.

2 청소년활동

- 청소년의 (균형있는) 성장을 위하여 필요한 활동과 이러한 활동을 소재로 하는
  (수련활동)·(교류활동)·(문화활동) 등 다양한 형태의 활동을 말한다.

3 청소년육성

- 청소년활동을 지원하고 청소년의 복지를 증진하며 근로 청소년을 보호하는 한편, 사회 여건과 환경을
  청소년에게 유익하도록 개선하고 청소년을 보호하여 청소년에 대한 교육을 보완함으로써 청소년의
  균형있는 성장을 돕는 것을 말한다.

4 청소년복지

- 청소년이 정상적인 삶을 누릴 수 있는 기본적인 여건을 조성하고 조화롭게 성장·발달할 수 있도록 제공되는
  사회적·경제적 지원을 말한다.

5 청소년보호

- 청소년의 건전한 성장에 유해한 물질·물건·장소·행위 등 각종 청소년 유해 환경을 규제하거나 청소년의 접촉 또는 접근을 제한하는 것을 말한다.

6 청소년시설

- 청소년활동·청소년복지 및 청소년보호에 제공되는 시설을 말한다.

7 청소년이용시설

- 수련시설이 아닌 시설로서 그 설치 목적의 범위에서 청소년활동의 실시와 청소년의 건전한 이용 등에 제공할 수 있는 시설을 말한다.

8 청소년지도자

- 청소년지도사, 청소년상담사, 청소년시설, 청소년단체 및 청소년 관련 기관에서 청소년육성에 필요한 업무에 종사하는 사람을 말한다.

9 청소년단체

- (청소년육성)을 주된 목적으로 설립된 법인이나 (대통령령)으로 정하는 단체를 말한다.

10 동아리활동

- 학교 내외의 공간에서 이루어지는 활동이다.
- 공통의 취미나 관심사를 갖는 비슷한 연령대의 소집단 활동이다.
- 청소년 스스로 조직하고 운영하는 것을 기본원칙으로 한다.

11 청소년동아리활동

- 유사한 관심사를 가진 청소년들이 자기개발, 진로탐색 등을 위해 자율적으로 참여하여 조직하고 운영하는 형태의 청소년활동이다.

12 국가 및 지방자치단체의 청소년 방과 후 활동의 지원

- 청소년활동과 학교교육·평생교육을 연계하여 교육적 효과를 높일 수 있는 시책을 수립한다.
- 국가 및 지방자치단체는 학교의 정규교육으로 보호할 수 없는 시간 동안 청소년의 전인적 성장·발달을 지원하기 위하여 다양한 교육 및 활동 프로그램 등을 제공하는 종합적인 지원 방안을 마련하여야 한다.
- 종합적인 지원 방안 마련에 필요한 사항은 대통령령으로 정한다.
- 청소년 기본법은 청소년 방과 후 활동 지원의 근거가 되는 법이다.

🔍 **청소년 기본법상 청소년활동 지원 틀린 문장**

- 청소년이 수송·문화·여가·수련 등의 시설 이용료 면제, 할인을 받을 수 있는 청소년증 발급 → X

📝 청소년육성기금의 사용

» 기금의 설치 등

- 청소년육성에 필요한 재원을 확보하기 위하여 청소년육성기금을 설치한다.
- 기금은 여성가족부장관이 관리·운용한다.

» 기금의 사용

- 기금은 청소년활동의 지원, 청소년시설의 설치와 운영을 위한 지원, 청소년지도자의 양성을 위한 지원, 청소년단체의 운영과 활동을 위한 지원, 청소년복지 증진을 위한 지원, 청소년보호를 위한 지원, 청소년정책의 수행 과정에 관한 과학적 연구의 지원, 기금 조성 사업을 위한 지원 사업에 사용한다.

» 지방청소년육성기금의 조성

- 시·도지사는 관할구역의 청소년활동 지원 등 청소년육성을 위한 사업 지원에 필요한 재원을 확보하기 위하여 지방청소년육성기금을 설치할 수 있다.

- 한국청소년활동진흥원에서 운영지원을 하고 있다.
- 청소년 기본법에 법적 근거를 두고 있다.
- 청소년수련시설 등에서 설치·운영할 수 있다.
- 체험활동·학습지원(국영수멘토링)·급식·상담 등 종합적인 교육·복지·보호 서비스를 제공한다.
- 여성가족부와 지방자치단체가 공동으로 예산지원을 한다.
- 돌봄취약계층의 청소년을 지원하는 사업이다.
- 담임(SM)은 상담 및 생활기록·관리 업무를 수행한다.
- 자립역량강화로 적성검사, 진로탐색프로그램, 직업체험 및 직무 연계 교육도 제공한다.
- 정서 및 건강지원으로 심리상담과 정서적 안정지원, 청소년 건강검진도 제공한다.
- 문화 및 체험활동으로 연극, 음악, 미술 등 예술 체험 프로그램, 리더십 강화활동도 제공한다.
- 주말형 돌봄 서비스도 제공한다.

>> 청소년 방과후 아카데미 지원대상

- 예비 초등4학년 및 중학교 졸업생까지 가능하다.
- 우선 지원 대상은 기초생활수급자, 차상위계층, 한부모·조손·다문화·장애 가정의 청소년, 맞벌이 가정 또는 두자녀 이상 가정의 청소년, 학교 및 지역사회의 추천을 받은 청소년이며, 기타 지원 대상은 학교 및 지역사회의 추천을 받은 청소년이다.

> 🔍 **청소년방과후아카데미 틀린 문장**
>
> - 초등학교 1학년에서 고등학교 3학년까지가 지원대상이다. → 예비 초등4학년 및 중학교 졸업생까지 가능하다.
> - 초등학교 1학년부터 중학교 3학년까지가 지원 대상이다. → 예비 초등4학년 및 중학교 졸업생까지 가능하다.

📝 청소년방과후아카데미의 5대 프로그램 영역

≫ 학습지원

• 검정고시 및 교과 과목 학습 지도, 학업 멘토링과 과제 해결을 돕는 학습 지원

≫ 자기개발

• 자치활동, 동아리활동 등

≫ 체험·역량 강화활동(전문체험)

• 디지털 체험활동, 진로개발 역량 체험활동, 창의융합 체험활동, 일반체험활동, 지역사회 참여활동, 주말 체험활동 등

≫ 생활지원

• 급식, 상담, 건강관리, 생활일정 관리 등
  √ 청소년방과후아카데미의 5대 프로그램 영역 아닌 것: 자립자활

📝 청소년방과후아카데미의 운영 유형 중 일반형

≫ 일반형

① 기본형 ② 농산어촌형 ③ 장애형 ④ 다문화형 ⑤ 탄력운영형

기초생활수급자, 차상위계층, 한부모·조손·다문화·장애 가정의 청소년, 맞벌이 가정 또는 두자녀 이상 가정의 청소년, 학교 및 지역사회의 추천을 받은 청소년

≫ 장애형

학교, 전문가, 지역사회(주민센터 동장 및 사회복지사 등)의 추천이 있고 지원이 필요하다고 판단되는 장애청소년, 장애판정은 받지 않았으나, 학교특수교육대상자(교육지원청에서 발급)도 포함되는 청소년

≫ 다문화형

학교 및 다문화 관련 기관 전문가, 지역사회(주민센터 동장 및 사회복지사 등)의 추천이 있고, 지원이 필요하다고 판단되는 다문화가정의 청소년

 ## 청소년방과후아카데미의 운영 유형 중 주말형

≫ 주말형

주말 돌봄 및 체험활동이 필요한 청소년

✓ 청소년방과후아카데미의 운영 유형 중에서 일반형에 해당하지 않는 것: 주말형

청소년 방과 후 활동 종합지원사업 실시

- 여성가족부장관과 시·도지사 및 시장·군수·구청장은 청소년의 방과 후 활동을 지원하는 청소년 방과 후 활동 종합지원사업을 실시할 수 있다. 이 경우 방과후사업은 장애청소년과 다문화청소년 등 특별한 교육 및 활동이 필요한 청소년을 대상으로 할 수 있다.

≫ 방과후사업은 다음 각 호의 활동을 포함한다.

- 청소년의 역량 개발 지원
- 청소년의 기본학습 및 보충학습 지원
- 청소년의 안전하고 건강한 방과 후 활동을 위한 학부모 교육
- 청소년의 안전하고 건강한 방과 후 활동을 위한 급식, 시설 지원 및 상담
- 청소년의 방과 후 활동을 지원하는 기관 및 단체 등의 개발 및 연계

  ✓ 청소년 기본법령상 청소년 방과 후 활동 종합지원사업이 아닌 것
  : 청소년 유해약물 피해 예방 및 치료와 재활 → 방과 후 활동 종합지원사업에 해당하지 않는다.

청소년 기본법령상의 방과후 사업에 명시되지 않은 활동

- 학교폭력 예방 및 대책에 관한 계획의 이행 지도 → 방과 후 활동 종합지원사업에 해당하지 않는다.

📝 청소년 기본법 시행규칙

≫ 청소년지도사 보수교육

• 청소년수련시설에 종사하는 청소년지도사는 (2)년마다 (15)시간 이상의 보수교육을 받아야 한다.

≫ 청소년단체 중 여성가족부장관이 정하여 고시하는 단체

• 「청소년활동 진흥법」에 따른 지방청소년활동진흥센터 및 청소년수련시설
• 여성가족부장관은 청소년지도사 보수교육을 「청소년활동 진흥법」에 따른 한국청소년활동진흥원 또는 청소년육성에 관한 업무를 전문적으로 수행하는 기관·단체에 위탁한다.
• 보수교육의 교육과목, 교육방법 및 그 밖에 보수교육을 실시하는데 필요한 사항은 여성가족부장관의 승인을 받아 활동진흥원 등의 장이 정한다.

📝 청소년지도자의 역할

• 지역사회 지도자
• 변화촉진자
• 동기유발자
• 프로그램 개발 및 운영자
• 평가자
  ✓ 청소년지도자의 역할 아닌 것: 방관자

 # 청소년시설의 청소년지도사 배치대상 및 배치기준

청소년 수련시설	
청소년수련관	1급 또는 2급 청소년지도사 각각 1명 이상을 포함하여 4명 이상의 청소년지도사를 두되, 수용인원이 500명을 초과하는 경우에는 500명을 초과하는 250명당 1급 또는 2급 청소년지도사나 대통령령 제34050호 청소년 기본법 시행령 일부개정령 시행 전에 종전의 규정에 따라 3급 청소년지도사 자격을 취득한 사람 중 1명 이상을 추가로 둔다.
청소년수련원	1) 1급 또는 2급 청소년지도사 1명 이상을 포함하여 2명 이상의 청소년지도사를 두되, 수용정원이 500명을 초과하는 경우에는 1급 청소년지도사 1명 이상과 500명을 초과하는 250명당 1급 또는 2급 청소년지도사나 대통령령 제34050호 청소년 기본법 시행령 일부개정령 시행 전에 종전의 규정에 따라 3급 청소년지도사 자격을 취득한 사람 중 1명 이상을 추가로 둔다. 2) 지방자치단체에서 폐교시설을 이용하여 설치한 시설로서 특정 계절에만 운영하는 시설의 경우에는 청소년지도사를 두지 않을 수 있다.
유스호스텔	청소년지도사를 1명 이상 두되, 숙박정원이 500명을 초과하는 경우에는 1급 또는 2급 청소년지도사 1명 이상을 추가로 둔다.
청소년야영장	1) 청소년지도사를 1명 이상 둔다. 다만, 설치·운영자가 동일한 시·도 안에 다른 수련시설을 운영하면서 청소년야영장을 운영하는 경우로서 다른 수련시설에 청소년지도사를 둔 경우에는 그 청소년야영장에 청소년지도사를 별도로 두지 않을 수 있다. 2) 국가, 지방자치단체, 그 밖에 공공법인이 설치·운영하는 청소년야영장으로서 청소년수련거리의 실시 없이 이용 편의만 제공하는 경우에는 청소년지도사를 두지 않을 수 있다.
청소년문화의집	청소년지도사를 1명 이상 둔다.
청소년특화시설	1급 또는 2급 청소년지도사 (1)명 이상을 포함하여 (2)명 이상의 청소년지도사를 둔다.

청소년 단체	
청소년단체	청소년회원 수가 2천명 이하인 경우에는 1급 청소년지도사 또는 2급 청소년지도사 1명 이상을 두되, 청소년회원 수가 2천명을 초과하는 경우에는 그 초과하는 2천명마다 1급 청소년지도사 또는 2급 청소년지도사 1명 이상을 추가로 두며, 청소년회원 수가 1만명 이상인 경우에는 청소년지도사의 5분의 1 이상은 1급 청소년지도사로 두어야 한다.

> ### 📝 실제 시험에서는 이렇게 나온다.
>
> - 청소년 기본법령상 1급 청소년지도사가 반드시 배치되어야 하는 경우는 수용정원이 500명 이하인 청소년수련관이다.
> - 청소년 기본법령상 정원 800명인 청소년수련원이 연중 운영될 때 의무적으로 배치해야 하는 청소년지도사 수는 4명이다.
> - 청소년 기본법령상 수용인원이 30명인 청소년수련시설의 청소년지도사 배치대상과 배치 기준에서 청소년수련원의 경우 2급 1명, 3급 1명이다.

 청소년 기본법령상 청소년지도자 자격검정 응시기준

1급 청소년 지도사	2급 청소년지도사 자격 취득 후 청소년활동 등 청소년육성업무에 종사한 경력이 3년 이상인 사람
2급 청소년 지도사	가. 「고등교육법」에 따른 대학원의 학위과정을 수료한 사람으로서 2급 청소년지도사의 검정과목을 모두 이수한 사람 나. 「고등교육법」에 따른 대학 또는 전문대학을 졸업한 사람으로서 2급 청소년지도사의 검정과목을 모두 이수한 사람 다. 3급 청소년지도사 자격을 취득한 사람으로서 다음의 어느 하나에 해당하는 사람 　1) 청소년활동 등 청소년육성업무에 종사한 경력이 2년(3급 청소년지도사 자격 취득 후의 경력만 해당한다) 이상인 사람 　2) 청소년기관 현장실습을 이수한 사람 라. 대학원의 학위과정을 수료한 사람으로서 다음의 요건을 모두 갖춘 사람 　1) 대학 또는 대학원의 필수영역의 이수과목을 모두 이수할 것 　2) 청소년기관 현장실습을 이수할 것 마. 대학을 졸업한 사람으로서 다음의 요건을 모두 갖춘 사람 　1) 대학 또는 대학원의 이수과목을 모두 이수할 것 　2) 청소년기관 현장실습을 이수할 것 바. 전문대학을 졸업한 사람으로서 다음의 요건을 모두 갖춘 사람 　1) 전문대학의 이수과목을 모두 이수할 것 　2) 대학 또는 대학원의 이수과목 중 1과목을 추가로 이수하거나 검정과목 중 1과목을 추가로 이수할 것 　3) 청소년기관 현장실습을 이수할 것

- 청소년활동 등 청소년육성업무 종사경력의 인정 범위와 내용은 여성가족부장관이 별도로 정하여 고시한다.
- 2급 청소년지도사 자격증을 소지하고 대학원에서 1급 자격검정에 필요한 과목을 전공과목으로 이수한 석사학위 소지자 또는 박사학위 소지자는 각각 2년 또는 3년의 경력을 가진 것으로 인정한다.
- 이수과목 이수, 별표 2에 따른 2급 청소년지도사의 검정과목 이수 및 청소년기관 현장실습 이수는 대학원의 학위과정 수료, 대학·전문대학의 졸업 또는 학력 인정 전과 후의 이수를 모두 포함한다.

≫ 2027년 이후 변경사항

- 3급 자격 폐지 - 2027년부터 3급 시험 및 자격이 없어진다.
- 2급 자격검정 - 필기·면접시험 폐지, 서류심사와 현장실습(130시간 이상)으로 대체
- 과목 이수 - 2급은 9개 과목(기존 8개) 이수 및 증빙서류 제출 필수

> 🔍 청소년 기본법령상 청소년지도자 자격검정 응시기준 틀린 문장

- 1급 청소년지도사는 2급 청소년지도사 자격 취득 후 청소년활동 등 청소년육성업무 종사경력이 2년 이상이면 응시할 수 있다. → 3년 이상
- 2급 청소년지도사는 3급 청소년지도사 자격 취득 후 청소년활동 등 청소년육성업무 종사경력이 1년 이상이면 응시할 수 있다. → 2년 이상

청소년 기본법령상 청소년상담사 보수교육

- 기관 또는 단체에 종사하는 청소년상담사는 매년(1년마다) (8)시간 이상의 보수교육을 받아야 한다.

청소년단체 중 여성가족부장관이 정하여 고시하는 단체

- 「청소년복지 지원법」에 한국청소년상담복지개발원, 청소년상담복지센터, 이주배경청소년지원센터 및 청소년복지시설
- 「초·중등교육법」에 학교 및 사업을 수행하는 기관·단체
- 여성가족부장관은 청소년상담사 보수교육을 청소년상담원에 위탁한다.
- 보수교육의 교육과목, 교육방법 및 그 밖에 보수교육을 실시하는데 필요한 사항은 여성가족부장관의 승인을 받아 청소년상담원의 장이 정한다.

> 📝 **실제 시험에서는 이렇게 나온다.**
> - 청소년 기본법령상 청소년상담복지센터에 근무하는 청소년상담사의 보수교육 시간은 매년 8시간 이상이다.
> - 청소년복지 지원법에 따른 청소년상담복지센터에 종사하는 청소년상담사는 (1)년마다 (8)시간 이상의 보수교육을 받아야 한다.

청소년상담사 자격검정 응시기준

1급 청소년상담사	1. 대학원에서 청소년(지도)학·교육학·심리학·사회사업(복지)학·정신의학·아동(복지)학 분야 또는 그 밖의 여성가족부령이 정하는 상담 관련분야를 전공하고 박사학위를 취득한 자 2. 대학원에서 상담 관련분야를 전공하고 석사학위를 취득한 후 상담 실무경력이 4년 이상인 자 3. 2급청소년상담사로서 상담 실무경력이 3년 이상인 자 4. 제1호 및 제2호에 규정된 자와 동등 이상의 자격이 있다고 여성가족부령이 정하는 자
2급 청소년상담사	1. 대학원에서 상담관련 분야를 전공하고 석사학위를 취득한 자 2. 대학 및 다른 법령의 규정에 의하여 이와 동등한 학력을 인정받는 기관에서 상담 관련분야를 전공하고 학사학위를 취득한 후 상담 실무경력이 3년 이상인 자 3. 3급청소년상담사로서 상담 실무경력이 2년 이상인 자 4. 제1호 내지 제3호에 규정된 자와 동등 이상의 자격이 있다고 여성가족부령이 정하는 자
3급 청소년상담사	1. 대학 및 「평생교육법」에 의한 학력이 인정되는 평생교육 시설의 상담 관련분야 졸업(예정)자 2. 전문대학 및 다른 법령의 규정에 의하여 이와 동등한 학력을 인정받는 기관에서 상담 관련분야를 전공하고 전문학사를 취득한 자로서 상담 실무경력이 2년 이상인 자 3. 대학 및 다른 법령의 규정에 의하여 이와 동등한 학력을 인정받는 기관에서 상담 관련분야가 아닌 분야를 전공하고 학사학위를 취득한 후 상담 실무경력이 2년 이상인 자 4. 전문대학 및 다른 법령의 규정에 의하여 이와 동등한 학력을 인정받는 기관에서 상담 관련분야가 아닌 분야를 전공하고 전문학사를 취득한 후 상담 실무경력이 4년 이상인 자 5. 고등학교를 졸업하고 상담 실무경력이 5년 이상인 자 6. 제1호 내지 제4호에 규정된 자와 동등 이상의 자격이 있다고 여성가족부령이 정하는 자

> 📝 **실제 시험에서는 이렇게 나온다.**
>
> • 3급 청소년상담사는 고등학교 졸업 후 상담 실무경력이 5년 이상이면 응시할 수 있다.

> 🔍 **청소년 기본법령상 청소년상담사의 자격검정 응시기준 틀린 문장**
>
> • 1급 청소년상담사는 석사학위 학위를 취득한 후 상담 실무경력이 3년 이상이면 응시할 수 있다. → 4년 이상
> • 2급 청소년상담사는 3급 청소년상담사로서 상담 실무경력이 1년 이상이면 응시할 수 있다. → 2년 이상

📝 청소년상담사 배치기준

가.「청소년복지 지원법」제29조에 따라 특별시·광역시·도 및 특별자치도에 설치된 청소년상담복지센터	청소년상담사 3명 이상을 둔다.
나.「청소년복지 지원법」제29조에 따라 시군·구에 설치된 청소년상담복지센터	청소년상담사 1명 이상을 둔다.
다.「청소년복지 지원법」제31조제1호부터제3호까지의 규정에 따른 청소년복지시설	청소년상담사 1명 이상을 둔다.

📝 청소년 기본법상 청소년상담사를 배치해야 하는 기관

• 특별시·광역시·도 및 특별자치도에 설치된 청소년상담복지센터

• 시·군·구에 설치된 청소년상담복지센터

• 청소년치료재활센터

• 청소년쉼터

　✓ 청소년 기본법상 청소년상담사를 배치하지 않아도 되는 기관: 청소년문화의집

📝 청소년복지시설의 종류

• 청소년쉼터

• 청소년자립지원관

• 청소년치료재활센터

• 청소년회복지원시설

- 시·군·구에 설치된 청소년상담복지센터에는 청소년상담사 1명 이상을 둔다.
- 청소년 치료재활센터에는 청소년상담사 1명 이상을 둔다.
- 청소년자립지원관에는 청소년상담사 1명 이상을 둔다.
- 청소년쉼터에는 청소년상담사 1명 이상을 둔다.

🔍 **청소년 기본법령상 청소년상담사의 배치기준 틀린 문장**

- 특별시·광역시·도 및 특별자치도에 설치된 청소년상담복지센터에는 청소년상담사 2명 이상을 둔다. → 3명 이상

📝 **청소년 동아리 활동**

- 학생의 개별적 활동보다는 친구와 협력하여 공동으로 문제를 해결하는 경험을 제공한다.
- 학생들이 자발적으로 집단활동에 참여하여 협동하는 태도를 기르고, 각자의 흥미, 적성, 취미, 특기를 신장하는 활동으로서 학술활동, 문화예술활동, 스포츠 활동, 실습노작활동, 청소년단체활동 등이 포함된다.
- 공통의 목적과 관심사에 의하여 형성되어 취미, 소질, 가치관, 문제의식 등을 공유하는 청소년들에 의해 자치적이고 지속적으로 운영 및 활동하는 모임을 말한다.

≫ 청소년 동아리활동의 일반적인 특성

- 자치활동, 집단활동, 여가활동, 자율활동

≫ 동아리 활동의 특징

1 자치활동

- 청소년이 주체가 되어 스스로 동아리를 조직·운영하는 것을 기본 원칙으로 한다.

2 집단활동

- 공통된 취미, 관심사를 가진 다수의 청소년이 집단을 구성하여 활동을 전개한다.

3 여가활동

- 청소년 여가활동의 중요한 수단으로써 취미·교양·기술 및 생활태도, 문화활동, 친교활동 등을 포함한다.

✓ 청소년 동아리활동의 일반적인 특성 아닌 것: 경쟁활동, 특별활동, 지도활동, 학습활동, 상담활동

 청소년수련활동신고제

- 청소년활동 진흥법에 근거를 두고 있다.
- 19세 미만의 청소년을 대상으로 하는 청소년수련활동에 적용된다.
- 청소년수련활동 관련 안전사고 예방을 위해 도입되었다.
- 이동숙박형, 고정숙박형 등의 활동이 대상이 된다.
- 청소년수련활동의 실시계획을 신고하도록 하고, 신고 수리된 내용을 인터넷에 공개하여 국민이 정보를 활용할 수 있도록 하는 제도이다.
- 19세 미만의 청소년과 다른 연령대를 포함하여 청소년수련활동으로 기획된 경우에도 신고 대상이다.
- 청소년활동 진흥법상 청소년수련활동 신고제도에서 신고수리 주체는 특별자치시장·특별자치도지사·시장·군수·구청장이다.

≫ 신고제외대상

- 다른 법률에서 지도·감독 등을 받는 비영리 법인 또는 단체가 운영하는 경우
- 청소년이 부모 등 보호자와 함께 참여하는 경우
- 비숙박 청소년수련활동 중 참가자가 150명 미만이거나 위험도가 높은 청소년수련활동으로 지정되지 않은 활동
- 종교단체가 운영하는 경우

≫ 신고서류

- 숙박형 등 청소년수련활동 계획 신고서
- 청소년수련활동 프로그램 운영계획서
- 주최자·운영자·보조자 명단
- 청소년수련활동 세부내역서
- 보험가입 사실 증명 서류

> 📝 **실제 시험에서는 이렇게 나온다.**
> - 청소년수련활동 신고제 신고대상은 래프팅, 숙박하는 수련활동, 청소년 참가인원이 160명인 수련활동 등이다.

≫ 청소년수련활동 인증제(도)

- 청소년 수련활동 인증제는 국가 및 지방자치단체, 개인, 법인, 단체 등이 시행하는 청소년 수련활동에 대한 국가 인증 제도이다.
- 청소년수련활동 인증제도를 운영하는 기관은 한국청소년활동진흥원이다.

≫ 인증신청자

- 개인도 인증을 신청할 수 있다.
- 청소년단체도 인증을 신청할 수 있다.
- 지방자치단체도 인증을 신청할 수 있다.
- 수련시설을 설치·운영하는 자 및 위탁운영 단체도 인증을 신청할 수 있다.
- 개인·법인·단체 등 청소년수련활동에 필요한 프로그램을 개발하여 실시하려는 자도 인증을 신청할 수 있다.
- 청소년이용시설도 인증을 신청할 수 있다.

≫ 인증을 신청하여야 하는 대상

- 청소년 참가인원이 150명 이상인 경우 인증을 받아야 한다.
- 위험도가 높은 청소년수련활동도 인증을 받아야 한다.

수상활동	래프팅, 모터보트, 동력요트, 수상오토바이, 고무보트, 수중스쿠터, 호버크래프트, 수상스키, 조정, 카약, 카누, 수상자전거, 서프보드, 스킨스쿠버
항공활동	패러글라이딩, 행글라이딩
산악활동	클라이밍(자연암벽, 빙벽), 산악스키, 야간등산(4시간 이상의 경우만 해당한다)
장거리걷기활동	10Km 이상 도보이동
그 밖의 활동	유해성 물질(발화성, 부식성, 독성 또는 환경유해성 등), 집라인(Zip-line), ATV탑승 등 사고위험이 높은 물질·기구·장비 등을 활용하여 이루어지는 청소년수련활동, 하강레포츠

🔍 청소년활동 진흥법령상 청소년수련활동 인증제도 틀린 문장

- 위험도가 높은 청소년활동은 인증을 신청할 수 없다. → 위험도가 높은 청소년활동도 인증을 받으면 된다.

≫ 인증신청 제외 대상

- 단순 체험(견학) 활동
- 단순 기능습득을 위한 훈련 내지 강좌
- 운영시간 최소기준 미충족 활동(최소 2시간)
- 불특정 다수를 대상으로 하는 행사나 축제 등

≫ 인증수련활동 유형

기본형	전체 프로그램 운영 시간이 2시간 이상으로써, 실시한 날에 끝나거나 또는 2일 이상의 각 회기로 구성되어 있으며 숙박 없이 수일에 걸쳐 이루어지는 활동
숙박형	숙박에 적합한 장소에서 일정기간 숙박하며 이루어지는 활동
이동형	활동 내용에 따라 선정된 활동장을 이동하여 숙박하며 이루어지는 활동
학교단체숙박형	학교장이 참가를 승인한 숙박형 활동

≫ 청소년수련활동 인증제 운영절차

- 인증신청 컨설팅 → 인증신청 → 형식요건 검사 → 인증접수 → 인증심사 및 인증심의

≫ 청소년수련활동인증제의 인증기준 중에서 공통기준 영역

공통기준	활동프로그램		프로그램 구성 / 프로그램 자원운영
	지도력		지도자 자격 / 지도자 역할 및 배치
	활동환경		공간과 설비의 확보 및 관리 / 안전관리 계획
개별기준	숙박형		숙박관리 / 안전관리인력 확보 / 영양 관리사 자격
	이동형		숙박관리 / 안전관리인력 확보 / 영양 관리사 자격 / 이동·휴식관리
특별기준	위험도가 높은 활동		전문지도자의 배치 / 공간과 설비의 법령준수
	학교단체 숙박형		학교단체 숙박형 활동 관리
	비대면 방식	실시간 쌍방향	실시간 쌍방향 활동 운영 및 관리
		콘텐츠 활용중심	콘텐츠 활용 중심 활동 운영 및 관리
		과제수행 중심	과제수행 중심 활동 운영 및 관리

✓ 청소년수련활동인증제의 인증기준 중에서 공통기준 영역 아닌 것
 : 학교단체 숙박형 활동 관리, 이동관리, 휴식관리, 영양관리자 자격, 숙박관리, 안전관리인력 확보

▶▶ 청소년활동 진흥법령상 청소년수련활동 인증심사원의 자격 및 선발

- 청소년수련활동인증위원회가 선발한다.
- 1급 또는 2급 청소년지도사 자격 소지자 중 선발한다.
- 인증심사원은 2년마다 20시간 이상의 직무연수를 이수하여야 한다.
- 청소년활동분야에서 5년 이상의 실무경력이 있는 사람 중 선발한다.
- 청소년활동 진흥법령상 인증심사원이 되려는 사람은 인증위원회가 실시하는 직무연수를 최소 40시간 이상 받아야 한다.
- 인증제도 컨설팅, 인증심사, 연장심사, 변경심사, 인증사항 이행여부 확인 등 인증위원회에서 지정한 인증심사 업무 수행을 담당한다.

🔍 청소년활동 진흥법령상 청소년수련활동 인증심사원의 자격 및 선발에 관한 설명 틀린 문장
- 인증심사원이 되려는 사람은 인증위원회가 실시하는 직무연수를 20시간 이상 받아야 한다. → X

▶▶ 청소년활동 진흥법상 청소년수련활동 인증제의 인증심사원

- 청소년활동분야에서 5년 이상의 실무경력이 있는 사람은 인증심사원 선발에 응시할 수 있다.
- 청소년수련활동 인증위원회에서 면접 등 절차를 거쳐 선발한다.
- 인증심사원이 되려는 사람은 청소년수련활동 인증위원회가 실시하는 직무연수를 40시간 이상 받아야 한다.
- 인증심사원은 2년마다 20시간 이상의 직무연수를 이수하여야 한다.
- 1급 또는 2급 청소년지도사 자격 소지자여야 한다.
- 인증수련활동의 유효기간은 인증받은 날부터 4년 이내로 한다. 다만, 유효기간의 연장이 필요한 경우 인증위원회의 의결을 거쳐 그 기간을 연장할 수 있다.

🔍 청소년활동 진흥법상 청소년수련활동 인증제의 인증심사원에 관한 설명 틀린 문장
- 인증심사원은 1급 청소년지도사 또는 1급 청소년상담사 자격증 소지자로 한다. → 1급 또는 2급 청소년지도사 자격 소지자여야 한다.

≫ 청소년수련활동인증제에서 구분하고 있는 활동유형

1 이동형

- 활동내용에 따라 선정된 활동장소로 이동하여 숙박하며 이루어지는 활동

2 기본형

- 전체 프로그램의 운영시간이 2시간 이상으로서, 시행한 날에 끝나거나 또는 2일 이상의 각 회기로 구성되어 있으며, 숙박 없이 수일에 걸쳐 이루어지는 활동

3 숙박형

- 숙박에 적합한 장소에서 일정기간 숙박하며 이루어지는 활동

4 학교단체숙박형

- 학교장이 참가를 승인한 숙박형 활동

≫ 청소년활동 진흥법령상 청소년수련활동 인증제의 취소

- 인증위원회가 인증을 취소하거나 정지하려는 경우에는 (30)일 이상의 기간을 정하여 인증의 취소 또는 정지처분 대상자에게 의견을 제출할 기회를 주어야 한다.

- 참여 연령은 만14세 이상 만 24세 이하 청소년이다.
- 영국의 에딘버러(Edinburgh) 공작에 의해 시작되었다.
- 영국의 베이든 포우엘(Baden-Powell)이 주도하였다.
- 군정찰 활동을 청소년 활동에 적용하였다.
- 국가와 사회가 필요로 하는 청소년육성을 목적으로 한다.
- 기본이념으로는 비경쟁적이고 평등하며 균형적인 성취 지향성을 바탕으로 한 프로그램이다.
- 청소년이 다양한 활동영역에서 자기주도적으로 활동하여 스스로의 잠재력을 최대한 개발하고 삶의 기술을 갖도록 하는 전 세계적으로 운영되는 국제적으로 공인된 자기 성장 프로그램이다.
- 한국청소년활동진흥원이 국제청소년성취포상제의 한국사무국이다.
- 포상활동은 봉사, 자기 개발, 신체 단련, 탐험 등 4가지 분야로 나뉜다.
- 금장 단계에 한하여 합숙활동을 해야 한다.
- 국제청소년성취포상제는 포상 단계별(금장, 은장, 동장) 공통 4가지 포상활동 (봉사활동, 자기개발활동, 신체단련활동, 탐험활동)을 정해진 일정기간 이상 활동하면서 각 활동 영역별 성취목표를 달성하면 국제적인 포상을 받을 수 있다.

구분	봉사활동	신체단련	자기개발	탐험활동	합숙활동
금장 **만 16세 이상**	최소12개월	최소12개월	최소12개월	3박4일	4박5일
	은장을 보유하지 않은 경우, 3가지 영역(봉사, 자기개발, 신체단련) 중 1가지 영역을 선택해 추가로 6개월 활동			예비탐험1박2일	금장에 한함
은장 **만 15세 이상**	최소6개월	최소6개월	최소6개월	2박3일	
	동장을 보유하지 않은 경우, 3가지 영역(봉사, 자기개발, 신체단련) 중 1가지 영역을 선택해 추가로 6개월 활동			예비탐험1박2일	
동장 **만 14세 이상**	최소3개월	최소3개월	최소3개월	1박2일	
	참가자는 3가지 영역(봉사, 자기개발, 신체단련) 중 1가지 영역을 선택해 추가로 3개월 활동			1일 최소 야외활동 6시간	

봉사활동 필요조건

- 봉사 대상자가 가족이나 친척이 될 수 없다.
- 1일 활동 시간은 1시간 이상 지속되어야 한다.
- 봉사활동이 반드시 필요한 곳인가 생각해 봐야 한다.
- 참여 청소년의 연령과 능력에 적합한 활동인가 생각해 봐야 한다.
- 1가지 활동을 권장하며, 반드시 필요할 경우에는 3가지 활동을 넘지 않도록 한다.
- 성취목표에 적합한 일관된 활동이 이루어져야 한다.
- 지역사회(시설)활동, 청소년단체활동, 환경운동활동, 자선활동 등이 있다.

봉사활동 필요시간

단계	최소기간	봉사활동을 추가활동으로 선택했을 경우
동장	3개월	6개월
은장	6개월	12개월(동장 미 보유자)
금장	12개월	18개월(은장 미 보유자)

자기개발활동 필요조건

- 1일 활동 시간은 1시간 이상 지속되어야 한다.
- 참여 청소년의 연령과 신체적 능력에 적합한 활동인가 생각해 봐야 한다.
- 1가지 활동을 권장하며, 반드시 필요할 경우에는 3가지 활동을 넘지 않도록 한다.
- 성취목표에 적합한 일관된 활동이 이루어져야 한다.
- 단순 암기식의 활동은 인정 되지 않는다.
- 음악 및 공연예술활동, 예술 및 공예활동, 취미활동, 직업활동, 의사소통활동, 자연활동 등이 있다.

자기개발활동 필요시간

단계	최소기간	자기개발활동을 추가활동으로 선택했을 경우
동장	3개월	6개월
은장	6개월	12개월(동장 미 보유자)
금장	12개월	18개월(은장 미 보유자)

- 모든 활동은 신체를 이용한 활동일 때 인정된다.
- 1일 활동 시간은 1시간 이상 지속되어야 한다.
- 참여 청소년의 연령과 신체적 능력에 적합한 활동인가 생각해 봐야 한다.
- 1가지 활동을 권장하며, 반드시 필요할 경우에는 3가지 활동을 넘지 않도록 한다.
- 성취목표에 적합한 일관된 활동이 이루어져야 한다.
- 개인활동(달리기, 걷기, 요가, 카누, 유도, 태권도, 스키, 서핑 등)과 집단활동(야구, 농구, 축구, 하키, 배구, 핸드볼 등)이 있다.

신체단련활동 필요시간

단계	최소기간	신체단련활동을 추가활동으로 선택했을 경우
동장	3개월	6개월
은장	6개월	12개월(동장 미 보유자)
금장	12개월	18개월(은장 미 보유자)

탐험활동 필요조건

- 자연환경의 낯선 환경에서 4~7명 사이의 팀원으로 공통된 목적을 가지고 각자 맡은 역할에 따라 함께 도전하고 성취하는 과정을 겪게 되는 활동이다.
- 신체활동 중심의 탐험활동인 국토대장정, 자전거 일주, 래프팅, 산악 종주, 트래킹 등이 있다.
- 지적활동 중심의 탐험활동인 역사기행, 환경조사캠프, 동식물 조사 등이 있다.
- 9가지 기본교육을 받고 탐험활동을 하는데 9가지 기본교육은 여행계획 및 준비, 여행경로확인, 안전 및 응급처치, 캠프기술, 음식 준비와 조리, 환경보호, 팀빌딩과 리더십, 장비사용법, 관찰 및 기록방법이다.
- 참여 청소년의 연령과 적합한 활동인가 생각해 봐야 한다.
- 탐험활동 전에 청소년 및 포상지도자 모두 보험에 가입하고 참여해야 한다.
- 탐험활동은 반드시 산, 강, 바다, 평야, 역사유적지 등 자연환경 속에서 이루어져야 한다.
- 기본교육, 예비탐험, 정식탐험 순서대로 활동해야 한다.
- 팀 인원은 4~7명으로(짝수가 필요한 활동인 경우 예외적으로 8명까지 가능) 같은 목적과 활동단계의 청소년으로 구성되어야 한다.
- 팀 구성원이 부모와 가족 또는 성인이 될 수 없다.

- 정식탐험활동은 반드시 모든 박수 마다(예 2박 3일, 2회) 야영을 해야 한다.
- 차량, 기차, 오토바이, 비행기, 배 등을 이용한 이동시간은 야외활동시간에서 제외된다.
- 하루에 한 끼는 반드시 조리해서 식사해야 한다.
- 활동 중 활동내용과 시간 그리고 사진 등을 반드시 체크하고 찍어야 한다.
- 탐험활동을 마치고 활동기록부에 활동 일자별 활동 일지 및 활동보고서를 작성하여 제출해야 한다. 단,
  금장단계의 경우, 별도의 최종보고서를 작성하여 보고회를 가져야 한다.

탐험활동 필요시간

단계	9가지 기본교육	예비탐험	일정
동장	예비탐험 및 정식활동을 수행할 수 있는 충분한 기술, 지식, 체력을 익힐 때까지	예비탐험 면제	1박2일
은장		1박2일1회 이상 (숙박필수)	2박3일
금장			3박4일

합숙활동 필요조건

- 금장 포상단계에서만 활동 가능하다.
- 기존에 알고 있던 사람과 함께 참여할 수 없고, 새로운 사람들과 함께 생활해야 한다.
- 집을 떠나 낯선 환경에서 숙박활동이 이루어져야 한다.
- 합숙활동이란 공동체 생활 속에서 시간엄수, 참여도, 적응력, 구성원과의 관계, 자발성, 책임감 등을 평가받게 된다.
- 합숙활동이 끝나고 반드시 활동기록부 외에 별도로 보고서를 작성하여 보고회를 가져야 한다.
  필요시간은 4박 5일이다.

포상제 원칙

- 개별성, 비경쟁성, 성취지향성, 자발성, 발전성, 균형성, 단계성, 영감을 주는, 지속성, 재미이다.

참여혜택

- 국제포상재단(IAF) 및 한국청소년활동진흥원 이사장 인증서 수여
- 우수활동 청소년 및 지도자 시상(여성가족부장관상 / 한국청소년활동진흥원이사장상)
- 국제청소년성취포상제 포상식 참석

 ## 주요 포상승인 요건

- 활동은 최소 1시간 이상 지속되었을 때 인정
- 단계별 최소 활동 기간(횟수)을 충족하고 성취목표를 달성하였을 때 인정
- 활동은 사전 포상담당관에게 승인을 받고 시작하였을 때부터 인정
- 활동은 반드시 성취목표와 관계된 활동을 했을 때 인정
- 기타 포상활동 체크리스트를 충족하였을 경우 인정

📝 실제 시험에서는 이렇게 나온다.

- 동장 참가자는 1박 2일의 탐험활동을 해야 한다.
- 동장 단계에서는 봉사, 자기개발, 신체단련, 탐험을 해야 한다.
- 은장 활동 영역은 봉사활동, 탐험활동, 자기개발활동, 신체단련활동이다.
- 금장의 경우 합숙활동에서는 최소 (4박 5일)의 합숙활동을 충족시켜야 한다.
- 국제청소년성취포상제의 금장단계에서만 요구되는 포상활동 영역은 합숙활동이다.

🔗 동장이 없는 18세 K청소년이 국제청소년성취포상제의 은장 활동을 신청하고, 봉사활동 7개월, 예비탐험 2박 3일, 정식탐험 2박 3일을 완료하였다. K청소년은 향후 자기개발과 신체단련 활동 기간을 각각 (10개월), (12개월)을 완료하면 은장의 포상을 받을 수 있다. (단, 국제청소년성취포상제 세부 운영기준을 준수한 경우임)

🔍 국제청소년성취포상제 틀린 문장

- 미국에서 시작된 청소년포상제도이다. → 영국에서 시작된 청소년포상제도이다.
- 참여연령은 만 9세부터 만 24세이다. → 참여 연령은 만14세 이상 만 24세 이하 청소년이다.
- 기본이념에는 경쟁성이 포함된다. → 기본이념에는 비경쟁성이 포함된다.
- 은장은 만 12세 이상을 대상으로 한다. → 은장은 만 15세 이상을 대상으로 한다.
- 은장 참가자는 합숙훈련을 수행해야 한다. → 금장 참가자는 합숙훈련을 수행해야 한다.
- 은장 단계에서는 4박 5일의 합숙 활동을 해야 한다. → 금장 단계에서는 4박 5일의 합숙 활동을 해야 한다.
- 포상 활동영역은 자율활동, 동아리활동, 봉사활동, 진로활동이다. → 포상 활동영역은 봉사활동, 자기개발활동, 신체단련활동, 탐험활동(금장만)이다.
- 포상 단계별 최소 활동 기간은 동장 3개월, 은장 6개월, 금장 9개월이다. → 포상 단계별 최소 활동 기간은 동장 3개월, 은장 6개월, 금장 12개월이다.

 ## 청소년자기도전포상제

- 만 7세 이상 만15세 이하 청소년이 해당한다.
- 초등학교 1학년 이상 중학교 3학년 이하의 청소년이 운영기관에 등록한 대상이다.
- 포상활동은 봉사, 자기개발, 신체단련, 탐험, 진로개발 등 5가지 활동영역으로 구성되어 있다.
- 정해진 최소 활동기준을 충족하고 성취목표를 달성해야 포상을 받을 수 있다.
- 포상단계는 동장, 은장, 금장이 있다.
- 탐험활동은 사전 기본교육이 필수로 진행되어야 한다.
- 참여 청소년은 5가지 활동영역 중 4가지 활동을 선택하여 각 영역에서 요구되는 포상단계별 최소 활동 기간을 충족해야 한다.
- 5가지 활동영역은 신체단련활동, 자기개발활동, 봉사활동, 탐험활동, 진로개발활동이다.
- 포상센터의 포상담당관과 상담 후 홈페이지에서 입회신청하여 참여한다.
- 기본이념은 글로벌 인재로의 성장인 성취지향적 활동, 단계적 활동, 스스로 하는 활동, 다양한 활동, 재능의 발견 및 개발의 기회, 경쟁이 없는 활동, 좋은 친구가 되기 위한 활동, 즐길 수 있는 활동이다.

 ## 포상단계 및 참가연령

동장	만 7세~만 15세 (최소 4개월 이상)
은장	만 7세~만 15세 (최소 4개월 ~ 8개월 이상)
금장	만 10세 이상 (최소 6개월 ~ 12개월 이상)

포상활동 기간

이전 단계 포상 청소년의 경우(동장 → 은장 → 금장)	동장(4개월 이상), 은장(4개월 이상), 금장(6개월 이상)
신규 참여 청소년의 경우	동장(4개월 이상), 은장(8개월 이상), 금장(12개월 이상)

- 자기개발·신체단련·봉사활동은 1주에 각 1회 40분 이상을 원칙으로 한다.
- 단계별로 4가지 활동 영역 모두 이수해야 한다.
- 탐험활동은 사전 기본교육이 필수로 진행되어야 한다.
- 진로개발활동은 단계별 과제 수행시마다 1회 활동으로 간주하며, 워크북 활동·캠프형 활동으로 운영할 수 있다.

포상단계	활동구분	활동영역				
		봉사활동	자기개발활동	신체단련활동	탐험활동	진로개발활동
동장	도전활동	8주(회)	8주(회)	8주(회)	1일/5시간	10개 과제
	성취활동	참여청소년은 봉사·자기개발·신체단련활동 중 한 가지 영역을 선택하여 추가로 8주(8회)이상 수행				
은장	도전활동	16주(회)	16주(회)	16주(회)	1박2일/10시간	14개 과제
	성취활동	동장 미보유 청소년은 봉사·자기개발·신체단련활동 중 한 가지 영역을 선택하여 추가로 16주(회) 이상 수행				
금장	도전활동	24주(회)	24주(회)	24주(회)	2박3일/15시간	7개 과제
	성취활동	은장 미보유 청소년은 자기개발·신체단련·봉사활동 중 한 가지 영역을 선택하여 추가로 24주(회) 이상 수행				

 주요 포상승인 요건

- 회차별 최소 활동 시간 40분
- 활동 회차 주기는 주1회
- 성취 목표 달성 여부
- 포상담당관의 세부계획서 승인 이후 활동 시작
- 성취목표와 관련된 활동
- 기타 포상심사 체크리스트 기준 충족

> **실제 시험에서는 이렇게 나온다.**
> - 청소년 자기도전포상제에 참여할 수 있는 청소년의 연령은 만 9세 ~ 만 13세이다.
> - 초등학교 1학년 ~ 중학교 3학년이면 누구나 참여할 수 있다.
> - 청소년자기도전포상제의 금장 활동영역은 신체단련활동, 자기개발활동, 봉사활동, 탐험활동이다.

 **청소년자기도전포상제 틀린 문장**

- 만 8세는 금장에 참여할 수 있다. → 만 10세 이상 참여할 수 있다.
- 포상활동은 봉사, 자기개발, 신체단련, 탐험으로 구성된다. → 봉사활동, 자기개발활동, 신체단련활동, 탐험활동, 진로개발활동, 총 5가지 활동 영역 중 4가지 영역을 선택하여 활동한다.
- 청소년자기도전포상제의 금장 활동영역 아닌 것은 합숙활동이다. → 국제청소년성취포상제에서 금장 활동영역에 해당하는 것이 합숙활동이다.
- 자기개발활동은 주 1회 최소 50분 이상의 활동을 원칙으로 한다. → 회차별 최소 활동 시간 40분이 원칙이다.

청소년 체험활동의 계획단계

계획단계 (사전활동)	활동계획 협의	일시, 장소, 활동영역, 내용, 이동방법, 학생의 흥미나 욕구 수용 등
	활동계획서 수립	목표의 상세화, 학습방법의 구체화, 현장답사, 사전 교육, 안전지도, 준비물 안내
체험단계 (본 활동)	준비활동	현장 체험학습 준비물 검사, 주의사항 숙지, 현장, 학습의 구체적 안내, 이동 안내 등
	체험활동	전개안에 따른 현장 체험학습 실시(각 영역에 따른 체험 실시)
	정리활동	현장 체험학습의 정리를 위한 토의 및 질의 응답, 내용 정리하기 학습지(보고서 쓰기) 등
평가단계 (사후활동)	평가 및 반성	소감록(견학기록문, 감상문) 쓰기, 추수지도, 학습활동의 관찰을 통한 평가, 포트폴리오식 평가, 체험학습의 반성 등

- 청소년 체험활동 관련 정보를 제공하는 웹사이트에는 꿈길(ggoomgil), 크레존(crezone), 커리어넷(career-net), 두볼(Dovol) 등이 있다.

  ✓ 꿈길 : 진로체험·캠프활동으로 전국 초,중,고등학교 학생과 그 외 모든 어린이를 대상으로 한 진로체험활동이다.

  ✓ 크레존 : 대한민국의 다양한 창의체험 정보와 창의인성교육 전문자료를 모두 접할 수 있는 온라인 플랫폼이다.

  ✓ 커리어넷 : 한국직업능력개발원에서 운영하고, 대한민국 교육부에서 지원하는 진로진학정보 홈페이지이다.

청소년참여기구

- 청소년특별회의는 해마다 개최하여야 한다.
- 청소년특별회의는 범정부적 차원의 청소년정책과제의 설정·추진 및 점검을 위하여 청소년 분야의 전문가와 청소년이 참여한다.

 **청소년참여기구 틀린 문장**

- 청소년참여위원회는 청소년활동 진흥법에 근거를 두고 있다. → 청소년기본법에 근거를 두고 있다.

 ## 청소년 기본법령상 청소년참여위원회

- 참여위원회의 위원은 성별·연령·지역 등을 고려하여 구성하여야 한다.
- 참여위원회는 효율적인 정책 제안 등을 위하여 필요한 경우에는 분과위원회를 둘 수 있다.
- 참여위원회는 청소년 관련 정책에 관한 의견 제안을 위하여 설문조사, 토론회 등을 통하여 여론을 수렴할 수 있다.
- 국가 및 지방자치단체는 참여위원회가 청소년 관련 정책에 관하여 자문할 수 있도록 자문단을 둘 수 있다.

청소년 기본법령상 청소년참여위원회에 관한 내용 틀린 문장
- 참여위원회의 위원장은 위원 중에서 한국청소년활동진흥원 이사장이 임명한다.

 ## 청소년 기본법령상 청소년특별회의에 관한 내용

- 청소년 정책과제를 발굴하고, 정부에 건의하는 참여기구이다.
- 여성가족부장관이 공개모집을 통하여 선정한 청소년은 참석대상에 포함된다.
- 청소년 분야의 전문가와 전국의 청소년 대표로 구성된다.
- 범정부적 차원의 청소년정책과제의 설정·추진 및 점검을 위하여 청소년 분야의 전문가와 청소년이 참여하는 기구 해마다 개최하여야 한다.
- 여성가족부장관은 청소년특별회의 참석 대상을 정할 때에는 성별·연령별·지역별로 각각 전체 청소년을 대표할 수 있도록 노력하여야 한다.
- 여성가족부장관은 특별회의의 의제와 관련된 중앙행정기관의 장이 회의에 참석하도록 협조를 요청할 수 있다.
- 참석대상 운영방법 등 세부적인 사항은 대통령령으로 정한다.

청소년 기본법령상 청소년특별회의에 관한 내용 틀린 문장
- 설치근거는 청소년활동 진흥법이다. → 청소년 기본법에 근거한다.

청소년참여정책의 성과와 특징

- 청소년운영위원회는 공공청소년수련시설에서 청소년의 욕구와 의견을 반영하고자 설치·운영되고 있다.
- 청소년참여위원회는 중앙부처와 지방자치단체에 청소년활동, 정책 등을 건의·시행함을 목적으로 한다.
- 청소년특별회의는 청소년정책과제의 설정·추진·점검을 위해 청소년전문가와 청소년이 함께 참여한다.
- 2012년 여성가족부는 청소년참여 정책공로로 UN공공행정상을 수상하였다.
- 청소년참여정책의 성과와 특징 틀린 문장
- 청소년특별회의는 2년마다 정책과제를 발굴·건의한다.

📝 청소년 기본법상 청소년단체협의회의 기능

- 청소년활동에 관한 연구 조사 지원

- 회원단체의 사업과 활동에 대한 협조·지원

- 청소년지도자의 연수와 권익 증진

- 청소년 관련 분야의 국제기구활동

- 청소년 관련 도서 출판 및 정보 지원

- 남·북청소년 및 해외교포청소년과의 교류·지원

- 외국 청소년단체와의 교류 및 지원

- 청소년육성을 위한 홍보 및 실천운동

- 청소년관련 분야의 국제기구(WAY, AYC 등) 활동

- 국제청소년센터 운영에 관한 사업

- 지방청소년단체협의회에 대한 협조 및 지원

- 우수청소년단체, 모범청소년지도자 및 청소년 포상

🔍 **청소년 기본법상 청소년단체협의회의 기능 틀린 문장**

• 국가 청소년정책에 관한 주요 사항을 심의·조정 → 청소년정책위원회에 관한 내용이다.
• 청소년수련시설의 안전에 관한 홍보 및 실천운동 → 청소년활동진흥법 제40조의 한국청소년수련시설협회에 관한 내용이다.
• 지역사회 청소년통합지원체계의 구축·운영 → 청소년상담복지개발원의 청소년 안전망에 대한 내용이다.

  ✓ 청소년상담복지개발원 : 여성가족부 산하 준정부기관인 청소년상담복지개발원에서는 청소년 안전망을 운영한다. 지역주민, 청소년 관련 기관, 단체 등 지역 내 활용가능한 자원의 연계를 통해 청소년안전망(지역사회청소년통합지원체계:CYS-Net)을 구축하여 위기상황에 처한 청소년들을 발견하고 통합적인 상담복지 서비스를 제공하는 사업이다. 청소년 가출, 폭력 등과 같은 위기문제나 심리정서적 문제로 도움이 필요한 경우, 만 9세~24세 이하 청소년이라면 언제든지 지역내 청소년상담복지센터를 통해 위기개입, 긴급구조, 일시보호 등 다양한 청소년안전망 서비스를 제공받을 수 있다.
  지방자치단체장은 관할구역의 위기청소년을 조기에 발견하여 보호하고, 청소년보호를 효율적으로 수행하기 위한 지역사회 청소년통합지원체계를 구축·운영하여야 한다.

📝 자유학기(년)제

- (자유학기제)란 중학교 교육과정 중 한 학기 동안 학생들이 시험부담에서 벗어나 꿈과 끼를 찾을 수 있도록 수업운영을 토론, 실습 등 학생참여형으로 개선하고, 진로탐색 활동 등 다양한 체험활동이 가능하도록 교육과정을 유연하게 운영하는 제도이다.
- 아일랜드의 전환학년제, 영국의 갭이어, 덴마크의 애프터스쿨, 스웨덴의 프라우 등의 정책을 참고하여 도입되었다.
- 청소년 진로교육 강화에 대한 사회적 분위기를 반영하였다.
- 자유학기제는 2013년에 도입되어, 2016년 전국의 모든 중학교로 확대되었고, 2018년부터 자유학년제가 시범적으로 도입되었다.
- 비교과 활동을 활성화하고 과정중심평가를 강화한다.
- 지역사회와 연계하여 다양한 체험 중심의 자유학기 활동을 운영한다.
- 자유학기 활동상황을 학교생활기록부에 기록한다.
- 해당 학기의 창의적 체험활동을 자유학기의 취지에 부합하도록 편성·운영한다.
- 협동학습, 토의·토론 학습, 프로젝트 학습 등 학생 참여형 수업을 강화한다.
- 2025년부터 기존 운영시수 170시간에서 102시간으로 줄어든다.
- 주제선택, 진로탐색, 예술·체육, 동아리 활동까지 총4개 영역에서 주제선택과 진로탐색 활동 2개로 통합된다.

> 🔍 **자유학기(년)제 틀린 문장**
> - 현재 교육부가 주도적으로 정책을 추진하며 여성가족부가 지원한다. → 교육부가 주도하고 지원한다.
> - 자유학기에도 중간기말고사 등 일제식 지필평가를 실시한다. → 일제식 지필평가를 배제하고, 관찰·형성·포트폴리오 평가 등 과정 중심 평가를 실시한다.

📝 청소년어울림마당

- 청소년들의 문화적 감성 함양과 역량 개발을 지원하는 시설, 조직, 프로그램 등으로 구성된 지역적 공간이다.
- 청소년의 접근이 용이하고 다양한 지역사회 자원이 결합된 일정한 공간을 의미한다.
- 청소년들이 주체가 되어 기획·진행될 수 있도록 한다.
- 청소년의 건전한 여가활동을 증진하기 위한 놀이마당식 체험 공간이다.
- 청소년의 다양한 문화표현의 장으로 운영될 수 있도록 한다.
- 청소년들이 상시적으로 다양한 문화 활동을 할 수 있는 지역이다.

> 🔍 **청소년어울림마당 틀린 문장**
> - 청소년수련지구와 같은 의미이다. → 청소년수련지구는 명승고적지, 역사유적지 또는 자연경관이 수려한 지역에서 청소년활동을 진흥하기 위한 지구이며, 청소년어울림마당은 각 지역사회의 청소년의 다양한 체험활동의 상설공간이다.

 제7차 청소년정책기본계획(2023-2027)

≫ 플랫폼 기반 청소년활동 활성화

- 청소년 디지털역량 활동 강화
- 청소년 미래역량 제고
- 맞춤형 금융·경제 교육 프로그램 제공
- 학교안팎 청소년활동 지원강화
- 다양한 체험활동 확대

≫ 데이터 활용 청소년 지원망 구축

- 온·오프라인 현장지원활동(아웃리치) 위기청소년 조기 발굴
- 청소년상담복지센터에 고위기 청소년 집중 심리클리닉 운영
- 정서행동문제 청소년 치유 지원을 위해 디딤센터(기숙형 치유시설) 확충
- 가족돌봄청(소)년, 은둔형 청소년 등 신소외 청소년 유형별 실태 파악 및 지원
- 위기청소년통합지원정보시스템 구축

≫ 청소년 유해환경 차단 및 보호 확대

- 출입·고용금지업소, 유해업소로부터 청소년을 보호
- 청소년 도박문제 예방과 마약류 등 오·남용 방지를 위해서는 청소년 맞춤형 온·오프라인 도박문제
  상담서비스와 치유 프로그램을 제공하고 마약류 예방교육을 실시
- 디지털성범죄 대응 강화를 위해 아동·청소년성착취물 실태조사를 실시

≫ 청소년 참여권리 보장 강화

- 청소년 참여 활동 강화
- 청소년 권익 증진

≫ 청소년정책 총괄 조정 강화

- 선배위원과의 멘토링의 밤 개최 등 교류도 지원
- 청소년정책 인프라 개선
- 건강검진 항목 확대와 급식 지원 강화를 추진
- 지역 맞춤형 청소년정책 추진체계 구축

✓ 제7차 청소년정책 기본계획에서 제시한 '플랫폼기반 청소년활동 활성화' 정책 과제 아닌 것: 위기청소년 복지지원체계 강화 → X

- 청소년육성법 → 청소년 기본법 → 청소년 보호법 → 청소년활동 진흥법

- 청소년 기본법 → 청소년활동 진흥법 → 학교 밖 청소년 지원에 관한 법률

02 | 청소년 프로그램 개발과 평가

1 프로그램 개발 및 운영 과정의 순서

- 무엇을 할 것인가에 초점을 두는 단계 → 어떻게 할 것인가에 초점을 두는 단계 → 가설과 가정에 대한 검증이 이루어지는 단계 → 프로그램 개발의 결과를 알고 의미를 부여하는 단계

2 프로그램 개발의 원리

1 청소년활동 프로그램 내용 선정과 조직에 필요한 기본 원리

1 계열성의 원리

- 내용 수준 변화를 점진적으로 구성한다.
- 프로그램 내용을 일반적인 것으로부터 특수한 것으로, 단순한 것으로부터 복잡한 것으로, 쉬운 것으로부터 어려운 것으로 조직한다.

2 타당성의 원리

- 프로그램 내용의 선정 시 프로그램의 목표를 충실하게 반영해야 한다.
- 프로그램이 왜 실시되어야 하는가를 판단해주는 준거가 된다.

3 계속성의 원리

- 이전의 내용과 다음 단계의 내용 사이에 충분하고도 조화로운 연속성이 보장되어야 한다.

4 이 외에도 원리

- 능력획득의 개인 요구의 원리, 역할수행과 과제해결을 포함하는 상황 요구의 원리, 학습전이의 원리, 학습전이 가치가 높은 내용을 우선하는 범위의 원리, 통합성의 원리, 자기주도성, 상호성, 다양성, 참여교육, 자발성, 실용성, 현실성의 원리 등이 있다.

1 실증주의(positivism)

- 청소년 지도사는 빈 그릇 상태인 청소년에게 무엇인가를 채워주는 권위있는 사람으로 인식된다.
- 청소년은 선행지식과 경험이 없는 빈 그릇 상태로 간주된다.
- 외부세계에 존재하는 새로운 지식과 정보, 기술을 청소년에게 전달하는 도구적인 성격이 강하다.
- 프로그램의 목표에 의해 프로그램의 내용이 결정되는 성격이 강하다.
- 청소년지도자는 청소년에게 교육내용을 효과적으로 전달하는 사람으로 간주된다.
- 외부세계에 존재하는 지식과 정보를 청소년에게 전달하는 도구적이고 공학적인 성격이 강하다.
- 프로그램에 참여하는 청소년은 수동적이고 피동적인 존재로 청소년 지도사는 통제자로 간주된다.

> **🔍 틀린 문장**
>
> - 교육을 의식화 과정으로 간주하고, 억압상태로부터의 해방과 비판적 실천행위(praxis)를 강조한다. → 프레이리의 문제제기식 교육에 대한 내용이다.
> - 교육을 의식화 과정으로 간주하여 학습자의 참여와 임파워먼트(empowerment)를 강조한다. → 청소년은 빈 그릇 상태이기 때문에 청소년에게 임파워먼트가 강조되지 않는다.
>   - ✓ 임파워먼트 : 개인이나 집단이 자신의 역량을 인식하고 자율적으로 문제를 해결하며, 스스로의 힘과 권한을 가질 수 있도록 지원하는 과정을 의미한다.

2 구성주의

- 절대적 진리가 존재하는 것이 아니라 청소년과 청소년 지도사 간에 긴밀한 상호작용을 통해 교육적 의미가 만들어진다.
- 청소년 지도의 과정을 청소년지도자와 청소년이 함께 의미를 창출하는 상호작용으로 규정한다.
- 프로그램 개발은 특정 분야의 내용 전문가에게 전적으로 위임하지 않고, 청소년지도사와 청소년 중심의 프로그램 개발을 강조한다.
- 청소년을 실존적이고, 의미를 창조해가는 주체적인 존재로 간주한다.
- 다양한 교육적 경험을 통한 지속적·반성적 숙고과정을 거친다.
- 전문가가 아닌 참여자 중심의 프로그램 개발을 강조한다.
- 실제적 - 해석적 패러다임이라고도 불린다.
- 듀이(J. Dewey)의 실용주의 입장과 해석학적 인식론이 혼합된 패러다임이다.
- 하나의 프로그램이 구성되는 과정에 관련 있는 많은 사람들의 이해와 관심사가 협상과 통합의 과정을 거쳐 이루어지는 순환적 합의제 모형이라 할 수도 있을 것이다.

- 목표에 의해 내용이 결정되는 특성이 강하다. → 실증주의에 대한 내용이다.
- 단위 프로그램이다. 어떤 하나의 내용을 한 번에 지도하기 위한 일회성 프로그램이다. → 하나의 프로그램이 구성되는 과정에 관련 있는 많은 사람들의 이해와 관심사가 협상과 통합의 과정을 거쳐 이루어지는 순환적 합의제 모형이라 할 수도 있을 것이다.
- 비교적 짧은 시간에 달성해야 하는 특정한 활동을 중심으로 구성된다. → 지속적·반성적 숙고과정을 거친다.

3 비판주의

- 교육을 의식화 과정으로 간주하고, 억압상태로부터의 해방과 비판적 실천행위를 강조한다.
- 프로그램에 참여하는 다양한 사람들의 합의에 기초를 둔 집단 의사결정 과정 강조한다.
- 더 넓은 사회에서 이데올로기적, 사회경제적 힘들로부터 발생되는 인간의 억압의 상태를 해방시키는데 관심이 있다.
- 교육이 개인의 진정한 해방을 목적으로 하고 있기 때문에 교육을 '의식화'과정으로 간주한다.
- 프로그램의 내용은 청소년의 반성(reflection)과 행위(action)의 상호작용으로 설명되는 비판적 실천 행위(praxis)라 할 수 있다.
- 청소년들은 청소년지도의 주체로서 스스로 지식의 구성 과정에 참여하고(행위), 이것의 갈등적 의미를 비판적으로 검토(반성)한다.

4 프로그램 개발의 접근 원리

1 선형적 접근

- 요구분석 → 목표설정 → 프로그램 설계 → 자원획득 → 프로그램 홍보 → 프로그램 실행

1 요구분석

- 프로그램 개발 과정에서 청소년들이 원하는 주제, 내용, 방법 등을 체계적으로 조사하고 분석하는 것이다.

① 요구(needs)의 종류

느낀 요구(felt needs)	학습자에 의해 인식된 요구
표현된 요구(expressed needs)	학습자에 의해 표출되거나 행동화된 요구
비교 요구(comparative needs)	타인이나 다른 집단과의 비교에 의해 생성된 요구
규범적 요구(normative needs)	객관적인 차원에서 진단된 요구, 인증기준에 의해 결정되는 요구, 성취기준에 의해 결정된 요구, 자격기준에 의해 결정된 요구

- 학습자 개인이 주관적으로 인지한 요구를 말한다. → 객관적인 차원에서 진단된 요구이다.
- 규범적 요구(normative needs)는 주관적 차원에서 진단된 요구이다. → 객관적인 차원에서 진단된 요구

2 프로그램 개발 과정 요구분석 기법

① 델파이법

- 미국 랜드연구소(Rand Corporation)에서 개발하였다.

- 미래에 대한 예측과 정보를 얻는 방법이다.

- 예측하려는 문제에 관해 전문가의 견해를 유도하고 종합하여 집단적으로 정리한다.

② 데이컴법

- 교육과정 개발에 활용되어 온 직무분석의 기법이다.

- 교육이나 훈련을 목적으로 교육목표와 교육내용을 비교적 단시간 내에 추출하는데 효과적인 방법이다.

- 분석 협조자(panel member)로 구성된 위원회를 중심으로 집중적인 워크숍이 개최된다.

③ 능력분석법

- 전문적 능력을 그 영역 종사자에게 확인하여 교육적 요구를 분석하는 방법이다.

④ 개별이력분석법

- 요구의 개인적 결정 기록에 사용한다.

⑤ 관찰법

- 관찰자가 조사 대상의 개인, 사회집단, 지역사회의 행동이나 사회현상을 현장에서 직접 정보나 상황을 정확하게 알아내는 방법이다.

2 비선형적 접근(nonlinear approaches)

- 시간과 자원 할당에 있어 융통성을 발휘할 수 있다.

- 기획에 상당한 능력과 전문성이 요구된다.

- 프로그램 개발을 위한 몇 개의 절차가 동시에 이루어진다.

- 프로그램 평가가 이 접근의 중심핵이 되어 각 단계마다 적절한 평가가 되풀이되고 피드백된다.

- 요구분석, 목표설정, 임무개발, 자원확보, 예산편성, 프로그램 마케팅 등이 절차 없이 동시에 이루어지고 순환되는 특징이 있다.

- 시간과 자원할당이 융통적이며 기획에 상당한 전문성이 요구된다.

🔍 **틀린 문장**

- 각 단계의 과업이 명확하고 단순하며, 안정감이 있다. → 선형적 접근원리에 대한 설명이다.

3 비통합적 접근

- 프로그램의 참여가 예상되는 잠재적 고객, 즉 청소년의 참여를 고려하지 않고 청소년단체나 기관, 그리고 청소년지도사가 독자적으로 프로그램 개발을 전개하는 방식을 말한다.
- 참여 고객인 청소년의 요구 (need)와 가치(value)를 반영시키려는 의식적인 노력을 기울이지 않는다.
- 단시간 내에 일방적으로 이루어지는 정책적인 행위와 같으며, 쉽게 개정하거나 수정할 수 있다는 장점을 가지고 있는 반면 청소년과의 연계체제를 마련하지 않음으로써, 청소년의 흥미와 필요를 왜곡하거나 부정할 수 있다는 문제점을 발생시킬 소지가 있다는 한계를 가지고 있다.

4 통합적 접근(통합모형)

- 기획 → 설계 → 마케팅 → 실행 → 평가

1 기획

- 프로그램개발 통합모형에서 프로그램 기획단계에 수행되어야 할 내용은 청소년의 요구 분석, 프로그램 아이디어 창출, 프로그램 개발의 타당성 분석, 프로그램 개발의 기본방향 설정 등이다.
- 청소년활동프로그램 기획단계의 순서는 프로그램의 필요성과 목적에 대한 인식 → 요구조사 및 정보 수집 → 기획안 작성 → 의사결정이다.
- 프로그램 기획(프로그램 관련 상황분석)의 특징은 미래지향성, 연계성, 연속성, 목적성, 수단과 목적의 연계, 행동지향적 활동의 준비과정 등이 있다.

> 🔍 틀린 문장
>
> • 프로그램 평가보고서 작성 → 프로그램 평가단계에 해당하는 내용이다.

2 설계

- 프로그램의 목표 진술과 프로그램 내용을 선정하는 단계이다.

3 마케팅

① 프로그램 마케팅의 4P 모델
- 유통(Place), 가격(Price), 촉진(Promotion), 제품(Product)이다.

② 청소년 프로그램 마케팅의 4P 모델
- 프로그램 장소, 프로그램 비용, 프로그램 내용, 프로그램 홍보, 프로그램 참가비 등이 있다.

> 🔍 청소년 프로그램 마케팅의 4P 모델 틀린 문장
>
> • 프로그램 성과, 프로그램 자부심 → X

4 실행

- 도입 → 전개 → 정리 순이다.
- 프로그램을 매개로 청소년지도자와 청소년이 만나는 단계이자 프로그램의 매력성, 효과성, 효율성을 결정짓는 단계이다.

① 도입단계에서 청소년지도자의 수행 과업

- 참가자에게 프로그램의 목표를 제시한다.
- 다양한 자극을 사용하여 참가자들의 동기를 유발한다.
- 활동 주제와 관련된 참가자의 선행경험을 재생하도록 돕는다.
- 청소년지도자와 청소년 간 참여 청소년들 간의 친밀감을 조성한다.
- 선수학습 및 경험을 확인한다.

> **🔍 틀린 문장**
>
> - 참가자의 긍정적인 참여결과에 대해 칭찬하고 상을 준다. → 평가 단계이다.

5 평가

요구평가	현재수준과 기대수준의 격차에 대한 분석
과정평가	프로그램 계획과 집행사이의 격차에 대한 분석
결과평가	프로그램의 종료시점에서 목적과 목표에 대한 효과 분석

> **🔍 틀린 문장**
>
> - 타당성조사는 프로그램의 효율성에 대한 분석이다. → 측정도구나 연구결과가 '의도한 바'를 얼마나 정확하게 측정하고 있는지를 따지는 조사이다.
> - 비용분석은 프로그램 진행 중 수행하고자 하는 방법에 대한 분석이다. → 비용과 프로그램 활동의 결과를 금전적인 단위로 관련시키는 방법으로 평가의 목적은 비용과 목표달성의 관계를 확인하는 것이다.

① 평가 모형

ㄱ. 스터플빔(D. Stufflebeam)의 CIPP 평가모형(의사결정 평가모형)

- 의사결정자에게 필요한 정보를 제공하여 의사결정을 돕고자 한다.
- CIPP 평가모형은 상황평가, 투입평가, 과정평가, 산출평가의 과정을 강조한다.

상황평가	계획 수립에 도움을 주기 위한 평가로, 내·외적 상황 맥락과 대상 집단의 요구를 분석한다
투입평가	프로그램 목표 달성에 적합한 전략과 절차, 인적·물적 자원, 예산, 시기 등을 평가한다
과정평가	프로그램이 계획된 대로 실행되고 있는지에 대한 정보를 수집하여 제공한다
산출평가	프로그램 종료 후 참여자에게 즉각적으로 나타난 변화 또는 일정기간 후 지속된 변화를 평가한다 프로그램의 공헌도를 측정하고 해석하여 판단하는 것을 목적으로 한다

ㄴ. 목표중심 평가모형

- 행동주의 철학에 기초한다.

- 평가모형 중 가장 널리 사용된다.

- 대표적인 모형으로 간극모형, 3차원모형, 비용효과분석모형 등이 있다.

- 타일러(Tyler)는 사전에 설정한 행동 목표(behavioral objectives)를 기준으로 학생의 학업 성취도를 평가한다.

② 프로그램 평가 준거

ㄱ. 유용성

- 평가가 정보를 제공하고, 시기적절하며, 영향을 줄 수 있는지와 관련된다.

- 평가가 이해 관계자의 실제적인 정보욕구를 만족시켜 줄 수 있는가와 관련된다.

- 이외에 효과성, 비용효과성, 효율성 등이 있다.

③ 청소년활동 프로그램의 최종 종결단계에서 이루어지는 일반적인 지도전략

- 활동의 성과를 평가하고, 그 결과에 대하여 포상한다.

- 참여결과가 일상생활에 적용될 수 있도록 지도한다.

- 활동의 성과를 다른 참가자와 교환하고 통합하는 기회를 갖도록 지도한다.

- 활동의 결과로 청소년 자신에게 나타난 변화를 인식하도록 도와준다.

03 청소년활동과 청소년지도방법

1 청소년활동의 목표 진술방법

- 관찰 가능한 행동동사를 사용한다.
- 청소년의 입장에서 진술한다.
- 다른 목표와 조화를 유지한다.
- 활동이 끝났을 때 기대되는 행동으로 진술한다.
- 학습과정, 활동을 중심으로 진술하는 오류를 피한다.

🔍 **틀린 문장**

청소년기관장이 지향하는 이념을 진술한다. → 청소년의 입장에서 청소년이 주어가 되도록 진술한다.

2 청소년지도방법

1 개인중심 청소년지도방법

1 멘토링(mentoring)

- 멘토링의 어원은 그리스 신화 '오디세이'에서 기원한다.
- 비슷한 연령대에서도 멘토 - 멘티 관계가 형성 가능하다.
- 멘토는 이타이카 왕 오디세우스 친구 이름인 멘토에서 유래하였다.
- 멘토링은 시기에 따라 예방 멘토링과 치료 멘토링으로 구분한다.
- 멘토는 모델링을 통하여 멘티에게 영향을 준다.

🔍 **틀린 문장**

- 경험과 지식이 풍부한 멘토는 단기적, 지도적 만남을 통하여 멘티를 돕는다. → 장기적, 지속가능한 만남도 있다.
- 선도조건부 기소유예 처분을 받은 청소년을 대상으로 한 멘토링은 예방 멘토링에 해당된다. → 처분을 받았으므로 예방 멘토링이 아니다.

2 도제제도(apprenticeship)

- 오늘날의 직업교육에 해당하며 주로 기술습득과 관련된 영역으로서 경험있는 숙련자로부터 개별적 습득을 하는 형태이다.

3 이 외

- CAI(Computer Assisted Instruction, 컴퓨터보조수업), 개인상담교육(상담), 현장경험학습, 개인과제학습, 인턴십

🔍 틀린 문장

- 역할연기, 필립66, 강의형 기법, 배심토론

2 집단중심 청소년지도방법

1 브레인스토밍(brainstorming)

- 다양한 사고를 자극시키려고 새로운 아이디어를 마구 짜내는 방법이다.
- 참가자들 사이에 상호자극의 기회를 제공한다.
- 아이디어 교환을 통하여 집단의 사기와 단결심을 높인다.
- 참가자들은 자유롭게 의견을 제안한다.
- 개방성과 융통성이 요구된다.
- 집단중심의 청소년 지도방법 중 하나이다.
- 의견에 대한 평가 없이 많은 대안을 제안한다.
- 아이디어가 많을수록 좋다.
- 기발한 아이디어를 얻기 위한 방법이다.
- 다듬어지지 않은 의견을 내는 것도 장려한다.
- 자유스러운 분위기에서 발표하도록 한다.

🔍 틀린 문장

- 제약과 금지 규정이 고려되지 않기 때문에 부정적인 비판이 허용된다. → 비판이나 비난을 자제하고 아이디어의 좋고 나쁨을 따지지 않는다.

2 필립66

- 미시간대학의 필립(J. Donald Phillips) 교수가 개발한 것으로 6명을 한 집단으로 집단토의가 이루어지도록 하며 6사람이 6분 동안 이야기하는 것이다.
- 사전 지식도 없고, 서로 잘 모르는 6명이 한 집단이 되어 토론장에서 주어진 주제를 가지고 정해진 시간까지 토론을 하고 결론이 나든 안 나든 끝내도록 하는 토론방법이다.

3 역할연기

- 타인의 역할을 연기를 통해 경험해 봄으로써 자신과 타인을 이해하는 데 도움을 주고자 하는 놀이로서 집단성원들에게 서로 다른 역할을 주고 어떤 가상적 상황에서 서로 협의하여 결정을 내리게 한다. 이를 통해 다른 역할을 맡은 사람들과 원만한 타협을 보도록 하는 기법이다.

4 게임 및 시뮬레이션

- 인위적 문제, 사건, 상황, 주제와 유사한 환경을 만들어 제공하는 것으로 활동에 참여하는 개인에게 위험, 상처의 가능성을 없애는 효과가 있다.

5 의사결정기법

- 여러 가지 대안 가운데 하나를 선택하는 것을 결정하는 기법이다.

🔍 틀린 문장

- CAI(Computer Assisted Instruction), 도제학습

3 청소년활동의 지도방법의 원리

1 심성계발 원리

- 인간성장, 자기노출, 의사소통을 중요시한다.
- 지적 학습보다는 정의적 학습에 비중을 둔다.
- 집단역동과 같은 집단활동 이론을 심리치료 목적에 응용하면서 시작되었다.

2 효율성의 원리

- 효과성과 능률성을 반영하여야 한다.
- 최소한의 자원으로, 최대의 효과를 내는 효율성과는 달리 효과성은 오직 목표달성의 여부이다.

3 창의성의 원리

- 유창성, 독창성, 융통성, 정교성을 고려한다.

1 창의적 환경이 되기 위한 노력

- 실수허용, 독창적인 발언 인정 환경에서, 청소년들은 사람들이 하지 않은 과제 시도 혹은 새로운 관점 발표 등을 하게 한다.
- 모험을 두려워하지 않고 창의적 아이디어를 발상하게 한다.
- 다양한 관점을 가진 또래들로 이질적 집단 구성하여, 새로운, 다양한 아이디어를 제안할 수 있게 돕는다.
- 반성적으로 심사숙고할 기회를 가지게 한다.

4 자기주도의 원리

개인이 처해 있는 환경을 스스로 의도적으로 청소년이 주체가 되어 변화를 꾀한다.

5 다양성의 원리

- 청소년의 다양한 차이와 요구를 감안하여 그에 적합한 지도방법을 모색한다.
- 청소년이 속한 사회계층, 지역적 특성, 가족관계와 분위기, 종교 등을 파악해 지도에 참고한다.

6 활동중심의 원리

- 청소년의 실천적 행위와 체험이 중심이 되어야 한다.

7 　협동성의 원리

- 청소년 상호 간의 유기적인 협력이 이루어지도록 한다.

8 　문제해결의 원리

1 문제해결 원리의 과학적 체계 7단계

- 문제 인식 → 대안 탐색 → 정보 수집 → 대안 평가 → 해결책 선택 → 선택 실행 → 결과 평가

9 　맥락의 원리

- 청소년이 처한 삶의 상황과 관계를 총체적으로 고려하여 청소년을 이해하고 적합한 방법을 구성하여 적용한다.

10 　이외

- 청소년중심의 원리, 상호학습의 원리, 동기유발 및 유지의 원리, 전인성의 원리 등이 있다.

> 🔍 **틀린 문장**
>
> - 효과성의 원리는 가장 적은 시간과 비용, 에너지 등을 투입하여 청소년지도의 목표를 달성한다. → 효과성은 오직 목표달성의 여부이다.
> - 심성계발 원리는 문제해결능력 향상을 주목표로 한다. → 문제해결의 원리에 해당한다.
> - 획일적 지도의 원리 → X
> - 청소년 간에 대립 구조를 조장하여 목표를 선점할 수 있도록 지도한다. → X

04 | 그 외 이론

1 커뮤니케이션이론

- 청소년지도사와 청소년 상호간 의사소통을 중요시한다.
- 발신자, 메시지, 매체, 수신자 등이 주요한 구성요소이다.
- 언어적, 비언어적 방법이 있다.
- 마케팅의 대부 필립 코틀러의 주장이다.
- 9가지 요소로 이루어진 커뮤니케이션 모형이다.
- 발신자와 수신자는 커뮤니케이션 행위의 주체이다.
- 메시지와 미디어는 행위의 도구이다.
- 부호화와 해독은 커뮤니케이션 과정 내의 기능이다.
- 반응과 피드백은 커뮤니케이션 자체가 의도한 부가효과이다.
- 잡음은 커뮤니케이션 과정의 효율성을 결정하는 외부현상이다.

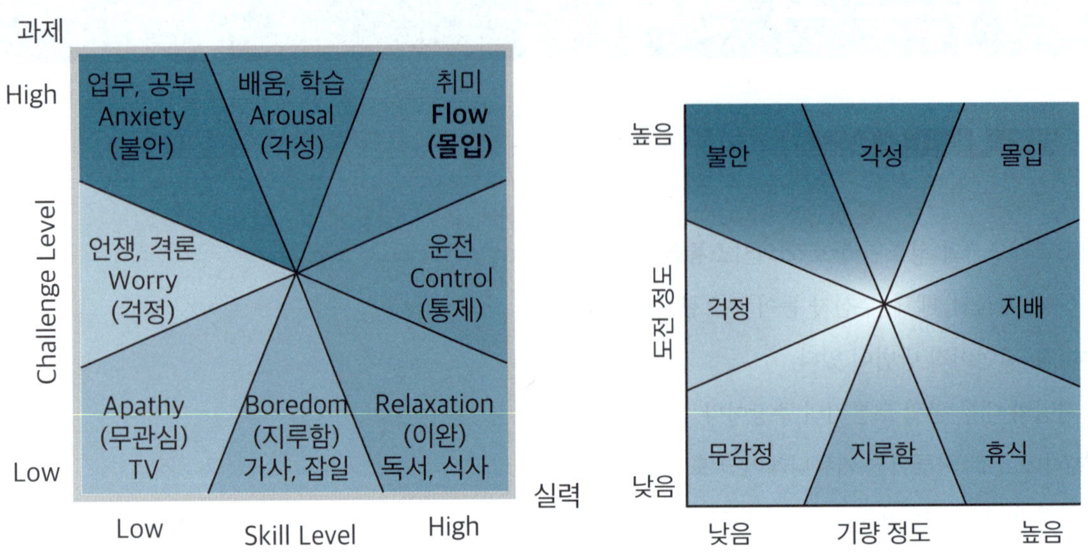

- 몰입(flow) 상태는 수행중인 과제에 관심이 집중된 상태이다.
- 몰입(flow) 상태는 자기 목적적인 경험으로서 활동 자체를 즐기면서 모든 관심을 완전히 투사하고 있는 상태를 말한다.
- 몰입(flow) 상태는 행위와 인식의 일체감을 느낀다.
- 몰입(flow) 상태는 자의식(self - consciousness)이 사라진다.
- 몰입(flow) 상태는 자신의 활동목적이 분명하다.
- 불안(anxiety) 상태는 활동과제 수준이 자신의 수행능력을 완전히 초월할 때 경험하는 것이다.
- 지루함(boredom) 상태는 활동과제의 수준이 자신의 수행능력보다 낮을 때 나타나는 것이다.

🔍 **틀린 문장**

- 자신의 행동이 타인에 의해 통제되고 있음을 느낀다. → X

3 콜브(D. Kolb)의 경험학습(experiential learning)모델

1 콜브의 경험학습 모델

- 청소년의 흥미와 관심을 강조하고 있다.
- 미국 진보주의 교육에 영향을 받았다.
- 청소년의 경험을 학습과정에 통합하는 접근이다.
- 청소년지도자는 체험중심의 활동을 통해 참가자들이 활동경험을 공유할 수 있는 분위기를 조성한다.
- 청소년활동의 내용 및 방법은 일상생활과 관련성을 가진다.
- 청소년의 행동변화를 유발하기 위하여 반성적 사고 과정을 중시한다.

2 콜브(D. Kolb)가 제시한 경험학습 진행과정의 순서

- 구체적 경험(concrete experience) → 반성적 관찰(reflective observation) → 추상적 개념화(abstract conceptualization) → 적극적 실험(active experimentation)

1 구체적 경험(concrete experience)

- 직접적 참여로 실제 상황을 경험한다.

2 반성적 관찰(reflective observation)

- 경험을 관찰하고 기존 지식과 비교한다.

3 추상적 개념화(abstract conceptualization)

- 청소년들이 현장견학에서 체험한 내용을 토대로 논리적 분석과 이해과정을 통해 가설적 지식을 도출하는 단계이다.

4 적극적 실험(active experimentation)

- 추상적 개념화 과정을 통해 도출된 일반원리들을 새로운 상황에 적용하여 검증하는 과정에 해당하는 것이다.
- 학습을 사람과 환경 사이의 교호작용으로 본다.
- 학습을 결과물이 아니라 계속적인 과정으로 이해한다.
- 경험은 능동적 측면과 수동적 측면으로 결합되어 있다.
- 경험학습과정에서 반성적 고찰이 중요하다.

🔍 틀린 문장

- 콜브(D. Kolb)에 의하면 학습은 구체적 경험 - 적극적 실험 - 반성적 관찰 - 추상적 개념화의 순서로 일어난다. → 구체적 경험 - 반성적 관찰 - 추상적 개념화 - 적극적 실험 순이다.
- 학습상황에서 청소년은 환경자극에 수동적으로 반응한다고 본다. → 능동적 측면과 수동적 측면으로 결합되어 있다.

조하리의 창 Johari's Window	자신이 아는 부분 Know to Self	자신이 모르는 부분 Unknow to Self
타인에게 알려진 부분 Known to Others	공개영역 Open Area	맹인영역 Blind Area
타인에게 알려지지 않은 부분 Unknown to Others	비밀영역 Hidden Area	미지영역 Unknown Area

1   조하리의 창문 유형

1 맹인영역

- 자신의 느낌, 생각, 행동 등이 타인에게는 알려져 있으나 자신은 알지 못하는 영역이다.

2 미지영역

- 자신도 모르고 타인에게도 알려져 있지 않은 영역을 나타낸다. 프로이트가 말한 무의식의 세계에 해당한다.

3 비밀영역

- 자신은 알고 있으나, 타인에게 알려지지 않고 비밀로 지켜진 자신의 영역이다. 이러한 영역의 자기는 상대방에게 노출하기를 꺼리고 숨기고 있는 정보를 의미한다.

4 공개영역

- 스스로에 대해서 알고 있고 자신과 관계를 맺고 있는 사람 역시 자신에 대해서 알고 있는 정보를 의미한다. 개방된 영역이 크면 자신은 타인과 가까운 인간관계를 맺고 있다고 볼 수 있다.

5 청소년의 발달 자산(developmental assets)

- 서치연구소(Search Institute)가 제시하였다.
- 20개의 외적 자산과 20개의 내적 자산으로 구분한다.
- 가정의 지지, 타인을 위한 봉사, 창의적 활동은 외적 자산에 속한다.
- 대인관계역량, 자아존중감, 목적의식은 내적 자산에 속한다.

6 캘러(J. Keller)의 ARCS모형

Attention(주의)	학습자의 흥미와 호기심을 자극하는 전략으로, 산만한 환경에서도 주의를 끌 수 있는 방법이 중요하다
Relevance(관련성)	친밀성의 전략으로 학습자의 목표, 경험, 필요와 교육 내용이 연결되도록 설계하는 것으로, 실생활 예시나 협동학습 등이 활용된다
Confidence(자신감)	목표와 평가 기준을 명확히 제시하고, 적절한 도전과 피드백을 통해 학습자가 성취감을 느끼도록 돕는 전략이다
Satisfaction(만족감)	내재적 보상(연습문제), 외재적 보상(공정성), 의미 있는 강화 등으로 학습자의 동기를 지속시킨다

7 경험주의이론

- 대표적인 학지는 듀이(J. Dewey)이다.
- 학습의 중심은 개개인의 현실세계의 내적 의식 구축에 있다.
- 청소년활동은 자기중심교육과 반성적 사고에 초점을 둔다.
- 활동의 적용은 야외교육, 수련활동에 적합하다.

8 오리엔티어링

- 지도상에 표시된 몇 개의 지점을 통과하여 가능한 빨리 결승점에 도달하는 활동이다.
- 자연에서 지도와 나침반으로 자기의 길을 찾아야 하므로 추리력, 판단력, 기억력, 협동심을 요구한다.

2026 유리 청소년상담사 3급 필기
통합이론서+100% 무료강의

발행일 2026년 3월 13일(초판)

발행처 직업상점

발행인 박유진

편저자 정지유

디자인 홍현애

정 가 46,000원   **ISBN** 979-11-94695-39-4